AU COURS D'UN COMBAT SOUS LES MURS DE TRIPOLI
UN SOLDAT ITALIEN S'EMPARE D'UN ÉTENDARD VERT DU PROPHÈTE

1. 殖民暴力。一九一一年義大利入侵利比亞期間，的黎波里附近，一名義大利士兵從被打敗的鄂圖曼帝國軍隊那裡搶到一面穆斯林旗幟。(*akg-images*)

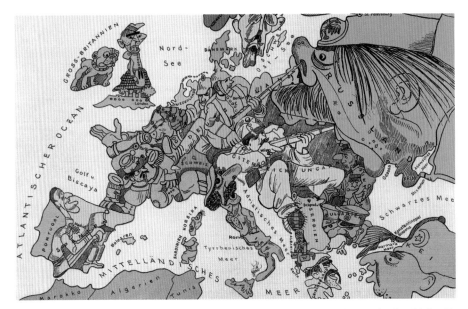

2. 一九一四年的一幅德國漫畫,畫的是劍拔弩張的歐洲。德國和奧匈帝國把武器對準可怕的俄羅斯怪獸。德國的一只靴子正要向法國人頭上踏下。被描繪為蘇格蘭人形象的英國以及義大利和土耳其警惕地旁觀著,一隻英國鬥牛犬似乎占據了愛爾蘭。(*akg-images*)

3. 一九一四年九月,德軍開赴馬恩河戰役的途中,長長的救護車行列從前線返回的景象恐怕不會提振他們的士氣。(*akg-images/ullstein bild*)

4. 一九一六年凡爾登戰役期間，法國杜奧蒙要塞下方的「死亡之溪」。（*akg-images*）

5. 這幅法國海報描繪了塞爾維亞人在一九一五年秋慘敗給奧地利人和匈牙利人之後逃跑的景象，它宣布一九一六年六月二十五日為「塞爾維亞日」，為塞爾維亞難民募捐。（*akg-images/Jean-Pierre Verney*）

6.「從月球上看到的一九一六年地球」，一本德國雜誌刊出的令人印象深刻的圖畫，顯示地球正在滴血。（*akg-images*）

7. 一九一八年十二月二十九日，為柏林動亂中被政府打死的水兵送葬的行列經過原來的皇宮時，一位德國獨立社會民主黨的演講人對人群講話。德國獨立社會民主黨為抗議政府的鎮壓而退出政府，它的許多成員加入了新成立的德國共產黨。（*akg-images*）

8. 這幅題為「我們會失去什麼」的海報述說德國聲稱協約國在凡爾賽條約中的要求,將帶給德國什麼後果:失去百分之二十的農地、百分之十的人口、三分之一的煤炭、四分之一的農產品、全部的殖民地和商船隊。(*akg-images*)

9. 一九一九年,法國婦女為爭取投票權舉行示威。她們沒有成功。法國婦女直到一九四四年才獲得投票權。(*Fox Photos/Getty Images*)

10. 一九二一年上西里西亞公投中的德國宣傳：「跟著德國享長久繁榮，跟著波蘭受貧窮流離。」上西里西亞最終被分割，大部分重要的工業區劃歸波蘭。（*Universal History Archive/ UIG via Getty images*）

11. 一九二〇年左右，科隆街頭的一輛英軍坦克，協約國於一九一九至一九三〇年占領萊茵蘭，英國軍隊參與，科隆是英軍萊茵駐軍的司令部所在。（*akg-images*）

12. 一九二五年洛迦諾公約談判者的簽名，有白里安、施特雷澤曼、張伯倫和墨索里尼。簽名刻在洛迦諾會議會址的鐘擺上。（*akg-images/picture-alliance/dpa*）

13. 一九二八至一九三七年間，史達林推行農業生產集體化運動。這是當時烏克蘭敖德薩地區的一個富農家庭，被趕出自家農莊的情景。（*akgimages/RIA Nowosti*）

14. 一九三〇年左右一幅宣傳柏林動物園的烏法官電影院海報。三〇年代「有聲電影」的發明促成歐洲電影觀眾人數猛增。（*akg-images*）

15. 有些市議會決心改善極為惡劣的住房條件。「紅色維也納」的社會黨政府委託建造了卡爾‧馬克思大院。它於一九三〇年竣工，為維也納最貧窮的居民提供一千三百八十二套公寓。（*ullstein bild/ullstein bild via Getty Images*）

16. 美因河畔法蘭克福的一次大型納粹選舉集會，可能是希特勒一九三二年七月二十八日的演講大會。三年後的大選中，納粹黨贏得了百分之三十七‧四的選票，這是它歷次選戰成績的顛峰。一九三三年一月，希特勒成為總理。（*akg-images*）

17. 一九三四年二月十二日，社會黨人發動反對奧地利壓迫專制政府的起義後，一名衛兵站在維也納的卡爾・馬克思大院外。這次起義遭到政府軍血腥鎮壓。（*ullstein bild/ullstein bild via Getty Images*）

18. 一九三四年三月二十六日義大利「大選」（其實不過是公民投票鬧劇）的法西斯宣傳畫。畫面上滿是義大利文的「贊成」，上面加印墨索里尼「老大哥」的頭像，強調選民應該投贊成票。義大利只有一個政黨參選，所以國家法西斯黨不出意料地以將近百分之九十九・八四的得票率當選。（*Keystone-France/Gamma-Keystone via Getty Images*）

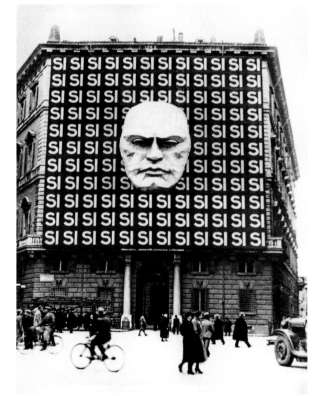

19. 一九三六年八月初，佛朗哥將軍的非洲軍等待乘坐納粹德國提供的容克五二型（Junkers Ju 52）飛機，飛往西班牙。希特勒和墨索里尼提供給西班牙民族主義軍的運輸援助，對佛朗哥在西班牙內戰中早期的成功至為關鍵。（*akgimages/ullstein bild*）

20. 一九三九年八月，德國兵看守下的波蘭人。他們可能要被送去德國做工，且肯定會遭遇不幸。（*akg-images*）

21. 一九四〇年五月底,盟軍被迫從敦克爾克撤退後,德軍宣傳隊的隊員在給英軍丟棄的軍事物資拍照。(*akg-images*)

22. 一九四〇年十月七日,德國向英國首都發動空襲,倫敦市民躲到地鐵站裡,睡在手扶梯上。(*akg-images*)

23. 黨衛軍挪威軍團的招募廣告，時間大約在一九四一年六月二十九日挪威軍團成立前後，上面印的口號是「對共同的敵人作戰……對布爾什維克主義作戰」。（*akg-images*）

24. 史達林格勒戰役結束後，一九四三年初被蘇聯紅軍俘虜的德國、義大利和匈牙利士兵的漫長隊伍。（*akg-images*）

25. 一九四三年奧地利毛特豪森集中營裡的囚犯。他們被迫扛著沉重的花崗岩石塊爬上一百八十六級台階，將石塊運出採石坑。（*akg-images/ullstein bild*）

chaque heure de travail en Allemagne
c'est une pierre apportée au rempart qui
PROTÈGE LA FRANCE

26. 一九四四年法國宣傳「義務勞動」的反布爾什維克海報，上面的口號是「在德國勞動的每一個小時，都是在保護法國的工事上加的一塊石頭」。但是，法國士兵痛恨勞役，許多人逃跑加入了日益壯大的反抗運動。（*Art Media/Print Collector/Getty Images*）

27. 一九四四年六月四日羅馬解放後，義大利人圍觀美軍坦克駛過古羅馬競技場。（*akg-images/Universal Images Group/SeM*）

28. 二次大戰結束時蘇聯人鏡頭下滿目瘡痍的華沙。一位波蘭婦女看到這座被毀壞的城市後說：「這是墳場，這是死亡之地。」（*akg-images/Universal Images Group/Sovfoto*）

29. 一九四六年五月六日,捷克斯洛伐克克利貝雷茨(賴興貝格)附近的一群蘇台德德裔人口,正等著被送去德國。他們看起來輕鬆愉快,也許他們以為最艱難的時節已經過去。到一九四七年秋天,共有約三百萬德裔被從捷克斯洛伐克趕到德國,手段往往極為野蠻。(*Sovfoto/UIG via Getty Images*)

30. 這幅宣傳馬歇爾計畫的海報上的標語是:「為馬歇爾計畫開路」。美國的援助方案被比做通往西歐新繁榮的道路。史達林拒絕了馬歇爾計畫提供給東歐集團的協助。(*Archiv Gerstenberg/ ullstein bild via Getty Images*)

地獄

To
Hell
and
Back

Europe, 1914-1949

二十世紀歐洲百年史

‖卷‖一

Ian Kershaw

伊恩·克蕭●著林華●譯

之行

導讀

歐洲二十世紀的「三十年戰爭」

杜子信[1]

　　自從二○二○年二月俄烏戰爭爆發以來，戳破了長期以來歐美各國所深信並期待的想望，意即透過密切商業往來與全面政經社交流政策，俾進一步消弭強權國家侵略野心。在幻想破滅之餘，歐美各國因而不得不改弦易轍，藉由逐步軍援烏克蘭的模式，以阻卻俄羅斯的擴張野心。然而在這場歷時已逾一年的戰爭中，軍援規模與質量上的權衡卻又再三地考驗歐美各國政要，唯恐一旦逾越遠距打擊武器的界線，將導致俄羅斯不惜動用大規模毀滅性武器而與西方世界同歸於盡。即令俄方只採用有限的戰術性毀滅武器，恐仍不免使歐洲大陸深陷浩劫，尤其身處衝突之側的歐洲各國，更是唯恐這場爆發於歐陸東部的戰爭全面失控，進而波及到中西歐各地。探究歐洲各界深層恐懼之由，即是擔憂當前的歐洲大陸重現上個世紀前期的夢魘，此即本書上卷的書名：「地獄之行」，詳讀本書，絕不難想見當前歐洲各界上述憂慮之所由。

　　事實上，英國史學家伊恩・克蕭在這部專著中，實可謂具體而微

1　德國卡瑟爾大學歷史學博士、國立中正大學歷史學系副教授。

地說明了在上個世紀前期的短短三十幾年間，歐洲大陸上所經歷過的幾近自我毀滅的歷程：慘絕人寰的第一次世界大戰及第二次世界大戰接續肆虐，使得遠從近古的大航海時代以迄近代及現代以來，對比於世界其他文明圈即已逐步取得絕對優勢地位的歐洲文明，幾乎毀於一旦。這段曾被史學家稱之為「死亡時代」的二十世紀上半葉的歐洲血腥殘暴年代，究竟其內部經歷了何種變化？又因何而導致此種變化發生？何以就在十九世紀後半期仍全面主導國際政治事務、掌控全球商業金融命脈、主宰大片海外殖民地，並在文化成就上打造出「世紀末」及「美好時代」的藝文盛世之期的歐洲列強，竟在世紀之交後的轉瞬幾十年間，接二連三地展開同室操戈、血腥屠戮之舉，從而導致至二十世紀中期時，歐洲大陸幾乎化為一片瓦礫廢墟之景？

　　克蕭教授在其所潛心深究鑽研的這部專著中，即是將上述的種種疑問的答案鉅細靡遺地一一呈列於讀者眼前，從而解開這段猶如歐洲文明自傷自毀的迷團。克蕭教授詳細羅列了導致歐洲大陸在二十世紀初的三十年之間由璀璨而崩毀的四大要因：各個民族主義陣營間的敵對攻伐、爭奪所謂「固有疆域」或「民族聖土」而引發的領土爭端、左右翼極端勢力的崛興與奪權，以及資本主義的種種缺失。這四大因子彼此間糾結纏繞所衍生的一系列惡果，正是二十世紀前期歐洲文明幾乎墜入萬丈深淵之所由。對比過往所處理的有關近現代歐洲的各類著作，雖不乏亦會探討到這四項因子所造成的二十世紀前期的災難，然而克蕭教授的本部著作實有其獨到且深入的創見。

　　首先，他並不將一戰與二戰視為相隔二十年而先後爆發的兩場大戰，而是將一九一四至一九四九年之間視為一個連續不斷的戰爭暴力與血腥煉獄的時代，亦即這是爆發於歐洲大陸上的另一次「三十年戰爭」（Thirty Years' War），時間點則在二十世紀前期。在其觀點之中，一戰與二戰之間即令表象上看似有著戰火停歇的二十年，甚至還

出現了所謂一九二〇年代的藝文風華歲月，然而實際上這現象僅出現在西歐與中歐之地，但在廣大的中東歐及東歐地區，此一時期仍深陷於從未曾中斷的烽火煉獄與殺戮戰場之中，包括德波邊界爭端、波蘇邊界戰爭、波羅的海三國獨立戰爭、芬蘭內戰、羅匈邊界戰爭、希土邊界戰爭，以及蘇聯內戰等等，這些延續甚久的血腥殘酷戰爭，所導致的傷亡人數其實並不亞於一戰。此外，克蕭教授尤其在本書中，進一步分析了殘殺猶太人的行動在歐陸東半部殺戮戰場上所扮演的關鍵性角色，反猶及排猶行動毫無疑問地在這一系列慘無人道的中東歐及東歐各支民族與國家的激烈廝殺中，成為一項深化敵對各方仇恨與敵對的因子，遂使衝突以極端血腥與殘暴而呈現。

　　一戰結束後，協約國、尤其是法國，基於強烈報復情緒及自身國家利益考量，決心按照自身意願而重劃戰後歐洲新秩序，於是除了強迫被視為一戰發動者罪魁禍首的德國簽下嚴苛的凡爾賽條約之外，同時也藉由中歐的奧匈帝國及東歐的俄羅斯帝國的瓦解之際，在上述原三大帝國的邊界交壤地帶，亦即從波羅的海一直延續至亞得里亞海這片在一戰後成為政治真空的狹長區域，建立起一系列的新興國家：芬蘭、愛沙尼亞、拉脫維亞、立陶宛、波蘭、捷克斯洛伐克、羅馬尼亞及南斯拉夫。法國將這些新興國家所處的條狀地帶稱為所謂的「防疫地帶」（cordon sanitaire），意謂此區將在法國的主導下，兼具東抗俄國及西防德國兩大強權之再起的雙重任務。至於德國則因這片狹長的條狀地帶夾處於德俄兩大強權之間而喚其為「夾層歐洲」（Zwischeneuropa），於是就浮現了「中歐的東半部」（East Central Europe）或簡稱「中東歐」的專有名詞。然而法國政要的戰後歐洲新秩序安排實是基於自身國家利益的考量而定，卻完全未顧及到現實層面上的種種窒礙難解的問題，諸如中東歐及東歐各支民族主義陣營間的尖銳對立、民族分布領域與人為強行劃定的國界不符、新興中東歐

國家對民主政體的全然陌生，以及階級間的仇恨敵對等等因素，致令一戰後的中東歐及東歐地區迅即陷入嚴重的民族與民族間、國家與國家間、國家與內部少數民族間及國家內部不同政黨間的敵對衝突之中，最後則爆發一系列大規模且連綿數年之久的血腥戰爭，終致造成百萬人民深陷殺戮而填屍溝壑之中。

於是一戰後的烽火煉獄一路由德波之間的「波蘭走廊」（Polish Corridor，即西普魯士及波森之地）及上西里西亞工業區的爭端，延燒至波俄之間的白羅斯及烏克蘭的歸屬戰爭、芬蘭的白紅內戰、波海三國的抗俄拒德的民族暨國家之獨立戰事、羅馬尼亞及匈牙利間的外西凡尼亞歸屬權之衝突、希臘與土耳其間的東愛琴海暨小亞細亞地域之爭奪戰，以及蘇聯紅軍與白軍的激烈內戰等等。而在這些一系列殘暴戰爭在進行的同時，右翼激進民族主義與左翼紅色共產主義兩陣營的交相衝擊與威脅，亦使中東歐各國政局深陷難以運作而致暴力肆虐的境地，終而導致在一九二〇至一九三〇年代，絕大部分的中東歐國家的民主政體紛紛垮台瓦解，獨裁政權則成功的奪取大權而上台，這種透過訴求敵視並醜化國內政敵、鄰近國家或其他族裔而奪權的行徑，無疑凸顯出中東歐各地人民在經年戰爭的折磨下，漸對暴力行動的冷眼乃至於無感，終使暴力行徑一如戰爭般在一戰後的中東歐地區走向常態化。

反猶及排猶行動在中東歐及東歐各地的極端化及頻繁化，尤其見證著中東歐地區血腥暴力程度的可懼性。相較於中西歐各國自從十八世紀後期啟蒙運動重視人道主義，以及十九世紀初法國大革命訴求自由平等博愛的理念下，「西歐猶太人」（Western Jews）逐步獲得各國公民權而得以融入主流社會之中，但在中東歐及東歐地區則不然，由於中東歐及東歐各支民族主義在對抗統治者當局或彼此對抗的過程中，若非將「東歐猶太人」（Eastern Jews）視為統治當局的爪牙，否

則就是視其為敵對民族潛伏在自身社會的第五縱隊，再加上猶太社群群聚而生所產生的孤立隔絕性，並信奉向來被東西教會皆視為謀害耶穌要角的猶太教的獨特性，致而一再淪為中東歐及東歐各支民族主義陣營互鬥攻擊下的代罪羔羊。整個十九世紀至二十世紀初的進程中，中東歐及東歐各地的「猶太人屠殺」（Pogroms）事件此起彼伏，乃至於成為一種社會常態，舉凡各國內政外交重大失策或民族問題無解之際，總以猶太人屠殺作為一種宣洩管道。此種反猶、排猶行徑更在一戰後，以更趨激進失控的態勢而上演，在各國各地區頻繁上演的屠戮戰爭及暴力橫行的亂世之中，成群成社區的猶太人橫遭大批甚至集體的殺害，幾乎成為中東歐及東歐地區的常態，這使得東歐猶太人面臨愈形惡劣的生存環境，除了若干有識之士發起堅決重返「以色列之地」（Eretz Israel）的「錫安主義」（Zionism）之外，其他大批猶太人則成群地流亡至中西歐各國。

　　然而成群的東歐猶太人在逃向中西歐各國時，其殘破不堪及乞憐為生的形象，又引發了中西歐各國社會對東部低劣文化將威脅西方高等文明的深層疑慮，於是在過去所發展出的種族主義及社會達爾文主義的基礎上，大幅激化了反猶太人的情結。與之同時，尚有先前若干西歐猶太人金融鉅子掌控中西歐各國金融命脈，頗令各國許多政要及知識分子心生坐立難安的疑慮。再加上為了擺脫各類藝文詮釋權掌控在學院派之手，猶太藝文創作者另闢截然有別於前的新銳藝文風格，使得許多中西歐各國人士唯恐過去長期掌控的藝文審美觀遭到取代，從而大力批判這類藝文風格為「墮落藝文」。諸如上述所列種種，遂使反猶主義如烽火燎原般席捲了全歐各國，在各國人民逐步增強對猶太人反感的同時，基本上也埋下了日後極端政治人物奪取政權後，對猶太人進行全面「種族滅絕」（Genocide）及「大屠殺」（Holocaust）的背景。

　　克蕭教授在本書中，透過對一九一四至一九四九年的三十餘年間，在歐洲大陸上所經歷的政治經濟、社會文化各面向發展的翔實剖析，從中歸結出何以一個高度發展成熟的歐洲文明圈竟至走向近乎自我毀滅，從而墜入了殘酷血腥的戰爭與暴力橫行的人間煉獄的歷程。各項論點讀之不禁令人為之長思深省，在當今世界若干地區再次陷入烽火連天的此刻，世局隱然有再次步向上個世紀的人類大浩劫的趨勢，如何能匯集群意並發揮高度智慧，從中尋求解決之道，或許這部《地獄之行》已然為當今人類文明提供了預警式的勸誡，並且指出具體且可行的解決方案。

　　本書非常值得推薦給國內各大學歷史學系、政治學系，以及國際關係學系的教師與學生，作為了解歐洲現代史的基礎知識，同時相信對於雅好及關注國際政局發展的讀者，亦能帶來極大的閱讀樂趣。

推薦序

走過《地獄之行》，
若即若離的歷史思辨之旅

黃哲翰[1]

作為二○二○年代的中文讀者，要思考二十世紀兩場大戰的歐洲史，我們擁有比過去更豐富的資源，但就某方面而言，卻同時也比過去遭遇更多意料之外的障礙。

這些障礙有一部分來自道德上的疲乏感。兩次大戰的苦難是如此巨大、對戰後世界的形塑是如此深遠，以致於任何歷史書寫都不可能不帶有反省過去的道德意圖。而隨著相關議題出版與媒體資源的積累，再加上中文讀者與歐洲生命經驗的距離，對兩次大戰之黑歷史的熟習，亦容易固化定型為某種概括式的反省，以及過度理念化的道德評斷。與此相伴的閱讀體驗往往就是，相關書寫中頻繁出現的「浩劫」、「深淵」、「地獄」……等描繪災難的形容詞發生通膨貶值，讓人對其所承載的重量逐漸冷感，而針對「法西斯」、「種族清洗」、「滅絕營」、「赤色恐怖」等關鍵字的警惕，彷彿也褪色成了老生常談的說教。

1　文史工作者、轉角國際專欄作家。

　　思考兩次大戰之歐洲史的障礙，更多則來自當前危機重重的時局。從二〇一〇年代右翼民粹席捲歐美、資本與民主建制的正當性遭受挑戰、到中國邁向極權擴張、乃至二〇二二年俄羅斯侵烏戰爭對歐洲的震撼……重大變局接踵而至，濃厚的既視感每每令人無法不聯想到一九一四年與一九三九年大戰爆發前夕的歷史發展。不少議論因此常訴諸歷史的類比，例如將二〇一〇年代的右翼民粹潮與一九三〇年代的法西斯運動互文，將新疆集中營與納粹滅絕營做對照，又或是在軍援烏克蘭的爭論中，和平派與軍援派會分別訴諸一戰與二戰的教訓而各執一端……等。如此將歷史與時局交相格義，一方面固然在急迫的時局下為公眾打開了歷史思考的意義與現實感，但也容易在不知不覺間讓受眾的歷史視野被當前的時局所縮限，反倒削弱了借鑑歷史的銳利與深度。

　　要繞過上述觀史的障礙，大約可有兩個方向：其一是盡量聚焦於史實細節，並克制與時事做互文聯想，換言之，讀者本身也該具備一定程度之嚴謹治史的意識，以便讓兩次大戰的歐洲史自己說話。其二則是嘗試鳥瞰這段歷史過程，去釐清兩次大戰前後歐洲政治、經濟、科技、文化、大眾心理所交織出來的大局脈動。據此，我們不必過於排斥歷史與時事的類比，因為互文對照的是脈絡而非抽離脈絡的個別事件、或是個別行動者的作為。

　　英國史家克蕭這部面向大眾的作品，正好能讓二〇二〇年代的中文讀者兼顧這兩個方向。《地獄之行》是克蕭為「企鵝出版社‧歐洲史系列」所撰寫之二十世紀歐洲史二部曲的上冊，本作除了內容翔實之外，組織邏輯更是清晰連貫：作者從籠罩全歐的民族衝突（多元族群分布導致的領土衝突）、工業資本主義症候群（都市化效應、工與農的對立）、階級仇恨（資產與無產階級的對立）、乃至於統治正當性危機（政黨政治失能、社會裂解、民粹反政府）等角度切入，既對

照了歐洲東西部之間的差異，又一氣呵成地從東西落差的互動中描繪出一個牽動整個歐洲、將之從表面上的黃金時代推入自我毀滅之深淵的大勢所趨。

　　就像作者在書中曾引用的一句話：「歷史抗拒結束，正如自然不容真空；我們時代的故事是一個長長的句子，每一個句號都是逗號的胚胎。」作者本身亦相當擅長填補真空，在歷史每一個發展段落的句號上，為讀者勾畫出那細微難辨的逗號胚胎，再接著又鋪展蔓延到下一個句號，終而貫串成一股歷史呼吸的暗流脈動，將眾人眾族群相繼捲入無底的漩渦裡。

　　因而克蕭筆鋒之下所勾勒出來的大脈動，並非抽象籠統的歷史玄學，而是由再具體不過的政治折衝、經濟落差、社會矛盾、大眾心理……等細節所匯流而成。

　　在克蕭的筆下，歐洲自我毀滅的端倪已潛藏於十九、二十世紀之交繁榮昌盛的「黃金時代」──潛藏在樂觀進步的表面下，資產家與工人的階級衝突中、工與農之間的城鄉衝突日益激烈氣氛裡。同時，面對迅速崛起的工人大眾，各國政治菁英透過時興的大眾媒體，藉助民族主義的宣傳加以收編，使得歐洲進入動員情感衝動的民族狂熱時代。民族狂熱的火苗在多元族裔混雜交錯的歐洲大陸上，便迅速悶燒。此狀況又以東南歐最為嚴重：族裔分布複雜，農民生活貧苦，再加上高壓殘暴的土地貴族政治文化，使得族裔衝突格外血腥，最後又往往轉嫁到猶太人身上。階級與民族的衝突與狂熱，導致社會達爾文主義、優生學、種族清洗、反猶主義等一系列極端思想，並在歐洲各處蔓延。

　　各國檯面上的政治菁英在帝國爭奪領土的地緣衝突中動員民氣、仇恨對手，但卻無法控制大眾的民族狂熱，終而騎虎難下，在無節制的軍備競賽中，宛如夢遊般地「滑入油鍋」，走進一次大戰的泥淖裡。

一戰中各國對敵人刻板化的仇恨宣傳、戰場上毫無憐憫的機械式屠殺、戰後多元族裔帝國的崩潰與民族自決運動的興盛，留下了一個筋疲力竭但更加分裂衝突的歐洲。無意義的殺戮也在戰後造成人們對保守派統治菁英的懷疑與虛無主義，引發國家正當性危機，而社會經濟的動盪又讓底層人群轉而期待蘇俄式的社會主義革命，但後者血腥的階級清洗卻也同時導致中產群眾深層的恐懼。

歐洲各地蔓延的虛無與恐懼隨即成了再次訴諸民族狂熱、反社會主義、反國家建制、並且崇尚戰爭暴力之極右民粹運動的溫床。除英國與西、北歐少數民主根基相對穩固的國家之外，傳統右派菁英軟弱無力、甚至與極右民粹匯流，終在一九二〇年代末以及整個三〇年代，讓法西斯運動與保守專制獨裁成為遍布歐洲各地的基調。一次大戰的終結，反而更加激化了原本民族、階級等種種衝突因素，讓歐洲進入自由民主、法西斯／納粹、共產主義的極端意識形態對立。終而又因民主陣營國家對納粹德國的一連串誤判，讓歐洲踏著善意綏靖的腳步，掉入一場更巨大的自我毀滅。這一切直到數千萬的傷亡與族裔大清洗，粗暴地摧毀了戰前的衝突與齟齬，讓歐洲在一九四五年繼續邁出沉重腳步，帶著永難平復的創傷重新開始一切。

要閱讀這些錯綜蔓延的歷史軸線，其實並不容易。然而，本書作者簡潔清晰的筆調，卻能引領讀者大眾穿過層層疊疊的因果，清楚地見到歐洲人在二十世紀前葉狂熱地召喚出來的、那碾碎一切國家的深淵巨獸，以及在巨獸蹂躪過的終焉廢土上，又一次冒出的歷史句號上的胚胎。

目 次
contents

地圖

1914年的歐洲

芬蘭

瑞典

聖彼得堡

斯德哥爾摩

愛沙尼亞

利窩尼亞

莫斯科

庫爾蘭

波羅的海

俄　羅　斯

東普魯士

尼曼河

頓河

坦能堡

白俄羅斯

波森

華沙

哈爾科夫

頓涅茨河

國

波蘭

基輔

聶伯河

奧匈帝國

維斯瓦河

加里西亞

烏　克　蘭

維也納

布達佩斯

敖德薩

克里米亞

塞瓦斯托波爾

羅馬尼亞

布加勒斯特

黑　海

波士尼亞

貝爾格勒

塞拉耶佛

赫塞哥維納

塞爾維亞

保加利亞

博斯普魯斯
海峽

蒙特內哥羅

索菲亞

阿爾巴尼亞

君士坦丁堡

亞得里亞海

希臘

愛琴海

鄂　圖　曼　帝　國

雅典

賽普勒斯
（英屬）

利比亞
（義屬）

埃及
（英屬）

斯卡帕灣

北　海

挪威

丹麥

漢堡

N

0 ⎯⎯⎯ 300 英里
0 ⎯⎯⎯ 500 公里

愛爾蘭
自由邦 •都柏林

英　國

荷蘭

威瑪德國

倫敦

海牙

英吉利海峽

布魯塞爾

科隆

威瑪

比利時

盧森堡

4

貢比涅

凡爾賽 •巴黎

洛林

大　西　洋

亞爾薩斯

慕尼黑

法　國

瑞士

日內瓦

南提洛

波爾多

洛迦諾

馬賽

葡萄牙

里斯本

•馬德里

•巴塞隆納

科西嘉
（法屬）

西班牙

薩丁尼亞
（義屬）

塞維亞

巴利阿里群島（西屬）

地

中

直布羅陀（英屬）

丹吉爾國際區

摩洛哥（西屬）

阿爾及利亞（法屬）

阿爾及爾

突尼西亞

第一次世界大戰後歐洲的領土變化

斯陸

芬蘭

赫爾辛基　　•列寧格勒

斯德哥爾摩　　塔林•

瑞典　　　　愛沙尼亞

•莫斯科

里加•

波羅的海　　拉脫維亞

哥本哈根•　　梅梅爾•　　立陶宛　　俄羅斯蘇維埃

考納斯•

但澤•　東普魯士　　維爾紐斯•

波蘭走廊　　　2　　白俄羅斯　　蘇　維　埃　聯　邦

柏林•　　　　　華沙•　　蘇維埃

西里西亞　　•布列斯特—立陶夫斯克

波蘭

3　　　•基輔

布拉格•　　　切申•　加里西亞

捷克斯洛伐克　　　　　　烏克蘭蘇維埃

維也納•

奧地利　　布達佩斯•　　　　比薩拉比亞

匈牙利　　外西凡尼亞　　克里米亞

羅馬尼亞

的里亞斯特•　　　　　　　　多布羅加

阜姆•　　　　布加勒斯特•　　黑　海

貝爾格勒•

義　南斯拉夫王國　　保加利亞

大　亞得里亞海　　蒙特內哥羅　　索菲亞•

利　羅馬•　　　　　　　　　　　伊斯坦堡•

那不勒斯•　阿爾巴尼亞　　　　　　　　•安卡拉

塞薩洛尼基•　土　耳　其

希臘

伊茲密爾•

西西里　　　　　　　雅典•

海　　　　　　十二群島　　賽普勒斯

（義屬）　　（英屬）

馬爾他（英屬）

納粹主義下的歐洲，1942年底

冰島

挪威

瑞典

北愛爾蘭

丹麥

但澤

愛爾蘭　英國

漢堡

柏林

荷蘭

大　西　洋

比利時

納　粹　德　國

波希米亞和
摩拉維亞保護國

布拉格

維也納

法　國

瑞士

匈

克羅埃西亞

葡萄牙

科西嘉

義

大

利

亞得里亞海

西班牙

薩丁尼亞

地

中

西西里

摩洛哥

阿爾及利亞

海

突尼西亞

馬爾他

納粹德國
與軸心國合作的國家
德國占領的土地
義大利及其領地
中立國

0   200   400 英里
0   200   400 公里

芬蘭

納粹德國專員轄區

東方專員轄區

莫斯科

蘇聯

波蘭總督區

史達林格勒

基輔

烏克蘭專員轄區

克拉科夫

里海

利

羅馬尼亞

黑 海

塞爾維亞

蒙特內

保加利亞

哥羅

土 耳 其

伊朗

阿爾巴尼亞

希臘

賽普勒斯

黎巴嫩

敘利亞

伊拉克

N

挪威

瑞典

芬蘭
租借給蘇聯
直到1955年

給蘇聯
拉多加湖

列寧格勒

北海

丹麥

波羅的海

東普魯士

愛沙尼亞
給蘇聯

拉脫維亞
給蘇聯

立陶宛
給蘇聯

蘇聯

荷蘭

比利時

盧森堡

美占區

英占區

柏林

蘇占區

給波蘭

給蘇聯

給波蘭

華沙

波蘭

德國

法國

瑞士

美占區

布拉格

蘇占區

維也納

美占區

奧地利

法占區

英占區

捷克斯洛伐克

匈牙利轉交
給捷克斯洛伐克
布加勒斯特

匈牙利

西里西亞

羅馬尼亞

利維夫（利沃夫）

北布科維納

外喀爾巴阡—魯塞尼亞

比薩拉比亞
給蘇聯

威尼斯朱利亞
給南斯拉夫
（後來又移交
給義大利）

給法國

的里亞斯特

貝爾格勒

南斯拉夫

南多布羅加
給保加利亞

布達佩斯

黑海

義大利

羅馬

亞得里亞海

保加利亞

索菲亞

伊斯坦堡

阿爾巴尼亞

希臘

雅典

--- 1938年的國際邊界

二次大戰後易手的領土

0   100   200 英里

0   100   200   300 公里

十二群島
義大利
給希臘

第二次世界大戰後歐洲的領土變化

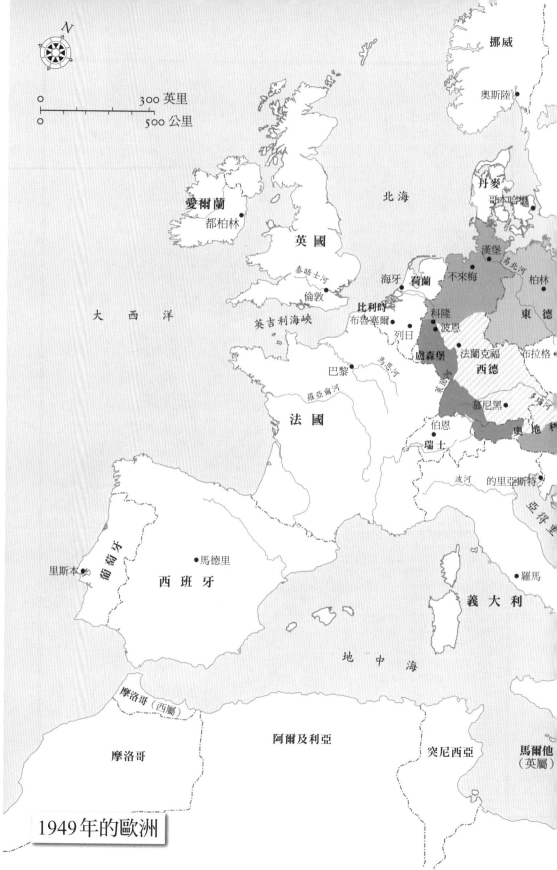

挪威

奧斯陸●

丹麥

哥本哈根●

漢堡●

不來梅●

柏林●

易北河

東德

布拉格●

科隆●
波恩●

法蘭克福●

西德

慕尼黑●

奧地利

多瑙河

北海

愛爾蘭

都柏林●

英國

泰晤士河

倫敦●

荷蘭

海牙●

比利時

布魯塞爾●
列日●

盧森堡●

馬恩河

巴黎●

羅亞爾河

法國

伯恩●
瑞士

萊茵河

波河

的里亞斯特●

亞得里亞

大　西　洋

英吉利海峽

葡萄牙

里斯本●

馬德里●

西班牙

義　大　利

羅馬●

地　中　海

摩洛哥（西屬）

摩洛哥

阿爾及利亞

突尼西亞

馬爾他（英屬）

N

0　　　　300 英里
0　　　　500 公里

1949年的歐洲

同盟國在德國的占領區
（1945-1955年）

英國
美國
法國
蘇聯

芬蘭

赫爾辛基
列寧格勒

瑞典

斯德哥爾摩
愛沙尼亞

莫斯科

拉脫維亞

波羅的海
立陶宛

俄 羅 斯

蘇 聯

加里寧格勒
尼曼河

頓河

白俄羅斯

華沙

波 蘭

哈爾科夫

頓涅茨河

基輔
聶伯河

維斯瓦河

烏 克 蘭

捷克斯洛伐克

維也納

布達佩斯

匈牙利

敖德薩

克里米亞

羅 馬 尼 亞

塞瓦斯托波爾

札格雷布

貝爾格勒

布加勒斯特

黑 海

南 斯 拉 夫

保加利亞

索菲亞

亞海

阿爾巴尼亞

伊斯坦堡

土 耳 其

希臘

愛琴海

雅典

賽普勒斯

利比亞

埃及

作者序

　　本書屬於一部自一九一四年至今的歐洲史，是兩卷中的上卷。在我寫過的書中，可以說是最難寫的一部。從某種意義上說，我寫每一本書都是為了對過去的某個問題獲得更深的理解。本書所敘述的近期歷史涉及多如牛毛、錯綜複雜的問題。但無論困難多大，試圖弄懂不久前的力量如何塑造了今天的世界，這個誘惑仍是無法抵抗的。

　　當然，二十世紀歐洲史不單有一種寫法。包括艾瑞克・霍布斯邦（Eric Hobsbawm）、馬克・馬佐爾（Mark Mazower）、理查・韋南（Richard Vinen）、哈羅德・詹姆斯（Harold James）和伯納德・瓦瑟斯坦（Bernard Wasserstein）在內的許多作家已經寫出了立意不同、結構各異的出色歷史著述，對這段歷史各有特別的切入角度。本書和在它之後的下卷當然代表著我個人對這個波瀾壯闊的世紀的看法。像每一部試圖涵蓋一段漫長時期內世間萬象的作品一樣，本書無法不高度倚靠他人此前做過的研究。

　　我深知，關於本書的一切內容，都能找到浩如煙海、精湛優質的專家論述。只有在涉及一九一八到一九四五年間德國歷史的幾個方面，我才有權說自己做過一手研究。在別的方面，我只能依賴其他學者在許多不同領域中的出色工作。哪怕我有超強的語言能力，也不能不倚靠他人的研究成果。沒有哪個學者能夠親自閱遍全歐洲的檔案，而且既然專攻具體國家歷史和特定歷史題目的專家已經做了研究，就

沒有必要另起爐灶。因此，本書敘述的歷史是建立在無數他人研究成果的基礎之上的。

受企鵝出版社歐洲史系列叢書的體例所限，我寫作時參考的許多不可或缺的歷史文獻都無法提及，包括專題論文、當時文件的不同版本、統計分析報告，以及對具體國家的專門研究。書後列舉的參考文獻反映了我主要借重的作家。我希望他們能原諒我無法在注腳中提到他們的著作，也希望他們能接受我對他們治學偉績的由衷讚賞。因此，我的任何原創都僅限於本書的組織與解釋，即對這段歷史的寫法以及書中論述的基本理念。

我為導言定的標題是「歐洲自我毀滅的時代」。它確定了本書立論的框架，也提示了下卷的敘事角度。書中的章節按時間順序安排，並根據主題進一步細分。因為我特別注意歷史這齣大戲是如何一步步展開，也特別關心具體歷史事件是如何形成，所以我把這段歷史分成幾個比較短的時間段，自然也要分別討論每個時間段內促使各個歷史事件發生的不同力量。因此，書中沒有專門論述經濟、社會、文化、意識形態或政治的章節，但每一章中都有關於它們的內容，雖然對這些因素強調的程度各有不同。

本書敘述的是二十世紀上半葉的歷史，其主要內容就是戰爭。這是寫作的一大困難。在這樣一本涉及廣泛題材的書中，怎麼可能透澈地討論第一次和第二次世界大戰這麼重大的題目呢？關於兩次世界大戰的著作汗牛充棟，但我不能乾脆叫讀者去另找書看（雖然關於本書的每一個主題，讀者都可以參照其他的作品）。因此，我覺得在與兩次世界大戰直接有關的章節開頭的地方，應該對前線的戰局發展做一個極為簡略的概述。這主要是為有關的章節定向，並勾勒出造成如此慘烈後果的大災難的規模。儘管對有關事件的描述簡明扼要，但那些事件顯然具有關鍵意義。在其他情況中，我也曾仔細思考過是否應理

所當然地假設讀者熟悉相關史實，例如說，法西斯主義在義大利興起的背景，或西班牙內戰的發展過程。最後我還是認為，簡單的概述也許會對讀者有幫助。

我自始至終都注意在敘事中加入一些當時人對親身經歷的描述，好讓讀者對那個時代的生活稍有了解。那個時代與今天的歐洲在時間上相隔不遠，在性質上卻大相徑庭。當然，我知道，個人經歷僅僅是個人經歷，在統計上沒有代表性。但是，這些經歷經常可以體現或反映更廣泛的態度和想法。無論如何，書中描述的個人經歷提供了生動的圖景，比枯燥的抽象分析更能使讀者在感性上了解，當時的人是如何應對打亂了他們生活的強大力量。

當然，歐洲史不等於把歐洲各國的歷史簡單加在一起。本書要描寫的是歐洲大多數乃至所有組成部分中對歐洲歷史發揮了驅動作用的力量。一般性的總結自然只能是鳥瞰，沒有細節，只能籠而統之，不聚焦具體特點，雖然只有放眼全域才能辨出特定事件的發展輪廓。我力圖不遺漏歐洲的任何一個地區，也經常強調歐洲東部特別悲慘的歷史。然而，一些國家不可避免地比其他國家起的作用更大（或更可悲），因而值得我們更加注意。本書和下卷所說的歐洲包括俄國（當時是蘇聯）。我們不可能將這個如此關鍵的國家排除在外，儘管俄羅斯帝國／蘇聯的大片領土超出了歐洲的地理界線。同樣，當土耳其深入參與歐洲事務的時候，它也被包括到本書的論述範圍內，但一九二三年鄂圖曼帝國解體，土耳其民族國家建立之後，土耳其對歐洲事務的參與即急劇減少。

本書以對一次大戰前夕歐洲形勢的概覽開始，之後的各個章節逐次論述大戰本身、戰後的情況、二〇年代中期的短暫復甦、大蕭條的慘痛打擊、又一場世界大戰逼近，以及戰火如何在一代人的時間內重燃，還有二次大戰造成的文明崩潰。我還在按時間順序安排的結構中

插入了一個主題章節（第九章），探索一系列跨越之前各章所涵蓋短暫時期的長期主題性歷史，諸如人口和社會經濟的變化、基督教會的立場、知識分子的態度和大眾娛樂的發展。最後一章又回到了時間順序的框架之內。

我原打算把上卷敘述的截止時間定為一九四五年，因為那是二次大戰的戰事停止的時候。但是，儘管歐洲的正式作戰行動止於一九四五年五月（對日作戰是在八月結束的），但一九四五到一九四九年這段歐洲歷史上重要時期的軌跡，卻明顯是由戰爭本身及對戰爭的反應塑造的。因此，我覺得，和平正式回到歐洲那一刻之後的事態發展也不可忽視。一九四五年時，戰後新歐洲的輪廓幾不可辨，後來才逐漸顯露出來。所以我認為有必要加上最後一章來介紹戰爭剛結束時的情況，那段時間不僅仍然暴力頻發，而且給一九四九年一分為二的歐洲打上了難以抹除的印記。因此，我把上卷截止的時間定在了一九四九年，而不是一九四五年。

足球賽中場休息後如果出現比賽情勢大反轉，足球球評最喜歡說的一句話是：「上下半場兩重天。」歐洲的二十世紀也完全可以視為兩個半場的世紀，也許一九九〇年後可以算是「延長賽」。本書論述的只是這個異乎尋常、充滿戲劇性的世紀的上半葉。在那段時間內，歐洲打了兩場世界大戰，動搖了自己文明的根基，似乎鐵了心要自我毀滅。

伊恩・克蕭，二〇一四年十一月於曼徹斯特

導言

歐洲自我毀滅的時代

Europe's Era of Self-Destruction

人民的戰爭將比國王的戰爭更可怕。

——溫斯頓‧邱吉爾，一九○一年

　　歐洲的二十世紀是戰爭的世紀。這個世紀的主要特點就是兩次世界大戰，繼以長達四十多年、直接由二次大戰造成的「冷戰」。那是一段劇烈動盪、悲慘痛苦、極為引人注目的時期，是一段大動盪與大變遷的歷史。二十世紀的歐洲去地獄走了一遭。一八一五年拿破崙戰爭結束後，有將近一百年的時間，歐洲雄踞文明的顛峰傲視世界，但從一九一四到一九四五年，它卻落入了野蠻的深淵。但這個自我毀滅的災難性時期過後，歐洲出現了過去無法想像的穩定和繁榮，儘管也付出了不可彌合的政治分裂這一沉重代價。在那之後，歐洲再次實現了統一，但全球化日益加深造成巨大的內部壓力，帶來了嚴重的外部挑戰，歐洲在被二○○八年的金融危機推入一場至今仍未解決的新危機之前，其內部的緊張就已經在不斷加劇了。

　　一九五○年後的時代將留到下卷去探討，本書講的是歐洲在二十世紀上半葉那個發生了兩次世界大戰的時代，是如何瀕臨自我毀滅。本書探討一次大戰釋放出來的危險力量，是如何最終發展為二次大戰

中難以想像的人性淪喪和大肆毀壞。這個災難，加上大戰中發生的空前的種族滅絕，使得二次大戰成為二十世紀歐洲艱難多舛的歷史中最重要的決定性時期。

　　下面的章節探討了造成這場無法估量的災禍的原因，找出了那幾十年特有的四個相互交織構成全面危機的要素：一、基於族裔與種族的民族主義的大爆發[1]；二、激烈且不可調和的領土要求；三、尖銳的階級衝突，具體表現為俄國的布爾什維克革命；四、曠日持久的資本主義危機（當時許多觀察家認為資本主義已經病入膏肓）。布爾什維克主義的勝利是一九一七年後出現的一個新要素。另一個新要素是資本主義的危機，危機幾乎持續不斷，僅在二〇年代中期那幾年稍有緩解。其他兩個要素在一九一四年之前已經存在，雖然遠不如後來表現得那麼嚴重。這四個要素無一是一次大戰的首要肇因，但一次大戰造成的一個至為重要的結果是這些因素的嚴重加劇。它們之間致命的互動催生一個異常暴烈的時代，導致比一次大戰的破壞性還大得多的二次大戰。這些相互聯繫的要素在中歐、東歐和東南歐為害最烈，它們大多是歐洲大陸最窮的地區。西歐的情形稍好一些（雖然西班牙是一大例外）。

　　一次大戰後，奧匈帝國和鄂圖曼帝國解體，俄國則在革命後立即爆發了激烈的內戰。這些事件釋放出了新的極端民族主義力量，通常以族裔為標準來確定國家認同。民族主義和族裔間衝突在歐洲大陸東部最貧窮的地區尤為激烈，因為在那些地區，不同族裔的人口一直是混雜而居的。民族主義經常把仇恨的矛頭指向猶太人，拿他們當代罪羔羊，把造成民眾痛苦和憤懣的責任都推到他們頭上。中歐和東歐的猶太人比西歐多，融合程度和社會地位一般來說也比西歐猶太人低。

1　編按：本書中，將ethnic譯為「族裔」，nation譯為「民族」，race譯為「種族」。

中歐和東歐的有關地區成了極端反猶主義的大本營，遠甚於德國。西歐地區在族裔上相對單一，民族國家經歷了漫長的過程方才形成。所以，西歐的族裔間緊張儘管不是完全沒有，但程度比東部輕得多。

此外，一次大戰的戰勝國和多數中立國也都位於西歐。重振國家威信和爭奪物質資源這些助長侵略性民族主義情緒的因素，在大陸東部的作用比在西部大得多。德國地處歐洲中心，西面與法國和瑞士接壤，國界以東是波蘭和立陶宛。作為一次大戰最大的戰敗國，德國掌握著歐洲未來和平的關鍵。對於戰勝方協約國的盛氣凌人，德國滿懷憤恨，僅僅暫時壓下了翻盤的野心。在歐洲南部和東部，奧匈帝國、俄羅斯帝國和鄂圖曼帝國垮台後，新的民族國家建立起來，但那些新國家往往是在重重困難之中勉強拼湊而成的。民族主義和族裔間仇恨毒化了政治，因此，這些地區成為二次大戰的主要殺戮場毫不令人意外。

一次大戰後，歐洲各國領土的劃分大大加劇了民族主義的衝突和族裔／種族間的緊張。一九一九年凡爾賽條約（Versailles Treaty）的起草者無論多麼好心，都無法滿足在往昔帝國的廢墟上建立起來的各個新國家的領土要求。在中歐、東歐和東南歐的大多數新生國家中，少數族裔都占了人口相當大的部分，成為發生嚴重政治動亂的隱患。國界爭端幾乎無處不在。少數族裔通常遭到占人口多數的族群的歧視，提出的要求也得不到滿足。另外，凡爾賽條約重新劃定了國界，自認受到不公平待遇的國家因此心懷怨恨，怒氣一觸即發。雖然義大利國內沒有族裔之分（除了戰後併入義大利，主要講德語的南提洛省的人民），但是老百姓仍然認為自己的國家遭受了不公對待，因為義大利儘管是一次大戰的戰勝國，卻沒能得到它垂涎的之後稱為「南斯拉夫」的領土，這樣的情緒正好為民族主義和法西斯主義所利用。德國對歐洲持久和平的威脅更大。德國和義大利一樣，國內也沒有族裔

分別，但民眾對戰後國家領土被割讓憤怒不已，強烈要求修改凡爾賽條約，這導致他們後來紛紛轉向納粹主義，也煽動了德國以外的波蘭、捷克斯洛伐克等地德裔少數族裔的不滿情緒。

極端民族主義在一次大戰後出現，並且愈演愈烈，箇中原因不僅有族群之爭，還有階級衝突。民眾的注意力一旦集中在民族國家內外的假想「階級敵人」身上，團結感即大為增強。戰後經濟的劇烈震盪和三〇年代經濟衰退的嚴峻後果，大大加劇了全歐洲的階級間敵對情緒。當然，在整個工業化時期，階級衝突時有發生，也常有暴力衝突。但是，與戰前的歲月相比，俄國革命和蘇俄的成立使得階級衝突變得異常尖銳。蘇俄推翻了資本主義，建立無產階級專政，構建了另外一種社會模式。一九一七年後，消滅資本家、生產工具收歸國有、大規模重新分配土地等主張吸引了貧苦大眾的支持。但是，蘇俄共產主義也造成了左派的分裂，使左派力量遭到嚴重削弱；同時，鼓吹極端民族主義的右派勢力卻大大加強。感覺受到布爾什維克主義威脅的主要是傳統的土地菁英階層、中產階級和擁有土地的農民，他們成為一支激進力量，在東山再起的右派的引導下組成了極具侵略性的新政治運動。

和號召革命的左派一樣，反革命運動也利用了階級衝突造成的憤恨和焦慮。它為了吸引盡可能多的支持，不僅鼓吹極端民族主義，而且激烈反對布爾什維克主義。特別受影響的又是中、東歐的國家，因為那裡的布爾什維克威脅似乎近在眼前。但是，極端民族主義與對布爾什維克主義近乎偏執的仇恨相結合，助長了右派群眾運動的興起，這才是國際上最大的危險。正是右派的群眾運動使得右翼勢力先在義大利，後又在德國執掌了國家權力。鼓吹仇恨的民族主義和反布爾什維克的力量把極右勢力推上了台。它們一旦轉向支持對外侵略，歐洲和平也就危在旦夕了。

　　第四個因素是其他三個因素的基礎，也與它們互相影響，那就是兩次大戰之間資本主義的持續危機。一次大戰重創了世界經濟，英國、法國和德國等歐洲主要經濟體虛弱無力，美國的經濟雖然一枝獨秀，卻不願意全力支援歐洲重建，這些共同構成了災難爆發的原因。日本在遠東，特別是在備受政治亂局困擾的中國，大肆擴張市場，侵蝕了歐洲的利益。大英帝國不僅在政治上，而且在經濟上也遇到日益嚴峻的挑戰。最明顯的例子是印度，那裡本地紡織工業的增長擠壓了英國的出口市場，使英國經濟雪上加霜。俄國爆發革命和內戰後，等於退出了世界經濟體系。資本主義危機是全球性的，但對歐洲破壞最大。

　　二十世紀二〇年代初的通貨膨脹危機和三〇年代的通貨緊縮危機之間，有過一段曇花一現的繁榮期，但事實證明它的基礎極為不穩。幾乎相繼發生的通膨和通縮危機造成了巨大的經濟和社會混亂。在一片人心惶惶中，貧窮和對貧窮的恐懼都極大地助長了政治的極端情緒。

　　光是經濟混亂尚不足以引發大規模政治動亂，還要有國家合法性的危機，其根本原因是出現了意識形態上的分裂和文化上的鴻溝，使得力量已經受損的權力菁英又遭遇群眾運動的新壓力。歐洲許多地方恰恰二者並存。在一些地方，各種極端的統合性民族主義（integral nationalism）勢力利用民眾因國威掃地、強國夢碎而普遍產生的失落感來挑起大規模運動，號稱要抗擊強大的死敵。在國家權威虛弱的國家中，這樣的極端民族主義勢力完全有可能奪取政權。

　　因此，使歐洲瀕臨自我毀滅的政治、社會－經濟和意識形態－文化的全面危機是由上述四個因素的相互交織、相互作用造成的。大多數歐洲國家，包括西歐國家，都或多或少受到這種相互作用的影響。不過，這四個因素在德國表現得最極端，它們互相強化，產生了爆炸

性效果。希特勒巧妙地利用了這場全面危機，提出以武力克服危機的思想。他掌握了對德國的獨裁控制後，歐洲爆發大災難的可能性隨即顯著增加。德國擁有巨大的經濟和軍事潛力（儘管一次大戰後一度有所減弱）。它要求修正一次大戰的結果，而且擴張領土的野心不死，這些都將直接侵害眾多國家的領土完整和政治獨立。歐洲的危機導致又一場戰爭浩劫的機率因而日益加大。危機演變成衝突的地點是歐洲大陸最不穩定的中部和東部，這當在意料之中；戰爭開始後，東歐淪為受破壞最嚴重、人性的扭曲與墮落表現得最突出的修羅場，也不應令人驚訝。

　　二次大戰的破壞是空前的。文明深層崩潰產生的道德影響在戰後的二十世紀，甚至二十世紀之後都貽害甚深。然而，值得注意的是，二次大戰與留下了一個爛攤子的一次大戰截然不同，它為歐洲在二十世紀下半葉的重生鋪平了道路。一次大戰後，民族、邊界與階級衝突加劇，資本主義遇到了深遠的危機；二次大戰的毀滅旋風卻把這些環環相扣的問題全部掃光。蘇聯對東歐國家的統治強力鎮壓了那些國家內部的民族分裂與騷動。戰後隨即發生的大規模種族清洗重繪了中、東歐的地圖。戰敗的德國滿目瘡痍，山河破碎，稱霸歐洲的夢想灰飛煙滅。西歐各國展現出全新的態度，願意為實現合作與融合而捐棄互相敵對的民族主義。兩個新興的超級大國劃定了各自的勢力範圍。原來助長極右勢力的反布爾什維克思潮皈依了西歐國家的意識形態，因而促進穩定保守政治的形成。另一個重要的因素是，（由美國積極領導的）改良資本主義在西歐造成了空前的繁榮，為政治穩定提供牢固的基礎。一九四五年後，所有這些根本性的變化共同消除了在兩次世界大戰中幾乎摧毀了歐洲的危險因素。

　　具有關鍵意義的是，二次大戰徹底打破了早在俾斯麥時代之前，一八一五年拿破崙時代結束時即已出現的歐洲列強爭霸的體系。浴火

重生的歐洲雖然在意識形態和政治上處於被撕裂的狀態，但是真正的強國只剩下美蘇兩家，它們隔著鐵幕對峙，各自按自己的模式主持著自己勢力範圍內國家與社會的重建。還有一個至為重要的因素：到一九四九年，兩個超級大國都擁有了原子彈，四年後，又造出破壞力更加駭人的氫彈。核子戰爭的幽靈自此出現，核子戰爭萬一打響，造成的浩劫將遠超兩次世界大戰。這個危險使人們心懷戒懼，幫助促成了一九四五年時誰也想不到在歐洲能夠實現的和平年代。

　　這些因素如何相互交織，共同促成了歐洲東西兩部分的轉變？這個問題我們將在下卷探討。本書將試圖解釋歐洲在波瀾起伏的二十世紀上半葉如何墮入了深淵，但在一九四五年跌到谷底的僅僅四年後，又如何開始奠定基礎，實現了驚人的復甦，在戰火的餘燼中涅槃重生，踏上走出人間地獄的回歸之路。

第一章

懸崖邊緣

On the Brink

我們當然信奉和平主義！但我們必須通過大砲的預算。

——羅伯特・穆齊爾（Robert Musil）所著

《沒有個性的人》中施圖姆將軍的話

　　那個時候已經有徵兆，戰爭一旦爆發，將意味著一個時代的完結。最出名的是英國外交大臣格雷爵士（Sir Edward Grey）於一九一四年八月三日表達的不祥之感：「歐洲各地的燈火在相繼熄滅。我們今生再也看不到它們重新燃起。」德意志帝國宰相貝特曼－霍爾韋格（Theobald von Bethmann-Hollweg）也預感災難將至。一九一四年七月底，戰爭的陰雲日益逼近，他驚呼：「我看到人力無法抗拒的陰影籠罩在歐洲和我們自己人民的頭上。」此前三年，德國社會黨人倍倍爾（August Bebel）頂著激烈的反詰和異議，在對德國國會的一次演講中提出，歐洲爆發戰爭的威脅在與日俱增，而戰爭將給歐洲帶來巨大的災難。他宣布：「資本主義世界諸神的黃昏（Götterdämmerung）正在逼近。」戰爭並未如倍倍爾所說，導致了資本主義的垮台和社會主義的勝利。但是，他準確地預見到，戰爭將帶來一個新的時代。後來，美國外交官肯楠（George Kennan）把一次大戰描述為「影響巨

大的災難」。他所言不虛，一次大戰的確是一場災難，它開啟了二十
世紀的「三十年戰爭」，使歐洲幾乎毀滅了自己。

黃金時代？

　　一次大戰後，人們，尤其是上層階級的成員，是這樣回憶戰前
時代的：那是一段穩定、繁榮、和平的輝煌時期，不幸卻由於後來
發生的可怕事件而一去不返。美國人把戰前時期稱為「鍍金年代」
（Gilded Age）。歐洲人對那個時代也懷有同樣的眷戀。巴黎的資產
階級憶起「美好時代」（la belle époque），想到的是那時法國文化為
全世界所豔羨，巴黎是文明的中心。柏林的有產階級回顧「威廉時
代」[1]，認為那是個富庶、安全、偉大的時代，在那個時代，新統一的
德國終於得到了它應有的地位。同樣，維也納當時似乎正處於文化與
思想上卓越的頂點和（奧匈）帝國榮耀的顛峰。慕尼黑、布拉格、布
達佩斯、聖彼得堡、莫斯科和歐洲各地的其他城市也都沐浴在文化的
輝煌之下。各種藝術、文學、音樂和戲劇都迸發出大膽的創造力，出
現了許多新穎、挑戰常規、發人深思的藝術表現形式。

　　在倫敦，經濟比文化更加重要。在這個「日不落帝國」的首都，
一次大戰後的那代人渴望重現已經逝去的那個經濟增長、貿易繁榮、
貨幣穩定的「黃金時代」。英國大經濟學家凱因斯（John Maynard
Keynes）在戰後寫過一段著名的話，說「倫敦居民」可以「在床上啜
飲早茶時，打電話訂購產自世界任何地方的任何產品，想訂多少都
行，並可以期望貨物很快就會遞送到家。」此言所指當然是享有優厚
特權的人，描述的是居於世界貿易中心，金錢、地位無一不具的中上

1　譯者注：威廉時代指威廉二世在位時期（一八八八到一九一八年）。

層階級的生活。對於住在東歐的猶太小村落，或義大利南方、西班牙、希臘和塞爾維亞貧窮的鄉村，或柏林、維也納、巴黎、聖彼得堡和倫敦的貧民窟裡的窮人來說，這種安詳愜意的生活是完全陌生的。但即使如此，「黃金時代」的形象並非戰後人們的臆想。

儘管歐洲存在著內部分歧和受民族主義驅動的競爭，但所有國家之間貨物和資本的流動都完全不受妨礙，大家都屬於聯繫緊密的全球性國際資本主義經濟體系。經濟增長的前提是穩定，而穩定的保障就是各國都接受倫敦金融區的主導地位，把金本位承認為一種世界貨幣體系。在這個意義上，英格蘭銀行掌握著維持世界經濟穩定的鑰匙。船運、保險、利息和出口帶來的隱性收入超過了英國的進口赤字。一八九七至一八九八年間，黃金，尤其是來自南非的黃金供應量大增，但英格蘭銀行既未過分增加黃金儲備（因為那將嚴重打擊別國的經濟），也未減少黃金儲備。美國和德國的經濟比英國經濟增長速度快，更有活力。當時就有苗頭，美國有朝一日會主導世界經濟。然而，英國仍然是全球貿易的執牛耳者（儘管它所占的份額在減少），也是最大的對外投資者。大國間為全球經濟資源展開的競爭，無疑對國際資本主義經濟的穩定形成了與日俱增的壓力。然而，直到一九一四年，給歐洲，尤其是歐洲實現了工業化的地區帶來了諸多裨益的體系仍然完好無損。人們普遍對持續的穩定、繁榮和增長滿懷信心。

一九〇〇年，巴黎世界博覽會開幕，博覽會意在展示以歐洲為核心的欣欣向榮文明，謳歌進步。博覽會上的展出代表著新技術的時代。巨型機器顯示的力量和速度令人讚嘆。由五千盞燈泡照亮的「電之宮」實實在在地讓參觀者炫目。參展的有二十四個歐洲國家，也有來自非洲、亞洲、拉丁美洲的一些國家，還有美國。博覽會開放的六個月內，訪客多達五千萬人，參觀者經常目眩神迷，驚嘆不已。東歐

國家的展覽陣容強大，特別是俄國，它一家就設了九個展館。博覽會的一個突出內容是歐洲「教化的使命」。在那個帝國主義的顛峰時刻，對遙遠殖民地異國風情濃墨重彩的渲染傳達了歐洲統治世界的強有力訊息。商業、繁榮與和平似乎保證歐洲的統治地位會千秋萬代保持下去。前途一片光明。

　　這種樂觀態度其來有自。十九世紀與它之前的時代相比是和平年代，與後來的時代相比更是如此。自從拿破崙時代於一八一五年宣告結束以來，歐洲沒有發生過遍及大陸的戰爭。不管是一八五三到一八五六年在遙遠的克里米亞發生的衝突，還是最終促使一八七一年德國和義大利各自實現統一的簡短戰事，都沒有危及歐洲大陸的普遍和平。壯觀的巴黎世博會舉辦十年後，一位名叫安吉爾（Norman Angell）的英國作家寫了一本國際暢銷書《大幻想》（*The Great Illusion*），他甚至在書中宣稱，在現代，商業和全球各地互相交織的經濟產生的巨大財富，使戰爭完全失去了意義。不僅英國人，就連英國以外的許多人也都同意他這個觀點。人們難以想像繁榮、和平與穩定不會千秋永續，更無法預料它們會如此迅速地煙消雲散。

　　然而，歐洲還有很不美好的另外一面。大陸各地的社會結構都在迅速改變，步伐卻很不均勻。有的地區實現了迅速而深刻的工業化，但仍有大片地區以農業為主，有些地方甚至可以說只有原始的農業。到一九一三年，塞爾維亞、保加利亞和羅馬尼亞大約五分之四勞動人口的謀生方式依舊是面朝黃土背朝天。整個歐洲的農民超過勞動人口的五分之二。只有在英國，務農的人數降到了勞動人口的十分之一強。一九一三年，只有英國、比利時和（令人驚訝的）瑞士的勞動人口中，有五分之二以上是產業工人，連德國都沒有達到這個水準。多數歐洲人仍然居住在村莊和小鎮裡。生活水準的確在不斷改善，但大多數歐洲人的生活仍然十分艱難，無論他們是在柏林、維也納或聖彼

得堡這類快速膨脹的大都市的汙穢環境裡尋求工作，還是留在鄉間，靠土裡刨食勉強度日。許多人用腳投票，遠走他鄉，因生活貧困、沒有出路而離開祖國。幾百萬歐洲人完全沾不到繁榮和文明的好處，迫不及待地要出外闖蕩。一九〇七年，向美利堅合眾國移民的人數達到頂峰，一年內就有一百多萬歐洲人抵達大西洋彼岸。二十世紀開始後，移民人數比前一個十年猛增了三倍，大批移民從奧匈帝國和俄國逃向美國。不過，最多的移民來自義大利南方。

　　社會的快速變化產生了新的政治壓力，開始威脅到已有的政治秩序。一次大戰爆發前，歐洲的政治權力仍然掌握在少數人手裡。在多數歐洲國家中，古老的貴族家族所代表的土地菁英繼續把持著政治和軍事大權，有些貴族和腰纏萬貫的工業或金融業新貴透過聯姻建立了關係。另外，世襲君主制仍然是歐洲的主要政治形式。只有瑞士（它過去一直是邦聯，一八四八年通過了近代的聯邦共和憲法）、法國（自一八七〇年起）和葡萄牙（自一九一〇年起）是共和國。奧匈帝國的皇帝是法蘭茲‧約瑟夫（Franz Joseph），早在一八四八年他就登基成為哈布斯堡王朝的皇帝，他的帝國幅員遼闊，下轄五千多萬不同民族的臣民。法蘭茲‧約瑟夫皇帝似乎成了君主制統治持久性的象徵。

　　儘管如此，實際上各處都存在著憲政框架、多元政黨（儘管有投票權的人數極為有限）和法律制度。就連俄國的專制政權也在一九〇五年的一次未遂革命後被迫讓步，沙皇尼古拉二世（Nicholas II）不得不把他（其實極為微弱）的權力交給國家杜馬（Duma），也就是議會。但是，即使在被視為議會民主發源地的英國，大部分人仍然沒有政治代表權。有些國家很早就確立了男性普選權的制度。例如說，德國一八七一年的帝國憲法規定，所有二十五歲以上的男性都在國會選舉中有投票權（雖然占德意志帝國領土三分之二的普魯士對於議會

選舉權限制得十分嚴格,以保證地主階級繼續占據統治地位)。[2]義大利確立(基本可算)男性普選權的時間晚得多,是在一九一二年。不過,世紀之交時,還沒有一個歐洲國家允許婦女在議會選舉中投票。許多國家的女權運動對這種歧視發起抗爭,但在一次大戰之前成果甚微,只有芬蘭(雖然它是俄羅斯帝國的一部分,但俄國一九〇五年的革命流產後,芬蘭引進了一定的民主變革)和挪威例外。

關鍵的變化是工人階級政黨和工會的崛起。每個國家的菁英都視其為對他們權力的根本性威脅。一八八九年,歐洲社會主義政黨的「第二國際」建立,它是一個總機構,負責協調各國政黨的計畫與綱領。多數社會主義政黨都以某種形式奉行馬克思和恩格斯闡明的革命理念。它們攻擊資本主義固有的剝削性質,宣傳建立人人平等、財富公平分配的新社會,這些顯然對大批貧苦的工人頗具吸引力。統治菁英企圖禁止或鎮壓工人組黨或建立工會,卻徒勞無功。工人比過去更善於組織起來保護自己的利益,工會的迅速壯大即是明證。到一九一四年,英國的工會會員超過了四百萬人,德國超過了二百五十萬人,法國約有一百萬人。

二十世紀之初,大部分歐洲國家的社會主義政黨和各種運動已經發出了自己的聲音,獲得的支持也愈來愈多。法國社會主義者捐棄前嫌,在一九〇五年團結在一起,宣布他們「不是改良黨,而是以階級鬥爭和革命為己任的政黨」。一次大戰前夕,工人國際法國支部(Section Française de l'Internationale Ouvrière)贏得了百分之十七的普選票,在法國議會下院獲得一百零八個席位。在德國,俾斯麥企圖壓

2　編按:德國雖在一八七一年後開放帝國議會(Reichstag)的成年男子普選權,但帝國內的普魯士王國議會並沒有開放普選權,因此作者這裡會說普魯士地主階級仍占有統治地位。

制社會民主，結果事與願違。自一八九○年起，奉行馬克思主義綱領的德國社會民主黨發展為歐洲最大的社會主義運動，一次大戰前其成員超過一百萬人。在一九一二年的國會選舉中，社會民主黨得到的支持超過了任何其他政黨，一舉贏得國會近三分之一的席位，使德國統治階級恐懼戰慄。

在經濟比較先進的歐洲地區，社會主義政黨無論嘴上怎麼說，實際上都遏制了激進情緒，將其引離革命，導入議會行動的路徑。法國的饒勒斯（Jean Jaurès）違背他所屬的社會黨的宣傳，提倡不搞革命，而是沿議會之路走向社會主義，一時從之者眾。德國的社會民主黨雖然言必稱馬克思主義原則，實際上卻尋求透過選舉贏得權力。英國的工黨（它是一九○六年採用這個名字）脫胎於工會運動，體現了工會對工人利益的務實關注，不追求革命的烏托邦理想。它基本上把馬克思主義的理念拋到一邊，推崇非革命的理念，主張不必推翻資本主義，而可以改良資本主義，使之最終造福工人階級。工黨認為，國家權力經和平改造後可以為工人階級的利益服務。西歐、北歐和中歐大部分地區的工人雖然貧窮，但已不像過去那樣一文不名，激進情緒也有所減弱。若是爆發革命，工人失去的將不只是身上的鎖鏈，所以他們大多聽從改良主義領導人的指揮。

歐洲大陸欠發達地區的情況則不同。民眾與國家權力的對抗更加激烈。沒有什麼中介組織來分散權力，也沒有社會結構來使民眾認同並支持國家。國家大多行使自上而下的專制權力，高度依賴強制手段。統治階級地位牢固，官吏貪汙腐敗，代議制機構弱小無力，甚至根本不存在。中歐、北歐和西歐的中產階級後來憶起逝去的「黃金時代」時，想到的是建立在良性國家權威和法治基礎上的文明蓬勃發展，但那與歐洲大陸南部和東部邊緣的情況風馬牛不相及。例如說，二十世紀之初，西班牙加泰隆尼亞（Catalonia）和巴斯克地區

（Basque）反對國家權力和「資產階級統治」的罷工、暴亂和地方起義愈演愈烈。安達魯西亞（Andalusia）的佃農中許多人支持無政府主義，經常爆發零星的反國家暴力行動。在義大利南部，腐敗官吏對大莊園主唯命是從，農民的暴力抗爭此起彼伏。鄉間匪幫的犯罪行為與貧農和佃農反抗國家及大地主的起義混在一起，難以分辨。一九〇五年，爆發了一波工人罷工和動亂的洶湧浪潮，使歐洲領導階層對工人階級革命悚然惕之。同年，俄國發生革命，沙皇險些被推翻。國家的強力鎮壓變成了毫不掩飾的反革命暴力，士兵在聖彼得堡打死了二百名工人，還打傷了好幾百人。革命被鎮壓下了去。國家在議會代表權方面做出一些讓步，但那只是表面文章，實際權力仍然把持在沙皇和他任命的大臣手中。手中無權的人，特別是社會主義運動的領導人，無論在理念上有何分歧，都從中吸取了明顯的教訓，那就是沙皇專制政權無法改良，只能推翻。俄國社會主義運動因此而變得日益激進。

　　缺乏大眾支持的政府既要應對被它們視為威脅的左翼運動，又要爭取民眾支持，於是民粹主義運動應運而生。工業資本家或地主常常直接或間接地贊助此類運動，力圖把以階級為基礎形成的潛在反對力量，導入更易於控制的管道。他們希望把大眾「國家化」，向其灌輸有利於維護政治現狀的強勢民族主義、帝國主義和種族主義情感。在一定程度上，這樣的努力成功了。除了國際社會主義的理念仍有少數人擁護以外，好戰的民族主義、惡毒的反猶主義和其他類型的種族主義在民眾中流傳甚廣。初等教育的普及、識字率的提高和廉價小報的發行也起到了推動作用。大眾政治（mass politics）不僅為左派，也為右派開闢了動員民眾的新方式。舊有的確定性開始解體。原先由保守主義和自由主義菁英組成的權力集團覺察到新的不安全感。

　　大眾的動員嚴重威脅到現存的政治與社會秩序。法國心理學家勒龐（Gustave LeBon）因此於一八九五年發表了分析大眾行為的著

作《烏合之眾：大眾心理研究》（*The Crowd: A Study of the Popular Mind*，法文原書名為 *La psychologie des foules*）。他聲稱，個人在群體非理性的情感衝動的影響下，會將理性拋到九霄雲外。這個思想在二十世紀初很有影響力，該書再版了四十五刷，被譯為十七種文字，後來更是成為想實行法西斯主義的獨裁者的必讀書。勒龐認為，情感衝動是大眾的一個特點。在歐洲各地，最容易煽動民眾情感的手段就是民族主義訴求。歐洲的統治菁英對民族主義遠不如對社會主義戒懼。大戰爆發前，民族主義狂熱所包含的危險的確是可以遏制的。然而，它們播下的種子後來卻成長為破壞乃至最終摧毀既有秩序的力量。

政治趨於兩極化，外交關係出現緊張，國家捲入對外衝突，這些都會引起激烈的民族主義言論。一八九八年西班牙對美國的戰爭起初大受西班牙人支持，但西班牙慘敗、殖民地被美國搶走後，企圖在「民族復興」大旗下建立團結的努力也隨之失敗。其實，鑑於西班牙國內不同地區間和意識形態上的深刻分歧，這種努力反正是注定要失敗的。但是，透過打擊內部敵人來實現民族復興的聖戰式狂熱，最終將導致災難性的衝突。

在大部分國家中，渲染內憂外患的激烈言論達到了新的高度。大眾媒體煽動著激烈的仇外情緒和不加掩飾的種族敵意，政府也樂得推波助瀾。一八九九至一九○二年的波耳戰爭（Second Boer War）更是給英國國內稱為「沙文主義」或「武力外交政策」的極端民族主義好戰情緒，火上澆油。德國的保守政府在一九○七年所謂的「霍屯督選舉」（Hottentot election）中極力煽動民族主義，汙蔑反政府的社會民主黨不愛國。（社會民主黨儘管在國會中失去了不少席位，但實際上得到更多的民眾選票。這顯示，沙文主義在德國與在英國一樣，在中產階級成員當中比在工人中更為流行。）

泛日耳曼同盟、海軍協會和保衛德國同盟等民族主義組織大多

依靠中產階級中下層的支持，它們力主採取更加咄咄逼人的擴張性外交政策。一九一四年之前，這些組織不過是較大的壓力團體，無法進入主流政治，遑論政府。然而，強硬的民族主義思想當時已經滲透進了除社會主義左派以外的所有政治派別中。在義大利，有人對義軍一八九六年入侵衣索比亞時在阿杜瓦（Adowa）的慘敗深以為恥（五千多名義國士兵在那次戰役中喪生），還有人覺得義大利是「無產國家」，無法躋身歐洲頭號帝國主義強國之列。這些情感催生了幾乎是宗教式的狂熱，強調鬥爭和犧牲，鼓吹建立強有力的反社會主義國家、加強軍力、推行強勢外交政策。不過，儘管義大利民族主義者鼓譟不休，但是他們還不能代表社會中的多數意見，在政府眼中基本上仍然只是一群搗亂分子。即使如此，民族主義的壓力還是在一定程度上迫使自由派執掌的義大利政府，決定於一九一一年入侵利比亞，在那裡建立殖民地。義大利軍隊在戰鬥中用飛艇轟炸了後撤的鄂圖曼帝國的部隊，這是空中轟炸首次在作戰中發揮作用。激進民族主義在義大利和在德國一樣，仍只有少數人支持。如果沒有一次大戰，也許這種情況會繼續下去。但是，導致後來事態惡性發展的種子已經播下。

　　民族主義在界定「國家」時愈來愈多地使用族裔（有資格成為國民的人），而不是以領土作為標準。例如說，法國的一位民族主義者阿奇迪肯（Edmond Archdéacon）在一九〇二年的選舉中自稱：「堅決反對國際主義。作為反猶主義者，我要求十五萬猶太人和做他們走狗的二‧五萬共濟會員，停止壓迫欺凌三千八百萬法國人。」他說，他代表「真正的共和國，法蘭西共和國」。事實上，民族主義運動在法國和在其他歐洲國家一樣，自己內部四分五裂，無力爭取國家權力，但可以逼迫政府採取更強硬的外交政策。雖然民族主義政治在法國處於邊緣地位，但是在各種思想並存的法國文化中，「不合適的人，特別是猶太人，應該被排除在國民之外」這個民族主義的核心思想依然

理直氣壯地占有一席之地。歐洲大部也都存在類似的言論。

　　反猶主義（antisemitism）是遍及歐洲的一個古老現象的新名稱，這個古老的現象就是對猶太人的仇恨。基督徒對「殺害基督的人」多少世紀以來的傳統敵意仍然十分普遍，新教、天主教和東正教的教士也一直在煽風點火。仇視猶太人的另一個深層原因是由來已久、關乎經濟和社會的不滿情緒。猶太人受到的限制不久前才得到放鬆，他們得以參與更多商業和文化生活，結果卻惹得其他人更為不滿。於是，只要發生經濟下滑，猶太人必定是代罪羔羊。到十九世紀下半葉，由來已久、常常十分刻毒的仇猶情緒又添上了一重更惡劣的內容，那就是可能危及他們生命的新的種族理論，這種理論為仇恨和迫害提供了生物學上的偽科學理由。舊時的歧視固然惡劣，但還允許（有時是強迫）猶太人皈依基督教，生物反猶主義卻排除了這種可能性。根據這種理論，從科學和種族的角度來看，猶太人在「骨子裡」就是不同的。猶太人成不了法國人或德國人，正如貓不能變成狗。這種理念意味著不僅要歧視猶太人，而且要完全排斥猶太人，再進一步就可能是在肉體上消滅他們。

　　反猶主義的言論駭人聽聞。德國反猶主義者使用細菌學的術語來形容猶太人。維也納受人愛戴的市長盧埃格爾（Karl Lueger）把猶太人稱作「人形的獵物」，在那之前還說，只有把所有猶太人裝在一艘大船讓他們在公海上沉沒，才能解決「猶太人問題」。無論具體言論如何，至少在西歐，反猶的政治活動在一次大戰之前的「黃金時代」似乎有減少。但這種情形會帶來一定的誤導，因為反猶主義在很多情況下被納入了主流的保守思想。對猶太人的詆毀並未消除，但在戰前時期，它的政治影響比較有限。雖然政治邊緣存在著反猶主義，但是大多數猶太人在威廉皇帝的德國還是自在安適的。猶太人自己覺得，法國的氣氛更加令人生畏，因為那裡剛剛發生了可恥的德雷福斯事件

（Dreyfus Affair，這位猶太軍官被誤判犯了叛國罪，引起法國的反猶狂潮）。但是，法國的形勢在二十世紀初也有所好轉。東歐猶太人的處境則惡劣得多。從一九〇三到一九〇六年，俄國西部一些地方發生了反猶暴動，造成數千人死傷，而這樣的暴動經常是沙皇的警察和行政當局煽動起來的。波蘭、烏克蘭、匈牙利、羅馬尼亞和波羅的海地區也普遍存在對猶太人的刻骨仇恨。到後來，情勢一旦生變，這些地區即成為歐洲主要的殺戮場，實非偶然。

　　歐洲文明進步之「黃金時代」的黑暗面在另一種思想中初露猙獰，那就是「優生學」及其近親「社會達爾文主義」。優生學的思想起源於高爾頓爵士（Sir Francis Galton）在倫敦的研究，他把他親戚達爾文的進化論應用於人類，提出人的能力是遺傳的，可以透過遺傳工程來改善人類這個物種。一次大戰爆發之前，優生學就在斯堪的納維亞各國、瑞士和德國等其他歐洲國家以及美國引起了注意，被視為「進步」的科學。它在英國的支持者包括自由主義建制派和初生的政治左派的主要思想家，如凱因斯、貝弗里奇勳爵（Lord Beveridge）、H·G·威爾斯（H. G. Wells）、西德尼·韋伯（Sidney Webb）和蕭伯納。早在納粹實施「安樂死行動」的三十多年前，聲名卓著的英國小說家D·H·勞倫斯（D. H. Lawrence）在一九〇八年的一封私人信件中，就甚至語帶讚許地說要建立一座寬敞的「死亡之室」，在樂隊奏出的輕柔樂曲聲中，把「所有的病人、行動不便者、身障者」溫柔地領進去。

　　優生學看似提供了一種可能，即透過控制生育把造成犯罪、酗酒、賣淫和其他「反常」行為的特徵從社會中剔除出去。它融入了社會達爾文主義的傳統帝國主義意識形態，而社會達爾文主義的基本假設就是：某些種族天生比其他種族優越。高爾頓自己在一九〇八年寫道，優生學的首要目的是限制「不適者」的生育率。支持優生學的人

認為，消除「不健康」的人最終將有助於形成一個適應性更強、更健康、「更好」的社會。他們擔憂，社會福利措施會鼓勵社會的「劣等」成員生育繁殖，從而造成種族退化，於是更加堅信應提高民族效率。

一九一一年，一份德國雜誌組織了一次有獎徵文，題目是「劣等分子給國家和社會造成了何種代價？」獲獎文章的作者是漢堡的一名在貧民庇護所工作的官員（他在文章中列舉了幾乎所有的福利開支）。醫學界開始有愈來愈多的人覺得應該對「劣等人」施行絕育。德國一位名叫普勒茨（Alfred Ploetz）的醫生把優生學與「種族衛生」掛鉤在一起，成立了「種族衛生協會」。到一九一四年，這個協會在德國的不同城市建立了四個分會，成員共三百五十人。那一年，種族衛生協會要求規範「有醫學理由實施流產或絕育」的情況下應遵循的程序。就在戰爭爆發的幾週前，德國政府起草了一項法案，禁止為了社會的原因或優生的目的施行絕育或流產，只有在「對生命或健康有緊迫威脅」的情況下才給予准許。該項法案尚未成為法律，德國就投入了戰爭。若非戰爭造成了形勢劇變，優生學可能和反猶主義一樣，永遠也成不了氣候，更不用說種族衛生學這個變種了。但即使如此，後來事態發展的思想基礎也是在歐洲文明的「黃金時代」打下的。

一次大戰之前的歐洲表面上歌舞昇平，其實已經埋下了日後暴力迸發的種子。我們可以說，基於民族、宗教、族裔、階級的敵意與仇恨，這樣的醜惡現象在每個社會裡都有，例如說巴爾幹地區和俄羅斯帝國就暴力頻發。一九○五年的俄國革命失敗後，具有法西斯特徵的暴力團體展開了瘋狂的報復，警察經常站在他們一邊。暴亂中猶太人受害尤烈。據報導，一九○五年十月發生了六百九十起暴動事件，三千多名猶太人死於非命。敖德薩（Odessa）最駭人聽聞的一次暴動造成八百名猶太人死亡，五千人受傷，十萬多人無家可歸。反革命勢力的報復導致一‧五萬反對沙皇政權的人遭到處決。鄂圖曼帝國的情

況更糟。這個帝國的轄地覆蓋了近東和中東的大部分地區，自十五世紀以來一直由土耳其人統治，現在卻處於無可救藥的衰落之中。據估計，在哈米德二世蘇丹（Sultan Abdul-Hamid II）實施的殘暴鎮壓下，一八九四至一八九六年間，鄂圖曼帝國有八萬多名亞美尼亞人遭到屠殺。促成屠殺的是土耳其人對日益高漲的亞美尼亞民族主義的恐懼，而且民眾不滿經濟狀況，又抱有基於宗教和階級的敵意，就連警察也對屠殺不加制止。鄂圖曼帝國對亞美尼亞人的殺戮時有發生，從未停止。一九〇九年，又有一‧五萬到二萬名亞美尼亞人被殺。

　　然而，歐洲的暴力大多是對外的。即使國內相對和平，經濟日見興旺，帝國主義列強也一貫使用暴力來維持對外國領土的占領，迫使殖民地人民屈服。英國、法國和俄國直接或間接控制著全球五分之四的地區。對帝國主義統治的挑戰會招致殘暴無情的報復。一九〇〇年，德皇威廉二世命令德國軍隊像阿提拉的鐵騎一樣凶殘鎮壓中國的義和團運動。幾個透過壓榨中國經濟獲利的歐洲國家各自派出軍隊，加上美國和日本的軍隊，組成了一支聯軍，在中國姦淫擄掠，犯下了累累暴行。據估計，有十萬名中國人遭了八國聯軍的毒手。

　　帝國主義國家在一些殖民地肆無忌憚的殘酷行為令人髮指。在相當於比利時國王利奧波德二世（Leopold II）個人領地的剛果，殖民者利用全球對橡膠的需求大發橫財，殘暴野蠻對待當地人民，無所不用其極。一八八五到一九〇八年間，據估計有一千萬名男女老幼被殺死。英國人從一八九九到一九〇二年為完全征服南非，而跟波耳人打了三年的仗，其間英方使用無情的焦土戰術來毀掉敵人的財產，並建立了「集中營」，裡面囚禁的主要是波耳人的婦孺。集中營的條件極為惡劣，擁擠汙穢，疫病流行，導致二‧八萬名被囚者（其中很多還不到十六歲）中四分之一的人死亡。據有些人估計，一九〇四至一九〇七年，居住在（今天稱為納米比亞的）西南非、總數約六‧五萬

的赫雷羅人（Herero）和納馬人（Nama）有八成死於非命。德國殖民當局的軍隊有系統地報復反抗殖民統治的當地人民，將他們趕入沙漠，許多人因此活活餓死、渴死。更多的人在奴工營裡勞累至死（德國人借用英國人的用語，將奴工營稱為「集中營」）。

隨著大國之間關係緊張的加劇，重整軍備的壓力也開始加大。同時，人們意識到，新型武器具有極大的破壞力，未來的戰爭因此將迥異於前。一八九九年，俄國沙皇尼古拉二世親自邀請二十六個國家的代表在海牙開會，旨在為「歡迎即將到來的新世紀」而維持和平，限制軍備。會議通過了解決國際爭端的公約，確立了戰爭法，規定五年內禁止使用某些類型的武器。但事實很快證明，海牙會議的這些結果只是一紙空文。不過它們的確顯示，那時人們已經知道，不能想當然地認為歐洲的和平時代一定會延續下去，他們也對現代工業化武器的殺傷力感到不安。他們日益認識到，採取行動預防戰爭和戰爭造成的政治和經濟大動亂已迫在眉睫。愈來愈多的人相信，需要維護歐洲的和平，確保經濟持續增長繁榮。但是，歐洲各國領導人在希望和平的同時也在積極備戰——萬一真的發生戰爭，就要快速取勝。

滑向戰爭？

英國政治家勞合・喬治（David Lloyd George）後來有一句名言，說一九一四年歐洲各國「沒有絲毫擔憂和不安地滑過鍋緣，落入戰爭的沸騰油鍋」。這句一針見血的話準確描述了一九一四年七月最後一週裡，事態不可遏止地向著戰爭發展的情形，也捕捉到形勢完全失控的那種感覺。但是，此言暗示當時的人普遍漫不經心、無憂無慮，卻是錯誤的。這話的意思也不應理解為，戰爭的爆發乃偶然的事故，由一連串可悲的錯誤造成，它的發生無人樂見，無人料到，且無

法預料。事實正好相反。雖然大多數決策者都真心希望避免戰火燃起，雖然有人茫然失措，有人猶豫徬徨，有人斷言大禍將至，有人臨陣動搖退縮，但當戰爭來到眼前時，戰爭的意志還是壓倒了和平的願望。對於可能爆發戰爭的前景，歐洲領導人看得非常清楚。

勞合‧喬治的名言還有一層涵義，那就是，一次大戰沒有明顯的驅動力，那場災難並非由某個國家挑起，而是各方都有責任。的確，歐洲各國領導人和外交家當時的所作所為如同一群走向懸崖的旅鼠。[3] 確實有誤會發生，也存在著普遍的互不信任（造成互不信任的一個原因是關鍵決策人的個性），這些都在把歐洲大國推落懸崖的過程中加了一把力。這確實與一代人之後的情形不同，沒有明顯的跡象顯示哪個具體的國家是戰爭的主要推手。所有大國的確都對戰爭爆發負有一定的責任。在危機急劇發酵之時，法國慫恿了俄國，令其更為好戰。英國發出的訊息曖昧不明，它沒有力挽狂瀾，而是隨波逐流，沿著危險的道路一步步走向戰爭。但儘管如此，對於最終導致戰火席捲全歐的災難性事態發展，還是不能說所有歐洲國家都負有同等責任。

有些國家各有自己的利益和野心，彼此互不相容，極易導致全歐大戰；這樣的國家是引發大戰的主要責任方，它們在危機中敢於外交行險，歸根究柢是因為它們不惜動武。一九一四年七月，事態到達爆發點的時候，德國、奧匈帝國和俄國是危機中的決定性力量，其中又以德國的作用最為關鍵。

德國雄心勃勃，企圖稱霸歐洲，同時又對俄國可能會興起為霸權懷有日漸強烈、近乎偏執的恐懼。為實現前者，防止後者，德國不惜冒引發歐洲大戰的風險。一九一四年七月六日，德國保證無條件支持奧匈帝國（即通常所謂「空白支票」），因為德國假設，奧方很快會

3　譯者注：旅鼠生活在北極極圈，經常成群活動，被用來比喻盲從的人。

對塞爾維亞採取有限的軍事行動，以報復奧地利王儲斐迪南大公夫婦的遇刺。他們兩位是在六月二十八日於塞拉耶佛進行訪問期間，被塞爾維亞民族主義分子刺殺。但這僅僅是臆測。德國提供了無條件支持的保證，而且沒有規定哪些報復措施是奧地利不能採取的，儘管衝突擴大的危險和歐洲列強介入的可能都顯而易見。在德國的慫恿下，奧地利於七月二十三日向塞爾維亞發出了最後通牒，其內容故意寫得讓塞爾維亞無法接受。德國的煽風點火起了決定性的作用，把這個原本地方性的問題變成了全歐洲的危機。最後通牒要求塞方要對跟暗殺陰謀有關的塞國官員和軍人採取行動，逮捕奧方指名的兩名軍官，並壓制反奧的宣傳。另一項構成對塞國主權極大侵犯的要求是，讓奧匈帝國的代表協助調查暗殺陰謀，並參與鎮壓塞國國內的反抗運動。

當時，塞爾維亞的力量在增強，這威脅到了奧匈帝國對巴爾幹的控制，此時多民族的奧匈帝國還面臨著日益加劇的解體危機。為了一己之利，奧匈帝國不惜把歐洲拉入戰火，但它必須有德國當靠山。奧地利明明知道俄國會給塞爾維亞撐腰，但它向塞爾維亞（「黑手社」恐怖組織就是從塞爾維亞向塞拉耶佛的刺客提供武器）發出的最後通牒仍然故意提出對方不可能接受的條件，這大大增加引發全歐戰爭的可能性。而另一頭，俄國一心要防止奧匈帝國主導巴爾幹（因為那將使俄國的野心受阻），不出意料地做出了強烈反應。俄國立即表示支持塞爾維亞，儘管它非常清楚，那意味著不僅要和奧匈帝國打仗，還要與德國開戰，而德國一旦參戰，法國就必然出手（因為誰都知道德國的作戰計畫要打擊的不僅是俄國，還有法國），英國也很可能加入。

德國、奧匈帝國和俄國為了它們各自強權政治的目的，對一個實質上地方性的衝突不去盡力平息，反而火上澆油。這種極為冒險的戰略最終導致了一九一四年的大災難。如前所述，這三個大國中，德國負有特殊的責任。如果它沒有給出無條件支援奧匈帝國的「空白支

票」，奧匈帝國就不會有恃無恐，向塞爾維亞發出如此強硬的最後通牒。如果奧匈帝國不是如此咄咄逼人、寸步不讓，俄國就不會承諾支持塞爾維亞，繼而引起一連串的後果。「空白支票」增加而不是減少了歐洲大戰爆發的可能性。

　　英國、法國、俄國、德國和奧匈帝國等大國各自結成了對立的同盟。一九一四年，大國間平衡儘管仍勉強維持著，但愈來愈岌岌可危。早在十九世紀九〇年代期間，德國就生出了覬覦世界強國地位的野心，這導致了緊張的升級，構成長期的潛在威脅，是對英國世界強國地位的直接挑戰。德國與英國的競爭日益加劇。但是，在歐洲大陸上，受強大的德國（它自一八七九年起與奧匈帝國結盟，一八八二年又成為義大利的盟國）威脅最甚的是法國和俄國。法俄兩國一個是共和國，一個是專制君主國，但共同利益促使它們令人意外地建立起了友好關係。一八九四年，它們專為應對德國的挑戰簽訂了盟約。十幾年後，德國的地位進一步上升，因為一九〇五年，俄國慘敗給日本這個遠東新興強國，當時許多人為之震驚。俄國的失敗動搖了沙皇帝國的根基，觸發俄國的內亂，險些造成沙皇專制政權覆滅。然而，值得注意的是，在精明的經濟和政治管理下，後來的幾年成了俄國的興旺年代。在法國巨額貸款的幫助下，俄國經濟顯著增長，軍事重建一日千里。於是，俄國重新燃起了希望，想趁鄂圖曼帝國力量衰落之際奪取博斯普魯斯（Bosphorus）海峽的控制權；與英國關係的巨大改善使俄國這一希望成真的可能性大大增加。

　　俄英兩國在歷史上一直是競爭對手。英國堅決不讓俄國控制土耳其的博斯普魯斯和達達尼爾（Dardanelles）這兩個扼守地中海及中東通道的海峽，為此不惜和俄國在一八五四年打了克里米亞戰爭。英國也一心要防止俄國在中亞的擴張威脅到它自己在印度的殖民地。但是，俄國在日俄戰爭中戰敗後國力衰弱，願意與英國修好。於是，它

們兩國在一九〇七年簽訂了一項條約，規定在波斯、阿富汗和中國的西藏這些它們可能發生衝突的地區中各自的勢力範圍。這對德國雖然沒有直接影響，但肯定有間接的影響。俄國和英國一九〇七年簽訂的條約與此前俄法建立的聯盟，以及一九〇四年英法達成的（直接針對德國）友好協議加在一起，重組了歐洲權力政治的結構。德國和它的主要盟國奧匈帝國（另一個盟友義大利不太指望得上，儘管義大利領導人號稱自己的國家是強國，但其實差得遠）忽然發現英、法、俄居然站在了一起（鑑於它們三國之間往昔的互相敵視，這個發展可以說是驚人的）。我們可以理解德意志帝國為何愈發強烈地感到四面受敵。

英國外交部認為，兩大同盟的對峙（如後來的核武那樣）是對侵略行為的一種威懾。但是這種情況也意味著，戰爭一旦發生，就不會僅限於局部，而將是全面戰爭。然而，引起戰爭的並不是這兩大同盟。在那以前的十年間，發生了好幾場嚴重危機，卻均未導致戰爭。一九〇五年，德國對法國在摩洛哥的權利提出了挑戰；一九〇八年，奧地利蠻橫地吞併了波士尼亞－赫塞哥維納（這個地方名義上雖仍是鄂圖曼帝國的一部分，但已經被奧地利占領了三十年）；一九一一年，德國的一艘砲艇駛入摩洛哥的阿加迪爾港（port of Agadir），向法國發出挑釁。然而，大國間的這些緊張都很快得到了緩解。一九一二年，在長期動盪的巴爾幹地區，塞爾維亞、保加利亞和希臘結為同盟，自稱巴爾幹同盟，趁鄂圖曼帝國力量衰弱對它開戰；次年，巴爾幹同盟爆發內訌，保加利亞為爭奪前一年戰爭的戰利品對塞爾維亞動起了刀兵。這些區域衝突爆發後，大國都設法確保它們不會發展為大型戰爭。

但儘管如此，大國間的緊張仍然顯而易見。兩次巴爾幹戰爭使這個戰亂一觸即發的地區更加不穩定，新的衝突隨時可能爆發。而且，鄂圖曼帝國在巴爾幹的影響力早已開始走下坡，另一個地區大國奧匈

帝國在兩次巴爾幹戰爭中的表現使人覺得它軟弱被動，就連自身利
益受到威脅時也依然如此。因此，奧匈帝國以後在巴爾幹地區必將遇
到更多的麻煩。俄國統治者仍然希望有朝一日能控制土耳其的兩個海
峽，並透過奪取奧地利控制下的前波蘭屬地加里西亞（Galicia）來確
保西部邊界的安全；他們把奧匈帝國的疲軟看在了眼裡。

　　歐洲戰爭遠非不可避免，可是誰也不想冒備戰不足的風險。國與
國之間的猜忌推動軍備競賽急劇升級。一九一一到一九一三年，大國
的軍費開支陡然增加，諸如德國增加了百分之三十，俄國增加了百分
之五十。德國和英國投入巨資建造新型作戰艦隊，競相建立最強大的
海軍。陸軍的規模也大為增加。德國於一九一三年擴充了陸軍，法國
馬上如法炮製。俄國對一九〇五年敗給日本的傷痛記憶猶新，到一九
一三年已經在軍隊重建方面取得了長足的進展，而且德國憂懼交加地
注意到，俄國還計畫進一步大肆擴軍。軍備競賽中，奧匈帝國落在了
後面，它的軍力只夠打區域戰爭。它招募兵員的配額在一八八九年就
固定了下來，雖然一九一三年頒布增加兵員的新法律，但為時已晚，
無法縮小與別國軍隊之間日益加大的差距。

　　然而，即使在奧匈帝國也和在整個歐洲一樣，適齡男子中很大一
部分人接受了作戰訓練。到一九一四年，歐洲各國的正規軍和預備役
軍人已經達到幾百萬，隨時可以投入戰鬥。全面動員後，俄國有三百
五十萬大軍，德國二百一十萬，法國一百八十萬，奧匈帝國一百三十
萬。大國中只有英國沒有大批預備役人員隨時可以徵召入伍。英國軍
隊由志願兵組成，只有十萬人左右，主要是為打殖民戰爭準備的。與
其他大國的軍隊相比，英軍的規模小得可憐。但是，英國的皇家海軍
掌握著世界的海上通道，是大英帝國的軍事基礎。英國還可以從大英
帝國遍及全球的殖民地招募大量兵員。

　　許多人認為，前一個世紀基本維持了歐洲和平的權力均衡會繼續

發揮作用。但也有人認為，戰爭很快將不可避免。這不僅是由於軍事化的加強和緊張的加劇，這種情況本身就反映了大國菁英的焦慮，認為國家存亡繫於一線，必須迅速採取行動。菁英的這種態度又加大了戰爭爆發的可能性。無論如何，若是打賭，誰都不會在歐洲的脆弱和平會無限期維持下去的可能性上面下大賭注。

　　這還只是一九一四年六月二十八日斐迪南大公遇刺之前的情況。奧地利一九〇八年對波士尼亞－赫塞哥維納的吞併大大刺激了塞爾維亞的民族主義情緒。包括一些軍官在內的激進民族主義分子於一九一一年成立了祕密組織「黑手社」。主要推手迪米特里耶維奇（Dragutin Dimitrijevic，人稱「阿皮斯」〔Apis〕），於一九一三年成為塞爾維亞軍事情報部門的首長。刺殺斐迪南大公的陰謀就是阿皮斯掌控的祕密網絡策劃而成的。這次暗殺行動招募了一些波士尼亞的塞族青年當刺客，最終得手的叫普林西普（Gavrilo Princip）。他們要刺殺的奧地利王儲斐迪南其實對斯拉夫少數族裔非常友善，願意向「南方的斯拉夫人」進一步放權，以實現帝國的穩定。但是，這正是激進分子眼中對塞爾維亞民族主義理想的威脅。暗殺發生在斐迪南大公夫婦對塞拉耶佛進行國事訪問期間。當時發生了一件怪異的事故：大公乘坐的敞篷轎車的司機轉錯了彎，駛入一條小巷，倒車時引擎又熄火，無意中給了普林西普天賜良機，使他得以彌補此前他們狂熱民族主義七人組中另一個人行刺失敗之憾。但即使如此，仍然沒有明顯的理由說明斐迪南夫婦的遇刺必然引發歐洲的全面戰爭。之前也發生過暗殺事件，甚至是暗殺國王的事件，卻均未引發重大衝突。一八九四年，法國總統卡諾（Sadi Carnot）遇刺；一九〇〇年七月二十九日，義大利國王翁貝托一世（Umberto I）遭槍擊而死；一九〇三年六月十一日，塞爾維亞國王亞歷山大和王后被暗殺；一九一三年三月十八日，希臘國王喬治一世也死於刺客之手。事實上，幾乎到一九一四年七月底，斐迪南

的遇刺似乎還不致引發全面戰爭。

塞拉耶佛的刺殺事件發生三週後，外交壓力才驟然上升。七月的最後一週，倫敦的金融市場才開始對爆發戰爭的前景表現出不安。但即使在那時，仍然有跡象表示，人們有信心能夠避免最壞的情形發生。七月三十日，法國社會黨領導人饒勒斯還說：「會出現起伏。但事態最終不可能不恢復正常。」第二天，七月三十一日，他死在了一位精神錯亂的極端民族主義分子的槍下。那人說饒勒斯是叛徒，必須除掉，而饒勒斯的「叛國罪」就是他努力爭取國際和平。

對斐迪南的被刺，奧地利顯然應該對（被認為應對此事負責的）塞爾維亞發動短暫的報復性攻擊以示懲戒，而塞爾維亞的軍隊正好由於不久前在巴爾幹戰爭中的失敗而元氣大傷。其他強國很可能會認為這樣的攻擊無可厚非，是對殺害哈布斯堡王室繼承人的合理報復。確實，人們幾乎都覺得這樣的反應自然而又合理。維也納和其他各國都認為，報復事關國家榮譽，是宣示哈布斯堡帝國強國地位的必要舉措。刺殺事件發生三週後，德國領導人尤其認定，只會打一場局部戰爭。

但是，即使是局部戰爭這種有限的行動，組織起來也頗費時日。多民族的奧匈帝國的政府、外交和軍事機器相當笨重，耗時甚久才能進入狀態。好戰的總參謀長赫岑多夫伯爵（Count Franz Conrad von Hörtzendorf）在奧地利的外交大臣貝赫托德伯爵（Count Leopold Berchtold）的支持下，力主馬上對塞爾維亞開戰，但帝國匈牙利部分的政府首長提沙伯爵（Count István Tisza）卻主張小心謹慎，擔心會發生「歐洲大戰的可怕災難」。奧匈帝國正是因為統治階層內部意見不統一，才轉向德國求援的。奧地利人覺得，德國軍隊戰無不勝，哪怕攻擊塞爾維亞會引起全歐的戰爭，只要有德國做後盾，奧地利就有恃無恐。奧地利從柏林那裡得到的訊息是，如果一定要打仗，眼下是

最好的時機。

　　然而，哈布斯堡帝國做事只有兩個速度：慢和停。打仗需要兵員，但當時更急需勞動力收穫莊稼。因此，不可能立即發動戰事。有人指出，至少還需要十六天的時間來動員軍隊打擊塞爾維亞，但說這話時已經是暗殺發生的兩天之後了。我們可以說，奧地利的遲緩反應相當於一條燃燒很慢的導火線，最終導致了所有大國的捲入。隨著危機加深，各國長期形成的心態、目標、野心和恐懼影響了它們各自的行動。

　　德國一八七一年才完成統一，但它是歐洲大陸上最強大的工業化經濟體。它雄心勃勃，決意獲得自己「在太陽下的地盤」，成為在地位和影響力上與大英帝國平起平坐的世界強國。同時，德國又非常擔心時間不等人，害怕敵國會集結軍力阻擋其實現野心。德軍總參謀長毛奇（Helmuth von Moltke）早在一九一二年就在德皇面前說過，他認為戰爭不可避免，而且來得「愈快愈好」。他建議先借助報刊挑起反俄情緒，那樣，戰爭一旦爆發，就會得到民眾支持。自那以後，毛奇一直力主打預防性戰爭，在德國遭到俄國或法國，或二者聯合攻擊之前先發制人。大戰爆發的幾週前，他堅稱戰爭遲早會到來，德國應確保戰爭發生在自己能夠打贏的時候。據報導，他在一九一四年五月十四日說，俄國兩三年內就將完成軍備，到那時，德國敵人的軍力就會強大到無法應付。毛奇的結論是，唯一的辦法是「在我們還有一定勝算的時候打一場預防性戰爭來粉碎敵人」。

　　但是，對未來看法悲觀的毛奇雖然占據著德國軍隊中最關鍵的位置，卻不能決定政府的政策。德國宰相貝特曼－霍爾韋格對於戰爭可能帶來的後果憂心忡忡。他認為戰爭是「躍入黑暗」，是「最嚴峻的責任」。他甚至預言，與德國一些鷹派人物的說法相反，戰爭摧毀不了社會民主運動，無法消除它對現存社會秩序的威脅，反而會使它得

到加強，「並造成一頂頂王冠落地」。七月底，隨著危機進入最後階段，貝特曼－霍爾韋格看到，自己的政治舉措並未奏效，軍方的影響力在明顯上升，於是試圖「盡全力踩下煞車」。不過，他覺得總參謀部的意見也有道理，那就是俄國的軍力會迅速擴大，時間拖得愈久，德國的軍力就愈處於下風，因此，開戰「愈快愈好」。與其坐視自身處境不斷惡化，不如在可以速勝的時候早些動手。俄國同德國的西方宿敵法國結了盟，這使德國更有理由擔心自己陷入包圍。

　　在俄國七月三十日開始動員軍隊，使戰爭不可避免之前，德國掌握決策權的是文官，不是軍人。但即使如此，歐洲任何其他國家的軍隊都不像德國軍隊那樣，享有相對於文官政府的高度自治。七月底危機達到頂點時，毛奇和總參謀部的影響發揮了決定性作用。軍事需要壓倒了政治舉措。德皇有時似乎同意毛奇的分析，但他儘管氣勢洶洶地展現出好戰的姿態，在危機期間卻舉棋不定，畏首畏尾，最後一刻甚至想退出戰爭。不過，德皇實際上根本無法控制比他強大得多的軍方力量。德國的軍事規劃者嚴格堅持他們早已制定好的戰略，計畫一舉擊敗法國，然後轉過頭來對付俄國。所以，當德皇七月三十日要求總參謀長毛奇取消對法國的攻擊（希望以此來確保英國的中立），盡舉國軍力對付俄國的時候，毛奇明確回答說辦不到，那會把德國訓練有素的軍隊變成「混亂的烏合之眾」。毛奇說，軍隊部署是多年計畫的結果，不能隨意臨時更改。整個危機期間，德皇根本不能下旨定策，只能被動地對政府的決定做出反應，且歸根究柢是對軍方的要求做出反應。

　　在毛奇的意見最終得到接受，事態發展在七月底達到高潮之前，德國政府主要忙於應付它先前的嚴重政策失誤——讓奧地利放手處理塞爾維亞危機，結果帶來引爆歐洲大戰的實實在在危險。由於這個巨大的失誤，德國在整個七月都在盡力回應由別國造成的各種事件，事

態正在迅速失控。

俄國的長期利益在於控制巴爾幹半島和土耳其的兩個海峽，這兩個海峽對俄國貿易至關重要，由於它們扼守通往黑海的通道，因此對俄國南部的安全也意義重大。俄國不能允許任何其他國家統治這個地區。隨著鄂圖曼帝國頹勢日顯，奧匈帝國顯然成了俄國在巴爾幹利益的最大威脅。俄國海軍高層的鷹派甚至設想趕在土耳其收到（從英國）訂購的五艘無畏級戰列艦之前，動手奪取君士坦丁堡（俄國人仍在使用伊斯坦堡的舊稱）。但這個設想幾乎不影響俄國在七月危機期間的行動，因為俄國人並未確定要在一九一七年前完成備戰。一九一四年時，他們並不想馬上跟德國攤牌，但在奧地利對塞爾維亞最後通牒的內容遭到洩露的七月二十四日之後，情況就不同了。一等到俄國在最後通牒內容洩露後表示支持塞爾維亞，事態滑向全歐大戰就不可避免了。單是維護國威這一項考慮就決定誰也不會退讓半分。

一九一四年七月為大戰鋪平了道路的三大強國之中，奧匈帝國是最弱的一個，它的行動主要是出於對自身未來的擔憂。鄂圖曼帝國力量的衰落導致巴爾幹的局勢日益不穩；俄國對一九〇八年奧地利吞併波士尼亞－赫塞哥維納一事耿耿於懷，可能試圖奪取巴爾幹的統治權；塞爾維亞在俄國的支持下日益強硬，以上這些都是維也納權力核心內人們焦慮談論的話題。因此，在一九一四年七月，打垮塞爾維亞似乎是個好主意，條件是要確保得到德國的支持，打一場有限戰爭，速戰速決，贏得勝利。可是，奧匈帝國並未立即採取行動報復斐迪南遇刺，而是透過七月二十三日的最後通牒把俄國（進而牽扯到德法）捲入了正在醞釀的衝突。

早在七月六日，德國就宣布無條件支持奧地利對塞爾維亞採取行動，認為奧地利有充足的理由這樣做。塞爾維亞若不肯讓步，就要受到軍事打擊的懲罰。德國在巴爾幹主要盟友的地位會因此上升。當時

沒人認為俄國會干預。沙皇總不會支持暗殺皇室成員吧？德國認為，俄國仍未做好戰爭準備，其他列強則會袖手旁觀，接受既成事實。但事實很快證明，德國的政治算計實在不可靠。然而，德國給奧地利開出「空白支票」的時候，已經有人意識到，德國也許嚴重誤判了形勢，所採取的行動風險極大。身居相位的貝特曼－霍爾韋格就承認，「對塞爾維亞用兵會導致世界大戰」，將「顛覆現存的一切」。

維也納方面拖拉延宕，意味著德國迅速解決這場地方危機的希望，從一開始就注定無法實現。直到七月十九日，對塞爾維亞強硬最後通牒的文字才確定下來，且又拖了四天才終於發出。至此，塞拉耶佛的刺殺事件已經過去了三週半的時間。最後通牒又給了塞爾維亞人四十八小時的作答時間。值得注意的是，塞爾維亞人害怕奧地利會大舉進攻，本來已經準備接受最後通牒中的苛刻條件。但是，最後通牒的條文卻被洩露出去，俄國人得知後表示會支持塞爾維亞人，壯了他們的膽子。俄國不計後果地對奧地利採取強硬立場，給塞爾維亞撐腰，這個政策得到了法國盟友的鼓勵。七月二十日到二十三日，法國總統龐加萊（Poincaré）和總理維維亞尼（Viviani）在聖彼得堡進行國事訪問期間，表示了對俄國的堅定支持。

龐加萊在孩提時期經歷過普魯士侵略他的家鄉洛林（Lorraine），懷有深深的反德情緒。他在一九一二年就支持俄國干預巴爾幹，雖然他清楚知道那將導致俄德兩國的衝突。一九一二年的情況和一九一四年一樣，如果德國和俄國發生軍事衝突，導致德國在歐洲地位削弱，那將對法國有利。一九一二年，俄國決定不介入巴爾幹的衝突。而這一次，聖彼得堡的決策者覺得不能置身事外。支援塞爾維亞有助於實現俄國的戰略目標。如果爆發戰爭，德國就必須兩線作戰，因此俄國領導層的鷹派相信俄國能夠打贏。決定一旦做出，就沒有多少選擇了。從奧地利發出最後通牒開始，形勢急轉直下。全面戰爭的可能性

日益加大。雖然即使那時也可以阻止事態向著戰爭的方向發展，但無人有此意願。

奧地利發出最後通牒後，俄國外交大臣薩宗諾夫（Sergei Sazonov）第二天當即回應說：「那意味著歐洲大戰。」不久後，薩宗諾夫指責奧地利故意挑起戰爭，對奧地利駐俄大使說：「你們在給歐洲放火。」然而，薩宗諾夫心知肚明，俄國自己的行為也在明顯加大歐陸燃起戰火的可能性。奧地利的最後通牒尚未到期，俄國就於七月二十四日把存在柏林的全部國家資金（高達一億盧布）撤了回來。更重要的是，它決定開始祕密動員部分軍隊（徵集了一百多萬兵員），並下令波羅的海艦隊和黑海艦隊進入戰備狀態。七月二十五日，所謂的「備戰時期」開始。俄軍的行動很快使德國人意識到俄國在進行祕密動員，雖然俄國到七月二十八日才正式宣布動員軍隊。那一天也是奧地利終於向塞爾維亞宣戰的日子。

至此，向著大戰的發展勢頭已經不可阻擋。為了防止衝突上升為全面的歐洲戰爭，有關國家最後做出了一些緊急卻徒勞的外交努力。那些外交努力有真心誠意的，也有虛假作態的，卻都為時已晚。德國本來希望能夠把奧地利對塞爾維亞的軍事行動控制在當地，可這個希望早已破滅。即使如此，在俄國決定開始祕密動員軍隊的五天後，德國仍未採取任何決定性的軍事舉措。七月二十九日，柏林仍在猶豫是否要宣布進入「戰爭緊急危險狀態」（那是全面動員之前的最後一步）。但那天晚上，俄國領導層決定開始軍隊總動員。第二天，七月三十日，沙皇先是批准了總動員令，後來膽怯之下又取消了命令，經過一段延誤後，沙皇最終還是同意進行全面動員。

在柏林，軍事需要終於壓倒了外交考慮。七月三十一日，德國宣布進入「戰爭緊急危險狀態」。德國首要關注的是確定社會民主黨支持作戰，因為有些社民黨人具有強烈的反戰傾向。所以，必須使德國

看起來是被迫自衛。俄國的總動員恰好提供了理由。貝特曼－霍爾韋格宰相對於俄國人現在看起來成了有錯的一方感到高興，但接著又悲觀地說：「情勢已失去控制，戰爭已經啟動。」七月三十一日午夜，德國向俄國發出限期十二小時的最後通牒，說如果俄國拒不撤銷動員令，德國就要開始總動員。八月一日最後通牒到期時，聖彼得堡沒有採取任何行動，於是德國對俄國宣戰。法國在同一天發布動員令，支持俄國。兩天後的八月三日，德國對法國宣戰。

在此時，英國最關注的不是歐洲大陸上的危機日益加重，而是愛爾蘭可能會爆發內戰。在戰爭壓力日增之際，英國不屬於主戰陣營。在所有大國當中，英國從歐洲戰爭中可能獲得的利益最少。英國的領導人非常清楚，如七月二十三日英國外交大臣格雷爵士所說，戰爭將「造成巨大的花費，對貿易造成極嚴重的干擾」，會導致「歐洲的信用和工業完全崩潰」。他還頗有先見之明地指出：「不管誰是戰勝者，許多東西都會一去而不復返。」英國內閣的大多數成員都和格雷一樣，擔憂戰爭造成的後果，希望能夠維持和平。接下來的那個星期內，英國外交大臣試探著尋求透過調解來解決危機。英國與俄國、法國達成的協議並未規定英國有義務插手，格雷仍然在兩邊下注。英國如果像德國人希望（雖然並不指望）的那樣明確宣布中立，那麼即使到了這個關頭也能預防全面戰爭。但是，格雷猶豫不決，坐失良機，失去了折衝的空間。而且說到底，英國不能冒讓德國主導歐陸的風險。這是英國參戰的主要原因。另外，英國政府和反對黨中都有人認為，支持法國和俄國關乎榮譽和威信。在英國外交部頗有影響的克勞爵士（Sir Eyre Crowe）說，英國若在這場大戰中置身事外，它的大國地位必然受損。

最後，德軍越過邊界進入中立的比利時，英國要求德國尊重比利時中立地位，這一最後通牒在八月四日零時到期後沒有得到理睬，這

給了英國宣戰的口實。諷刺的是，直接促成這場危機的奧匈帝國反而是最後參戰的大國，到了八月六日才對俄宣戰。五天後，法國對奧匈帝國宣戰。又過了一天，英國也終於對奧匈帝國宣戰。還要再過十四個月，戰火才會延燒到衝突導火線塞爾維亞的土地上。但此時塞爾維亞已經不再重要。主戲馬上就要開場了。

　　促使列強一步步走向戰爭深淵的是恐懼。這些大國都對自己的未來憂心忡忡。造成它們擔憂的部分原因是國內要求實現民主和社會主義的壓力，或激烈的民族主義訴求（這在奧地利尤其突出），它們害怕這些可能（也的確會）造成帝國瓦解。但是，列強最害怕的還是彼此。德國害怕被法俄這兩個敵國包圍，尤其害怕俄國，害怕沙皇政權的軍事力量一旦超過自己將產生的後果，例如俄國可能會在對德國勢力擴張至關重要的巴爾幹地區占據統治地位。俄國則害怕德國控制巴爾幹、近東，以及掌握俄國經濟命脈的博斯普魯斯海峽。法國四十幾年前被普魯士侵略過，對德國懷有近乎偏執的恐懼。英國害怕失去商業龍頭老大的地位，也害怕德國稱霸歐洲，無法容忍德國控制英吉利海峽對面的比利時和法國的海岸線。恐懼驅動了軍備競賽，也促使列強及早出手，搶在敵人前面先發制人。所有大國還有一個共同的恐懼，那就是因為在最後關頭退縮會喪失顏面。

　　各方甘冒戰爭之險，還因為它們都相信戰爭不會持續多久。應該說，各國這樣想與其說是有根有據，不如說是一廂情願，不願意去想萬一事與願違又將如何。每個國家的決策者中都只有寥寥數人對戰爭會造成的嚴重後果表示過擔心。無論各國決策者內心有何擔憂，他們的行動都是以戰爭很快就會打完為前提。歐洲國家的領導人和他們的軍事顧問並非不了解現代大砲的強大破壞力，也明白派步兵冒著機槍的彈雨衝鋒會造成大量死傷。幾十年前的美國南北戰爭已經預示了現代戰爭的高死亡率，但歐洲領導人對此不以為意。一八七〇至一八

七一年普法戰爭的十八‧四萬亡魂也未能讓他們警醒。若論從中獲得的認識，他們只看到現代戰爭破壞力巨大，因而會很快分出勝負。畢竟，儘管普法戰爭打了十個月，但關鍵的色當戰役在戰爭開始僅僅六個星期後就發生了。至於不久前一九〇四至一九〇五年的日俄戰爭，觀察者都注意到它造成的大量傷亡。但日俄戰爭也為時不長，只打了一年多一點兒。

　　歐洲的軍事思想家根據近期的經驗，預計若是再打仗也會為時短暫。他們沒有因為衝突可能久拖不決、戰局僵持會使戰場淪為屠場而對戰爭望而卻步，而是依恃火力技術的迅速進步，認為快速機動的進攻儘管會造成慘重的傷亡，但能夠迅速取勝。德國軍方尤其倚仗這個思路。他們知道，必須不惜一切代價避免長期的消耗戰，因為敵國聯盟在人數上占優勢，英國還可能動用海軍封鎖，掐住德國的脖子。因此，負責軍事規劃的德軍總參謀部得出結論：進攻愈迅速，愈猛烈，就愈有可能趕在敵人動員起足夠的力量之前打垮敵人，也愈有可能盡快結束戰爭。

　　毛奇的計畫與前任總參謀長施里芬（Alfred Graf von Schlieffen）在一九〇五年制定的計畫大同小異，即以兩線作戰為前提，但首先快速西進，以巨大兵力迅雷不及掩耳地擊垮法國人，接著轉向東線，在俄國人動手之前打敗他們。施里芬設想，一個月內即可完成突破，奠定勝利的大局。但是，法國人非常清楚自己面臨的危險，他們的野戰軍規模與德國的不相上下，也在準備發動大型進攻。俄國人同樣想採用果斷的快速攻勢，通過奧地利的加里西亞直抵喀爾巴阡山脈（俄國人在東普魯士對德國人發動進攻就是為了實現他們這個目標，這使得法國人深為惱火）。奧地利人也認為，進攻是最好的防守。不過他們明白，雖然他們有能力單挑塞爾維亞，但要想對付俄國，卻必須與德國在東線發動的毀滅性打擊相配合。歐洲大陸上的每一個大國都首重

進攻，將其視為迅速決勝之計。誰也沒有制訂後備方案，誰也不去想如果無法速勝該怎麼辦。結果必然是長期的消耗戰，最後勝利必然屬於軍事和經濟力量更勝一籌的同盟。

在歐洲，不僅統治階級，而且相當大部分的民眾都相信打仗既有必要，也有理由，並一廂情願地認為戰爭將是一場激動人心的短暫冒險，相信自己的國家必能迅速取勝且傷亡不多。這說明了為何隨著緊張加劇（民眾到七月底才意識到緊張的存在），直至最終爆發全面戰爭，歐洲各交戰國會有如此多的民眾熱情高漲，甚至喜氣洋洋。當然，絕非所有人都懷有上述想法，民眾的熱情也遠非初看之下那麼普遍。事實上，不同國家、地區、社會階層和政治派別的情緒千差萬別，從好戰的歇斯底里到強烈的反戰，從狂熱的興奮到深切的焦慮，不一而足。但不可否認的是，在歐洲各大國的首都，至少一部分人為戰爭的步步近逼而歡呼雀躍。

奧地利宣布與塞爾維亞斷交後，英國駐維也納的大使報告說，「興奮狂喜」的「大群人」走上街頭遊行，「高唱愛國歌曲，直到深夜」。後來，奧地利反戰作家褚威格（Stefan Zweig）描述了沉浸於愛國熱情的維也納的氣氛，如何使他心醉神迷：「街上到處是遊行的人群，旗幟、橫幅迎風飄揚，音樂響徹大街小巷，入伍新兵興高采烈地歡呼著列隊前進，他們年輕的臉上容光煥發。」褚威格發現，這種「壯觀、狂喜，甚至誘人」的場面一度壓倒了他「對戰爭的憎惡和反感」。奧地利社會黨中有人起初對威脅和平的舉措提出了抗議，但一旦打仗是為了保衛國家、抗擊沙皇暴政的觀點得到接受，「戰爭情緒」就壓倒了抗議。

在柏林，俄國總動員的消息傳來後，五萬人（主要是中產階級成員和學生）於七月三十一日聚集在皇宮前聽德皇宣布：「在今後的鬥爭中，我的人民不再分黨分派。現在我們都只是德國人。」酒館、咖

啡館和露天啤酒座的顧客起立高唱愛國歌曲。年輕人走上街頭，要求開戰。德國其他城市也發生了熱情支持戰爭的示威遊行。沙皇尼古拉在聖彼得堡冬宮的陽台上接見了向他歡呼的大批人群，人們好像有人指揮一樣，齊齊地向沙皇行跪拜禮，揮舞著手中的旗幟高唱國歌。在巴黎，民眾聽到龐加萊總統宣布要克服法國的內部分歧，建立全國人民的「神聖同盟」（union sacrée）後，愛國熱情空前高漲。社會黨人也同樣積極。由於外部威脅的出現，工人階級對饒勒斯被刺的憤怒轉變為愛國的責任感和對德國侵略的夷然不懼。

這種異乎尋常的情感爆發，其根源是多年來對包括大學生在內的在校學生和現役軍人進行的民族主義說教，加上愛國組織、遊說團體和大眾報刊進行的民族主義宣傳。民族主義熱情在上、中層階級以及知識分子和學生之間尤為普遍。他們許多人認為，戰爭是大好事，因為它能使民族重新振興，從他們眼中社會的道德墮落中解放出來。一九〇九年在義大利發表的「未來主義宣言」（Futurist Manifesto）淋漓盡致地表達了這種思想：「我們要謳歌戰爭這個世界上唯一的潔淨力量，它代表著尚武主義、愛國主義和破壞性行動。」戰爭被視為英勇、冒險、有男子漢氣概的事業，專治民族衰落。戰爭使各國暫時克服了內部分歧，產生一種民族團結感。對德國知識分子來說，這種新團結體現了「一九一四精神」，幾乎是一種宗教覺醒。這使他們更加確信，德國文化不僅異於，而且優於以革命與共和主義為基礎的法國文化，英國那注重物質的民主就更無法與德國文化相比。他們認為，必須捍衛高等文化的價值觀，如有必要，還應將其強加給歐洲其他國家。

無論是這種高傲和智性上的優越感，還是範圍更廣的戰爭熱情，都不能準確、充分地代表全體人民的態度。因將要開戰而歡慶的情形主要出現在較大的城鎮，而且即使在大城鎮中，也並非所有人都歡欣

鼓舞。住在倫敦的反戰哲學家羅素（Bertrand Russell）後來說，他看到「男男女女為戰爭即將爆發興高采烈」，大為驚詫。然而，當時的跡象顯示，倫敦和英國其他地方民眾的普遍情緒是焦慮緊張，而不是好戰的熱情。歡迎戰爭的似乎只有中產階級的部分成員，特別是青年。

在柏林，聚集在市中心的一群群學生表現出的愛國激情並未得到工業區工人的回應。工人的情緒以反戰為主，他們至少是對戰爭的前景感到焦慮，希望維持和平。鄉村地區的民眾對打仗也熱情不高。有報告說，「許多農民家庭陷入悲傷之中」，鄉村地區的老百姓想到自己的父親、兒子、兄弟或孫輩可能喪生沙場，怎麼也高興不起來。俄國農民常常不知道自己為何而戰。在法國農村，農民們聽到龐加萊宣布「神聖同盟」，感到的是震驚、悲觀，他們只能無可奈何地聽令盡責，但沒有絲毫的興高采烈。

工人階級，特別是加入了奉行國際主義、贊成和平主義的社會黨和工會的工人，不支持好戰的極端民族主義，也不熱情擁護戰爭。不過就連他們也沒有站出來反對戰爭。各國逃避兵役的情況都少之又少。老百姓哪怕對戰爭熱情不高，但出於責任感或聽天由命的心態，都服從國家的徵召。法國動員的兵員中只有百分之一・五抵制應徵，政府本來以為這個數字會高達百分之十三。德國的工會成員同意在戰爭期間暫停罷工。德國、法國和英國議會中的社會黨人投票支持政府為戰爭撥款。在俄國杜馬的投票中，社會黨人投了棄權票（但五位布爾什維克的議員投了反對票，並因此遭到逮捕）。

國際社會主義的支持者之所以支持民族主義的戰爭，是因為他們相信，戰爭是防禦性的，也是不可避免的。他們認為，戰爭乃不得已而為之，是為了捍衛自由，不是為了建立帝國主義統治。後人回顧這一段歷史，會認為一次大戰大量浪擲生命，毫無意義。可是，在一九一四年八月，戰爭看起來卻絕非毫無意義。工人願意和自己的同胞以

及盟國一起投入他們眼中反對外國侵略的正義自衛之戰，願意為祖國而戰，甚至捐軀。他們應徵入伍後被灌輸了愛國主義和紀律觀念。他們首先是愛國者，其次才是社會主義者。

在德國，抵抗可憎的沙皇專制政權成了激勵和團結社會主義者的動力。七月最後幾天，社會民主黨在德國各個城市組織了大型反戰集會，據估計共有五十萬支持和平的示威者參加。然而，社會民主黨也刻意強調，祖國如有需要，工人們隨時會挺身而出保衛祖國。這個需要就是「對沙皇政權的戰爭」。俄國發布動員令後，德國對俄宣戰，社會民主黨立刻轉而支持保家衛國。講德語的奧地利社會黨人也為了同樣的理由支持戰爭。俄國社會主義者不顧布爾什維克的反戰立場，一致支持保衛「俄羅斯母親」，抵抗「踐踏人類一切規則」的德國人。罷工停止了，和平主義者和國際主義者被迫流亡。法國社會主義者同樣支持保家衛國，抵抗可恨的德國人的入侵。英國工黨也同意必須對德作戰，直到將其打敗。

各國的報紙挑起了國民瘋狂仇視外國人的情緒。有些人不為這種煽惑所動，實屬難能可貴。但大多數人在媒體的啟發下想像力空前活躍，在他們眼中，到處都有間諜和第五縱隊分子的身影。有外國口音或外國名字的人無一不身處險境。來自亞爾薩斯（Alsace）的人如果因德國口音暴露了身分，可能會被其他法國人毆打。慕尼黑有兩名婦女被人聽到在說法語，結果要靠警察搭救才能安全脫身。聖彼得堡高呼愛國口號的暴民搗毀了德國大使館，還搶劫德國人開的商家。沙皇為迎合這種狂熱，把首都的名字改為彼得格勒，因為聖彼得堡聽起來德語味道太濃了。

八月的頭幾天，德國有超過二十五萬人踴躍志願參軍。這個數字非同小可，因為幾乎所有男性人口都受義務兵役制管轄，只有十七歲以下或五十歲以上的人才免於兵役。在英國這個唯一不實行義務

兵役制的大國，一九一四年八月有三十萬人志願參軍，九月又多了四十五萬人。工業城鎮中，工作同事或鄰居一起入伍，組成「好友營」（Pals battalion）。許多人參軍是迫於巨大的社會壓力。但即使如此，在英國和在其他國家一樣，將一切因素納入考慮之後，我們可以看到，民眾的確普遍對戰爭滿懷熱情，反戰的聲音微乎其微。一次大戰開始時，可以說戰爭是人心所向。

每個交戰國都有大批歡呼的人群在火車站為開往前線的士兵送行。與母親、妻子和孩子的婆娑淚眼相伴的，是高亢入雲的愛國歌曲和迅速得勝、早日團聚的豪言壯語。但是，前往戰場的許多（也許是大多數）預備役士兵無論在家人和朋友面前擺出多麼勇敢的姿態，一旦要離開自己的家庭、農莊、辦公室和工作場所，心裡終不免有些勉強和憂懼。他們用「到耶誕節就完事了」的夢想來安慰所愛的人，也安慰自己。沒有幾個人像奧地利政治家兼歷史學家雷德利希（Josef Redlich）那樣清楚地對未來懷有不祥的預感。一九一四年八月三日，他看到數千名預備役士兵在維也納的火車北站登上火車開赴前線時說：「哭泣的母親、妻子和新娘們，等待著她們的將是怎樣的痛苦啊。」

運兵全靠火車。德國使用了一‧一萬列火車，法國使用了七千列火車，專門運送部隊上前線。也有大量馬匹需要運送。奧地利、德國和俄國一共徵用了近二百五十萬匹馬，英國和法國徵用的馬匹還要多上幾十萬匹。在軍隊對馬匹的依賴上，一九一四年和拿破崙時代沒什麼兩樣。與此同時，軍隊制服的顏色大多變成了深卡其色或灰色。但法國人仍然穿著屬於前一個時代的軍裝：亮藍色上衣、紅色褲子和紅藍相間的帽子。一九一四年八月，士兵的背囊中還沒有保護性的鋼盔（一九一五年法國和英國給士兵發了鋼盔，次年，德國軍隊也配備了鋼盔），也沒有防毒面具，但他們很快發現，防毒面具是對一種新型

致命武器的必要防護，雖然效力仍然不夠。

　　一九一四年投入戰爭的是十九世紀的軍隊，他們打的卻是二十世紀的戰爭。

第二章

巨大災難

The Great Disaster

沉默的人群……部隊奏著軍樂前進，別忘了這些人正在走向
屠場。

——巴黎一位公務員米歇爾・科爾代的日記，

一九一五年七月十四日

　　一九一四年八月過後，天翻地覆。進入新世紀已經十四年，但那
場很快要被稱為「大戰」（The Great War）的戰爭，才真正標誌著歐
洲二十世紀的開端。從日曆上標明的世紀之初到歐洲墮入災難性戰爭
之間的年月屬於前一個時代。一九一四年八月之後開始的新時代，是
更可怕的時代。

悲劇展開

　　戰爭打響兩年前，漢堡的一位教師兼反戰作家洛姆蘇斯（Wilhelm
Lamszus）寫了《人類屠場》（*Das Menschenschlachthaus*）這本小
說，書中描寫了未來戰爭中高效殺人機器造成的前所未有的大量死
亡，那種恐怖和殘酷令人不寒而慄。這本小說一語成讖。八年後，一

位在戰爭期間幾乎自始至終都熱忱勇敢地帶領部隊在前線作戰的堅定的德國軍官榮格爾（Ernst Jünger），寫了一本暢銷書《鋼鐵風暴》（*In Stahlgewittern*），那是描寫一次大戰的最出色文學作品之一。榮格爾的標題是對歐洲各國士兵四年戰爭經歷的最恰當描述。

這兩部文學作品分別寫作於一次大戰這場災難性衝突的之前和之後，但都抓住了戰爭本質的某些方面。這場戰爭與過往戰爭的區別在於，它是工業化的大規模屠殺。人的血肉對抗的是殺戮機器。士兵面對的是重型大砲、機槍、自動步槍、迫擊砲、烈性炸藥、手榴彈、燃燒彈和毒氣。愈來愈多的現代武器投入作戰，造成的死亡和破壞前所未有。軍隊策劃大型攻勢的時候，已經把巨大的人員損失作為必然因素納入了考慮。火砲和彈片是戰場上的主要殺手，但也有無數人死於傷重不治和戰場上惡劣條件導致的疾病。

戰爭促進了技術進步，推出新型武器和大規模屠殺的方法，影響深遠。一九一五年春，德國在進攻伊珀爾（Ypres）附近的協約國陣地時使用了毒氣彈，自那以後，毒氣開始在作戰中廣為使用。一九一六年，英國在對索姆河（Somme）的進攻中首次使用了坦克，到一九一八年，坦克編隊已經成了重要的作戰工具。從一九一五年起，潛艦成為德國打擊協約國航運的重要武器，改變了海戰的性質。同樣重要的是飛行器技術迅速發展，使前線的作戰部隊和後方城鎮的居民都暴露在空襲的可怕威脅之下。一九一四年八月六日，德國的一艘齊柏林飛艇向比利時的列日（Liège）投擲了炸彈，預示了這個威脅。因為平民不能免於空襲，也因為許多其他因素，平民自此成為戰爭行動的一部分，要麼是為戰爭出力，要麼是作為敵人攻擊的靶子，這是以往未曾有過的。大眾媒體進行的戰爭宣傳向民眾灌輸對別國人民的仇恨。交戰國採用了新的方式來動員民眾。戰爭開始成為無所不及的全面行為。一九一七年，法國報刊發明了「全面戰爭」（la guerre totale）

一詞來表達前線和後方在戰爭中綁在一起的事實。

此外，雖然歐洲是一次大戰的中心，但這場戰爭是第一場真正意義上的全球性衝突，影響到了每一塊大陸。這部分是因為英國和法國（尤其是英國）是全球性帝國。英國下屬的澳大利亞、加拿大、紐西蘭和南非都在一九一四年八月跟隨英國加入戰爭。非洲人和印度人被徵召入伍去為歐洲人的事業作戰，許多人命喪沙場。一百萬印度人參加了協約國一方的作戰，其中很多人被派往非洲和中東的戰場。法國從自己的殖民地，主要是西非和北非，徵召了六十多萬人。二百多萬非洲人或者應徵入伍，或者充當勞工；約一成的人沒能活下來。東非戰場動用了大量勞工搬運沉重的軍需，致使勞工死亡率高達兩成，比英軍士兵的陣亡率還高。

一次大戰和多數戰爭一樣，開戰容易，結束卻難。二十五萬法軍士兵沒有像他們答應親人（和自己希望）的那樣在耶誕節回家團聚，而是長眠在了戰場上。到十一月底，總傷亡人數（包括死的、傷的和被俘的）已經超過四十五萬。英國同期的傷亡人數是九萬，超過了最初的徵兵人數。一九一四年八月和九月間，奧匈帝國在加里西亞跟俄國幾度交手，在這最初幾次戰役中，奧匈帝國的傷亡人數就超過了三十萬。戰爭頭五個月間，奧匈帝國在東部戰線上的總傷亡人數達到了五十萬。到一九一四年底，德國損失了八十萬人，其中十一‧六萬人陣亡（是當年普法戰爭中普魯士陣亡人數的四倍多）。戰爭初期人員損失最大的是俄國。戰爭的頭九個月間，俄國損失了差不多二百萬人，其中七十六‧四萬人被俘。交戰各方一九一四年的傷亡相對於軍隊規模的比例是整個大戰期間最高的。

德國揮師比利時，平民首當其衝，成為殺戮的對象。戰爭的頭幾週內，德軍橫掃比利時，包括婦孺在內的六千多名平民慘遭殺害、虐待或驅逐。德國的軍事訓練給士兵灌輸了對游擊戰的偏執性恐懼。德

軍士兵經常被仇恨殺紅了眼，只要有他們（主要憑想像）認為的狙擊手攻擊，或是他們誤將「友軍砲火」當作敵人從後方發起進攻的情況，他們就認為當地所有的老百姓都應該負責。即使他們知道老百姓是無辜的，也照樣對其施以集體「懲罰」。

　　在九月六日到九日的馬恩河（Marne）戰役這場關鍵之戰中，法軍在離巴黎大約五十公里處擋住了德軍的進攻，使德國基於（迅速打敗法國人，然後轉而對付俄國人的）施里芬計畫的整套速勝戰略落了空。在歐洲西部，搶攻成為過去，防守戰成為常態。交戰雙方的部隊停下腳步，開始修建戰壕。起初的戰壕非常原始，後來建得日益複雜，成為比較完善的防衛系統。很快的，戰壕從英吉利海峽沿岸一直修到了瑞士邊界。戰壕中蟲蟻成群、泥濘不堪，大批士兵只能在那種非人的條件中存身。戰壕蜿蜒曲折，前方豎立著一卷卷裝有尖刺的鐵絲網，還有支壕通往軍需庫和野戰醫院。九月底，西部戰線的僵局已定，這個僵局一直維持了四年，直到一九一八年。

　　交戰國中無一因戰爭初期的巨大損失而試圖結束戰爭。各國都有巨大的兵員儲備。各方的戰略思想實質上都是要拖垮敵人，直到對方無力再戰。而實現消耗戰目標的主要方法就是，向戰場傾注愈來愈多的部隊，來對敵人的牢固防線發動愈來愈大的進攻。因此，大規模流血注定要無限期地繼續下去。

　　東部戰線很漫長，部隊部署不如西線密集，戰況從未像西線那樣僵持不下，而是較為有利於中歐強權（Central Powers）。[1] 德國老將興登堡（Paul von Hindenburg）重披戰袍，在精明強幹但有時容易衝動的第八軍團參謀長魯登道夫（Erich Ludendorff）少將的輔佐下，指揮

1　譯者注：中歐強權是指地處中歐的德意志第二帝國及奧匈帝國兩國為首的同盟國陣營，該陣營尚包括另兩個次要盟國保加利亞王國及鄂圖曼土耳其帝國。

德軍於八月下旬在東普魯士的坦能堡（Tannenberg）大敗俄國的第二軍團。德軍是在自家的土地上抗擊俄國入侵的。俄軍在占領東普魯士的兩週期間造成的破壞，德國人看在眼裡，更加深了他們原有的反俄偏見，助長他們的作戰鬥志。俄軍遭到重創，幾乎損失了十萬人，其中五萬人傷亡，五萬人被俘。不久後，在九月八日到十五日的馬祖爾湖區（Masurian Lakes）戰役中，俄軍又損失了十萬人，其中三萬人被俘。在南面的俄奧戰線，俄軍進攻加里西亞的戰鬥比較成功。奧地利軍隊在龐大的俄軍面前寡不敵眾，損失慘重，被迫於九月三日灰溜溜地撤退。

如同在比利時的德軍一樣，占領了加里西亞的俄軍也認定當地老百姓參與了對他們的攻擊，這種基本上毫無根據的想法促使他們對當地人民極盡殘暴之能事。加里西亞的近一百萬猶太人尤其成為俄軍虐待的目標。大部分暴行都是哥薩克士兵犯下的。隨著俄國大軍的逼近，大批猶太人預感形勢不妙，紛紛逃離。自八月中旬起，入侵者就開始屠殺猶太人。隨著占領軍的暴力行為不斷升級，數百名猶太人遭到殺害。搶劫、強姦司空見慣。猶太人的村莊被化為焦土。俄軍抓了一千多名猶太人做人質，用來勒索贖金。猶太人的財產被沒收。一九一五年夏，五萬名猶太人和許多非猶太人被送到俄國，其中許多人最後被發配到西伯利亞或中亞。

戰爭開頭的幾週內，奧地利還遭到了另一次丟臉的失敗，這次打敗它的不是另一個「大國」，而是位於引發全歐戰爭危機中心之地的國家──塞爾維亞。遲至一九一四年八月十二日，奧地利軍隊才調動陸軍進攻，到那時，其他交戰國早已把因斐迪南大公遇刺而「教訓」塞國的事情拋到了腦後。奧地利的「懲罰行動」本來預計不會太長。起初，奧軍似乎很快就會長驅直入貝爾格勒。然而，裝備低劣但士氣高昂的塞爾維亞人發動了反攻，激戰三天後擊退了奧地利人。雙方都

傷亡慘重。一萬名奧地利士兵戰死，是傷患人數的三倍。塞爾維亞方面的傷亡數字是三千到五千人戰死，一‧五萬人受傷。奧地利軍隊對狙擊手極度恐懼，又過於擔心滿腔怒火的當地百姓會開展游擊戰進行反抗，因而犯下了特別野蠻的暴行。據估計他們殺害了約三千五百名平民，多數是抓到後就地處決。

　　戰爭的範圍繼續擴大。十月二十九日，土耳其軍艦無端對俄國在黑海的海軍基地發動襲擊。俄國作為回應於十一月初向土耳其宣戰後，土耳其軍隊通過高加索地區入侵了俄國，但年底即被擊退。這次入侵失敗，土耳其損失了至少七‧五萬人，其中有些人死於俄軍的砲火，也有很多人死於疾病和嚴寒。但是第二年，一九一五年，土耳其取得了一大勝利。那年四月，它挫敗了協約國大軍在達達尼爾海峽的加里波利（Gallipoli）登陸的入侵企圖。那次入侵由英國海軍大臣邱吉爾一力促成，但時運不濟，計畫草率，執行不力。協約國近五十萬士兵參加了加里波利戰役，包括印度、澳大利亞、紐西蘭、法國和塞內加爾的部隊。此役確立了土耳其軍指揮官凱末爾（Mustapha Kemal Pasha，後來他通常被尊稱為「阿塔圖克」〔Atatürk〕）的地位，土耳其軍人為保衛祖國表現出來的頑強戰鬥精神，加上他們在沿岸固若金湯的防守，使入侵者無法寸進。對協約國來說，這是一場徹底的災難。到十二月，協約國被迫放棄行動開始撤退的時候，軍隊的傷亡人數已經接近二十五萬，其中五萬人死亡（許多是死於疾病）。土耳其一方損失的人數也大致相同。

　　土耳其在一九一五年遇到的危機促使它犯下了一戰期間最嚴重的暴行。土耳其所在的地區在戰前就曾多次發生可怕的屠殺，原因是安納托利亞（Anatolia）東部信仰伊斯蘭教的土耳其人和庫德人，與信仰基督教的亞美尼亞人之間常有領土爭端、民族衝突和宗教對抗。一九一三年政變後，土耳其的激進民族主義者取得了政權，掌握國內政

策，在戰前即已開始努力在土耳其境內實現更大程度上民族和宗教的統一。在總人口中占少數，但數目依然眾多的亞美尼亞人顯然是這個目標的一大障礙。那時，鄂圖曼帝國和俄羅斯帝國之間的戰爭已經大大加劇安納托利亞和高加索這些邊境地區的緊張。現在土耳其人和亞美尼亞人之間的敵意更是使這種緊張到了幾乎白熱化的程度。

　　居住在俄國邊界兩邊的亞美尼亞人一心要擺脫土耳其的統治，大多同情俄國。大戰爆發後，他們覺得脫離土耳其的機會終於來了。亞美尼亞人得到了俄國的鼓勵，而土耳其透過安插在聖彼得堡的間諜得知，俄國人正計畫挑唆亞美尼亞人造反。這對土耳其來說是一大危險，特別是因為亞美尼亞人居住的地區是戰略要地。土耳其領導人認為，亞美尼亞人和敵人狼狽為奸，威脅到國家的戰爭計畫。飽受暴力襲擊之苦的亞美尼亞人則認為，與俄國合作是保護自己不致遭受更大規模屠殺的最好辦法。

　　一九一五年四月中旬，亞美尼亞人在凡城（Van）發動叛亂。參與叛亂的各方，無論是亞美尼亞人、土耳其人，還是庫德人，都犯下了暴行。然而，俄國人並未提供幫助，亞美尼亞人只能孤軍奮戰。土耳其要面對西方協約國從達達尼爾海峽方向洶湧而來的大軍，又提心吊膽地防著俄國人自高加索那邊前來進攻。他們把亞美尼亞少數族裔視為俄國的特洛伊木馬，報復起來特別凶狠殘暴。戰爭給土耳其提供了大好的機會，使它能夠追求民族單一性這個意識形態上的目標。凡城叛亂後不久，土耳其政府就開始驅逐亞美尼亞人。驅逐的規模日益擴大，與之相伴的暴力也迅速升級。幾週後，土耳其政府頒布命令，把居住在安納托利亞東部約一百五十萬亞美尼亞人全部趕去敘利亞沙漠深處。在被驅逐途中以及到達營地後，許多人因患病或遭虐待而死。更多的人慘遭屠殺，那是土耳其領導人支持的屠殺計畫的一部分。據估計，亞美尼亞人的死亡人數在六十萬到一百多萬之間。

　　儘管西部戰線上協約國軍隊相對於德軍的人數優勢日漸擴大，但僵局的結束仍遙遙無期。於是，德軍總參謀長法金漢（Erich von Falkenhayn，他於一九一四年九月取代了毛奇）把希望寄託在東線。他認為，迫使俄國人低頭是贏得西線戰事的關鍵。

　　然而，德國在東部必須應對其主要盟友奧匈帝國日益明顯的軍事疲態。一九一四至一九一五年嚴冬時分，奧軍在喀爾巴阡山脈高處發動的攻勢以災難告終，損失了包括最後一批訓練有素的預備役兵員在內的八十萬人。許多人活活凍死或死於疾病，數萬人被俘，開小差的士兵愈來愈多。無論是在東線還是西線，德國的軍隊都愈來愈挑起了同盟國一方的大梁。

　　奧匈帝國的厄運還沒到頭。一九一五年五月二十三日，義大利在英、法、俄一邊加入戰團，開闢了南部戰線。值得注意的是，儘管奧匈帝國實力虛弱，但應付義大利還是綽綽有餘。與此同時，德國接連大敗俄軍，先是二月在東普魯士的馬祖爾湖區（俄軍損兵折將九·二萬人），然後是春天和夏天在波蘭。六月，德國把加里西亞從俄國手中搶了回來，七月和八月，又奪取了（以前在俄國統治下的）波蘭會議王國（Congress Poland）的大部分地區。華沙也於一九一五年八月四日落入德國之手。夏季大攻勢終於結束時，德國已經征服了拉脫維亞西部沿海的庫爾蘭（Courland）和立陶宛。從五月到九月，沙皇軍隊的損失達到了令人震驚的二百萬，其中九十多萬人被俘。

　　秋天，同盟國也鞏固了在巴爾幹的地位。十月初，德國和奧匈兵團終於開進了大戰的導火線塞爾維亞。一個月前加入同盟國的保加利亞也派兵參戰。十一月初，塞爾維亞落入同盟國的控制。這開闢了一條為鄂圖曼帝國運送武器的陸上通道。俄國的力量已嚴重削弱，巴爾幹成了德國的掌中之物，就連衰弱的奧地利軍隊也在南邊頂住了義大利，使其不得寸進，所以，德國在西線力挫敵人的勝算比起一年前大

了許多。不過，德國的時間並不多，在西線克敵制勝不能久候。

　　法金漢計畫對巴黎以東二百公里默茲河（Meuse）邊大片碉堡要塞網的中心凡爾登（Verdun），發動大規模進攻，一舉擊潰法國人。他覺得，在凡爾登給予法國人毀滅一擊是邁向西線全面勝利的一大步。從一九一六年二月到七月，德軍把凡爾登圍得如鐵桶一般，之後發生的激戰持續到十二月。對法國人來說，凡爾登保衛戰成了為法蘭西而戰的象徵。雙方都損失巨大，共傷亡七十萬人以上，其中法方傷亡三十七‧七萬人（十六‧二萬人陣亡），德方傷亡三十三‧七萬人（十四‧三萬人陣亡）。但德國人沒能取得突破。對法國人來說，他們的國家得到保全。對德國人來說，他們損失慘重，卻徒勞無功。到七月中，最大的殺戮場轉到了索姆河。

　　在索姆河，英國和英聯邦自治領的軍隊組成了「大推進」的主力。如果說凡爾登戰役後來成了法國人心目中戰爭恐怖的象徵，那麼索姆河戰役在英國人的記憶裡具有同樣的象徵意義。不過，兩者之間有一個分別。凡爾登一役可以當作為了拯救法蘭西而做出的巨大但必要的犧牲而載入史冊。在索姆河作戰的英軍和英聯邦自治領的軍隊卻不是在抗擊對自己祖國的進攻，很多人可能根本不清楚自己為何而戰。進攻計畫的主要制定者是自一九一五年十二月起擔任英軍總指揮的海格（Douglas Haig，後任陸軍元帥）將軍。實際上，進攻的目的後來偏離了原來的初衷。最初的設想是由法方主導那場攻勢，力爭實現戰局的決定性突破，但後來變成了由英方主導，旨在減輕凡爾登法國守軍的壓力。英軍和法軍希望把德軍拖到師老兵疲，大大削弱它的力量。然而，必須等待時機成熟才能做出制勝一擊。對大多數即將投入索姆河戰役的士兵來說，無論長官如何高喊愛國口號，如何給他們加油打氣，戰略目標恐怕都比不上活著重要。但是，進攻的第一天，就有幾萬人橫屍沙場。對英國人來說，索姆河戰役象徵著毫無意義的

巨大生命損失。

　　經過長達一週的猛烈轟炸，戰鬥於一九一六年七月一日正式開始。光是那一天，英國和英聯邦自治領的軍隊就損失了五萬七千四百七十人，其中一萬九千四百二十人戰死，三萬五千四百九十三人受傷。那是英軍歷史上最悲慘的一天。事實很快表明，以為此役能帶來重大突破完全是幻想，而且是代價沉重的幻想。到十一月底，索姆河戰役在雨雪泥濘中漸漸平息下來時，英國和英聯邦自治領的軍隊僅在三十五公里長的戰線上，獲得了寬約十公里的一片狹長土地，法國軍隊的所獲比英軍約多一倍。為了這點兒成果，死傷一百萬人以上。英國和英聯邦自治領軍隊的傷亡人數是四十一萬九千六百五十四人（其中十二萬七千七百五十一人死亡），法軍一共傷亡了二十萬四千三百五十三人，德軍傷亡了四十六萬五千人。索姆河戰役的損失如此恐怖驚人，所得卻如此微不足道，實在是一次大戰中西部戰線上最糟糕的戰役。

　　那一年的第三場巨型攻勢發生在東線，以俄國將軍布魯西洛夫（Aleksey Alekseyevich Brusilov）命名。它於一九一六年六月四日打響，是一次大膽的出擊，目標是南部戰線上（跨越白俄羅斯南部和烏克蘭北部的）普里佩特沼澤地（Pripet Marshes）與羅馬尼亞之間大片地區中奧匈帝國的陣地。布魯西洛夫迅速取得大捷，這裡面有他仔細謀劃準備的功勞，但更重要的原因是奧軍的無能和士氣低落。戰役打響兩天後，奧軍就陣腳大亂。他們原本派了部隊前來增援，但因為敵人在義大利北部發動攻勢，又急急地把增援部隊調回去。德國的預備部隊也投入戰鬥，以防發生全面潰敗。但是，到九月底，同盟國已經在長長的戰線上被向後推了約九十公里。奧匈帝國至此已損失了七十五萬人，其中三十八萬人被俘。德國的損失也非常慘重，約傷亡二十五萬人。俄國在布魯西洛夫攻勢中雖然取得勝利，但也付出了巨大的

代價。戰役頭十天，俄方的傷亡就直逼五十萬人，整個戰役的傷亡約一百萬人。戰役勝利捷報引起的一片歡欣鼓舞掩蓋了表面下不斷擴大的裂痕。事態發展很快證明，俄國正在比奧匈帝國更快地走向滅亡。

　　布魯西洛夫攻勢一個立竿見影的效果是把羅馬尼亞拉到了協約國一邊，羅馬尼亞於八月二十七日宣布參戰。羅馬尼亞人認為，同盟國頹勢已現，必敗無疑，希望趁機從匈牙利那裡撿個便宜。可惜他們的希望很快就破滅了。同盟國派出一支由德國人指揮的軍隊，收復落入羅馬尼亞手中的失地。到一九一七年初，同盟國已經占領了布加勒斯特和羅馬尼亞的大部分領土，包括戰略重地普洛耶什蒂（Ploesti）油田。然而，對德國領導層來說，東線的成功並不能補償在西線的突破失敗。八月，法金漢為凡爾登戰役失利付出了代價。他被解除總參謀長的職務，代替他的是坦能堡戰役的英雄，被晉升為陸軍元帥的興登堡，他在這場漸失人心的戰爭中，是位受人擁護的將領。興登堡的得力助手魯登道夫將軍被任命為軍需總監，並很快在德軍新的領導層中成為實權人物。

　　興登堡和魯登道夫愈來愈直接干預政府事務，等於建立了軍人獨裁。一個例證是他們不顧文官政府的反對，強行通過企圖靠潛艦攻擊協約國航運來結束戰爭的戰略。協約國的封鎖不斷收緊，但德國的海軍艦隊對此無能為力。英國和德國儘管在戰前都花費巨資建造龐大的海軍艦隊，但大戰期間唯一的一次大型海戰——一九一六年五月三十一日的日德蘭海戰（battle of Jutland），卻沒有產生任何決定性的結果。德國海軍擊沉的敵艦數目比己方損失的多（擊沉了十四艘敵艦，損失了十一艘），傷亡也比敵方小（德軍傷亡三千零五十八人，英軍傷亡六千七百六十八人）。但是由於德國的海軍艦隊總體規模比英國小，因此遭受的損失對其作戰能力產生了嚴重影響，使德國在大戰剩餘的時間內無力再戰，而英國艦隊仍然能夠繼續維持對德封鎖。因

此，德國愈來愈傾向擴大潛艦的用途，不僅用它們來打破封鎖，而且要決定性地扭轉戰局走勢。德國海軍領導層估計，潛艦每個月能擊沉裝載總量達六十萬噸的商船。按這個節奏，不等美國插手改變戰局，五個月內英國就會垮掉。但是，如果潛艦戰不成功，美國人又參戰的話，德國的前景可就大大不妙。

他們決心賭一把。一九一七年二月一日，德國開始了無限制的潛艦戰，對航行在英國水域的協約國和中立國商船不發警告即予擊沉。這一決定鑄成了大錯。美國總統威爾遜想確立美國在戰後世界中的領導地位，此前一直希望達成「沒有勝利的和平」，不肯在歐洲這場巨大的衝突中選邊站。德國發動潛艦戰的決定使這個政策戛然而止。兩天後，威爾遜宣布美國與德國斷絕外交關係。潛艦戰中，不可避免地有美國商船被擊沉，美國因此於一九一七年四月六日對德宣戰（雖然美國遠征軍到一九一八年春才加入西線戰鬥）。德方為潛艦戰制定了每月要擊沉的商船噸位數，他們以為英國會被動挨打。其實他們過於樂觀了，德國潛艦擊沉的商船噸位數字在一九一七年的四月和六月達到了目標。但事實證明，潛艦戰不成功，且更糟的是，德國為自己樹了美國這個強敵。

一九一七年間，西線的戰局一直僵持。人力財力都難以為繼的德國只得暫時先保住手中所有。一九一七年春，德軍後撤到較短、較易防衛的戰線。他們稱其為西格弗里特陣地（Siegfried-Stellung），協約國叫它興登堡防線（Hindenburg Line）。防線縮短的另一個好處是德國騰出了二十個師的兵力，加強了防禦能力，因為他們知道協約國一定會發動新的攻勢。

第一場進攻在四月九日於阿拉斯（Arras）打響，那天大雨傾盆，雪霰交加。戰鬥雙方除了照常遭受巨大的人員損失之外，在領土上沒有任何斬獲。協約國軍損失了十五萬人，德軍損失了十萬

人。阿拉斯之戰原本是想削弱德國的防禦力量，以配合法軍對「貴婦小徑」（Chemindes Dames）的大舉進攻。「貴婦小徑」是埃納河谷（Aisne valley）邊的一道山嶺，在蘇瓦松（Soissons）以東，蘭斯山（Rheims）以西。指揮那次進攻的是一九一六年十二月剛剛接替霞飛（Joseph Joffre）將軍任法軍總參謀長的尼維爾（Georges Robert Nivelle）將軍。但是，德方事先獲得了法軍即將發動攻勢的情報，布下了堅固的防禦，使尼維爾攻勢遭到慘敗。戰鬥於四月十六日開始，五天後，法軍損兵折將十三萬人（包括二・九萬名士兵陣亡），卻仍未能突破德軍防線，無奈只好放棄進攻。四月二十九日，尼維爾被解職，繼任者是凡爾登戰役的英雄貝當（Phillipe Pétain）將軍。

尼維爾攻勢的失敗並未嚇阻英國的海格陸軍元帥。他認為，那不過證實了自己關於法軍鬥志軟弱的看法。雖然海格前一年在索姆河戰役中也遭受慘重失敗，但他愈挫愈勇，仍堅信可以透過一九一七年夏在伊珀爾附近發動大型攻勢來達成決定性的突破。他的目標是借道法蘭德斯（Flanders）直撲比利時海岸，消滅那裡的德軍潛艦基地。他這個目標遠遠沒有實現。相反的，他的人馬陷入法蘭德斯的泥淖難以自拔。第三次伊珀爾戰役被英國人稱為帕森達勒（Passchendaele）戰役（這是伊珀爾以東幾公里處一座小嶺上村莊的名字），其慘烈程度不下於索姆河戰役。

七月三十一日打響的帕森達勒戰役正趕上夏秋之交的多雨季節。此前的大規模砲轟已經翻地三尺，傾盆大雨又把地勢低平的戰場變成了黏稠的沼澤，泥漿經常深及腰間。十一月六日，協約國終於把已成廢墟的帕森達勒村奪到了手（五個月後，這個著名小村莊的村民再次撤離，村子重新落入德國人手中），結束了攻勢。至此，英國和英聯邦自治領的部隊損失了二十七・五萬人（七萬人陣亡），德國損失了二十一・七萬人。如此巨大的代價換來的只是協約國（暫時）向前推

進了幾公里。

　　那一年西線上最後一次攻勢發生在十一月，在阿拉斯東南的康布雷（Cambrai）。此次攻勢部分是為了彌補在伊珀爾的失敗，但戰局發展的模式基本未變。協約國開始時奪得了部分土地（將十五公里長的戰線推前了七公里），卻得而復失。英方損失了四‧五萬人，德方是四‧一萬人。因為協約國的預備部隊都陷在了伊珀爾戰役的泥淖裡，所以沒有足夠的兵力利用德軍在攻勢初期的敗退乘勝追擊。不過，康布雷戰役顯示了一絲未來戰爭的走向。經過仔細的空中偵察（這是又一項新事物）後，三百多輛英軍坦克首次以密集隊形發動進攻，步兵和砲兵緊隨其後。坦克在帕森達勒的泥漿裡幾乎毫無用處，但在康布雷比較乾燥堅實的土地上，它們卻引進了一種新的進攻戰術。當時，猛烈的砲火還能制約笨重的坦克，但坦克的時代即將來臨。

　　西線的戰局雖然仍然僵持，但戰爭能否繼續打下去出現了變數。厭戰情緒日益明顯。英軍士兵儘管怨聲載道，軍紀仍還能維持。但是，法軍士兵開小差的愈來愈多，士氣極為低落，使法國政府大為頭痛，後來更發生了四萬士兵拒不執行尼維爾命令的譁變事件。直到（尼維爾被解職後）貝當解決了士兵們的大部分不滿，兵變才平息下去。

　　雖然種種跡象顯示軍心浮動日益嚴重，但是各交戰國政府都覺得，只有爭取到對本國有利的和平條件，才能對如此可怕的慘重損失有所交代。既然戰爭仍處於膠著狀態，各方就都難以得到對己有利的和平條件。奧匈帝國尤其希望退步抽身。法蘭茲‧約瑟夫一九一六年十一月去世後，新皇帝卡爾一世（Karl I）繼位，他曾於一九一七年十二月向美國總統威爾遜發出求和的試探。但是，德軍最高指揮部不肯把比利時和其他被德國占領的領土拱手讓人。德國完全不考慮透過讓步達成和平的辦法，堅持要不惜代價贏得勝利。德國軍隊仍有再戰

之力，因為德國重組了軍火生產，大大增加武器彈藥的產量。另外，就在被戰爭拖得筋疲力竭的德國開始出現深刻的內部政治分歧、要求和平的呼聲日益增強的時候，新的希望出現了——但不是在西線，而是在東線。

俄國在前線遭受巨大損失，國內貧困日益加深，因而出現持續的社會動盪。幾個月後，終於爆發了一九一七年三月（俄國舊曆二月）的革命。沙皇被推翻。臨危受命的臨時政府認為，儘管將士明顯厭戰，但必須繼續戰鬥，以爭取「沒有失敗的和平」。臨時政府的作戰部長（後來的政府首長）克倫斯基（Alexander Kerensky）甚至以自己的名字為俄軍七月發動的攻勢命了名。可惜，那次在加里西亞和布科維納（Bukovina）漫長戰線上發動的攻勢也以失敗告終。與此同時，俄國國內政治風雲激蕩，反戰呼聲日益高漲，部隊士氣空前低落，革命熱情開始從彼得格勒傳向前線的官兵。克倫斯基攻勢失敗後，虛弱的俄軍根本頂不住德軍於一九一七年九月（俄國舊曆八月）對里加（Riga）發動的攻擊。這場俄德之間在一戰中的最後一次戰鬥結束後，里加落入了德國手中。到十一月（俄國舊曆十月），臨時政府本身也在第二次革命中被推翻，布爾什維克掌握了政權。歐洲的政治格局很快將因之發生巨變。從眼下來看，這首先導致戰局轉變，因為一九一七年十二月二十日，新上台的布爾什維克政府在與德國締結停戰協定五天後，開始了與德國談判和平條約的艱難過程。

在這個大背景下，威爾遜總統在一九一八年一月八日提出了「十四點計畫」，他認為這個理想主義的計畫也許能夠結束戰爭，為歐洲的持久和平奠定基礎。威爾遜看到俄國退出戰爭在即，認為可趁此機會促成結束一切敵對行動，並為全面和談建立基礎。他的建議包括去除妨礙自由貿易的經濟壁壘，裁減軍備，「調整」（這是他含糊其詞的用語）對殖民地的爭奪，撤出所占領的土地（包括俄國，並「真誠

地歡迎它在自己選擇的制度下加入自由國家的社會」，還表示願為它提供「各種所需援助」），給奧匈帝國和鄂圖曼帝國的人民「自主發展」的機會，建立獨立的波蘭國家，以及各國聯合起來保證「政治獨立和領土完整」。威爾遜的「十四點計畫」雖然看起來清楚明瞭，但大部分內容不可避免地流於空泛，不夠精確，容易造成不同的解釋或引起爭議。「自決」和「民主」的字眼在「十四點計畫」中並未出現，但這兩個概念很快被視為威爾遜所鼓吹的自由主義理想的基石，也助長了歐洲的民族主義傾向。然而，威爾遜的「十四點計畫」短期內並未促成西線戰事結束，在東線也沒有在布爾什維克和同盟國的談判中起到任何作用。

在德軍東線司令部所在地布列斯特－立陶夫斯克（Brest-Litovsk，今天白俄羅斯境內）進行的談判，於一九一八年三月三日結束。德國給虛弱無力的蘇維埃政府開出的是現代歷史上最苛刻、最難忍，但也是最短命的條件，因為同年十一月達成的停戰協定結束了一次大戰，讓布列斯特－立陶夫斯克條約也失去效用。根據該條約，波羅的海、烏克蘭、高加索和俄屬波蘭要被割讓，俄國因此損失了三分之一的人口，三分之一以上的工農業產區和石油、鐵礦、煤炭等自然資源。高加索給了土耳其人，包括波羅的海在內的東歐大部落入德國控制（雖然烏克蘭無力提供德國和奧匈帝國都急需的大量糧食供應）。

五月，羅馬尼亞遭到幾乎同樣野蠻的肢解。羅馬尼亞與奧匈帝國、德國、保加利亞和鄂圖曼帝國簽署的布加勒斯特條約，使同盟國再次獲得了大片領土。這一次，割來的領土主要歸給德國的盟友奧匈帝國和保加利亞（鄂圖曼帝國也分到一杯羹），但真正的贏家顯然還是德國。至此，德國的統治覆蓋了中歐、東歐和南歐的大部分土地。然而好景不長。不僅如此，列強把這些多民族地區的領土當作棋盤上的棋子移來放去，卻不知那裡正醞釀著大規模的動亂。

　　東線戰局出人意料的迅速緩解使德國在西線的前景有所改善。東線事態發展的後果在一九一八年間逐漸顯現，而在眼下，德國先出手解決了義大利戰線上勝負難分、麻煩棘手的局面。義大利自從一九一五年加入協約國後，在的里雅斯特（Triest）附近從阿爾卑斯山流入亞得里亞海的伊松佐（Isonzo）河畔與奧匈帝國軍隊的戰鬥，就幾乎沒有停過。一九一七年十月，德國向奧軍派遣了增援部隊。第十二次，也是決定性的伊松佐河戰役（義大利人稱其為卡波雷托戰役，battle of Caporetto）於十月二十四日打響。義大利人被打得潰不成軍，短短一個月內，就被緊追在後的敵軍逼退了八十公里。在前線作戰的義大利步兵部隊都是強徵來的士兵，一半以上是來自義大利南部的農民或農工，完全沒有鬥志。部隊指揮無方，士兵不僅裝備低劣，還要忍飢挨餓。到一九一七年十一月十日，義軍損失了三十‧五萬人。一萬人戰死、三萬人負傷的傷亡率相對算是比較低的。絕大多數的兵員損失（二十六‧五萬人）是因為士兵開了小差或故意被俘。難怪卡波雷托戰役成了義大利歷史上的一個恥辱。

　　直至此刻，協約國在西部戰線上一直占有兵力和武器上的優勢。德國的損失在西線遠遠超過東線。但是，俄國退出戰爭使德國騰出了整整四十四個師的兵力轉戰西線。實際掌管著德國國務的魯登道夫覺得，可以在一九一八年發動大規模春季攻勢，趕在美國人參戰前取得西線的決定性勝利。攻勢的代號是米夏耶爾行動（Operation Michael），進攻的重點是索姆河防線。三月二十一日，進攻開始。德軍的六千六百門大砲向敵軍陣地發動了一戰開始以來最大規模的砲轟。震驚駭懼、兵力居劣的協約國聯軍被向後驅趕了近四十英里，幾乎退到了亞眠（Amiens）。但他們沒有潰散。德國步兵只能緩慢前進，尤其是在戰線北部。傷亡人數十分巨大。攻勢的第一天，德方就損失近四萬人，其中四分之一陣亡。英軍的損失僅稍少一些。若把德

軍和協約國聯軍的損失加在一起，可創下一戰中單日傷亡的最高紀錄，甚至超過了索姆河戰役的第一天。到攻勢於四月五日停止時，德軍一共損失了二十三・九萬人，而且已無力補充損失的兵員。英國和法國加起來損失了三十三・八萬人，其中四分之一被俘。米夏耶爾行動兩週的損失相當於凡爾登戰役的五個月。

　　米夏耶爾失利標誌著德國戰敗的開始。德軍四月時為奪取比利時港口對法蘭德斯發動的攻勢也是起頭得勝，卻後繼乏力。協約國聯軍儘管遭受了損失（又損失十五萬人），但仍然有預備兵員可用，德國的預備兵員卻已經告罄，最後一批人全部投入那年春夏兩季的攻勢。戰鬥又轉移到了過去的戰場上——德軍再次進攻貴婦小徑，一直推進至馬恩河（一戰中第一次大型戰役的發生地）。一九一八年六月，美國軍隊加入了協約國聯軍的行列，以每月二十萬人的規模投入戰場。接著，法國在馬恩河發起反攻，動用幾百輛雷諾坦克（Renault tank），加以空中掩護的支持，一下子就俘虜了三萬德軍。德軍的士氣開始動搖，很快就一落千丈。德國三月攻勢的斬獲因協約國聯軍八月下旬和九月的大踏步前進而喪失殆盡。到十月初，協約國突破了深壕高壘的興登堡防線，德軍全線敗退。至此，德國在軍事上大勢已去。但是，國內老百姓並不知道戰敗在即，因為政府的宣傳仍在鼓吹只有取得勝利才能有和平，隱瞞不報最壞的消息。

　　興登堡和魯登道夫從這些不祥之兆中看出，戰敗已不可避免。他們拚命要趕在德軍崩潰、軍事完敗無法掩飾之前，談判達成和平。此事攸關軍隊（和他們自己）在國家中的地位。他們開始設法推卸自己對於日益逼近的戰敗的責任，把談判任務轉嫁到長期以來一直要求實現議會民主的政治力量（主要是社會主義左派）頭上。十月一日，魯登道夫向參謀部的人員宣布，德國在戰爭中已無勝算，他說：「我已經請（皇帝）陛下讓那些造成目前局勢的人進入政府，讓他們擔任

政府職務。必須由他們締結必要的和平。他們給我們煮的這鍋湯必須讓他們自己喝下去。」這開始了戰後遺患無窮的一個神話：德軍在戰場上沒有被打敗，造成德國戰敗的原因是社會主義勢力在國內挑起騷亂，在國家的戰爭事業「背後捅刀子」。

與此同時，由於士兵大量脫逃，反抗情緒日益增強，戰場上連連失利，加之和平的前景日漸明朗，德國的盟友都紛紛放棄了作戰。保加利亞面對從西南方向開來的氣勢如虹的協約國聯軍，被打得幾乎沒有還手之力，開小差成為軍中的普遍現象，一些省級城鎮建立了士兵和工人理事會，革命呼聲日益高漲。在這種情況下，保加利亞於九月二十九日與協約國簽署了停戰協定。十月，分崩離析的鄂圖曼帝國大限終至。軍事失敗，從高加索可恥撤退，士兵成群結隊地逃離戰場，再加上國內經濟崩潰、法治敗壞，這一切促使土耳其在十月三十日和協約國簽訂了停戰協定。

十一月初，同盟國的軍隊亂作一團，政府也陷入混亂，一次大戰這場巨大的戰爭顯然已近尾聲。十一月九日，德皇政府垮台，新政府表示願意接受威爾遜總統的「十四點計畫」作為和談的基礎，戰爭終於可以結束了。十一月十一日，在協約國聯軍最高指揮官福煦（Foch）元帥位於貢比涅（Compiègne）森林中的司令部，德國天主教中央黨政治家埃茨貝格爾（Matthias Erzberger）作為德國代表團團長，在停戰協議上簽了字，戰爭至此正式結束。十一月十一日十一時，槍砲聲陷入了沉寂。

親歷戰爭

一九一六年七月二日，一名德國陸軍士兵對凡爾登戰役做了這樣的描述：「你不可能想像那種恐怖。沒有親身經歷過的人真的無法想

像。」一次大戰期間從不同戰線的血泊中爬出的無數其他士兵，無疑都有同感。

　　幾百萬士兵在大戰的整整四年間或其中的部分時間內熬過了地獄般的日子，他們的經歷不可能一概而論。前線與後方的書信往來在一定程度上揭示了他們的遭遇。然而，西線與後方的通信比東線多得多。由於信件的內容都要經過檢查，因此它們表達的情感通常都比較隱晦，有意輕描淡寫。無論如何，寫信人往往都儘量不使讀到信件的親人焦急或悲傷。當然，士兵們的經歷也大不相同。在決定一個人對戰爭態度的因素中，親身經歷非常重要，此外還有本人的脾性、教育、軍階、社會階級、物質環境、與上級的關係、政治歸屬、意識形態形成的過程與不計其數的其他因素。戰後，人們對大戰的印象因浩如煙海的戰後回憶錄和老兵的敘述而進一步加深。然而，對戰爭的回憶與任何事件目擊者的事後敘述一樣，都免不了受到敘述者記憶準確性的影響，敘述者的記憶也（可能潛意識地）受後來事態發展的影響。戰後發表的文學作品雖然有很多動人心弦、啟人深思的佳作，但是，關於戰爭給深受其害的一般人民留下的創傷，那些作品的描繪無論多麼逼真，都仍然是事後重建的景象。所以，任何對親歷一次大戰感受的總結至多只是大致的印象。

　　例如說，大戰期間，士兵們時刻與死亡為伴，隨時有喪命的危險，難以確知這在當時和之後對他們的心理有何影響。無數事實證明，人的情感很快會變得遲鈍麻木，對自己不認識的士兵的死亡會無動於衷。凡爾登戰役前線上的一位法國步兵談到自己看到又一具死屍，心裡卻毫無感觸時說：「這種漠然也許是作戰者最好的心態。……長期的難以承受的強烈情感，最後造成了情感的死亡。」一位戰時在英軍裡當過列兵的人回憶說：「我看到了一些可怕至極的場景，但大家的紀律性很強，都不把它們當回事，好像看見的是正常情

況似的。」

　　即使是並肩作戰的戰友之死，似乎也很快被接受為尋常之事。一位農民出身的俄國軍官在一九一五年四月的一篇日記中寫道：「光是我這個排就已經換了幾百人，至少一半在戰場上或傷或亡。……我在前線待了一年，對這種事已經不再去想了。」英軍的一名列兵回憶索姆河戰役時說：「負傷的、死的和馬上要死的像河水一樣源源不斷……你得拋掉所有的情感，咬牙挺下去。」另一位列兵後來談到索姆河戰役第一天他所屬部隊的損失時說：「我們回去後沒有點名，因為八百人只剩下二十五個。沒人可點。」一位下士的話坦率得驚人：「我們死了好多人，可是抱歉地說，我從前線下來時卻並不感到難過。我唯一的念頭是不用操心那麼多人的吃飯問題了，我得趕在口糧被削減前拿到戰士們兩個星期的口糧。」一位醫療隊小隊長回憶說：「我慢慢變得心腸硬起來。有好多非常可怕的事情我們都習以為常了。」我們無法確知這類觀點在英軍中有多普遍，在其他國家軍隊中的普遍程度就更不清楚。但是，上面引述的話無疑相當有代表性。

　　不過，也有比較符合人性的情感。治軍嚴格、堅定求勝的俄軍指揮官布魯西洛夫深知他的任務「艱難而又痛苦」。大戰打響的第一個月，他向妻子描述加里西亞的一次戰鬥中戰場上「堆積如山的屍體」時說：「我的心情沉重至極。」此言表明，他對那種慘狀並非無動於衷。一九一四年十一月，德國的《礦工日報》（*Bergarbeiterzeitung*）上登載了一封讀者來信，來信者描述他看到一個步兵殘缺不全的屍體時感到的驚恐。信中寫道：「我總是看到這個沒了頭，肩膀上只剩下一團模糊血肉的步兵站在我面前。我睜眼閉眼都看得到他。」來信者說：「那景象如此恐怖可怕，我接連兩夜都睡不著覺。」

　　當然，人們對敵方的傷亡很少表現出憐憫之心。柏林應用心理學研究所收集到的許多言論中有一條說：「敵人純粹是障礙，必須予以

摧毀。」一位法軍士兵在一九一五年的一封家書中寫道:「我們正在變成野獸。我感受到別人這種變化。我也感受到我自己這種變化。」並非所有士兵都因為戰場上的經歷而變得殘酷無情,但許多人的確發生了這樣的變化。戰爭是殘忍無情的殺戮。用來殺人的主要武器是大砲、機槍、手榴彈或別的遠距離殺傷武器,士兵不會面對面看到敵人。一九一四到一九一七年間,法軍傷亡的四分之三是由大砲的砲火造成的。在當時以及後來,士兵們都說,他們向著遠處素不相識、與自己毫無關係的敵人開槍射擊,絲毫沒有良知的罣礙。跳進敵軍戰壕拚刺刀這樣的近距離作戰並不常有。一九一七年春,西線德軍的傷亡只有百分之一是肉搏造成的,而百分之七十六來自大砲的轟擊。有些士兵對近身肉搏有著本能的抵觸和顧忌,但真需要的時候他們也只能去做。也有人喜歡肉搏。一位年輕的英軍少校說,他對未來的事情不費心思去想,他認為,他們「在前線宰殺德國人」是理所當然的。另一位英軍士兵在一九一五年六月的一篇日記中,描述他是如何一槍打死一個高舉雙手哀求饒命的德國年輕人。他寫道:「看著他往前撲倒,感覺好極了。」

有些人認為戰爭是大掃除,可以清除本國社會中敗壞不潔的渣滓,雖然有此想法的人肯定只是少數。有名德軍士兵聽到宣戰的消息後歡欣鼓舞,在一九一五年初寫信給一個熟人說,如果戰爭能使祖國「更純潔,把外國因素(Fremdländerei)清除乾淨」,那麼前線的犧牲就是值得的。關於這個士兵,世界很快就會有更多所聞。他叫阿道夫・希特勒。

對非我族類的敵人進行臉譜式刻畫,這起到了煽風點火、激起仇恨的巨大作用。戰爭開始之前,民眾的仇恨情緒已經被煽動了起來。戰爭打響後,對敵人的成見又透過前線和後方的宣傳得到大力加強。交戰各方的官方宣傳都力圖將敵人妖魔化,極力向作戰部隊和國內

老百姓灌輸仇恨。一個辦法是廣播敵方犯下的（真正的或編造的）暴行。這種對敵人籠統刻板的描繪經常頗為有效。一些思想左傾的德國軍人強烈反對本國的軍國主義、極端民族主義和德皇的統治，但他們也接受把斯拉夫人描繪為劣等民族的誇張說法，認為德國負有教化的使命，有責任把文化帶到東方。初次踏足俄國的德軍發現，關於這個國家的宣傳所言不虛。一位德國軍官回憶說，俄國是「亞細亞、大草原、沼澤地……一片荒涼的爛泥塘。沒有一絲中部歐洲的文化。」一位喜歡寫詩的德國軍士在一九一八年二月寫道：

> 可惡的俄軍對自己國家的土地
> 和對大自然肆意的破壞舉目皆是！
> 這些似乎永遠失去了的東西
> 卻在德國文明之師手中重煥生機！

　　政府的宣傳把俄國人描述成落後、粗陋、野蠻的亞細亞人。這個形象塑造了人們的心態，為後來二次大戰中罄竹難書的暴行打下基礎，儘管此時布爾什維克和猶太人尚未被合併為同一個需要追殺的群體。不過，一次大戰中的仇恨宣傳絕非完全成功，在西部戰線上尤其如此。一九一四至一九一五年間，德軍士兵與英軍和法軍士兵之間發展出了某種友誼，一九一四年耶誕節期間，他們甚至在無人區實行了非官方「停戰」，儘管這種友好交往後來被他們的長官叫停了。雙方有時都會允許對方從戰場上抬回死傷的戰友。有時，雙方心照不宣，默許短期停火；巡邏的士兵對敵軍開槍有時故意不瞄準。有跡象顯示，交戰雙方的士兵互相尊敬彼此的戰鬥素質，感到大家有共同的人性，卻不幸陷入一場無法理解的屠殺。

　　但即使如此，還是不應過於誇大交戰方士兵之間的友誼。明確

或潛意識的意識形態理念是促成這場混戰的一大因素，這種理念的確在軍官和指揮官，尤其是軍階較高的人中間更加普遍，但士兵也透過教育和訓練受到國家文化力量的影響。不僅如此，殺戮很快形成了大勢。士兵適應了殺戮，有時認為事情就是「殺人或者被殺」那麼簡單。士兵大多沒有選擇，只能服從命令。對他們來說，頭等大事是在戰鬥中活下來。一九一七年，一位義大利騎兵在一場傷亡過半的激戰中得以倖存，他寫道：「生命是美味，我們用健康的牙齒細細咀嚼。」沒人在乎宏偉的理想。戰壕裡的英軍士兵諷刺地唱道：「我們在這裡因為我們在這裡因為我們在這裡因為我們在這裡。」

在前線，除了死亡的威脅，與士兵們長期伴隨的還有怎麼也掩蓋不住的恐懼。這自然促成了普遍的聽天由命心態。當然，士兵並非總在火線上作戰。事實上在任何時候，被派往前線的人都是少數。其他人則在後方不停地接受操練，此外也休養、放鬆、娛樂（踢足球和逛妓院似乎是英軍士兵比較喜歡的娛樂活動），但是，他們在進行這些活動的同時，總有一個揮之不去的念頭：下一次「大推進」不久就要開始。隨著即將開赴戰場的消息傳來，憂慮和恐懼與日俱增。開拔的時刻終於到來時，有些人甚至害怕得尿褲子。也有人表現得滿不在乎，其中許多人無疑是故作輕鬆，想掩蓋內心的緊張。有少數平時不算膽小的人因為過去經歷過恐怖的戰鬥，有時害怕到精神崩潰，拒絕跳出戰壕向敵人衝鋒，結果被指控臨陣怯戰或臨陣脫逃，落得遭行刑隊槍斃的悲慘下場。

多數人知道自己別無選擇，只能硬著頭皮上，所以乾脆聽天由命。發動進攻前，部隊大量供應士兵蘭姆酒、杜松子酒和伏特加等烈酒，幫助他們克服恐懼。一位英軍列兵回憶說：「我跳出戰壕的時候，什麼也不想，就是往前衝。」許多人的回憶顯示，比起陣亡，士兵更加害怕嚴重致殘。根據德國人在一九二〇年發表的關於「戰

時恐懼心理」的研究報告，「想像自己終身殘廢足以使⋯⋯死亡相形之下成為更好的結果」。許多士兵希望自己受點兒小傷，不致殘廢或喪命，但足以讓自己不再適合服役，被遣送回家；英國兵把這種傷叫作「返家傷」（blightywound），德國兵則稱其為「回家傷」（Heimatschuß）。有些人會自己弄出這樣的傷，但萬一被識破，不但白挨了疼，還會受到嚴厲的懲罰。

　　鑑於士兵們遭受的苦難，西線上軍隊的士氣居然還維持得住，實在令人驚訝。一九一七年貴婦小徑發生的法軍譁變是一個例外，但檢查士兵家書的審查官注意到，隨著浩大的凡爾登戰役久拖不決，士氣出現了動搖。一九一六至一九一七年冬天，開小差的人數也有所增加。法國政府迅速採取措施來安撫譁變的士兵，說明政府是多麼認真對待那場短命的兵變。一九一八年春夏時分，德軍大舉進攻，法軍的士氣再次面臨考驗。但是，法國人是在為保衛祖國而戰，這一點起到了凝聚軍心的作用。一九一八年八月，法軍坦克把德軍擊退到馬恩河彼岸，勝利在望，於是法軍的士氣重新振奮起來。英國和英聯邦自治領的軍隊也自始至終保持了士氣。一九一八年春，德軍取得突破時，英方的士氣一度低迷，但隨著德軍的攻勢受阻和己方援軍（特別是美軍部隊）到來，士氣又恢復高漲。

　　當然，英軍士兵中間也不乏不滿和抱怨，糟糕的條件、質低量少的口糧、令人筋疲力盡的操練和專橫粗暴的軍官都是抱怨的理由。所有作戰部隊的紀律要求都很嚴格，在有些部隊中（特別是俄軍和義軍）甚至到了殘忍的地步。到大戰的後半段，各交戰國的軍隊都加強對士兵的管制，以穩固動搖的軍心。但是，光是強制手段無法解釋士兵為何仍然堅持作戰，而且事實上強制手段並未平息大戰接近尾聲時，多數軍隊中普遍存在的嚴重不滿。維持著士氣的是積極的力量。大多數法軍和英軍的士兵始終保持我們最終會勝利，以及我方是正義

的信念。保家衛國的愛國情感為法軍提供了作戰的正面理由，也對英軍起到一定的激勵作用，儘管不像對法軍那麼重要，因為英國沒有遭到侵略，英軍不是在本國國土上作戰。審查官在英軍士兵的家書中沒有發現他們戰鬥到底的意志有絲毫減弱，也沒有看到他們願意藉由妥協來達成和平。

德軍的士氣到了一九一八年才土崩瓦解。比起法軍或英軍，德軍的官兵不平等更加嚴重。不平等加劇了士兵的不滿，一九一六年後，這種不滿日益政治化。官兵的薪餉差別巨大；戰士在前方死傷上萬，軍官卻在後方花天酒地；自一九一六年開始，口糧粗糲難咽，還備受剋扣。這些都使士兵們憤怒不滿，國內又傳來物價上升、生活艱難的消息，他們因此愈發認為，自己白白犧牲，好處都到了資本家和牟取暴利的投機分子手裡。大戰的最後幾個月裡，需要發動革命來實現正義的言論愈來愈多。到那個時候，許多德軍士兵都同意藝術家兼雕刻家柯勒惠支（Käthe Kollwitz）所說的，這場把幾百萬人送進屠場的戰爭不過是一場「可怕的騙局」。柯勒惠支的兒子彼得在一九一四年戰死，使她傷心欲絕。人們對和平、社會主義和革命的嚮往混合交織。大戰最後幾週，愈來愈多的前線士兵表達這樣的嚮往，他們用腳投票，大批逃離戰場。

除德軍之外，東線上其他國家軍隊的士氣很早就開始動搖。對於自己為之戰鬥的所謂「事業」，俄國、奧匈帝國和義大利軍隊的很多士兵從來就不相信。俄軍徵來的士兵四分之三以上是農民，大多是文盲。布魯西洛夫將軍抱怨說，許多士兵「根本不知道戰爭和他們有什麼關係」，也顯然不知道有德國這個國家。士氣很快開始低落。一九一四年俄軍初嘗敗績後，俄國審查官就報告說：「士兵不再有得勝的信心。」食物、衣服、武器無一不缺。據報告，從一九一五年開始，前線士兵的武器就已經不敷使用。這種情況加上戰事頻頻失利自然有

損士氣。軍官對士兵的虐待更是雪上加霜。士兵普遍仇恨軍官，認為他們是地主階級的代表，也鄙視他們，認為他們腐敗無能，只會躲在後方享樂。廣大士兵開始思索是誰造成了自己的苦難。他們找到的回答是：自己遭到了背叛。早在一九一五年，俄國審查官就報告士兵當中流傳這樣一種觀點：「也許很快就必須承認，我們被打敗了，最重要的是，我們被背叛了。」自一九一六年起，士兵們愈加悲觀，也愈加起勁地尋找代罪羔羊和背叛者，這些給前線作戰帶來了破壞性的影響。一名士兵在聽到士官「解釋」俄軍此前的一次撤退是因為間諜和叛徒的破壞之後說：「魚先從頭臭起。重用竊賊和騙子的沙皇算什麼沙皇？這場戰爭我們輸定了。」通往革命之路開始形成。

　　從那時起，俄軍士兵開小差和自願投降成為普遍現象。軍心渙散，一九一六年秋天發生了二十多起譁變。前線的其他士兵對譁變非常支持，幾乎沒有人表示譴責。布魯西洛夫攻勢短暫成功帶來的喜悅退去之後，士兵們再次陷入厭戰的消沉情緒，同時，家書傳來的消息又使他們注意到國內的生活條件每況愈下。一九一六年十一月，彼得格勒軍事審查委員會主席指出，透過家書傳到部隊的謠言，「造成士兵鬥志低落和他們深切擔憂家人的命運」。一九一六年就有報告說，士兵中間出現了要求實現和平，甚至是無條件實現和平的呼聲。到一九一七年二月革命的時候，海潮變成了海嘯。

　　東線的其他作戰部隊也早就出現大規模開小差的情況。儘管義大利軍隊從來都會嚴加懲處開小差的行為，但是一九一五至一九一七年間，開小差的士兵人數幾乎增加了三倍。到一九一七年十一月，鄂圖曼帝國的軍隊已有三十萬人開了小差。東線上士兵投降比西線上普遍得多，這也顯示歸根究柢需要靠決心和自律維持的士氣十分脆弱。

　　奧匈帝國軍隊難以維持士氣的一個顯著原因是缺乏民族團結。講德語的奧地利軍官經常看不起其他族裔的士兵，如克羅埃西亞人、羅

馬尼亞人、波士尼亞的塞族人、捷克人、義大利人等等。士兵不僅仇視蠻橫的軍官，而且經常帶著族裔的有色眼鏡看待長官，對哈布斯堡王室的事業要麼是漠不關心，要麼是懷有敵意。捷克人和其他少數族裔受到專橫跋扈、盛氣凌人的奧地利軍官欺負，憤憤不平。奧地利人則認為捷克人、魯塞尼亞人（Ruthenes，來自喀爾巴阡山脈以南的東部匈牙利）和波士尼亞的塞族人不可靠（對後者的懷疑有一定道理）。官兵關係如此糟糕，不可能提升士氣。捷克士兵大批開小差的情況日益嚴重，這說明民族主義傾向起到了削弱哈布斯堡帝國戰爭努力的作用。

　　大戰打響不久，東線的平民就開始受到戰爭的影響，其程度比在西線深得多。波蘭有位村長寫了一部出色的回憶錄，描述東線一個戰區中平民的戰爭經歷。揚·斯洛姆卡（Jan Słomka）一八四二年出生，一九二九年以八十七歲高齡辭世。他在波蘭東南部塔爾諾布熱格鎮（Tarnobrzeg）附近一個叫傑科（Dzików）的村子，當了四十年的村長。那個貧窮村子所在的地方離維斯瓦河（Vistula）和喀爾巴阡山不遠，戰前受奧地利統治。他生動地描述了戰爭對他村子的影響。村民遭遇的更像是十七世紀「三十年戰爭」中軍隊前進和撤退過程中的燒殺搶掠，而不是西線上典型僵持不下的壕溝戰那特有的恐怖。西線上巨大的消耗戰與平民生活無關。戰爭開始不到一年，斯洛姆卡的村子就來過了五次奧軍和四次俄軍。村子附近打過三場大仗。俄國人兩度占領過那個地區，第一次占領了三個星期，第二次是八個月。大軍經行和實際的戰鬥造成了巨大破壞。周邊地區近三千處農莊和房屋被摧毀，主要毀於大砲的轟擊。有些村子完全被夷為平地。約三・五萬英畝的林地遭到焚燒、砍伐或被大砲炸毀。被毀壞的農莊裡剩下的東西被搶劫一空。俄國大軍到來前沒能逃離的村民大多落得一無所有。許多人只能在廢墟中草草搭建的棚子中棲身；他們的田地被步兵的戰

壕和鐵絲網分割得支離破碎，無法耕種，只能拋荒；他們的馬匹和耕牛被俄軍強行徵用。大部分成年男性被送往烏拉爾（Urals）。糧食、衣服、住房，無一不缺，且勞動力奇缺，因為男人都被驅逐了。當局不得不採用限制口糧這種極為不得人心的做法，但隨著糧食短缺日益嚴重，糧食價格也飛速上漲。

開始時人人都很樂觀。一九一四年八月一日動員令發出後，傑科村的年輕人爭先恐後跑去報名參軍。開赴前線的大軍沿途受到老百姓熱烈歡迎，士兵們精神飽滿地高歌前進。大家普遍認為，同盟國必勝，將在俄國土地上與敵人對決，一個新的波蘭國家將在戰爭中浴火而生。

然而，戰爭的爆發突出了當地人口中一道嚴重的裂痕。天主教徒出於對猶太人的敵意和不滿，指控他們逃避兵役，還說他們不肯擔負自己那份為軍隊提供膳宿、馬匹和車輛的責任，因而加重了其他村民的負擔（猶太人占塔爾諾布熱格鎮人口的多數，雖然在傑科村和附近的其他村子裡不是多數）。最後，猶太人被集中到一起，在強迫之下勞動。

隨著奧軍的前進，俄軍撤到了維斯瓦河對岸，這更使人們相信奧地利的勝利指日可待，那也將意味著波蘭的勝利。大家都以為戰爭幾個月後就會結束。然而，這種初期的樂觀很快被打得粉碎。九月九日，近在咫尺的槍砲聲使在那之前一直堅信奧軍勝利在望的村民驚慌失措。幾天後，情況清楚顯示，奧軍不是在大踏步走向勝利，而是在倉皇撤退。僅僅數週前還軍容嚴整開往前線的部隊，回來時卻行列渙散，士兵疲憊飢餓、帶傷掛彩。敗退的士兵先是向老百姓討飯吃，然後發展到搶劫老百姓的財產。當地許多猶太人在隨後而來的俄軍到達之前紛紛逃走。他們的確應該逃走，因為敵人對猶太人「非常嚴酷無情」。傑科村的猶太人被俄國人集中起來當眾鞭打。附近一個村子裡

有五個猶太人被以匿藏武器為由絞死。塔爾諾布熱格鎮上也有兩個猶太人被懷疑是間諜而被施以絞刑，屍體掛在路邊示眾。十月初，俄國人自己被迫撤退時，當地老百姓以為回來的軍隊是奧地利部隊，把他們當作救星來歡迎。但後來他們發現，這些「救星」原來是匈牙利部隊，駐紮在這個區的約一・五萬匈軍和俄國人一樣貪婪凶狠。到十一月初，俄國人又殺了回來，於是又是一輪大規模洗劫和破壞。這次他們一直待到一九一五年六月。

　　戰爭最後幾年，經濟形勢急劇惡化，當地人民的苦難愈發深重，大批士兵開小差，凸顯了奧地利軍力的薄弱。這一切使得波蘭獨立的希望日漸渺茫。一九一八年二月九日，烏克蘭和德國及奧匈帝國簽訂了一項條約，把奧地利加里西亞省的東半部劃歸新成立的烏克蘭人民共和國（條約規定，德、奧兩國承認烏國獨立，並提供軍事支持烏軍打擊布爾什維克，以此換取烏國的糧食），然而，達成條約的過程卻完全沒有波蘭代表參與。這使波蘭人普遍認為，德國和奧地利背叛了他們。威爾遜總統一個月前發表的「十四點計畫」中，有一條是協約國將努力幫助波蘭獨立建國，這削弱了波蘭人對同盟國本就根基不牢的忠誠。但是，波蘭獨立建國的目標如何實現、能否實現，都還根本說不準。

　　一九一八年十月的最後一天，原來躲在樹林裡靠老百姓送飯維生的一群群開小差的奧地利士兵走出林子，把軍帽上的玫瑰形奧地利軍徽扯了下來，聚集在塔爾諾布熱格鎮的廣場上。十一月開頭幾天，各地的士兵都把奧地利的軍階標識換成了波蘭的鷹徽。士兵們迫不及待地湧向火車站準備回家。參加群眾集會的公民為「波蘭復國」而歡欣鼓舞。代表著專橫霸道的戰時管制的地方官員（包括村長斯洛姆卡自己）都被就地免職。警察尤其成為民眾的怒火所向，經常遭到痛打。猶太人被指控放高利貸對人落井下石，還躲避上前線服役，他們也是

民眾仇視的主要對象。對猶太人的仇視偶爾演變成暴力行為，比如搶劫猶太人的店鋪、毆打店主人。階級仇恨也顯而易見。當地十個大地主擁有三分之二的土地，剩下的三分之一則分散在約一・四萬名小農手中。難怪在戰爭剛剛結束的混亂局面中，一夥夥經常受到布爾什維克革命啟發的農民（有時在莊園僕人的幫助下）手持棍棒、乾草叉和步槍攻占大地主的宅邸和莊園，搶劫糧舍，奪走糧食、牲畜、乾草、馬車和別的財產，有時還毆打甚至殺害莊園的管理人。

　　在波蘭的這個地區，戰爭以如此自信的期盼開始，最終卻導致了深切的仇恨，引發階級衝突，加劇人們對猶太人的敵意，造成權威的崩潰以及普遍的暴力和混亂。新生的波蘭根本不是統一的國家。停戰協議簽署時，波蘭連自己的政府都還沒有。一九一八年十一月十六日波蘭宣布獨立建國時，它確定邊界和建立統一基礎設施的艱難努力才剛剛開始。斯洛姆卡在傑科村的鄉親以及無數個其他波蘭村莊的村民，無論在戰爭期間對波蘭復國抱有何種期望，他們的希望對波蘭最終復國的方式都沒有起到任何作用。波蘭之所以能夠復國，完全是因為俄、奧、德（一八七一年前是普魯士）這三個自一七九五年起分割了波蘭的強國，紛紛陷入崩潰。

　　儘管東西兩條戰線上的戰事各有特點，但西歐和東歐的後方百姓都同樣遭受了戰爭帶來的物質和心理苦難。受苦最深的是婦女。家裡經常只剩下她們獨挑大梁，她們既要照顧孩子，又要擔負田裡的農活，還時刻掛念著在遠方打仗的丈夫。工業區的婦女必須承擔起原來由男人做的差事，無論是在兵工廠裡勞動，還是保持運輸網絡的暢通。她們要在糧食短缺日益嚴重、物價飛漲的情況下管好家務，也時刻害怕有人敲門，捎來家人陣亡的噩耗。難怪民眾的憤怒和不滿與日俱增。婦女購買食物需要排隊，她們得以借此互相接觸，交流消息和傳言，也發洩心中的不滿。前方來鴻使她們對戰局的好壞以及部隊的

作戰情況有所了解。她們自己則在寫給在前線打仗的男人的家書中報告後方的情形。官兵偶爾休探親假時，也能目睹國內的情況，並把探親期間的印象帶回前線的戰壕。

對於前線的恐怖，後方的人不可能充分想像得到，儘管看過電影《索姆河戰役》的幾百萬英國觀眾能夠略有感知。那部電影雖然有虛構的部分，卻真實反映了那場戰役的慘烈。這是電影史上第一次讓後方的觀眾能直觀了解前線的戰爭。電影中血淋淋的場景甚至當場嚇暈一些觀眾。當局不得不承認，老百姓不願意面對戰爭的殘酷現實。大部分後方民眾都想，或者說需要，把自己親人在前線經受的苦難排除在腦海之外。因此，許多從前線回來的軍人覺得家人完全不理解自己的經歷，也就不足為奇了。一位英國中尉一九一七年回家休假時在親戚那裡受到的熱烈歡迎很快就冷卻下去：親戚們一個勁兒地誇讚英軍在帕森達勒的勝利，可是當那位中尉描述了戰役的慘狀，暗示士兵的犧牲毫無意義的時候，他就被趕出了門。

然而，這種無知無感不一定是典型的情況。後方與前方的互動比這個事例所顯示的更緊密，也更重要。家書是部隊官兵與家人保持聯繫的生命線，大量的家書都表達了士卒渴望能放探親假（這裡指那些比較幸運，可以享受探親假的士兵，而加拿大軍團、澳紐軍團和印度軍團的士兵，或來自俄羅斯帝國偏遠地區的許多士兵就沒有這麼幸運）。隨著戰爭的持續，後方和前線對戰爭的態度似乎開始合流，特別是在勝算愈來愈小的交戰國中。

後方和前方各類人等的經歷多種多樣，無法總而言之或籠而統之。然而，它們清楚地顯示出具有歷史意義的一點：政治制度有群眾基礎，代表性較強，並擁有得到廣泛接受的制度化價值觀（即「合法性」）的國家，顯然在維持民眾和軍隊的士氣方面更勝一籌，戰爭行動也更有效。當然，這還不夠，還需要武器、糧草和兵員方面的優

勢。英國和法國擁有這些優勢，尤其是它們不僅可以利用海外附屬國的資源，而且還得到了美國的支持，戰爭後期更是有大批美軍直接參戰。這使部隊維持住了最終必勝的信念。如果能夠維繫獲勝的希望，實現的可能性又愈來愈大，國家就能繼續保持合法性，哪怕在前線損失慘重。

但是，一旦戰敗日益成為定局，希望就會破滅，巨大（並仍在增加）的損失將被認為是徒然的浪費，國家將被視為造成這場巨大災難的元凶。這會造成國家的合法性蕩然無存，甚至可能導致國家的崩潰。最明顯的表現是戰爭進入尾聲時同盟國軍隊有大批士兵開小差。在合法性最薄弱的國家中，戰爭的重負極易導致後方民眾和前線士兵的大規模動亂，直接威脅政權本身的存續。

重壓之下的國家

戰爭給所有交戰國帶來了前所未有的壓力，就連最終的戰勝國也不例外。在如此大規模的衝突中，所有相關的任務，無論是新任務還是規模翻倍的原有任務，都落到了政府肩上。前線對兵員和軍需的需求就像無底洞。仗打到一半的時候，每個交戰國適合從軍的男性人口中，有一大部分都已被徵召入伍。（大戰開始時英國施行志願入伍政策，一九一六年改為徵兵制。）需要生產大批的武器供士兵使用。新技術的研究和新型武器的發展都需要國家贊助。需要大量增建醫院、臨時醫務室和復健中心來照料從前線撤下來的大批傷患和戰鬥致殘人員。必須給失去丈夫、無人養家的遺孀及其家人提供福利，儘管所提供的福利也許遠遠不夠。國家必須透過其掌控的宣傳和審查體系來操縱公共輿論，維持士氣，並透過直接或間接對報界施加影響來控制新聞的傳播。

　　這一切都要求國家控制經濟，也意味著國家開支的激增。大戰接近尾聲時，各國的軍費開支達到了空前的水準：德國的軍費開支占其國內生產總值的百分之五十九，法國是百分之五十四，英國是百分之三十七（雖然像俄國、奧匈帝國和鄂圖曼帝國這些經濟不太發達的國家榨取不了那麼多的資源）。各國都向公民開徵新稅，或提高原有的稅率。在透過課稅來籌措軍費方面，英國做得比較成功，但德國不太願意加稅，法國更是如此，他們希望靠勝利後向戰敗國索取賠款來補償。大部分戰爭資金來自貸款。協約國主要向美國借款。奧地利向德國借了一部分款。隨著戰爭的繼續，德國在國外日益求貸無門，於是愈來愈倚靠國內貸款來籌措作戰費用。所有交戰國都大力推行戰爭公債。各國債台高築，到了貸款和稅收都不敷使用的時候，國家就濫發鈔票，為將來埋下了隱患。

　　隨著國家對經濟的指導和對公民生活的干預力度不斷加大，國家機器開始擴張。官僚機構日益擴大，監視、強迫和鎮壓也有增無減。屬於敵國國民的「外國人」被關入集中營。特別是在東歐的有些地方，整片地區的人口被迫背井離鄉。一九一五年俄軍撤離西部波蘭和立陶宛時，行經之處一片「焦土」。至少三十萬立陶宛人、二十五萬拉脫維亞人、三十五萬猶太人（他們遭到了尤其殘酷的虐待）和七十四‧三萬波蘭人被強行帶到俄國內地。到一九一七年初，俄國流離失所的人口達到六百萬，除了被強行帶入俄國的人，還有來自高加索和西部邊界地區的難民。他們流落在俄國的各個城市，和那裡的居民一道忍受著日益加深的苦難。

　　各國政府都必須確保民眾特別是工人階級（也包括軍工企業中的大批女工）的支持，但物質條件的惡化令工人情緒愈發激進。政府更願意經常使用「大棒」而不是「胡蘿蔔」，比較專制的政府尤其如此。然而，在英國、法國和戰爭晚期的德國，政府實質上收買了工

人，包括（相對於社會其他部分來說）給工人增加工資，許諾將來給工人更多的好處，對工人組織工會的要求做出讓步等等。德國一九一六年十二月通過的《預備服務法案》（*Auxiliary Service Law*）一方面為動員勞動力規定了嚴格的措施，強制要求十七至六十歲之間的男性必須參加軍工生產的勞動，另一方面則允許雇員超過五十人的工廠建立工人委員會，給予工人和雇主同等代表權。但即使如此，工人（包括女工）不論多麼支持國家的戰爭努力，仍隨時準備為了捍衛自身的物質利益而罷工。大戰期間英國的狀況不像其他交戰國惡化得那麼厲害，民眾對戰爭的支持度相對較高，但工人罷工的次數在各交戰國中僅次於俄國。一九一八年參加罷工的英國工人比一九一四年多了兩倍。其他國家罷工的次數在大戰的頭兩年相對較少，但一九一七至一九一八年間急劇增加（政治訴求也日益明顯）。

　　戰爭帶來的艱難困苦日益加深，似乎無窮無盡，於是人們開始尋找代罪羔羊，希望為自己的痛苦找到歸咎的對象。國家的宣傳進一步煽起了民眾的仇恨。一般老百姓的憤恨大多是針對資本家和金融家。但他們的憤恨不光是對發戰爭財者的明顯的階級仇恨，而且也可以輕易地轉為種族仇恨。猶太人被愈來愈誇張地描繪為勞苦大眾的剝削者和金融資本的代表。不過，很多歐洲人對猶太人的仇恨由來已久，反猶的原因不僅限於猶太人與資本主義的連結，任何偏見都會和反猶情緒掛起鉤來。人們對猶太人根深柢固的敵意通常會把經濟上的不滿，與古老的反猶偏見混在一起。特別是在中歐和東歐，認為猶太人是「殺死基督的人」的偏見仍然非常普遍，基督教教士也經常散布這樣的言論。一九一七年，這個各種仇恨混合而成的大雜燴中又加上一個致命的內容，說是猶太人造成了布爾什維克主義和革命。大戰接近尾聲時，針對猶太人的各種詆毀到了匪夷所思的地步，人們說他們是基督教的敵人、資本主義剝削者、逃避兵役者、煽動鬧事分子，還是

布爾什維克主義的推進力量。怪不得在一九一七年後，由於對俄國革命的反感，沙皇警察在戰前為汙蔑猶太人陰謀奪取世界權力而偽造的《錫安長老會紀要》[2]，其發行量大為增加。

戰爭對國內政治造成的影響和國家制度的可持續性都對社會造成了影響，而社會變化反過來也直接對它們產生作用，所有交戰國莫不如此。開始時，各國都試圖保持戰前的政治制度不變或儘量維持原狀。例如一九一四年十一月，邱吉爾在一次講演中喊出了「一切照舊」（Business as Usual）的口號，強調必須繼續保持正常狀態，不受國外戰事的干擾，因為預計戰爭很快就會完結。每個交戰國都一度有過這種希望。政治起初基本上照舊，直到各國的國內形勢在不同程度上受到戰爭重壓的猛烈衝擊。

英國和法國的黨派間政治分歧未有稍減，經常還相當尖銳，但這種分歧並未壓倒建立在支持戰爭事業基礎上的團結。只有少數人挑戰這種團結，他們的挑戰有時相當高調，卻對主流意見沒有影響。唯一的變化是，經過戰爭中的一連串挫敗後，「強人」入主政府，鍥而不捨地爭取勝利。在英軍於索姆河戰役中遭受巨大損失，愛爾蘭又爆發危及英國統治的大叛亂之後，活力充沛的勞合・喬治於一九一六年十二月擔任英國首相，領導著一個人數不多但權力很大的戰時內閣。在他的領導下，國家重組了戰時經濟運行，為其注入新的活力，成功地推動了戰爭努力。一九一七年，法國前線發生嚴重兵變，國內反戰示威不斷，強烈要求以妥協求取和平，這些麻煩引發了政治危機。結果，那年十一月，政府不得不請老牌激進黨領導人克里蒙梭（Georges Clemenceau）重新出山。起用作為共和民族主義象徵的克里

---

2 編按：《錫安長老會紀要》（*Protocols of the Elders of Zion*）是一九〇三年在俄國出版的反猶圖書，作者不詳，內容為描述猶太人奪取世界的具體計畫。

蒙梭是為了表示政府的堅定決心，恢復民眾的信心，並象徵「爭取勝利、實現和平的不屈不撓的愛國鬥爭」。

　　在英國和法國，圍繞戰爭該如何打的內部爭議固然存在，社會主義左翼對於社會與政治也懷有不同程度的不滿，但都遠未達到發動革命、挑戰國家權威的程度。英國國內的士氣得以維持，很大程度上是因為民眾相信英國不會遭到侵略，勝利並非遙不可及，物資匱乏也相對沒有那麼嚴重。當然，戰爭間接影響了每個人。但是受到戰爭直接影響的基本上只有軍人。法國民眾的態度分歧較大。一九一八年初舉行的反戰、要求和平的抗議示威中，有人發出了支持布爾什維克主義和革命的聲音。示威引發了一九一八年五月兵工廠工人的大罷工。如果戰爭不是在法國本土上進行的話，也許會有更多的人持反戰的觀點。事實是，反戰的呼聲被繼續戰鬥、抗擊德軍進攻的緊迫需要輕易地壓了下去。等德軍進攻的威脅減弱，勝利在望的時候，法國人的士氣就高漲起來，並一直維持到了最後。英國和法國的社會主義左翼都壓倒性地支持本國的戰爭努力。這兩個國家中都沒有出現對國家合法性的嚴重威脅。但假使戰敗已成定局，民眾覺得損失是無謂的犧牲的話，也許情況就不同了。

　　與西方國家截然相反的是俄國。只有在俄國，大戰期間爆發了革命；只有在俄國，革命徹底改變了國家的社經關係和政治結構；只有在俄國，統治階級被完全摧毀。

　　一九○五年的俄國革命之所以失敗，是因為沒有力量把罷工的工人、叛亂的農民和士兵及水手各自的不滿結合在一起，而且參與兵變的士兵只是少數，革命者也缺乏統一的領導。沙皇做出了妥協，保證建立制憲政府，因而避免了革命。但事實很快證明，所謂的制憲政府不過是表面文章。另外，沙皇還大肆鎮壓。在逮捕革命領導人或將其流放到遙遠的地方，查封煽動叛亂的報紙，鎮壓罷工和處決農民起義

領導人這些方面，沙皇的政治警察「奧克瑞納」（Okhrana，社會安全和秩序保衛局）是箇中行家。政府暫時躲過了一劫。後來的幾年內，沙皇和民眾的溝通有所改善，經濟也有所增長（臨近大戰爆發那幾年，增長率超過了美國），工業化取得了長足的進步，國家收入也有增加。但是，沙皇專制政權的僵化痼疾仍在。如果沒有爆發戰爭，也許會發生漸進的改革，把沙皇統治變為由議會控制的立憲君主制。然而，鑑於統治階級頑固抵抗大規模的改變，以及工人和農民對專制統治那種根深柢固、有組織的（怎麼鎮壓都消除不了）反對，發生這種情況的可能性不大。未來爆發革命倒是很有可能。到一九一六年底，這個未來看起來已經不遠。

　　一九一六至一九一七年間的嚴冬季節，許多俄國農民都把糧食或囤積起來，或高價出售。同時，大工業中心出現了糧食和燃料嚴重短缺。交通運輸幾近癱瘓。國家財政糟到極點。通貨膨脹急劇惡化。工人（除兵工廠的技工之外）工資的上漲跟不上飆升的物價，許多人已經到了挨餓的邊緣。但是，少數特權階層仍在大發戰爭財，這引起民眾極大的憤怒。一九一七年一月，彼得格勒（原來的聖彼得堡）和其他幾座城市爆發了大規模抗議和罷工，人們結合了因生活水準下降而感到的憤怒與反戰、反沙皇統治的情緒。三月八日（俄國舊曆二月二十三日），女工因沒有麵包吃而走上街頭抗議，引發了兵工廠工人大規模罷工和示威的燎原烈火。彼得格勒的工人暴動還獲得士兵和水手的支持。雖然軍警對彼得格勒的示威者開了槍，但是二十多萬工人的罷工仍在繼續。軍隊中也發生相當於軍人罷工的活動，而且規模愈來愈大。政府束手無策，雖然下達了鎮壓兵變的命令，但接令者置若罔聞。形勢的發展迅速脫離了沙皇政權的控制。在一片混亂的無政府狀態中，工人選出了代表自己的政府，稱為蘇維埃（即代表會議的意思）。全國的秩序迅速崩塌。士兵也選出了蘇維埃作為他們的代表，

要求沙皇退位。到了軍界和政界的高官都認為沙皇必須下台的時候，沙皇無奈於三月十五日宣布退位。一九一八年七月，沙皇和他的家人被布爾什維克處決，他們的遺骨時隔八十年，在蘇聯解體後才得到確認。

　　俄國的工人和農民雖有各自的利益，但是，由於戰爭的緣故，他們對沙皇及其代表的統治制度的共同怒火，暫時超越了他們在利益上的分歧，因為他們都認為，沙皇是造成他們痛苦的罪魁禍首。一九一七年，工人階級的革命力量與農民的革命力量暫時聯手，但即使如此，可能仍不足以推翻現行的制度，一九〇五年革命的失敗就是明證。不過，這一次有一個關鍵的條件，那就是戰爭連結起工農利益和前線大批心懷不滿的士兵的利益。一旦不滿的情緒傳到前線，一旦士兵不再願意打仗，一旦他們的革命熱情與後方民眾的熱情聚合起來，政權便氣數將盡。戰鬥中巨大的傷亡和前線無法忍受的艱苦導致軍心思變，最後爆發的反戰運動衝垮了被視為把國家拉入了戰爭的政治制度。沙皇政權一直倚靠鎮壓和力量治國，沒有中介機構來組織民眾對政權自發自願的支持，所以，隨著壓力愈來愈大，政府陷入了孤立無援的境地，直到革命的洪流在一九一七年衝破堤防洶湧而出。

　　但即使趕走了沙皇，一九一七年三月成立了「革命民主」的臨時政府，俄國的形勢依然動盪不安。接下來的幾個月中，時局變幻莫測，戰爭敗局已定，俄軍卻仍在苦苦支撐，這些形成了更加激烈的第二次革命爆發的條件。到一九一七年十月（俄國舊曆），引領革命的組織架構已經形成。一九〇五年的革命就缺乏這樣一個帶頭的組織，而事實證明，這是革命成功的一個決定性因素。布爾什維克除了工人階級中的一小部分支持者外，尚無廣泛的群眾基礎，但它有一個組織嚴密的激進領導核心。根據這個核心的既定計畫，摧毀舊制度本身並不是目的，而只是建立一個全新社會的前奏。布爾什維克是俄國

社會民主工黨中較大的一派。社會民主工黨成立於一八九九年，後來
分裂為一個較大的革命派（布爾什維克）和一個較小的改良派（孟
什維克）。布爾什維克的領導人是弗拉基米爾·伊里奇·烏里揚諾
夫（Vladimir Ilyich Ulyanov），人們更加熟悉的是他的別名列寧（他
在一八九〇年代被流放到西伯利亞，後來在外國居留，直到一九一七
年返回俄國）。他認為布爾什維克是工人階級的先鋒，要求黨員紀律
嚴明、完全忠誠，團結一致推翻沙皇。列寧的下一個目標是無情打擊
「階級敵人」，建立「無產階級和農民的臨時革命民主專政」。一九一
七年四月，這位領袖魅力十足的布爾什維克領導人，從流亡地瑞士回
到彼得格勒的革命漩渦之中。德國人希望挑起俄國國內動亂和民眾要
求和平，從而進一步削弱俄國人已經動搖的戰鬥意志。但後來的事態
發展顯示，德國人此舉是歷史上最大的「烏龍球」之一。俄國臨時政
府對布爾什維克的鎮壓迫使列寧於七月退到芬蘭（芬蘭從一八〇九年
起成為俄羅斯帝國的半自治區，沙皇被推翻後，那裡要求獨立的呼聲
日漸高漲）。但是，隨著國家權力的瓦解冰消，列寧又回到了彼得格
勒，去領導第二次革命。

　　把布爾什維克緊密的領導層及其堅定的黨員團結在一起的，是一
種救贖式的烏托邦意識形態，他們希望未來建立一個沒有階級、沒有
衝突的社會。但是，布爾什維克之所以能夠對廣大民眾產生號召力，
卻不是因為它提出的虛無縹緲的理想，而是實在得多的東西。它許諾
給人民帶來和平、麵包，給農民土地，讓工人做管理工廠的主人，把
權力交給人民。在政治上，布爾什維克要求一切權力盡歸蘇維埃（此
時所有大城市都成立了蘇維埃）。當時，物資奇缺、價格飛漲，俄軍
最後一次災難性的攻勢又造成了巨大的流血損失，克倫斯基的臨時政
府威信掃地，這給布爾什維克提供了機會。布爾什維克控制著彼得格
勒的蘇維埃，這為發動十月革命提供了舞台。彼得格勒蘇維埃的領導

人是托洛斯基（Leon Trotsky），原名列夫・達維多維奇・勃朗施泰因
（Lev Davidovich Bronshtein），他有非凡的組織才能，鼓吹不斷革命
論。革命成功後，布爾什維克掌握了俄國各地的蘇維埃。他們無情鎮
壓國內的階級敵人，經歷了兩年多殘酷的內戰，才打敗強大的反動勢
力和反革命勢力，使俄國穩步走上徹底的政治、社會、經濟和意識形
態變革之路。但是，我們從一開始即可明顯看出，布爾什維克革命是
具有世界歷史性意義的事件。它創造了一種全新的國家和社會。關於
俄國事態的報導把衝擊波傳到全歐洲，在長達幾十年的時間內久久迴
盪不息。

在歐洲其他地方，合法性危機發生在布爾什維克革命的一年後，
戰敗日益逼近之時。在德國，戰爭並不意味著黨派政治的結束。恰好
相反，德國政治的兩極化在大戰爆發前已經埋下了種子，起初它隱藏
在一九一四年「國內和解」的表面下，但隨著人們日益強烈地感到生
活艱難，認為國家付出了巨大的人員傷亡卻所得甚少，眼看戰敗的陰
影步步逼近，這種兩極化就充分暴露了出來。大戰之初暫時得到掩蓋
的意識形態和階級分歧很快再次顯露，自一九一六年起日趨極端。糧
食供應驟減，物價激增，生活水準一落千丈，這些都加劇了要和平還
是要戰爭的政治分歧。

推動激進政治變革的主力是德國的左翼力量。德國社會民主黨因
為對戰爭的立場不同，在一九一七年四月陷入分裂。激進的少數派視
大戰為帝國主義國家間的衝突，認為只有社會主義革命才能結束戰
爭。他們脫離了社民黨，成立了德國獨立社會民主黨（其核心後來成
為德國共產黨）。剩下的社民黨多數派變為德國多數社會民主黨，他
們也譴責帝國主義戰爭和德國搶奪別國土地，但他們拒絕革命，傾向
建立代議民主制度，成立對議會而非對德皇負責的政府，以此實現改
良。（在德意志帝國，各種政治傾向的政黨在國會中都有代表，但沒

有決策權。真正的權力掌握在德皇及他任命的大臣和軍方領導人手中。）

　　一九一七年七月十九日，在國會對一項要求和平的決議的投票中，德國多數社會民主黨得到了自由派的一部分人（進步人民黨）和天主教中央黨的支持。但是，保守派和右翼自由派強烈反對這項決議，他們力挺軍方，不僅贊成毫不手軟地推進戰爭，而且支持儘量吞併別國領土。各個壓力團體有泛日耳曼同盟等大企業集團做金主，特別是有成員眾多、信奉極端民族主義和帝國主義的祖國黨撐腰（Fatherland Party，該黨一九一七年創立，迅即發展為擁有一百二十五萬黨員的大黨），各集團大力鼓吹攻城掠地、戰至最後勝利，同時拒絕建立議會民主的要求。這種政治局面一直維持到大戰尾聲，並隨著物質條件的日漸艱苦和戰敗陰影逼近而進一步加深。一九一八年德國戰敗後，政治呈現極度兩極化，這其實在大戰最後兩年裡的國內事態發展中已初現端倪。

　　然而，只是到了大戰的最後幾個月，一九一八年夏季攻勢失敗後，前線的士氣才真正崩潰，加大了國內要求停戰的壓力。德國產業工人一九一八年一月舉行的大罷工在前線並未得到多少支持，因為士兵還以為春季攻勢會成功。攻勢在三月開始的時候，部隊官兵在這場「德國力量的大爆發」中鬥志昂揚。當他們終於意識到攻勢失敗了之後，抑制不住的憤怒轉為直接的行動。他們懷著勇氣和信念堅持作戰近四年之久，現在卻只求在這場看起來毫無勝算的戰爭中活下去。厭戰情緒轉變為日益強烈的停戰願望。大戰最後四個月間，西線上有三十八·五萬名德軍士兵投降，遠超之前四年的總和。據估計，從一九一八年八月開始，七十五萬士兵開了小差。與此同時，德國國內的動盪日益加劇。那年年初爆發了工人大罷工，工人主要抗議的是生活條件的惡化。現在，罷工呈現出了明顯的政治含義。要求和平、民主、

皇帝下台的呼聲與日俱增。

戰爭拖得愈久，德國國家本身的性質就愈受到質疑。在德國的政治制度中，大臣對皇帝負責，不對議會負責；這種政治制度在戰前已遭到社會主義者拒斥，但靠著堅決抵制任何民主企圖的強大力量維持了下來。戰局的惡化促使左翼大聲疾呼，要求不僅要停止不斷的流血，還要把將德國拉入戰爭的人解職，並引進民主的議會政府。愈來愈多的德國人對皇帝不滿，認為他代表的統治制度建立在軍國主義、階級特權和任意權力的基礎上，把德國帶入一場災難性的戰爭。這個制度無法改造，只能推倒重來。必須建立民主。歷經戰爭辛酸、痛苦和貧困的人民必須獲得政治發言權。到一九一八年秋，德意志帝國國家制度的合法性幾乎蕩然無存。

德國領導人起初對美國威爾遜總統一九一七年一月提出的「十四點計畫」深惡痛絕，因為那意味著把德國吞併或占領的領土物歸原主。然而，後來形勢急轉直下，新上任的帝國宰相巴登親王（Prince Max von Baden）本人一貫贊成政治改革，支持實現和平，反對吞併外國領土。他於十月五日向威爾遜發出呼籲，希望以德國比較容易接受的條件停戰。但是，威爾遜不肯讓步，堅持德國必須引進議會民主（這意味著德國的統治菁英將失去權力），放棄攫取的他國領土，並大量裁軍（包括交出海軍艦隊）。德國領導人就是否接受這些在他們看來十分苛刻的條件，進行了激烈的辯論。魯登道夫力主拒絕受辱，繼續戰鬥，但是，他已經指揮不動軍隊了。同時，事態的飛速發展超出了他和任何其他人的控制。十月二十六日，魯登道夫辭職，直到最後還怪這怪那，就是不怪他自己。

十月二十九日到三十日夜間，德國海軍指揮部命令基爾（Kiel）的艦隊出海，與英國海軍進行最後攤牌的大決戰。水兵們拒絕執行這項荒謬的命令，發動了兵變。這項命令等於要水兵為了德國海軍的名

譽去白白送死，所以他們堅決不肯執行。兵變迅速蔓延，引發了革命的燎原之火。工人和士兵委員會如雨後春筍般大量湧現，掌握了基層的權力。將領們明確告訴象徵舊秩序的皇帝，他必須下台。皇帝只得同意。十一月九日到十日夜間，德皇威廉二世離開了位在比利時斯帕（Spa）的軍事司令部，流亡荷蘭（他在那裡一直待到一九四一年去世）。德皇到十一月二十八日才正式放棄皇位，但在那之前，他退位的消息就已經被公布了。威廉二世尚未離開，成立共和國的決定就已經匆匆地在柏林國會大廈的陽台上昭告全國。宰相巴登任命社會民主黨領袖埃伯特（Friedrich Ebert）為繼任者，此舉同樣沒有實際的憲政合法性。在那個革命的時刻，憲政的規矩並不重要。德國在長達數月的混亂動盪中走上了成為完全的議會民主國家的道路。

　　不祥的是，德國國內捍衛舊秩序的力量依然強大。他們只是在等待時機，進行必要的策略調整，準備一俟形勢有變，就全盤取消退讓給民主和議會統治的每一步。即將達成停戰協定時，德國軍方領導層流傳的觀點是：「左翼政黨不得不接受這種恥辱的和平，然後他們就會成為眾矢之的。屆時就有希望再次翻身上馬，恢復過去的統治。」在那些人的心目中，民主是德國遭遇的「最大厄運」。

　　在義大利，國家制度也是危機重重，只比德國稍好一點兒。雖然義大利屬於協約國陣營，但是它並不覺得自己是大戰的戰勝國。一九一五年，少數政治菁英把戰爭強加給民意嚴重分歧的義大利，他們希望一舉得勝，攫取亞得里亞海沿岸的大片領土。做出參戰的決定時，就連軍隊的將領都被蒙在鼓裡，也沒有徵求議會的意見。大多數民眾都覺得國家有限的政治代議制度反正和自己沒有關係。義大利的政府經常更換，但似乎又始終不變，因為政府永遠在為同樣的菁英階層的利益服務，怎麼也無法鼓動起人民對政府的熱情。義大利參戰後，戰場上的失敗、生活的艱難和巨大的傷亡導致社會上出現分化對立，不

僅進一步破壞老百姓對歷屆弱勢政府的支持，也動搖了國家的根基。

義大利的議會是虛弱和分裂的象徵，很少開會。歷屆政府都靠頒布法令來治國。此外，儘管出了差錯都算在政府頭上，但政府其實控制不了軍隊的指揮官，也就是嚴厲專橫、殘酷無情的卡多爾納（Luigi Cadorna）將軍，直到他因一九一七年的卡波雷托戰敗之恥而被迫離職。在那之前，戰爭的需要壓倒一切。工廠實施軍事管制。新聞審查和對言論自由的限制加強了。隨著工人開始發動反匱乏的示威和罷工，鎮壓也進一步加劇。社會和政治分歧嚴重激化，社會不公正和戰爭中駭人聽聞的巨大傷亡成為分歧的焦點。自一九一六年起，損失、失敗、匱乏和國家恥辱感與日俱增，社會動盪不安，罷工、示威和對糧食短缺的抗議時有所聞。民眾的情緒雖尚不足以發動革命，卻已離革命不遠了。

反戰和對政府不滿的聲音大多來自左翼，雖然社會主義運動本身也分裂了，一邊是明確拒絕戰爭、希望發動革命的小部分人，另一邊是出於愛國主義而繼續（也許不太熱心地）支持戰爭努力的大多數。但可怕的是，右翼對政府的攻擊更為激烈。國家黨人擴大了自己的群眾基礎，加緊鼓吹在東南歐和非洲擴張領土。據義大利內政部長說，他們企圖控制警察，威脅恫嚇反對他們的人。他們想掃除自己眼中毫無用處的議會統治及其官僚結構，鼓吹即使大戰結束後也應對國家和經濟進行準軍事管理，以促成劇烈的社會變化。他們還積極參加自稱為法西斯（Fasci）的地方防衛組織。義大利的戰後危機徵兆已現。

統治奧地利達幾世紀之久的哈布斯堡王朝也為投入一場日益不得人心的戰爭付出了代價。一次大戰是因奧匈帝國與塞爾維亞之間的爭端引發的，雖然這起事件後來幾乎被完全遺忘了。大戰自始至終都沒有在奧國國內得到過完全的支持，不可能把它說成是防禦性戰爭。即使為取勝之故，奧國對德國的依賴都太過明顯，令人不安。隨著這場

災難性戰爭的繼續，可能會分裂並斷送哈布斯堡帝國的離心力量大為加強。早在最後的戰敗來臨之前，帝國已顯然不堪重負。幾十年來，年邁的法蘭茲・約瑟夫皇帝一直是這個虛弱的多民族帝國幾乎唯一的團結象徵（奧匈帝國中的匈牙利部分在機構組織已經基本上成為獨立的實體）。法蘭茲・約瑟夫皇帝一九一六年十一月駕崩時，正值國家的戰爭努力和哈布斯堡王室統治這兩者的合法性危機都日益加深之際。法蘭茲・約瑟夫的姪孫和繼承人卡爾皇帝無力回天。他力圖減少對德國的依賴並尋求與協約國達成和平協定，卻都徒勞無功。

卡波雷托一役後，奧地利實現光榮的夢想一度死灰復燃。但是，在接下來的嚴冬中，火車幾乎全部用來為軍隊運送物資，不能運輸老百姓需要的燃料和食品。一九一八年頭幾個月，帝國各處大型抗議示威此起彼伏。產業工人的騷動、對悲慘生活條件的憤怒、民族分離主義的情感和反戰的不滿混在一起，構成極大的威脅。維也納的醫生兼作家史尼茲勒（Arthur Schnitzler）形容當時的情況為：「統治者昏聵無能，民眾情緒低落、群龍無首，普遍缺乏安全感。」到一九一八年十月，搶糧暴亂、罷工和抗議有增無減，民族仇恨和無法無天的亂象不斷擴大。照奧地利糧食廳廳長勒文費爾德－呂斯（Hans Loewenfeld-Russ）看來，形勢已經「完全絕望」。人們眼看著哈布斯堡帝國在分崩離析。

帝國大部分地區的階級分歧在很大程度上歸入了民族主義政治，或退居次位。奧地利中心地區的工人為抗議急劇惡化的生活水準多次舉行示威，這樣的示威往往是受了俄國革命的啟發，有可能發展為革命。但在其他地方，民眾的不滿情緒融入了捷克人、波蘭人和南斯拉夫人要求獨立、脫離帝國的呼聲。在匈牙利，儘管卡爾皇帝信誓旦旦地保證要實施開明的改革，建立近似聯邦的結構，但要求脫離維也納、實現獨立的聲音在戰爭的最後幾年還是愈來愈大，並得到許多社

會主義者和自由主義者的支持。匈牙利至少在名義上維持了文官統治和議會辯論，而在帝國中奧地利的那一半，作為立法機構的議會暫停運作，臨時國民大會也遭關閉。新聞審查和對民眾的監視大大加強。德裔和捷克人居住區以外的地區施行了軍事管制。異議者遭到逮捕，被投入監獄。但是，這些鎮壓行為都無法平息一戰最後年月中方興未艾的民族分離主義運動，捷克人的分離要求尤為強烈。

一九一八年十月，奧匈帝國的殘餘軍隊與義軍在維托里奧威尼托（Vittorio Veneto）遭遇，官兵們只顧保命，被義軍打得大敗。奧匈帝國至此山窮水盡，軍隊已經分崩離析。十月下旬，卡爾皇帝同意讓帝國軍隊的官兵加入他們自己民族的部隊。這不過是承認現實而已，因為捷克、波蘭、匈牙利、克羅埃西亞和其他民族的士兵反正都開小差回家去了。到十月底，捷克斯洛伐克、匈牙利和後來的南斯拉夫以閃電般的速度宣布獨立。奧地利於十一月三日和義大利達成停戰，就此結束了戰爭行動。卡爾皇帝於十一月十一日勉強放棄了權力（但沒有退位），在他生命最後的三年間先是流亡瑞士，最後死在葡屬馬德拉島（Madeira）。長達五個世紀的哈布斯堡統治畫上了句點。

德國和奧匈帝國爆發革命，君主制被共和國取代（奧匈帝國分成了好幾個「繼承國」），這些都是在戰敗的時候才發生的。戰敗也導致鄂圖曼帝國失去土耳其以南的領土（鄂圖曼在巴爾幹的原屬地在一八七〇年代期間大多獨立，一九一二和一九一三年的巴爾幹戰爭又使它失去在歐洲的領土），戰時的土耳其領導人乘坐德國潛艦逃往敖德薩，最後抵達柏林。鄂圖曼內部不斷增強的反戰情緒也導致國家合法性的嚴重危機。大批士兵開小差說明土耳其軍隊的士氣低落到了危險的程度。搖搖欲墜又尾大不掉的鄂圖曼帝國在戰爭中力不從心。它企圖在高加索攫取土地，卻空手而歸。中東的阿拉伯人自一九一六年開始發動叛亂（英、法兩國為自身的帝國利益對叛亂極盡推波助瀾之能

事），使鄂圖曼的行政當局在帝國南部基本上無法履行職責。

　　與此同時，土耳其本地的問題也愈來愈多，令人驚心。前線損失慘重，據估計，土耳其軍隊的死亡人數高達二百五十萬，是英軍的三倍。如此慘重的損失，加之國內貨幣瀕臨崩潰，物價飛漲，糧食和其他商品嚴重短缺，使鄂圖曼帝國已經岌岌可危的基礎更加不穩。土耳其並未因停戰而擺脫苦難和暴力，而是很快又陷入曠日持久的獨立戰爭。直到一九二三年，這個遍體鱗傷的國家才終於從廢墟中站起來，成為獨立的主權國家。英法兩個帝國主義國家攫取了鄂圖曼在中東的土地，卻不得不面對那裡巨大的反殖民動亂、一波波的抗議浪潮和普遍的暴力。這些也沒有因大戰結束而戛然而止，而是給未來留下了深遠的影響。

＊　＊　＊

　　一次大戰留下了一個四分五裂的歐洲。比起四年前衝突初起之時，歐洲已是面目全非。就連戰勝國，諸如英國、法國和義大利（有名無實的戰勝國和同樣有名無實的「大」國）都筋疲力竭。收拾殘局的任務看起來最有可能落在一個新興大國的肩上，它絲毫沒有受到大戰的損害，歐洲列強元氣大傷，它的經濟卻強勢增長。這個國家就是美國。美國最終沒有擔起這個任務，而是讓歐洲自己去收拾爛攤子，這是形成戰後危機的一個重要因素。但是，一次大戰災難性遺產的根源另有所在。最關鍵的是，在德意志帝國、哈布斯堡王朝和沙俄的廢墟中生成了一個問題無窮的組合。

　　歷史證明，民族主義、領土衝突和階級仇恨（此時聚焦於俄國布爾什維克主義這支新生的力量）一旦結合起來，就具有高度的爆炸性。民族主義是一戰的主要遺產。它造成最大破壞的地方，恰恰是中東歐那些幾世紀以來不同民族一直混居的地方。在那些地方，戰後重

劃的國界引起了爭議。有些地方被劃給了別的國家，這造成激烈的矛盾、衝突和仇恨，布爾什維克主義在俄國的勝利更是使這種刻毒的仇恨成倍增加。特別是在東歐和中歐，階級衝突與族裔及領土矛盾相互交織，使狂暴的敵意幾乎達到沸點。因此，大戰剛剛結束的那幾年根本算不上和平年代，大規模的暴力仍在肆虐。暴力在人們心中埋下了仇恨的種子，二十年後在歐洲一場破壞性更大的衝突中爆發了出來。

　　大戰造成了無法想像的巨大傷亡。陣亡士兵的人數幾乎達到九百萬，平民死亡人數接近六百萬（主要是驅逐、饑饉和疫病）。若把所有交戰國都算上，多達七百萬名作戰者成為戰俘，有些人在條件極為艱苦的戰俘營中被關了好幾年（雖然大部分戰俘停戰後都很快被遣返回國）。戰勝國靠著更強的軍事力量和更多的經濟資源最終取得了勝利。但戰爭到底是為了什麼呢？人們對這個問題的看法當然千差萬別，在相當大的程度上取決於他們個人在戰爭中的親身經歷和他們國家的命運。交戰雙方都有許多人是為理想而戰，儘管他們的理想經常寄託錯了地方，但仍然是理想。他們作戰的理由包括保衛祖國、民族榮譽和威望，維護自由和文明，還有愛國的責任，後來又加上了對民族解放和美好未來日益強烈的憧憬。那四年的屠殺接近尾聲之時，著名的奧地利作家穆齊爾在一九一八年的一篇日記裡不無嘲諷地寫道：「戰爭可以被概括為這樣的準則：你為你的理想而死，因為不值得為它們而活。」到那個時候，數百萬作戰者中可能只剩少數人仍懷有當初參戰時的理想，無論那些理想是什麼。歐洲各國大量應徵入伍的士兵中，許多人可能從來就沒有過抽象的理想。他們打仗是因為別無選擇。對這樣的人來說，戰爭的屠殺毫無意義。

　　一九一六年，西線的一位法國軍人在陣亡前不久寫下了辛酸的詩句，表達了所有交戰軍隊中數百萬士兵的心聲：

我想問清

這場屠殺為何而興。

答曰：「為了祖國！」

我卻仍然不懂為何。

一次大戰導致的屠戮規模空前，造成的破壞巨大無比。它產生了一個面目全非的歐洲，留下的遺產既深且遠。漫長的清算馬上就要開場了。

第三章

和平亂局

Turbulent Peace

這不叫和平。這叫停戰二十年。

——福煦元帥對凡爾賽條約的看法，一九一九年

　　戰後形勢算是某種和平，但經常望之不似和平。正如地震後會發生海嘯，一次大戰後也發生了巨大的動亂。劇烈的動盪過了五年才平息下去。解甲歸田的士兵發現，國家的政治、社會和意識形態發生了巨變。戰爭破壞了政治制度，毀掉了經濟，分裂了社會，催生了建立美好世界的激進烏托邦理想。一次大戰被稱為「止戰之戰」。那麼，它為什麼反而為另一場更具毀滅性的浩劫鋪平了道路呢？幾百萬人希望保持和平，實現更高程度的自由平等，並在此基礎上建立美好社會，這樣的夢想為什麼如此迅速地成為泡影？共產主義、法西斯主義和自由民主這三個互不相容的政治制度競相爭奪統治地位，歐洲是如何為它們所代表的不同意識形態奠定了基礎？在大戰初止的危機年代裡，局勢艱難，為什麼共產主義只在俄國得到成功，法西斯主義只在義大利獲取勝利，而民主在歐洲其餘的大部分地區，特別是德國這個位於大陸中心的國家保持了下來？

「適合英雄」的土地？

　　一九一八年英國的大選中，被許多人譽為「贏得戰爭者」的勞合・喬治首相說，要建立「一個適合英雄生活的國家」。儘管英國戰前曾是歐洲首富，四年大戰中國土也幾乎無損，但此言對許多離開戰壕退役回家的士兵來說，很快就成了空洞的許諾和嘲諷。

　　其實，英國軍隊的復員開始時相當順利。一九一八年停戰時的三百五十萬英軍到一九二〇年就減員到三十七萬人。戰後初期的經濟小榮景使得五分之四的復員軍人到一九一九年夏都找到了工作（有時搶了戰時雇用的女工的位子）。但是，經濟繁榮僅是曇花一現，到一九二〇年秋即告完結。英國政府（效仿美國）為保護英鎊採取了通貨緊縮的政策，民眾的生活水準因之大受影響。工資起初還跟得上物價上漲，後來卻急劇減少。尖銳的階級矛盾無法緩解。一九一九年，勞資糾紛造成了三千五百萬個工作日的損失；到一九二一年，這個數字飆升到八千六百萬。從一九二〇年十二月到一九二一年三月的短短三個月內，失業率翻了兩倍。到一九二一年夏，失業人口達到二百萬。大多數失業工人的住房都汙穢破敗。一九一八年，政府許諾要為英雄建造住房，但到了一九二三年，光是解決（比一九一九年時更嚴重的）基本住房短缺就需要建造八十二・二萬所新房，更不用說還要重建貧民窟中的幾百萬處陋居。

　　到一九二一年，無數復員軍人（許多因傷嚴重殘疾）淪於極端貧困。他們或在街上乞討，或靠賣火柴和紀念品勉強度日；他們從濟貧食堂領取免費食物，有時只能睡在門道裡或公園的長椅上。一位復員軍官憤恨地說：「我們不再是英雄，只是**失業者**。」羅伯特・格雷夫斯（Robert Graves）是詩人、作家，也曾當過軍官，參加過前線作戰，他回憶說：「不斷有復員的老兵上門兜售靴帶，討要我準備丟棄

的舊襯衣和舊襪子。」自願離開上層中產階級的舒適環境去前線照顧傷患的維拉・布里頓（Vera Brittain）說：「愛國者，特別是女性愛國者，在一九一四年享盡榮耀，到一九一九年卻備受詆毀。」她看到的是「一個沒有前途，沒有生機，沒有意義的世界。」

英國的狀況雖然淒慘，在歐洲卻遠非最糟，尤其是與其他直接參戰的國家相比。英國軍隊的傷亡雖然可怕，但不算最多。一次大戰中，英國軍隊的陣亡人數為七十五萬（另外，來自大英帝國各殖民地的部隊還死了十八萬人），義大利近五十萬，法國一百三十萬，奧匈帝國近一百五十萬，俄國約一百八十萬，德國二百萬出頭。按比例來算，一些小國的損失最為慘重。塞爾維亞和羅馬尼亞派往前線作戰的部隊有三分之一陣亡或死於傷病。交戰大國的軍隊在作戰中的死亡比例從百分之十一到十二（俄國、義大利和英國）、百分之十五到十六（法國、德國和奧匈帝國）不等。所有國家的軍隊中，受傷的、致殘的和完全喪失生活能力的人數遠遠超過死亡的人數。一次大戰的全部死亡人數是自一七九〇至一九一四年間所有主要戰爭中死亡人數總和的兩倍以上。一九一八至一九一九年間的流感在全世界致死的人數，又是一戰期間死在歐洲戰場上人數的兩倍。在這些怵目驚心的數字上，還要加上戰後的暴力及邊界衝突導致的死亡。

一次大戰的經濟代價是巨大的，是自十八世紀末到一九一四年所有參戰國國債總額的六倍以上。最直接受戰爭影響國家的戰後產值遠遠低於一九一三年。相比之下，英國的情況要好得多。但即使如此，它的國債在一九一八年也比一九一四年高了幾乎十二倍。所有協約國中，英國對美國的淨負債最高，一九二二年達到近四十五億美元。這意味著它和大部分歐洲國家一樣，要長久依賴美國的信貸。中立國也難逃戰爭對經濟的打擊。它們大多能夠擴大經濟以應付戰時需求，瑞典就是這樣做的。然而，戰爭卻加劇了中立的西班牙的經濟困難，深

化原有的社會、意識形態和政治的分裂。

　　戰爭在西歐造成的實際破壞主要限於比利時和法國東北部。那些地區是作戰的戰場，受到的破壞慘不忍睹。幾十萬所房屋被毀，工業普遍遭到破壞，大片農田拋荒，大部分牲畜被殺。然而，受破壞最嚴重的地帶只有三十到六十公里寬。在戰區之外，法國和西歐其他國家遭受的破壞很小。東線的戰鬥流動性更大，情況完全不同。塞爾維亞、波蘭和後來成為白俄羅斯和烏克蘭的地區處於交戰雙方的拉鋸帶，受到的破壞極為慘重。

　　勝利班師、在倫敦受到英雄式歡迎的英軍士兵至少看到祖國和他們離開時相差不大。相比之下，經常是軍容不整、佇列零亂地返回維也納、布達佩斯、慕尼黑或柏林的士兵，卻一腳踏進了革命動盪和經濟混亂之中。奇怪的是，在管理戰後勞工市場、控制失業率方面，戰敗的德國比戰勝的英國（和中立的荷蘭）做得更好。德國採取的方法包括迫使婦女放棄她們在戰時擔負的工作，以男人取而代之。通貨膨脹也起到了幫助。在這個時候若是推行通縮政策會進一步打擊德國經濟，使之無法為大批復員軍人創造就業機會。可是，政府坐視不管猖獗的通貨膨脹問題，很快就為此付出其他方面的沉重代價。

　　戰爭期間，德國的國債幾乎增加了三十倍，投入流通的紙質貨幣增加了二十多倍，加速了通貨膨脹。一九一八年的物價比戰前上漲了五倍，貨幣貶值了大約百分之五十。德國並非唯一受困於此的國家。奧匈帝國的戰時通貨膨脹和貨幣貶值更加嚴重。戰爭期間，大多數國家都經歷了一定程度的通貨膨脹。一九一九年，法國、荷蘭、義大利和斯堪的納維亞各國的物價比一九一三年高了三倍，英國的物價幾乎是一九一三年的兩倍半。然而，在戰後的中歐和東歐，通貨膨脹如脫韁野馬般完全失控。波蘭、奧地利和俄國的貨幣由於極度通膨成了廢紙。我們在第二章看過的，多年擔任波蘭東南部傑科村村長的斯洛姆

卡數年後回憶起，一九二〇年波蘭馬克（Mark）紙幣取代奧地利克朗（Crown）後，發生了嚴重的通貨膨脹，影響甚大：

> 賣了東西如果不馬上用得來的錢買東西，就會吃大虧。很多人賣了房子或田地，或一部分牲畜，把錢藏在家裡或存入銀行。這樣的人失去了一切，成了乞丐。另一方面，那些借錢囤了東西的人發了大財。鈔票一堆一堆的，得用皮箱或籃子來盛。錢包那類東西不管用。日常用品的價錢先是幾千元，然後成了幾百萬元，最後是幾十億元。

直到一九二四年，波蘭發行了新貨幣茲羅提（Złoty），才穩定了物價。

德國發生的惡性通膨是一場嚴重政治危機的一部分，危機爆發於一九二三年，法國為報復德國拖欠戰爭賠款而占領了魯爾（Ruhr）的工業重地之後。德國當初押的寶是己方打贏大戰，靠戰敗國的賠款來收回成本，以此為基礎的戰爭籌款方式埋下了惡性通膨的種子。德國政府要承擔戰敗的經濟後果，當然不願意阻止通貨膨脹。德國打仗主要靠在國內發行戰爭債券來籌資。通貨膨脹提供了消除國債的手段。戰爭剛結束時，政府採取了遏制物價上漲的措施，但一九二一年宣布戰爭賠款的要求後（規定只能用金馬克，不能用貶值的紙幣償付賠款），德國政府改變了策略，對高通膨坐視不管。

通貨膨脹使德國付清內債，防止了在英國發生的那種因通縮措施引發的嚴重勞工騷亂。此外，它還幫助德國工業在戰後迅速復甦，強力推動了出口。工業企業家可以貸款進行必要的投資，然後用貶了值的貨幣償債。貨幣貶值使德國能以具有高度競爭力的價格出口貨物。難怪德國在一九二〇到一九二二年之間工業生產增長巨大，失業率不

斷降低；與此同時，美國、英國和法國的通縮政策產生了恰好相反的效果——生產率下降，失業率上升。

德國技術工人的工資增長基本上與通貨膨脹同步，至少起初是這樣。工會保住了雇主在戰時做出的讓步，還爭取到了工資和工作時間方面的進一步改善。但是，通貨膨脹使非技術工人和靠固定收入或養老金生活者的日子愈來愈難過。一九二三年的魯爾危機期間，通貨膨脹完全失控，成為不折不扣的災難。一九一四年，美元與馬克的兌換率是一比四・二；戰爭結束時，美元成了德國最重要的硬通貨，對馬克的兌換率是一比十四，一九二〇年末上升到一比六十五，一九二二年一月又升至一比一萬七千九百七十二，到一九二三年十一月，更是飆升到令人暈眩的一比四百四十二億。有一個例子可說明這種無法理解的天文數字，是如何影響靠微薄積蓄過活的普通人。柏林有一位受過良好教育的老人存了十萬馬克，換個時代，他也許能靠這筆錢過上比較舒適的退休生活，但是通貨膨脹使他的存款變得一文不值，只夠買一張地鐵票。他乘地鐵在柏林城繞了一圈，回家後把自己關在公寓裡活活餓死了。

戰後的歐洲沒有一處「適合英雄」的土地。歐洲的城鎮鄉村到處是悲慟的寡婦、失去雙親的孤兒、殘疾的士兵，還有挨餓、失業、赤貧的人。戰爭留下了約八百萬需要國家幫助的身障者。只在德國一國，就有五十多萬名戰爭遺孀和一百多萬名孤兒。六十五萬受了重傷的人當中，二千四百人失明，六萬五千人只剩一條腿或一隻臂膀，一千人雙腿或雙臂都被截肢。戰爭期間，醫學取得了進步，但外科手術無法完全治癒如此駭人的創傷。除了殘缺的身體外，戰爭還給人造成了心理創傷。據估計，德國有三十一・三萬心理受創的人，英國有四十萬。許多人的心理創傷永遠沒有治癒，他們得不到足夠的心理治療，公眾也不理解他們的狀況。戰爭傷殘人員陷入經濟困頓和社會歧

視之中。雇主不想雇用身障者，在戰爭中心理受創的復員軍人經常被認為是「歇斯底里」，或者被懷疑裝病騙取養恤金。

英國著名的社會主義者及和平主義者艾瑟爾·史諾登（Ethel Snowden，她的丈夫菲利普於一九二四年成為工黨的第一位財政大臣），生動描繪了大戰剛結束時維也納的淒慘景象：

> 身穿制服的軍官在咖啡館裡賣玫瑰花。纖弱的女子穿著曾經精美但已經褪色破舊的衣服，帶著孩子在街角乞討。大街上長出了野草。商店門可羅雀……成千上萬的男男女女在勞工介紹所排著長隊領取失業救濟金。……診所和醫院裡勇敢的醫生盡力治療渾身長瘡的瘦削孩子，基本上沒有藥品，沒有肥皂，也沒有消毒液。

東歐更是水深火熱。俄國內戰造成幾十萬難民逃亡，他們無論逃到何處，都身陷困境，前途茫茫。當地人民自己的生活已經困苦不堪，自然不會歡迎難民到來。波蘭大部被多年的戰鬥毀得滿目瘡痍，戰後的境況極為艱難。大戰剛結束時，華沙人口有一半人要靠少得可憐的失業救濟維生，疾病橫行。在波蘭東部，人民幾乎處於饑饉之中。一九一九年任英國中歐暨東歐救濟團團長的古德爵士（Sir William Goode）報告說：「這個國家四、五次遭到不同軍隊的占領，每一次，占領軍都把物資搜刮一空。俄國人（一九一五年）撤退時放火燒毀了大多數村莊；田地荒蕪了四年……這裡的老百姓靠吃草根、野菜、橡實和石楠維生。」政治動亂席捲戰後歐洲毫不奇怪，奇怪的是居然沒有爆發更廣泛的革命。

幾乎所有國家的人民都不僅要忍受嚴重的物質匱乏，而且要遭受失去親人的痛苦。這場人海戰爭造成的傷亡如此巨大，國家必須對民

眾的深重苦難有所表示。

　　法國陣亡將士的家人希望將死者安葬在本村教堂的墓地裡。政府最終對公眾壓力做出了讓步，由國家出資，把三十萬被家人辨認出來的遺骸從公墓移到他們家鄉的墓地重新下葬。這項浩大的工程牽涉到複雜的後勤和官僚程序，但法國可以做到，因為法國的陣亡將士大多死在本國的國土上。其他國家就無法效仿，只能把死者安葬在他們戰死的地方，雖然戰勝方和戰敗方的陣亡者葬在不同的地方。法國人尤其不能忍受自己的親人和德國人葬在一起。於是，在原來把陣亡的德國人和法國及英國陣亡者一起下葬的地方，人們又把德國人的遺骸挖出來運到另外的公墓安葬。結果，在以前的戰場上或附近的地方建起了多個陣亡將士公墓，不同國家的公墓各有特點。陣亡將士墓象徵著不朽的英雄主義與為國捐軀的精神，引起了民眾虔誠的崇敬。民眾感到死者的犧牲重如泰山，他們將在上帝面前得到重生。英國各個陣亡將士公墓精心修剪的草坪上，一模一樣的白色墓碑整齊地排列成行，有些墓碑上刻著「上帝所認識的」字樣，下面埋葬的卻是無法確認身分的陣亡者。很快的，把無名戰士的遺骸帶回祖國、在國家忠烈祠中落葬，成為國家集體哀悼的一項重點活動。一九二〇年，法國舉行了隆重盛大的儀式，在凱旋門的拱門下安放了無名將士墓；英國也在倫敦的西敏寺設置了無名將士墓。不久後，義大利、比利時和葡萄牙也舉行了類似的紀念活動。

　　西線為陣亡將士舉行了國家紀念活動，東線卻沒有這樣的舉措。俄國連一座紀念碑都沒有建立。在俄國，大戰還沒結束就發生了革命，緊接著又爆發破壞性更大的殘酷內戰。布爾什維克主義勝利後，被視為貪婪帝國主義國家狗咬狗的一次大戰就被扔到一邊，內戰中紅軍的英勇事蹟才是更重要的。意識形態決定了一次大戰不能在俄國人民的集體記憶中有一席之地。

在戰敗國中，戰爭撕裂了社會，不僅導致軍事上的慘敗和生命的
巨大損失，而且造成嚴重的政治動亂和意識形態對抗。我們不可能指
望戰敗國能像西方戰勝國那樣團結一致地紀念陣亡將士。德國到了一
九三一年才在柏林為一次大戰的死者建造一座國家紀念碑（雖然此
前地方上建起了許多戰爭紀念碑）。關於大戰與德國戰敗意義的爭議
激烈異常，人們無法就如何紀念戰爭達成一致。各種各樣的公眾情感
中，一個極端是對戰爭中生命損失的悲痛驚駭和反戰情緒，這在柯勒
惠支的一座雕塑中得到了動人的表達。這座雕塑表現出父母對死去的
兒子的悲悼，在大戰期間開始構思，十多年後才完成，安放在比利時
的一處公墓中。另一個極端則是因戰敗及伴之而來的革命而感到的恥
辱和憤怒，這種情緒把戰爭英雄主義融入了對民族復甦與振興的希
望。「朗厄馬克神話」（myth of Langemarck）是這種情緒的縮影。朗
厄馬克聽起來像德國地名，但其實是比利時法蘭德斯地區一個村子的
名字。大戰剛開始的一九一四年秋，匆忙成軍、缺乏訓練的年輕德國
志願兵和英軍打了一場本來不該打的戰役，德方死了二萬到二・五萬
人。德國的宣傳機器把這場毫無意義、浪擲生命的戰役美化成長盛不
衰的傳奇，說它表現了青年人的犧牲精神和英雄氣概，而這正是民族
復興不可或缺的基礎。關於大戰陣亡者的神話在德國一直是意識形態
爭議的主要焦點，到三〇年代，這個爭議最終以災難性的方式得到了
解決。

戰爭的殘酷使許多人成為和平主義者。信仰社會主義的德國劇
作家托勒爾（Ernst Toller）把一次大戰稱作「歐洲的浩劫、人類的瘟
疫、本世紀的犯罪」。他說：「大戰把我變成了反戰人士。」英國女作
家維拉・布里頓在大戰中失去了未婚夫、哥哥和兩位好友；懷著對死
亡與痛苦的厭惡和失去親朋好友的悲傷，她成了和平主義者、社會主
義者和爭取女權的激烈鬥士。在法國，戰前是孤兒院院長的馬德萊

娜・韋爾內（Madeleine Vernet）創立了「反戰婦女聯盟」，得到了女權主義者、社會主義者和共產主義者的支持。在法國和在歐洲許多其他地方一樣，實現和平、消除資本主義競爭中固有的社會不平等的理想擁護者眾。然而，抱有這種具理想主義色彩的反戰思想的，只是少數人。大多數復員官兵都不是和平主義者。他們參加過戰鬥；如果愛國的責任和要求需要他們再上戰場的話，他們仍會勉為其難，重披戰袍。但是，他們中間絕大多數的人都希望實現和平、安全，擁有正常的生活和沒有戰爭的美好未來。絕大多數人都想回到自己原來的農莊、工廠、村子和城鎮中去，最重要的是，回到家人身邊去。至少在西歐，這是最普遍的反應。人們用不同的辦法試圖重建被這場可怕衝突完全打亂的生活。戰爭的恐怖使他們堅信，再也不能發生戰爭了。

反革命者

然而，並非所有人都持此觀點。一次大戰還留下了與這種觀點相競爭的完全不同的遺產：崇拜戰爭、歡迎暴力和仇恨。對許多人來說，戰爭並未在一九一八年十一月結束。戰敗、革命和社會主義勝利造成的文化衝擊，加上逃離俄國內戰的難民散播的可怕故事，引發了對「紅色恐怖」的偏執恐懼，促成了一些人的野蠻心態，把殘害他們認為造成了這場災難的人視為責任、必要和樂趣，甚至是正常的生活方式。

在戰後歐洲的大部分地區，政治暴力有增無減，令人驚駭。西北歐也不能完全倖免。一個例子是一九一九到一九二三年間愛爾蘭擺脫英國統治、爭取獨立的鬥爭中發生的嚴重暴力，包括教派間的殺戮、英國準軍事組織「黑棕部隊」（the Black and Tans）犯下的暴行，最後是一九二二至一九二三年間短暫卻血腥的內戰。一九一六年反抗英

國的「復活節起義」曇花一現，很快被鎮壓下去。英國人嚴刑拷打被逮捕的起義人士，將起義領袖處以死刑。此種行為無助於安撫民眾的情緒，反而在當地人民心中埋下長久的仇恨。這樣的仇恨助長了愛爾蘭共和軍於一九一九年發動爭取獨立的游擊戰，其間愛爾蘭共和軍也實施大量恫嚇性的暴力行為。作為回應，英國派去了黑棕部隊。這個名字來自成員臨時拼湊起來的制服的顏色，其中有警服的深綠色（其實不是黑色），也有軍服的淺棕色。黑棕部隊由大約九千名前軍人組成，協助他們行動的是二千二百名前軍官組成的皇家愛爾蘭保安隊的附屬師（皇家愛爾蘭保安隊本身就深受愛爾蘭民族主義者的痛恨）。黑棕部隊和附屬師犯下了累累暴行，包括強姦、酷刑、謀殺，還有燒毀他們認定為叛亂分子的住房。這給英國人和愛爾蘭人的關係造成長達幾十年的惡劣影響。就連十幾年後成為英國法西斯聯盟領袖的莫斯利（Oswald Mosley）都極度反感他們的行為。他們犯下的暴力令人髮指，是英國歷史上無法抹去的汙點。

　　但是，愛爾蘭在西北歐是例外，即使在聯合王國內也是例外。英國政府一貫視愛爾蘭為準殖民地，對它與對英倫三島其他地方的待遇不同。除了在愛爾蘭，英國只在海外殖民地實行過極端的暴力鎮壓，例如說，隨著愈來愈多的人在聖雄甘地的激勵下開始支持爭取印度獨立的鬥爭，一九一九年四月，英國軍隊在戴爾（Reginald Dyer）將軍的命令下，開槍射殺了阿姆利則（Amritsar）數百名手無寸鐵的示威者。在英國本土，戰後動亂的規模遠不致發展為革命。一九一九年和一九二〇年，英國和法國動用了民防隊伍來反擊工人罷工，但社會和政治動盪一直在政府控制之內，遠未形成革命的勢頭。再過十幾年，形勢發生了變化之後，法國準軍事團體的活動才成為大問題；但在英國，這樣的團體從未對政治秩序構成過威脅。

　　南歐的情況則截然不同。在政治暴力不斷升級的大背景下，一九

二二年，義大利法西斯主義崛起，次年，西班牙建立了軍事獨裁。在
歐洲的東南角，像一九一五年驅逐和屠殺幾十萬亞美尼亞人這樣的極
端暴力在一戰之前早已屢見不鮮，並一直持續到戰後早期。最惡劣的
一例是一九二二年九月，土耳其奪回了士麥那（Smyrna，現稱伊茲密
爾〔Izmir〕），這個愛琴海西海岸上的多民族港口城市被希臘占領了
三年。土耳其把士麥那的希臘人和亞美尼亞人居住區付之一炬，屠殺
了好幾萬名居民。直到一九二三年，希臘放棄奪取土耳其西部的企圖
後，該地區的普遍暴力才最終平息。那年簽訂的洛桑條約（Treaty of
Lausanne）承認新成立的土耳其共和國，也批准二戰之前最大的一次
人口交換（其實就是驅逐）。這實際上相當於第一個得到國際同意的
大規模種族清洗，有一百多萬希臘人（大多數是前一年剛從安納托利
亞逃過來）離開了土耳其，三十六萬名土耳其人離開了希臘。

　　中、東歐是反革命暴力的震中所在。這種暴力是新現象，其猛烈
程度為十七世紀的三十年戰爭以來之最。在中、東歐，變得殘酷無情
的不只是經歷了幾年殺戮、對流血和痛苦已經無動於衷的復員官兵，
還有全社會的人。焦土政策和驅逐平民是東線戰爭的一部分。在那個
地區，戰爭並未結束於一九一八年十一月，而是立即轉為波蘭激烈的
邊界衝突和俄國內戰，後者的恐怖與殘暴震動並波及了整個東歐和中
歐。

　　反革命者的一個關鍵動機是防止布爾什維克主義蔓延到自己的國
家，他們中有些人積極參加波羅的海地區和其他地方的反布爾什維克
運動。但是，暴力不單是對俄國事態的反應。每個戰敗的同盟國都爆
發了左翼革命，革命也都遭到了反對。政治混亂中，武裝準軍事組
織日益壯大。這些組織的領導人無一例外都參加過大戰，大多在東線
經歷過前線的屠殺。那種屠殺使多數歐洲人為之震恐，卻使這些人振
奮激動。他們認為戰鬥殺敵是光榮的英雄行為。他們回家後，看到的

是一個自己不理解的世界，如他們中間的一個人所說，世界「顛倒過來」了。他們感到極為失望，有的還認為平淡無奇、往往貧窮困苦的平民生活沒有未來。許多有此想法的人投入了鼓吹種族暴力的準軍事組織的活動。在德國東部和俄國西部的交界，從波羅的海到巴爾幹地區，準軍事組織大量湧現。德國的自由軍（Freikorps，其實就是政府出資支持的強盜）據估計吸引了二十萬到四十萬名成員，帶頭的通常是貴族。邊界衝突、極端民族主義、布爾什維克的威脅和對猶太人的刻骨仇恨等因素，混合出造成各種危險的暴烈情緒，也讓自由軍有機可乘。

　　一九一八年，德國有二十二‧五萬名軍官復員，其中約四分之一成為自由軍這個準軍事組織的成員，他們大多是出身中產階級的下級軍官。大批失業的復員士兵和沒有土地、靠幹粗活謀生的人也加入了自由軍，他們希望能在東部獲得自己的一塊土地，同時對別人的財產能搶就搶。然而，自由軍的多數成員不是老兵，而是年輕人，大戰時他們年紀太小，沒有參軍，但他們的心態和對和平失望的人一樣。他們是「好戰的青年一代」，崇尚軍國主義價值觀，追求國家榮耀。

　　這些人力圖弘揚或重現戰時的同志情誼、「戰壕集體」、男人間的肝膽相照和投入戰鬥的興奮。他們懷念或想像戰時那種萬眾一心的愛國激情，那種甘為國家事業戰鬥甚至獻身的情感。這使他們更加怨恨那些讓人民做出如此巨大犧牲，卻換不來勝利和光榮，只換來失敗和屈辱的人，這也極大地燃起了他們的復仇渴望，要報復那些他們認為應該對國家喪失領土負責的人，報復建立了與他們所擁護的一切截然相反的世界的人。如今的新世界沒有章法、沒有權威、沒有正義，只有（他們認為是「赤色分子」煽動的）一片混亂和「娘娘腔」的民主。他們用極端的暴力對這一切做出了反應。

　　這一波新的暴力沒有清晰一致的意識形態，貪婪、嫉妒、對物質

財富和土地的渴望都起到了作用。暴力本身更多地由恣意行事的衝動所驅動，不是為了建立理想的未來社會或新形式的國家。不過暴力仍有意識形態傾向。這種暴力有針對性，並非隨意盲目，打擊的目標是可能會摧毀施暴者所珍視價值觀的革命力量，主要是國內的敵人。

共產主義者和社會主義者是國內的大敵，猶太人更是如此。在許多反革命者看來，這些內部的敵人彼此混合重疊。他們看到，猶太人在革命運動中發揮著突出的作用：俄國有托洛斯基和其他猶太人，匈牙利有庫恩·貝洛（Kun Béla），奧地利有維克多·阿德勒（Victor Adler）和奧托·鮑爾（Otto Bauer），德國有庫爾特·艾斯納（Kurt Eisner）和羅莎·盧森堡（Rosa Luxemberg）。此外，一九一九年四月慕尼黑成立的短暫的蘇維埃共和國的幾位領袖人物也是猶太人。這似乎給他們的狂想提供了證據，他們認為，猶太人在策劃「世界級的陰謀」，要破壞歐洲的文化、道德和政治秩序。這種狂想的起源是戰前沙皇的警察偽造的《錫安長老會紀要》。猶太人大多歡迎俄國革命，認為這會為他們帶來解放。他們渴望未來能夠建立沒有歧視與迫害的社會主義社會。加入革命運動的猶太人比例超出了他們占全國人口的比例，他們在蘇俄的行政和警察部門中發揮了重要的作用，例如說，一九一九年，基輔的政治警察（Cheka，契卡）有百分之七十五的成員是猶太人。在東歐，猶太人成了布爾什維克的同義詞，雖然大部分猶太人事實上不是革命者。猶太人後來為此付出了可怕的代價。

隨著戰局日益艱難，失敗的前景漸趨明朗，同盟國和俄國開始向前線部隊推行惡毒的反猶宣傳，使許多士兵深受影響。戰爭結束後，中歐和東歐一片混亂，反猶暴力驟增。一位俄國社會學家在一九二一年寫道：「猶太人在哪裡都受仇視。所有人，無論來自哪個階級，受過何種教育，政治信仰如何，屬於哪個種族或年齡組，都恨猶太人。」他認為，仇恨猶太人是「今天俄國人生活中的一個突出特點，

甚至可能是最突出的特點。」俄國內戰導致了對猶太人的瘋狂攻擊，最嚴重的發生在烏克蘭。那裡共發生約一千三百起反猶暴力事件，有五、六萬名猶太人死於非命。烏克蘭人和波蘭人在東加里西亞連續不斷的激烈戰鬥，引發了包括利沃夫（Lvov）在內的一百多個城鎮的反猶暴力，例如一九一九年七月，波蘭軍隊開入利沃夫時殺害了七十名的猶太人。

　　庫恩歷時甚短的共產黨政權於一九一九年八月終結後，匈牙利也爆發了廣泛的反猶暴力。一九一九年夏，艾瑟爾・史諾登回憶了一位原本高雅迷人的匈牙利貴族婦女說過的話，那段話反映了對猶太人的刻骨仇恨，以及把猶太人和布爾什維克主義等同起來的觀念：「如果我能按照我的心思去做，我會殺光所有的布爾什維克，而且不會讓他們死得痛快。我要把他們放在小火上慢慢地烤。想想那些骯髒的猶太人對我們一些最出類拔萃的人做的事。他們搶走了我全部的衣服和首飾！……我敢肯定，就在這個時候，某個猶太醜婆娘正在（把我美麗的白皮靴）往她那醜陋的腳上套。」有這種心態，匈牙利戰後的政治動亂中會發生殘害猶太人的暴行自然不足為奇。一九二二年的一份報告說，在匈牙利位於多瑙河以西的地區，就有三千多名猶太人被殺。

　　在哈布斯堡帝國廢墟上興起的新國家中，捷克斯洛伐克共和國是民主自由的燈塔。但即使那裡也發生了反猶暴動。一九二二年，布拉格大學的學生暴動使身為猶太人的校長被迫辭職。德國和奧地利沒有發生反猶暴動。然而，激烈的反猶言論還是毒化了社會氣氛，使得好幾個官居高位的猶太人遭到謀殺，例如說，一九一九年，巴伐利亞邦首長艾斯納被暗殺，一九二二年，外交部長拉特瑙（Walther Rathenau）也遭毒手。

　　反革命者的暴力毫無節制，無一例外地超過了他們聲稱要抵抗的革命暴力。據估計，奧地利死於「紅色恐怖」的有五個人，德國最多

二百人，匈牙利是四百到五百人。但是，奧地利死於反革命暴力的至少有八百五十人。一九一九年四月對巴伐利亞蘇維埃共和國的鎮壓造成了至少六百零六人死亡，其中三百三十五人是平民。庫恩在布達佩斯建立的蘇維埃政權終結後，「白色恐怖」造成了大約一千五百人死亡，至少是死於赤色分子之手人數的三倍。

有一位參與過一九二〇年德國魯爾地區共產黨起義鎮壓行動的學生志願者，在事後寫信給父母，信中說：「沒有寬恕。我們連受傷的人都打死了。」另一位作為準軍事組織成員參加了一九一九年波羅的海戰鬥的德國青年回憶說：「我們見人就殺……心裡一點兒人的感情都沒有了。」霍斯（Rudolf Höss）後來擔任奧斯威辛集中營的指揮官，主持實施了精心策劃、規模空前的屠殺計畫。據他所說，波羅的海地區的戰鬥比他在一戰中目擊的所有戰鬥都更殘酷，是「純粹的屠殺，直到一個不剩」。一九一九到一九二一年間，波蘭和德國在波羅的海地區和上西里西亞（Upper Silesia）發生了激烈的戰鬥，準軍事組織的成員大開殺戒，被殺的人數可能高達十萬。

一九二三年後，準軍事組織成員的暴力行為驟減。但是，儘管有些施暴的幹將不得不去適應變化了的時代，但他們的性格或態度卻並未改變。到了三〇年代，許多人在歐洲各地日益壯大的法西斯主義運動中又找到了用武之地。在暴力最嚴重的地區，更糟糕的還在後頭，那在相當大的程度上是對俄國成功建立蘇維埃共產主義政權的反應。

布爾什維克主義的勝利

即將被剝奪土地和其他財產的人，不可能乖乖接受一九一七年的布爾什維克革命，必然會進行抗爭。隨之而來的三年內戰超乎想像的殘暴血腥，造成了七百多萬男女老少的死亡，是俄國在一次大戰中損

失的四倍，而且死者大多數是平民。大批人死亡的原因除了實際作戰和嚴酷鎮壓之外，還有內戰帶來的饑荒和傳染病。

俄國內戰其實是一連串的戰爭。「白色」反革命勢力想把新生的蘇維埃政權扼殺在搖籃中，這個共同的目標把戰事鬆散地連結在一起。內戰也有國際方面的影響。主要由前沙皇政權的高階軍官和哥薩克人領導的白軍得到協約國在部隊、武器和後勤方面的支持。像是一九一九年，白軍從西伯利亞發動的西進攻勢得到來自捷克、美國、英國、義大利和法國約三萬兵力的幫助。協約國提供給白軍的彈藥，相當於該年全蘇俄生產的彈藥的總和。然而，在那以後，外國的支持後繼乏力，不像後來蘇聯對內戰的敘述所描寫得那麼重要。內戰一度勝負難料，特別是在一九一九年。但是，到了一九二〇年末，布爾什維克確立並維持住對前俄羅斯帝國的遼闊土地的控制。在內戰的最後階段，節節勝利的紅軍又於一九二〇年向波蘭元帥畢蘇斯基（Jósef Piłsudski）發動攻擊，波蘭人被趕出了基輔（這座城市在內戰期間十幾次易手），直到八月紅軍被畢蘇斯基的軍隊擊退於華沙城門之外，雙方才在一九二〇年秋天停戰，雙方達成的解決方案把波蘭東部與蘇俄接壤的國界線向東移了一些。其後，一九二一年三月的里加條約（Treaty of Riga）保證了雙方的新邊界，至少維持到下一戰爆發之前。

一九一九年達到高潮的反蘇運動大多發生在前俄羅斯帝國的邊緣地區。然而，紅軍最終取得勝利的關鍵在於，他們控制住俄羅斯廣闊的中部核心地區，還擁有優越的組織能力和毫不留情的雷霆手段。敵人的內部分裂也是一個因素。遼闊的領土為紅軍提供巨大的人力和糧食儲備，他們可以用強制手段從農村徵調來兵員和給養。紅軍因此迅速壯大，從一九一八年十月的區區四十三萬人增加到一九二〇年底的五百三十萬人。儘管戰士們裝備低劣、衣食不周，而且往往缺乏訓練，但是這支由七・五萬名前沙皇軍隊軍官指揮的龐大軍隊有嚴酷的

軍紀管理，會為了捍衛革命而戰，白軍無論在人數還是在凝聚力上都不是紅軍的對手。老百姓起初支持蘇維埃國家，很大程度上是因為它許諾占人口絕大多數的農民會進行土地改革，如今蘇維埃國家雖然失去民心，但布爾什維克占據了絕對優勢，反對黨受到打壓，任何敢於抵抗的人都會遭受殘酷無情的打擊。這一切意味著民眾只能服從。

　　無論如何，白軍沒有提出任何能與布爾什維克爭鋒的像樣社會方案。白軍領導人是保守的俄羅斯民族主義者，唯一的目標似乎就是將時鐘撥回到革命前，因此，白軍在邊緣地帶的非俄羅斯民族主義者中間得不到多少支持。例如說，烏克蘭有三千二百萬人口，大多是農民，熱誠支持烏克蘭民族主義，因此不可能動員他們起來支持「大俄羅斯」的事業。白軍不僅欠缺一致連貫的計畫方案，而且在組織上也遜於蘇維埃。它籌建不起像紅軍那樣龐大的軍隊，內部溝通不良，軍事戰略也缺乏協調。然而，內戰遠非勝負早定。紅軍經過了整整三年極為艱苦血腥的戰鬥才獲得完全的勝利。但儘管如此，布爾什維克的最終勝利乃大勢所趨。

　　內戰結束時，蘇維埃共和國的經濟幾近崩潰。與一九一三年相比，工業生產劇減百分之六十六，農業生產直落百分之四十。政治上也困難重重。一九二一年初，農民不肯出售糧食，發生了嚴重的糧食短缺，布爾什維克大本營俄國大城市的產業工人又爆發抗議，反對政府的強制高壓。一九二一年二月（西曆），莫斯科和聖彼得堡發生了大罷工，政府不得不宣布軍事管制。一九一七年的革命中，水兵是布爾什維克最熱情的支持者，但在一九二一年三月，聖彼得堡城外喀琅施塔得（Kronstadt）海軍基地的水兵卻發生叛變。這意味著蘇維埃政權面臨的危險已上升到了臨界點。對此，政權的反應嚴酷無情。托洛斯基向叛亂的水兵發出警告說，二十四小時內他們若不投降，就會把他們「像打靶一樣一個一個地擊斃」。水兵們沒有從命，托洛斯基也

說到做到。五萬紅軍向喀琅施塔得要塞發動猛攻。經過十八小時的激戰，叛亂被徹底平息。這場平叛戰鬥死了一萬多名叛亂水兵和紅軍戰士。數千名參加叛亂的水兵被處決或送進了勞改營。

往昔熱情擁護者的反叛使布爾什維克領導人深為震驚。這還只是警告，更大的挑戰是要贏得占人口大多數的農民的支持，但農民對政府土地政策的反對已經到了激烈的程度。在革命後不久，布爾什維克為了爭取農民支持，合法化了土地的再分配行為。但是，內戰期間政府強徵農民的物資，以及政府企圖建立集體農場一事激起了農民的反叛。集體農場的糧食產量很低，因為農民會故意少播種子（有時也因當局強徵糧食，實在留不下種子），結果就是一九二一至一九二二年的大饑荒。許多地方爆發了農民暴動，有的暴動者會對當地的布爾什維克黨人犯下可怖暴行。列寧認為，農民暴動對政權的威脅甚至大於內戰中的白軍。於是，蘇維埃政權在一九二一年夏使用了大規模武力來鎮壓農民暴動，結果造成數千名農民被槍斃，幾萬人被送進勞改營。但是，單靠大棒是不夠的。內戰已經顯示，光靠強迫手段生產不了糧食。

布爾什維克把占人口多數的農民完全推向了對立面，可是，它在政治上又依賴農民的合作，又迫切需要農民多生產糧食。於是，政權領導層來了個一百八十度大轉彎。列寧在一九二一年三月的第十次黨代表大會上提出「新經濟政策」來安撫農民。這項政策放鬆了黨對農業的控制，恢復了部分的市場經濟，同時國家依然擁有工業生產、交通運輸、能源和通訊等主要經濟部門。市場上又有東西賣了，經濟很快開始復甦，儘管城鎮居民會對那些無恥利用新的供需形勢而大發橫財的奸商，感到義憤填膺。

一九二四年一月列寧去世時，經濟已經重振。蘇維埃政權安然度過了這場巨大的風暴。布爾什維克雖歷經坎坷，但此時已經掌控了蘇

維埃共和國的全部領土。黨的總書記史達林對黨組織行使嚴格的中央控管，建起了一套制度，得到愈來愈多官員和政工人員的忠誠。革命後的四年內，官僚人數翻了四倍，達到二百四十萬人。大批人加入布爾什維克，在一九二〇年，有近一百五十萬人入黨。三分之二的新黨員是盼望過上更好生活的農民。這一切幫助布爾什維克鞏固了權力，並進一步向鄉村地區滲透。

生產由工人做主，人民則透過選出來的蘇維埃代表來參與管理政治、經濟和社會事務──如今這些理想觀念必須重新調整。共產主義恐怕只能等到遙遠的未來才能實現。在那之前，社會主義國家的權力應該也只能由無產階級的先鋒隊，也就是布爾什維克來行使。任何反對意見都可冠上「資產階級」和「反動」的罪名，然後予以根除。不允許「資產階級」法律阻礙人們無情消滅階級敵人。

使用高壓手段當作階級鬥爭的重要武器是布爾什維克革命的核心。一九一八年，布爾什維克的報紙大聲疾呼：「讓資產階級血流成河──要有更多的流血，愈多愈好。」布爾什維克的策略包括把家境通常只比別人稍好一點兒的富農（kulak），說成是剝削窮人的地主，以此把熱切渴望土地的貧農的仇恨轉嫁到富農身上。列寧會形容富農是「靠人民的窮困發了財」的「吸血鬼」，說他們是「蘇維埃政權的死敵」，是「吸吮勞動人民的血」的「水蛭」。號召一同消滅他們。

到了一九二二年，蘇維埃政權自覺已足夠強大，可以開始攻擊宗教信仰，摧毀東正教教會的根基了，列寧因而號召向教士發動無情的鬥爭。其實自蘇俄建國伊始，該國就不承認常規的法律，而是把無限的權力賦予給國家的祕密警察「契卡」。契卡的領導捷爾任斯基（Felix Dzerzhinsky）曾宣稱：「契卡必須保衛革命，征服敵人，即使它的劍偶爾會落到無辜人的頭上。」這句話是完全無視真實情況的輕描淡寫。據某些估計，被投入監獄和勞改營的人多達幾十萬，他們在

監獄裡過著悲慘的生活。

　　因此我們可以說，在列寧的有生之年，布爾什維克統治的特徵已經顯現了出來，之後發生的事態是這些特徵的延續和必然的後果，而不是誤入歧途。列寧在世時，布爾什維克領導層內部政治、意識形態和個性的尖銳衝突勉強還可以控制。但是，在列寧經受長期的病痛折磨於一九二四年過世後，長期而激烈的權力鬥爭隨即展開。隨著局勢逐漸明朗，史達林成為最後的勝出者。在他的領導下，蘇聯的早期歷史進入了一個更加可怕的新階段。

　　雖然歐洲的右派驚恐萬分，但是事實很快證明，布爾什維克主義是無法輸出的。開始時，蘇維埃領導人以為革命能夠遍及全歐。但是在內戰期間，他們不得不接受現實，承認這個期待不會成真。早在一九二〇年秋，紅軍在華沙城外被波蘭軍隊打敗的時候，列寧就認識到了這一點。俄國的情況與歐洲其他國家迥然不同。它的領土面積居世界之冠，比歐洲其他所有國家加起來都大，東西長達八千公里，南北寬達三千公里。遼闊的領土造成俄國政治統治的獨有特點。例如在戰前的歐洲各國中，只有沙皇的統治在一九〇六年之前沒有任何憲政限制，一九〇六年後施行的憲政也不過是做做樣子。俄國沒有獨立的法律基礎，也沒有多元政治的代表結構，而這些都是在其他國家中促進了國家制度漸進改革的因素。

　　與歐洲其他地方相比，俄國的公民社會力量弱小。擁有地產的中產階級規模很小，政府壓制政治異議使得人數極少的知識分子思想日趨激進。高速發展的現代化在大型工業城市產生了貧窮的無產階級，但俄國經濟仍然十分落後。占全國人口百分之八十的農民基本上都生活在農莊中，大多是地主家的農奴，非常仇視國家及國家官員。暴力、殘忍和輕賤人命是俄國社會根深柢固的特點。列寧正確地認為，俄國農民是革命階級，維護財產和秩序與他們的利益毫不相干。在歐

洲的其他許多地方，儘管農民仇視莊園主，例如西班牙和義大利有些
地區做農活的散工有造反的傾向，但都不存在與俄國類似的情況。在
一戰的災難激化形勢、衝垮沙皇統治之前，俄國就已經具備了社會、
經濟、意識形態和政治方面發生根本性變革的有利條件，這在其他地
方是無法複製的。

　　內戰之後，蘇俄迥然不同於前，實際上也跟歐洲政治的主流隔絕
開來，轉為內向。後來的年月中，俄國在建設國家和實現經濟現代化
的同時，也發生了規模巨大的暴行。例如約有一百萬人去國流亡，其
中許多是前沙皇政權的支持者，他們在歐洲其他國家的首都大肆散播
關於蘇俄的恐怖故事，讓席捲全歐的反布爾什維克情緒走向了歇斯底
里。布爾什維克主義很快變成可怕可憎的妖魔，成了保守派和激進右
派首要的反對對象。

　　一九一九年，戰勝國領導人在巴黎召開凡爾賽會議考慮重畫歐洲
地圖的時候，就已經把蘇俄視為敵人。它們在軍事上支持力圖消滅布
爾什維克的力量，不肯承認蘇俄，所以只能暫時擱置歐洲東部邊界劃
分及其有效性這個棘手的問題。

大分割

　　重畫的歐洲新地圖與一九一四年的地圖大不相同。俄羅斯帝國、
鄂圖曼帝國、奧匈帝國和德意志帝國這四個帝國消失了（雖然德國新
成立的共和國保留了「帝國」的名稱，該詞是歷史上可追溯到查理曼
時代的德意志帝國的象徵）。它們的崩潰催化了中歐、東歐和南歐政
治結構的轉變。帝國崩潰之後，出現了十個新的民族國家（包括一九
二三年成立的土耳其共和國）。

　　創建歐洲新秩序的任務主要落到了戰勝國的四位領導人肩上，他

們是：美國總統威爾遜、法國總理克里蒙梭、英國首相勞合‧喬治和義大利首相維托里奧‧奧蘭多（Vittorio Orlando）。他們一九一九年一月來到巴黎時，面臨異常艱巨的挑戰。威爾遜宣導的理想主義背後隱藏著精心設計的目標，那就是使美國成為全球經濟的龍頭老大，按美國的想法重塑戰後世界。在威爾遜的理想主義的激勵下，與會者確定了遠大的目標，其中之一是建立一個國際聯盟來保證集體安全與國際和平，在這個框架下努力預防歐洲再次墮入戰爭。

　　這是一個崇高的理想。國際聯盟（League of Nations，簡稱國聯）成立於一九二〇年一月，總部設在日內瓦，到該年年底，其成員國達到了四十八個。它旨在促進國際合作，保護少數族裔，盡力緩解中歐和東歐的人道主義危機。最重要的是，它致力於維持戰後的國際安排。但後來的事實卻證明，那完全是場白日夢。若沒有軍事干預的能力，建立有效的多國集體安全框架只能是空想。雖然國聯的創建者想把它建成一個真正的全球性組織，但它其實仍然基本上是一個歐洲組織，尤其受英國和法國利益的主導。由於威爾遜在美國受到政敵阻撓，因此本來應該是國聯關鍵成員的美國根本沒有加入。

　　「自決」是威爾遜的中心理想，也是巴黎和會的審議基礎。這個詞的含義可以有多種解釋，威爾遜也有意不予說明，特別是因為英法兩個帝國主義大國，不喜歡自決的概念影響到殖民宗主國的權力。威爾遜認為，自決的實質意義是，政府來自人民主權，即人民建立自己的國家的權利。國家最好逐漸演變發展而成，而不要透過暴力革命來建立。

　　然而，在戰後歐洲的慘狀亂象中，自決這個革命性的概念不是長遠的願望，而是當下就要實現的要求。事實上，首先使用這一概念的是布爾什維克，但他們對自決的支持純粹是功利性的。他們支持民族主義運動是為了破壞並摧毀歐洲現存的殖民帝國，更廣泛地說，要削

弱或推翻帝國主義。然而，若用史達林的話說：「有時候會發生自決權同另一個權利，即同最高權力——執政的工人階級鞏固自己政權的權利，相抵觸的情況……自決權不能而且不應當成為工人階級實現自己專政權利的障礙。」此言挑明，在新生的蘇聯，「民族自決」要完全服從於布爾什維克國家的中央政策。

　　一九一九年（未邀請蘇俄參加的）凡爾賽會議上審議所依據的自決概念，與布爾什維克對自決的解釋截然相反。它被當作新的世界秩序的框架，這個世界秩序的基礎是自由民主，即國家主權來自人民，政府須得到人民認可。然而，潛在的問題是，恰恰是在歐洲大陸最不穩定的地區，宣稱所謂的人民主權都是以族裔為基礎。垮台的帝國的大部分領土上都混居著多個民族，那些民族都會提出土地、資源和政治代表權的要求。在西歐國家（正如在美國一樣），國家塑造出民族，在與國家機構的聯繫中，人們慢慢產生了民族意識。但是，在中歐、東歐和南歐的大部分地區，民族意識產生於同屬一個族裔、語言和文化的人民建立國家的要求，而且他們經常要求國家只代表他們所屬族裔的利益。當有多個建立主權民族國家的要求相互衝突時，自決該如何實現呢？

　　從一開始，四大國就清楚地看到，多民族混居的中歐和東歐不可能實現民族自決。四大國作為和平締造方只能盡其所能，希望多族裔的國家能逐漸實現民族團結，解決族裔間分歧，成為正常運轉的民族國家。歐洲各國的邊界無論如何調整，都免不了要包括相當規模的少數族裔，而當時以為國聯可以保證他們的權利。新成立的國家中，除了奧匈帝國殘留下來的講德語的奧地利，沒有一個是單一族裔的國家。例如說，有三百五十萬名匈牙利人被劃到了匈牙利邊界之外，他們居住的土地基本上都給了羅馬尼亞；也有三百萬名德裔被劃給了捷克斯洛伐克。最終確定的歐洲新地圖其實與民族自決沒有多少關係，

關鍵是新的劃分能否滿足某些領土要求、拒絕別的領土要求，又不致在將來引起太大的緊張或敵意。

幾乎每個新國家都與別國有激烈的領土爭端。基於族裔理由的領土要求幾乎全是障眼法，真實的原因不外乎經濟、軍事或戰略利益所驅動的（有時是毫不掩飾的）領土野心。希臘、保加利亞和塞爾維亞都想得到馬其頓的一部分領土，希臘和義大利爭奪阿爾巴尼亞，羅馬尼亞和匈牙利都聲索外西凡尼亞（Transylvania）的土地，波蘭和德國則就西里西亞（Silesia）的歸屬爭吵不休。所有這些領土要求聲與反對聲都打著自決的旗號，但其實不過是自古就有的擴張領土的企圖。有些領土要求幾乎與民族自決沾不上邊，例如說，義大利就堅持認為自己應當得到居民幾乎全部講德語的南提洛（South Tyrol）、幾乎全由斯拉夫人居住的達爾馬提亞海岸（Dalmatian coast）、主要由希臘人和土耳其人居住的部分小亞細亞，以及被初露頭角的法西斯分子拿來大做文章的港口小城阜姆（Fiume，現在克羅埃西亞的里耶卡），縱使城中只有一部分人口講義語。

為了把這些一團亂麻似的爭端理順，四大國在巴黎費盡心血。新國家的邊界劃定不可避免地有一定的人為因素。有些國家是在一戰後帝國的廢墟上創建的，比如捷克斯洛伐克、塞爾維亞－克羅埃西亞－斯洛維尼亞王國（Kingdomof Serbs, Croats and Slovenes，一九二九年改名為南斯拉夫）和波蘭，四大國只需承認事實即可。但在其他的情況中，邊界的劃定會被用來獎賞大戰中支持協約國的國家，並懲罰戰敗的敵國。例如說，羅馬尼亞大大受惠，領土增加了一倍，基本是從匈牙利那裡劃過來的。在中歐，奧地利、匈牙利和德國則是領土再分配中的大輸家。

領土得以擴大的國家固然歡欣鼓舞，未能如願以償的國家卻感到沮喪、憤恨和深切的不滿。在義大利，人們因阜姆劃歸了別國而

群情激憤，這恰好給了激進的民族主義者可乘之機。早期的法西斯主義者，詩人鄧南遮（Gabriele D'Annunzio）發明了「殘缺的勝利」（mutilated victory）一語來表示義大利受了騙，沒有得到它應得的一份勝利果實。他把收復阜姆當成了自己的事業。一九一九年九月中旬，他帶領一支七拼八湊的準軍事隊伍，莫名其妙地占領了這個亞得里亞海邊的小城十五個月。義大利與南斯拉夫於一九二〇年十一月簽訂的拉帕洛條約（Treaty of Rapallo），最終將阜姆定性為自由市，陸上與義大利相通。但是，對力量日益壯大的義大利法西斯主義者來說，阜姆仍然是一面旗幟。一九二四年，它終於被墨索里尼吞併了。

在巴黎舉行會議的四大國需要對付大戰遺留下來的眾多領土問題，但無論那些問題有多麼困難，要解決的重中之重都是德國。四大國一致認定，德國應為大戰的爆發負責。在它們看來，德國（在四十年多一點兒的時間內）兩度入侵法國，侵犯比利時的中立，對平民犯下累累暴行，這一切都證明德國是挑起大戰的元凶。於是，對挑起大戰、造成慘痛代價的德國進行懲罰與報復就成了協約國領導人的頭等大事。更加關鍵的是要確保德國再也無法將歐洲推入戰爭的深淵。如果不好好壓制德國的軍國主義和工業能力，德國就可能再次威脅歐洲和平。但另一方面，德國的經濟對未來歐洲的重要性顯而易見，況且，如果各國徹底整垮了德國（這在法國會特別受歡迎），也許會為布爾什維克主義打開大門，使它得以擴散到歐洲的中心。

協約國面對的一個問題是，許多德國人不認為自己的國家在大戰中被打敗了。四年的戰爭並未摧毀德國。宣布停戰時，協約國的軍隊並未開進德國的國土，而且那時德軍仍然占領著比利時大部和盧森堡。德國軍隊回國時受到了鮮花和旗海的歡迎。剛宣布停戰時，普魯士的作戰部宣布：「我們英雄的軍隊勝利返回了祖國。」此言當然不實，但德軍高級指揮部也說過同樣的話；一九一八年十二月，就連擔

任新政府首長的社會黨人埃伯特也這樣說。因此，德國人民很容易就相信了反對革命的右派散播的謠言，說社會主義革命者在國內煽起的勞工動亂給前線部隊背後捅了刀子。

　　一九一九年五月初，協約國對德國宣布的賠償要求使德國上下為之震動。如果戰敗的事實明顯可見，人們也許就不會如此震驚了。協約國給德國規定的賠償條件非常苛刻，儘管比德國一九一八年三月在布列斯特－立陶夫斯克強加給俄國的條件稍好一些。不過，在一心想狠狠懲罰德國的法國，公眾輿論仍然認為對德國太寬容了。德國要割讓占它戰前領土約百分之十三的土地（包括主要位於東部的肥沃良田和工業重鎮），因此而失去它戰前六千五百萬人口的約百分之十。從經濟角度來看，這些損失儘管慘重，卻並非不可彌補。真正的破壞是政治上和心理上的，是對民族自尊自傲的沉重打擊。

　　協約國勒令德國實行去軍事化，這更加深德國人民的屈辱感。德軍一度強大威武，一九一八年還能夠向戰場投入四百五十萬人，現在卻要削減到區區十萬人，徵兵也被禁止了。海軍的軍艦和潛艦在停戰後或是被協約國接管，或是被銷毀，規模縮小到一・五萬人。以後不准德國有潛艦，也不准它建立空軍。

　　被迫割地掀起了德國民眾的狂怒，所有政治和意識形態派別的人都同仇敵愾。凡爾賽條約被譴責為戰勝者的「獨裁令」。「我堅信條約必須修改，」外交家比洛（Bernhard von Bülow）在一九二〇年這樣寫道，「這條約荒謬無理，許多條款根本不可能執行；我們必須利用這一點來推翻整個凡爾賽和平。」

　　如果德國東山再起，有些地方肯定會再次淪為無法掌控自己命運的棋子。例如說，但澤（Danzig，今天波蘭的格但斯克）這個工業港的居民幾乎全是德裔，如今卻被波蘭的領土四面合圍，被國聯定為「自由市」，港口貿易設施開放供波蘭使用。對薩爾蘭（Saarland）歸

屬的裁定也是莫名其妙。薩爾蘭地處德法邊界，居民主要是德裔，該地富含煤炭和鐵礦石，是工業要地，因此法國覬覦已久。薩爾蘭的煤礦和鐵礦被劃給了法國，但薩爾蘭這個地方卻被置於國聯管理之下，為期十五年；時限到期後，將舉行公投，由居民自己決定是願意歸法國，還是歸德國，或是維持現狀。萊茵蘭（Rhineland）的安排也非常彆扭。法國為了確保持久安全，想把這個幾乎全部由德裔居住的地區永遠置於協約國的占領之下，把萊茵河設為德國領土的西界。到最後，法國無奈只得同意占據萊茵蘭十五年。對於這些領土安排，德國人至少在當時無力反對，但他們心中深深地埋下了仇恨的種子。

其他分割德國領土的決定也引起了民眾的痛苦和憤怒，正好為民族主義分子所用。民族主義者雖然不得不暫且忍耐，但從未放棄以後重改凡爾賽條約的希望。德國西面的變化相對較小。絕大多數居民講德語的奧伊彭－瑪律梅迪（Eupen-Malmédy）是西部邊境的一小塊區域，它被劃給了比利時。什列斯威（Schleswig）北部主要講丹麥語的部分給了丹麥。不過，在東面，德國領土的喪失才是真正的切膚之痛。所謂的波蘭走廊是從德國手中奪走西普魯士和波森（Posen，今日波蘭的波茲南），併入了新成立的波蘭。這樣一來，東普魯士也被與德國其他地區分隔開來。一九二二年，上西里西亞舉行了一次公投，雙方都極力煽動民族主義情緒，但公投沒有產生明確的結果。但儘管如此，這片富含煤炭和其他礦藏的工業地區還是被判給了波蘭，德國民眾本就因喪失領土而感到的憤恨，這下更是火上澆油。

引起最大憤怒的是凡爾賽條約的第二三一條。這一條後來通稱「戰爭罪責條款」，是將德國及其盟國定為發起戰爭的一方。它為德國賠償戰爭損失的責任提供了法律基礎，而德國賠償正是法英兩國公共輿論鼓譟不休的要求。賠款數額由協約國建立的一個委員會決定，該委員會於一九二一年最終判定德國的賠款額為一千三百二十億金馬

克。雖說這是一筆巨額款項，但假以時日還是可以還清的，也不致於癱瘓德國的經濟，且後來大部分賠款也根本沒有支付。事實上，戰爭賠償帶來的主要不是經濟問題，真正造成的破壞是在政治方面。在十多年的時間裡，戰爭賠償一直是德國政治中的一個毒瘤，有時稍有緩解，有時重新發作，挑起民族主義情緒，威脅到德國的政治健康。到了一九三二年，當賠款實際上被一筆勾銷的時候，德國卻再次陷入了危機，比過去任何時候都更危險的民族主義災禍就出現在眼前。

　　四大國在重整歐洲各國邊界時除了巨大的實際困難，還要承受來自本國公眾的壓力。不公不義的妥協在所難免。無論如何，它們努力產生的結果與其說是實現持久和平的框架，不如說是可能導致未來災難的毒藥。它們經過妥協後塑就的歐洲就如同一座弱不禁風的紙牌屋。新秩序暫時得以維持，但那不過是因為沒有哪個國家強大到足以摧毀它。但是，德國是個揮之不去的難題。一旦它重振軍力，紙屋就很容易坍塌。在巴黎開會締造和平的四大國遏制了德國作亂的能力，卻沒有將其完全消滅。被視為一次大戰導火線的德國軍國主義、激進民族主義和權力野心僅僅是暫時蟄伏，並未被完全根除。割地、賠款都不足以使德國永遠虛弱無力。即使德國陸、海軍的規模與能力銳減，它的軍事領導層仍然毫髮無損。德國的軍隊將領、經濟與政治菁英和很大一部分民眾，內心都拒不接受凡爾賽條約和在上面簽字的德國新民主政府代表，也拒斥歐洲的新秩序。形勢一旦發生變化，他們就會尋求改變這個秩序，使之有利於德國。目前，德國只能任人宰割；不過它雖然受了傷，卻仍然是巨人。

脆弱的民主

　　巴黎和會的審議遵循了一條值得稱讚的原則，那就是希望新歐洲

能夠實現民主，各國政府代表的不再是未經選舉的王公和地主的利益，而是人民透過多元政黨、自由選舉和議會表達的意志。

　　一次大戰剛結束時，除蘇俄以外的所有歐洲國家都採納了代議制議會民主的政府模式。在時常爆發大型族裔間暴力的高加索地區，諸如喬治亞、亞美尼亞和亞塞拜然也都希望成為主權的共和國，可惜它們很快就在俄國內戰中被紅軍征服，之後又被納入了蘇聯的版圖。在前哈布斯堡帝國和沙皇帝國的廢墟上建立起了九個民主國家（芬蘭、愛沙尼亞、拉脫維亞、立陶宛、捷克斯洛伐克、南斯拉夫、波蘭、奧地利和匈牙利）。一九二二年，愛爾蘭南部面積較大的地區在事實上自英國獨立（雖然直到一九四九年前在名義上仍然處於英國王權之下），建立了名為愛爾蘭自由邦的民主共和國。第二年，土耳其在獨立戰爭勝利後趕走了協約國的占領軍，廢除了鄂圖曼蘇丹制，成為議會制共和國。

　　歐洲國家紛紛採用民主制度，部分原因是戰勝方四大國的領導人，尤其是威爾遜總統，堅持新歐洲必須建立在民主政府的基礎上。但更重要的是，大戰本身就是一個民主化的過程，它催動了分崩離析的君主制內部（主要來自社會主義者、民族主義者和女權主義者）要求民主政治的呼聲。大戰期間被動員參戰的大批人員戰後要求實現改革、進步、代表權，擁有更加美好的未來。社會中關心政治的人數大大增多。大眾政治扎下了根，成為不可阻擋的潮流。各國幾乎都把投票權擴大到了所有男性公民，有些國家甚至讓所有婦女都享有投票權，雖然那時英國還沒有給予所有婦女投票權，法國更是根本沒有給婦女投票權（因為參議院拒絕了在眾議院中獲得壓倒多數支持的動議）。結果，政黨動員的選民比從前多得多。例如說，英國的選民人數從一八八四年的八百萬增加到了一九一八年的二千二百萬，從一九一二到一九一九年，德國的選民人數從一千四百五十萬上升到接近三

千六百萬。動員大眾的確比過去容易了，但發起政治運動挑戰並破壞民主的可能性也隨之增加。引導、策劃和動員公共輿論成為政治生活至關重要的一部分。隨著報刊的影響力愈來愈強，操縱群眾、推動排斥異己和專制主義的機會也大為增加。

　　政治激進化是大戰剛結束時動亂歲月的突出特點。許多國家湧現出形形色色的眾多黨派，各自倚靠人口某一部分或特定利益團體的支持。我們基本上看不到英國政治制度的那種穩定。在英國的制度中，議會權力的競爭一直在自由黨（它作為主要政治力量的地位不久後被工黨取代）和保守黨之間進行。英國採用簡單多數票當選（first past the post）的選舉制度，每一個選區都只有一位勝出者。這壓抑了小黨的出現，促使議員嚴格遵守黨的紀律。所以，聯合政府在英國並不常見，只是例外（雖然一九一五到一九二二年間的英國政府的確是聯合政府）。相比之下，歐洲大陸的國家普遍採用比例代表制，投票權又大幅度擴大，這極易造成議會中不可調和的分歧，使政府軟弱無力。在多數國家中，共產黨和社會黨、農民黨和民族主義政黨、天主教和新教政黨、自由黨和保守黨都在民眾中享有不同程度的支持。這常常導致社會分裂，政府不穩。

　　社會主義在工業區的工人階級當中很受擁護，但幾乎在各處都處於分裂狀態，因為比較激進的工人在俄國革命的激勵下，更傾向於共產主義。在中歐、東歐和東南歐的大部分地區，絕大多數農民最關心的是「土地問題」（主要是收回大莊園的土地，重新分配），所以廣泛支持鼓吹民粹主義的農民黨，但他們的支持時起時伏，並不穩定。農民黨經常與代表著新生民族國家中重要族裔群體的民族主義政黨合併為一，在少數族裔人數較多或邊界有爭議的國家中很容易成為不穩定因素。新生的國家通常經濟困頓，但又必須建立國家認同感，奠定政治基礎。在這樣的國家中，民主尤其步履維艱。大戰剛剛結束的那

幾年,民主在多數國家倖存了下來。但是,民主作為政府制度備受質疑,既遭到強大菁英團體的拒絕,也為人口中新動員起來的部分激進分子所排斥。

只有在西歐和北歐那些在大戰中得勝的經濟發達的國家(英國和法國),以及始終保持中立的國家(斯堪的納維亞各國、荷蘭、比利時和瑞士),多元民主才基礎堅實,成為被普遍接受的政府制度。而且在這些國家中,戰後的社會與經濟震盪也造成了嚴重的問題和社會分裂,引發產業工人的騷動,加強了工人階級(經常是受俄國革命啟發)的激進立場。但是,反民主的力量相對弱小,仍在可控範圍之內。除了愛爾蘭,其他國家沒有少數族裔動亂的壓力。愛爾蘭的動亂直到一九二二年愛爾蘭自由邦成立後才平息下去,但即使在動亂期間,人民也一致支持議會民主制,並最終建立了穩定的兩黨制。法國可以算半個例外,因為法國的左派和右派中都有少數人拒絕第三共和的自由民主制。但除此之外,民主政府的形式幾乎得到普遍擁護,沒有合法性的危機。

主要的問題在別處。例如說,希臘和保加利亞的議會制度在十九世紀就已經建立,雖然它們過去一直不過是派系鬥爭和侍從主義的門面而已。根基牢固的權力菁英和寡頭利用並操縱著民眾。暴力和鎮壓是家常便飯。戰後的希臘政府由於在小亞細亞對土耳其作戰的慘敗而立足不穩,還陷入了派別間的激烈衝突。衝突的一方是保王派,另一方是韋尼澤洛斯(Eleftherios Venizelos)的支持者。韋尼澤洛斯是自由黨黨魁,一直是希臘政治中的關鍵人物,對他的評價從來褒貶不一。不過,軍隊的高階將領才是希臘政治的主導力量,他們舉足輕重,愈來愈能對國家權力施加影響。希臘在希土戰爭中戰敗後,反對國王的軍官於一九二二年發動政變,康斯坦丁國王被迫退位。他的兒子喬治二世繼位僅僅兩年後也被趕走,這一次是在一群保王派軍官發

動了一場未遂政變之後，而那群軍官中有一個就是後來的獨裁者梅塔克薩斯（Ioannis Metaxas）。一九二四年三月，君主制被廢除，希臘成為共和國。在那之後，希臘國內政治的嚴重分裂得到了緩解，但並未消失。

大戰之後的保加利亞國力疲弱，經濟凋敝，代表（從土地大規模重新分配中受益的）小農的農民聯盟成了最大的政黨，與它規模相差不少的第二大黨是共產黨（成立於一九一九年），然後是社會黨。然而，由身為農民黨領袖的史坦博利伊斯基（Alexander Stamboliiski）擔任首相的政府鎮壓異己，腐敗濫權。史坦博利伊斯基遍樹強敵，尤其危險的是他得罪了許多軍官。一九二三年，他們決定出手扼殺民主的實驗。史坦博利伊斯基被推翻，權力落到了軍方手裡。

在阿爾巴尼亞這個一九一三年才建立的新國家中，由階級衝突和傳統部族忠誠所驅動的派系鬥爭與暴力，明顯是這個國家政治的中心內容。阿爾巴尼亞雖然也實行民主制，但那不過是表面文章。它在大戰中遭到希臘、義大利、塞爾維亞和蒙特內哥羅這些強鄰的分割和占領，戰後又陷入一段短暫但劇烈的動盪。新建的各個政黨就土地改革和制訂憲法等問題爭執不休。但是，地主階級和部族領袖的利益占據了主導地位。領導不同派別的有兩個主要人物，一位是哈佛大學畢業生，阿爾巴尼亞東正教教會的主教諾利（Fan Noli），另一位是出身阿爾巴尼亞顯赫穆斯林家族的索古（Ahmed Bey Zogu）。酷刑、殺人、賄賂和腐敗是這兩個人及其追隨者常用的手段。國家的政治制度更接近新封建主義，而不是真正的議會民主。諾利在一九二四年的一次武裝叛亂中擊敗了索古，迫使他逃往國外。六個月後，索古領著他組建的包括許多外國雇傭兵在內的軍隊捲土重來，推翻了政府，這次輪到諾利和他的追隨者逃亡。一九二五年一月，留下來的議會成員選舉索古為總統，總統的權力獲得擴大，任期七年。

　　羅馬尼亞在一八八一年就建立了以立憲君主為首的多元政治制度，但一戰後它的領土大為擴展（幾乎擴大了一倍），國家因而發生巨變。議會虛弱無力，由貴族、軍人、東正教教會高級教士和上層資產階級組成的統治階級，力量卻十分強大。政府因害怕發生布爾什維克革命而推行土地改革，領土擴大使人口中增添了少數族裔，有些人的社會地位發生變化，城市無產階級因而壯大。這一切導致了重疊交織的衝突和連續不斷的危機。

　　總歸來說，所有上述國家的經濟基本上都是落後的農業經濟。戰後的經濟困頓、邊界爭端、領土要求以及國籍的問題都造成了政治緊張。人口的有些部分，特別是政治意識剛啟蒙的農民，新近得到了投票權，這為蠱惑和操縱選民的政客提供大量機會。專制主義隨時都有可能冒出頭來。

　　西班牙面臨的困難同樣嚴峻。儘管它在戰時保持中立，但它的經濟還是受到大戰的嚴重影響。一次次的罷工沉重打擊了國家權威，革命似乎山雨欲來。西班牙若是參加了大戰，也許會真的爆發革命。實際上，在自由派和保守派菁英的寡頭統治下，一八七六年建立的立憲君主制和完全不具代表性的議會制度勉強存活了下來。社會主義運動迅猛壯大，自大戰結束以來，社會黨成員增加了一倍以上。但是，由於選舉安排上的歧視，社會黨在議會中只有區區幾個席位。儘管如此，統治菁英的控制還是在減弱，他們的自由派－保守派政治基礎也在崩塌。從一九〇二到一九二三年，換了三十四屆政府，這使廣大民眾更加蔑視孱弱無力的議會制度。統治階級看到，國家太弱，無力保護他們的利益；但是，反對國家的力量（主要是工人階級）也太弱，無力推翻現行制度。也因此，西班牙政治形成了僵局。

　　西班牙有人痛斥「自由主義的軟弱」，呼籲建立「公民獨裁」來防止出現「布爾什維克式的無政府狀態」。要求建立強有力政府來恢

復秩序的人和害怕發生革命的人組成了利益聯盟。在這個聯盟的支持下，里維拉（Miguel Primo de Rivera）將軍於一九二三年九月發動政變，奪取了權力。政變得到了軍隊、天主教會、地主階級、大企業和中產階級的支持，反對政變的工人階級鬥志消沉，缺乏團結，宣稱要發起總罷工，但並未全力推動。政變後國家施行了軍事管制和新聞審查，只允許建立一個民族團結黨，勞資關係也按社團結構來組織，無政府工團主義式（Anarcho-syndicalism）的工會被宣布為非法（與它競爭的社會主義工會對此大為滿意），一些主要的反對派人物被投入監獄。但是，里維拉的獨裁相對溫和，他主持的政府推行公共工程建設，甚至一度造就經濟蓬勃發展的榮景。最重要的是，里維拉在短時間內成功恢復了秩序，這是大多數西班牙人最關心的。西班牙的民主本來就只是個幌子，沒有幾個人會為它的消亡一灑哀悼之淚。多數人對民主完全漠不關心。眼下，反革命勢力取得了勝利。

在往昔帝國的繼承國中，議會民主制就像種植在貧瘠土壤中的一朵屢弱小花。從一開始，它就面臨著強大的社會團體和民粹主義（通常也是民族主義）力量的挑戰。然而，民主在戰後危機之中生存了下來，儘管只在芬蘭和捷克斯洛伐克取得持久的成功。

芬蘭在紅軍和白軍之間五個月（造成三‧六萬人死亡）的激烈內戰後，於一九一八年獲得獨立。議會民主制載入了一九一九年的憲法。儘管政府的根基不穩（這反映了保守黨人、社民黨人、農民黨人和瑞典民族主義者之間意識形態上的分歧），但是，政府決心頂住強鄰蘇俄的威脅，堅決維護國家獨立，這成了它合法性的基礎。獨立頭幾年擔任總統的斯托爾貝里（Kaarlo Juho Ståhlberg）作為國家元首掌握著大範圍內的行政權。他大力支持立足未穩的議會制度，也在加強政府制度合法性方面起了很大作用。

戰後捷克斯洛伐克的情況更是如此。一手創建了國家的總統馬薩

里克（Thomas Masaryk）是堅定的民主派。忠誠的軍隊、哈布斯堡帝國遺留下高效的官僚機構、堅實的工業基礎、逐漸走出戰後衰退的經濟，這些都為他的執政提供了有利條件。捷克斯洛伐克有二十多個政黨，各自代表不同的階級和民族利益。政黨如此之多，極易損害國家的政治制度，而馬薩里克在維持政治制度的完整方面起到了關鍵作用。一九一八年十二月和一九一九年初，馬薩里克動用捷克軍隊鎮壓了企圖在斯洛伐克建立獨立共和國的行動。一九一九年五、六月間，來自匈牙利的親布爾什維克力量侵占了斯洛伐克。馬薩里克向協約國求援，宣布進入緊急狀態，並派遣由法國軍官指揮的部隊擊退入侵者，收復了失地。他任命了由獨立於各個政黨的官員組成的內閣，以便處理那年夏天發生的一連串嚴重騷亂，顯現出高超的手腕。一九二〇年十一月和十二月，政府還實行軍事管制，打擊了社會黨中的親蘇勢力挑起的一波罷工潮。

　　這是個重大的轉捩點。自那以後，捷克的議會制度維持了完整，開始時不太穩定，但後來權威日益增加。革命左派自此陷入孤立，因為民眾大多希望實現和平與秩序。農民的利益和工業無產階級的利益間達成了廣泛平衡。在所有往昔帝國的繼承國中，捷克的無產階級人數最多，但他們大多支持議會民主制，而不是共產主義。斯洛伐克人和具有相當規模的德裔少數族裔（他們暫時忍下了各種形式的歧視），融入了國家政治，分裂傾向因此受到遏阻。民主逐漸鞏固，儘管深層的矛盾僅僅得到了遏制，並未根除。

　　在愛沙尼亞、拉脫維亞和立陶宛這三個波羅的海國家，民眾珍惜新獲得的獨立，普遍反對強鄰蘇俄推行的布爾什維克主義。所以，儘管政府不穩，但民眾依然支持議會民主制。關鍵的一點是，政府努力維護強大的農民遊說團體的利益，限制弱小的共產黨。然而，它們的民主仍然十分脆弱，政府全靠軍方領導和民族主義準軍事組織的寬容

才能存在（事實證明這個寬容為時不久）。

南斯拉夫（在塞爾維亞君主統治下）把議會制寫入了一九二一年的憲法，這是集權主義對聯邦主義的險勝。但從一開始，議會制成功的前景就比較渺茫。南斯拉夫有二十多個少數族群，塞爾維亞人、克羅埃西亞人和斯洛維尼亞人這三大族群分歧嚴重。儘管政府努力培育民眾對南斯拉夫國家的認同，但分離主義的傾向仍然十分強烈。新生的南斯拉夫既要頂住馬其頓的分離主義壓力，打擊那裡強大的親保加利亞準軍事組織，又要應付科索沃的阿爾巴尼亞族武裝叛亂分子。威脅南斯拉夫國家完整最大的，是克羅埃西亞人憤懣不平於塞爾維亞人的統治地位。南斯拉夫未能促成各族人民對國家的一致認同，但還是遏制住克羅埃西亞的分離趨勢，儘管費了很大的工夫。斯洛維尼亞人認為，留在南斯拉夫國家能使自己的語言和文化得到最好的保護；其他的少數族裔力量弱小，彼此又不團結；義大利的擴張野心也激起了亞得里亞海沿岸人民的親南斯拉夫情緒。

雖然南斯拉夫的族裔分歧十分尖銳，但它是個農業國，沒有工業無產階級可言，共產黨自從一九二一年遭到禁止和迫害後即一蹶不振。各個派別的腐敗利益盤根錯節，那些派別大多是土地再分配的受益者，對它們來說，支持新生的國家比破壞這個國家對自己更有好處。在比例代表制下，南斯拉夫的議會中有四十五個政黨，各自維護自己的民族和地區利益。這個結構上的問題導致該國在八年間換了二十四屆政府，這實際上加強了王室及其腐敗的侍臣、軍方（及準軍事組織）和安全部門的統治地位。事實上僅為門面的民主暫且得以繼續存在。

十九世紀期間，波蘭的民族意識一直在增強，這與南斯拉夫那種刻意打造的微弱國家認同感形成了鮮明對比。一九一八年，經歷一百二十三年被俄國、普魯士和奧地利瓜分的波蘭，再次成為一個國家，

接著就與蘇俄爆發了戰爭，那是這個新生國家在一九一八至一九二
一年間打過的六場邊界戰爭之一。戰爭使民眾初步找到了國家團結的
感覺。體現了這種團結的是被普遍視為波蘭救星的畢蘇斯基元帥，還
有民眾的民族主義情感。波蘭多數族裔對人數較多的少數族裔比較反
感，這是民族主義情感加強的一個因素。但是，在這個因戰爭和惡性
通膨而民不聊生的窮國，團結很快就讓位於深刻而激烈的分歧。

　　分歧有部分的族裔原因。波蘭人口近三分之一是少數族裔（有些
地區少數族裔占了當地人口的多數），包括百分之十四的烏克蘭人、
百分之九的猶太人、百分之三的白俄羅斯人和略超過百分之二的德裔
人口。各少數族裔群體的民族主義目標不僅不可避免地彼此衝突，也
與波蘭多數民族的強硬民族主義情緒發生了矛盾。階級分歧更是造成
政治的兩極分化。波蘭人口的一大部分是農民，因此土地改革對非共
產黨的左派政黨來說是重中之重。政府一九二五年終於採取措施大幅
度重新分配了土地（但給予大地主補償），但是，右翼政黨激烈反對
土改，堅決捍衛地主階級的特權。

　　波蘭一九二一年通過的民主憲制是以法國第三共和為榜樣，結果
和它的榜樣一樣，也生出了個軟弱無力的政府和兩院制議會中尾大不
掉、四分五裂的下院。形形色色的政黨（有的代表農民，有的代表工
人，還有的代表少數族裔）競逐影響力，主要的有少數族裔聯盟（聯
盟內部各族裔關心的問題不同，經常無法調和）、保守的國家民主黨
（它維護地主、企業家和中產階級的利益，而中產階級的一大關注點
就是抵制「外國」影響，特別是猶太人的影響）、農民黨（它最主要
的目標是重新分配大莊園的土地）和社會黨（它極力維護在大戰結束
時近乎革命的形勢下取得的重要成就，包括引進八小時工作制）。政
府頻繁換屆既造成了不穩定，也使得國家的政治方向模糊難辨。多數
老百姓愈來愈傾向於認為，民主政府軟弱無能，議會中那些把黨派利

益置於國家利益之上的政客只會吵吵鬧鬧，沒有能力解決國家面臨的巨大問題。

政府為遏制惡性通膨（一九二三年十一月已達到一美元兌一百六十五萬波蘭馬克）採取了嚴厲的緊縮措施。一九二五年，波蘭發行不久的新貨幣茲羅提遭遇巨大壓力，導致政府垮台，於是，緊縮措施被再次祭出。國家經濟步履維艱。波蘭的民主在困苦的戰後年代中艱難地存活了下來，但它從未得到鞏固，也從未成為民眾普遍接受的政治制度。波蘭數次瀕臨內戰或軍事暴動。人民普遍對民主感到幻滅。有人說，需要一位「鐵腕人物領導我們走出深淵」。一九二六年，民族英雄畢蘇斯基宣布，他認為波蘭落入了只顧謀取權位和個人利益的政黨之手，他要向這種現象宣戰。這是他當年五月發動政變的前奏，預示著波蘭專制統治的開始。

奧地利原來是龐大的帝國，現在卻淪為一個微不足道的德語民族國家，多數奧地利人起初寄希望能跟德國合併，但協約國打破了這個希望。在那之後，奧地利就幾乎不存在建立政治團結的基礎了。社會黨和兩個主要的反社會主義政黨──基督教社會黨（它是奧地利最大的政黨，與天主教會關係密切，日益強硬地堅持奧地利民族主義）、規模較小但聲音很大的德意志民族黨（它贊成與德國結盟），三足鼎立，彼此之間的裂痕很深。為了保衛奧地利與別國有爭議的易受攻擊的邊界，特別是為了抗擊南斯拉夫從斯洛維尼亞入侵奧地利南部邊界，大批主要由農民組成的武裝民兵組織了起來。這些民兵不僅擁護民族主義、虔信天主教、強烈反猶，而且激烈反對他們眼中的「紅色維也納」（Red Vienna）社會主義統治。

即使在維也納，社會主義也與大部分中產階級、沿襲了過去帝國傳統的國家官僚機構和天主教的主教團格格不入。在維也納以外的地方，社會主義更是步履維艱。奧地利這個阿爾卑斯山麓的新生共和國

中大部分地區是鄉村，人民觀念保守，有愛國熱情，虔信天主教，並激烈反對社會主義。初期的革命性階段過後，奧地利人骨子裡擁護專制的力量逐漸增強。從一九二○年開始，推動奧地利建立民主的主要力量社會黨，就沒有參加過奧地利的政府。與社會黨聯繫緊密的民主愈來愈處於守勢。

在俄國以外，唯一建立了蘇維埃共和國的國家是匈牙利，但為時不長。（一九一九年四月在巴伐利亞掌權的蘇維埃政府還沒來得及從它在慕尼黑的臨時基地向外擴張，就被軍隊和右翼準軍事組織鎮壓了下去。）匈牙利的馬札爾貴族保留了巨大的特權和廣闊的莊園，仍然像對待農奴那樣役使農民。由兩個自由派小黨和社會民主黨（在人數不多的工人階級中僅得到一部分人支持）組成的聯合政府力量薄弱，無法推行必要的社會改革，也沒法解決土地再分配這個緊迫的問題。各地城鎮居民舉行大示威，要求徹底變革。共產主義的宣傳大受擁護，溫和的社會民主黨失去了影響力。工人和士兵組成的理事會向政府權力發出的挑戰愈來愈強。一些原屬王室的莊園被雇農占據。壓垮政府的最後一根稻草是協約國要求匈牙利軍隊在洶洶而來的羅馬尼亞軍隊面前撤退，這意味著匈牙利必然會喪失領土。一九一九年三月二十一日，匈牙利政府拒絕接受協約國發出的最後通牒，結果是共產黨領導的政府上台。它宣布在匈牙利成立蘇維埃共和國，實行無產階級專政。

這個政權僅維持了四個月，它執政的結果是災難性的。國家雷厲風行地採取嚴厲的干預措施來實現經濟國有化，沒收銀行存款，同時還強徵糧食，打擊教會。國家支持的恐怖日益加緊，數百名有產者被任意逮捕，其中有些人付了巨額贖金後得到釋放，也有人慘遭槍決。好幾百人成為「紅色恐怖」的受害者。匈牙利日益陷入無政府狀態的同時，又遭到羅馬尼亞、捷克斯洛伐克和南斯拉夫軍隊的多面夾擊。

到一九一九年八月，匈牙利的共產黨政權陷入了絕境。它眾叛親離，中產階級、農民，就連工人階級的大部分成員都轉而反對它。政權領導人庫恩和多數推行「紅色恐怖」的共產黨人民委員都是猶太人，這掀起了反猶情緒。只有蘇俄出手才能拯救匈牙利的共產黨政權，即使那樣也只能救一時之急。然而，俄國的蘇維埃政權正在內戰中苦鬥求存，無力給予匈牙利軍事援助。對匈牙利輸出共產主義的失敗十分清楚地顯示，以俄國革命為樣板發動世界革命的想法是行不通的。

庫恩的倒楣政府於一九一九年八月一日總辭，正值占領了匈牙利大部的羅馬尼亞軍隊開進布達佩斯大肆搶掠之際。庫恩逃離匈牙利，最終抵達俄國，在那裡死於史達林的迫害。幾個月內，右翼民族主義保守勢力就重新控制了匈牙利。土地改革被叫停，莊園主保住了財產和權力。軍方、官僚機構、工商界領袖和農民階層中比較富裕的人，都對庫恩政權深惡痛絕，也都歡迎保守的專制主義，認為它能夠恢復秩序。身為戰爭英雄的霍爾蒂（Horthy Miklós）海軍上將自一九二〇年起擔任國家元首，幾乎幹了四分之一世紀。他主持的歷屆政府都是專制政府。為報復庫恩政權的「紅色恐怖」，他發動了範圍大得多的「白色恐怖」，匈牙利國家軍隊的右翼軍官小分隊主要針對共產黨人、社會黨人和猶太人發動了一系列暴行（據一些估計，約五千人被打死，數千人遭監禁）。

匈牙利和西班牙一樣，是戰後時代大潮流中的例外。總的來說，民主經受住了那段波濤起伏的動亂時期的考驗，儘管有時離失敗只有一步之遙。部分的原因是，民主思想在歐洲各地都得到了理想主義者的熱情支持。這樣的人大多屬於社會主義和左翼自由主義陣營，他們一直滿懷激情地謀求擺脫傳統菁英專制統治的桎梏，嚮往實現民主，建立更公平、更繁榮的社會。然而，主要的原因是舊秩序在大戰中一敗塗地。舊秩序的支持者無力抵抗民主的建立或推翻這個全新的

政府制度，因為新制度獲得了來自不同社會與政治階層民眾的廣泛支持，雖然民眾的支持有時不太穩定。菁英階層由於自身的虛弱以及對布爾什維克的極度恐懼，所以願意容忍多元民主制，儘管他們的熱情不高，而且他們經常可以利用民粹式的民族主義來操縱民主，為自己的利益服務，而邊界爭端恰是煽動民族主義情緒的絕佳理由。但是，民族主義的政黨和運動大多存在內部分歧。右翼民族主義運動和右翼菁英缺乏團結，無法在大戰剛結束那幾年中對民主提出步調一致的挑戰。

在一定程度上，左派也和過去的統治階級一樣力量薄弱，四分五裂。在俄國以外，絕大多數社會主義者都支持議會民主制，支持布爾什維克主義的革命者幾乎在各處都是少數。因此，最後的局面經常是新生的民主僥倖生存，因為反革命的右派和革命的左派都沒有力量將其推翻。

除了西班牙的里維拉靠政變奪權之外，民主制度生存形勢中的主要例外是義大利。它是第一個，也是戰後危機中唯一一個自由民主垮台，法西斯主義取而代之的國家。

法西斯主義的勝利

義大利自從一八六一年實現統一後就建起多元的議會政府制度。然而，稱其為民主實在太過牽強。當時的選民人數極為有限，把持政治的是自由黨顯貴組成的小型寡頭集團，山頭林立，腐敗不堪。一九一二年改革投票權使選民幾乎增加了兩倍，從不到三百萬上升到近八百五十萬（多數是文盲）。但是，投票權的擴大並未導致政府制度重大變化。接著就發生了給義大利帶來撕裂和重創的一次大戰。義大利經過長時間的搖擺不定和祕密談判後，於一九一五年加入協約國的戰

團。大戰甫一結束，義大利即於一九一八年十二月宣布給所有成年男性投票權，算是對士兵的獎勵，第二年又通過新的選舉法，引進了比例代表制。政府希望借此來獲得民眾更大的支持，但改革產生的效果卻適得其反。

在戰後的一片混亂中，新獲得投票權的大批民眾拋棄了過去的自由主義政治理念，把票要麼投給新近創立代表天主教利益的義大利人民黨，要麼投給宣稱要「為工人暴力奪取政權」，建立「無產階級專政」的社會黨。社會黨宣布效忠列寧於一九一九年三月在莫斯科成立的共產國際（Comintern）。同年十一月的選舉中，社會黨在下議院的席位增加了兩倍，人民黨的席位更是增加了將近三倍。最大力支持自由黨政府的是侍從政治仍占上風的義大利南部地區，那個地區比較貧窮，經濟以農業為主。但是，自由黨及其支持者如今在議會中成了少數。政黨政治趨於分裂，政府立足不穩（一九一九至一九二二年六易其手），日漸癱瘓。義大利似乎即將爆發紅色革命。

一九一九年和一九二〇年在義大利被稱為「紅色的兩年」（biennio rosso），其間爆發了巨大的社會和政治衝突。工業城市中罷工屢見不鮮（每年有一千五百次以上），工廠被占領，工人發動示威遊行，對物價飛漲憤怒不已的人群搶劫店鋪。在部分鄉村地區，復員回鄉不久的農民奪取了大莊園的土地，一百多萬雇農參加了罷工。混亂日益加劇，政府顯然無力恢復秩序，有產階級對革命的恐懼和對社會主義的焦慮與日俱增，政黨政治陷於分裂，無法走出困境。這一切為新的政治力量開闢了政治空間，而填補這個空間的是法西斯主義者。

在義大利的政治亂局中，北部和中部的城鎮興起了幾個小型準軍事運動，它們給自己起了個不起眼的名字，叫「法西斯」（Fasci），意思是「群體」（字面意思是「綑」，該名源於古羅馬時期象徵秩序的束棒的拉丁文）。這些運動主要吸引屬於中產階級下層的復員軍人

（尤其是復員軍官）和許多學生的支持。它們沒有集中的組織，但成員均比較年輕，都信奉激進的極端民族主義，美化戰爭，崇尚暴力，對他們眼中自由黨政府那信譽全無、分裂不和、軟弱腐敗的議會政治深感不滿。他們認為，義大利英勇的戰爭努力被政治階層拖了後腿，義大利若是繼續由過去的顯貴領導，永遠也成不了偉大的國家；那些人應該被統統掃光。法西斯激進派要採取極端的行動來實現義大利的革新。這個綱領有革命的含義，因為它旨在透過暴力從根本上改變國家。至於改成什麼樣子，誰也不知道。

　　眾多的法西斯運動當中，有一個是墨索里尼在一九一九年三月建立起來的。墨索里尼原是社會黨機關報的編輯，因在一九一五年狂熱鼓吹義大利參戰而與左翼社會黨決裂。在一次大戰中，他親身參與作戰並受了傷。他把大戰視為他個人經歷和義大利歷史上的一段英雄時期。他一九一九年創建「戰鬥的法西斯」黨（Fascidi Combattimento）時，提出的綱領與其他法西斯團體的綱領並無二致，其基調具有明顯的革命性，許多提議與左派的主張不謀而合，如實現普遍投票權、取消一切貴族頭銜、保證思想自由、建立對所有人開放的教育體系、改善公共衛生、打擊金融投機、引進八小時工作制、組織工人合作社並讓工人分享利潤、廢除政治警察以及參議院和君主制、建立以地區政府自治和行政權力下放為基礎的新義大利共和國等等。綱領的目標是「徹底改變集體生活的政治與經濟基礎」。

　　然而，墨索里尼後來不再承認這些具體的社會和政治主張，宣稱那不代表他的理念，而僅僅是留待以後進一步明確的希望。他說，法西斯主義「不是事先制定好一切細節的新生理念，而是產生自採取行動的需要，它從一開始就是面向實際的，不是理論性的。」墨索里尼此言發表於法西斯運動誕生的幾乎二十年後，意在為他領導的這場運動短短兩年內就出現了大變臉進行辯解。墨索里尼是最大的機會主義

者，根據政治的需要，他會毫不猶豫地無視、繞過或調整他在米蘭宣布的綱領。他的「社會主義」運動內容永遠是附屬於實現國家重生的目標之下。國家重生的概念意思模糊，卻強大有力，至少在表面上能夠把相差甚遠的利益團結在一起。對墨索里尼來說，原則毫不重要，權力才是一切。所以，他的運動從革命轉向了反革命。他起初支持工人罷工，一九二〇年秋卻派遣法西斯準軍事小分隊去鎮壓罷工，保護地主和工業資本家的利益。接下來的幾個月間，法西斯小分隊的暴力行為急劇升級。墨索里尼認識到，他要打敗社會主義和共產主義，不能靠和它們爭搶同一群人的支持。要獲得權力，他需要有錢有勢的人做後盾。他必須贏得保守派和中產階級的信任，而不僅是倚靠心懷不滿的復員軍人和凶狠的暴徒。

墨索里尼起初只是眾多法西斯領導人和地區老大中的一個，他之所以在早期的法西斯運動中占據主導地位，不是因為他的個性強悍而富有活力（那是所有法西斯運動領導人的共性），而是因為他聰明地利用了報紙，在主辦《義大利人民報》（*Popolo d'Italia*）的過程中與工業資本家建立了關係。他鼓吹的激進主義注重實現民族團結、權威和秩序，不惜使用暴力來打擊阻礙實現這些目標的人（社會黨的左翼、革命者和罷工的工人）。這不僅與保守統治階級的利益相符，而且直接為他們的利益服務。在秩序崩壞、自由黨政府束手無策的情況下，法西斯黨人日益得到義大利政治和經濟菁英的倚重。

到一九二一年中期，義大利政府甚至提供法西斯黨人資金和武器，讓他們去對付日益嚴重的混亂失序，還命令警察不准干預。在五月的選舉中，擔任首相的自由黨人喬利蒂（Giovanni Giolitti）把法西斯黨納入了包括民族黨、自由黨和農民黨在內的「民族聯盟」，希望馴服法西斯黨，並削弱來自社會黨和義大利人民黨的反對。民族聯盟整體贏得了大多數選票（雖然法西斯黨只贏得議會五百三十五席中的

三十五席）。但是，社會黨和人民黨的力量並未大幅減弱。政府不穩定的痼疾依然無法消除。現存的國家制度只得到議會中少數議員的支持。法西斯黨雖然在選舉中還是小黨，但它在不斷成長。一九一九年底，它只有區區八百七十名黨員，到一九二一年，它的成員數已經達到了二十萬。

法西斯黨實現突破的地方不是經濟落後、以農業為主的南方，也不是墨索里尼的發跡地米蘭這樣的北方城市。法西斯主義是在中部商業比較發達的鄉村地區，如艾米利亞－羅馬涅（Emilia-Romagna）、托斯卡尼（Tuscany）、波河河谷（Po Valley）和翁布里亞（Umbria）等地壯大起來的。地主和土地租賃人面對社會主義同盟、農民合作社和由社會黨或人民黨主導的地方理事會的挑戰，通常會花錢從附近城鎮雇用法西斯暴徒，用卡車拉他們去毆打和自己作對的人，強迫那些人喝蓖麻油，把他們拉下職位，毀壞他們的財產，或用其他手段恐嚇他們，警察卻袖手旁觀。幾週內，原來的「紅色」省就變成了法西斯的據點。法西斯黨建立了「辛迪加」（syndicat，工團）來取代社會主義聯合會，透過威脅恫嚇的手段「鼓勵」工人和農民參加。到一九二二年六月，辛迪加已經有了五十萬成員，主要是農民。地主和工業資本家滿意地看到，難以控制的騷動變成了馴順的服從。

「黑衫軍」（squadristi）是法西斯準軍事隊伍，通常每隊由十幾個暴徒組成，受勢力龐大的地區法西斯首領控制。墨索里尼也許是最重要的法西斯領導人，但他在法西斯運動中遠非一言九鼎。一九二一年，他為了向統治菁英證明自己是謀求建設性國家團結的「溫和」愛國者，曾試圖減少針對社會黨的暴力，甚至提出要跟社會主義同盟和解。他這個立場激起了地方法西斯首領的反叛。結果，墨索里尼被迫辭去法西斯黨魁的職務，直到他對激進分子低頭，宣布放棄任何與社會黨人和解的念頭後，才官復原職。各地區法西斯黨的首領彼此不

和，互不信任。他們願意繼續推舉墨索里尼做黨魁，是因為他在國內是著名人物，控制著法西斯報紙，並與工業資本家和其他權貴聯繫緊密。作為對他們的信任的回報，墨索里尼明確表示支持法西斯小分隊在後來幾個月內奪取北方眾多城鎮的控制權。一九二一年十月，他正式成立了國家法西斯黨（Partito Nazionale Fascista）。

接下去的幾個月中，法西斯黨的組織結構擴大到二千三百個地方支部（每個支部都在不斷發展新的黨員），使墨索里尼獲得了廣泛的政治基礎。對軟弱無力的自由黨政府日益失望的中產階級蜂擁加入法西斯黨。到一九二二年五月，法西斯黨的黨員人數達到了三十萬以上，在短短不到六個月的時間內增加了百分之五十。法西斯運動由社會不同階層的成員組成，但地主、店主、職員，尤其是學生，占了超比例的份額。法西斯運動總的來說也得到了地方菁英、警察和法官的同情。

一九二二年秋，法西斯主義成功進入社會和政治機構，獲得了強有力的群眾基礎。八月由社會主義聯合會號召發起的總罷工雖徹底失敗，但罷工進一步增加了中產階級的憂懼。十月二十四日，法西斯黨在那不勒斯舉行四萬人的大型集會，顯示了它的巨大力量，與左翼力量的明顯薄弱形成鮮明對比。墨索里尼收回了法西斯運動開始時提出的另一項要求，即把義大利變為共和國。他宣稱自己無意廢除君主制，還說法西斯運動已經做好了掌權的準備，要求新政府中至少要給法西斯黨留六個部長的位子。

事實上，十月二十八日發動的「進軍羅馬」完全是虛張聲勢。國王收到了政府的辭呈，同時又聽到傳言說有十萬法西斯民兵正勢如破竹地向羅馬開來。但其實，法西斯民兵只有二萬名裝備低劣的「黑衫軍」，軍隊如果想的話，是很容易將其一舉擊潰的。組建自由黨政府的最後一次企圖宣告失敗後，國王請墨索里尼出任首相。墨索里尼不

是帶著勝利前進的法西斯大軍開入羅馬，而是身穿黑襯衫、黑褲子，頭戴圓頂硬禮帽乘火車來到羅馬。他按照憲法規定的程序被任命為首相，他的政府是廣泛的聯合政府，除了他自己和其他三名法西斯黨人以外，還包括來自自由黨、民族黨、民主黨和人民黨的部長。十一月中，議會明確地對新政府投了信任票。但是，鑑於近年來政府一貫不穩，誰也不指望新政府能維持很久。

這種想法很快發生改變。想向上爬的人現在爭相加入法西斯黨，黨員人數到一九二三年底膨脹到七十八‧三萬，比「進軍羅馬」時多了一倍以上。法西斯主義開始制度化。它初始時期的核心力量是由野蠻的暴徒組成的黑衫軍和狂熱的法西斯分子，現在這個核心力量被沖淡了，因為黨內湧入大批尋求工作和進身之階的機會主義者，包括原來與法西斯主義作對的民族主義分子，其中許多是君主主義者和保守主義者。此時，墨索里尼尚未形成建立一黨獨裁的清晰計畫，但是他的信心在逐漸增強，與傳統的老人政治中的政黨大人物相比，他已經顯示出更加充沛的精力。一九二三年十一月，他促成了選舉制度的一項至關重要的改變，規定如果選舉中勝出的政黨獲得四分之一以上的選票，即可得到議會中三分之二的席位。表面上，這個改變是為了確保政府穩定；實際上，它保證了自由黨和社會黨若想保住權力，就必須支持墨索里尼的政府。在一九二三年四月按照新配票制度舉行的選舉中，法西斯黨人占多數的民族聯盟實實在在贏得了三分之二的選票，在議會五百三十五個席位中占了三百七十五個。他們勝選的一個重要原因是在競選中使用了暴力手段。反對黨仍然存在，但社會黨和人民黨的力量已經大不如昔。除了工人階級以外，多數義大利人都在不同程度上願意接受墨索里尼的領導。

一九二四年六月，發生了一件危險的導火線事件：曾譴責選舉舞弊的社會黨領導人馬泰奧蒂（Giaocomo Matteotti）失蹤了，他的屍體

後來被發現。誰都知道是法西斯幹的，幾乎可以肯定是墨索里尼或他手下法西斯黨高層人員下的命令。此事引發了一場嚴重的政治危機。為表示抗議，社會黨退出議會，但此舉的唯一結果是進一步鞏固了政府的地位。反對派仍然四分五裂，虛弱無力。與此同時，墨索里尼表現出溫和的姿態，做出讓步，把一些民族主義者、君主主義者和右傾自由主義者安插在政府職位上，把法西斯民兵編入國家軍隊。國王、教會、軍方和大工業企業家這些「大塊頭」出於對社會主義東山再起的防範，站到了墨索里尼的一邊。但是，各省法西斯黨首腦對墨索里尼的支持是有條件的，他們要求建立徹底的法西斯政權。新的一波暴力突出強調了他們這個要求。

墨索里尼故技重施，兩面討好，要在他為鞏固權力而需要倚靠的保守派，以及對任何稍微溫和舉措都不滿意的法西斯極端分子間維持平衡。迫於地方法西斯領袖的壓力，墨索里尼雖然在一九二五年一月對議會的一次講演中，堅決否認他跟馬泰奧蒂的死有任何關係，但又公開表示會對所發生的事情負全責。為了安撫激進法西斯分子，他說：「如果兩個不可調和的因素在彼此鬥爭，解決方法唯有武力一途。」他的這條原則被付諸實施。政治反對派被逮捕，反對黨遭鎮壓，新聞自由被廢除，政府幾乎完全被法西斯黨人把持了。後來，墨索里尼寫道：「極權國家的基礎已然奠定。」馬泰奧蒂之死的危機本來可能毀了墨索里尼，卻反而加強他的力量。法西斯的權力至此終於得到穩固。

在戰後的危機年代中，為什麼法西斯主義在義大利大行其道，在別的地方卻無法突破呢？墨索里尼成功的關鍵因素有自由主義國家合法性日益嚴重的危機、戰爭的影響和民眾對爆發革命的恐懼。大戰剛結束的那幾年，除了西班牙之外，沒有哪個歐洲國家的合法性危機像義大利那樣深重。西班牙沒有參戰，而相比之下，大戰對義大利造成

的影響極為深遠。

義大利剛完成國家統一不久，大部分地區仍然經濟落後，社會分裂。大戰之前的國家制度是寡頭政治，大戰之後，寡頭政治無法繼續維持。義大利參戰暴露出國內在社會與意識形態方面的深刻分歧，它在戰爭中遭受的慘重損失使這樣的分歧進一步突出。大戰中，數百萬義大利士兵被徵召入伍，他們中間許多人在戰後開始對政治產生興趣。成千上萬的復員軍人和許多其他人認為，義大利的勝利被「毀掉」了，義大利被騙走原本應該得到的國家榮耀和帝國擴張的機會，付出的犧牲完全得不償失。這些想法助長了他們對目前的國家及其代表的激烈拒斥。

法西斯的中堅力量最初發展起來，是因為他們認為義大利的寡頭統治集團背叛了從戰場上歸來的英雄。在這種憤懣、分裂、混亂，社會主義革命似乎迫在眉睫的氣氛中，發揚民族主義、實現國家重生、摧毀衰敗無力的自由主義國家的呼籲使許多人為之振奮。布爾什維克在俄國取得革命勝利後的那段時期內，鼓吹工人暴力奪權的社會黨在義大利的選舉中獲得大勝，共產黨一九二一年建黨後一度蓬勃發展，這些都使人覺得革命迫在眉睫。

戰後投票權的擴大徹底打破了政府的穩定。政治中間派和保守的右派四分五裂，在有產者眼中，政府顯然無力應對社會黨興起造成的威脅。這些都為法西斯主義提供了政治空間，使它爭取到民眾的支持。法西斯黨針對所謂國內敵人的極端暴力行為更令其從者如雲，尤其是在義大利北部和中部商業發達的地區。

統治菁英把自己的命運與法西斯黨綁在了一塊，沒有他們的支持，法西斯黨光靠極端行為無法登上統治地位。墨索里尼沒有奪權，權力是奉送給他的。在那以後，把社會主義視為洪水猛獸的保守派、君主主義者，以及軍隊和教會的菁英，全都衷心支持法西斯採用的威

脅和操縱的手段。到一九二五年，法西斯靠這些手段幾乎壟斷了對國家的控制。

義大利的戰後形勢鼓勵了法西斯主義的發展。其他歐洲國家中與義大利情況最相近的是德國。那麼，為什麼民主在「戰勝的」義大利崩潰了，卻在戰敗的德國頂住了戰後危機，生存了下來呢？

民主在德國倖存

在阿爾卑斯山脈以北的德國，政治局勢日益混亂。墨索里尼「進軍羅馬」的消息傳來，立即引起右翼極端分子的共鳴。自一九二○年起，具有非凡煽動能力的極端種族－民族主義者希特勒，就一直在慕尼黑的啤酒館裡大放厥詞，雖然他在其他地方沒有舞台。一九二一年，他成了國家社會主義德國工人黨（Nationalsozialistische Deutsche Arbeiter Partei）的黨魁，這個黨在某些方面與墨索里尼法西斯黨的早期情況有些相似，也組建了一支暴力準軍事組織。該黨通常稱為納粹黨，與德國其他極端種族－民族主義運動大同小異。但是，希特勒煽動號召群眾的能力無人能及。納粹黨儘管仍然是小黨，但力量在迅速壯大，主要是在巴伐利亞，該地在德國聯邦制度中享有高度的地區自治，自一九二○年起一直是民族主義者的大本營，那些民族主義分子認為，德國最大的邦普魯士實行的是他們堅決反對的「社會主義」民主。[1]

在希特勒的領導下，納粹黨成員從一九二一年初的二千多人猛增

---

1 編按：此處指存在於威瑪共和時期的普魯士自由邦（Free State of Prussia），該邦是德國最大的一個邦，也是首都柏林所在。一九二○年代普魯士自由邦議會由德國社民黨和天主教中央黨把持，因此文中的巴伐利亞民族主義者（納粹黨人）會對普魯士有敵意。納粹黨要到一九三二年選舉後才掌控普魯士邦議會。

到一九二二年秋的二萬人。「進軍羅馬」的幾天後，希特勒的一個高級隨從在一家大啤酒館裡對歡呼的人群宣布：「希特勒是德國的墨索里尼。」當時，對納粹黨魁的個人崇拜剛剛苗頭初現，這個宣布為其猛加了一把火。一九二三年，法國占領魯爾地區，德國隨即陷入經濟和政治危機之中。希特勒因為能夠動員起激烈反政府的極端民族主義分子，所以成了巴伐利亞劇烈動盪的準軍事運動中的領導人物，而巴伐利亞的準軍事運動正逐漸發展為有意願、有能力攻擊柏林民選政府的一支力量。民主危在旦夕。

事實上，反民主的右翼民族主義者，無論是保守派還是激進派，都已經從一九一八年國家戰敗和革命的震驚中迅速恢復了過來。柏林新建的社會黨臨時政府生怕革命向著布爾什維克主義的方向發展（事實證明那是過慮），在大戰停戰日之前就和軍方領導層達成一個致命的交易，使軍官團得以東山再起。這個交易的實質內容是，革命政府同意支持軍官團，以換取軍方支持政府抗拒布爾什維克主義。德國左派內部分裂為兩派，多數人贊成議會民主制，少數人則組成德國共產黨，以莫斯科為榜樣，尋求發動徹底的蘇維埃革命。這個分裂對一九一九年新建的民主形成了長期掣肘。然而，對民主真正嚴重的威脅卻來自右派。戰敗和革命損害了它的力量，但它只是暫時藏起爪牙，並未被完全消滅。到一九一九年春，反社會主義、反民主的右翼力量已經開始復甦。中產階級和地主階級本來就對社會主義懷有本能的反感，對布爾什維克主義更是極為恐懼。一九一九年四月，左派在巴伐利亞曾試圖強行建立蘇維埃式的政府，更加劇了這些人的反感和恐懼，他們為右翼的捲土重來提供了強有力的支持。

到一九二〇年三月，由卡普（Wolfgang Kap，他是鼓吹兼併戰爭的遊說組織「祖國黨」的創始成員）和呂特維茨（Walther von Lüttwitz，準軍事組織「自由軍」就是在他的啟發下建立的）共同領

導的一個右翼軍人極端組織認為，自己已經羽翼豐滿，有能力推翻政府了。但短短一週內，他們發動的政變就一敗塗地。卡普、呂特維茨和他們的一些主要支持者不得不逃去瑞典。然而，意味深長的是，軍方並未鎮壓政變。政變未遂是因為工會發起了總罷工，而且公務員拒絕執行卡普的命令。左翼依然有捍衛民主之力。

然而，卡普政變後，社會黨和共產黨的武裝自衛隊與政府支持的自由軍在薩克森（Saxony）和圖林根（Thuringia）地區，特別是工業重鎮魯爾（那裡的工人組成了「紅軍」），發生了激烈衝突，此時軍隊出動了，用殘酷的手段恢復秩序。儘管軍方對新生民主的忠誠值得懷疑，它還是成了政府的重要倚仗。右翼極端分子逃往巴伐利亞尋求庇護。與此同時，民主日漸虛弱。社會黨、天主教中央黨和左翼自由黨這些新生民主政府的中堅力量，在民眾中的支持度愈來愈低。從一九一九年一月到一九二〇年六月，它們占國會席位的比例從將近百分之八十驟降到四十四。核心的民主黨派失去了國會的多數。後來，在國家一級的選舉中，它們只在一九二八年一度有可能奪回多數。有人說德國成了沒有民主黨人的民主國家，這當然是不符合事實的誇張說法，但言出有因。

一九二一至一九二二年間，造成政治高度緊張的最大原因莫過於戰爭賠款的問題。對右翼民族主義者來說，這不啻他們賴以生存的氧氣。政治暴力似乎隨時可能爆發。從一九一九到一九二二年，右翼恐怖分子犯下了三百五十二起政治謀殺案。對議會民主的攻擊不僅來自右派，而且也來自左派。一九二一年春，共產黨人企圖在薩克森工業區發動起義，激戰數天後，起義被普魯士警察鎮壓下去。儘管起義失敗了，但是共產黨在工業區得到的支持仍然有增無減。與之形成對比的是，在巴伐利亞，邦政府拒絕執行國會為打擊政治極端主義和暴力而通過的一九二二年《保護共和國法案》，極端右翼民族主義獲得的

支持與日俱增。

一九二三年，惡性通膨摧毀了德國貨幣，也掃光中產階級的儲蓄，造成了政治的兩極化。共產主義革命的幽靈再次出現。為鎮壓共產黨人在薩克森和圖林根發動的「十月革命」，政府派去了軍隊，有一次還對示威者開了槍。共產黨在漢堡也發動過一次起義，但為時不長，與警察衝突後敗下陣來，造成了四十多人死亡。但來自左翼的威脅很快就過去了，更大的威脅來自右翼，主要集中於巴伐利亞。那裡的各個準軍事組織集結成為一支不可小覷的強大力量。赫赫有名的魯登道夫將軍是代表他們的象徵人物，希特勒是他們的政治發言人。準軍事組織在巴伐利亞的政治中舉足輕重，但是沒有國家防衛軍（Reichswehr）的支持，它們仍然無力推翻柏林的政府。

自從德國建立共和國以來，軍方領導人的立場一直曖昧不明，他們在抽象的意義上支持國家，但對新成立的民主政府僅僅是勉強容忍。防衛軍的首腦塞克特（Hans von Seeckt）將軍發出的訊息含糊不清。他拒絕對巴伐利亞出手干預以恢復秩序，但隨著政變的謠言愈演愈烈，他又警告巴伐利亞的政治領導人，不要支持極右準軍事組織發出的日益激烈的民族主義鼓譟。巴伐利亞防衛軍的領導層本來希望像墨索里尼在義大利做的那樣，進軍柏林並建立獨裁政府。但是塞克特潑了這個想法一瓢冷水，聲明他不會反對柏林的合法政府，巴伐利亞的軍隊隨後撤回了對政變的支持。

無路可退的希特勒感到自己別無選擇，必須行動起來，否則就會眼睜睜地看著民眾支持流失。於是，一九二三年十一月八日，他在慕尼黑一家大啤酒館裡大張旗鼓地宣布發動政變，但第二天，在警察的彈雨之下，政變的隊伍在市中心灰溜溜地鎩羽而歸。來自右翼的威脅和來自左翼的威脅一樣，被遏制住了。啤酒館政變的潰敗等於切掉政治體上的一個膿疱。參與政變的人都被逮捕。幾個月後，包括希特勒

在內的幾個政變領頭人受到審判，被判處監禁（量刑過於寬鬆）。極端右派被擊潰，危機平息了。很快的，貨幣恢復穩定，建立起更合理的償還戰爭賠款的新框架。民主勉強得以倖存。

戰爭、失敗、革命和戰後和約規定的條件重創了德國，使它陷入兩極分化。歷屆政府無一穩定。中產階級恐懼並仇視社會主義，這種情緒助長了反民主的右翼民族主義者的鼓譟和準軍事團體的野蠻暴力。德國的情況與戰後的義大利有些類似。然而，與義大利不同的是，德國的民主不僅在社會民主黨這樣的大黨中，而且在天主教中央黨和左翼自由黨中也仍然保住了強有力、組織嚴密的支持。雖然德國建立議會民主的時間不長，但它有著長期的多元政治歷史。政治參與的傳統早已確立，男性普選權已經實現了半個多世紀。而且，德國的政府是聯邦制，這一點也與義大利不同。雖然主要的民主政黨——社會民主黨在國會成了少數黨，巴伐利亞又發展為反民主的右傾民族主義大本營，但是，普魯士這個德國最大邦的政府仍然掌握在堅定的民主黨派手中。當然，光靠這一點仍然無法拯救民主，如果對新生共和國熱情不高的權力菁英轉而拒絕民主的話。

最關鍵的是，對議會民主從一開始就態度曖昧的軍方領導層，在一九二三年危機的高潮時刻站到了國家一邊；而墨索里尼的運動則是在獲得義大利軍方的支持後才奪取了權力。軍方支持是一個決定性的因素，說明民主為何在德國得以平安度過戰後的危機，在義大利卻遭遇崩潰的命運。顯然，德國的軍方領導層嚴重懷疑政變成功的機會，他們對一九二〇年卡普政變那恥辱的失敗仍記憶猶新。除了懷疑之外，軍方領導人不肯為政變背書還反映他們的擔憂，他們怕萬一自己被迫擔負起德國的政治責任，可能應付不了德國在國內外面臨的嚴峻問題。

光是國內的經濟凋敝和對外的虛弱無力，就足以使軍方不願意支

持一群毫無經驗者推翻民選政府。如果政變成功，建立了右傾獨裁政權，這樣的政權從一開始就會陷入軍事和經濟險境。面對經濟危機，德國將一籌莫展。美國人是否會提供由軍人掌控的德國政府財政援助，也非常值得懷疑。如果換了個態度強硬的政府，萬一又發生戰爭賠款到期，德國無力支付的情形，法國很有可能會再次出手，把萊茵蘭奪走，而德國軍隊的力量又因停戰和約的規定遭到大幅削弱，無力抵抗外來干預。在軍方領導層看來，目前不宜支持專制政權取代民主政府。

在尚未爭取到停止支付戰爭賠款之前，擺脫凡爾賽條約的桎梏和重建軍隊這些事只能暫時推遲（雖然德國在一九二二年與蘇俄簽訂拉帕洛條約後，兩國間達成的祕密協定使它們得以規避凡爾賽條約的限制，在軍官培訓方面建立一定程度的合作）。但是，沒有軍方的支持，德國的極端民族主義右翼在一九二三年就不可能像一年前的義大利法西斯黨那樣崛起。民主度過了危險期，進入了比較平穩的時代。但是，威脅僅僅是平息了下去，並未完全消失。

＊　＊　＊

到一九二四年，戰後危機結束了。不過，在一片平靜的表面下，一次大戰的結果和戰後和約造成的問題仍在發酵。極端民族主義和帝國主義兩惡結合，成為對歐洲持久和平的主要威脅。愈來愈多的國家成為民族國家。在歐洲，一次大戰產生的一個重要結果是建立在民族國家（其中許多是不穩定的）基礎上的新秩序。但是，歐洲大國仍然懷有帝國夢想。在大戰中勝出的英國和法國仍然相信，它們未來的繁榮和國威要靠它們的帝國實現。作為戰後安排的大贏家，英法兩國控制了德國在世界各地的殖民地和前鄂圖曼帝國在中東的領土，從而大大擴展了它們的帝國。

一九一六年，英國的賽克斯爵士（Sir Mark Sykes）和法國的皮科（François Georges-Picot）[2]這兩位外交家達成了一項祕密協定，兩國瓜分了阿拉伯中東地區的大部分土地。大英帝國的版圖因此擴大了一百萬平方英里，法國則得到了約二十五萬平方英里的土地。新建的敘利亞和黎巴嫩給了法國，巴勒斯坦（包括外約旦）和伊拉克的託管權歸了英國（中東因此成為將來帝國防禦的基石）。一九一七年，英國外交大臣貝爾福（Arthur Balfour）表示支持依然弱小的猶太復國主義運動，宣布英國政府贊成「在巴勒斯坦建立猶太人民自己的民族家園」。這部分是為了爭取美國猶太人對戰爭的支持（當時美國尚未參戰），也是為了確保具有重要戰略意義的巴勒斯坦日後不會按商定的那樣交給法國。賽克斯－皮科協定（Sykes-Picot Agreement）和貝爾福宣言（Balfour Declaration）產生的後果不僅震撼了歐洲，而且波及全世界，特別是在二十世紀下半葉以及後來的時間內。

德國和義大利可以說是曾經的強國，也可以說是潛在的強國，它們的帝國之心也依然不死。它們因原有的殖民地被奪走或未能奪取殖民地而感到屈辱，認為自己被貶到了「窮國」的地位。眼下它們當然無能為力，但它們將來發難的隱患就此埋下。二次大戰與一次大戰沒有必然的聯繫，形勢本來可能會有不同的發展。但儘管如此，一次大戰增加而不是減少了歐洲爆發又一場巨大戰爭的可能性。與此同時，歐洲人認為最壞的情況已經過去，開始生出對未來和平與繁榮的希望。

---

2 編按：皮科曾在一九一一至一九一二年擔任駐華公使，有「斐格威」中文名。

第四章

火山之舞

Dancing on the Volcano

如果問他們，生命的意義和目的是什麼，他們能夠做出的唯一回答是：「我們不知道生命的目的是什麼，也不想知道。但既然我們活著，我們就想儘量享受生活。」

——一位新教教士對德國城市中「無產階級青年」的評論，

一九二九年

　　一九二四年，歐洲的光明前景為之前十幾年所未見。遭戰爭破壞的經濟逐漸復甦。生活條件開始好轉。國際和平受到的威脅比一九一四年以來的任何時候都小。歐洲大陸上的暴力動亂趨於平息。文化創造和創新蓬勃發展。隨著戰爭的恐怖記憶逐漸遠去，似乎整個歐洲又獲得了新生，漫長黑暗的嚴冬過後，人們終於迎來了春天。特別是對年輕人來說，一個更加無憂無慮的新時代開始降臨。爵士樂、查爾斯頓舞、摩登女郎，這些美國的舶來品在當時以及後來的許多人看來，都象徵著歐洲自己那「咆哮的二〇年代」（roaring twenties）。也有人把那個時代稱為「黃金的二〇年代」。人們終於對未來產生了更大的希望和樂觀。最壞的時候已經過去。至少看似如此。

　　可是，僅僅五年後，紐約華爾街的大崩盤就引發空前嚴重的全球

性資本主義危機。危機席捲歐洲，使這個大陸跌入了可怕的經濟蕭條漩渦。它粉碎了對和平與繁榮的希望，破壞了民主，為比上次有過之而無不及的新戰爭鋪平了道路。

歐洲是正在擺脫戰爭帶來的災難，向著未來的和平與繁榮穩步前進，卻不幸遇到了經濟蕭條那無法預測、不可避免的巨大力量嗎？還是說，形勢發展的某些不祥之兆在歐洲的戰後復甦中被掩蓋住了，隨著經濟危機席捲歐洲而充分暴露了出來？

在經濟復甦如火如荼的一九二八年，德國外交部長施特雷澤曼（Gustav Stresemann）對無根據的樂觀提出了逆耳忠言。對歐洲復甦具有核心意義的德國經濟，相比惡性通貨膨脹的黑暗時期，的確已有好轉。但是，施特雷澤曼說，德國的經濟依然不穩，如同在「火山上跳舞」。這個比喻不僅對德國的處境，而且對整個歐洲都恰如其分。歐洲懵然不覺馬上要將這片大陸拖入災難的危機頻發時代，還在興高采烈地跳著查爾斯頓舞。

經濟繁榮

我們不必師從馬克思也能認識到，經濟力量在很大程度上左右了戰後歐洲形勢的走向。至於經濟力量的運作，沒有幾個經濟學家真正懂得，政治領導人則幾乎沒有一個懂得，更遑論他們治下的廣大民眾。即使在今天，經濟學家仍然爭執不休於大蕭條的確切成因以及它的影響為何如此廣泛、深刻和持久等等問題。但儘管如此，大蕭條的本質要素還是清楚的。經濟崩潰的直接原因是美國經濟在「咆哮的二〇年代」期間過熱。經濟過熱的根源在於大量廉價貨幣投入消費性開支（這方面的領頭羊是汽車和電器銷售），最後又流入了似乎在無限上漲的股票市場。一九二九年泡沫破滅時，影響遠及歐洲，突出地暴

露了歐洲經濟的結構性缺陷，這個缺陷造成歐洲的極端脆弱。具體來說，戰後歐洲在經濟上對美國的依賴是嚴重失序的全球經濟的一部分，戰前的控制和平衡已不復存在。

崩潰發生之前，歐洲經濟已經表現出明顯的復甦跡象，顯示它正逐漸走出戰後危機的劇烈動盪。經濟復興在很大程度上倚靠德國工業的重建，德國的工業部門儘管遭到了破壞，但潛力巨大。的確，德國在經歷了一九二三年惡性通膨的重創後，它的復甦令世人矚目。通貨膨脹基本上消除了工業債務，但是德國的工業設施大多老舊過時。為解決這個問題，政府透過推行嚴格的工業現代化及理性化方案，在生產技術方面取得令人印象深刻的進步，也大幅提高了工業產能。然而，這並非完完全全的成功。事實上，上述革新突出了歐洲經濟的一些基本結構性弱點，使德國首當其衝嚴重受到一九二九年美國經濟大蕭條的影響。

德國若要復甦，有個至關重要的基礎，那就是先恢復被惡性通膨摧毀的穩定貨幣。而與此相連結的是管理好戰爭賠款這個棘手的問題，戰爭賠款就是一九二二至一九二三年間經濟和政治動亂的根源。

在通貨膨脹危機的高峰時期，德國政府就已經邁出取代已成廢紙的貨幣的關鍵一步。一九二三年十一月，新貨幣「地租馬克」（Rentenmark）問世。這個臨時貨幣以地產和工業資本做抵押，很快贏得了公眾的信心。第二年，在美國大額貸款的支持下，地租馬克站穩了腳跟，採用金本位標準，被重新命名為「帝國馬克」（Reichsmark，與舊貨幣的兌換率是一比一兆）。也是在一九二三年秋天，一個由美國銀行家道威斯（Charles G. Dawes）擔任主席的國際專家委員會開始重新審議德國的戰爭賠款問題，並於一九二四年四月提出了建議。「道威斯計畫」規定德國要用遞增的方式分期付款，這樣德國的賠款義務履行起來會比較容易。但這只是臨時性的安排，因為委員會假定

德國經濟一旦完全恢復，支付賠款就不再這麼艱難了。

　　問題是，用來支付賠款的錢主要是國外貸款，大多是來自美國的貸款。美國投資者從德國經濟中看到了獲利的好機會。諸如通用汽車公司、福特汽車公司和通用電氣公司等美國大公司都規劃要在德國設廠。到了一九三〇年，外國提供給德國的信貸已達到五十億美元左右。起初，得到貸款的主要是德國工業。但不久後，企業就發出抱怨，說有太多的投資分流給了德國的各個城市去修建公園、游泳池、劇院和博物館，或者用於修繕公共廣場和建築物。這些無疑對改善德國城鎮的生活品質大有好處，但是，這些需要長期投資的事情現在卻使用短期貸款來做。人人都以為好光景會持續下去，可是如果美國有朝一日收回短期貸款，削減貸款額，該怎麼辦呢？這在當時似乎不是問題。

　　道威斯計畫最明顯表現出來的一件事，是一戰後美國已不可逆轉地登上了世界經濟龍頭老大的地位，在大戰帶給世界經濟的巨大干擾中，美國是最大的贏家。在遠東，日本也興起為經濟強國。而英國在全球經濟中的統治地位卻一去不返。歐洲的國家、貨幣和關稅都比以前增多了，徵收進口關稅導致保護主義加劇，也加強了經濟民族主義。戰前經濟繁榮的國家，尤其是位居前茅的英國，以為能恢復往日的榮光。一九一四年之前，以英格蘭銀行為核心，匯率掛鉤國際黃金商定價格的「金本位」是經濟穩定的標誌。但在一戰期間，金本位暫時中止。到了二〇年代，各國又一點點恢復實行金本位的時候，經濟和政治氣氛卻已大異於昔。

　　當時的形勢極不穩定。美國成了最大的經濟體，倫敦曾經的金融霸主地位受到了紐約和巴黎的挑戰。但在一九二五年，英國採取了回歸金本位的重大行動。三年後，法國也如法炮製。至此，歐洲所有的主要經濟體都回歸到金本位。為了面子，英國和其他一些國家會堅

持維持戰前本國貨幣兌換美元的匯率，因為這被認為是「回歸正常狀態」，那個經濟安全的戰前時代。可是世界已經變了。英國在維持固定匯率中起著關鍵的作用，但現在它的經濟極為困頓，固定匯率非但不能使它受益，反而造成它的虛弱，留下了後患。

在二十世紀二〇年代中期歐洲經濟強力復甦之時，沒有人預見到這些問題。一九二五到一九二九年間，歐洲工業生產上升了百分之二十。德國、比利時、法國、瑞典、芬蘭、荷蘭、盧森堡和捷克斯洛伐克的經濟增長率都高於平均數。經濟基礎較小的匈牙利、羅馬尼亞、波蘭和拉脫維亞也是如此。法國和比利時的經濟增長還得益於它們的貨幣貶值。法國擴張靠的則是它在二〇年代早期異常迅速的經濟復甦。從一九二五到一九二九年，法國的工業生產增加了四分之一以上，人均收入幾乎增加了五分之一。直到大蕭條前夕，法國的出口比戰前高了約百分之五十。比利時工業生產的增長也令人驚嘆，達到近百分之三，出口也大幅增加。此外，最令人矚目的增長發生在經歷了殘酷內戰的蘇聯，當然，國際經濟的市場力量在那裡沒有發揮作用。

然而，若我們看看英國、義大利、西班牙、丹麥、挪威、希臘和奧地利，它們的經濟卻仍舊欲振乏力。在法西斯統治下，墨索里尼為了面子，人為地把義大利貨幣里拉的價值定得過高，結果造成失業率上升和工資下降。政府實行的公共工程和農業補貼只能抵消一部分影響。西班牙的里維拉獨裁政權也惹上了麻煩。高關稅保護措施基本上分割了西班牙和國際市場，西國貨幣比塞塔（peseta）的價值被高估，這些使西班牙的經濟困難在一九二九年間日益惡化。丹麥和挪威也因貨幣價值定得太高而吃到了苦頭。英國經濟在一九二八至一九二九年間呈現了短時間的飆升。然而，雖然汽車製造、化工和電氣等新興產業出現增長，但是在整個二〇年代期間，採煤、鋼鐵、紡織和造船這樣的傳統核心工業卻一直委靡不振。但儘管如此，到一九二九年

為止，歐洲整體從戰後破壞中恢復的狀況仍然相當成功。在美國經濟繁榮的強力驅動下，國際貿易增長了百分之二十以上。

在工業化和城市化程度較高的北歐和西歐，變化的步伐最大。在主要是較窮、較不發達鄉村地區的東歐和南歐，變化的速度就慢得多，範圍也比較有限。汽車生產是促進經濟發展和社會變革的一個重要因素。亨利‧福特率先在美國開始了汽車的大規模生產。汽車在戰前是奢侈品，即使到了戰後也仍然使大多數人望洋興嘆。到三〇年代早期，歐洲每千人還只有七輛私家車，而美國是每千人一百八十三輛。不過，歐洲的汽車生產也開始瞄準了大眾市場。領頭羊是英國製造的奧斯丁七型（Austin 7），這款車於一九二二年開始生產。之後，義大利的飛雅特（Fiat），還有法國的雪鐵龍（Citroën）及之後的雷諾（Renault）和寶獅（Peugeot）等汽車公司，也很快生產出較小、較廉價的轎車。一九二九年被美國汽車巨頭通用汽車公司收購的德國歐吉（Opel）也轉到了這個方向，不過在二〇年代的繁榮年月中，全歐洲都沒能生產出一款家境一般的人也買得起的轎車。

但即使如此，汽車和機車在歐洲城市中已不再是稀罕物。到二〇年代中期，英國的公路上跑著約一百萬輛汽車，法國有五十萬輛，德國有二十五萬輛。同期，義大利修建了第一條高速公路，幾年後，就建成了約三千英里的公路網。其他地方的公路遠不如義大利發達，但到二〇年代末，西歐和中歐的大部分道路都可以開汽車了。在歐洲的城鎮，運貨和載客的大小車輛不再是馬車。街景正迅速變化。歐洲的汽車化宣告開始。

電氣照明也在改變著城市的風景。只需扳動發電站的一個開關即可點亮整個街區。煤氣燈和沿街點燈、熄燈的工作開始過時。電能帶來了在美國已經普及的家用電器。吸塵器緩慢地進入歐洲的中產階級家庭，雖然洗衣機、電冰箱、電烤箱等仍然比較少見，不過對工人階

級家庭來說，家務也仍然是不折不扣的辛苦勞作。隨著電話的普及，辦公室工作也在改變。據說，柏林的五十萬條電話線每天要承載一百二十五萬通電話。不過，那時安裝私人電話的住戶寥寥無幾。到二〇年代末，瑞典算是安裝電話的領頭羊，每千人有八十三部電話機，德國每千人五十部，義大利每千人只有七部。電能也催生了第一次通訊革命。一九二四年，英國廣播公司（BBC）的電台廣播節目才開播兩年，註冊登記的聽眾數就達到了一百萬。在電台擴張速度方面緊隨英國之後的是德國，一九二四年，德國的聽眾數是一萬人，到一九三二年即達到四百萬，每四戶人家就有一戶有收音機。

　　許多人以為，歐洲正開始走向長期的繁榮，但事實證明那只是幻象。也許很多人根本沒有感受到經濟的興旺。大多數人的生活和過去一樣，只能餬口，富裕則連想都不敢想。貧困也許不像過去那樣難以忍受，但仍然幾乎無處不在。在農村，很多人的生活條件原始簡陋；在擁擠壅塞的大城市和工業區，住房條件惡劣至極。貧民窟的住戶經常是全家擠在一個房間裡，衛生設施極為原始。建造更好的新住房成為燃眉之急。當然，住房情況的確有一些改善，有時改善的幅度還相當大，尤其是如果國家採取行動的話。到二〇年代末，德國的共和國政府平均每年建造三十萬所新房子，許多是用公共資金建的。在柏林和法蘭克福，大片工人新村拔地而起。在大戰之前的君主制下，用於住房的公共開支幾乎為零。如果拿一九二九年與一九一三年相比，住房建設成了國家開支增長最快的領域。一九二四到一九三〇年，德國一共建造了二百五十萬所住房，全國每七所住房中就有一所是新建的，七百多萬人從中受益。社會民主黨掌權的「紅色維也納」市政府也成績卓著，使十八萬居民住進了新公寓。最壯觀的工程是一九三〇年完工的龐大的卡爾‧馬克思大院（Karl-Marx-Hof），這片專為窮人建造的住宅共有一千三百八十二套公寓。

　　但是，這些情況並非常態，而且遠不能滿足需求。一九二七年，長期的住房荒仍未緩解，德國還有一百萬家庭沒有自己的家。瑞典在二〇年代加大了建造住房的努力，但對城市嚴重的住房擁擠狀況來說仍是杯水車薪。巴黎和法國的其他城市毫無章法地向外擴展，郊區建起的住房密密麻麻地擠在一起，汙穢骯髒，裡面住著從鄉間或國外蜂擁而至尋找工廠工作的移民。在英國，住房的狹窄髒亂也是巨大的社會問題，在工業區尤以為甚。據估計，大戰剛結束時英國需要八十萬所住房。英國透過推行戰後住房計畫，建起了二十一‧三萬所住房。但是，由於一九二〇至一九二一年間貸款的成本激增，住房計畫虎頭蛇尾，草草而終。一九二三年的保守黨政府採用提供私人建築公司補貼的辦法，但私人企業在後來六年間建造的三十六‧二萬所住房大多是貧窮工人家庭買不起的，主要賣給了中產階級下層成員。一九二四年上台的工黨政府引進了第一個社會住房方案，由市政府負責建造住宅，政府會提供補貼來控制租金上漲。這種俗稱為「政府公屋」（council house）的建築快速擴大，到一九三三年已建成了五十二‧一萬所，住戶主要是工人階級。這是個好的開始，但僅此而已。仍然有幾百萬人的居住條件非常惡劣。在南歐和東歐的城市中，惡劣的居住條件是常態，大批人從貧窮的農村湧入城市使之更為加劇，而農村多數人的住房條件一直非常原始。

　　工會的成員大為增加，它利用勞方在大戰中新獲得的討價還價力量壓倒資方，成功確立了每週工作四十小時的規定。從法國、德國和義大利開始，一週工作四十小時在許多國家獲得推行。這減少了工人的勞動時間，儘管實際上工人還是要加班，所以他們每週勞動的時間仍不止四十小時。技術工人的工資有上漲，雖然在大多數情況中，工資的上漲遠跟不上企業利潤的增加。然而，具體的情況千差萬別。正在擴張的新興產業的工人境況較好。為了增加汽車產量，法國雷諾

汽車公司大型工廠雇用了數以千計的工人，在二〇年代期間，工人實際工資增加了百分之四十。不過，雖然工人的工資增加了，但是他們的工作大多十分單調，流水線上的工人千百次地重複同樣的動作，勞動紀律異常嚴格。大部分工廠工人都是移民（到一九三一年，法國的移民達到三百萬人，占全國人口的百分之七），遭受著各種歧視和虐待。二十世紀二〇年代，法國接收了四十萬俄國難民，是其他國家接收難民數量的四倍。其餘的難民大多來自波蘭、義大利、亞美尼亞和阿爾及利亞。

傳統產業的工資走向則截然不同。英國的煤礦業產能嚴重過剩，於是雇主企圖降低工人工資（最後成功了），這引發了一九二六年五月一日到十三日的大罷工，那是二〇年代中期規模最大的一次。一百五十多萬來自運輸和工業部門的工人參加了罷工，聲援被雇主關在大門外的約八十萬煤礦工人。政府強迫罷工停止的力道不斷加大，十天後，工會聯盟（Trade Union Congress）就偃旗息鼓，接受了政府提出的幾乎是侮辱性的條件。礦工們雖繼續堅持反抗，但六個月後，罷工以他們的完敗告終。礦工們衣食難周，無奈只能接受礦主強加給他們的工作條件——工作時間加長，工資卻減少了。一九二八年十一月，德國雇主採取了同樣的強硬態度。他們公然違反仲裁決定，強行規定新的工資標準，為此把魯爾鋼鐵工業的全部工人（約二十二萬人）關在工廠大門外。這些大型衝突最明顯地昭示了產業工人（特別是傳統重工業工人）和工會力量的削弱，也顯示失業率居高不下之時，雇主討價還價的力量增強了，態度也日趨強硬，而這還是在大蕭條之前。

法國與德國一樣，在採用現代管理方法管理大型產業方面走得最遠。這種方法是美國的泰勒（Frederick Winslow Taylor）於世紀之初發明的，那時福特在一九一三年剛剛把大規模生產技術應用於汽車生產。工業生產理性化在德國產生的一個後果是加劇了失業。二〇年代

早期，德國的失業人口還比較少，但一九二五至一九二六年間猛增了
兩倍多，達到二百萬人（占德國勞動人口的百分之十）。在歐洲其他
地方，類似的嚴重失業也屢見不鮮。在丹麥和挪威等經濟增長緩慢的
國家中，失業率達到了百分之十七至十八。傳統重工業和紡織業在世
界市場上遇到了強勁的競爭，它們的迅速擴大又導致產能過剩，因而
造成高失業率。即使在大蕭條前，英國的失業人口也從未低於一百萬。

　　一九一一年，英國根據《國家保險法》初次實行失業保險制，戰
後又進一步擴大失業保險的範圍，覆蓋了約一千兩百萬英國工人（但
這僅是全國勞工的六成左右）。婦女也被包括在內，但她們每週領的
失業救濟金比男人少。家庭僕傭、農業工人和公務員不在保險之列。
這個辦法避免了最壞的情況發生，但它旨在應付短期失業，而非長期
的結構性失業。保險基金的資本不敷使用，只能由國家透過課稅來補
貼。德國的問題和英國類似，但更為嚴重。德國於一九二七年建立了
失業保險的安全網（這是對俾斯麥在一八八〇年代建立的健康、事故
和老年保險制度的重要補充），到大蕭條發生時，失業保險已是步履
維艱，大蕭條發生後更是不堪重負。無論如何，德國工人只有不到一
半人能夠享受失業救濟。雖然歐洲其他國家也效仿英國引進失業救濟
制度，但對工人的覆蓋面更小。

　　如果說經濟繁榮對歐洲工業區產生的影響既不全面也不均衡，那
麼在歐洲大部分人口居住的農村地區，許多靠著小塊土地勉強為生的
農民就與經濟繁榮的好處完全無緣。許多農莊主靠大戰發了財，戰後
的通貨膨脹又消除了他們的負債。大戰結束時土地價格走低，有財力
的人因此可以多買土地。但是，農業很快遇到了艱難時局。隨著戰後
經濟復甦步伐加快，歐洲的農業產量開始增加，但市場上已經出現糧
食過剩的問題。大戰期間，歐洲以外的國家擴大糧食生產來補足歐洲
市場的短缺，現在市場上卻充斥著它們的產品。二〇年代晚期，蘇聯

透過出口糧食來賺取資金，以進口急需的工業設備，這一政策更加劇了市場上糧食的過剩。於是，糧食價格急劇下跌。到一九二九年，國際市場上農產品的價格比起一九二三至一九二五年間降了三分之一以上。高度依賴農業生產的東歐和南歐國家受到的打擊尤為沉重。

農業基本上仍未實現機械化。戰後的土地改革把許多大莊園分成小塊，產生大批生產力較弱的小農莊，造成了土地的零散化。捷克斯洛伐克和其他地方實行了農業補貼，幫助改善生產力，波羅的海國家把重點轉向乳製品和畜牧業產品生產，增加了國家的出口。但是，大部分靠種地為生的農民在大蕭條到來之前已經度日艱難。農民負債激增，令人驚心。大蕭條使許多農民墮入破產的深淵，但在那之前，他們就已經滑到了深淵邊緣。隨著城鄉收入的差距愈來愈大，年輕人在鄉間看不到未來，愈來愈多的人離開農村，湧入城鎮，住在擁擠骯髒的貧民窟裡。美國自二〇年代早期開始實行更加嚴格的移民控制，人們不再能大量移民美國。但是，國內移徙十分活躍。只在法國一國，一九二一到一九三一年間就有六十萬人離開田地，去城市的作坊和工廠碰運氣。

對生活在鄉間的人來說，二〇年代晚期和繁榮根本沾不上邊。對處境艱難的歐洲大部來說，大蕭條相當於雪上加霜。「危機前的危機」使得農村居民在大蕭條發生前就成為激進分子煽動的理想對象。許多雇農深受共產主義思想吸引。另一方面，擁有土地的農民一般傾向支持日漸強大的專制右派。

雖然大部分歐洲國家在二〇年代後半期經歷了強勁的經濟復甦，但一些根本性的問題沒有解決，一旦時運不濟，歐洲就會陷入嚴重的困境。幾乎沒人意識到這些根本性問題的存在。比起前一個十年，許多人的生活水準有一定的提高。有許多人，也許是大部分人，覺得日子會愈來愈好。儘管有些人仍比較謹慎，但對未來的樂觀態度還是壓

倒了對災難的預言。但是，一九二九年十月二十四日到二十九日紐約
股票市場發生大崩盤，劇烈的衝擊波傳到歐洲後，對未來的樂觀想法
頃刻間就消失無蹤。

另一種模式

經濟危機尚未到來，預言資本主義即將滅亡的人就已經開始向蘇
聯投以崇敬的目光。蘇聯沒有受到國際經濟起伏的影響，它的模式是
國家社會主義，旨在為最終實現沒有私有財產、沒有階級分歧、沒有
不平等的共產主義社會奠定基礎。在許多人眼中，蘇聯模式代表著理
想的未來。它似乎是市場經濟以外的另一種更好的模式，能夠建立比
嚴重不公、經濟模式過時的劣等資本主義制度更好的社會。這套建立
在生產工具公有制基礎上的國家計畫和經濟自給計畫，似乎為歐洲指
出前進的方向，在歐洲各地都獲得愈來愈多的支持。

蘇聯的經濟增長的確可圈可點，當然，由於一次大戰和革命的動
亂，加之內戰的破壞，蘇聯經濟增長的起點較低，但蘇聯經濟復甦的
速度的確令人矚目。到一九二七至一九二八年，蘇聯的工業和農業產
值都達到了一九一三年的水準。蘇聯政府在一九二一至一九二八年
間實行新經濟政策，讓農民在耕作中獲得利益，並允許農民在一定限
制下在市場上出售自己的產品。這個政策大獲成功。但到了一九二七
年，它也造成一些困難，尤其在工業方面，蘇聯仍然遠遠落後西歐的
先進國家。

蘇聯領導層一直在激辯如何擺脫經濟落後的處境。他們認為，克
服這個巨大的弱點首先需要抗擊貪婪的帝國主義列強的威脅，這也是
改善人民生活、為社會主義未來夯實基礎的前提。在他們看來，這意
味著早晚必然要打仗。一九二八年十一月，蘇聯處於經濟和政治上的

一個重要轉捩點時，史達林對黨的中央委員會說：「不這樣幹我們就會被消滅。」但是，通往這個決定性關頭的道路崎嶇曲折。一九二四年一月列寧逝世後，經濟政策日益成為蘇共內部激烈政治鬥爭的中心問題，直到史達林確立了絕對主導地位，蘇聯經濟的方向發生了劇變。

新經濟政策自一九二一年開始實行起就爭議不斷。一些著名的布爾什維克黨人，尤其是托洛斯基，僅將其視為度過難關的權宜之計。他們力主加強國家計畫經濟，寧可損害農民利益也要加快實現工業化。托洛斯基還堅持認為，應繼續輸出布爾什維克主義，促進世界革命。另一方面，史達林在一九二四年十二月宣布，黨的目標只能是「在一國實現社會主義」。到那個時候，托洛斯基的影響力已經在迅速減弱。的確，托洛斯基的論點非常有力，人格魅力十足，但他樹敵太多。此外，他對黨內關鍵權力槓桿的控制力比較薄弱。另一方面，史達林得到季諾維也夫（Grigory Zenoviev）、加米涅夫（Lev Kamenev）和「黨的寶貝」（這是列寧給他起的綽號）布哈林（Nikolai Bukharin）等蘇共領導人的支持，在和托洛斯基的鬥爭中占了上風。一九二五年，托洛斯基辭去革命軍事委員會主席的職務，同年晚些時候又被踢出政治局。一九二七年，托洛斯基和他的追隨者因「異端」觀點被開除出黨。次年，他被流放到莫斯科三千英里以外的地方。史達林自一九二二年起擔任黨的總書記，季諾維也夫和加米涅夫也助了他一臂之力。一九二六年，他們倆改弦易轍，站到了托洛斯基一邊，反對在他們眼中過於偏向農民的經濟政策。

事實上，雖然政府推行新經濟政策的努力沒有減弱，但向著全面計畫性工業的步子已經邁出了。這時，史達林在力挺新經濟政策的布哈林的堅定支持下，削弱並最終扳倒了季諾維也夫和加米涅夫。一九二七年，這兩人也被驅逐出黨（不過第二年，他們低頭悔過，譴責了托洛斯基，收回對史達林的反對，他們的黨籍又得以恢復）。

　　史達林要求徵用大量糧食，對農民階級採取更加強硬的路線，這使他與他原來的盟友、力主維持新經濟政策的布哈林日益對立。到一九二八年中期，兩人成了不共戴天的政敵。史達林堅信，小農生產是阻擋經濟增長的不可克服的障礙。隨著工業人口的不斷擴大，保證他們的糧食供應至關重要，而這只有透過國營的大規模農業生產才能做到。史達林靠著靈活的手腕贏得黨內支持加速工業增長這一宏大的計畫，但卻苦了農民。他把黨的機器控制在手中，斥責布哈林為「背離分子」（deviationist）。到一九二九年，布哈林就成了過氣人物。史達林贏得權力鬥爭，當上蘇聯的最高領袖，終於成為不可挑戰的列寧的接班人。

　　那時，新經濟政策雖然沒有被正式廢除，但實際上已經被淘汰。一九二七至一九二八年的冬天，農民不願意以被官方壓低的價格出售糧食，把糧食都囤積了起來。就在重要的大型工業工程相繼上路之時，糧食短缺問題開始日益浮現，利用糧食短缺大發不義之財的中間商甚至在黑市高價賣出農產品。此時，原名約瑟夫・朱加什維利（Josef Dzhugashvili）的史達林無愧於他為自己起的別名（「史達林」的原意是「鐵人」），做出了非常合乎他本人性格的反應：施行粗暴的強制措施。一九二八年一月，他專程前往烏拉爾地區和西伯利亞，像內戰期間那樣，徵用了農民倉庫裡的糧食。任何人對所謂「烏拉爾－西伯利亞方法」的反對都被斷然否決。布哈林雖試圖阻撓史達林進一步擴大強徵糧食的範圍，來阻止他掌握更多的權力，卻徒勞無功。

　　一九二八年中葉，史達林在關於未來經濟政策的爭議中勝出。那年他提出一項迅速實現工業化的計畫草案，並在一九二九年四月的黨代表大會上獲得通過，成為第一個「五年計畫」。但事實上，這個五年計畫的執行面多半雜亂無章，計畫設定的那些非凡增長目標雖然號稱實現了，但倚靠的是官方的虛假資料。不過即使如此，蘇聯的進步

也是令人欽佩的，特別是考慮到其他的歐洲工業化國家當時正在經濟大蕭條中痛苦掙扎。在蘇聯，一座座龐大的工業城拔地而起。諸如蘇聯在聶伯河（Dnieper）下游修建一座巨型水電站，在烏拉爾的馬格尼托哥爾斯克（Magnitogorsk）和西伯利亞的庫茲涅茨克（Kuznetsk）建起規模宏大的冶金廠，並進一步擴大史達林格勒和哈爾科夫（Kharkov）的拖拉機製造廠規模。同時，農村人口湧入城市，加入產業工人的行列，使之四年內就翻了兩倍。即使我們對蘇聯方面的資料存有懷疑，但工業生產的年增長率也超過了百分之十，到了一九三二年，煤炭、石油、鐵礦石和生鐵的產量大約也增加了一倍。

然而，這一切對人造成的傷害極大，任何其他的歐洲國家都堅決不會為發展經濟付出如此巨大的代價。產業工人的工作條件、薪資報酬和生活水準都極為低下。工廠的勞動紀律嚴酷異常，對「偷懶者」的懲罰毫不留情。不過，在五年計畫下受害最深的是農村地區。政府從一開始就非常清楚，只能犧牲農民的利益來推行工業化。一九二九年，從農民那裡收不足糧食，結果城鎮鬧起了糧荒，只能採用麵包配給的方法，這促使政府在同年通過強制實行農業集體化的方案。該方案旨在用兩年時間將蘇聯四分之一的農田收歸相當於大型農業工廠的集體農場，充公農民的土地，使農民成為鄉村無產階級。事實上，集體化的速度遠遠超過預期。到一九三〇年三月，蘇聯二千五百萬戶農民家庭中的百分之六十已經加入了集體農場。

但是，農民對此極為抵制。有幾個地區甚至爆發了叛亂，參加者接近七十五萬人。有一名小自耕農說：「（政府）徵收我們的糧食和馬鈴薯，根本就是明搶，貧農和中農都不能倖免。一句話，這是強盜的行為。」他要求廢除農業集體化，懇求得到「自由，那樣我們會心甘情願地幫助國家」。政府暫時承認了這個問題，史達林將其歸咎於「被成功衝昏頭腦」的地方官員的過火行為。參加集體農場的農民比

例劇降到百分之二十三，但那只是一時安寧。很快的，集體化的壓力又捲土重來。到一九三一年的收穫季節，全國一半以上的農戶再次被要求加入集體農場，蘇聯的糧食幾乎全部由集體農場生產。三年後，農業集體化普及到了全國。

從城裡派來的由黨的積極分子組成的工作隊，會採用無情的手段推行農業集體化。國家頒布了「去富農化」（dekulakization，即消滅富農階級）的政策來打擊富農，說他們是鄉村的資本家。然而，「富農」一詞的定義全由工作隊任意確定。只要是反對集體化的人都可能被扣上「富農」的帽子，遭到監禁，被流放到遙遠的勞改營，或乾脆被槍斃。光在烏克蘭，就有十一萬三千六百三十七名「富農」在一九三〇年的頭幾個月被流放。有些人反對強制集體化，但實在太窮，無法被劃為「富農」，他們就被稱作「準富農」，同樣受到嚴懲。許多「富農」選擇逃走，財產能賣就賣，賣不了就乾脆丟棄。有些人先把妻子和孩子殺死，然後自殺。

政府本來期望糧食生產會翻倍，實際卻發生了減產。雖然減產的幅度不大，但國家採購的糧食增加了一倍有餘，結果造成農村地區嚴重的糧食短缺。農民被迫加入集體農場的時候，不願意把自家的牲畜上交國家，寧可將其殺光或任其餓死。於是，牛和豬的存欄量減少了一半，山羊和綿羊減少了三分之二，導致肉和奶的短缺。如果某個集體農場沒有交夠公糧，國家就不把其他地方的農產品調撥給它，還勒令它上交穀種，因而這個農莊來年夏天必定將繼續歉收。

蘇聯農業政策的直接後果是一九三二至一九三三年的大饑荒，其嚴重程度更甚於一九二一至一九二二年的饑荒。哈薩克和北高加索地區受害尤烈。在本該是富饒產糧區的烏克蘭，饑荒造成的結果慘不忍睹。一位黨的幹部走訪那裡的一座村子時，村民們對他說：「我們弄到什麼就吃什麼，包括貓、狗、田鼠、鳥」，甚至樹皮。一九三二至

一九三三年，更有二千多人因為吃人而被判刑。大饑荒在烏克蘭造成的死亡人數沒有準確的數字，最可靠的估計是大約三百三十萬人死於飢餓或與飢餓相關的疾病。全蘇聯的數字應該還要多一倍。

關於這種慘狀的一些消息傳到了國外，但蘇聯的崇拜者對這樣的消息要麼不當回事、要麼斥之為反共宣傳。西歐大多數人完全不知道蘇聯發生了饑荒。沒有幾個外國觀察者能夠親眼看到那場浩劫。有此機會的少數人之一，英國記者馬格里奇（Malcolm Muggeridge）將它描述為「歷史上最駭人聽聞的罪行之一，後人將無法相信發生過如此可怕的事情。」他說得不錯。在一次大戰之前，歐洲大陸東部的人民苦難最為深重；在戰後的動亂和俄國內戰中，他們的苦難未有稍減。

文化之鏡

歐洲人對於自身所處的世界以及決定著自己生活的那些不可阻擋的力量，是如何看待的呢？對此當然沒有統一的答案。人的生活方式和因之產生的想法取決於許多因素，包括地理位置、家庭背景、社會階層、政治文化，還有變幻莫測的歷史發展。無論如何，能夠提出洞見卓識的人必然多來自受過良好教育的菁英階層，他們獲得的高等教育是絕大多數民眾無法企及的。創造性藝術中最具開拓才能的人既反映了、也塑造了廣義上的「時代精神」（Zeitgeist）。吸收「高等文化」產品的通常是上層階級或受過教育的中產階級成員，社會思想和藝術創作的重要發展對他們影響至深，儘管這種影響也許是間接的。然而，大多數人是接觸不到「高等文化」，那不在他們的正常生活範圍之內。

多數人在每天下班後或週末休息時接觸到的是通俗文化，比如看電影、去舞廳跳舞，還有（至少對男人來說）一個重要的活動，那就

是泡酒吧。這樣的文化為受眾提供的不是對生活與世界的反思，而是逃避現實、片刻的興奮，以及暫時擺脫每日單調乏味、沉抑鬱悶的生活。看電影是逃避現實的最好辦法。歐洲各國的城鎮建起了一座座「電影宮」，以德國為最。一九三〇年，德國電影院的數目達到了五千多家（比十年前多了一倍），座位總數為二百萬。二〇年代末，有聲電影開始取代無聲電影，吸引了更多的觀眾。電影院投觀眾所好，放映的電影大多是喜劇片、劇情片、冒險片或浪漫片。令勞動階層男人趨之若鶩的另一個逃避現實的辦法是觀看職業體育比賽，尤其是足球賽。不過婦女對體育比賽基本不感興趣。早在一次大戰之前，足球熱就從英國傳到了其他歐洲國家。德國、義大利、西班牙和其他國家都設立了大型足球聯賽制。每當舉行足球比賽，觀眾都是人山人海。在英國，一九二三年第一屆溫布利杯（Wembley Cup）的決賽中，博爾頓流浪者隊以二比〇擊敗西漢姆聯隊，那次比賽觀眾的官方數字是十二・六萬，但通常認為，實際的觀眾人數要多一倍。[1]

　　「高等」和「通俗」文化通常井水不犯河水，但是，它們各自以不同的方式都成了兩次大戰之間歐洲「時代精神」的核心。它們體現的不僅僅是不同的文化形式。一戰後第一個十年間文化和藝術創新的極致顯然只有很少數人能欣賞。各種先鋒（avant-garde）文化形式不可勝數，它們不僅與大多數人民的生活毫無關係，而且，當它們對「傳統」文化和價值觀構成尖銳挑戰的時候，還遭到了大眾的仇視和抵制。

　　先鋒文化指現代主義文化的藝術理想、形式和表現。從二十世紀

1　作者注：在我出生之前，我的祖父帶著他兩個大一點兒的兒子觀看了那場球賽。他們一起乘火車從奧爾德姆（Oldham）南下二百英里去看比賽，回來時卻走散了。比賽結束三天後，我的叔叔吉米被發現在雷丁（Reading）火車站的側軌上呼呼大睡。克蕭父子那次可算是玩得盡興了！

開始，幾乎所有領域的文化創造都脫離了過去古典派、現實派和浪漫派的表現方式，有意識地轉向了「現代主義」（儘管現代主義的思想可以追溯到二十年前，甚至更早）。現代主義的審美概念涵蓋面很寬，包括不同的藝術表現形式。它們的一致之處在於反叛過去的藝術形式，認為其過時、淺薄，缺乏內在意義。一九〇六年，德勒斯登（Dresden）的幾個表現主義藝術家組成了「橋社」（Die Brücke），這個名字的含義是，它將成為通往新藝術時代的「橋梁」。橋社的成立宣言稱：「我們年輕人肩負著時代的未來，要從地位已經確立的年長之人手中，奪得行動自由和生活自由。」一切常規的或「資產階級」的東西都在他們拒斥之列，取而代之的是對新的「現代」審美形式的恣意實驗。藝術家憑著想像力和創造力徹底破舊立新。現代主義完全摒棄過去關於美、和諧與理性的理想，碎裂、分散和混亂成為新的基調。這種文化形式驚人地預示了一次大戰造成的政治和經濟斷裂。

　　一次大戰後，巴黎和一九一四年之前一樣，仍然是吸引文化能量和創造性的磁石，成為現代主義藝術活力的中心。大戰前就定居巴黎的畢卡索（Pablo Picasso）是藝術蒼穹中最璀璨的明星之一；那時，他已經因創造了以抽象三維表現形式為特點的立體主義（Cubism）而盛名遠播。法國首都躍動的藝術活力使歐洲各地及歐洲以外的藝術家趨之若鶩。包括喬伊斯（James Joyce）、海明威（Ernest emingway）和龐德（Ezra Pound）在內的現代主義作家也群集巴黎。巴黎左岸藝術家的創新如火如荼。一九一六年在蘇黎世創立的達達主義（Dadaism）和次年在法國發源的超現實主義（Surrealism），這兩種最新穎、最具革命性、又彼此緊密相連的藝術形式，在二〇年代的巴黎紅極一時。這兩種藝術形式從視覺藝術延伸到文學、戲劇、電影和音樂。它們的主題是對造成慘絕人寰的一次大戰的資產階級社會的反應。它們都拒絕理性和邏輯，強調荒誕、荒謬、無邏輯、非理性。它們描繪想像

力的怪異跳躍，直接或間接吸收了佛洛伊德（Sigmund Freud）和榮格（Carl Jung）的心理分析及關於人類潛意識本能衝動的研究成果。這類實驗性藝術旨在顯示，在世界井井有條的表面下隱藏著無法解釋的混亂。理性邏輯的表象掩蓋著荒誕，那是心理深層的奇異狂想。這樣的藝術旨在對人的感性造成衝擊，促使人去尋求未知的意義和可能性。

二〇年代期間，現代主義的形式五花八門，在歐洲各地表現不同，但經常互相重疊。俄國的「構成主義」（Constructionism）和荷蘭的「風格派運動」（De Stijl），強調在設計中使用抽象的幾何圖形。義大利「未來主義」（Futurism）的鼎盛時期在一戰之前，現在鋒頭已過，它使用抽象畫來描繪速度、動態和技術的成就。在寫作方面，喬伊斯的《尤利西斯》（Ulysees）、艾略特（T. S. Eliot）的詩作（最著名的是他一九二二年出版的名作《荒原》），以及倫敦布盧姆斯伯里派（Bloomsbury Group）中心人物吳爾芙（Virginia Woolf）的小說，都自覺運用了現代主義的手法。被稱為「第二維也納樂派」（Second Viennese School）的荀白克（Arnold Schoenberg）、貝爾格（Alban Berg）和魏本（Anton Webern）使用十二音的變化組合，發明「無調性」音樂，與古典音樂的和聲決裂。

無論現代主義採取何種形式，其特點都在於摒棄常規的藝術現實主義。現代主義的主要特徵是碎片化、非理性、脆弱和不和諧，與戰後充滿了不確定性的世界恰好相合。愛因斯坦在一九〇五年發展出相對論這個革命性的理論後，就連物理學都失去了確定性。一九二七年，海森堡（Werner Heisenberg）提出了量子力學的「不確定原理」，表明不可能精確地知道原子核周圍粒子的位置和速度，這似乎證實了無法用理性來解釋世界的觀點。

戰前的先鋒文化已經具備了現代主義的所有特徵，但一九一四至

一九一八年間發生的慘劇更加劇了藝術對理性的攻擊。現代主義在戰前僅是「周邊」運動，現在卻進入了歐洲的文化主流；至於它是否獲得大眾的接受，那卻要完全另當別論。

德國在語言和文化方面的「現代主義」創新在歐洲領袖群倫，就連巴黎也甘拜下風。由於「威瑪文化」（Weimar culture，指那個時代卓越的德國先鋒文化）的意義歷久不衰，所以很容易誇大它在當時的代表性。其實，即使是在威瑪共和國，多數文化表現形式仍然是保守、符合常規的（「威瑪共和國」的名字來自圖林根的威瑪城，這個小城曾經是德國文化的中心，是歌德和席勒生活過的地方，一九一九年的制憲大會也在那裡召開），例如說，一九三○年慕尼黑藝術展近三千件的展品中，只有百分之五是「現代」作品。儘管如此，在那短短的幾年間，威瑪共和國，尤其是它的中心柏林，無論在政治上多麼坎坷艱難，其先鋒文化和思想創新的蓬勃怒放在歷史上幾乎是空前絕後的。二○年代這種創造性的爆發到了三○年代卻遭到激烈摒棄，藝術和社會思想與時代情緒變化的密切契合在德國表現得最為突出。

德國的先鋒文化沒有因大戰而斷裂。戰前那個十年最有活力、最重要的藝術形式是表現主義，它故意扭曲物體的形狀，使用刺眼顏色的異常組合來揭開膚淺的表象，露出深藏於內的情感和焦慮。表現主義的一些領頭人物懷有烏托邦式的夢想，甚至歡迎大戰的到來，將其視為摧毀舊有資產階級秩序的一劑猛藥。初臨戰場作戰更是讓他們激動萬分。畫家貝克曼（Max Beckmann）在一九一四年寫道：「我真希望能把這樣的巨響畫出來。」這種興高采烈的情緒轉瞬即逝。大戰接近尾聲時，貝克曼、克希納（Ernst Ludwig Kirchner）和柯克西卡（Oskar Kokoshka）這三位志願兵都已經退伍，不是因為身體垮了，就是因為心理崩潰。另外兩位畫家奧古斯特・馬克（August Macke）和法蘭茲・馬爾克（Franz Marc）更不幸陣亡。表現主義在戰後仍然存

在，雖然很快就讓位於達達主義這更加公開的社會和文化抗議形式，還有淋漓盡致「忠實」表現戰爭的恐怖和革命暴力的新現實主義。

　　戰前表現主義那充滿理想的熱情變成了面對人性的悲觀陰鬱。一九一九年三月，貝克曼完成了大型畫作《夜》（*Die Nacht*），描繪街頭暴力和政治混亂侵入家中的駭人景象。一九一四年熱情參軍的畫家迪克斯（Otto Dix）用戰爭致殘者作為素描的題材，他的素描受達達主義的影響，人物周圍散落著剪成碎片的報紙和鈔票，象徵著現實生活的破碎。格羅斯（Georg Grosz）明確將反戰情緒政治化了，他的畫作描繪陣亡士兵的殘缺屍體和戰爭致殘者受損毀的形象，還有飢腸轆轆的乞丐、在城市骯髒陰暗街角拉客的妓女，或大發戰爭財的貪婪投機商、腦滿腸肥的工業資本家和自鳴得意的軍國主義者。

　　到二〇年代中期，文化的主導潮流似乎反映了德國趨於穩定的局勢。表現主義和其他相關的藝術形式專注於心理、情感和理想主義，但現在人們開始尋求審美的清晰有序，於是「新客觀主義」或「新即物主義」（Neue Sachlichkeit）應運而生，它得名於一九二五年在曼海姆（Mannheim）舉辦的一場藝術展覽。至此，實物設計、建築、繪畫、攝影、音樂和戲劇都採納了現代主義形式。一九一九年，格羅佩斯（Walter Gropius）在威瑪創立了包浩斯學院（Bauhaus），後來學院遷到德紹（Dessau）。包浩斯學院的藝術家、雕塑家、建築師和美術設計師共同創造了一種注重合理性和功能性的新風格。其中一位著名藝術家康丁斯基（Wassily Kandinsky）大戰前曾是慕尼黑的表現主義藝術家團體「青騎士」（Der Blaue Reiter）的領袖人物。他從俄國歸來後，採取令人眼睛一亮的新設計風格，更加稜角分明，並採用抽象的幾何形狀。包浩斯學院既追求理想化的藝術目標，也面向實際生活。格羅佩斯認為，應當利用技術來設計規劃合理的新型住房，以解決民眾的苦難，消除階級界線。包浩斯學派的設計以清潔、舒適和高

效利用空間為特徵。在這種理想化的設計中，風格的簡約與美密不可分。它是「新客觀主義」最切合實際、對社會最有價值的表現。

建築設計創新的一個出色成果是為一九二七年斯圖加特住宅展覽會設計的魏森霍夫住宅區（Weissenhof Estate）。它由包括柯比意（Le Corbusier）在內的一組出類拔萃的建築師在密斯‧凡德羅（Ludwig Mies van der Rohe）的指導下設計而成，共有六十座建築物，表現了現代主義的新風格：幾何線條、樸素無華的外觀、平面的屋頂和開放的內部空間。把鋼鐵、玻璃和水泥用於藝術是對機器時代、現代技術和大規模生產的反映。設計者奉行的格言是「無飾的形式」（Form without Ornament）。不過，不欣賞這種風格的大有人在。激烈的反對者斥其為「文化布爾什維克主義」。實際上，儘管建築設計和城鎮規劃的先鋒派建築師應邀為柏林、法蘭克福和其他地方設計過公寓大樓，但他們對二〇年代德國城市中嚴重的住房荒基本上沒有產生任何直接的影響。然而，現代設計（如二〇年代在法國初創的裝飾藝術〔Art Deco〕）的大部分內容，還是逐漸進入各種日常用途，不僅在德國，而且遠及其他國家。

德國文化領域中，文學和社會思想百花齊放，豐富多樣，不能一股腦兒全部歸入「新表現主義」和「新客觀主義」的類別，無論這兩個術語的範圍有多麼寬泛。德國著名作家湯瑪斯‧曼（Thomas Mann）最出色的作品中，有一部也許可以算是兩次大戰之間那段時期裡最具影響力的德國小說。湯瑪斯‧曼原來是保守主義者，後來逐漸轉而支持新生的德國民主，即使不是出於本能或情感，至少也是出於理性。《魔山》（Der Zauberberg）一九二四年出版後好評如潮。其實，這本書在戰前就已動筆，大戰期間一度停筆，到十幾年後才最後成書。一次大戰中顯示出來的人類自我毀滅能力對該書影響至深，書最後寫成時，形式與他開始時的構想已迥然不同。這部著作十分複

雜，象徵意義豐富，主要聚焦於資產階級社會的弊病。故事的背景非常特別，是瑞士阿爾卑斯山中一所肺結核療養院，那是對病弱腐朽的世界的比喻。書中的兩位主角登布里尼和那夫塔代表著理性和可怕的非理性的衝突。第三個角色卡斯托普在他們二人之間左右為難，最終似乎決定與啟蒙運動價值觀站到一起，但在小說接近含義不明的尾聲中，他卻說自己「支持非理性的原則，事實上，我早就開始奉行病態的精神原則了。」

　　卡夫卡（Franz Kafka）的作品含義神祕莫測，似乎是對未來的預示，其中心主旨也是非理性，這在卡夫卡的作品中表現為一種無從解釋的可怕力量。它壓得人喘不過氣來，使人既無處可逃，也無力抵抗；它決定著人生，使人如同生活在逼仄的鐵籠之中。卡夫卡的著作在二〇年代並不廣為人知，到他於一九二四年逝世很久以後才開始出名。卡夫卡本人蒼白瘦削，兩眼凹陷，心理上痛苦糾結。他與德國先鋒派的主要文學人物沒有多少聯繫（儘管他對那些人的許多作品相當熟悉），因此，他作品的奇詭創新就更加異乎尋常。卡夫卡不比別人更能未卜先知，但是他的作品似乎特別能捕捉到個人在現代社會和官僚機制權力壓迫下，那種絕望無助和茫然失措的疏離感，是現代主義文學中最悲觀的一類。才華橫溢的德國社會學家韋伯（Max Weber）把官僚機構的權力視為現代性的實質所在。他也寫到理性化社會中的「世界祛魅」，但他認為有紀律的理性將捍衛自由。卡夫卡的作品裡不存在這種潛在的樂觀主義。

　　卡夫卡描繪了掩藏在日常活動秩序井然的表面下的現實，那是一個由官僚規則、指令、法律和迫害構成的不可理喻的世界，企圖走出這個迷宮的人到處碰壁，永遠無法從這一片混亂中脫身，獲得他渴望的遙不可及的救贖。

　　卡夫卡的長篇小說《審判》（The Trial）出版於他逝世後的一九

二五年，主角約瑟夫・K遭到逮捕，至於罪名是什麼則從未說明，他被交給一個雖然看不見，但陰險可怕，似乎無所不在、無法逃避的法庭接受審判。他企圖申辯自己無罪，但法庭說：「有罪的人都這麼說」。雖然沒有正式的法庭程序，但對他的「審判」曠日持久，逼得他一點點承認有罪，直到徹底投降，最終在一處偏僻荒涼的採石場乖乖地任由兩個沉默的行刑手將他野蠻處決。在一九二六年出版的《城堡》（*The Castle*）中，一位土地測量員來到一處偏遠的村莊，據說是奉誰也沒有見過的城堡主人的命令而來。村民們非常排外，自始至終敵視他這個外人；他們服從於那個神龍見首不見尾的城堡的掌權者，但城堡掌權者究竟是誰，則始終沒有清楚說明（雖然村民們對它深信不疑）。這個外來者愈來愈沉迷於弄清楚城堡的掌權者以致不能自拔，但他遇到了一層密不透風的社會控制網。他甚至無法見到一個也許純粹是想像中的高官，去問明白為什麼他這個土地測量員應城堡的聘請而來，卻永遠無法踏入城堡一步。卡夫卡作品中表現的對無法理解的規則的自願服從，似乎預示後來幾十年間出現的極權社會，雖然他那異常複雜的文字可以任人做出各種解釋。

　　的確，二〇年代期間，「高等文化」在眾多歐洲國家的各個領域碩果纍纍，成就驚人，然而，它卻對大多數老百姓的生活沒有任何直接影響。德國戲劇即是一例。二〇年代期間，德國的戲劇即使在小城鎮也非常熱門（這在很大程度上要歸功於把向美國借來的短期貸款大量用作公共資金），成為輝煌的威瑪文化的一個中心要素。最著名的是布萊希特（Bertolt Brecht）對新的戲劇表現方式做的實驗。他使用蒙太奇手法、簡約的背景和互不相關的場景來表現對行動的疏離而不是認同，以此表達對資本主義社會的批評。但是，大部分看戲的觀眾都對布萊希特的實驗戲劇和其他先鋒派作品敬而遠之。在二〇年代劇院上演的劇碼中，實驗戲劇最多只占百分之五。多數戲劇還是保守的

常規戲劇，受多數觀眾歡迎的是音樂劇、喜劇、笑劇和其他輕鬆的娛樂。無論如何，由於票價的緣故，經常看戲的人只占人口的少數，大多屬於中產階級。例如一九三四年的一次調查就顯示，多數德國工人從來不去劇院。

其他媒體同樣體現了「高等」文化與「通俗」文化的脫節。留聲機，特別是收音機的普及，意味著人們不必出門即可得到娛樂，且大多是輕鬆的娛樂。年輕人尤其更願意聽大西洋彼岸傳來的雷格泰姆音樂（Ragtime）、爵士樂、舞曲或流行歌曲，而不是貝多芬或華格納，更遑論荀白克或魏本了。

現代文學的經典著作也經常是讀者寥寥。書籍仍然比較昂貴，基本上只有富裕的人才買得起。公共圖書館倒是加建了不少，但工人階級是否能直接從中受益並不清楚。「受過教育的資產階級」在德國人口中所占的比例相對大些，他們也許會競相閱讀湯瑪斯‧曼的《魔山》（至少談起來不至於對其一無所知），但大多數德國工人的閱讀似乎只限於報紙雜誌。英國讀者讀起華萊士（Edgar Wallace）和克利絲蒂（Agatha Christie）寫的偵探懸疑小說來如飢似渴，對伍德豪斯（P. G. Wodehouse）筆下的僕人吉夫斯和他主人伍斯特的倒楣遭遇看得津津有味，卻不會埋頭研究吳爾芙那高深的「現代主義」作品。布勒東（André Breton）在一九二四年發表的《超現實主義宣言》（Manifeste du surréalisme）、夏卡爾（Marc Chagall）或畢卡索的最新畫作，以及普魯斯特（Marcel Proust）那不同凡響的（特別是因為它十分冗長）七卷本史詩小說《追憶逝水年華》也許使巴黎的知識分子興奮不已，但內地各省的農民或北方大工廠裡辛苦勞作的工人不可能和他們一樣為之激動。朗格（Fritz Lang）在一九二七年拍成了才華橫溢的未來主義默片《大都會》（Metropolis），對人淪為機器的奴隸這一現象做了反烏托邦式的描繪，可是，就連一位比較客氣的

批評家都認為那部電影是失敗的，「因為它根本不像生活，既不像昨天的生活，也不像明天的生活」。迅速增長的電影觀眾最喜歡卓別林（Charlie Chaplin）演的讓人哈哈大笑的滑稽默片，不願意去看發人深省的先鋒藝術傑作，然後去思索生命的意義。

藝術和娛樂所代表的「高等文化」和「通俗文化」這兩個領域很少有交集或重疊。在大多數歐洲人看來，先鋒派現代主義文化與他們毫無關係，他們在日常生活中接觸不到，也不受其影響。但它的意義仍然十分重大；在僅僅幾年後的一九三三年，納粹黨把被其文化和種族意識形態認定為非法的書籍付之一炬，對「墮落的藝術」發起正面攻擊，以最野蠻的方式確認了這一點。

後來的情況顯示，三〇年代初的大蕭條成了文化上的分水嶺。在經濟危機的影響下，對一切具有威脅性的「現代」新事物的批評急劇增加，於是，對「墮落的藝術」的攻擊成了法西斯武器庫中的有力武器。這種攻擊在德國表現得最為極端，一個重要的原因是二〇年代期間那裡的藝術實驗非常激進前衛。然而，德國和其他地方的右翼法西斯在文化上要做的，都不是使時光倒流，回到傳說中的傳統時代，而是要在（實際上經常被嚴重扭曲的）「傳統」文化價值觀的旗幟下追求另外一種烏托邦。這個理想本身也是「現代」的，它利用技術進步的手段來實現政治目標，這肯定帶有現代色彩。但法西斯版的「現代」堅決拒絕自一七八九年起傳遍歐洲的自由多元主義、個人主義、民主和自由的思想。法西斯烏托邦理想的中心內容是透過摒棄「墮落」、「病態」的現代形式來實現民族的重生。這意味著無情清除多元社會中的先鋒藝術創作。

先鋒文化與通俗文化的脫節在大多數社會中普遍存在。更為不祥的是文化悲觀主義。這種思想在德國人數眾多、教育良好的資產階級成員當中最為突出，它把先鋒文化與通俗文化一律譴責為頹廢腐朽現

代性的表現和民族衰落的象徵。現代藝術形式受到思想保守人士的百般鄙夷。在古板的中產階級的家裡、小鎮的咖啡館或鄉村酒館的酒桌旁，柏林上流社會的耽於享樂也是千夫所指。這種「頹靡」被視為對國家道德與文化本質的威脅。

德國中產階級堅決拒絕「美國影響」，將其視為現代社會一切弊病的代表。他們把爵士樂斥為「黑人音樂」，認為產生了那種音樂的文明遠遠劣於孕育了巴哈和貝多芬的文明，而「美國」交際舞那挑逗性的節奏則可能引誘年輕姑娘失足。有一位教士說，姑娘們時興的「美國式」短髮「完全喪失了精神準則」。約瑟芬・貝克（Josephine Baker）似乎成了低俗文化的代表。這位歌手兼舞者是非裔美國人，來自美國密蘇里州的聖路易。她演出的舞蹈充滿著異國風情（和色情挑逗），身上幾乎一絲不掛，只用幾束香蕉遮住重點部位。她在柏林的演出（和在巴黎一樣）造成了轟動。好萊塢電影在二〇年代末吸引了幾百萬觀眾。批評者說，那些電影的平庸「吞沒了不僅是個人，而且是全體人民的個性」。大規模生產的工業品被視為對德國傳統手工藝的威脅，象徵著消費主義的大型百貨商店擠垮了小店鋪。這些都是「美國影響」的表現，而「美國影響」被認為是對德意志民族的文化本質的攻擊。

在德國，對文化墮落的攻擊不僅限於「美國影響」。社會主義、馬克思主義、布爾什維克主義、自由主義和民主都在應予痛斥的現代社會弊病之列，這裡面有著清楚無誤的種族因素。猶太人是文化生活與大眾媒體中的佼佼者，很容易把他們說成是大城市中現代「瀝青文化」（asphalt culture）的主力，而那種文化正好是植根於鄉土之上的「血液與土地」（Blut und Boden）文化的對立面，「血液與土地」才是「真正」的德意志文化。

文化悲觀主義也促使人希望創造新的菁英，因而為透過優生和

「種族清潔」來實現民族復興的思想提供了滋生的土壤。一次大戰及其帶來的天翻地覆使許多人痛感價值觀淪喪和文化衰敗。大戰中的人員損失特別加重人們對生育率下降的擔憂。當時對這個問題評論很多，人們普遍認為它威脅到家庭、家庭所代表的價值觀和民族的繁衍力。看到肢體殘缺的傷兵和因丈夫死在前線而傷心欲絕的年輕遺孀，人們似乎就看到國家今後將面臨的人口減少的危機。生育率的下滑加上人口品質的降低，使得醫界一些有影響力的重要人物憂心忡忡，也加大了施行優生學的呼聲。

　　這種情況並非德國獨有。英國的優生學會創立於一九二六年，很快就有了約八百名成員，主要來自科學、文化和政治菁英階層。他們孜孜於透過生物手段改善人類，儘管人數不多，但影響很大。斯堪的納維亞、西班牙、蘇聯和其他地方也成立了優生學會。在德國之外，也有人提出要對精神病患者實行強制絕育以改善人口品質，例如說，一九二二年，在瑞典的烏普薩拉（Uppsala）成立了一處種族生物研究所。但是，對種族品質的重視在德國最為顯著。早在一九二〇年，一位名叫賓丁（Karl Bingding）的律師和一位名叫霍赫（Alfred Hoche）的精神病專家，就提出在當時僅有極少數人支持的極端觀點，認為法律應當允許「消滅不值得存在的生命」。「對民族品質而非數量的強調與我國產糧區面積的縮小有著心理上的連結」，一九二五年在德國精神病學會發表的一場演講就如是說。這種說法將人口政策與缺少「生存空間」（德文為 Lebensraum，該詞後來成為納粹意識形態的用語）連在了一起。兩年後，德國生育率下降被說成是「城市對農民階級的勝利」和婦女解放造成「我們文化衰落的眾多象徵中最可怕的一個」，最終必定導致「白種人的衰亡」。

　　史賓格勒（Oswald Spengler）的著作《西方的沒落》對文化悲觀主義影響至深。該書第一卷出版於一九一八年大戰即將結束之時，

第二卷出版於四年後。史賓格勒旁徵博引,使用生命週期的生物學比喻,來比較研究歷史上不同的文化,從帶有神祕主義色彩的角度提出,西方文化在物質主義的影響下注定要沒落,除非菁英領導的強大國家動用國家的力量予以抵制。到一九二六年,這部內容龐雜的巨著賣出了十萬餘冊,讀者全部是德國中產階級。格林(Hans Grimm)於一九二六年發表的小說《沒有生存空間的人民》(*Volk ohne Raum*)比史賓格勒的著作輕鬆易懂,但同樣加劇了文化悲觀主義的情緒,成為右翼政治力量利用的工具。該書暗示,人口過多是德國經濟困頓的根源,解決這問題的唯一辦法是透過發動「爭取生存的鬥爭」去征服新的土地(格林設想去非洲征服土地,反映他對帝國的懷舊之情)。一九二六到一九三三年間,這本小說的銷售量達到二十萬冊以上,購買此書的許多人無疑是日益壯大的納粹運動的支持者。

德國的六千萬人口中,史賓格勒或格林的熱心讀者只占一小部分。儘管如此,像他們這樣的作者和其他能夠利用報紙雜誌宣揚觀點的人,以及神職人員和學校老師這樣的意見「傳播者」,其影響力絕不能低估。他們形塑公眾態度的潛力同樣不可小覷,後來法西斯主義推廣的就是他們塑就的公眾態度。

大多數德國人對戰前時代還有印象,儘管他們的記憶經常因懷舊而失真。隨著時間的流逝,他們日益堅信過去的時代是和平、繁榮、文明的時代,戰爭毀掉了它,留下的是災難與混亂。在文化悲觀主義者眼中,往昔的榮光現在僅剩下一個影子。他們認為,歐洲文明和基督教「西方」價值觀碩果僅存的內容,不僅因內部衰敗而岌岌可危,而且也受到外來道德和政治「疾病」的侵蝕。

文化悲觀主義在德國比在歐洲任何其他地方都更普遍、更嚴重。雖然法國人也對民族衰落感到焦灼,幾乎所有歐洲國家都有文化悲觀主義者,但沒有哪個國家像德國那樣憂心如焚。文化悲觀主義在德國

的種種表現說明，在中歐這個最重要、最先進的國家中，早在「黃金的二○年代」，一些將在政治及意識形態發生巨變後成為強大力量的思想就已經初露端倪。巨變的時代尚未到來。認同文化悲觀主義及其附屬思潮的還只是少數人。但是，隨著大蕭條的到來，形勢立刻發生了轉變。

光明前景？

　　一九二四年，法、德接受了道威斯計畫，兩國的關係於是有了恢復的可能。這成了實現歐洲持久安全的關鍵所在。一九二五年一月，英國新任外交大臣張伯倫（Austen Chamberlain）表示，希望「在能夠給舊世界各國帶來和平與安全的基礎上」建立「新歐洲」。張伯倫總是身穿晨禮服，頭戴禮帽，衣領上別著康乃馨，鼻梁上架著單片眼鏡，冷漠超然，不苟言笑。也許這麼說不太厚道，但他看起來活像漫畫裡的英國上層階級。張伯倫的希望似乎並非癡心妄想。德國要求修改凡爾賽條約，法國則堅持確保牢不可破的安全，以防德國這個萊茵河以東的鄰國再次發動侵略，二者的關係不可調和。而一旦克服了這個問題，就掌握了實現歐洲穩定的鑰匙。

　　一九二五至一九二六年間，張伯倫是在法德兩國的新基礎上建立關係的重要中間人。英國的利益遍及全球，為保護它的海外資產，英國的軍費開支（尤其是海軍軍費）居高不下。英國需要緩解歐洲的緊張局勢，而這就意味著要在法德之間建立某種平衡。不過，重建法德關係的主要負責人是兩國的外交部長白里安（Aristide Briand）和施特雷澤曼。

　　唇髭濃密、菸不離口的白里安是典型的法國外交家，雄辯滔滔，魅力四射。他也是眼光遠大的政治家，那時已經開始設想將來要組建

獨立於美國強權的歐洲聯盟。白里安看到，為了法國的利益，應當在確保國家安全的同時與德國和解，在這個基礎上，法德兩國都能實現持久的和平與繁榮。他的難題是得設法說服法國公共輿論，讓他們相信法國跟宿敵修好不會損害法國的安全。

德國外交部長施特雷澤曼身材魁梧，留著細細的一線唇髭，頭頂已童山濯濯。個性強悍張揚的他和白里安一樣高瞻遠矚，也在尋求為歐洲的持久和平建立基礎。他一度熱情支持君主制，在一戰期間高調鼓吹兼併主義。但是，戰爭本身、德國的戰後經歷和一九二三年那艱難困苦的一年，使施特雷澤曼認識到，他所宣布的「在和平歐洲的中心建立和平的德國」的目標若要成為現實，就需要重建跟法國的關係。一九二六年，他在德國人民黨的大會上說：「新德國及其復甦只能以和平為基礎。」他問道：「但是，如果和平不建立在德法之間諒解的基礎上，又怎麼可能實現呢？」

施特雷澤曼既是精明的務實主義者，也是堅定的民族主義者，二者並不矛盾。對他來說，頭等大事是重建德國在歐洲的主導地位。然而，當時的德國外交孤立，軍力虛弱。德國要實現復興，首先必須恢復與英法平起平坐的「大國」地位，從而修改凡爾賽條約，解決戰爭賠款問題。施特雷澤曼認為，只有透過和平談判才能做到這一點，而這就意味著與法國修好。他和法國的白里安一樣，為遏制激烈反對和談、要求採取強硬外交政策的眾多右翼民族主義者費盡了心力，把激進的民族主義壓制了整整五年。

實現法德關係和緩的決定性一步是一九二五年十月十六日簽訂的「洛迦諾公約」（Treaty of Locarno）。公約條款是施特雷澤曼、白里安和張伯倫乘「香橙花號」遊船在馬焦雷湖（Lago Maggiore）上泛舟五小時期間商定的。德國、法國和比利時承諾互不攻擊，英國和義大利做擔保國。公約的中心內容是五國保證維護德國的西面邊界和萊茵

蘭非軍事區。公約為德國一九二六年加入國聯鋪平了道路，而「洛迦諾精神」帶來的國際關係改善使西歐人看到了持久和平的希望。法國人高興地看到，英國正式擔保法國的安全，白里安認為這是重要的收穫。英國歡迎法德兩國關係緩和，也對自己將來在歐洲的責任只限於萊茵河邊界感到滿意。對施特雷澤曼來說，洛迦諾公約是向德國復興這個長期目標邁出的必要一步。外交孤立一經打破，協約國軍隊及早撤出萊茵蘭非軍事區的可能性就隨之加大（原定的撤軍時間是一九三五年）。此外，現在德國也許可以從比利時那裡收回奧伊彭－瑪律梅迪，拿回薩爾（Saar），減少戰爭賠款，並結束協約國在德國的軍事管制。不錯，亞爾薩斯－洛林是拿不回來了，但施特雷澤曼指出，那是德國軍力虛弱造成的不可避免的結果。關於德國的東部邊界，他可是寸步未讓。

對於洛迦諾的成果，每個西方參與國都有理由感到滿意。東歐的反應卻截然不同。波蘭尤其覺得西方國家，特別是它的盟國法國，辜負了它。波蘭的處境非常不利，它夾在蘇德之間，比過去更加孤立無援。沒有一個「東方的洛迦諾公約」。德國明確表示不為波蘭邊界擔保。英國和法國也沒有做出擔保。英國不想跟東歐有任何牽扯，儘管法國早在一九二一年就與波蘭以及由捷克斯洛伐克、羅馬尼亞和南斯拉夫組成的「小協約國」（little Entente）結成了同盟，但法國沒有強烈的動機擔保波蘭邊界的安全。英法兩國都更希望把德國往西歐這邊拉，杜絕德國與蘇聯加強關係的可能性。德國有些人鼓吹加強與蘇聯的關係，說一九二二年的拉帕洛條約才是好條約，因為它確立了德蘇之間蓬勃發展的貿易關係（還有不公開的軍事合作），給兩國都帶來重大收益。強硬的德意志民族主義者不出意料地對洛迦諾的成果感到不滿。為了安撫右翼批評者，施特雷澤曼保留了「糾正」東部邊界的可能性。這意味著在將來的某個時候，但澤、波蘭走廊和上西里西

亞可能會重回德國手中。他保證不會考慮使用武力。他認為，假以時日，這個目標可以透過耐心的外交來實現。

一九二六年九月十日，德國被接受為國際聯盟理事會的常任理事國。施特雷澤曼盛讚德國與從前敵國共聚一堂的景象，暗示人類發展從此有了新的方向。張伯倫說，這意味著戰爭的篇章終於翻過了最後一頁，歐洲站在新的起點上。白里安的講話最熱情洋溢，他高呼：「丟掉步槍、衝鋒槍、大砲！為和解、仲裁、和平讓路！」兩年後，白里安的理想主義未有稍減，他和美國國務卿凱洛格（Frank B. Kellogg）一起促成了沒有任何實際意義的「白里安－凱洛格公約」（Briand-Kellogg Pact），公約宣布絕不使用戰爭作為推行國家政策的工具和解決國際爭端的手段，這注定它從簽訂伊始即是一紙空文。

令人激動的「洛迦諾精神」很快冷靜了下來。欣喜興奮過後，法德兩國的利益仍然差距巨大。法國關於安全的憂懼殊難克服，而德國關於早日結束外國軍隊對整個萊茵蘭地區占領的希望很快就化為泡影（雖然協約國的軍隊在一九二六年撤離了科隆地區）。一九二六年，德國有人提議出售由賠款委員會代存的價值一百五十萬金馬克的鐵路債券，用錢來換取外國軍隊撤出萊茵蘭，但這個提議無疾而終。德國要求清空萊茵蘭（駐紮著六萬協約國部隊），收回薩爾河和奧伊彭－瑪律梅迪，取消協約國的軍事管制委員會。但是，法國人認為法國會因此受到更大的安全威脅，卻得不到任何回報（實際上，協約國一九二七年就把監督德國裁軍的責任交給了國際聯盟）。另外，美國銀行家反對把道威斯計畫規定的義務商業化。兩年後，在一九二八年的一次國聯會議上，德國正式要求協約國軍隊撤出萊茵蘭，這次沒有提出任何交換條件。不出意料，法國和英國不以為然，堅持等戰爭賠款付清後才能解決萊茵蘭問題。

至此，戰爭賠款再次成為突出問題，因為根據道威斯計畫，德國

的分期付款額在一九二八至一九二九年將增加，這就給德國經濟增加了負擔。一九二九年一月，各方成立了一個新的賠款委員會，由美國商界人士歐文‧揚（OwenD.Young）擔任主席，負責修改賠款規則。五個月後，委員會提出了建議，同年八月，相關政府接受了建議。「揚計畫」規定的德國償款額比道威斯計畫少得多，尤其在頭幾年。但是，償還期延長了，要到一九八八年才能付清最後一筆賠款。德國的右翼民族主義分子對揚計畫極為憤怒，組織了一次請願表達反對，並迫使政府舉行關於這個計畫的公投。但是，一九二九年十二月的公投結果顯示，有七分之六的投票人都同意接受揚計畫。雖然施特雷澤曼在有生之年沒有看到公投結果，但是他支持揚計畫，因為這意味著他的一個短期目標能夠實現：協約國保證，如果德國接受揚計畫，它們就會撤出萊茵蘭。一九三○年三月，德國國會批准了揚計畫。同年六月三十日，協約國從萊茵蘭撤軍，比凡爾賽條約規定的時間早了五年。

那時，和平修正主義的締造者施特雷澤曼已經逝世。他在短短的時間內取得了卓越的成就，雖然他沒能親眼看到自己的努力結出的果實。他的成就包括結束外國軍隊占領魯爾，終止協約國軍事委員會的監督，實現了經濟穩定，調整了戰爭賠款，提早實現協約國從萊茵蘭撤軍，當然還有達成洛迦諾公約以及帶領德國加入國聯。不過，施特雷澤曼的健康狀況一直堪憂，他在外交折衝中嘔心瀝血，這更加重了各種疾病。在陰雲在德國上空聚合，經濟危機即將席捲歐陸之際，施特雷澤曼的死意味著德國很可能不會沿著他指出的道路走下去，不會繼續透過妥協讓步、審慎行事、和平談判來努力恢復國力。此外，白里安的影響力也在下降，因為德國提出外國軍隊加快撤出萊茵蘭的要求後，法國人民普遍認為白里安在有關談判中不夠強硬，還認為他沒有好好保護法國的安全利益。這對德國堅持施特雷澤曼路線的前景更

是雪上加霜。白里安十一次擔任法國總理，可謂空前絕後。在他最後
擔任總理這一次（他七月剛剛上任，同時兼任外交部長），施特雷澤
曼去世後不到一個月，他也辭去了職務。

　　一九二九年八月，海牙會議召開，旨在就德國戰爭賠款和協約國
撤出萊茵蘭等問題達成協議，會議的名稱是「戰爭清算會議」。那場
會議似乎標誌著光明新未來的開端。但事實上，一九二九年恰好是塑
造了歐洲現代史的兩次大規模戰火的中間點。

搖搖欲墜的民主體制

　　自二〇年代中期開始的國際關係緩和，應歸功於各國的民主政
府。只要它們存在，歐洲的和平就有望維持。但是，二〇年代中期
和晚期的經濟復甦並未導致民主體制在全歐洲壯大。有些國家的民主
制度已經開始被專制政權取代。這種情況在落後的農業社會中比較常
見，因為那種社會通常民主觀念扎根不深，存在深刻的意識形態裂
痕，或面臨著民族統一方面的嚴重困難。民主只在北歐和西歐依然強
大，在整個大陸卻表現不一。

　　在中歐，民主在匈牙利僅僅是門面，在奧地利步履維艱，在捷克
斯洛伐克卻欣欣向榮。匈牙利有多個政黨，也有選舉（選民人數極為
有限，城市以外的地區沒有無記名投票）和議會制度。但匈牙利的多
元政治制度僅是表象，實質遠非如此。它受到強有力的行政當局自上
而下的控制，無人挑戰代表著菁英階層利益的執政黨；老百姓對政治
漠不關心，工人階級在政治上軟弱無力。

　　奧地利的民主制度未受損壞，但基礎薄弱，問題嚴峻。社會民主
黨和基督教社會黨的立場毫無交集，後者占統治地位，通常受到右翼
泛日耳曼主義者的支持，二〇年代期間始終控制著國家議會（雖然沒

有控制首都維也納）。形勢穩定的那幾年，兩黨的意識形態鴻溝不僅沒有彌合，反而進一步擴大。一九二七年爆發了一場動亂。社會民主黨「捍衛共和國聯盟」的兩名成員被名為「保衛家園」的右翼團體射殺，法庭卻宣判槍手無罪。於是，一群工人焚燒了維也納的法院大樓。警察對投擲石塊的示威群眾開了槍，打死了八十五人，警方也有四人死亡，傷者更是數以百計。事過之後，局勢恢復平靜，但依然暗潮洶湧。這起事件的主要受益者是號稱要保衛家園的各個右翼組織，它們既吸引了新的支持者，也獲得工業資本家更多的資金支持。還有一個不祥之兆是，支持日耳曼民族主義的人愈來愈多。各方政治力量日益極端化。當一九三〇年經濟危機來襲的時候，奧地利的民主已經搖搖欲墜。

　　捷克斯洛伐克則完全不同。它克服了民族分歧和政黨結構的分散，頂住了潮流，維持民主政治，國內沒有出現對民主的嚴重威脅。捷克地區的工業相當發達（雖然斯洛伐克並非如此）。它有人數眾多、教育良好的資產階級，還有經驗豐富的民事行政部門。一九二五年，共產黨在議會選舉中贏得了百分之十四的選票（二十七個其他政黨對選舉結果提出了質疑），獲得的議會席位比任何其他政黨都多。在位於政治光譜上其他位置的政黨眼中，共產黨的勝利代表著共產主義的威脅，這促使它們團結在一起。除共產黨之外的各主要政黨無論彼此有何分歧，都支持民主。事實證明，它們建起的聯盟行之有效，自一九二三年開始，經濟強勁增長，失業率驟降，這也大大有利於維持民主政府。捷克斯洛伐克的統一來之不易，而且依然脆弱。要維持統一，必須保持國內的穩定，這也是促使各政黨努力維持民主制度的一個重要因素。同時，政府對人數眾多的德裔少數族裔和斯洛伐克人採取懷柔政策，表示要給他們更大的自治權，這也起到對那些人中潛在反對派釜底抽薪的作用。

　　捷克斯洛伐克是罕見的成功故事。而早在大蕭條到來之前，在東歐大部、巴爾幹地區和遠至大西洋的地中海地區，民主政府都要麼已經垮台、要麼正在垮台、要麼在苦苦掙扎。

　　波蘭的歷屆政府均未給這個困難纏身的國家帶來穩定。最後，獨立英雄畢蘇斯基元帥忍無可忍，於一九二六年五月十二日到十四日發動政變，在接下來的幾年內帶領波蘭在專制的道路上愈走愈遠。波蘭這個國家有六種貨幣、三套法規、兩種火車軌距、數不清的政黨和人數相當多的少數族裔（每個少數族裔都遭受著嚴重歧視），把這樣一個國家在短時間內整合起來幾乎是不可能的。經歷一九二二至一九二三年的惡性通膨過後，波蘭的經濟開始復甦，一九二四年開始使用單一貨幣「茲羅提」是向前邁出的巨大一步。但是，波蘭面臨的問題依舊嚴峻（因與德國的關稅戰而進一步加劇），持續不斷的政治危機更是使那些問題解決起來難上加難。造成政治分歧的最大問題非土地再分配莫屬。結果，政府換屆猶如走馬燈，哪一屆也幹不長久。

　　到一九二六年，政治和經濟狀況都絲毫不見起色，政府也因議會內部無法解決的分歧而陷於癱瘓。畢蘇斯基再也看不下去了，他召集軍隊中依然忠於他的部屬，經過在華沙的短暫交戰後，迫使政府總辭。戰後畢蘇斯基保有憲政政府的機構和制度，但增加民主自由的限制，專制主義有所增強，包括加緊鎮壓政治反對派。

　　東歐大部都存在著和落入專制主義的波蘭同樣的結構性問題，例如說，農業主導的經濟面臨嚴重困難，土地問題造成了緊張，政黨政治的分歧無法彌合，少數族裔人數眾多，國家無法整合，軍方力量強大等等。在這種情況下，建立穩固的民主困難重重。立陶宛很快就墮入了專制主義。立陶宛的軍隊在一九二〇年曾敗於畢蘇斯基麾下的波蘭軍隊，現在卻從畢蘇斯基在波蘭發動的政變中得到啟發，於一九二六年十二月發起暴動，導致議會休會整整十年，總統大權獨攬。在其

他波羅的海國家中，如拉脫維亞、愛沙尼亞和芬蘭，議會制度雖然內部不穩，卻頂住了來自左翼和右翼的專制壓力。不過，後來只有芬蘭的民主得以持續。

巴爾幹國家建起的政府表面上是代議制政府，但實質上無一例外都是侍從政治外加赤裸裸的暴力，腐敗猖獗。那些國家都是農業社會，絕大多數人民非常窮，文盲率很高，政治競爭往往是部族間仇恨的反映。邊界和民族的問題造成了長期的不穩定。真正主事的一般都是軍方。

一九二三到一九二七年間，希臘從君主制變為共和國，隨即是短命的軍人獨裁統治，後又變回到共和國，三年內頒布了三部憲法。在那之後，希臘有過四年的相對穩定，接著經濟危機到來，希臘貨幣德拉克馬（drachma）暴跌百分之七十五，政府眼看著國家滑向災難卻束手無策，一九三六年，民主的門面徹底坍塌，專制政府正式登台。

毫無法紀、暴力頻仍的阿爾巴尼亞幾乎不能算作一個國家。偏執凶狠的索古在多次血仇廝殺中勝出，於一九二四年十二月領導發動軍事政變，攫取了政權。四年後，他自封為國王，靠著軍隊的支持封官許願，開啟了十四年的個人獨裁。

保加利亞的政治也是暴力氾濫。一九二三年，一群軍官在國王伯里斯三世（Boris III）的支持下暗殺了首相史坦博利伊斯基，將他的首級砍下，裝在一個鐵盒子裡送到首都索菲亞。接著，共產黨組織的一次暴動遭到血腥鎮壓，死傷數以千計。一九二五年，索菲亞大教堂發生炸彈爆炸，造成一百六十人死亡，數百人重傷（雖然國王和諸大臣都毫髮無損）。此事發生後，政府發動了又一波可怕的「白色恐怖」。保加利亞的議會政治僅僅是表象，執政黨在國家政治中占據絕對主導地位。政府倚靠殘酷鎮壓實現了穩定，一直持續到大蕭條年代。

羅馬尼亞的國內矛盾也非常深刻，主要是關於土地（羅馬尼亞的

絕大多數人口住在鄉村，大部分是小農）和國家認同的問題。羅馬尼亞人認為，國家面臨的威脅包括匈牙利企圖奪回被凡爾賽條約劃走的土地，布爾什維克主義（雖然羅馬尼亞共產黨非常弱小，一九二四年即被宣布為非法，因此並不構成實質威脅）和少數族裔，尤其是猶太人。二〇年代期間，矛盾尚在可控範圍內。一九二三年通過的新憲法加強了政府的行政權力。掌握統治權的布勒蒂亞努家族（Bratianu）透過操縱選舉，使由它控制的國家自由黨在議會中占據絕對主導地位。結果，國家權力幾乎被布勒蒂亞努家族壟斷。然而，一九二七年，在位十四年的斐迪南國王去世，削弱了該家族的權力，導致政治不穩定。次年，農業經濟遇到的困難日益嚴重，國家自由黨因此在選舉中敗給國家農民黨。但是，國家農民黨應對經濟困難不力，很快失去民心。一九三〇年，曾在一九二五年因情婦有一半猶太人血統而宣布放棄王位的卡羅爾二世食言反悔，發動了一場沒有流血的政變，登上國王的寶座。接下來的幾年內，國家面臨的嚴重經濟困難導致激烈反猶的暴力法西斯運動興起，政治危機不斷。通往獨裁的道路就此鋪就。

　　塞爾維亞－克羅埃西亞－斯洛維尼亞王國[2]本來就先天不足。有償收回大地主的土地，將其重新分配給農民的做法一直爭議不斷。它與四周的鄰國，諸如義大利、希臘、匈牙利和阿爾巴尼亞又都有邊界爭端。不過，最終使它那難以駕馭的民主制度變為專制主義的，是國家的結構性問題，因為信仰天主教的克羅埃西亞人和占人口多數、信仰東正教的塞爾維亞人水火不容，利益無法調和。一九二八年，一名憤怒失控的塞爾維亞人在議會刺殺了三名克羅埃西亞議員，引發了一連串後果。亞歷山大國王於次年一月解散議會，廢止憲法。新聞自由被取消，政黨遭禁，國家權力更加集中。（一九二九年十月，國家改

名為南斯拉夫，據說這可以凝聚民心。）一九三一年九月，這些措施載入了專制主義的新憲法。

地中海地區的多元議會制政府長期以來一直落居守勢，或者乾脆早已垮台。一九二九年的拉特蘭條約（Lateran Pacts）承認梵諦岡的主權，規定義大利與教會轄地的關係，並重申天主教為義大利的國教，墨索里尼借此消除了天主教會反對其政權的可能性，鞏固了手中的權力。就這樣，義大利法西斯國家中最後一支相對自治的力量也被解決掉了。在西班牙，里維拉繼續行使著他在一九二三年建立的相對溫和的獨裁，儘管大蕭條到來的時候，他為維持他那脆弱的政權而日益左支右絀。

一九二六年，葡萄牙和一些地中海國家一樣，也落入了專制統治。一次大戰動搖了葡萄牙舊有的寡頭權力結構。政府不穩成為常態，從一九一○到一九二六年，葡萄牙共換了四十五屆不同類型的政府。一九一五年曾有過幾個月的軍人執政。一九一七至一九一八年又有過一段帶有早期法西斯特徵的短暫軍人獨裁。政治暴力一直是葡萄牙政治中的潛在因素，進入二○年代後日漸猖獗。軍方對無能的多元政治制度極為不滿，儘管軍方內部不和，但仍舊有可能起來推翻政府。一九二五年，一場混亂的軍事政變被挫敗。次年，軍方各派克服了彼此間的分歧，由科斯塔（Gomez da Costa）將軍帶領再次發動政變，從冷漠的公眾那裡得不到熱心支持的文官政府未加抵抗即乖乖屈服。保守的菁英階層和天主教會歡迎政變。左派力量太過弱小，無力反對。科斯塔隨即讓位給卡爾莫納（António Carmona）將軍，後者在軍方支持下進行統治。卡爾莫納一九二八年成為總統，一直幹到一九五一年去世。但是，政權的關鍵人物很快變成了薩拉查（Antóniode Oliveira Salazar），他是科英布拉（Coimbra）大學的經濟學教授，一九二八年四月被任命為財政部長，兩年後成為總理。在長達四十年的

時間內，他一直是葡萄牙專制政權中舉足輕重的人物。

　　二〇年代末，民主只在歐洲經濟最為發達的北部和西部沒有動搖，因為那裡沒有東歐和南歐存在的那些破壞民主的因素。大蕭條到來前經濟強勁增長的幾年裡，民主要麼已經牢牢站穩、要麼正在鞏固的過程中。國家建立在菁英與大眾達成的廣泛一致的基礎上，極左和極右的黨派都成不了主流。無論各國的具體特點如何，它們都有一些共同特點幫助維持了民主的合法性，例如說，政治和社會制度頂住戰爭期間及之後的動盪延續了下來，政府能夠融合社會各界的利益並根據實際情況及時調整政策，領土完整和文化同質性得以保持，共產黨力量弱小，相對強大的社會民主黨因而成為工人階級的主要代表。這些國家的民族融合大多是漫長漸進的過程。英國、法國、斯堪的納維亞國家、低地國家和瑞士皆是如此。愛爾蘭南部新成立的愛爾蘭自由邦是個例外，它經過短短六年的獨立鬥爭就擺脫英國統治。然而，這個新生的民族國家也很快站穩腳跟，鞏固了運作良好的兩黨制民主，其基礎在很大程度上是以根基穩固的天主教信仰為根本的同質文化，還有對英國的廣泛敵意。

　　民主在歐洲大部的失敗固然對相關國家的人民有影響，有時似乎也波及鄰國，但還不致威脅歐洲的和平。只有當民主在英、法、德等大國陷於崩潰的時候，才會危及全歐的和平，因為大國的穩定對於維持搖搖欲墜的戰後平衡至關重要。

　　整個二〇年代期間，英國的經濟一直欲振乏力，但與歐洲其他國家相比，它卻是政治穩定的典範。然而，儘管英國基於多數票的選舉制度起到防止政黨分散化和不同政黨間結盟的作用，但卻沒能阻止英國政府在一九二二到一九二四年三易其手。麥克唐納（Ramsay MacDonald）是蘇格蘭農場工人和女傭的私生子，但他克服了卑微的出身，當上工黨領袖。他兩度擔任首相。第一任時間較短，一九二四

年一月政府成立，到十一月即告完結。接下來的五年內，政府由保守黨掌權。新任首相鮑德溫（Stanley Baldwin）來自英格蘭中部地區，出身於富有的煉鋼廠主家庭，給人的印象是穩重可靠、令人放心。他的政府遇到了一九二六年大罷工造成的社會分裂和政治動亂，組建第二年即成為弱勢政府。但是，英國倚靠體制內的調整進行危機管理。無論是共產黨還是法西斯運動都無法影響主流政治，前者的支持者還不到選民的百分之一，後者力量弱小，仍處於萌芽階段，支持者都是些乖戾怪僻的人。英國在二〇年代期間面臨著巨大的社會和經濟問題，但那些問題並不影響民主的合法性。一九三〇至一九三一年間，經濟大蕭條使麥克唐納的工黨少數政府陷入了危機，但國家沒有出現危機。

　　法國的穩定不像英國那樣牢靠，雖然法國的民主在大蕭條之前沒有遇到過嚴重的困難。由於貨幣危機，從一九二五年四月到一九二六年七月接連換了六屆政府，但內閣的頻繁更迭並未動搖第三共和的合法性。龐加萊擔任總理的一九二六到一九二九年間，法國恢復穩定，一九二八年的選舉顯示民意轉向保守的右翼，似乎使穩定進一步鞏固。表面上形勢一片大好。

　　然而，與英國不同的是，法國的政治制度並非無人挑戰。法國社會中有一部分人從未接受過共和國，或僅僅勉強忍受共和國；他們人數雖少，影響力卻不小。在法國左翼政府深陷財政危機，民眾對共產黨的支持大幅縮減的當口，一九二四年十一月二十三日，共產黨人和社會黨人一道在巴黎組織了一場大規模遊行，護送（一九一四年遭暗殺的）社會黨英雄饒勒斯的骨灰到先賢祠安放。遊行隊伍組成的「紅旗之海」使人聯想到布爾什維克革命。右翼稱其為「資產階級的葬禮」，說「此時，每個人都清楚地看到了革命的禍患」。沒有幾天，就興起一批自稱為各種「聯盟」的「愛國主義運動」，其中之一叫作

「束棒」（Faisceau），這是從義大利法西斯運動那裡借來的字眼，這個名字一語道破了該組織的政治傾向。這些組織幾乎一夜間就吸引成千上萬的成員，大多是年輕的法國人。

並非所有聯盟都是法西斯組織。事實上，有些聯盟堅決拒絕訴諸暗殺手段。法國的極右分子也並不都是某個聯盟的成員。像在其他地方一樣，極端右派和保守右派之間的界線變化不定。最後，法國安然度過了那段時期。龐加萊大力維穩，有產者重新獲得安全感，危機的引信被拆除了。各種形形色色的聯盟至少暫時失去了民眾的支持。保守主義占據上風，不再需要極右派來抗衡左派。不過，極右派並未消失。如果危機重起，持續的時間更長，對穩定的破壞更大、更加危險，那麼極右派就會東山再起並變本加厲，對法蘭西共和國構成威脅。

如果說英國穩定牢固，法國卻根基堪憂的話，德國就是一個說不清的謎。德國的制度既不是經濟比較先進的北歐和西歐國家那類基礎牢固的民主，也不是東歐那類脆弱的新生民主。德國在很多方面是混合體。它集西方和東方的特點於一身，既和英法兩國一樣有大規模的工業無產階級，也有眾多植根於土地的農民，特別是在德國東部。德國有民主理想主義和多元政黨政治的悠久傳統、高度發達的官僚機構、現代的工業化經濟，還有教育良好、文化先進的人口。但是，民主制度在德國卻是新鮮事物。它誕生於戰敗和革命的苦難之中，從一開始就備受爭議。德國實現政治統一才半個世紀，人民心中更深層的認同是超越國家邊界的文化認同。德國與英國、法國和西北歐其他國家的不同之處在於，德國國家概念的基礎是族裔，不是領土。無論德國的知識分子菁英彼此意見如何不同，他們都拒不接受其所謂「西方」民主的價值觀，不管是起源於一七八九年大革命的法國傳統，還是造就英國現狀的鼓吹自由貿易的資本主義和自由主義。在他們心目中，德意志國家體現了德意志文化價值觀，不僅異於、而且優於西方

文明的產物。他們認為，德國在一戰結束時經受的恥辱、戰後經濟和軍事上的孱弱、大國地位的喪失，以及議會體制造成的分裂都不過是暫時的失利，不會永遠如此。

德國的政治穩定不單是德國人民關心的事，而且對歐洲大陸未來的和平舉足輕重。德國橫跨歐洲東西兩部，經濟和軍事潛力巨大，改變東歐現狀的野心不死，所以，民主能否生存，以及施特雷澤曼的國際合作政策能否延續，就成了決定歐陸上搖晃不穩的力量平衡能否得到維持的關鍵問題。

二〇年代後半期的「黃金時代」中，德國順風順水，經濟增長強勁，人民生活水準改善，還加入了國聯。洛迦諾公約確定了西面的邊界。人們普遍感到民主正日益鞏固，即使一九二五到一九二七年間政府四度更迭也未改變這種感覺。政治極端主義沒了市場。一九二四年，人民對共產黨的支持度降低到百分之九，支持溫和的社會民主黨的票數卻有同樣比例的上升。一九二三年十一月希特勒組織暴動未遂，極端右派四分五裂。雖然納粹黨在希特勒獲釋的第二年得到重建，但它仍然只能活動於政治的邊緣。一位觀察家在一九二七年說，納粹黨不過是一個「小團體，無法對廣大民眾和政治事件的走勢產生任何可見的影響。」

一九二八年的大選反映了德國的穩定局面。頂多只能算半心半意支持民主的右翼保守派損失慘重。納粹黨獲得的選票僅有可憐的百分之二‧六，只贏得十二個國會席位，這似乎顯示，它作為一支政治力量走到了窮途末路。大選的主要贏家是社會民主黨，它贏得了百分之三十的選票，在與兩個天主教政黨和兩個自由黨結成的「大聯盟」中一家獨大。在穆勒（Hermann Müller）的領導下，德國社會民主黨自一九二〇年以來第一次掌握政權。民主在德國似乎前程似錦。

然而，表象下的實際情況並非一片大好。「大聯盟」本來就脆弱

不穩，很快的，社會民主黨和與它勉強結盟、代表大企業利益的施特雷澤曼的德國人民黨之間，就暴露出深刻分歧。導致兩黨針鋒相對的第一個問題是建造軍艦。社會民主黨在選前提出的競選口號是：「不要裝甲巡洋艦，要讓孩子吃飽飯。」所以，當聯盟的中間及右翼政黨的部長強行通過建造巡洋艦的決議時，社民黨人勃然大怒。接著，魯爾的工廠主把幾乎二十五萬名鋼鐵工人鎖在工廠大門外，不准他們復工，這造成「大聯盟」成員之間的又一條鴻溝。關於小幅增加失業保險金中雇主攤款份額的建議，也造成曠日持久、無法調和的爭議，這完全暴露出聯盟中各個政黨的立場大相徑庭。一九三〇年三月，這個問題終於壓垮了笨重不靈的「大聯盟」。

也在此時，經濟困難開始加劇。一九二九年一月，德國的失業人數突破三百萬大關，比前一年增加了一百萬，占勞動人口的百分之十四。共產黨在一九二八年選舉中獲得的支持有所增加，達到百分之十以上，得到許多失業工人的支持。共產黨遵循共產國際新通過的史達林路線，開始把槍口轉向社會民主黨，莫名其妙地罵它是「社會法西斯黨」。在農村，農業經濟危機也引發人們對政治的嚴重不滿。

納粹黨人發現，他們在北部和東部的鄉村地區沒有進行持續的造勢活動，就獲得相當多的支持，連他們自己都感到意外。事實上，即使在納粹黨還無足輕重的時候，它的黨員就在不斷增加，現已達到十萬人，這提供了納粹黨足夠的生力軍，使納粹黨得以充分利用日益加劇的社會動盪。另一個對納粹黨人有利的因素是，他們聲嘶力竭地反對「揚計畫」改動戰爭賠款安排，因而得到保守報刊的讚揚。雖然納粹黨離主流政黨的地位還差得遠，但它在一九二九年幾場地方選舉中斬獲的選票卻增加了。次年六月，大蕭條全力來襲時，希特勒的政黨在薩克森的邦級選舉中贏得百分之十四的選票，比在一九二八年國會選舉得票數幾乎高了五倍。

不久後，繼穆勒之後擔任總理的中央黨政治家布呂寧（Heinrich Brüning）解散了國會，因為國會拒絕他關於大幅削減公共開支的提案。對於國家面臨的財政困難，布呂寧沒有試圖尋找民主的解決辦法，而是企圖靠總統令來強推通貨緊縮的措施。德國總統這個絕頂重要的職務自一九二五年以來一直由戰爭英雄興登堡陸軍元帥擔任。興登堡雖然宣誓捍衛民主共和國，但他曾是君主制政權的柱石，他不相信民主，而是自視為代理德皇。把總理從社會民主黨的穆勒換成願意靠總統令治國的布呂寧，其實是好幾個月前就計畫好了的，是削弱社會民主黨、建立不靠多元議會制政府的大方略的一部分。興登堡、布呂寧和支持他們的保守派菁英從未想過讓納粹黨執政，他們認為納粹黨人是一群野蠻、粗俗、吵鬧的民粹主義者，不是管理國事的料。他們實質上是想把時鐘撥回到過去。有沒有君主並不重要，他們要的是回歸俾斯麥式的憲政安排，在那樣的安排下，政府不受國會管束，尤其是不受可恨的社民黨人的管束。興登堡、布呂寧和保守派菁英希望建立反民主的半專制統治，由保守菁英當權。

布呂寧擔任了總理，興登堡繞過國會行使統治，這使得民主在德國陷入經濟蕭條前就遭受沉重的打擊。一九三〇年九月十四日舉行國會選舉後，民主再受重創。舉行那次選舉是布呂寧的決定，結果事與願違。希特勒的政黨取得驚人的突破，贏得百分之十八・三的選票，在新國會中占了一百零七個席位。納粹黨一夜之間聲名大噪，成為德國國會第二大黨。投給納粹黨的選票不再是浪費在邊緣小黨的身上了。群眾對納粹黨的支持迅速增加，資金源源而至，使之得以從事更多的煽動激進情緒的活動。納粹黨的權力之旅開始起步。希特勒擔任總理似乎仍遙不可及，但是，靠總統令治國的致命決定和納粹黨在一九三〇年大選中的成功，為德國的民主敲響了喪鐘，進而擴大全歐洲的不確定性。過去幾年中艱難維持的平衡岌岌可危。

　　當然，未來充滿著各種可能，從來不是一條清楚明白、事先定好的道路。如果大蕭條沒有從美國傳來，歐洲也許能夠一直沿著經濟持續增長、開明自由、民主政治的康莊大道闊步走向國際和平與和諧的光明未來。但是，若是打賭的話，恐怕沒有人會對這個可能性下很大的賭注。雖然後來幾年間不斷加深的危機既非不可避免、亦非預先注定，但其來有自。歐洲「黃金的二〇年代」僅是表面光鮮，但實際上問題叢生的晦暗時期。

　　全球經濟失衡，弱點突出。各國推行保護主義政策，高調追求自身利益，更加劇了經濟失衡。因此，各國沒有堅實的基礎去抵禦來自大西洋彼岸的衝擊。文化的不同滋生了廣泛的偏見與敵意，在社會和思想氣氛轉差的時候，很容易被人利用。民主和自由的思想在各地都處於守勢。到大蕭條來襲時，歐洲的許多國家均已或即將淪為專制社會。

　　所有歐洲國家中，有一個國家在決定歐洲命運走向中最為舉足輕重。歐洲大陸實現光明未來的希望首先寄託在德國身上。但是，早在華爾街崩盤之前，德國就出現令人憂心的跡象。經濟增長掩蓋了日益嚴重的問題。文化分歧在德國比在任何其他國家都表現得更加尖銳。德國滑入全面危機之前，潛在政治危機的跡象已歷歷可見。德國民主的完好無損是歐洲未來和平與穩定的最好保障。如果民主在這個關鍵的歐洲國家中垮掉，會發生什麼情況？大蕭條在後來數年間造成的後果不僅對德國，而且對整個歐洲都將產生決定性的影響。

　　在流行查爾斯頓舞的那些表面上無憂無慮的年代中，歐洲一直在火山上跳舞。現在火山來到爆發的時候了。

第五章

陰霾四合

Gathering Shadows

沿著濕滑的陡坡沉入深淵，蹤影不見。

秩序和清潔，工作和舒適，進步和希望，全部一去不返。

——漢斯·法拉達（Hans Fallada），

《小人物，怎麼辦？》，一九三二年

　　大蕭條的魔掌從一九三〇年開始收緊。它對歐洲來說不啻一場大災難。歐洲所受的影響並不平均，有些國家倚靠良好的經濟與政治結構躲過大蕭條的重創。在各個國家內部，不同地區受到的影響也有所不同。即使在發生嚴重衰退的經濟體中，也有一些部門出現了增長。但儘管如此，那場經濟衰退造成的破壞仍然十分巨大，既深且廣，沒有一個國家毫髮無傷。

　　大蕭條期間，歐洲的政治分裂暴露出來，歐洲基本上一分為二。民主得以生存的地區僅僅是西北歐，另外還有芬蘭、捷克斯洛伐克和西班牙（在後兩個國家中存活的時間不長）。在其他地方，專制主義占了上風，儘管形式也許各不相同。在這個經濟和政治都四分五裂的大陸的上空，陰霾正迅速聚集。

衰退

美國經濟的烈火烹油之盛，導致人們大量冒險投資於耐用消費品、汽車、鋼鐵和建材生產。投機的泡沫於一九二九年十月二十四日破滅後，美國的經濟榮景戛然而止。一位觀察家評論說：「市場就像發了瘋，對企圖主宰它的人發起狂暴無情的報復。」驚慌的人們紛紛拋售股票，華爾街一片大亂。股票價格一落千丈，成千上萬的投機者傾家蕩產，商業信心沉入谷底。工業產值和進口額直線墜落，商品價格下滑，失業率飆升。美國給外國的貸款在崩盤前就已經開始減少。現在，美國債權人開始收回原來向歐洲國家，特別是德國發放的短期貸款。

國際經濟本已失衡，現在又面臨強大的通縮壓力。在這樣的情況下，歐洲在劫難逃，被捲入迅速擴大的經濟災難。衰退像傳染病一樣愈傳愈廣。到一九三〇年，歐洲製造業陷入了衰退。大規模失業也從大西洋彼岸傳了過來。到一九三〇年夏初，光德國就有一百九十萬人失業，失業保險制度不堪重負。全國人均收入開始下降，一九三二年的人均收入僅是一九二九年的三分之二。通貨緊縮席捲歐陸。需求的減少導致價格下跌，民眾的購買也開始減少，就連對生活必需品的購買也降到最低水準。工資和薪水降低了，但隨著物價下跌，仍然有工作的人掙的工資反而能買到更多的東西，所以，「真正的工資」往往有所增加。稅收的減少給政府收入帶來了沉重的壓力。

有些國家企圖透過削減國家開支來平衡預算，卻事與願違。一九三三年在倫敦大張旗鼓召開的世界經濟會議，是唯一一次尋求國際協調應對危機的努力，可惜一無所成。各國政府應對經濟衰退的辦法是加緊保護本國的經濟。到一九三〇年夏，美國已經出現強烈的保護主義傾向。作為報復，其他國家也採取關稅保護措施。例如說，法國對

進口商品的平均關稅在一九三一年增加到百分之三十七，捷克斯洛伐克增加到百分之五十。英國也打破它的自由貿易傳統，自一九三二年三月起實施百分之十的普遍關稅，四個月後，又與各英聯邦自治領達成交易，確保英國貨物得到優惠待遇。對已經在苦苦掙扎的國際貿易來說，出口驟降等於雪上加霜。

　　更壞的還在後頭。幾個歐洲國家的銀行系統承受的壓力愈來愈大。一九三一年五月，由於存戶害怕失去存款而發生的擠兌，造成奧地利最大的銀行，維也納聯合信貸銀行倒閉，對歐洲金融體系造成了重大衝擊。兩個月後，德國的第二大銀行達姆施塔特國民銀行也被拉下水，在存戶的擠兌風潮中破產。歐洲各銀行開始出售英鎊來增加黃金儲備，因而引發英鎊拋售潮。英國試圖維持原有的兌換率，但徒勞無功，七月下半月每天損失二百五十萬鎊。從七月中到九月中，兩億多英鎊的資金流出倫敦，英格蘭銀行的儲備減少到了危險的地步。九月二十一日，英國被迫放棄金本位。英鎊的匯率應聲而落，降了四分之一。

　　一九三二年，歐洲的經濟跌至谷底，資本主義經濟陷入空前崩潰。所有歐洲國家的國民生產總值都下降了，但幅度各有不同。英國、瑞典和義大利是百分之七，比利時剛過百分之十，德國和南斯拉夫則到了百分之十七以上，波蘭更是高達百分之二十五。這是因為各國的經濟結構和它們對美國金融市場的依賴程度不同。歐洲最大的經濟體之一法國在經濟衰退開始時幾乎未受影響，部分原因是法郎在一九三一年前估值偏低。法國經濟中農業占很大部分，農民中相對較多的人是自給自足的小農，另外，法國還有大量與地方和地區經濟密切相關的小型手工業生產，這些在經濟蕭條初期幫助法國抵禦住華爾街崩盤的嚴重後果。一九二九年，政府採取措施保護農產品價格，維持了國內市場的繁榮，這也有助於加強法國起初抵禦危機的能力。法國

政府驕傲地宣稱，儘管其他國家面臨經濟垮台的危險，但它的「繁榮政策」將繼續下去。一家主要的法國日報宣布：「無論世界經濟蕭條的原因為何，法國都能平靜以對。」「經濟的健康和法國人民美德的可喜結合，使法國成了世界經濟的支柱。」

但這種自負自大很快就遇到了現世報。截至一九三一年，法國仍僅有五・五萬人失業。但它已無法躲避陷入國際性經濟衰退泥淖的命運。大蕭條在一九三一年終於降臨法國後，對法國的影響比對多數其他主要經濟體的影響都更持久。整整十年內，生產都沒能恢復到一九二九年的水準。法國一九三六年的出口額只有一九二八年的一半。一九三二年，破產企業的數目直線上升，且升勢不止。根據官方數字，一九三五年的失業人數達到近一百萬，非官方的數字還要高得多。法國為了面子，不肯讓法郎貶值，經濟復甦因而更加步履維艱。英鎊和美元貶值後，法郎的堅挺使法國喪失了出口競爭力。

雖然一提到大蕭條，人們就會想到工業城鎮中大批的失業工人，但是，靠土地謀生的人，包括中農、貧農和打零工的雇農，也在那場經濟暴風雪中險遭滅頂。重災區是高度依賴農業的東歐。大蕭條造成處處民不聊生、啼飢號寒。波蘭受害尤烈。波蘭經濟以農業為主，工業部門很小，政府採取的大幅度削減國家開支、硬撐估值過高的貨幣等政策，更加重已經十分嚴峻的形勢。當時有人這樣描述大蕭條在波蘭鄉村產生的影響：「夏天還好，但到了冬天，孩子們瑟縮在茅屋裡，從脖子以下的整個身體都裝在填滿穀糠的袋子裡，因為若是沒有這一層遮擋，他們就會在沒有取暖設施的冰冷茅屋裡凍死……所有人的生活都困苦至極。」

農產品價格一落千丈。同時，貸款來源枯竭，利率居高不下，許多負債的人因此淪為赤貧。大批農莊被出售或拍賣。例如說，從一九三一到一九三二年，巴伐利亞被迫出售的農莊數目增加了百分之五

十。打零工的農業工人經常找不到活幹。擁有小塊土地的自耕農靠土地的產出為生，有時僅能勉強餬口。法國南部一個貧窮村子裡的住戶每天只吃得起一頓飯，吃的東西只有栗子、橄欖、小蘿蔔和一些賣不出去的自家種的蔬菜。不出意外，在法國農村和歐洲的許多地方，農民對政府、官僚、城裡人、金融大亨、外國人和猶太人日益怒火中燒，他們認為自己的困苦就是這些人造成的。這種情緒助長了極右派宣揚的激進主義。

經濟遭受的破壞在工業區更加顯著。奧地利的工業產值從一九二九到一九三二年直落百分之三十九，失業率幾乎增加了一倍。波蘭一九三二年的工業產值與一九二九年相比下降了百分之三十，失業率也翻了兩倍。歐洲大陸最大經濟體德國一九三二年的工業產值與一九二九年相比幾乎少了一半。工廠紛紛關門，數百萬工人失去了工作，造成失業率飆升。到一九三二年底，英國、瑞典和比利時的工人失業率到百分之二十以上。德國的勞工幾乎三分之一沒有工作，官方數字是六百萬，如果加上非全職工人和隱性失業者，數字就到了八百萬，也就是說，全國勞動人口有近一半失業或半失業。這些怵目驚心的數字下面掩藏著人民的辛酸和痛苦。

龐大的失業人口使國家失業保險制度不堪負荷，失業工人只能靠微薄的救濟金維持生活。一九三一年，英國政府把失業救濟削減了百分之十。無論如何，長期失業的人都不再有資格領取失業救濟金，而是要在《濟貧法》下獲得救助，但政府首先必須對申請人進行令人痛恨的嚴苛「家庭經濟調查」，來評估他們的收入狀況，然後才決定是否給予救助。當時人們說，家庭經濟調查只會使窮人更窮，因為一個家庭中如果有人有工作，另一個人的失業金就會被減。英國威根（Wigan）一個四口之家的父親原來每週領取二十三先令的失業救濟金，但因為他的兩個兒子加起來能掙三十一先令，結果父親的救濟金

被減少到十先令。在紡織業重鎮蘭開夏郡（Lankashire），經濟衰退造成哀鴻遍野，棉紡廠的大部分工人被解雇。一九三二年，蘭開夏郡的布萊克本（Blackburn）有一個家庭只靠一個人的失業救濟金維生。當他謝絕了遠在二百五十英里以外的康沃爾郡（Cornwall）的一個工作機會後，政府馬上不容分說地停發了他的救濟金，全家唯一收入來源就此被切斷。難怪在二十世紀後來的時間內，甚至二十世紀以後，人們一想到英國的社會政策，馬上就會回憶起可惡的「家庭經濟調查」。

大蕭條造成的貧困摧殘靈魂，破壞家庭，斷絕人的一切希望。一九三六年初，英國當時最有影響力的作家兼社會評論家喬治・歐威爾（George Orwell），曾在英格蘭西北部的威根小住，親身經歷處於蕭條之中的工業區的生活狀況。[1]

幾週後，歐威爾離開威根時，「一路上怵目驚心，放眼望去只看到成堆的礦渣、死寂的煙囪、堆積如山的廢鐵、臭氣沖天的運河、印滿了木底鞋印又混了煤渣的泥巴路」，途中他看到「貧民窟的姑娘常見的疲憊的臉，小產和每日的操勞使得二十五歲的人看上去像是四十歲；我目光觸及的那一瞬間，那臉上呈現的蒼涼與絕望為我此生僅見。」一兩年前，歐威爾還去過巴黎，目睹了那裡可怕的貧困，「你知道了什麼是飢餓。你肚子裡只裝著麵包和人造奶油，到街上去看商店櫥窗……你知道了與貧困密不可分的無聊；無所事事，又吃不飽飯，結果對一切都提不起興趣。」

1　作者注：令人驚訝的是，歐威爾這位如此關注工人階級狀況的觀察家，卻錯失在威根觀看橄欖球比賽的機會，那可是一項典型的無產階級體育運動。一九三六年二月十五日是他抵達威根後的第一個星期六，他本應去離他住處不遠的賽場，觀看威風八面的威根隊是如何在自己主場一·五萬觀眾的眾目睽睽之下，以十比十七的比分完敗於利物浦史坦利隊的小魚小蝦。

一九三二年，德國只有百分之十五的失業工人得到全額救濟，但即使全額救濟也十分微薄。另外有百分之二十五的人接受緊急救助，百分之四十倚靠濟貧救助，還有百分之二十什麼救助都沒有。一位觀察者在一些嚴重貧困的地區旅行時描述道：「全國籠罩著一片愁雲慘霧，官方干預毫無作用，人民生活在敝陋、壓抑、滿是疾病的活地獄中。」嚴冬時節，柏林和其他市鎮臨時搭起大棚，數千名無家可歸的人每天都到那裡去取暖，領取僅夠果腹的食物，找個睡覺的地方。全家人都意氣消沉。一個十四歲的德國女孩在一九三二年十二月寫道：「我爸爸失業三年多了。我們原來相信他總有一天能找到工作，可是現在就連我們孩子也放棄一切希望。」

奧地利維也納以南二十五英里有個地方叫馬林索爾（Marienthal），當地唯一的大雇主是一家紡織廠，它的倒閉影響到當地四分之三的人口。在那裡做的一項社會學研究顯示，長期失業會造成人的麻木、無奈和深深的絕望。一個二十來歲、貧困交加的失業工人有一個妻子和兩個營養不良的孩子，研究人員對他的評價是：「他沒有了希望，只是渾渾噩噩地得過且過。……他喪失了抗爭的意志。」

關於波蘭的一份報告指出，貧困對家庭生活的影響往往是災難性的。「好幾個人擠在一間屋子裡，沒有足夠的傢俱讓每個人都能有坐臥的地方，食物愈來愈少，氣氛變得愈來愈無望、壓抑，這些必然導致家人彼此經常爭吵……家庭生活的解體加速，下一步就是人們淪為盜賊和妓女。」波蘭人因失業而自殺的事件急劇增加，這顯示人民生活得實在是痛苦絕望。

受害最重的是重工業工人，比如在煤礦、鋼鐵廠和造船廠等產業就業的工人。像馬林索爾這樣陷入長期衰落的紡織工業區也是滿目瘡痍。但大蕭條在各地造成的影響並不一樣。從一九二八到一九三二年，德國全國的失業人數翻了四倍。在以農業為主的東普魯士，

失業人數只翻了兩倍（雖然農村經濟的困境同樣帶來普遍的痛苦）。相比之下，工業區薩克森的失業人數增加了七倍多。一九三二年，英國北方的平均失業率是倫敦的兩倍。但平均數掩蓋了巨大的差別。在東北部的畢曉普奧克蘭（Bishop Auckland）和賈羅（Jarrow），二分之一以上的工人沒有工作。一九三三年秋，著名小說家和戲劇家普里斯特利（J. B. Priestley）為他目睹的情況深為震驚，在他的《英格蘭之旅》（*English Journey*）中寫道：「到處都是無所事事的人群，不是幾十人，而是成百上千人。」在南部威爾斯工業區的梅瑟蒂德菲爾（Merthyr Tydfil），工人失業率超過了三分之二。但在倫敦北邊的聖奧爾本斯（St Albans），失業工人只占勞動人口的百分之三‧九。

　　不過，在影響如此深遠的經濟蕭條中，卻還有些地方出現明顯的經濟增長。英國南半部相對繁榮，吸引著凋敝地區的人逐漸南移來尋找工作，人口增多造成需求加大，進而更加推動增長。為了滿足對新的房舍、學校、商店、電影院和其他設施的需求，建築業蓬勃發展。郊區不斷擴大，於是需要修建新的道路。建築業又促進其他行業的發展。隨著家用電器的普及，主要位於英格蘭南部的電氣工業持續增長。在兩次大戰期間，英國的用電量增加了幾乎十倍，這表示即使在經濟大蕭條期間，人們對電器產品的需求也是如此。此外買得起汽車的人也增加了，其中主要是上層階級和中產階級的人。汽車市場在經濟蕭條中逆勢增長，汽車製造廠集中的英格蘭中部地區沒有像英格蘭北部、威爾斯和蘇格蘭這些傳統工業重鎮那樣遭到慘重打擊。英國南北之間的經濟差距因此擴大。同樣擴大的還有就業者與失業者之間的差距。對居住在較繁榮的英國南部地區的許多中產階級家庭來說，大蕭條中受害最烈地區的大規模失業似乎非常遙遠。朝陽產業的雇員和有經濟能力享受他們勞動產品的消費者實在是幸運兒。

　　經濟危機大大加劇人們已有的憤怒與不滿，也加深他們對未來的

焦慮與擔憂。社會因此變得更加刻薄、更不寬容。一個表現是，大規模失業加深人們對占了「男人的工作」的婦女的偏見。隨著德國失業率飆升，夫妻兩人都工作的「雙薪家庭」日益成為公眾的怒火所向。在法國，對婦女的偏見也因大蕭條而加劇，許多人認為，婦女應該待在家裡和農莊做妻子和母親，最多幹些「女人的活兒」，比如做福利工作或當護士。隨著大蕭條加劇，婦女被擠出許多工作場所，晉升無門，在大學裡不受歡迎，在各個方面都備受歧視（包括在法國政治中，婦女直到一九四四年才獲得投票權）。婦女即使能找到工作，比如做店員、祕書或其他的職員，工資也必然比男同事低。只有斯堪的納維亞沒有隨著風潮加大婦女的就業歧視，瑞典甚至在一九三九年立法規定，不能把已婚作為不予雇用的理由。

　　斯堪的納維亞對婦女就業這與眾不同的態度，是該地關於福利與人口政策大思路的一部分。但那裡也出現對人口數量下降和似乎必然會隨之而來的品質退化的擔憂，這與歐洲當時的普遍思潮不謀而合，經濟危機正好起到了推波助瀾的作用。自一次大戰以來，擔憂人口數下降是歐洲的普遍現象，法國和德國尤甚，這甚至導致二〇年代中一度被提倡的避孕，也引來反彈聲浪。反避孕的潮流遍及各國，得到許多民眾聲援，在天主教國家中尤其得到一貫激烈反對節制生育的天主教會的強烈支持。雖然墮胎在歐洲大部分地區都被列為非法，但此時反墮胎的立場更加強硬。例如說，英國在一九二九年將墮胎定為犯罪。任何被定罪「意圖消滅一個脫離母體後仍有生命跡象的孩子的生命」（定義為二十八週以上的胎兒）者，都要被判處終身苦役。但即使如此，英國和歐洲其他國家成千上萬的已婚和未婚婦女仍然選擇墮胎，不僅冒著受到法律嚴懲的風險，而且還可能因非法手術出錯而嚴重傷害自己的身體，甚至死亡。

　　英國植物學家瑪麗·史托普斯（Mary Stopes）在二〇年代提倡節

制生育的時候，是把節育當作改善人口品質的措施來宣傳的。一次大戰後，關於遺傳、基因、種族族群的縮小和對優等品種的渴求成了歐洲知識分子念茲在茲的問題。大蕭條更加深了人們對「民族健康」的疑慮，因此更加支持優生學，或與它意思一樣，但聽起來令人心悸的「種族衛生」（指透過控制生育來淘汰「劣質」，改善種族品質，以期提高「民族效率」）。各國在經濟蕭條期間不得不勒緊腰帶，於是照顧社會中「無生產力」成員的代價變得更加難以承受。在英國，支持優生學運動的不僅有著名的科學家、心理學家和醫生，還有包括經濟學家凱因斯和劇作家蕭伯納在內的大知識分子。一九三二年，赫胥黎（Aldous Huxley）在他的反烏托邦小說《美麗新世界》（書中描繪的社會倚靠生物工程和思想控制來實現最高程度的社會及經濟效率並維持穩定）即將出版時說，優生學是政治控制手段，他贊同採取措施來預防「整個西歐族群……的迅速退化」。一些更為極端的優生學論者認為，除非採取大刀闊斧的種族清洗措施，否則不列顛「種族」的生理特質勢必會退化，以致最終滅絕。他們甚至考慮要對「劣等人」採取無痛消滅的手段，如果做不到，就施行強制絕育。雖然抱持這類主張的只限於少數優生學家，在英國並未成真，但這也顯示在大蕭條期間，就連民主國家的民意也轉向保守。

在德國，讓遺傳病患者自願絕育的提案在一九三二年納粹黨上台前就提出了，也得到醫生的支持。希特勒政府上台後採取的措施還要激烈得多。不過希特勒政府盡可放心，它在一九三三年七月十四日頒布的法律得到民眾的大力擁護。那項法律規定對各種遺傳病病人、身體嚴重畸形者和長期酗酒者強制實行絕育，在後來的幾年內處置了大約四十萬人。（德國用「死亡室」來消滅精神病人還要等到六年以後。）然而，推行強制絕育的不只是殘忍的獨裁政權。一九三四年，所有斯堪的納維亞民主國家都在民意的廣泛支持下通過法律，規定對

某些公民強制絕育，數萬人因此受害。法定絕育也並不限於歐洲這個
「黑暗大陸」。到二次大戰前夕，三十個美洲國家中的四‧二萬名公民
因「智能障礙」或「瘋狂」而接受絕育手術，大多是被強迫的。在整
個歐洲（以及更廣的西方世界），人們愈來愈可以接受國家干預公民
生活，這在一九一四年前是無法想像的。

　　歐洲各國經濟形勢的嚴重惡化不僅造成社會思想的激進化，也導
致政治行為的極端化。政治隨著階級矛盾的加劇而趨於兩極化。多數
國家中的左派都分裂為溫和的社會黨和與莫斯科步調一致的共產黨，
二者互相對立。左派努力阻止工人階級生活水準大幅下降，卻常常徒
勞無功。在很大程度上，左派的激進態度是對日益壯大的右翼極端反
社會主義運動的反應。在除蘇聯以外的幾乎每一個國家中，大蕭條都
導致對法西斯運動支持的急劇增加，而法西斯運動就是要透過人為製
造、強加於人的民族團結來摧毀左派，重組社會秩序。危機涉及的範
圍愈廣，老百姓就愈容易受極端右派的蠱惑。危機對德國的影響最全
面，引起的反應比歐洲其他地方更加極端當是意料中事。

　　歐洲受大蕭條打擊最大的經濟體也正是歐陸上最主要的經濟體。
德國的民主脆弱不穩，意識形態和政治上分歧嚴重，人們對一次大戰
的深重屈辱仍記憶猶新，感到自己的文化受了威脅。經濟崩潰加劇各
種矛盾和痛苦，暴力增加，政治的兩極無法調和。這一切導致民主
政府的垮台。經濟危機之初即已四面受敵的民主孱弱無力，無法生
存，轉向專制統治遂不可避免。歐洲有些國家的民主已經垮台，還有
的岌岌可危。但德國是所有國家中至為重要的一個。德國有著廣袤的
領土、強大的工業基礎（儘管因經濟蕭條暫時受到重創）和處於歐洲
中心的地理位置，而且野心勃勃地企圖修改凡爾賽條約劃定的領土邊
界，這一切都使得德國與眾不同。這樣一個國家一旦建立專制政府並
推行強硬的外交政策，就構成對歐洲和平的潛在威脅。

　　隨著大蕭條的魔爪日益收緊，社會結構開始解體，意識形態的鴻溝進一步擴大為深淵。看到德國危機纏身、朝不保夕、屈辱無助、四分五裂，人民因自己一度偉大的國家雄風不再、淪落如斯而痛心不已。德國的議會民主結構不堪承受如此巨大的壓力。它的瓦解為各種政治力量提供活動空間，而愈來愈多的德國人認為，只有一支政治力量有望帶領他們實現民族復興，那就是希特勒的納粹黨。

　　於是，一九三三年一月三十日，希特勒掌握了德國的政權。這個日子標誌著歐洲歷史上一個災難性的轉捩點。在大蕭條對歐洲政治與經濟產生的各種影響中，德國發生的事情是最大的災禍，不僅對德國人民如此，而且對整個歐洲，進而對全世界都是如此。

最壞的結果

　　德國的危機不只是經濟危機，甚至不能算是主要圍繞著經濟的危機，而是國家與社會的全面危機。美國經濟遭逢大難，卻沒有導致國家的危機。英國經濟下滑雖然沒有美國劇烈，但也極為嚴重，結果卻明顯加強保守建制派的力量。美國和英國的統治菁英都認為現行的政治體制符合他們的利益，絕大多數老百姓也都支持現存的統治結構以及作為其基礎的價值觀。法國在這方面的一致意見較弱，國家因此在經濟危機中遭到了較大的衝擊，但還是堅持了下來。瑞典的經濟危機反而加強了國家的社會民主基礎。

　　相比之下，大蕭條在德國撕掉了自一九一八年以來包在化膿傷口上的繃帶，這顯示德國的政治、經濟和軍事菁英對民主的接受僅僅停留在表面。隨著大蕭條步步進逼，愈來愈多的人開始認為民主是使德國陷入困境的元凶首惡，於是民眾對民主的支持日漸萎縮。德國的民主遭到菁英的暗中破壞，民眾的支持又在迅速退潮，因此德國民主從

一九三〇年起就已經日薄西山。事實證明，政治的兩極化有利於極端分子，希特勒成了最終的得益者。

經濟危機最嚴重時擔任總理的布呂寧把自己的整個政治方略，都寄託在取消德國的戰爭賠款上，他努力向戰勝國表示，德國在來勢洶洶的大蕭條打擊下，已經無力賠款。對他來說，只要能擺脫德國的賠款負擔，德國人民經受的水深火熱就是值得的。一九三一年六月，這個目標看起來就即將實現。當時，美國總統胡佛（Herbert Hoover）不顧法國反對，推動通過暫停德國賠款一年的提議。當年年底，根據「揚計畫」的規定建立起來審查德國償付能力的委員會得出結論說，暫停到期後，德國仍無力支付賠款。委員會建議取消德國的戰爭賠款，也取消協約國之間的戰爭債務。次年夏天，在洛桑的一次會議上，這條建議獲得通過。德國同意支付最後一筆小額賠款（實際上根本沒有支付）。這樣，戰爭賠款這個自一九一九年以來對德國來說不單是經濟上、而且是政治上的沉重負擔被一筆勾銷。然而，布呂寧卻無法居功。他失去了興登堡總統的信任，在洛桑會議即將召開之時被免職。興登堡用布呂寧做了該做的事，現在用不著他了。

德國力圖修正一戰結果的人想除去凡爾賽條約的桎梏，軍方希望重振雄風，反民主的菁英計畫建立更加專制的統治，這一切在賠款取消後都不再是癡人說夢。興登堡開始露出了本性。擔任總理一職者頻繁更換，一九三二年六月到十一月是巴本（Franz von Papen），繼任的施萊謝爾（Kurt von Schleicher）將軍也僅從一九三二年十二月幹到一九三三年一月；他們主持的德國政府日益右轉。但是，德國不僅是經濟，而且是整個國家都面臨著迅速惡化的危機。在沒有群眾支持的情況下，他們兩人對危機都束手無策。他們的難題是，任何解決危機的辦法都需要倚仗希特勒。

從一九三〇到一九三三年，德國的政治體系日益分崩離析，由此

產生的巨大真空為納粹黨創造了機會。現存的國家體制幾乎民心盡失，洶湧的民怨促使選民紛紛投向希特勒的納粹運動。希特勒本人也日益成為吸引憤怒而憂懼的大眾的磁石。他的宣傳機器為他打造的形象顯示，他不僅體現民眾對德國現狀不滿，而且代表著對美好未來的希望與夢想。人們把自己的信念、憧憬與願望寄託在希特勒身上。他提出民族徹底重生的願景，把人民凝聚在了一起。

但當然，並非所有人都心向希特勒。直到一九三三年，左派都保持了百分之三十以上的選民支持率。兩個天主教政黨又穩占另外百分之十五的選票。但是，社會民主黨和幾乎完全由失業工人組成的共產黨之間深切的敵意，使它們絕無可能組成反納粹的統一戰線。這種致命的分裂在一定程度上促成後來發生在德國左派身上的巨大災難。但是，它並非造成災難的原因，因為左派政黨沒有權力。主要問題不在於左派，而是在於右派。政府的權威在崩潰，公眾的不滿在蔓延。納粹黨和共產黨各自控制的準軍事團體之間的暴力衝突日漸增多。中產階級惶惶不可終日，他們驚慌地看到共產黨得到的支持愈來愈多（主要是挖走了社會民主黨的支持者），誤以為共產革命迫在眉睫。中間和偏右的「資產階級」政黨失去支持度，和它們一同垮台的還有三十多個地方小黨和利益團體式的政黨（沒有限制的比例代表選舉制度造成了政黨氾濫）。那些政黨的支持者大都投奔了納粹黨。

納粹黨利用民眾的各種不滿與偏見，煽動起人內心深處原始的憤怒和仇恨。然而，它的吸引力不全是負面的。納粹的宣傳一方面妖魔化它在政治和種族上的敵人，另一方面發出了民族復興和民族團結那令人熱血沸騰的號召。它謳歌一九一四年間（一度）出現的全國人民眾志成城和大戰期間前線士兵的「戰壕共同體」，聲稱要創建一個超越一切內部分歧的德意志民族「共同體」。這一象徵的號召力不可謂不強。

　　一名十八歲的職員參加其他政黨的集會後，在一九二九年加入了納粹黨。他聽了一名納粹演講者激動人心的講話後，如此描述自己振奮的心情：

　　　　我感到深深的折服，不僅因為他熱情洋溢的講話，而且因為他真誠地胸懷全體德國人民，我們德國人最大的不幸就是分裂為眾多的黨派和階級。我終於聽到了實現民族復興的切實建議！取締一切政黨！消滅階級！建立真正的人民共同體！我毫無保留地支持這些目標。就在那天晚上，我清楚地知道了自己的所屬，我屬於這場新運動。它是拯救德意志祖國的唯一希望。

　　從一九三〇到一九三三年，成千上萬和他一樣的人加入了納粹運動，無論出於何種個人動機。希特勒掌權前夕，納粹黨員的人數已接近八十五萬，其中五分之四以上是大蕭條後加入的。光是名為衝鋒隊（Sturmabteilung，簡稱SA）的準軍事組織就有四十萬成員，其中許多人甚至不是納粹黨員。

　　多數選民想要的不是連貫有序的計畫，也不是對政府進行有限改革。希特勒的納粹黨對他們有吸引力，因為它許諾要徹底破舊立新。納粹黨人不想修修補補他們口中垂死腐爛的制度；他們聲稱要將其完全摧毀，在廢墟上建起一個全新的德國。他們不是要打敗反對者，而是威脅要完全消滅他們。這個主張的吸引力正在於它的激進。自小就被灌輸「和平與秩序」價值觀的體面中產階級成員，現在卻願意包容納粹的暴力——只要暴力的對象是可憎的社會黨人和共產黨人，或者是猶太人（不僅狂熱的納粹分子，而且多數民眾都認為猶太人勢力太大，對德國有害）。中產階級視暴力為實現民族復興大業這一美好目標的副產品。為了凝聚民族團結，克服內部分裂，他們不惜訴諸不

容忍與暴力。一九三二年夏，當希特勒在一次演講中把不容忍當作好事，宣稱「我們就是不容忍。我的目標就是要把那三十個政黨從德國清除出去」的時候，四萬聽眾發出了震耳欲聾的喝采聲。

納粹的激烈言論是各種仇恨和民族主義口號的大雜燴，許多批評家因此不屑地把納粹主義視為一場不成熟的抗議運動。他們認為，一旦形勢改善，或者納粹黨不得不參與執政時，它就會不擊自潰。的確，納粹運動是一場規模巨大、難以控制、派別林立的抗議運動。但它不是只會抗議和宣傳。納粹領導人，尤其是希特勒，既是出色的煽動家和宣傳家，也是意志堅定、冷酷無情的理論家。

希特勒對自己的目標毫不諱言。他在一九二四到一九二六年間寫成的《我的奮鬥》（Mein Kampf，前半部是他在蘭茨貝格的監獄中坐牢期間寫的），最明確不過地宣布了他的反猶偏執，也闡述他認為只有奪取蘇聯勢力範圍內的土地，德國的未來才有保證的觀點。納粹黨外沒有多少人把希特勒的這些觀點當回事，認為那不過是這個活動於政治邊緣、策劃一場未遂暴動的瘋子的臆想。

希特勒個人的思想並非三〇年代初納粹主義從者如雲的主要原因。事實上，在選民蜂擁投向納粹旗下的三〇年代初，作為他思想中心的反猶主義反而不如納粹主義相對無人問津的二〇年代時在納粹宣傳中來得重要。猶太人當然是德國一切不幸遭遇的代罪羔羊。但是，大蕭條期間吸引選民的是納粹黨做出的各種許諾，包括結束選民心目中由威瑪共和國民主制度一手造成的痛苦，打倒應為德國困境負責的人，在全國「人民共同體」的基礎上建起新的社會秩序，把德國建成強大、驕傲、繁榮的國家。納粹的宣傳把希特勒描繪為能夠實現上述承諾的唯一人選。一九三二年選戰中納粹的一條口號稱希特勒為「千百萬人的希望」。希特勒代表著納粹黨的意識形態，也代表著公眾對國家得救的渴望。

希特勒靠著出色的煽動才能和堅定的意識形態（但操作手法靈活），鞏固了自己在納粹運動中至高無上的權力。他的意識形態範圍很廣，足以容納右翼思想的各個分支和也許難以調和的不同利益，因為位居他之下的其他納粹領導人各有偏好，有時會不遺餘力地予以推動（儘管可能完全不切實際）。例如說，有人想重點推行「國家」社會主義以贏得工人支持，別的人卻想強調「血液與土地」來爭取農民的民心。這些不同的目標都被納入含義模糊但號召力強大的民族團結主題之下，存在的任何社會問題都被用作反猶宣傳的素材。「領袖」就這樣成為「思想」的化身。圍繞希特勒建立起來的小圈子成了防止派別分裂這個法西斯運動通病的壁壘，因為在納粹黨成立早期，分裂的現象曾十分明顯。

大蕭條期間，威瑪共和的民主制度即已搖搖欲墜，納粹黨挖民主的牆腳更是屢屢得手。到一九三二年，希望保留民主制度的只剩下五分之一仍然支持社會民主黨的選民、所剩無幾的自由派，以及天主教中央黨的一些支持者。民主的確已死。至於應該用什麼來取而代之，卻眾說紛紜。約四分之三的德國人希望建立某種形式的專制政府，但專制的形式五花八門，無產階級專政、軍人獨裁、希特勒獨裁都有可能。儘管納粹黨人一直不停地鼓譟煽動，但他們在一九三二年夏贏得的選票已經到了他們在自由選舉中能夠達到的上限──剛過選民總數的三分之一。一九三二年八月，希特勒要求被任命為政府首長（當時納粹黨剛剛贏得百分之三十七‧四的選票，成為國會第一大黨），卻被興登堡總統斷然拒絕。興登堡想要的專制近似於回歸德意志帝國的制度，不會允許希特勒當總理。然而，不到五個月後，興登堡就改變了主意，而那時納粹黨的支持度並未上升，反而在下降。

一九三三年一月三十日，希特勒終於被任命為總理的時候，他剛剛遭遇了選舉敗績。在一九三二年十一月的選舉中，納粹黨自一九二

九年崛起以來獲得的票數首次出現下降。由於其領導層內部發生危機，納粹黨這個泡沫似乎已經破掉了。一九三二年的那場選舉是在兩輪總統大選和一系列地方選舉之後舉行的第二次國會選舉，是由國家危機的不斷加深促成的。納粹黨人和共產黨人在德國的各個城市發生衝突，造成的暴力升級使得內戰成為實實在在的危險。軍隊害怕被捲入。歷屆保守政府都無力解決暴力的問題。僵局就此形成。國家的保守菁英如果得不到納粹掌握的群眾的支持，就無法執政，但是如果希特勒當不成總理，納粹黨就不肯參與政府。最後，能夠上達總統天聽的一些人透過幕後活動打破了僵局，勸說興登堡相信，唯一的辦法是把總理大位交給希特勒，再透過主要由保守閣員組成的內閣來箝制希特勒。這個致命的交易終於為希特勒鋪好了通往權力之路。

希特勒是弄權的好手。墨索里尼耗時三年才完全掌控義大利的國家機器，希特勒卻只用六個月就在德國建立了絕對主導地位，主要是靠公開的恐怖統治來對付反對派，輔以強大的壓力，使人不得不聽從新政權。希特勒上任頭幾週，數萬名共產黨人和社會黨人（僅普魯士一地就有二・五萬人）被逮捕，在臨時監獄和集中營裡受盡虐待。政府發布的緊急法令給了警察無限的權力。當年三月二十三日，國會在一片山雨欲來的氣氛中透過了《授權法案》（Enabling Act），解除了國會對政府的限制。一方面忐忑畏懼、另一方面又興奮期待的德國社會順從地接受了這一切。人們蜂擁加入納粹黨。國家、地區和地方各級五花八門的社會和文化組織、俱樂部和協會也都迅速納粹化。德國人中除了百分之三十左右堅決支持左派的人（當然還有僅占人口千分之七・六，已經遭受迫害的少數猶太人）之外，還有許多人雖然沒有投票支持納粹黨，但至少覺得它關於「民族崛起」的一些主張有一定的吸引力。完全不為納粹黨宣傳所動的人為了自保，只能把真實的想法深藏心底。民族復興那令人陶醉的氣氛從來都有威脅恫嚇的成分。

　　納粹黨開始有計畫、有系統地消滅可能組織起來反對它的力量。頑強不屈的共產黨被無情摧垮，社會民主黨這個在歐洲歷史最長、規模最大的工人階級運動遭到禁止。隨著社會民主黨的消亡和一九三三年五月初德國龐大的工會被強行解散，德國那雖有長期的理想傳統，實際卻只存在十四年的民主幾乎被徹底消滅。剩下的只有地下反對派在危險四伏中勉力維持的星火殘餘。「資產階級」和天主教的政黨也或是遭到禁止，或是自行解散。七月十四日，納粹黨被正式宣布為唯一合法的政黨。

　　希特勒上台之初，不僅要迎合他的眾多追隨者，而且必須照顧到以德高望重的興登堡總統為代表的保守派中堅力量。三月二十一日，他精心安排一場振奮人心的團結展示秀──「波茨坦日」[2]，宣稱要在新老德國緊密聯繫的基礎上實現民族復興，把一直追溯到腓特烈大帝光榮時代的普魯士軍國主義與對未來榮景的憧憬象徵性地連在一起。此舉為希特勒贏得了保守派的支持。許多原本對他心存懷疑的人深受感動。希特勒似乎正在從煽動家逐漸變為政治家，他開始把自己的形象從納粹黨魁改造成有水準的國家領袖。

　　一九三四年初，衝鋒隊領導人羅姆（Ernst Röhm）的野心引發了一場嚴重危機。他要把納粹運動進一步激進化，還想把軍隊置於納粹黨準軍事力量的控制之下。這顯然威脅到現有菁英的地位。希特勒不得不有所動作。他在六月三十日動了手，下令對衝鋒隊的一些領導人大開殺戒，這就是「長刀之夜」。羅姆和衝鋒隊的一些其他領導人被槍決。別的曾經惹怒過希特勒的人，包括因為在一九三二年秋反對希特勒而被視為叛徒的施特拉塞爾（Gregor Strasser）和被認為一直陰

2　譯者注：擔任總理的希特勒和興登堡總統在兵營教堂握手，象徵納粹黨與軍方的結盟。

謀反對政府的前總理施萊謝爾將軍，也遭到殺害。據估計一共有一百五十到二百人被殺。

值得注意的是，希特勒打著「保衛國家」的旗號發動大規模謀殺，反而威望大振。在老百姓眼中，他是在清掃奧吉厄斯的牛舍（Augean stables）[3]，去除了一個惡瘡，或者說是德國政治體上的「潰瘍」。軍方感到高興，因為「清洗行動」去除了對它的一大威脅，鞏固軍方對國家不可或缺的重要地位。「清洗行動」也是對意圖挑戰希特勒政權者的當頭棒喝，使他們看到，不管反對的力量多麼強大，政權都不惜隨時使用野蠻的武力予以打擊。至此，希特勒已不可挑戰。一九三四年八月初興登堡逝世後，希特勒攬過了國家元首的大權。此舉確立他在德國的集權。國家權力和元首的權力都集於一人之手。

希特勒鞏固獨裁的同時，德國經濟開始復興，軍力迅速重建。與此同時，西方民主國家卻在大蕭條的重擊下盡顯疲弱與分歧。歐洲國家正為克服經濟危機而苦苦掙扎之時，幾乎各國的民主都落於守勢，各種形式的專制主義卻步步進逼。這對於歐洲的和平實乃不祥之兆。

經濟復甦之路

一九三三年，大蕭條對歐洲大部分地區的影響已經觸底，一些地方開始隱約顯現出微弱的復甦跡象。不過，在許多受打擊極大的工業區，即使形勢開始好轉，也幾乎看不出來。雖然歐洲其他的主要經濟體開始復甦，但是法國卻在經濟蕭條中愈陷愈深。那年夏天，在倫敦召開了旨在穩定貨幣、停止關稅戰的世界經濟會議，那是唯一

3　譯者注：希臘神話中厄利斯國王奧吉厄斯的牛舍中養了三千頭牛，三十年未打掃，牛糞堆積如山，海克力斯引河水一日間就將其沖洗乾淨。

一次為就復甦措施達成國際協議的努力，但美國新當選的總統羅斯福（Franklin D. Roosevelt）使會議的願景付之東流。羅斯福不出意料地以刺激美國經濟、照顧美國的國家利益為絕對優先。他甫一上任，就降低美元兌英鎊的匯率。此舉進一步確定各國自掃門前雪的行為模式。各國應對危機的方法不同，行動的步伐各異。沒能通過協議建立國際貿易制度無疑拖了經濟復甦的後腿。民主國家開始跌跌撞撞地走向復甦。凱因斯就承認，即使對職業經濟學家來說，經濟也是「一團亂麻」。難怪政府領導人幾乎從來不清楚自己該怎麼做。

到一九三三年，英國這個除美國以外的全球最大經濟體開始走出大蕭條。次年，英國成為第一個超過了自己一九二九年工業生產水準的國家，雖然那不過是說明整個二〇年代期間增長率的低下。說明最壞時候已經過去的另一個指標是失業率下降。一九三三年，失業人數從三百萬減至二百五十萬。然而，下降仍然極為緩慢。英國的失業率在一九三二年是百分之十七‧六，到了一九三五年，才降到百分之十三至十二之間。在受大蕭條影響最嚴重的地區，失業率仍在百分之五十以上。一九三二年，在共產黨的支持下，蘇格蘭、威爾斯和英格蘭北部的數千名失業工人舉行了向倫敦的「飢餓進軍」；麥克唐納首相的政府如臨大敵，警察與遊行的工人發生了暴力衝突，局面大亂。一份得到廣泛支持、要求廢除「家庭經濟調查」的請願書被警察沒收，沒能呈交給議會。一九三六年，在英國東北部受經濟蕭條重創的造船城市賈羅，大約二百名貧困的失業工人向近三百英里外的倫敦進發，贏得了公眾的廣泛同情。他們帶來一份有一萬一千名當地民眾連署的請願書，請求政府伸出援手幫助他們民生凋敝的城市，但是，政府卻拒絕接受請願書。

英國政府堅持正統的財政政策，努力保持預算平衡。在此時，使用財政赤字來應對大蕭條的非正統方法仍處於萌芽狀態，凱因斯尚未

確定他的反週期經濟學理論。華爾街崩盤後不久，凱因斯曾預言倫敦不會受到嚴重影響，說「我們認為前景絕對是振奮人心的」。後來他一定因此言而倍感尷尬。大蕭條強勢來襲之時，實行計畫經濟、透過借貸來促進增長的最大膽藍圖是莫斯利提出來的。此人無疑能力過人，同時又野心勃勃、急躁冒進，沒有固定的政治歸屬。出身貴族的他一度是保守黨人。二〇年代初，他對保守黨感到失望，遂脫離保守黨，成為獨立的國會議員，後來又加入了工黨。他在社會和經濟政策上的立場顯然是左傾的。他在自己關於透過財政赤字來刺激經濟的主張遭到斷然拒絕後，就帶領一批人脫離工黨自立門戶，名為新黨。在一九三一年的大選中，新黨沒能贏得像樣的支持，於是莫斯利開始轉向極右。他公開表示對墨索里尼的崇拜，於一九三二年建立了英國法西斯聯盟，此後在政治上再無建樹。

　　一九三一年夏天財政危機期間組成的國民政府內閣只有十人，由來自工黨、保守黨和自由黨這三大政黨的大臣組成。很快的，鮑德溫和張伯倫（Neville Chamberlain）就成為內閣的領軍人物。鮑德溫是保守黨人，擔任過首相；張伯倫的父親約瑟夫‧張伯倫是著名的自由黨政治家，異母長兄奧斯丁‧張伯倫曾擔任外交大臣，幫助促成了一九二五年的洛迦諾公約。不過，一九二九到一九三一年間工黨政府的首相麥克唐納保住了職位，菲利普‧史諾登（Philip Snowden）[4]起初也仍舊擔任財政大臣。工黨因為麥克唐納和史諾登加入政府而發生嚴重意見分歧，工黨在斥責他們二人為叛徒的一片咒罵聲中開除他們的黨籍；兩人只得另起爐灶，成立了「國民工黨」。

　　為了保持財政穩健，史諾登提出了緊急預算，不出意料地引起他原來所屬的工黨的怒火。包括削減開支、提高所得稅、降低公共服務

4　編按：他就是第三章提到社會主義者艾瑟爾‧史諾登的丈夫。

部門雇員的工資和失業救濟金在內的緊縮措施初次提出時，導致了工黨政府垮台（因為許多這類措施超乎比例地有損社會中最貧窮人口的利益），但是這一次，國民政府倚靠下院多數議員的支持，得以力推這些措施，使其在議會中獲得通過。提出緊急預算最重要的動機是恢復人們對軟弱無力的英鎊的信心，但它造成的一個後果是減少了需求，造成通貨緊縮。使英國逐漸走出大蕭條泥淖的最大功臣是短期貸款成本降低導致的廉價貨幣。它引發了住宅建築的大擴張，也因而刺激對建築材料、住房傢俱、家用電器和其他附帶產品的需求。即使在大蕭條最嚴重的一九三〇年，英國也建起了二十萬所新房子。一九三四到一九三八年間，平均每年的新屋落成量是三十六萬所。

　　從一九三四到一九三九年，政府為了清除貧民窟，拆毀了約二十五萬所不適宜居住的房屋，還為建造福利住房（在英國稱為「政府公屋」）提供補貼。在蘇格蘭，拆舊房建新房的工作主要由市級政府承擔。兩次大戰之間的幾十年內，蘇格蘭共建造了三十萬所工人住房，雖然到了一九三九年，仍然有六·六萬所房屋被認為不宜居住，另外還需要再建二十萬所房屋才能減輕工人住房嚴重擁擠的現象。英格蘭和威爾斯一些進步的市級政府也推行住房建築的大型專案。不過，三〇年代期間不靠政府補貼建造的新房子要多得多，在總共建成的二百七十萬所房屋中占二百萬所左右。這些房子中四分之三由各個建築協會出資建造。建築協會還為買房者提供房屋貸款，其掌握的資本自一次大戰以來大為增加。私人建築業興旺起來，特別是在英格蘭南部的城郊地區。這裡土地供應相對充裕，建築成本不高，住房負擔得起，房屋貸款利率很低。國內需求的上漲、新興的電化學工業，以及汽車工業出口增加也促進了經濟增長。汽車的普及給政府帶來了寶貴的收入。一九三九年，汽車稅收對政府收入的貢獻較一九二一年增加了五倍。

　　法國和英國一樣，也試圖透過財政緊縮的正統手段來重振疲軟的經濟。政府開支劇減，校舍、工人住房和其他房舍的建築資金均遭到大幅削減。臃腫龐大的官僚機構自然也成為緊縮的目標，此舉得到了公眾的支持。但是，政府繞過國會發布法令實施的財政緊縮措施影響了所有國家雇員的薪水、養老金和福利，造成失業率升高，並開始侵害退伍軍人和其他公眾的利益，這造成民眾不滿迅速膨脹，政治動盪日益加劇。法國出於政治考量，不肯效法其他國家透過貨幣貶值推動出口。像法國那樣堅守金本位的國家愈來愈少，其中比利時於一九三五年三月終於改弦更張，將貨幣貶值了百分之二十八，生產和出口隨即開始復甦，失業率驟降。然而，法國仍然不為所動。不過，一九三六年九月，貶值還是不可避免地到來了。左傾的人民陣線政府本來信誓旦旦要捍衛法郎，但重建軍備需要大量資金，政府不得不令貨幣貶值。一九三七年六月，法郎又貶。一九三八年，法郎再貶。不到三年法郎就貶值了三分之一。從那時起，法國經濟才開始有了較大的起色。

　　幾乎所有歐洲國家都認為，只能使用古典自由主義的正統財政手段來管理經濟危機，直到市場經過調整後恢復增長，但斯堪的納維亞國家卻另闢蹊徑。丹麥、瑞典和挪威都在大蕭條中受害不淺。丹麥和挪威的失業率高於百分之三十，瑞典的失業率在百分之二十以上。農產品價格下降和出口減少對丹麥的影響尤為嚴重。戰後，三國的政府都根基不穩，國家進一步分裂和政治走向極端似乎都可能發生。然而，丹麥在一九三三年實現了政黨之間的整合，瑞典和挪威緊隨其後。以此為平台，這些國家內部就採取何種經濟政策來大力推動萌芽中的復甦達成了高度的一致。

　　丹麥是領頭羊。一九三三年一月，因為需要就克朗貶值的問題達成協議，社會民主黨和農民黨做了一筆交易：社會民主黨支持有利於

農民的保護主義措施，農民黨則支持緩解失業的措施和福利政策。瑞典和挪威隨後也做出了類似的安排。特別是在瑞典，政府倚靠新達成的務實的協商一致，引進反週期的經濟政策，旨在透過國家投資公共工程建設來解決失業問題。但我們並不清楚這在經濟復甦中的作用有多大。復甦早期，財政赤字的程度不深，在反週期政策的效用逐漸顯現出來之前，復甦就已經開始，並得到貨幣貶值和出口增加的助力。但即使如此，為擺脫危機而達成的協商一致仍然具有深遠的意義，因為它為建立在政治穩定和民眾支持之上的福利政策奠定了基礎。斯堪的納維亞各國採取的政策大同小異，這反映出它們之間的高度合作，不僅因為它們需要緩解各自國內的緊張，而且也因為它們對國際事務尤其是德國形勢的憂慮在日益加深。

　　獨裁政權有自己的復甦之路。義大利由法西斯掌權這個事實本身並不能抵擋來勢洶洶的大蕭條。事實上，義大利於一九二七年採取的通貨緊縮政策在華爾街崩盤前就已經削弱了義大利的經濟。墨索里尼認為，義大利的貨幣里拉估值過低（一百五十里拉兌一英鎊），有辱義大利的國家聲譽，於是調整了里拉的匯率，改為九十里拉兌一英鎊，之後又採取通貨緊縮的措施。里拉升值本來是為了展示力量和政治意志，卻產生破壞性的經濟後果。從一九二九到一九三二年，義大利的工業產量下降了近百分之二十，失業率增加了兩倍。僥倖沒有失業的人儘管保住工作，但工資減少了，雖然從一九三二到一九三四年，物價劇降和政府發放的家庭補貼不僅彌補了工資減少的損失，而且增加了實際收入。一九三四年，每週工作時間被降到了四十小時，主要是為了減少失業，但並未調整每小時工資來補償工人因工時縮短而失去的收入。自一九三五年起，實際工資再次下降，到二次大戰前夕仍未達到一九二三年的水準。

　　墨索里尼政府應對大蕭條的辦法是加大國家對經濟的干預。公共

工程開支大為增加。國家出資收回土地進行再開發，這在義大利並非新鮮事。但是，一八七○年後的半個世紀內，政府在這方面的開支是（按一九二七年的物價計算）三·○七億金里拉，從一九二一到一九三六年之間卻猛增到八十六·九七億金里拉。這幫助降低了失業率，卻無法阻止物價上升，也不能提高生產率或推動技術進步。政府高度重視實現糧食的自給自足，推動「小麥戰役」（battle for grain），還對進口農產品徵收高額保護性關稅，這些措施增加了小麥生產，提高了作物產量。到一九三七年，小麥進口減少到二○年代末進口量的四分之一。然而，這個政策造成了糧食價格上漲和大多數主糧平均消費量減少。

也是在大蕭條期間，法西斯政權終於開始採取行動，落實它宣揚已久的社團國家（corporate state）主張。一九三四年，二十二個社團成立，各自代表經濟的一個具體部門，組合起來就形成一體化的計畫經濟。然而，目標與現實相去甚遠。社團國家在實踐中笨重不靈，官僚習氣嚴重，不僅不能激發、反而壓制了進取精神。在表象之下，實際經濟權力仍然掌握在大企業手中。工會自一九二六年就失去獨立性，勞資關係落入義大利工業總會所代表的工業資本家的控制中。主要工業部門建起的卡特爾（Cartel，即壟斷集團）確保了企業的利益得到維護。大蕭條期間政府採取的經濟措施也有利於大企業，雖然表面上似乎把經濟置於嚴格的國家控制之下。一九三一年，政府組建了一家國有機構，專門收購經營不善銀行的股票，以逐漸增加對銀行部門的控制，並在一九三六年實現義大利銀行的國有化。一九三三年又建立了一家國有機構（工業重建局）來刺激欲振乏力的工業。慢慢的，國家直接介入了造船、工程和軍火等重要的工業部門。

三○年代末，走向獨裁的步伐日益加快，國家干預也與日俱增，義大利與自由市場經濟漸行漸遠。國家制定的規章束縛了工商業領導

人的手腳，官僚控制日益增強。不過，企業家起初害怕控制權會被國家全部奪走，後來證明這個擔憂並未完全成真。雖然法西斯政府和大企業之間有時免不了摩擦，但是它們多重的共同利益（且不說工業從軍工生產中獲得的暴利），確保了它們到二次大戰開戰後都一直緊密配合。

　　總的來說，大蕭條發生後的那個十年間，義大利的經濟基本上處於停滯狀態，增長率遠低於一九○一至一九二五年的水準。國家規定了種種限制，人們時時害怕自己會失業，政治上與政府步調不一的任何表現都可能招致報復，這些都扼殺了人們努力進取的事業心。大多數人民的生活水準下降了，到二次大戰開始時才稍有好轉。工業產量也是一樣。儘管義大利的鎮壓性政府實行強力干預，但事實證明，義大利走出大蕭條的道路比歐洲民主國家的更曲折、效率更低，而且危險得多。一九三五年十月，墨索里尼入侵衣索比亞。與追求帝國榮耀相比，恢復經濟只能排在後面。雖然殖民征服戰爭的根源是意識形態，但法西斯領導人顯然認為，在經濟處於嚴重困難的時候，對非洲進行殖民擴張可以提高政權的威望。經濟復甦只是法西斯主義大計畫中的一部分。

　　德國的情形更是如此。經濟復甦步伐最快的地方也正是大蕭條中受害最深的地方。德國經濟的飛速復甦引起國內外一片驚嘆，這幫助鞏固民眾對希特勒獨裁政權的支持，使人感到納粹黨創造了「經濟奇蹟」。納粹黨上台時並沒有促進經濟復甦的藍圖。一九三三年二月一日，希特勒在就任總理後的第一次演講中，許諾要通過兩項宏偉的「四年計畫」來拯救德國農民，並消除失業現象。至於這些目標如何實現，他沒有說明，也心中無數。對他來說，經濟學不是嚴謹的科學，而是和所有其他事情一樣，是意志的問題。按照他那粗陋的決定論思想，起決定作用的是政治權力，不是經濟學。

　　納粹黨剛上台的幾個月，希特勒和他的政權像原來對大企業領袖保證過的那樣，致力於改變經濟活動的政治條件。左翼政黨和工會被摧毀，遂了工業資本家的心願。勞資關係得到重組，雇主掌握了工作場所的主導權。企業獲得的這種新自由有國家的鎮壓作為支撐。資本家可以壓低工資，提高利潤。然而，他們必須明白，決定企業發展的不是自由市場經濟，而是國家利益。希特勒把制訂振興經濟計畫的事交給國家機關的金融專家和經濟界領導人去做。對他來說，打造經濟充滿活力、強勁復興的形象才是關鍵。他對經濟復甦的最大貢獻在於鼓起了人民對復甦的信心。

　　納粹黨的運氣不錯。它的上台恰逢大蕭條最嚴重之時，所以無論哪個政府執政，經濟都會發生一定的週期性復甦。然而，德國復甦的速度與規模把世界其他國家都甩到了後面，超過了衰退後的正常反彈。初期的復甦在很大程度上靠的是以前已經提出（納粹掌權前也已開始實施）的一些主張，納粹政權採納了這些主張，大幅擴張了實施範圍。創造就業的計畫在一九三二年即已開始執行，但規模很小，不可能對當時的嚴重失業問題產生任何緩解作用。一九三二年的巴本政府在創造就業方面的撥款額是一‧六七億帝國馬克，而納粹政權在一九三五年一舉豪擲五十億帝國馬克。然而，即使納粹政權的撥款也只占國民生產總值的百分之一，不足以刺激經濟復甦。不過，政府大張旗鼓宣傳造成的影響遠超過有限撥款產生的效果。德國似乎又走上了正軌。

　　修築公路、開挖水渠、土地再開發等就業計畫無論經濟價值如何，都相當引人注目。一隊隊的志願勞動者（自一九三五年起，參加公共工程的勞動被規定為義務）更造成國家蒸蒸日上的印象。政府給的工資極為微薄，但若是不願意為了少得可憐的工資去做苦工，就會被關進集中營裡被野蠻地強迫端正勞動態度。只要接受某種緊急救

濟，就會被從失業名單上除名。失業率的急劇下降（失業的確減少了，但幅度不像統計數字顯示得那麼大）也使人信心大增，相信國家正在積極有效地振興經濟。

創造就業，大量投資於建築工程，對汽車工業實施稅收優惠，採取措施加強保護農業，防止農產品價格下降以保護農民的利益（在後來的五年內，農民收入增加的速度是工人週薪上漲速度的三倍），這些都是納粹政權刺激經濟的重大舉措。此時離三〇年代中期還有很久，到那時，政府不惜巨資重整軍備使經濟復甦再上台階，完全消除了失業，甚至出現了勞動力短缺。希特勒注重有效宣傳，汽車工業因而大為獲益。他上台伊始，就承諾對汽車製造業實施稅收優惠，多修公路，並生產廉價的「人民的汽車」（雖然大眾汽車其實到二戰後才進入平民家庭）。一九三四年的汽車產量比大蕭條前的經濟顛峰期一九二九年高了百分之五十。公路建設如火如荼，高速公路的開通更是得到大張旗鼓的宣傳。一九三四年在公路建設上的開支比二〇年代中的任何一年都多一倍。國家對建築業的投資刺激了私人住房建築，眾多小公司得以為建築公司和想給新家配備傢俱的消費者提供貨物與服務，生意興隆。

德國為刺激經濟而採取的政策顯然影響到了對外貿易。德國僅靠自己的資源無法滿足需求。但政府拒絕考慮讓帝國馬克貶值，這不僅是為了面子，而且也因為人們對一九二三年的慘痛經歷仍記憶猶新，那時的惡性通膨使貨幣成為廢紙。馬克的堅挺造成了貿易逆差。結果，德國愈發傾向締結雙邊貿易協定，而不是融入世界市場經濟，也愈加努力實現經濟的自給自足。在德國國民銀行行長，也就是一九三四年起擔任經濟部長的沙赫特（Hjalmar Schacht）的主持下，一九三一年銀行崩潰後為控制匯率、管理償債所採取的臨時措施執行期大大延長。到一九三四年，在外匯嚴重短缺、貨幣儲備急劇下降的壓力

下，德國集中力量尋求與別國，尤其是與東南歐的國家達成雙邊貿易協定，由它們提供原物料，換取從德國運來（無一例外總是遲到）的製成品。這是德國在經濟疲弱的境況中想出來的務實辦法，並不是因為它預謀在中歐與東南歐建立統治地位。此法促進了那些地方的復甦，然而，隨著德國經濟力量逐漸增強，那些地區對德國的經濟依存度不斷增加，逐漸被吸入了德國的軌道。

對德國來說，經濟復甦本身不是目的，而是附屬於迅速重整軍備，最終靠軍事力量實現擴張的政治計畫。到一九三六年，政府開支幾乎比納粹上台前增加了一倍，後來的兩年內又再翻兩倍。公共開支最大的份額用在了軍工產業的發展上，一九三六年是三分之一以上，一九三八年則幾乎達到一半。軍火工業成了推動經濟的最主要引擎。開始時，軍隊甚至消化不了希特勒想撥給他們的款項。但從一開始，重整軍備便是明明白白的頭等大事。一九三四年，沙赫特就透過在國家預算之外的「創造性會計法」提供了大量隱性資金。打造強大軍隊的努力自此迅猛展開。快速擴張的軍工產業像無底洞一樣吸收大量資本財和原物料，這方面的開支增長大大超過了消費品的增長。

到一九三五年，出現了一個明顯的問題。由於外匯短缺和貨幣儲備減少，滿足迅速高漲的軍備需求和撥出足夠的資金進口糧食二者無法兼顧。一九三四年發生了糧食歉收，帝國糧食署（一九三三年為推動農業生產，提高農民地位而成立）程序繁瑣，效率低下，結果一九三五年秋出現了嚴重的糧食短缺。社會動盪的加劇引起了政權的極大擔憂，迫使希特勒出手干預，以確保外匯不都用來購買軍工產業急需的原物料，也得撥出一部分用於進口糧食。

到一九三六年初，經濟陷入了進退兩難的困境，這是納粹政權為使德國走出大蕭條所採用方法不可避免的結果。解決困境只有兩個辦法：要麼縮小發展軍備的規模，邁出重新融入世界經濟的步伐；要麼

繼續推行迅速軍事化。後者意味著德國要努力實現經濟上的自給自足。若是沒有領土擴張，就不可能完全實現這個目標，而擴張領土則意味著早晚會打仗。一九三六年，希特勒必須在這兩個辦法中選擇一個。他會選擇哪個其實早有預示。納粹黨自掌權伊始就隱含了意識形態居首、經濟居次的傾向，希特勒的選擇明確證實了這點。一九三六年，又一場歐洲大戰的爆發開始倒數計時。

政治急速右轉

大蕭條期間，歐洲的政治急速右轉。令人驚訝的是，在資本主義深陷於當時許多人認為是致命的危機之時，在大規模失業遍及各國、人民生活水深火熱的情況下，左派卻處處失利。西班牙社會黨是一九三一年四月促成第二共和國成立的主力，但即使在西班牙，社會黨自一九三三年起也日益落於下風。在法國，社會黨人領導的人民陣線政府一九三六年上台執政，卻僅為曇花一現。社會民主黨在斯堪的納維亞的成功是個異數。在歐洲其他地方，右派都在闊步前進，經常發動民眾遊行。為何會發生這種情形？是什麼決定著民主的成敗？法西斯主義的吸引力到底有多大？歐洲為何在政治上壓倒性地向右轉，而沒有向左轉？經濟危機在多大程度上造成了這種前景不妙的局勢？有時，政治的右轉加強了保守主義，無論是西歐民主國家中相對溫和的保守派，還是東歐和東南歐國家中由反民主政治菁英主導的反動專制政權。但是，大蕭條也為激進右派的民粹運動創造了條件，使之得以吸引支持者，有時甚至進一步動搖已經非常脆弱的統治制度。

法西斯主義的誘惑

一些極端右翼激進運動毫不掩飾地抄襲墨索里尼和希特勒追隨者

使用的方法、象徵和語言，驕傲地自稱「法西斯主義」或「國家社會主義」運動。其他的這類運動同意法西斯運動的一些主張，甚至是大部分主張，但不肯採用法西斯的名稱。這主要是因為定義的問題，可是，為「法西斯主義」下確切的定義是不可能的。形形色色的極右運動多如牛毛，各有其特徵和重點。因為它們都聲稱代表某個民族「真正的」、「實在的」、「本質的」特點，都以該民族所謂的獨一無二作為極端民族主義的主要基礎，所以激進右翼不可能建立一個與左翼的共產國際相對等的真正國際組織來代表它們。一九三四年十二月，來自十三個國家（奧地利、比利時、丹麥、法國、希臘、愛爾蘭、立陶宛、荷蘭、挪威、葡萄牙、羅馬尼亞、西班牙和瑞士）的極右組織代表在日內瓦湖畔召開會議，想確立一個框架以便協同行動，但最重要的國家納粹德國抵制了那次會議，而且會議連基本的共同理念都沒能達成。

但儘管如此，所有的極右運動，無論是否自稱「法西斯」，都仍然有一些意識形態上的共性。例如說，它們都奉行極端民族主義，強調整體民族的統一，認為民族特徵需要靠透過「清除」一切被認為不屬於本民族的分子（外國人、少數族裔、「不良分子」）來達成；它們都具有種族排他性（雖然不一定是納粹主義信奉的那種生物種族主義），堅持自己所屬民族具有「特殊」、「獨一無二」、「優越」的素質；它們都激烈地要徹底消滅政敵，尤其是馬克思主義者，但也包括自由主義者、民主黨人和「反動派」；它們都強調紀律、「男子漢氣質」和尚武主義（通常進行準軍事組織的活動）；它們也都相信專制領導。有的特徵在一些極右運動的意識形態中十分重要，甚至可以說是中心特徵，但它們不具普遍性。有些運動的民族主義以收復領土或建立帝國為目標，危害極烈，但並非所有極右運動都是擴張性的。有些運動具有強烈的反資本主義傾向，不過並非所有運動都反對資本主

義。它們贊成按照「社團主義」（corporatism）路線重組經濟，廢除獨立工會，由利益「社團」在國家指導下管理經濟政策，但並非無一例外。

這些林林總總的思想雖然側重不同，但總的來說都是要動員民眾起來支持本質上反動的非革命專制政權。公然自稱法西斯的運動則更進一步。它們不僅想推翻或打碎現存的國家，用民族主義的專制政府取而代之，而且要實現民眾對民族集體意志的完全服從。它們要求全身心的投入。它們豪言要創造「新人」，打造新社會，建立自己民族的理想國。這種對全身心的要求是決定法西斯主義革命性質的最重要因素，使其有別於相信專制與民族主義，但實質上仍要保存現有社會秩序的其他右翼運動。

無論是極右派的受害者，還是堅決反對極右運動的左翼人士（他們毫不猶豫地把極右運動稱為「法西斯」運動）都完全不在意用語的學術性精準。的確，追求定義的清晰不應模糊大蕭條時期歐洲向右轉這個大趨勢，儘管不同國家右轉的表現形式不同。國家無論是轉向保守右傾還是激進右傾，都被宣傳為保護與振興民族之必需。隨著階級衝突加劇（此時，階級衝突已經從主要是經濟性質的衝突，變成政治和意識形態性質的衝突），民族團結被鼓吹為抵禦社會主義威脅的堅固堡壘。在英國這種社會主義威脅較小、較輕或較遙遠的國家，決心捍衛現存政治與社會秩序的保守主義占了上風，激進右派幾乎沒有任何活動空間。德國是另一個極端，那裡的社會主義威脅較大，保守派也想推翻現存的政治與社會秩序，卻又四分五裂，支持者大多被法西斯右派吸收了過去。其他歐洲國家大致位於這兩個極端之間。

法西斯主義的誘惑從未如此之大。它發出民族復興的呼聲，把憂懼與希望強有力地連為一體，這樣的呼籲似乎無所不包，足以超越社會界線。法西斯主義以充滿蠱惑性的言詞描繪民族的未來，聲稱要維

護不同社會群體的既得物質利益，它引起了感覺受到社會現代化變革
威脅者的共鳴。它渲染內部敵人的危害，尤其是社會主義及發動社會
革命號召的禍患，以此動員那些害怕自己將因此失去地位、財產、權
力或文化傳統的人。然而，它把這些利益集合起來，提出要建立一個
新社會，那個社會屬於強者、適者、有功者──簡言之，他們眼中值
得的人。

　　鑑於法西斯主義的號召鼓動刻意要超越（由於危機加劇了政治的
碎片化而進一步深化）常規利益政治的部門界線，它的社會基礎相當
龐雜應在意料之中。的確，有些社會群體更容易受法西斯主義的吸
引。法西斯主義激情浪漫、理想主義的一面，以及它暴力冒進的激進
主義尤其吸引中產階級的年輕男性，如果他們尚未被吸收入左翼或天
主教的青年組織的話。反建制的「世代反叛」（generational revolt）極
易被導向法西斯極端民族主義、準軍事組織從事的種族主義及反左派
暴力行為。法西斯黨的黨員絕大多數是男性，雖然德國一些地區收集
的資料顯示，納粹黨即將掌權時，投票給納粹黨的婦女也愈來愈多，
也許是出於和男人同樣的原因。

　　對現狀心懷不滿的中產階級成員通常超乎比例地支持法西斯主
義。白領、生意人、專業人士、退役軍官、國家機關雇員、店主、手
工業者、小工廠主、農莊主和學生（通常出身中產階級）占了法西斯
運動群眾基礎的很大部分。但是，雖然納粹黨的幹部和領導人物絕大
多數來自中產階級，但是法西斯主義不能像過去那樣被簡單地界定為
中產階級的運動，甚至根本不能從階級的角度來界定。無論是技術工
人還是非技術工人都支持法西斯主義，人數遠超原先人們能想到的。
一九二五到一九三二年之間，大約百分之四十新入黨的納粹黨員是工
人。投票支持納粹黨的選民中四分之一是工人，如果把投票人全家都
計算在內的話，甚至可能高達百分之三十到四十。一九三二年，工人

中投票支持納粹黨的可能多於支持社會黨或共產黨。在衝鋒隊這個崇尚勇武的準軍事組織裡，青年工人占了多數，一九二五到一九三二年間占一半以上，納粹黨掌權後比例更高。

這些工人中沒有多少是從社會黨或共產黨那裡爭取來的。的確，有人改變了原本的左傾立場，但是大多數人過去從未加入過左翼工人階級政黨。納粹黨在許多方面不是典型的極右派組織，特別是它的巨大規模（一九三三年初納粹黨規模之大，已經超過義大利法西斯黨在十一年前墨索里尼組織「進軍羅馬」規模的三倍）。不過，規模較小的法西斯運動在群眾基礎的組成方面與納粹黨大同小異：中產階級是核心，但也包括相當多從未與左翼政黨有過關係的工人。法國、西班牙、奧地利、瑞士和英國（以及墨索里尼「奪權」之前的義大利）的情況均是如此。

大蕭條與極右派成功的機會沒有直接關聯。的確，大蕭條導致了希特勒的勝利。但是，墨索里尼比希特勒早將近十年在義大利上台時，大蕭條尚未發生，其他一些國家的法西斯運動則是到了大蕭條得到緩解後才初露頭角。還有的國家（特別是英國，還有歐洲以外的美國）儘管同樣在大蕭條中嚴重受創，卻沒有產生像樣的法西斯運動。除了大蕭條造成的社會與政治矛盾，還需要別的重要因素，例如對喪失領土的憤怒、對左派的偏執恐懼、對猶太人和其他「外人」的本能敵意、對分裂的政黨政治「撥亂反正」能力的缺乏信心等。只有當這些因素互相作用的時候，才會造成制度的坍塌，為法西斯主義鋪平道路。

實際上，只有在義大利和德國，土生土長的法西斯運動利用保守派菁英的軟弱掌握了政權後，力量強大到可以按照自己的心意確定國家的走向。更加常見的情況是，法西斯運動要麼受到鎮壓性專制政權的遏制（在東歐），要麼能夠劇烈破壞公共秩序，卻無力威脅國家的

權威（在西北歐）。

　　法西斯主義的勝利靠的是國家權威掃地，虛弱的政治菁英無力回天，政黨政治四分五裂，以及可以任意成立激進運動組織的環境。這些前提條件存在於一九一九至一九二二年間戰後的義大利，和一九三〇年一九三三年間深陷大蕭條泥淖的德國，在其他地方卻幾乎都不存在，除了西班牙，那裡（各自內部都四分五裂的）左右兩派之間日益激烈的對抗最終導致了一九三六至一九三九年的內戰，繼以軍人獨裁，卻沒有發生法西斯「奪權」的現象。相比之下，無論是在民主政府得到統治菁英和老百姓廣泛擁護的西北歐國家中，還是在專制菁英嚴格掌控國家制度、剝奪公民自由和結社自由的東南歐國家中，法西斯運動都沒有力量攫取政權。

民主制度頑強的西歐

　　英國的情況清楚顯示，它的政治制度中沒有任何使激進右翼得以興起的空間。占主導地位的社會與政治價值觀以君主制、國家、帝國、議會制政府和法治為支撐，得到英國人民的普遍接受。即使在英國陷入大蕭條時，基於議會民主的立憲君主制也未曾遇到挑戰。沒有大型馬克思主義政黨對政治秩序構成實際的或想像中的威脅。工黨（二〇年代取代自由黨成為保守黨主要對手）意在改良，不贊成革命。工黨的骨幹力量工會也是一樣。英國保守黨與一些其他歐洲國家的保守派不同，它在維護現存秩序一事上有既得利益。一九三一年的銀行危機導致工黨政府下台，當年十月二十七日舉行的大選中，保守黨贏得了英國議會史上最大的壓倒性勝利。國民政府獲得了六成以上的選票，拿到了五百二十一個議會席位，其中四百七十個席位是保守黨的。「國民政府」這個稱號聽來似乎代表全體國民，其實是保守黨政府。在經濟危機水深火熱之時，英國的議會制度不僅維持住了，而

且更加穩固。國家沒有遭遇危機。左派不構成威脅。工黨是反對黨，但支持國家。極端政黨只能游走於政治邊緣。大蕭條期間，英國議會中自始至終沒有一個屬於共產黨或法西斯黨的議員。

保守主義的強大力量使極右派無機可乘。莫斯利於一九三二年創立的英國法西斯聯盟從未有過出頭的機會。英國法西斯聯盟在其顛峰時期有五萬成員，支持它的各色人等包括不滿現狀的中產階級專業人士、退役軍人、小企業主、店主、職員，還有英國不景氣地區及窮人聚居的倫敦東區（它是傳統的移民居住區，英國三分之一的猶太人口都住在那裡）的非技術工人。英國法西斯聯盟的風格一貫是拙劣抄襲外國的做法。法西斯式的黑衫制服及遊行、法西斯的政治風格與形象，特別是針對猶太人和政敵的可憎的公開暴力，這些都與英國的政治文化格格不入。英國法西斯聯盟與反法西斯左派的衝突嚴重擾亂了公共秩序。一九三四年六月，英國法西斯聯盟在倫敦舉行了一次一‧五萬人的大型集會，幾百名反對莫斯利的人混進了集會，結果遭到慘不忍睹的群毆，此事使得包括大報《每日郵報》的老闆羅瑟米爾勳爵（Lord Rothermere）在內的許多人，撤回了對英國法西斯聯盟的支持。一九三五年舉行大選時，莫斯利很清楚英國法西斯聯盟一定會慘遭敗績，所以乾脆沒有參加。一九三五年十月，英國法西斯聯盟的成員人數驟降至五千，直至二次大戰前夕，才逐漸恢復到約二‧二五萬。二次大戰開始時，莫斯利和英國法西斯聯盟的其他領導人被拘留，他們的黨也被解散。英國法西斯聯盟對被它視為種族與政治敵人的人是威脅，也是破壞公共秩序的搗亂者，令人頭痛，但它對英國主流政治的影響微乎其微。

其他西北歐國家在一次大戰中要麼是戰勝國、要麼是中立國。人民沒有感到自己的國家在大戰中受到了屈辱，也沒有收復領土的野心。在這些國家中，激進右派同樣無望掌權，因為現存的政治結構牢

固堅強。法西斯運動在丹麥、冰島、瑞典和挪威獲得的民眾支持少得可憐，在芬蘭得到的支持稍大一些，但它在那裡最好的選舉成績也不過是一九三六年的百分之八‧三。在瑞士德語區的一些地方，信奉法西斯主義的民族陣線黨在一九三三至一九三六年間獲得的選票高達百分之二十七，但之後即直線下滑；在瑞士的其他地方，法西斯主義的支持者為數寥寥，反對者卻聲勢浩大。

愛爾蘭藍衫黨（Blueshirts）成立於一九三二年，正式名稱是陸軍同志協會（Army Comrades Association），一九三三年更名為國民警衛隊（National Guard）。這個組織僅僅是曇花一現，領導人是性格無常、政治觀點極端的奧達菲（Eoin O'Duffy）。此人曾任愛爾蘭共和軍參謀長，被解除愛爾蘭警察局長的職務後成了藍衫黨的領袖。到一九三四年，藍衫黨的成員達到了約五萬人，主要來自經濟受到嚴重衝擊的西南部。但是，在政府宣布了對藍衫黨的禁令，又和英國解決了一起嚴重損害愛爾蘭農業的貿易爭端之後，民眾對藍衫黨的支持就迅速瓦解。藍衫黨人放棄了他們激進的法西斯思想和特點，併入新成立的主流政黨——愛爾蘭統一黨（Fine Gael）。到一九三五年，藍衫黨完全消失了。與此同時，奧達菲退出了愛爾蘭統一黨（他成了該黨的一大難堪），後來在西班牙內戰中帶領一支愛爾蘭部隊在佛朗哥（Franco）將軍麾下作戰。

儘管荷蘭的失業率在一九三六年高達百分之三十五，但是它的政治結構仍然牢牢地植根於新教、天主教和社會民主等次級文化中，使激進右派無法寸進。政府換屆定期進行，但實際上人事安排具有相當強的穩定性和連續性。執政黨經常務實地調整路線，或與其他政黨達成妥協。對納粹德國日益增長的警惕也加強民族團結，維護了現存議會制度的完整。在民眾眼中，法西斯主義既是「外來的」，也對國家構成了威脅。荷蘭主要的法西斯運動「國家社會主義運動」（Nationaal

Socialistische Beweging）在一九三五年達到高峰，贏得了接近百分之八的選票。然而，兩年內，它的支持率就下降到百分之四。在二次大戰爆發之前的年月裡，極右派的支持度一直低迷。

在一段短暫的時間內，一個與法西斯主義有些相似的天主教專制社團主義運動曾經在比利時大受支持。一九三六年，國王黨（Rex Party，該黨得名自一家天主教出版社「聖王基督」〔Christus Rex〕，而那家出版社的名字又來自確立不久的「聖王基督節」〔Feast of Christ the King〕）贏得了百分之十一・五的選票，這主要是因為，比利時東南部工業區講法語的中產階級認為體制內的政黨腐敗不堪，於是用選票表示自己的抗議。不過，對國王黨的支持很快萎縮，只剩了一點兒殘餘。跟荷蘭一樣，由天主教、社會主義和自由主義組成的現行社會與政治環境，排除了極右運動的活動空間。比利時還有一個不利於極右派的條件，那就是沒有真正的比利時民族主義。法蘭德斯地區的民族主義運動和早期法西斯主義運動各據一方（雖然得不到主流社會的支持），但國王黨在那裡的支持度較低。

法國的第三共和一度似乎受到極右派的嚴重威脅。法國的政治制度不僅造成政府頻繁更迭（常常是不同政黨輪流坐莊，但內閣成員不變），而且也導致各政黨為了實際利益時常變更盟友。政黨聯盟中少不了作為第三共和核心政黨的激進黨（Radical Party）。激進黨反對教權，奉行自由主義經濟理念，高度依賴中產階級的支持，願意與右翼或左翼的溫和派交易以保住權力（通常也都保得住）。大蕭條影響剛剛開始顯露的一九三二年，社會黨和激進黨在選舉中都頗有斬獲，兩黨組成了不穩定的溫和左派聯盟。當時，仇外情緒日益加強，激進民族主義、反猶主義、反女權主義和對「赤色威脅」的恐懼（雖然共產黨只贏得了國民議會六百零五席的十二席）愈演愈烈，在這樣的大環境下，保守派政黨組成的右翼集團的失敗引發了右翼的過激反應。萊

茵河彼岸的形勢發展更是給他們激動亢奮的情緒加了一把火。右翼民族主義者組成了包括退伍軍人協會在內的各種準軍事議會外聯盟，其中有些至少具有法西斯主義的部分特徵。在龐加萊治下實現了財政穩定的時期，這些準軍事組織原已乏人問津，現在卻又蠢蠢欲動，企圖東山再起。

在緊張日益升級的形勢中，巴黎絕大多數右翼報刊都不失時機地火力全開，大肆詆毀政府。法國的政治從來就因貪腐盛行而臭名昭著，但一九三三年底揭露出來的一件醜聞尤其讓媒體如獲至寶，它可以被渲染為不僅是對政府，而且是對共和國的威脅。那件腐敗醜聞的起因是一位名叫史塔維斯基（Alexander Stavisky）的人犯下的公共財政詐騙案。該人是個侵占公款的卑鄙小人，恰好是東歐猶太人，這正坐實了右翼的偏見。醜聞涉及許多高官，主要是激進黨籍的官員，傳言說從史塔維斯基手中收受賄賂的政客有一百三十二人。後來，據說騙子史塔維斯基畏罪自殺。消息傳出，一時間謠言四起，說是猶太人和共濟會員為了封他的口而合謀弄死了他。此事引發了巴黎街頭的騷亂。一九三四年二月六日，大批支持民族主義和種族主義的議會外聯盟成員（據有些估計高達三萬人）發起了進軍首都的示威活動。當天夜裡，警察和幾千名示威者發生暴力衝突，造成十五人死亡，一千四百多人受傷。

這場自一八七一年巴黎公社以來最嚴重的有組織暴力，讓法國的政治建制派深為震驚。可以說，街頭暴力和準軍事組織把（只成立了幾天的）政府拉下了台。隨之而來的政治動盪加劇左右兩派的對抗，這在三〇年代剩下的時間內一直是法國政治的突出特點。但事實證明，任何對國家的實質性威脅都只是曇花一現。法蘭西共和國的生存並未受到嚴重威脅，儘管當時的情況看似十分嚴峻。各種議會外聯盟在意識形態上雖然都奉行極端民族主義，都激烈反共並支持專制主義

（往往贊成某種形式的社團國家），但是它們就由誰領導以及所要達成的目標各執一詞。其中最大的聯盟「火十字架」（Croix de Feu）在一九三四年初大約有四萬名成員，在二月暴動中與「法蘭西行動黨」（Action Française）等其他右翼組織相比基本上保持了克制，因此得到保守派報刊的讚揚。「火十字架」的領導人德拉羅克（François de la Roque）上校後來與他的一些追隨者的反猶言論拉開了距離。

此外，一九三四年二月事件造成的直接結果是，分裂的法國左派在反對法西斯主義的共同鬥爭中團結到了一起。若非如此，共和國面臨的威脅就會嚴重得多。事實上，左派迅速做出反擊。共產黨到二月九日就動員起了己方的支持者。他們同右翼準軍事組織的衝突造成九人死亡，幾百人受傷。三天後，一百多萬名工會會員舉行一天的總罷工，使整個巴黎完全停擺。後來的兩年內，發生了一千多起各種各樣的示威活動，主要是左派為反對法西斯主義的威脅而組織的。也是在一九三四年，希特勒在德國的勝利終於使史達林認識到共產國際攻擊社會民主黨為「社會法西斯主義」是多麼荒謬，於是史達林呼籲成立工人階級反法西斯共同陣線。在法國，暴力衝突凝聚了左派，為一九三六年組成的人民陣線贏得政權鋪平了道路。一九三四年二月的事件之後，法國分裂的右派第一次遇上了團結的左派。

人民陣線政府於一九三六年六月發布了對各種聯盟的禁令。有些聯盟自我改造成了議會政黨。「火十字架」蛻變為法國社會黨（Parti Social Français）[5]後，支持率大增。一九三七年該黨黨員已達到七十五萬人，比社會黨和共產黨加起來都多。不過，在此過程中，它日益背離法西斯式蠱惑群眾的做法，轉向了保守的專制主義。一九三六年

5　譯者注：法國社會黨不是簡稱為社會黨的法國社會主義黨（le Parti Socialiste Français）。一九四〇年法國陷落於納粹之手後，法國社會黨即告解散。

六月，脫離了共產黨的多里奧（Jacques Doriot）創建了一個真正的法西斯政黨——法國人民黨（Parti Populaire Français）。納粹德國虎視眈眈，一九三八年人民陣線的解體消除了來自左派的威脅，民族團結隨著戰爭陰雲的聚合日益加強，這些因素都影響了多里奧的法國人民黨，使它陷入急劇衰落。但即使如此，形式多樣的法國右派（有些是不折不扣的法西斯主義，有些則與法西斯主義十分接近）還是建立了相當廣泛的群眾基礎。若非如此，一九四〇年後維琪政府就不可能那麼輕易地得到民眾的支持。

儘管共和主義在法國歷經坎坷，但它仍然有著長期而廣泛的群眾基礎。西班牙的情況則迥然不同，那裡反對民主共和國的力量強大得多。然而，在西班牙這個社會與政治分歧根深柢固，似乎隨時會爆發危機的國家中，日漸嚴重的經濟困難起初不僅沒有給提倡專制主義的右派壯大的機會，反而為其製造了障礙。

里維拉一九二三年建立起來的軍人獨裁本來就不太強大，到一九三〇年初氣數已盡。里維拉上台之初的成功靠的是經濟繁榮，繁榮期結束後，民眾的不滿與日俱增，里維拉的權威逐漸消失，於是他被迫辭職，出國流亡到巴黎，不久便去世。他離開幾個月後，國王阿方索十三世（Alfonso XIII）也踏上了流亡之路。一九三一年四月的大選產生了新的民主共和國。在歐洲大部分國家的民主都在向右轉的時候，西班牙卻反其道而行，至少一度看來如此。然而，左派在一九三一年大選中獲得的壓倒性勝利僅是一時風光。雖然許多對里維拉和國王失望的西班牙人願意試一試共和國制度，但是他們對共和國的支持經常是三心二意、游移不定，還附有各種條件。除了產業工人階級以外，共和國缺乏真正的群眾基礎，產業工人階級只占人口的一小部分，並且集中於幾個大城市和地區，主要是加泰隆尼亞、巴斯克地區和阿斯圖里亞斯（Asturias）。支持共和國的各政黨之間分裂嚴重。左

派內部分為社會主義者和無政府工團主義者（尤其在西班牙南部農村地區實力雄厚），前者是共和國的中堅力量，後者僅將共和國視為由工會領導、反對國家權威之長期暴力鬥爭的第一階段。兩派之間的分歧無法彌合。在加泰隆尼亞和巴斯克地區表現得尤為強烈的地區認同感和對馬德里的敵意，也妨礙了左派的統一。另一方面，右派在一九三一年的大選中被打敗，處於潰不成軍的混亂狀態。儘管高度保守的反共和勢力在議會選舉中落敗，但是它們實力仍在，非常頑強。事實上，共和國的建立重新點燃了在里維拉獨裁統治下被暫時壓制的意識形態之火。

　　新生的民主制度甫一成立就遭到激烈質疑。不到兩年，社會黨和自由黨組成的聯合政府就因為頒布推動農業改革、保護工人和大幅削減天主教會權力的立法，引起右派日益尖銳的反對。至於由激進反社會主義者和堅定支持專制統治的天主教徒組成的右派，儘管其內部四分五裂，但他們對上述立法的反對倒是非常一致。地主、雇主、天主教會和軍方毫不動搖地反對共和國。社會改革進展緩慢，效果有限，許多支持共和國的人感到沮喪不滿。在一九三三年十一月舉行的新一輪選舉中，左派大敗，右翼政黨贏得了勝利。接下來的兩年裡，隨著權力轉入地主和資本家手中，共和國成立初期的改革措施或者被逆轉，或者遭到阻撓。內戰的種子開始萌芽。

　　西班牙右派沒有統一的目標。有些是徹頭徹尾的反動派，想要恢復君主制，建立以軍方為後盾的專制社團國家。更大的一部分在一九三三年組成了簡稱CEDA的西班牙自治權利同盟。這個由民粹主義者、天主教徒和保守主義者組成的巨大團體成了西班牙最大的政黨，號稱有七十三‧五萬黨員。該黨聲稱要捍衛基督教，抵禦馬克思主義。它把黨魁羅夫萊斯（Gil Robles）尊為「領袖」，還採用了法西斯的其他表現形式，如公眾集會、制服、法西斯式的敬禮、動員群眾的

方式等，並組織起法西斯傾向日益明顯的青年運動。與激進的法西斯主義不同，它拒絕準軍事活動，至少在形式上維護現存的國家機制，並堅持走合法的非暴力議會道路。然而實際上，西班牙自治權利同盟日益贊同反共和國的暴力行為，支持建立社團主義的專制國家。它對民主的態度頂多只能算好壞參半。羅夫萊斯宣稱：「到時候要麼議會俯首聽命，要麼我們就將它一舉摧毀。」

專制右派大多信奉帶有法西斯色彩的保守專制主義，在它龐大卻又四分五裂的群眾基礎中，真正支持激進法西斯主義的人為數寥寥。最重要的法西斯運動名為「西班牙長槍黨」（Falange Española），是一九三三年由原來的獨裁者里維拉的兒子何塞・安東尼奧・普里莫・德・里維拉（José Antonio Primo de Rivera）創立的。長槍黨既與資產階級右派作對，也與馬克思主義左派為敵。可以想見，小里維拉難有寸進。在二千五百萬人口的西班牙，長槍黨的黨員不超過一萬名，它在一九三六年的選舉中只贏得了四・四萬張選票（占總票數的千分之七）。同年，長槍黨被禁，領導人全部被逮捕。小里維拉被判處死刑，十一月遭處決。那時，佛朗哥將軍已經在摩洛哥發動對西班牙共和國的叛亂。佛朗哥於一九三六年四月接管了長槍黨，將它（至少在名義上）定為支持叛亂的右翼民族主義聯盟的基石後，法西斯主義在西班牙才真正成為群眾運動，並在內戰結束後成為軍人獨裁下的國家政黨，不過它只是為軍人獨裁服務，並不能掌握政權。

內戰爆發前，西班牙政壇群雄並起，長槍黨只是其中之一。而且，它的社會革命理念必然造成大部分中產階級成員和天主教會的疏離。在內戰前西班牙那種多元民主的環境中，建立完全的法西斯群眾運動的企圖未能成功。這重要嗎？在堅決反對右派的各個左派團體眼中，小小的長槍黨與所有其他的右派團體沒有任何區別。無論西班牙自治權利同盟和長槍黨在嚴格的定義上有何差別，左派都把它們一概

視為法西斯黨。左派錯了嗎？那些在內戰期間及之後受到右派殘酷迫害的人認為，法西斯主義在西班牙支持者眾，不僅限於長槍黨的少數擁護者。

在義大利和德國，老牌的保守派及自由派右傾政黨垮台後騰出了政治空間，於是，煽動民粹的大型法西斯政黨填補了真空，圍繞著民族復興的綱領建立起統一的新右派，擊潰了左派的威脅。然而，西班牙不存在這種真空。那裡的政治空間被若干保守－專制的政治運動所占據，那些運動有強有弱，有些具有鮮明的法西斯色彩，尤其是西班牙自治權利同盟。反民主的西班牙右翼勢力很大，但正是因為保守派的力量強大，激進法西斯主義才無機可乘。到佛朗哥於一九三六年七月發動叛亂時，西班牙民主的危機加深了。但是西班牙左派不惜為民主而戰。右派經過三年的慘烈內戰才終於打垮了民主派。

右翼勢力的沃土：中歐與東歐

西班牙在西歐是個例外。可是，在中歐與東歐，轉向極右卻是普遍現象。法西斯運動鋒頭最盛的國家是奧地利、羅馬尼亞和匈牙利。對奧地利來說，希特勒在鄰國德國的崛起具有決定性的影響。在羅馬尼亞和匈牙利，一戰後歐洲領土劃界造成持續動盪，為法西斯主義的壯大提供了重要前提條件。

大蕭條發生時，奧地利非社會主義的政治團體大多已經有了法西斯的傾向。一九三一年銀行業垮台和失業率飆升重創了奧地利經濟，大多數人的生活條件嚴重惡化。奧地利的政治大致是三分天下：一是土生土長的保安團（Heimwehr），二是受邊界那一頭德國事態的激勵建立起來並快速壯大的奧地利納粹黨，這兩支力量都是大型法西斯組織，第三個是在產業工人中依然基礎牢固的強大的社會黨。在大蕭條的影響下，三方的分裂進一步加深加劇。一九三〇年，保安團的支持

者人數比奧地利納粹黨多一倍，因為許多奧地利人認為納粹黨是外國傳來的，但是納粹黨在迅速聚集人氣。在一九三二年的區級和地方選舉中，納粹黨都贏得了百分之十六以上的選票。

希特勒一九三三年一月上台後，奧地利納粹黨構成的威脅愈加明顯。為了應對這一威脅，奧地利三十九歲的總理，身材矮小但精力充沛的陶爾斐斯（Engelbert Dollfuss）廢除了議會政治，成立他所謂「以（社團）財產為基礎，有強而有力專制領導的基督教德意志『奧地利』國家。」在多數非社會主義黨派、保安團和天主教會的支持下，他的政權限制公民自由並鎮壓反對派。一九三四年二月，政府血腥鎮壓其一手挑起的社會主義者武裝起義，並宣布社會主義為非法。儘管奧地利的左派與德國以及許多其他國家的左派不同，沒有分裂為互相競爭的社會民主黨和共產黨，但左派的力量仍然無法與右派抗衡。新頒布的憲法廢除了議會，建立社團國家。支撐著國家的是自上而下建起的一套複雜的「社團」和諮詢委員會系統，而這套系統又以一個支持國家、名為「祖國陣線」（Fatherland Front）的政治組織做後盾。國家的真正權力掌握在總理手中。陶爾斐斯本人於一九三四年七月被納粹分子暗殺。但是，他的繼任者舒施尼格（Kurt von Schuschnigg）不顧納粹黨愈來愈大的壓力，繼續維持了專制政權。這個政權與其說是法西斯政權，不如說是保守反動的鎮壓性政權。它有法西斯主義的一些特點，但更加溫和。舒施尼格準備在一九三八年三月十三日舉行公民投票，重新宣示奧地利的獨立，但因為三月十二到十三日德國入侵併吞了奧地利（德奧合併）而沒有成功。

羅馬尼亞是一次大戰的大贏家，領土擴大了一倍以上（主要是原屬匈牙利的領土，但也有俄國、保加利亞和奧地利的土地），所以，乍看之下不清楚為什麼法西斯主義在那裡會有市場。當時，長期而嚴重的農業衰退致使農民的收入下降近百分之六十。經濟困難導致對少

數族裔仇視的加劇，馬札爾人和德裔都是仇恨的對象，但尤其成為民眾怒火所向的是掌握著工業、商業和金融業的猶太人。領土擴大後，非羅馬尼亞人占了總人口的三成左右。羅馬尼亞一直是歐洲反猶最烈的地方，那裡的猶太人直到一九一八年才獲得公民資格與權利。在當時的環境中，很容易利用經濟困難來加深對少數族裔的偏見與敵意，或營造「真正」的羅馬尼亞人受外國人威脅的民族主義形象。

即使按照法西斯主義的標準來看，羅馬尼亞的法西斯運動「天使長米迦勒軍團」（Legion of the Archangel Michael，又稱鐵衛團）也要算是極端暴力、極端反猶的。它由科德雷亞努（Corneliu Zelea Codreanu）這位具有領袖魅力的原法學院學生創建，一九三七年成員達到二十七‧二萬人，在當年的選舉中贏得了百分之十五‧八的選票，成為羅馬尼亞的第三大黨。科德雷亞努鼓吹煽惑人心的浪漫化極端族裔－種族民族主義，獲得了眾人的支持。他的種族主義以暴力清洗理念為基礎，要除掉國家中所有的外來分子（特別是猶太人，據說他們跟布爾什維克俄國對羅馬尼亞邊界的威脅有關，還能連結上貪得無厭的資本主義），實現國家與民族的純潔。另外，科德雷亞努還祭出了植根於基督教純潔和農田大地的「真正」羅馬尼亞道德價值觀，宣稱要實現「國家基督教社會主義」的「精神革命」，創造「新人」。支持鐵衛團的中堅力量是教師、公務員、律師、東正教教士、退役軍官、記者、學生、知識分子，當然還有農民。不過，「回歸田園」這種對農村生活不切實際的浪漫描述說服不了農民，鐵衛團贏得農民支持，靠的是把這種情感與農民因長期農業不景氣而遭受的深重經濟困難連結在一起，並許諾透過沒收猶太人的財富來給農民發放土地。

雖然三〇年代期間法西斯主義在羅馬尼亞力量日增，但是它仍然是反對組織，無法奪取國家權力。科德雷亞努的組織在羅馬尼亞一九

三七年選舉中取得成功後，國王和統治階級大為警覺。在軍隊、官僚機構和體制內的國家自由黨大部分成員的支持下，卡羅爾國王巧妙利用其他政黨之間的分裂，於一九三八年初解散了議會，建立君主獨裁。鐵衛團被禁，科德雷亞努遭到逮捕，後來在監獄中被謀殺。君主獨裁政權吸納了法西斯主義的大部分內容，包括極端反猶主義。但政府對法西斯主義的勝利並不徹底，法西斯組織被迫轉入地下，儘管幾百名法西斯分子被處決，但是法西斯運動在二次大戰期間捲土重來，並一度參與了執政，不過那時的形勢已大不相同。

一次大戰後，匈牙利失去了大片領土，它對此切膚之痛耿耿於懷。大蕭條造成農業生產低迷，高達三分之一的產業工人失業，社會與政治矛盾因之大大加劇。然而，特別是在久洛（Gyula Gömbös）於一九三二至一九三六年任首相時期，他本人的極端右傾使弱小的法西斯力量陷於分裂，甚至一度失去了行動能力，二〇年代期間東山再起的保守派統治菁英遂得以操縱控制議會，及時調整政策應對危機。所以，一九三七年之前，匈牙利沒有出現大型法西斯政黨。社會主義左派因一九一九年庫恩政權的倒台而元氣大傷，再也沒有恢復過來，後來的幾年中，民眾對於霍爾蒂打著民主旗號的專制政權的參與又非常有限，這些因素也限制法西斯主義動員群眾的機會。一九三七年後，在德國的事態發展以及國際政治格局快速變化的影響下，才出現了大型法西斯運動。匈牙利國家社會黨由八個極端民族主義團體組成，前身是由曾在軍中當過參謀的薩拉希（Szálasi Ferenz）於一九三五年成立的民族意志黨（Party of the National Will），一九三九年改名為箭十字黨（Arrow Cross）。該黨在公共部門的專業人員、軍官以及布達佩斯工業區的工人中大力發展黨員，到一九三九和一九四〇年交接之際，黨員人數達到了二十五萬。直到二次大戰後期，匈牙利落入德國統治之下，戰敗的陰影日益逼近的時候，箭十字黨才有了一段短暫的

輝煌，但對它的受害者來說，那卻是可怕的黑暗時期。

在東歐和東南歐的其他地方，法西斯運動要突圍的最大障礙是控制著國家權力的反動保守的專制菁英，特別是軍方，因為菁英階層把群眾運動視為對自己權力的威脅。那些國家的政府一般具有強烈的民族主義特性，並通常是鼓吹極端種族主義的獨裁專制政權。它們有時盜用法西斯運動的目標和主張，卻又鎮壓法西斯運動。在政府轉向專制主義的國家（比如一九三四年的愛沙尼亞、拉脫維亞、保加利亞和一九三六年的希臘），或者在統治菁英力挺現存專制政權的國家，法西斯主義幾乎沒有組織和動員民眾的空間，連成立法西斯運動的機會都少而又少。

＊＊＊

到二次大戰前夕，實行民主政府制度的只有十一個西北歐國家：英國、愛爾蘭、法國、瑞士、比利時、荷蘭、丹麥、挪威、瑞典、芬蘭和袖珍小國冰島。這些國家在一次大戰中要麼是戰勝國，要麼是中立國。歐洲人口（除蘇聯人民之外）的五分之三生活在十六個某種形式鎮壓性專制政府治下的國家中，公民權利少得可憐，少數族裔受到各種歧視與迫害。這些國家是：義大利、（吞併了奧地利的）德國、西班牙、葡萄牙、匈牙利、斯洛伐克、前捷克（當時為德國統治下的「波希米亞和摩拉維亞保護國」）、羅馬尼亞、保加利亞、阿爾巴尼亞、希臘、南斯拉夫、波蘭、立陶宛、拉脫維亞和愛沙尼亞。一次大戰後在奧匈帝國領土上建立起來的新生民主國家中，只有捷克斯洛伐克保持了民主制度，直到它於一九三九年遭到德國入侵。民主在奧匈帝國各個繼承國中的失敗最清楚地顯現了戰後體系的破產。

只有義大利和德國的法西斯政黨力量足夠強大，得以掌握國家權力並建立起獨裁政府。即使在歐洲的專制國家中，這兩國的情況也非

常特殊，不僅是因為它們的對內控制既嚴且廣，而且也因為它們都一意擴張。然而，它們對歐洲和平的威脅程度卻大不相同。義大利企圖控制地中海，並希冀在非洲建立殖民帝國。這個威脅是可以遏制的，而且無論如何，義大利也根本沒有能力挑起將整個歐洲捲入其中的戰爭。兩國中更大、更有活力、更殘酷、意識形態更激進的納粹德國則完全不同。它對歐洲的心臟地區虎視眈眈，視其為擴張的目標。這構成了對整個大陸的威脅。德國一旦建立霸權，就會顛覆歐洲那岌岌可危的均勢。自此，歐洲的和平走向完結只是遲早的事。

第六章

危險地帶

Danger Zone

「經驗顯示，」格萊特金說道，「關於任何困難複雜的過程，
都必須給大眾提供簡單易懂的解釋。根據我所知的歷史，我
認為人類絕不能沒有代罪羔羊。」

——摘自亞瑟・庫斯勒（Arthur Koestler），

《中午的黑暗》，一九四〇年

一九三四年前後，經濟危機最嚴重的時候已經過去，歐洲也發生
了變化——變得更加危險。戰後體系搖搖欲墜。法西斯主義、布爾什
維克主義和自由民主理念這三種意識形態之間的衝突日益加劇。法西
斯政權展示了力量，民主國家卻暴露自己的軟弱。獨裁者逐漸得勢，
開始左右國家的大政方針。在全球性經濟危機的廢墟之上，全球性大
戰的陰雲正在聚集。

國際秩序的坍塌

歐洲的戰後國際秩序從一開始就如同一座地基不牢的脆弱大廈。
戰後安排激發各國追求自身利益的心態，激化了族裔矛盾，引起了民

族主義的怨憤，而它們反過來又威脅著戰後體系的存在。這種情況在歐洲東部最為突出。在歐洲西部，「洛迦諾精神」在二〇年代晚期那幾年曾給人帶來穩定與和解的希望，但經濟蕭條使這個希望煙消雲散。法西斯主義在義大利站穩了腳跟，接下來希特勒在德國掌權更是令人心驚。經過十年的法西斯統治之後，義大利已不再像一次大戰之前那樣孱弱和分裂，而是開始放眼建立帝國、稱霸地中海和北非地區的可能性。然而，經濟大蕭條期間出現的最令人不安、對國際秩序構成最大威脅的新實體，還是納粹黨領導下的德意志帝國，它從一次大戰的戰敗中重新站起，充滿自信地強力宣示自己的權力。

　　這些新生力量很快將再次重塑一戰後面目全非的「大國」格局：奧匈帝國的滅亡造成歐洲中部和東部出現一大批局勢不穩的國家，英法兩個西方民主國家的國力大減，蘇聯仍在忙於充滿暴力的國內重建。國際舞台幾乎完全被強國間均勢的變化所主宰，小國則不由自主地被吸入大國角力的漩渦。義大利和德國這兩個法西斯國家的強悍成為危及國際秩序的強有力新因素，尤其是德國。其他國家，包括時刻警惕西方資本主義和帝國主義的侵略，將加強對這種威脅的防禦視為重中之重的蘇聯，基本上都只是被動地應付這種它們並不完全理解的力量。它們彼此懷疑、互相競爭，因而也就無法團結一致打擊法西斯主義。

　　只有國聯這個超越國家利益的機構，能抵制歐洲國際秩序中強大的離心力，可惜它力不從心。沒有美國的參與，國聯的有效性從一開始就打了折扣。但儘管如此，國聯在二〇年代還是在救援東歐各地成千上萬顛沛流離的難民的努力中發揮了作用。當奧地利和匈牙利的貨幣險些被惡性通膨壓垮時，國聯提供巨額貸款幫助穩定了貨幣，使那兩個國家免於破產的厄運。此外在大蕭條期間和之後的時期內，國聯也在防治傳染病、打擊販賣人口和改善世界貿易條件等領域繼續發

揮作用，這些領域中的工作都是超越國界的，也在不同程度上推動了二次大戰後的積極發展。但是，國聯在捍衛並在必要時強制維持和平（雖然它不掌握任何國際軍事手段）這個中心目標上，它卻一敗塗地。國聯無力阻擋義大利和德國的貪婪掠奪和橫行霸道，也無法克服西方民主國家只顧一己私利、互不團結、自毀長城的政策。

破壞國際秩序的第一起事件其實發生在遠離歐洲的地方，那就是日本一九三一年九月侵略中國東北。中國呼籲國際社會譴責日本的暴行，國聯卻幾經拖延才成立一個委員會來研究衝突的背景情況並建議解決辦法。委員會用了近一年的時間才提出報告，譴責日本的行為，但同時也認為日本在中國東北有合法利益，要求中國予以承認。這個判決固然謹慎，但宣布的時機已晚。一九三二年，日本在中國東北這一具有重大經濟意義的廣袤地區，建立了滿洲國這個傀儡政權。國聯沒有強制性力量迫使日本放棄它侵占的領土，而積弱分裂的中國又無力用武力奪回領土。日本的侵略受到國際輿論的激烈批評，但批評無濟於事，只使得日本於一九三三年二月憤而退出國聯。外交上的孤立助長了日本的激進民族主義，使日本急劇轉向銳意擴張的軍人寡頭統治。中國東北事件暴露出國聯的虛弱無力，進而顯示英法這兩個在國聯占據主導地位國家的軟弱。英國若加強它在遠東的海軍力量，將給它已經捉襟見肘的防衛資源再增壓力。無論是在遠東還是在歐洲，這都是綏靖政策的誘因。

國聯的核心關注是透過基於裁軍協定的集體安全制度，減少爆發國際衝突的可能性，但事實證明國聯在這方面遭遇了不折不扣的失敗。一九二〇年建立的國聯承載著巨大的希望和崇高的理想，但它在後來的十年間卻成果寥寥。在個人可以自由發表意見的國家，公共輿論大多對裁軍持歡迎態度。一次大戰停戰十年後，人們再次把目光投向那場災難，回憶起那段慘痛經歷使人們更加害怕新的戰爭，怕

它會成為世界末日級的浩劫。反戰的和平主義運動雖然從來都只有人口的一小部分參加,但是在英國、法國和丹麥等西歐國家中,對和平主義運動的支持日增。許多人雖不支持和平主義,但積極擁護和平與裁軍。這樣的人比和平主義者多得多,主要是社會主義者、工會積極分子、知識分子、自由主義者和神職人員,其中女性占大多數。二〇年代晚期,德國左派的反戰情緒也相當強烈。雷馬克(Erich Maria Remarque)的反戰小說《西線無戰事》(Im Westennichts Neues)一九二九年出版後立即成為暢銷書,在德國售出了一百萬冊以上。

　　與德國左派的反戰情緒正面對抗的,是右派理直氣壯的軍國主義和對戰爭的美化。榮格爾在二〇年代出版的美化戰爭的回憶錄《鋼鐵風暴》在德國大受歡迎,這清楚顯示德國人內部對一次大戰存在著多麼深刻的分歧。所以,《西線無戰事》的出版引起了右派,特別是初露頭角的右翼旗手納粹黨的暴怒,也就不足為奇了。一九三〇年十二月,美國根據該小說拍攝的電影在德國上映時,納粹領導的右翼勢力視之為對德國榮譽的侮辱,組織了一波又一波狂暴的抗議,結果這部電影被禁止公開放映,理由是它「危及德國的國際地位」並「貶低德軍」。

　　然而,只有在納粹崛起後,軍國主義觀點才壓倒了反戰的情緒。軍國主義觀點認為,一次大戰是場光榮的鬥爭,只是因為國內的馬克思主義革命分子「在背後捅刀子」,才讓德國功虧一簣。二〇年代時,由強硬好戰的退伍軍人組成的最大的軍國主義組織「鋼盔」(Stahlhelm),規模尚小,遠不如社會民主黨的反戰老兵協會「帝國旗幟團」(Reichsbanner)。直到一九三二年,希特勒掌權的前一年,德國社會黨人還組織了多場宣揚和平的集會,參加者達六十萬之眾。即使在希特勒就任德國總理之後,德國人口的大多數,尤其是經歷過一次大戰的人,仍然懷有對戰爭的一種病態恐懼。希特勒的伎倆是,

他多年來一直向德國人民表示，他要的是和平、不是戰爭，而保證德國國防的最好辦法就是重整軍備。他還力圖使德國人民相信，他不過是想在軍力方面得到和西方強國的「平等權利」。他辯稱，如果西方強國不裁軍，那麼無論是為了起碼的公平，還是為了偉大的德意志民族的驕傲和榮譽，都應該允許德國重建軍隊，把被一九一九年的凡爾賽條約減到小得可憐的軍隊，發展到與西方強國相似的水準。不僅納粹黨人，而且許多其他德國人都覺得這個論點言之有理。

因為這個關鍵問題，已籌備多年，一九三二年二月二日首次召開的日內瓦世界裁軍會議為達成國際裁軍協議所做的一切努力都盡付流水。當然，要想管理全球武器貿易，限制各國政府的軍費開支，並勸說各國透過裁軍來保證安全，需要解決許多困難的技術問題。但是，比技術問題大得多的障礙是，包括日本、蘇聯、義大利和德國在內的大國根本沒有裁軍的意願。此外還要加上尤其使法國和英國傷透腦筋的另一個難題，即應該允許德國武裝到什麼程度？法國對兩次遭到萊茵河彼岸德國的入侵記憶猶新，可以理解它為何將國家安全視為重中之重。任何稍微影響國家安全的裁軍措施對法國來說都是不可接受的。另一方面，英國作為裁軍理念的主要推手有著更加理想化的觀點，認為全面裁軍可以帶來安全。法國人不為英國人的觀點所動，也不可能改變自己的立場，因為英國不肯保證法國萬一遭到德國攻擊時，一定會派兵馳援。

這兩個西方強國在裁軍政策上的根本性分歧提供了希特勒天賜良機，使他得以指出，西方民主國家在世界裁軍會議上大唱高調，但堂皇的言詞下卻藏著極大的不公平，因為它們強迫德國限制軍備，卻不肯將自己的軍備降到與德國相同的水準，也不准德國重整軍備，以達到其保證自己的安全所必需的水準。各國（包括部分小國）都寸步不讓地堅持本國利益，決心要保證其實是不可能達到的安全，這擊碎了

任何達成普遍協定的希望。

　　一九三三年十月十四日，希特勒不負德國軍方領導層和外交部所望，宣布德國退出世界裁軍會議和國聯。那時，裁軍會議已經淪為空談的場所。希特勒敏銳地抓住這個大好的宣傳時機，退出後馬上舉行了一次公投。公投的官方結果是，九成五的選民支持希特勒的行動，這大大提升希特勒在德國人民心中的威望。德國退出之後，裁軍成為泡影，雖然世界裁軍會議依然蹣跚前行，直至一九三四年六月才終於壽終正寢。希特勒勝利了，國聯遭到重大打擊。裁軍毫無可能。歐洲做好了開始新一輪軍備競賽的準備。

　　一九三五年三月，希特勒感到羽翼已豐，於是宣布將德意志國防軍（Wehrmacht）擴大到三十六個師（大約五十五萬人），並重新施行普遍兵役制。希特勒還公開宣布德國擁有了空軍，其規模已經相當於英國空軍（顯然是誇大其詞）。這兩個步驟都公然違背了凡爾賽條約。西方民主國家僅僅提出抗議，然後就沒了下文。不過，它們還是因希特勒此舉感到緊張，大量增加了軍費開支。

　　德國重整軍備的行動引起了英國、法國和義大利領導人的警覺。他們於一九三五年四月在義大利北部的斯特雷薩（Stresa）會晤，同意堅持一九二五年的洛迦諾公約。但僅僅兩個月後，英國就將這塊國際團結的遮羞布丟在一旁，同意德國提議的關於限制艦隊規模的英德雙邊海軍協定。英國人希望，這項協定能夠成為向著管理、削減德國軍備這個大目標邁出的一步。但事實證明那是做白日夢。海軍協定等於是在巴黎和會棺材上敲的又一顆釘子，而且這次居然有一個制定了戰後安排的大國直接參與。德國歡欣鼓舞。法國看到英國自作主張，毫無必要地幫希特勒抬轎子，則非常不以為然。

　　德國擺脫了國際上的孤立處境，力量也大為增強。戰後的歐洲秩序明顯開始坍塌。在這種情況下，各國為了加強自身安全紛紛尋求建

立新的同盟。除了在希特勒上台後不久即與德國簽署了一項政教協定（Concordat）的梵諦岡，波蘭是第一個與中歐這個甦醒的巨人尋求新諒解基礎的國家。一九三四年一月，希特勒同意和東鄰波蘭簽訂一項互不侵略的十年協定。德國和波蘭關係的穩定符合兩國的共同利益。波蘭獲得了西部邊界的安全。德國則在納粹主義激烈反對布爾什維克主義導致德蘇關係急劇惡化之際，消除東面起火的可能。

三〇年代早期，蘇聯基本上忙於應付內亂。但是，希特勒在德國掌權後，蘇聯領導人深切意識到自己面臨的危險，認為需要與西方民主國家合作，在歐洲建立集體安全制度。蘇聯在一九三三年與英、法、美建立了外交關係，一九三四年九月又加入了它原來斥為「帝國主義陰謀」的國聯。蘇聯也需要締結新的同盟。於是，蘇聯於一九三五年與法國簽訂了互助條約，又與已經和法國結成防衛聯盟的捷克斯洛伐克簽訂互助條約。然而，這些新條約不僅沒能威懾希特勒，反而堅定了他掙脫一切束縛的決心。

事實上，破壞國際秩序給了國聯致命一擊，為義德兩國拉近關係鋪平道路的事件不是發生在歐洲的中心，而是在非常靠南的地方。一九三五年十月三日，義大利入侵了阿比西尼亞（Abyssinia，後來通常稱為衣索比亞）。這是以現代手法推行的老式帝國主義。墨索里尼堅決鼓吹戰爭，在很大程度上是為了提高他自己的威信。戰爭的勝利將使義大利一雪一八九六年阿多瓦（Adowa）一役慘敗於阿比西尼亞之恥。它將向西方大國表明，義大利已不復一九一九年時的孱弱；當年，儘管義大利屬於一次大戰的戰勝方，卻被剝奪許多義大利人認為自己國家對非洲殖民地「應得的」一份。在英國和法國的殖民勢頭趨弱之時，義大利要透過軍事征服來昭示自己才是蒸蒸日上的帝國主義強國。另一個重要原因是，阿比西尼亞將成為義大利建立現代羅馬帝國大業的一個台階，而現代羅馬帝國的基礎就是義大利對地中海、亞

得里亞海與達爾馬提亞、希臘與愛琴海，以及北非與東非的統治。

　　這場戰爭野蠻而又殘酷。義大利使用轟炸機大肆投擲毒氣彈來恐嚇老百姓，但是，阿比西尼亞頂住敵人的巨大優勢，堅持了好幾個月。一九三六年五月，義大利軍隊開進首都阿迪斯阿貝巴（Addis Adabba），阿比西尼亞的皇帝塞拉西一世（Haile Selassie）出國逃亡，戰爭方告結束。義大利又花了七個月的時間，在付出了巨大代價後，才宣布「平定」阿比西尼亞。義大利國王被宣布為皇帝。墨索里尼沉浸在義大利民眾的一片讚頌聲中，他的民望達到他一生中空前絕後的最高點。他在國內是名副其實的眾望所歸。

　　在國際上，阿比西尼亞戰爭敲響了國聯作為促進歐洲和平與安全的國際機構的喪鐘。國聯對義大利實施經濟制裁，但制裁範圍極為有限，例如說，禁止對義大利出口鵝肝醬，卻不禁止鋼鐵、煤炭和石油的出口。英國外交大臣霍爾（Samuel Hoare）和法國外交部長拉瓦爾（Pierre Laval）想和義大利做交易，同意把阿比西尼亞約三分之二的土地劃給義大利，等於是獎賞墨索里尼的侵略。消息洩露後，立即引起軒然大波，英國民眾的反應尤為強烈。國聯的一個成員國無端遭到另一個成員國的侵略，而兩個最重要的國聯成員國居然同意肢解瓜分被侵略的國家。

　　此事使英國和法國之間的關係一度趨於緊張，但它對國聯的地位造成的破壞要大得多。歐洲小國把國聯的軟弱看在眼裡，開始重新考慮自己對它的支持，並尋找其他保證安全的方法。瑞士重申中立，雖然它實際上希望靠義大利來抗衡法國和德國的影響。波蘭、羅馬尼亞和南斯拉夫不再相信法國是可靠的盟友。斯堪的納維亞國家與西班牙、瑞士及荷蘭一樣，看到國聯的主要成員國居然犒賞侵略者，放任其攫取領土，因而認為繼續支持制裁制度不再有任何意義。義大利入侵阿比西尼亞後，國聯變成了高唱理想高調，實際毫無用處的機構。

作為維護和保障歐洲和平的工具，國聯已死。詭異的是，國聯在「裁軍」議題下的最後一份報告發表於一九四〇年六月德軍橫掃法國之際。

阿比西尼亞戰爭的主要得益者是德國。在那之前，墨索里尼對希特勒的態度非常冷淡。他和西方國家一樣，對德國的擴張意圖，尤其是德國對奧地利的虎視眈眈心存警惕。一九三四年，奧地利總理陶爾斐斯遭到暗殺後，墨索里尼甚至把義大利軍隊調到阿爾卑斯山的布倫納山口（Brenner Pass），警告希特勒不得輕舉妄動。一九三五年四月，墨索里尼還跟西方民主國家結成「斯特雷薩陣線」（Stresa Front），旨在遏制德國向西擴張，特別要阻攔它染指奧地利。但是，在阿比西尼亞戰爭期間，義大利陷於孤立，受到制裁，戰場上也並非一帆風順。希特勒的德國在戰爭保持中立，沒有支持國聯。墨索里尼需要朋友，希特勒也是一樣。一九三六年一月，墨索里尼改了口風，他發出訊息，表示他認為斯特雷薩陣線已成過去，他不會反對奧地利落入德國的勢力範圍，並說一旦巴黎批准法國和蘇聯的互助條約，如果希特勒做出反應，他不會支持法國和英國。希特勒馬上注意到了墨索里尼的表態。這說明他可以考慮早些動手實現萊茵蘭的再軍事化，那是加強德國西部防禦的關鍵一步，對重整軍備十分重要，但那將公然違反保證了西歐戰後安排的一九二五年洛迦諾公約。

洛迦諾會議認可的戰後解決方案把萊茵河右岸寬達五十公里的德國領土，定為非軍事區，任何維護民族利益的德國政府早晚都會要求取消這條規定。不僅極端民族主義者，大多數德國人都認為，這條規定是對德國主權不可容忍的限制，也是戰勝國一九一九年所做裁決的一大汙點。若是進行耐心的外交談判，很可能兩年內即可結束萊茵蘭的非軍事化。希特勒也打算在一九三七年實現這個目標。但是，耐心的外交不是他中意的方法。他認為，採取驚天一擊才會大大提升自己的國內威信和國際地位。法蘇互助條約獲得批准使他取得了行動的藉

口。西方民主國家在阿比西尼亞問題上步調不一，國聯信譽喪失，再加上墨索里尼開綠燈，這些都給了他機會。希特勒必須抓住時機。他雖然在最後關頭有過躊躇，但並未猶豫多久。一九三六年三月七日，二萬二千名德軍開赴非軍事區。集結的三萬德軍中只有三千人在警察部隊的護衛下深入萊茵蘭。沒有發生軍事對抗。正如希特勒所料，西方民主國家事後提出了抗議，但除此之外並無動作。希特勒毫髮無傷地取得了到那時為止最大的勝利。

　　歷史證明，那次是西方民主國家在不訴諸戰爭的情況下阻止希特勒的最後一次機會。它們為何沒有採取行動呢？畢竟，德國只有一支小部隊進入了萊茵蘭，而且給他們的命令是，萬一受到駐紮在那裡的西歐最大規模軍隊的威脅，就立即撤退。如果法國展示軍力阻止了德軍前進，那將是對希特勒的重擊，會大大削弱他在德國軍民心目中的威信。這會產生何種後果我們不得而知。如果希特勒一九三六年企圖再軍事化萊茵蘭的行動以不光彩的失敗告終，他就很可能無力推行後來那些被軍方重量級人物視為魯莽危險的行動。然而，希特勒掌握了法國方面的情報，知道法國基本不會採取軍事舉措阻撓德方的行動。希特勒動手之前，法國領導人就差不多排除了使用武力驅逐德國軍隊出萊茵蘭的可能。動員軍隊每天要花三千萬法郎，這在財政上和政治上都是無法承受的。即使事實上沒有動員軍隊，巴黎也險些爆發金融恐慌。此外，法軍無法立即投入行動，它需要十六天的動員期。而且，法軍只會為保衛法國的邊界而戰，不會為了萊茵河邊的非軍事區打仗。法國的公共輿論也反對軍事還擊。就連希望懲罰希特勒的人也覺得不值得為萊茵蘭而戰。

　　無論如何，法國都不願意在沒有英國支援的情況下採取行動。然而，英國也不可能為了萊茵蘭大動干戈。英國領導人很清楚（也明確告訴法國人），英國不會因德國違反洛迦諾公約而跟德國兵戎相見。

英國的公共輿論肯定不會贊成這樣的行動。阿比西尼亞危機後，英國民眾的情緒與其說是反德，不如說是反法。英國老百姓完全不想和希特勒作對，因為許多人認為他不過是進了「自家的後院」。英國民眾沒有上街示威抗議，或要求制裁德國，這與他們對義大利入侵阿比西尼亞的反應形成了鮮明對比。

英國和法國沒有採取任何實質行動，只是試圖掩蓋彼此在今後行動上的意見分歧；它們表示焦慮與擔憂，尋求國聯理事會的干預（好像希特勒會因此而害怕似的），最終敷衍地提出幾條外交解決萊茵蘭問題的建議。針對英法建議的外交舉措，希特勒斷然予以拒絕，因為他已經以他自己的方式解決了問題。時任英國外交大臣的艾登（Anthony Eden）對下議院說，他要尋求一個得到各方同意的和平解決方案。他聲稱：「我們一貫追求的目標是實現歐洲的綏靖。」不久後，「綏靖」一詞成了英國政府揮之不去的夢魘。

一九三六年三月底，希特勒安排了一場公投來為他在萊茵蘭的行動背書。正如獨裁者總是獲得壓倒性的票數一樣，希特勒得到了百分之九十九的投票者支持。當然，公投的結果是政府操縱的，但是，絕大多數德國老百姓熱情歡迎希特勒的行動，這點卻毫無疑問，特別是當形勢清楚地表明這不會導致戰爭之後。希特勒在國內的威望空前高漲，這加強了他相對於德國傳統菁英的優勢。希特勒的大膽得到了回報，傳統菁英的懷疑卻被事實證明是多慮的。軍方尤其對希特勒進一步歸心。希特勒的獨夫之心日益驕固。他認為自己永遠正確，面對在德軍開入萊茵蘭之前那些緊張日子裡猶豫搖擺的人，他滿心鄙夷。

如今，德國的軍力無疑已成為歐洲力量格局中最為突出的因素。在僅僅四年前，德國還虛弱無力，西方大國甚至同意免除它的戰爭賠款；撫今追昔，事態的轉變實在令人震驚。萊茵蘭的再軍事化給了凡爾賽條約和洛迦諾公約致命的一擊，消滅了在法德邊界上實現持久和

平的最後希望。西方民主國家和希特勒的德國發生對抗的可能性突然加大。此前三年內，希特勒多次主動出擊，西方強國卻猶豫不決，凸顯了它們的軟弱與動搖。

在英法兩國仍企圖靠外交手段對付不守規矩的國家同時，德國和義大利的獨裁者愈走愈近。一九三六年初，德義兩國的關係仍算不上友好，但當年秋天，它們就建立了同盟。十一月一日，墨索里尼宣布羅馬－柏林軸心形成。墨索里尼開始從大獨裁者變為只能當陪襯的合作夥伴，雖然他本人尚懵然不知。這兩個易變難測的人掌握著各自國家中幾乎絕對的權力，他們統治的德義兩國一意擴張，對歐洲和平構成了日益增大的威脅。七月，失去了義大利這個後盾的奧地利無奈同意了德國的要求，德國對奧地利的影響因而大大增加。在德義軸心正式確立之前，它們兩國就聯手在西班牙採取行動。希特勒和墨索里尼都決定在軍事上支持佛朗哥將軍領導的民族主義叛亂。

使這兩個獨裁者走到一起的一個重要因素是，他們都反對布爾什維克主義。希特勒顯然是主推動者。墨索里尼反對布爾什維克主義，主要是為了國內宣傳，蘇聯對他在戰略上並不重要。希特勒對布爾什維克主義的反對更加激烈。在他心中，猶太人和布爾什維克主義天生是連在一起的，自從二〇年代以來他一直對此念念不忘。不過，他掌權後確定外交政策時，蘇聯頂多只是次要的考慮因素。一九三六年，情況發生了變化。那一年，與意識形態上的大敵攤牌這個希特勒從未忘懷的念頭開始定形。他愈來愈警惕布爾什維克的威脅。希特勒認為，共產黨在法國和西班牙占據了主導地位，這對德國是實實在在的危機。他非常清楚蘇聯在大踏步推進工業化，也知道蘇聯正計畫大肆建軍。在他看來，時間不在德國一邊。他認為歐洲分裂成了兩個不可調和的陣營。今後幾年內的某個時候，必須對布爾什維克的威脅予以迎頭痛擊，否則將為時太晚。

　　一九三六年八月底，希特勒寫了一份長篇備忘錄，指出今後四年德國經濟發展的方向，制定了旨在為迅速加快軍備建設而儘量增加國內生產的綱領。這份備忘錄出現前的幾個月間，德國國內的經濟壓力日益加重。糧食進口暫時超過了軍備建設所需的原物料的進口。一些著名人士紛紛要求政府削減軍備開支，調整經濟走向。德國何去何從到了決定性的時刻。

　　希特勒做出了決定。他選擇了大砲，而不是奶油。他這樣做是出於政治考慮，不是經濟考慮。他那份關於「四年計畫」的備忘錄開宗明義地指出，布爾什維克主義將成為新的世界性衝突的中心。他宣稱，德國要跟蘇聯攤牌是不可避免的，儘管無法確知它何時到來。備忘錄的結尾處提出了兩項任務：「第一，德國軍隊必須在四年內達到能戰的水準；第二，德國經濟必須在四年內達到戰時狀態。」這並非開戰的時間表，但是，從此時起，德國已無法脫離前行的軌道。除非推翻希特勒，否則不可能回到以國際貿易為基礎的經濟和平時代。希特勒選擇盡快實現經濟自給自足，秣馬厲兵，準備戰爭。目標已經確定。通往戰爭之路已經鋪好。歐洲的命運落到了獨裁者手中。

獨裁統治

保守政權

　　三〇年代是獨裁者的十年。有些獨裁政權在二〇年代就建立了起來，還有些獨裁政權產生於四〇年代的外國占領，但是三〇年代是獨裁者特別得勢的十年。到一九三九年，生活在獨裁統治下的歐洲人口超過了民主國家的人口。

　　所有獨裁政權都有如下的共性：消除（或嚴重限制）多元的政治代表制，限制（或廢除）個人自由，控制大眾媒體，終止（或嚴格限

制）司法獨立，以及擴大警察權力來粗暴鎮壓政治異議者。所有獨裁
政權也都採用某種形式的偽代表制度，都聲稱自己代表「國家」或
「人民」，體現人民的主權，服務於國家的利益。它們通常都保留了某
種形式的國民大會或議會，儘管這類機構都受到各種濫用、操縱或控
制。然而，實權無一例外地掌握在「強人」手中，而強人的權威靠的
是軍方和安全部隊的支持。在所有獨裁政權中，軍方的作用都是決定
性的。獨裁國家的軍方全部奉行民族主義的保守意識形態，一律激烈
反對社會主義。多數獨裁政權以平定內亂、恢復「秩序」、維持菁英
的現有權力為目標，並不構成國際威脅。

　　例如說，愛沙尼亞總理，也是農民聯合會的前領導人帕茨
（Konstantin Päts）於一九三四年建立的專制政權宣布，它的目標是在
當時政治劇烈動盪、議會騷動不穩的局勢中維護國內安全。政府取締
了半法西斯性質的極右民粹運動「老兵聯合會」（Vapsen），說它是
加劇政治動亂的罪魁禍首。屬於該組織的議員的當選被宣布為無效，
該組織的一些領導人被捕。政治示威遭到禁止，一些報紙被迫停刊。
接下來，帕茨解散了議會。此後，政府禁止反對派活動，並透過國家
宣傳機器來推動國家團結。但是，政府沒有進行大規模政治迫害，沒
有建立集中營，沒有限制藝術與文學（只要它們不「煽動叛亂」），
甚至對司法都沒有施加多少干預。帕茨把他的政府稱為「指導下的民
主」。它明顯不是民主，但它最多是不活躍的獨裁。除了早期的一些
鎮壓活動，它與當時的多數專制政權相比甚至是比較自由開明的。

　　波蘭的專制也是比較溫和的一種（至少初期如此）。一九二六年
五月畢蘇斯基元帥發動政變後，民主的外在形式得到了保留。議會、
多元政黨和工會都繼續存在，新聞也仍然相對自由。然而，國家的行
政權力大為增加。「強人」畢蘇斯基本人正式的職位是作戰部長，但
他實際控制著政府。一九三〇年，五千多名政治反對派被逮捕，其中

一些比較重要的人物在監獄裡遭到殘酷虐待。除了這個突出的例外，當時的政治鎮壓並不普遍。一九三三年三月，波蘭深陷經濟危機之時，議會賦予了政府靠法令治國的權力。畢蘇斯基所倚靠的真正權力掌握在軍方手中。政府主要部門的首長都是忠於畢蘇斯基的人，人們稱他們為「上校」。鎮壓加緊了。一九三四年，根據一紙總統令，在貝雷扎－卡爾圖斯卡（Bereza Kartuska）建起了集中營，無須法庭判決即可將人監禁三個月（到期後還可以再延長三個月）。一九三四年七月被關入集中營的第一批人是波蘭法西斯分子。然而，一九三九年以前，集中營的大部分在押者都是共產黨人。二次大戰前共有三千人左右被送進集中營。十幾個人死在了裡面，這固然十分惡劣，但比起許多其他專制政權的受害者來，人數還算是少的。一九三五年四月通過的新憲法更鞏固了波蘭國家的專制特點，憲法賦予作為國家元首的總統廣泛的權力，大大削弱議會獨立的基礎。

不久後，畢蘇斯基於五月去世，但形勢並未發生根本性的變化。國家仍然派別林立、政治分裂，納粹德國又在一旁虎視眈眈。在這種情況下，一個名為「民族統一陣營」的親政府大型組織於一九三七年成立，開始賣力地為三〇年代晚期波蘭政治中的重磅人物、人稱「民族領袖」的希米格維－雷茲（Edward Śmigły-Rydz）將軍爭取支持。波蘭的民族主義傾向更趨激烈，反猶情緒更加狂暴，對少數族裔排擠日甚。不過，意識形態仍然僅限於實現民族統一這個模糊的目標，而且波蘭沒有像樣的法西斯運動。它的專制獨裁形式是最平和的一種。政府從未想過要大規模動員民眾，只求控制社會，沒有改變社會的雄心壯志。對政府來說，只要能保持秩序，維護一直統治著波蘭社會的保守菁英的利益，即余願足矣。

大多數專制獨裁國家在動員群眾方面都成就有限。在希臘，呆板乏味的梅塔克薩斯將軍沒有群眾組織可供利用。他於一九三六年四月

掌權之前,在希臘僅有百分之四的支持率,然而,一九三五年復位的國王喬治二世給他撐腰,軍方也支持他。當時的政局亂作一團,權力鬥爭激烈,議會內部僵持不下,梅塔克薩斯遂得以於一九三六年八月建立獨裁政權。他宣稱要建立一個沒有黨派之爭的政府,拯救希臘不致落入共產黨手中。他解散議會,廢除憲法,宣布軍事管制,鎮壓政黨和反對派組織,並剝奪了人民的政治自由。軍隊和警察力量得到加強。幾千人被投入集中營遭到殘酷虐待。梅塔克薩斯試圖效仿法西斯主義的方法,建立法西斯式的國家青年組織,還精心安排歌頌領袖的大遊行。但是,梅塔克薩斯掌權之前,法西斯主義對希臘幾乎沒有影響,他(顯然是為了建立他自己的權力基礎)按照義大利法西斯的辦法動員群眾的努力並不成功。他也沒有任何近似連貫一致的意識形態思想。梅塔克薩斯在權位上一直坐到他一九四一年去世,但是他全靠國王和軍隊的支持。他的獨裁是鎮壓性專制政權的又一個變種,對社會進行限制、管控,卻不動員民眾,而且缺乏意識形態的驅動。

兩次大戰之間的其他獨裁政權大多有共性也有特性。在匈牙利,霍爾蒂的專制政權在三〇年代期間受德國的影響愈來愈大,它保留了多元政治制度的形式,但實際上日益依賴軍隊和大地主,而不是動員起來的大眾。對政權來說,法西斯主義的群眾政黨是個大大的威脅,而非可倚靠的基礎。薩拉希被監禁,他領導的運動(民族意志黨,後來的匈牙利國家社會黨)一度遭到取締,後來才恢復活動,於一九三九年三月重組為箭十字黨,並在同年五月的選舉中獲得了四分之一的選票。但即使如此,儘管法西斯主義的影響日增,霍爾蒂政權自身的民族主義傾向也日趨極端,反猶色彩愈來愈嚴重,它在本質上仍然以維持現狀為主旨,是保守政權,而不是革命政權。

歐洲的另一邊,薩拉查統治下的葡萄牙也許是全歐洲獨裁政權中最不活躍的一個。他在一九三三年成立的「新國家」(Estado Novo)

以社團主義的憲法為基礎，體現了保守的天主教價值觀。這些價值觀，加上維持葡萄牙的海外殖民地，基本上就是該政權用來團結各方的意識形態的全部。政府限制公民權，實施新聞審查，禁止罷工和關廠，還使用一般的鎮壓手段，包括設立政治警察和特別法庭，搞大批判，鼓勵人們互相揭發。葡萄牙有一個由國家組建的政黨「國民聯盟」，有一個青年組織，還有一個（採用法西斯式敬禮的）準軍事組織，這些為政府提供了群眾基礎。然而，薩拉查並不想依賴法西斯式的群眾運動。事實上，他還鎮壓了國家工團主義者（National Syndicalists），即法西斯「藍衫黨」。他是所有的獨裁者中最乏味的一個，不想搞小集團，也拒絕強硬的軍國主義和帝國擴張主義。他奉行的保守專制主義與歐洲活躍的專制政權形成了最鮮明的對比。

活躍的專制：意識形態與群眾動員

我們當時可以清楚看到有三個國家與眾不同，它們是：蘇聯、義大利和德國。到三〇年代中期，它們之間意識形態的對抗明顯加劇，一方是蘇聯布爾什維克主義，另一方是義大利法西斯主義和德國國家社會主義。西方民主國家的領導人認識到，這一對抗已經把歐洲拉入了危險地帶。歐洲爆發戰爭的黃燈警示已經亮起。普通的專制政權無一威脅到歐洲和平。但是這三個非常規的活躍國家，尤其是史達林的蘇聯和希特勒的德國，引起了西方民主國家日益加重的擔憂。許多保守右派害怕共產主義甚於害怕法西斯主義或納粹主義，自二〇年代起把這三個政權劃為一類，稱之為「極權」統治，以有別於「專制」統治。另一方面，不僅共產黨人，大多數左派都認為，將蘇聯共產主義與義大利和德國的政權歸為一類是大錯特錯，德義同屬邪惡的法西斯主義，不過是不同的變種而已。

無可否認，這三個國家雖然在意識形態上大相徑庭，但是在統治

方法上卻有著顯著的相似之處，包括對社會的嚴格控制、對反對派和少數派的恐嚇、對領袖的個人崇拜、一黨制，以及不遺餘力地動員群眾。如果革命一詞指的是為了實現根本改變社會這一烏托邦目標發動的大規模政治行動，那麼我們可以說它們都是革命政權。它們都在原則上要求個人「完全投入」（實踐中則有所不同）。在控制民眾方面，它們不滿足於僅靠壓服的手段，而是想用一種特殊的意識形態來動員民眾，把他們「教育」成全身心投入的堅定信徒。因此，它們都是與「普通」專制迥然有別的活躍國家，但它們在實踐中彼此有多相似呢？

史達林主義：理想主義、高壓和懼怕

到三〇年代中期，布爾什維克的統治制度變成了史達林主義。蘇聯建國之初實行的是集體領導，但自從一九二四年列寧去世後，集體領導制便消失於無形。新經濟政策實施的最後階段以及一九二八年開始實施第一個五年計畫之時，蘇聯發生激烈的派別鬥爭，產生了一個明確的贏家。

一九三六年，蘇聯頒布了新憲法（取代了一九二四年的第一部憲法）。史達林稱其為「世界上所有憲法中最民主的一部」。新憲法規定了普遍投票權、公民權利、思想自由、新聞自由、宗教自由、結社自由和就業保障，這一切都是「為了工人的利益，為了加強社會主義制度」。事實上，此時蘇聯政權的維持高度倚靠人們的恐懼、屈從和追求名利的野心，就連列寧的新經濟政策時期那有限的自由也蕩然無存。蘇聯公民實際上處於國家無限的任意權力之下。這主要是由於大力強推飛速工業化和現代化所造成的，也是由於人們對爆發戰爭的擔憂日益加大。另一個不可小覷的原因是作為統治者的史達林本人那極端專橫、殘暴無情、頑固偏執的個性。

一九二八到一九三二年實施的第一個五年計畫裡，最中心的內容是農業的集體化，史達林稱其為自上而下的革命。一九三二年底，政府宣布五年計畫勝利完成。即使統計資料有水分，取得的成就也的確很大。但是，推行五年計畫時採取了高壓強制的手段，非常不得人心，特別是在農民中間。占蘇聯遼闊國土大部分的農村因而陷入貧困，城鎮居民也怨聲載道，糧食短缺，住房緊張，價格上漲。各階層的人都感到不滿，黨員以及黨和國家的領導幹部尤其如此。許多布爾什維克領導人是列寧時代的老幹部，並非一律贊同史達林的所作所為。他們中間的許多人還記得列寧在世時的那個史達林，說他不過是偉大的列寧的一個助手，而且還不是最受列寧賞識或最能幹的。這使得史達林如芒在背。

然而，那個時候人們懷抱的，不只有對現狀的不滿和反對，也有理想主義和獻身精神。宏大的快速工業化方案動員起蘇聯各地的幾百萬人。無數共產黨員和共青團員（他們是將要成為黨的積極分子的年輕共產主義者，而義大利和德國的青年運動此時仍是菁英團體，到三〇年代晚期才變成群眾組織）不知疲倦地傳播社會主義的理想。當然，萬眾一心努力建造未來天堂的形象，對於每天在焦慮、物資匱乏和當局的壓迫之中苦苦掙扎的大多數蘇聯人民來說，並不能帶來安慰或補償。然而即使如此，政府仍不乏熱情的擁護者。年輕的城市工人、知識分子和猶太人（他們將社會主義視為通往擺脫歧視與迫害之路，從歐洲各地紛紛湧來），特別容易為創造美麗新世界的理想所吸引。大壩、發電站、莫斯科地鐵，還有烏拉爾的馬格尼托哥爾斯克新城這樣的巨型建築工程被視為輝煌的標誌，顯現正在發生的天翻地覆的變化，述說了蘇聯社會的巨大進步。參與建設新的理想社會事業所激發的理想主義情懷，絕不是虛無縹緲的幻覺。

除了對建設新社會的參與感以外，還有眼下實實在在的物質利

益，而不只有關於遙遠未來的許諾。執行工業化方案動員起了龐大的人力，需要大批積極分子。這些人有進身的前景，有提高生活水準的機會，特別是在推動制度有效運作的過程中掌握著相當大的權力。一九三四到一九三九年間，五十萬人被延攬入黨，其中大多數文化程度不高、經驗不足。大批新黨員成為低階行政官員，他們很享受自己因此而得到的地位與特權，也喜歡權力的滋味。工廠不僅需要工人，還需要監工、工頭和經理。（三〇年代，近三千萬名農民從農村湧入城鎮。）低階行政人員若想飛黃騰達，就必須對政府的要求亦步亦趨。為了國家的事業，各級幹部都殘酷無情。專橫的管理人員常常視下屬為草芥，因為他們知道，只要能達到生產定額，粗暴的管理方法不僅不會受到申斥，反而會得到表揚。達到生產目標就升遷有望；一旦失敗（無論考核成敗是如何任意專斷），後果則不堪設想。這是蘇聯制度的核心，它倚靠幾百萬個「小史達林」在基層執行國家的意志。然而，這種統治是單行道：上面發號施令，下面負責執行。

總書記史達林控制著黨的機器，造成指揮權高度集中。行使權力的一切槓桿和組織都掌握在史達林手中。蘇聯的官僚機構十分強大，中央事無巨細，無所不管。隨著史達林專斷傾向的加劇，國家的官僚機構日益受到他心血來潮的左右，但是，這種非官僚的干預並未阻止官僚機構規模不斷擴大。史達林甚至會因為一點兒小事親自發電報做出指示。例如說，他會命令位於國家另一頭的某個黨或國家機關的幹部，給某個建築工地送去急需的鐵釘。在蘇聯，黨指揮國家，史達林指揮黨。事實上，史達林的專制完全推翻了蘇共領導層集體領導的機構框架。

三〇年代期間，蘇共只開過兩次代表大會，一次在一九三四年，一次在一九三九年。黨的中央委員會表面上是黨的最高機構，但三〇年代中期實際已淪為史達林手中隨心所欲的工具。在列寧時代，黨的

決策機構政治局每週都要開會，到了三〇年代，開會的次數愈來愈少。政治局的成員一度多達十五人以上，後來減到幾個史達林的堅定盟友，其中最重要的是忠心耿耿的莫洛托夫（Vyacheslav Molotov，他擔任蘇聯人民委員會的主席，相當於總理）。這些人對史達林唯命是從，既因為他們無時無刻不為自己的安危擔心，也因為權力的引誘和實惠。他們在傳達和執行史達林各方面命令的過程中起著重要作用。他們的會議經常是非正式的，有時在史達林的鄉間別墅，有時在史達林的黑海度假屋。他們在決策中的作用僅僅是形式上的，從來沒有表決。經常是莫洛托夫向史達林提出建議，史達林對其加以改動後即成為決定，隨即下達到黨的各機關，甚至發給本應是獨立的國家機構——蘇聯人民委員會。

在基層，史達林模式導致了黨員幹部的大換血。原來的幹部下台，大批新黨員上台。史達林「自上而下的革命」造成的劇變給新黨員提供了機會，這又轉而促使他們順從地接受史達林的絕對權威。自三〇年代初開始，對史達林的英雄崇拜大大提升了他的權威。

建立史達林的個人崇拜需要煞費一番苦心，不光是因為史達林儀表並非堂堂（他身材矮胖，唇髭濃厚，還得過天花），也不僅僅是因為他行為詭祕，不事張揚，聲音低沉，語調死板，一輩子都沒能改掉他講俄語時濃重的喬治亞口音，真正的問題是列寧的巨大影響。史達林不希望被人認為他企圖取代列寧這位偉大的布爾什維克英雄和革命領袖的傳奇地位。所以，他起初時小心翼翼。一九二九年十二月他過五十歲生日時有人公開為他唱讚歌，這是對他的個人崇拜的開始。史達林做出謙虛的樣子，公開反對把自己跟列寧相提並論，也表示不贊成對他個人表忠的種種言詞。但實際上他默許對他的讚頌，包括誇大他在俄國革命中的作用（事實上他的作用相當小），他先是被捧到與列寧平起平坐的地位，後來更是被稱為宇內第一。

　　無數溜鬚拍馬、趨炎附勢的小人蜂擁而上，以各種方式為「人民領袖」的英雄形象增添光彩。到一九三三年，莫斯科市中心史達林的胸像和畫像比列寧的多了一倍以上。此時，在馬克思主義哲學方面從來造詣不深的史達林，已經被吹捧為最偉大的馬克思主義理論家，他著作的印刷冊數遠遠超過馬克思和恩格斯，甚至多於列寧的著作。一九三五年，史達林身著他常穿的那種式樣呆板、色調暗淡的服裝，（比較罕見地）出現在莫斯科的一次集會上時，二千多名與會代表震耳欲聾的掌聲持續了整整十五分鐘。當掌聲終於平息下去後，一位婦女高聲喊道：「光榮屬於史達林」，再次引起了熱烈的掌聲。

　　當然，對史達林的個人崇拜大多是靠杜撰，但是，它在民眾中也的確產生了反響。無數蘇聯老百姓對史達林充滿敬仰。據說史達林自己在一九三四年曾說俄國人民需要一個沙皇。對許多蘇聯公民，尤其是居住在仍然執著於信仰和儀式的鄉村地區的農民來說，想到受民眾擁戴的「沙皇父親」時，他們腦海中浮現的形象是嚴肅的家長，是保證秩序及秩序所帶來福祉的人。這無疑是對史達林個人崇拜的重要組成部分。堅強果敢的領導力正是經歷了多年內亂的蘇聯人民翹首以盼的人格特質。雖然蘇聯號稱無神論社會，但是在一九三七年的人口普查中，百分之五十七的蘇聯公民仍自稱有宗教信仰（後來這個結果沒有公布）。深深植根於民眾宗教信仰中的傳統促成了對史達林的個人崇拜中類似聖禮的內容，使史達林被奉為先知和救世主。

　　個人崇拜無疑為史達林奠定獲得民眾真心擁護的基礎，雖然對此我們無法量化估算。在鞏固史達林的領導地位方面，個人崇拜功不可沒。但還有另一個重要得多的因素──恐懼。史達林個人統治最主要的倚靠，是他一手掌握所有下屬的生殺大權，下屬戰戰兢兢、如履薄冰。不安全感遍及蘇聯社會。一九三七至一九三八年間可怕的「大清洗」更進一步加深了這種不安全感。

　　第一個五年計畫實施期間，國家施行的暴力已經十分嚴重，大批人遭到逮捕。到一九三三年，還有一百多萬「反蘇維埃分子」被關押在集中營和監獄。地方一級對經濟變革的飛速步伐有抵觸，這使得史達林極為不快，結果有八十五萬黨員在一九三三年被清除出黨。最高領導層內部也有矛盾。一些黨的領導人想減輕對經濟的壓力。有跡象顯示，史達林不再能得到黨的最高領導層毫無保留的支持。有些人寄希望於頗有威望的列寧格勒州委書記、政治局委員基洛夫（Sergei Kirov）。可是，一九三四年十二月，基洛夫在列寧格勒的辦公室內被射殺了。

　　年輕的刺客尼古拉耶夫（Leonid Nikolaev）曾與季諾維也夫有過關係。史達林沒有忘記，季諾維也夫以前曾經反對他，支持現在被妖魔化為最大敵人的托洛斯基。事實上，因為基洛夫生前和尼古拉耶夫的妻子眉來眼去，所以尼古拉耶夫打死基洛夫很可能是出於個人私怨，沒有政治動機。但是，史達林認定此事是政治陰謀。刺客經過草草審訊後就被槍斃。無論人們有何種疑問，都從未能夠證明史達林與基洛夫的被刺有任何關係。但是，史達林很快將基洛夫之死為己所用。他賦予內務人民委員部（NKVD）任意逮捕、審判和處決的權力。季諾維也夫和同樣支持過托洛斯基的加米涅夫被判處長期徒刑。列寧格勒有三萬多名真正的或被指認的反對人士被流放到西伯利亞或其他邊遠地區。接下來的五個月內，近三十萬黨員遭到清洗。史達林若是在基洛夫被殺後不久讀了警察的報告，他的恐懼偏執還會進一步加劇。當時坊間流傳著這樣一句話：「他們殺了基洛夫。我們會殺了史達林。」此外還有其他要除掉史達林的說法。

　　史達林的疑神疑鬼至此發展到無以復加的地步。一九三六年，內務人民委員部向他報告說，人在國外的托洛斯基與季諾維也夫、加米涅夫，以及史達林的又一個老對手布哈林的支持者還保持著聯繫。於

是，史達林下令把季諾維也夫和加米涅夫帶出監獄，在公審大會上重新審判，罪名是從事包括暗殺在內的「恐怖主義活動」，並指控說，基洛夫被殺後，他們暗殺名單上的下一個人就是史達林。季諾維也夫和加米涅夫被判處死刑，一九三六年八月遭槍決。在布爾什維克早期領導人和中央委員當中，他們是第一批被清洗的，但遠非最後一批。一九三八年，布哈林也被公審，隨後遭到處決。至此，中央委員會的委員人人自危，這不是沒有原因的：中央委員會的一百三十九名委員中有一百一十名被定為「不可靠分子」而遭逮捕，一般下一步就是槍決或者發配到古拉格（Gulag）去服苦役。幾乎所有蘇聯加盟共和國的黨政領導人中都有人被捕。一九三四年黨代表大會的一千九百六十六位代表中有一千一百零八人被抓。蘇聯共產黨這個獨立的權力基礎正在被摧毀。大批管理人員、科學家和工程師成為被清洗的對象，這也是蘇聯的經濟增長在一九三七年後戛然而止的原因。

　　清洗一旦啟動，就產生了自動向前的慣性。一九三七年，內務人民委員部向政治局提出了逮捕二十五萬人的目標，準備槍決七萬餘人，剩下的判處在監獄或勞改營長期服刑。到一九三八年底清洗結束時（可能是因為它造成的巨大破壞影響了工業生產），內務人民委員部遠遠超過了它為自己制定的目標。被逮捕的人數接近一百五十萬，近七十萬人被槍決。就連自一九三六年起擔任內務人民委員、綽號「鐵刺蝟」的「大清洗」總執行者葉若夫（Nikolai Yezhov），也在一九三九年鋃鐺入獄，次年被處決。一九三九年，監獄及勞改營中的囚犯和被流放至蠻荒之地的人加起來有近三百萬。他們的境遇可說是生不如死，無數人餓死、累死，或被任意處決。

　　史達林其人冷酷而睚眥必報。（就連他的鸚鵡都遭到清洗，只是因為那隻鸚鵡老是學他粗魯的吐痰聲把他惹毛了，他就用菸斗猛敲鸚鵡的頭，將其打死。）他經常疑神疑鬼，但無風不起浪，有些事情的

確使史達林有理由相信自己的安全堪虞。三〇年代蘇聯發生的駭人聽聞的事件也不單是史達林偏執心態的極端表現。在社會的各個層面，數百萬野心勃勃的幹部和恭順奴性的公民參與了高壓政策的執行。有人受害，但同時也有人受益。受益的是為政權服務的人。無疑的，在政府的宣傳蠱惑下，很多人相信蘇聯國內潛伏著各種「破壞分子」、「顛覆分子」、「民族主義分子」、「富農」，以及間諜和奸細。因此，使用高壓手段來消滅「敵對分子」受到了許多人的歡迎，加強他們對建設社會主義社會偉大事業的認同感，也鞏固他們對史達林的信任。就連許多受迫害、受歧視的人也認同蘇維埃的價值觀，拚命想靠攏政府。

　　政府鼓勵人民彼此揭發。任何稍微「偏離正軌」的言論都可能招致可怕的夜半敲門。一九三七年十一月，列寧格勒的一名婦女在日記中寫道：「每天早上我一醒來，腦子裡自動出現的念頭就是：感謝上帝我昨夜沒被逮捕。……他們白天不抓人，但今夜會出什麼事誰也不知道。」另一位住在列寧格勒的工人夜裡睡不著覺，豎著耳朵聽有沒有令他膽戰心驚的汽車引擎聲。他的兒子記得，每當有汽車駛近，他就說：「他們來抓我了！」「他堅信他會因為自己說過的話而遭到逮捕。有時他在家裡會咒罵布爾什維克。」警察的到來令人膽寒。皮亞特尼特斯基（Osip Piatnitsky）是老布爾什維克黨員，曾深受列寧的信任，他的兒子回憶父親被捕的情形時說：「突然，好幾輛車開進了院子。身穿制服和便衣的人跳下車，向樓梯口走來……那個年代，許多人料定自己會被逮捕，只是不知道什麼時候輪到自己。」由於害怕被揭發，人人三緘其口。一九三七年，一個人在日記中寫道：「人們都關起門來祕密地私下交談。只有醉漢才公開發表意見。」

　　揭發別人不一定是出於政治原因。揭發者能獲得晉升或直接得到物質獎勵。揭發還為報私仇提供了天賜良機；與鄰居的衝突、和

同事的爭執、親密關係的決裂，這些都成了揭發的動機。向警察打小報告的告密者足以組成一支大軍，其中有人是受了金錢的誘惑、有人是被訛詐，不得不跟警察合作，但很多人是自願的。被揭發的人必然倒楣，有的是遭到監禁、流放，有的被送去勞改營，還有的甚至被處決。監獄中的囚犯來自各行各業，許多人根本不知道自己犯了什麼「罪」。一九三七至一九三八年間，從社會最底層的農民到中央委員會的委員，沒有一個人能高枕無憂。事實上，黨的菁英尤其不安全。就連熱情支持史達林的人也不能肯定哪天深夜會有人來敲門。

　　史達林實施的「大清洗」令人髮指，這也許是因為他對蘇聯面臨的巨大危險日益感到焦慮。他覺得蘇聯到處都潛伏著「法西斯間諜和敵人」，他們組成了龐大的「第五縱隊」，於是，他想盡一切辦法，不遺餘力地爭取在戰爭到來前消滅內部的一切反對勢力。蘇聯邊界地區的少數族裔遭到大規模驅逐，很多人被處決。蘇聯西部的波蘭人（還有許多被認為可疑的白俄羅斯人和烏克蘭人）受害尤其嚴重。史達林害怕波蘭會和希特勒的德國聯手攻擊蘇聯，於是在一九三七年八月下令抓捕了十四萬波蘭裔蘇聯公民。接下來的幾個月間，他們或是被槍殺，或是被送到勞改營。

　　紅軍也未能倖免。希特勒的德國和日本在一九三六年十一月簽訂了「反共產國際協定」（Anti-Comintern Pact），這意味著蘇聯將兩面受敵。在這個時候，人們可能會以為史達林最不希望的應該就是強化紅軍的努力受到干擾。然而，令人震驚的是，一九三七至一九三八年間，「大清洗」幾乎摧毀了軍隊的高層指揮。曾不止一次冒犯過史達林的出類拔萃的戰略家圖哈切夫斯基（Mihail Tukhachevsky）被逮捕後，被迫供認陰謀推翻蘇聯，之後遭到處決。共有三萬多名軍官被清洗，至少二萬人被處決。軍階愈高，被逮捕的可能性愈大。對紅軍的「斬首」嚴重削弱了它的戰鬥力，在受史達林賞識，卻能力不夠的伏

羅希洛夫（Kliment Voroshilov）的指揮下，蘇聯紅軍根本沒有打大型戰役的能力。

為了補上這個令人擔憂的缺口，蘇聯的國防開支在三〇年代末急劇增加，從一九三四年占國家預算的百分之九‧七（略低於五十四億盧布），提升到一九三九年的百分之二十五‧六（三百九十二億盧布）。隨著軍費開支的增加，原本在一九三三至一九三七年第二個五年計畫期間有所改善的人民生活水準再次劇降。增加農產品上繳的配額、提高稅賦、加大集體農場的勞動強度等措施在農村極為不得人心。城市工人則因一九三八年實施的限制性勞工法而怨聲載道。

史達林的領導方式不得人心。不錯，有許多堅定支持政府的個人、理想主義者和意識形態的狂熱分子，但是，除了真正或假裝崇拜史達林的人和熱情支持政府的人以外，很多人只是在高壓下敢怒不敢言。沒有發生過重大的動亂，也沒有社會不安的跡象。據我們目前所知的資訊，從來沒有人企圖殺害史達林。許多人熱愛他，但更多的人害怕他。高壓起到了作用。史達林政權最重要的特點就是高壓。

墨索里尼的義大利：「極權」之夢

一九二五年六月，墨索里尼對法西斯運動「激烈的完全意志」大加讚譽。像他通常的言論一樣，此乃誇大其詞。墨索里尼清楚得很，無論「意志」多麼「激烈」，多麼「完全」，其本身都不可能成為統治的堅實基礎。他讚美的「意志」在實踐中主要表現為激進與暴行，這也許能打敗反對者，卻不可能有任何建樹。儘管墨索里尼本能上是激進的，但是他精明地認識到，若想「奪取權力」，除了肆意妄為的地痞流氓之外，他還需要其他力量的支援。他需要傳統菁英給他撐腰。他也認識到，堅實的權力基礎必須是國家，不是政黨。

墨索里尼要麼是夠聰明，要麼是運氣好。一九二五年二月，他在

迎合法西斯運動中極端分子的同時，誤打誤撞地找到一個對付地方法西斯黨那些桀驁不馴的激進黨魁的辦法。他把省級黨魁中最激進的法里納奇（Roberto Farinacci）任命為法西斯黨的總書記。法里納奇凶惡殘暴，但沒有多少政治頭腦。他清洗了一些最不聽話的激進分子，幫了墨索里尼的忙。然而，他容許甚至直接鼓勵公開的暴力，因而引發了反彈。於是，墨索里尼趁機在一九二六年撤了法里納奇的職，撇清自己和法西斯黨那些不得人心行為的關係。後來的幾年內，法西斯黨在不那麼激進、但更有行政能力的幾屆總書記的領導下迅速壯大（到一九三三年，它已經有一百五十多萬黨員，而義大利的全部人口才不過四千二百萬），但徹底喪失了「激烈的完全意志」。它逐漸失去了革命的銳氣，變成體制內的政黨。

當然，黨內有些人仍然懷有革命的雄心，最突出的是墨索里尼本人，還有一些地方黨魁。他們確保了法西斯黨不致落入一般專制主義的窠臼。然而，法西斯黨實質上變成了負責宣傳的工具、組織對墨索里尼膜拜的機構、進行社會控制的機器，以及維護國家權力的組織。墨索里尼的義大利與蘇聯政權截然不同，壟斷政黨（一九二八年後不允許任何其他政黨存在）是國家的僕人，不是國家的主人。

「一切都在國家之內，不允許國家之外或反對國家的活動。」墨索里尼在一九二五年十月如是說。一次大戰期間，各交戰國都實行了國家對社會和經濟的廣泛控制，這使得許多人相信，只有國家完全控制住社會才能維持國力，持這個觀點的不只是義大利人。後來，自由主義政治制度在應對一戰遺留下來的巨大問題時表現軟弱，又更加強了這種觀點的吸引力。自一九二三年起在法西斯政府內擔任教育部長的秦梯利（Giovanni Gentile）是羅馬的一位哲學教授，也是墨索里尼最為推崇的理論家，他不談法西斯運動的「完全意志」（totalitarian will），而是著重論述「極權國家」（totalitarian state）。在秦梯利看

來，國家以外的任何東西都不重要。國家包括社會的方方面面，體現
了全民族的意志。義大利法西斯主義在本質上是「完全」的，它涉及
的「不僅是政治組織和政治傾向，而且是義大利民族的全部意志、思
想和情感。」這個思想無論多麼模糊不清、多麼無法實現，在當時都
十分新穎。

　　「極權國家」並非一蹴而就，而是在二〇年代晚期逐漸形成的。
它不可避免地建立在鎮壓反對派的基礎上。政治反對派早在一九二五
年就被擊垮了。當時，反對派已經是噤若寒蟬，鎮壓他們無須費太大
力氣。政府只逮捕了約一百人。多數反對派領導人都逃到了國外。同
年，政府迅速控制報刊，實施嚴格的新聞審查。這些行動沒有引起多
少抗議，雖然保持了一定獨立性的參議院曾在一段時間內努力維持了
新聞法。一九二六年，對墨索里尼四次暗殺未遂事件被用來煽動起秩
序至上的狂熱，反對黨全部被禁，罷工和關廠也被禁止。後來的幾年
中，共產黨儘管仍保存了地下組織，但到一九三四年僅剩約二百名黨
員。一九二九年，義大利政府透過與教廷簽訂拉特蘭條約安撫了天主
教會，所以可以放心，天主教會不會製造麻煩。這種新友好關係的一
個表現是，教宗庇護十一世讚美墨索里尼是「上天」派來把國家從自
由主義的虛妄教條之下解放出來的人。

　　雖然準軍事組織黑衫軍的暴力促成了義大利法西斯國家的成立，
但要透過系統性的鎮壓來遏制潛在的反對力量，還得靠警察和司法機
構，而兩者均不在極端法西斯主義者或法西斯黨員的掌握之中。過去
的各種鎮壓形式沒有徹底改變，只是進一步加深擴大。超乎司法控制
之外的政治警察實現了集中領導，建起大規模的間諜和線人網（許多
人是自願成為告密者的），開始對異議者進行嚴密監視。揭發行為非
常普遍，通常都是匿名的。警察動輒抓人，經常是因為揭發出來的小
小不言之事，甚至是莫須有的「罪行」。「顛覆分子」通常被判處長

期徒刑，或流放到義大利南部的邊遠省分或海島。共產黨人是頭號打擊對象。（前共產黨領導人葛蘭西〔Antonio Gramsci〕被判二十年徒刑，服刑期間寫出了《獄中札記》，其中包含了關於馬克思主義的極重要的理論思考，他最後死在獄中。）對墨索里尼或王室成員的攻擊可被判處死刑。一九二七年，「國防特別法庭」建立，適用軍事法，不受正常的法律限制。後來數年內，這個法庭審理了五千多件案子。

這些嚴厲的鎮壓措施確保了國內任何反政府的企圖都不可能成氣候。然而，與其他一些專制政權相比（不僅是當時的德國或蘇聯），義大利國內的鎮壓還是比較溫和的。例如說，事實很快證明，佛朗哥的西班牙比墨索里尼的政權嗜血得多。提交給國防特別法庭的案件中，真正定罪的不到二成，大部分被判罪的都是共產黨人，另一個重點打擊的對象是共濟會成員。二次大戰爆發前，法庭只做出了九項死刑判決，另外八人被判死刑後減了刑。大約一‧四萬反法西斯人士未經法庭審判被警察直接處以流放的懲罰，有些人被判長期流放，但實際上一般過了一段時間後就獲得大赦。

多數老百姓與其說熱情支持政府，不如說是被迫服從。只有服從政府才能找到工作或領取福利。這必然導致官員腐敗受賄。人們即使對政府不滿，也都為了自保而深藏不露。然而，循規蹈矩的義大利人不必時刻擔心受怕，唯恐政治警察深夜前來敲門。政府的鎮壓並非隨心所欲，而是主要針對反法西斯人士，這基本上就是鎮壓的目的。異議受到遏制，反對遭到消除。人們大多無可奈何，聽天由命。然而義大利社會還不是當時蘇聯那樣的高壓，最嚴重的恐怖輸出到了國外，受害者不是大多數義大利人民，而是非洲殖民地的所謂劣等種族。

法西斯主義全盤接受了義大利國家權力的傳統支柱。墨索里尼許諾要縮減官僚機構，但其實官僚機構不減反增。到一九二九年，他本人就掌管了八個政府部委。政府部委的運作需要專業的公務員。當

然，公務員都加入了法西斯黨，但是他們大多數人首先是公務員，其次才是法西斯黨員。各省的負責人也不是地區的法西斯黨魁，而是國家的行政官員。他們不僅監視潛在的「顛覆分子」，還嚴密注意當地法西斯積極分子的動向。管理地方事務的通常仍然是傳統統治階級的成員，那些人只是名義上的法西斯黨員，在南方尤其如此。

政府還必須拉攏軍隊。於是，一九二五年的一項裁軍計畫被棄，提出計畫的作戰部長被解職。墨索里尼親自掌管了作戰部的工作（不久後又接管了海軍部和空軍部）。實際上，三軍各自為政，彼此間缺乏協調，效率極其低下。墨索里尼對此無能為力。軍官團的大多數成員仍然是保守主義者，並不真心支持法西斯主義。保守派軍官忠於君主制，內心並不熱情擁護墨索里尼。但無論如何，比一般軍官更加保守的高階將領很樂意接受政府強行實施法西斯「秩序」、鎮壓左派和製造民族團結表象的做法，只要政府別來干涉軍隊。

到三〇年代，法西斯政權完全鞏固了權力。有實力的反對派不復存在。政權獲得了君主、軍方、教會、工業大亨、大地主等權力菁英的支持。但是，國家其實從未真正完全控制社會。事實證明，法西斯主義怎麼也無法贏得社會中相當多的一批人的擁護，特別是在大城市和南部農業省的大片地區，那些地方曾是社會黨的大本營。不過，雖然民眾對政府沒有發自內心的擁護，但至少給予了默認和遷就。法西斯運動早期主要靠中產階級的支持。三〇年代期間，隨著對左派恐懼的消退和國內秩序的恢復，人們開始期望提高社會地位與改善物質條件，國家似乎正闊步走向輝煌，政府於是愈發贏得中產階層的大力支持。法西斯黨吸收了大批職員、白領工人和管理層人員，它的中產階層的特點因此更加突出。到一九三三年，法西斯黨員身分成了公共部門工作人員的必備資格。

不論人們內心對義大利法西斯政權有何想法，該政權的一個特

點使它迥然不同於當時的一般專制政權，甚至贏得了西方民主國家中許多人的欽佩。這個特點不是鎮壓與強制這些獨裁政權的共性，而是不懈地動員民眾以及充沛的活力與幹勁。這種活力表現為一種關於「力」的新審美觀，要使藝術、文學、建築，尤其是紀念碑式的建築為政治所用。許多外部觀察者覺得，法西斯主義代表著現代化的政府，是對社會的合理組織。它似乎將秩序與國家統籌的社會福利結合在了一起。

　　法西斯主義的「極權國家」思想想把人生從搖籃到墳墓的各個方面都包括在內。它要創造體現義大利法西斯主義精神的「新男人」，而「新男人」背後是認真履行民族責任的「新女人」，其民族責任基本上就是打理家務和生兒育女。秦梯利說：「領袖的思想和希望必須成為群眾的思想和希望。」法西斯黨的觸角碰觸到了人民日常生活的幾乎所有方面，遠遠超過黨的活動的範疇。到一九三九年，義大利幾乎一半的人口是法西斯黨某個附屬組織的成員。義大利建起了福利組織來照顧孕婦和新生兒，並為窮人提供食物、衣服和應急住所。一九二六年，法西斯黨成立一個青年組織灌輸年輕義大利人必要的尚武價值觀，它下設許多分部，一九三六年成員數增至五百多萬。這個組織除了訓練青年為當兵入伍做準備之外，還設立許多頗受歡迎的青年俱樂部，為青年提供過去沒有的、更多更好的體育設施，建起了不少青年旅館。一九三五年，包括許多窮人家孩子在內的五百萬兒童參加了假日野外露營。學校和大學加強了向學生灌輸新價值觀的努力。在許多義大利人（和外國觀察者）眼中，最了不起的創舉是一九二五年成立的「全國業餘活動組織」（Opera Nazionale Dopolavoro）。到一九三九年，這個組織的成員人數達到了四百零五萬（約占產業工人總數的百分之四十）。它為工廠的藍領和白領工人提供他們過去從未享受過的體育、娛樂和旅行機會。這些活動都很受歡迎，不過這並不意味著

人民因此就一定擁護政府，更別說擁護法西斯黨了。

體育尤其受歡迎。它成了政府用來在人民心中喚起民族自豪感和榮譽感的工具。在政府的大力鼓勵下，騎自行車和滑雪成為群眾普遍參加的體育運動。著名的法西斯領導人巴爾博（Italo Balbo）駕駛飛機飛越大西洋，顯示了他的勇氣和飛行技能。卡爾內拉（Primo Carnera）從一九三三到一九三五年一直保持著重量級拳擊世界冠軍的稱號。在瑪莎拉蒂、布加迪和愛快羅密歐等名牌效應的作用下，賽車使得醉心於速度與力量的大眾如癡如狂。足球開始成為義大利人體育運動的首選，一九三四和一九三八年義大利兩次贏得世界盃，也提供了政府絕好的宣傳機會。大眾最喜聞樂見的娛樂是看電影，電影放映時也播放展示義大利體育成就的新聞片，借此隱晦或公開地向廣大觀眾傳達法西斯主義的價值觀。收音機的普及也是法西斯主義的一大福音。數以千計的市鎮中心廣場都架起擴音器，每當墨索里尼發表演講，黨都會命令家裡沒有收音機的人（一九三九年義大利多數家庭仍屬此類）到廣場集會，以確保他們收聽到演講。

墨索里尼本人是法西斯政府最大的資產。外國人尤其欣賞他堅決反共的立場。就連邱吉爾都對他讚不絕口，在一九三三年稱他為羅馬天才的化身。對「領袖」的個人崇拜是小心地一點點建立起來的。二〇年代中期，反對派被鎮壓下去，大眾媒體成為政府的工具之後，宣傳機器才開足馬力，打造出墨索里尼幾乎是超人的新凱撒形象。到三〇年代中期，墨索里尼在義大利人民心目中的威信遠遠超過他的政府和法西斯黨。

許多人私下對法西斯主義有諸多不滿，鄙視地方上那些趾高氣揚、貪汙腐敗的法西斯黨領導人和官員，但他們對「領袖」充滿崇敬，儘管三〇年代晚期，民眾對政治愈來愈冷漠，對法西斯主義的激情開始消退，就連墨索里尼也不免受到影響。但仍有許多老百姓把

墨索里尼當作神一樣膜拜，幾乎成了一種幼稚的宗教信仰。一九三六年，義大利的一家大報《晚間信使報》（Corriere della Sera）煞有介事地寫道：「當你茫然四顧，求助無門的時候，你記起了他。能幫助你的捨他其誰？」這個「他」不是上帝，而是墨索里尼。至於人們何時應寫信給領袖，文章寫道：「只要生活中遇到了困難，隨時可以。……領袖知道，你寫信給他，是出於發自內心的悲傷或因為實實在在的困難。他是所有人的知心人，他會盡他所能幫助任何人。」許多義大利人對此信以為真。每天都有大約一千五百人寫信給墨索里尼：「我請求無所不能的您給我幫助。」「對我們義大利人來說，您是我們地上的神，我們虔誠地向您求助，相信您一定能聽到我們的請求。」「領袖，我崇敬您正如崇敬聖徒。」以上句子摘自一個農民寫給墨索里尼的熱情洋溢的信，他所在的省曾是社會黨的大本營。

　　從一開始，追求帝國輝煌就是墨索里尼政權的一大特點。宣傳機器盛讚義大利一九三五年入侵阿比西尼亞，把國聯處置義大利一事說成是對義大利的不公，這些都激發了義大利民眾的愛國熱情。所以，一九三六年義大利在阿比西尼亞取得勝利後，墨索里尼的聲望如日中天也就不奇怪了。來自四面八方的讚美稱他「如神一般」、「永遠正確」，是「天才」、「凱撒」，還說他創建了名為「義大利」的「宗教」。然而，那也是他民望的頂點。根據義大利國內的警察報告，二次大戰之前的最後幾年，隨著官方宣傳與現實情況的脫節逐漸加大，墨索里尼的聲望開始下滑。人們在應付日常生活中各種物質困難的同時，還對再次爆發戰爭的前景憂心忡忡，懷疑國家的作戰能力，也因義大利對德國依賴日深而感到不滿。許多人至此已經失去了對法西斯主義的信念。

　　三〇年代末，在民眾熱情明顯減弱的情況下，墨索里尼政權為了重振活力，顯示法西斯主義的激進絲毫不遜於納粹主義，把意識形態

的狂熱推上了新高度。政府強行規定，人們彼此問候必須伸直手臂行法西斯式的敬禮，公務員必須穿制服，軍隊要走正步。這種新的極端主義最明顯的表現，是一九三八年引進的惡毒的反猶法。在通過反猶法的問題上，德國並未對義大利施壓，但它為義大利樹立了樣板。納粹黨人曾將法西斯主義的義大利視為楷模，現在反了過來。墨索里尼不想被看作是希特勒的小弟。他要證明他和德國的獨裁者一樣激進。另外，他覺得把猶太人定性為「內部的敵人」會像在德國一樣，幫助鞏固國家團結。義大利的種族主義過去主要針對的是非洲黑人，而不是人數不到五萬（還不到全國人口的千分之一）的小小的猶太人群體。但是，反猶主義在法西斯運動中雖然不是中心特點，卻一直有一席之地。義大利加入軸心國，將自己與德國綁在一起後，法西斯運動中的反猶主義就變得更加突出，終於導致了一九三八年的種族主義法，該法的基本前提是「猶太人不屬於義大利種族」。種族主義法沒有引起多少抗議。大部分人民並不狂熱反猶，但對反猶情緒也沒有強烈的反感，有些人還受到了反猶宣傳的蠱惑。在這個問題上，如同法西斯統治的其他方面一樣，民眾對政府的主張並不熱情擁護，但消極服從。

對西方民主國家來說，獨裁者在國內的所作所為無論多麼令人反感，都是他們自己的事。但是，在國際上，墨索里尼和希特勒愈來愈被民主國家視為威脅歐洲和平的「瘋狗」。法西斯義大利入侵阿比西尼亞之前，別國對它並不特別戒懼。一九三六年它與納粹德國結為軸心國同盟後，情況就完全不同了。但儘管如此，真正的禍害顯然仍是重整旗鼓、團結一致、力量大增的德國。

希特勒的德國：種族共同體

法西斯主義在義大利上台，強勢專制的墨索里尼靠堅強的意志打

垮了馬克思主義，把全國人民團結在自己周圍，這使得德國民族主義
者早在希特勒一九三三年「奪權」之前就對義大利，特別是對墨索里
尼，心馳神往。墨索里尼是希特勒少數欽佩的人。納粹黨和義大利
法西斯黨的一些領導人間建立了個人關係。一九二六年後納粹黨內強
制實行的伸直手臂的「德式敬禮」，就是從義大利法西斯那裡「借來
的」。納粹領導層透過與民族－保守主義的統治菁英「交易」，使希
特勒登上了權位，這不禁使人想到十一年前墨索里尼在義大利掌權的
類似安排。早在墨索里尼和希特勒把他們兩國的命運綁在一起，成立
軸心國同盟之前，義大利法西斯主義和德國國家社會主義之間的相似
之處已經顯而易見。

　　納粹政權模仿義大利一九二五年建立的「全國業餘活動組織」，
成立了大型休閒組織「快樂帶來力量」（Strength through Joy），它
是「德國勞工陣線」（German Labour Front，這個國營機構取代被粉
碎了的工會）的附屬組織，負責為工人提供各種文化與休閒活動。高
速公路很快被視為新德國經濟復甦及現代化的標誌，它的修建是受義
大利一九二四至一九二六年間建造的世界第一條高速公路的啟發。德
國把一次大戰的陣亡者作為英烈祭奠，向人民灌輸尚武精神，舉行大
型集會遊行以培育注重大規模運動的新審美觀，創立青年運動使整整
一代人自小就接受納粹價值觀的薰陶，成立各種福利組織，建立基於
對領袖盲目忠誠的一黨壟斷，這一切法西斯義大利也都在做。兩個政
權都鎮壓左派，當然也反對布爾什維克主義。另外，只要是對政權有
利，它們都支持大企業（在這點上它們與蘇聯的激進國家社會主義不
同）。這兩個獨裁政權不僅推行強硬的民族主義和軍國主義，而且本
質上是帝國主義政權。然而，儘管它們有諸多相似之處，但仍然異大
於同。納粹政權更激進、更有活力、更具侵略性、更意識形態掛帥，
這反映了德國獨裁政權的關鍵性結構。德國納粹主義與義大利法西斯

主義的相似僅僅是表面上的。

納粹政權之所以自成一格，很大程度上是因為它所代表的意識形態上的希望、期待和機會，這些體現在希特勒至高無上、不可挑戰的領導地位中。對希特勒的個人崇拜賦予了他幾乎是超人的「英雄」品質，把這個曾經只能在啤酒館大放厥詞的煽動者，變成受人頂禮膜拜的偶像。這當然是人為製造出來的，正如義大利的墨索里尼崇拜、蘇聯的史達林崇拜，或任何其他的領導人崇拜。然而，因為史達林還要忠於列寧的遺產和馬克思主義的信條，所以他需要超越過去意識形態合法性的來源，希特勒卻不必如此。他也不必像墨索里尼一樣，上台幾年後才能著手建立對自己的個人崇拜。對「元首」（Führer）的個人崇拜植根更深、為時更久，對獨裁統治的思想發展影響更大。

希特勒在二〇年代中期即已確立自己在納粹運動中的最高地位。早在一九三三年被任命為國家總理之前，他就已成為「振興民族，邁向偉大」的理想的化身，為納粹黨吸引了幾百萬支持者。國家社會主義運動被稱為「希特勒運動」是有道理的。一九三三年，身為納粹黨魁的希特勒獲得了德國這個現代化發達國家的統治權。自一九三四年起，他掌握國家的全部權力，不像墨索里尼起碼在名義上一直位處國王之下。他現在能夠把他所憧憬的那些遙遠而模糊的目標灌輸到國家的各個組成部分之中。壟斷權力的納粹黨得到眾多附屬組織的堅定效忠，警察和監視部門是高效的鎮壓機器，民族－保守主義菁英和幾百萬德國老百姓廣泛支持納粹黨，這些都給了希特勒很大助力。希特勒的理想要實現，前提是透過戰爭一雪一九一八年戰敗的恥辱以實現民族的救贖，並消滅他認為造成德國戰敗的猶太人。這個理想是「行動指南」，希特勒成為總理後終於可以將其變為國策了。

「消滅猶太人」的思想在不同時期對不同的人有不同的含義；爭取「生存空間」的思想囊括了關於德國擴張的各種主張，它意味著準

備在可見的未來發動戰爭，以確保德國未來的經濟基礎和對歐洲的統治。這兩個思想維持著納粹德國意識形態的活力。這種意識形態的激情在墨索里尼的義大利完全不存在，也在本質上與導致蘇聯動亂的深層思想截然不同。它沒有連貫一致的計畫，也沒有定期實現的藍圖，但它向著極端化的發展方向和不可阻擋的發展勢頭都是納粹制度所固有的。

　　極端化的中心內容是種族清洗。在法西斯義大利，即使在一九三八年頒布了反猶法，種族主義的重要性和激烈性仍遠不及納粹政權上上下下的種族純潔化運動。納粹的種族主義遠不止反猶，然而仇恨猶太人是它的核心。納粹恐懼很多東西，尤其恐猶。對希特勒和他的許多狂熱追隨者來說，猶太人是危及德國生存的心腹大患。他們認為猶太人在國內毒化德意志文化，破壞德意志價值觀，侵蝕德意志種族的純正，在國外是（在納粹看來）領導財閥資本主義和布爾什維克主義的一支國際惡勢力。因此，消滅想像中猶太人的一切權力和影響力，就成為建立在種族純潔基礎上的民族復興這一烏托邦理想的關鍵。

　　自一九三三年起，這些病態的幻想變成了具體政策。希特勒上台伊始，就於一九三三年四月一日發動一場全國範圍內抵制猶太人商鋪的運動，之後又透過第一波清掃公務人員內的猶太人，以及在法界和醫界訂定歧視猶太人的法條，使許多猶太人意識到自己在德國沒有未來。一九三五年，第二波對猶太人的大規模迫害開始，其高潮是一九三五年九月通過的《紐倫堡法案》，法案規定猶太人與「德意志血統」的人通婚為非法，褫奪了猶太人的公民權，為後來幾年擴大對猶太人的歧視打下基礎。一九三八年的又一波，也是最嚴重的一波迫害導致當年十一月九日至十日之間全國的反猶暴動（因為暴動中猶太人店鋪和住房的窗戶玻璃被打得粉碎，這場暴動被諷刺地稱為「水晶之夜」）。成千上萬的猶太人被迫逃離德國。在那以前，猶太人已經被

逐漸排擠出經濟活動，失去了生計，成為苟活於社會邊緣的人下人。德國所謂的「人民共同體」建立在種族歧視和迫害的基礎上，其突出特點就是排斥被認為不屬於它的成員。

與猶太人一道被排除在「雅利安人」主流社會之外的，還有一連串被視為「外人」的社會少數，包括吉普賽人、同性戀者、精神病人、酗酒者、乞丐、「好逸惡勞的人」、「慣犯」、各種「反社會者」等等。醫務人員、福利專家和執法機關無須納粹黨的督促就自覺積極執行這種排斥性的政策。政府會提供占人口多數的族裔獎勵生育的各種福利，如婚姻貸款、生育補助、兒童撫養，甚至自一九三三年起會對「退化的人」實行絕育。這些措施在歐洲其他國家也有，但是沒有哪個國家像德國那樣極端全面地推行「種族衛生」的原則，以期創造一個種族純正、基因強大的社會，一個正在備戰的社會（這一點是祕而不宣的）。

在九頭蛇般的龐大納粹運動中，「人民共同體」的種族基調不言自明。納粹黨既不像義大利法西斯黨那樣屈居於國家之下，也不像蘇聯共產黨那樣凌駕於國家之上，而是與國家平起平坐，互相交織，形成一種有些尷尬的雙重存在。它的宗旨之一就是確保把「劣等人」排除出「人民共同體」的努力得以持續，尤其是維持反猶的勢頭。負責推行德國種族政策的最重要機構是黨衛軍（Schutzstaffel，簡稱SS，準確的意思是「保衛隊」），義大利和蘇聯都沒有直接與之對等的機構。黨衛軍是納粹運動的菁英組織，在意識形態上最具活力。它致力於「種族清洗」，既是為改善「國家的政治健康」，也是為德國將來統治歐洲奠定基礎。

自一九三六年起，已經掌管了集中營（不受任何法律管轄）的黨衛軍執掌了安全部門和刑事警察，建構起巨大的監視網，還建立自己的軍事部隊（Waffen-SS，武裝黨衛軍）。到三〇年代中期，對反政

府活動的凶狠鎮壓開始見效。一九三五年初，集中營的在押人數降到了三千人左右，這是納粹執政期間的最低數字，被關押的人仍然主要是左翼政黨的支持者。集中營體現了建立者的初衷，至此本應到了關門大吉的時候。然而，希特勒和黨衛軍的領導人一點兒沒有關閉集中營的意思，反而計畫擴建。這清楚顯示，黨衛軍－警察機器的使命是不停地加強管控，消除「國家內部的敵人」，實現「人民共同體」的種族淨化。處於社會邊緣，被視為「對人民有害」（volksschädigend）的人被大批逐出「人民共同體」，集中營的被囚人數四年內激增到原來人數的七倍，在二次大戰前夕達到二萬一千人。

在推行種族政策的同時，建立強大的軍隊，實現「人民共同體」的軍事化，發展經濟以迅速重整軍備，這些努力也沒有片刻放鬆。從一九三六年開始，這種努力的步伐急劇加快。正如希特勒啟動「四年計畫」的備忘錄所提到的，他十年前在《我的奮鬥》中提出的種族帝國主義理想從未動搖，而實現這個理想的前提是，在某個時候可能會為奪取「生存空間」爆發戰爭。他的帝國不會建立在非洲殖民地或海外的其他地方，而是在歐洲本土。

此時，這還僅是個想法，是希特勒和其他一些納粹領導人心中一個尚未定型的概念。他們對於「生存空間」的含義有不同的理解，對所設想的擴張也有不同的假設。一些軍隊將領把強大的軍隊視為保證德國安全的威懾力量。其他人則設想在未來的某個時候必須打仗，以確立德國在中歐和東歐的霸權。一九三六年時，幾乎沒有人想到德國會跟法國和英國交戰，或不久後入侵蘇聯。但是，儘管當時對未來的衝突沒有具體的設想，但德國大力強化軍備肯定不是為了讓部隊永遠待在營房裡。另外，德國的軍事指揮官行動高效、經驗豐富、技能精湛、思想堅定，不像死氣沉沉的義大利軍隊那樣，雖然最終打贏了阿比西尼亞戰爭，但已無餘力。

在德國軍事指揮官的文化中，強大的軍隊、國家擴張與建立帝國被視為強國必備的特質。一九一四到一九一八年間，他們轉戰歐洲各地，征服過別的國家，占領過它們的土地，直到最後不得不吞下戰爭慘敗、國家蒙羞、痛失強國地位的苦果。自二〇年代中期開始，他們就嚮往著有朝一日重整旗鼓，再建雄師，打一場大戰。他們也想到了，這樣的大戰將使用各種現代武器，造成巨大的死亡與破壞。希特勒在重振國力、推翻凡爾賽條約、投資千百萬馬克重整軍備等方面的努力與成就，必然受到軍隊將領的熱烈擁護。一九三五和一九三六年，面對德國公然違反凡爾賽條約和洛迦諾公約的舉動，西方民主國家沒能做出一致的有力回應，德國實現擴張的可能性於是進一步加大。希特勒意識形態的第二條主線（為爭取「生存空間」而擴張）像第一條主線（「消滅」猶太人）一樣，開始日益明朗。

一切跡象都顯示，納粹政權在三〇年代中期廣受支持。這種支持到底有多廣我們不得而知，因為在納粹政權統治下，正如在其他獨裁政權之下一樣，反對意見遭到野蠻鎮壓，大眾媒體被官方宣傳壟斷。但是，政府在振興經濟、消除失業、恢復政治「秩序」、重建國家團結和國力方面的成就無疑受到民眾的普遍擁護，最得人心的是愛國行動的勝利（尤其是在萊茵蘭再軍事化中對西方強國的夷然不懼）。希特勒個人的聲望如日中天。許多人不喜歡納粹黨及其地方上的代表，或者不齒納粹激進分子攻擊天主教和新教教會儀式、機構與教士的行徑，但就連他們也對希特勒崇敬有加。即使是堅決反對納粹政權的人也只得鬱悶無奈地承認，老百姓普遍十分愛戴希特勒。德軍開入萊茵蘭使希特勒在神壇上坐得更穩。即使在產業工人當中，也常能聽到「希特勒真是好樣兒的，他什麼都不怕」這樣的話。雖然工人對政府沒有好感，但他們都大力支持希特勒撕毀可恨的凡爾賽條約的行動。希特勒被視為德國在世界上新地位的象徵。人們對他懷有「奇妙的」

信任，相信他能夠做到「絕不讓德國吃虧」。

這種近乎宗教的情感、幼稚的全民崇拜、對服從與秩序這類父權價值觀的信奉，都透過官方宣傳得到了強化。每年都有一萬二千名以上各行各業的德國人寫信給希特勒，表示對他的讚美和五體投地的崇拜。男女青年在希特勒的青年運動中接受納粹價值觀的洗腦（到一九三六年，加入國家組織的青年運動幾乎成了強制性的），就連在共產黨或社會黨家庭環境中成長的年輕人也都一面倒地支持納粹政權。許多青年興奮地感到自己加入了冒險的開拓事業，覺得全社會齊心協力，超越一切階級分歧。他們對未來心馳神往，想像未來等待著自己的是一個充滿著誘人的新機會與新經歷的世界，大有作為一個特殊、優等民族的成員捨我其誰的氣魄。多年後，一位上了年紀的女士在回憶自己青少年時期時承認說：「我覺得那是個好年月。我喜歡那個時代。」她並非唯一有此想法之人。許多經歷過一次大戰後嚴重通貨膨脹以及威瑪共和時期大規模失業和嚴重政治分歧的德國人，事後都認為三〇年代是「好年月」。

至於另有看法的人，恐怖鎮壓制住了他們。到一九三五年，左派最後一點反對的星火也被徹底撲滅。沒有流亡國外的社會主義者彼此間儘量保持著祕密聯絡，但除此之外，他們沒有採取任何反對政權的行動。共產黨的基層支部不斷重建，又不斷被滲透、被消滅，這個勇敢無畏卻徒勞無功的反抗運動就經歷著這樣的迴圈，直到第三帝國的末日。但是，除了投身於危險的地下反對活動的極少數人以外，大多數德國人只能接受獨裁統治，服從政權的要求，有些人積極主動，有些人則勉強為之。監視、窺探、揭發等一切控制嚴密社會中的慣用手法一樣不少，無處不在。例如說，在別人對你做出「希特勒萬歲！」的敬禮後，千萬不要特立獨行，拒絕以同樣的方式還禮。人們永遠處在提防戒備之中。順從社會的壓力無時不在，但只要乖乖聽話，蓋世

太保就不會來找麻煩。在三〇年代的德國，除了被認為是「人民敵人」的猶太人、社會局外人（被稱為「社會異端」）和政治反對派以外，恐怖手段所起的作用並沒有那麼直接。

多數人都願意認為自己屬於一個團結一致的「人民共同體」，認為國家的光榮未來建立在他們的種族純正和種族優越之上。對於被擱在「共同體」之外的「外人」，尤其是猶太人，多數人都不會為其一灑同情之淚。官方宣傳對猶太人無休無止的中傷和妖魔化產生了實實在在的效果。一九三六年一月，流亡的社會民主黨領導層的一位祕密特工從柏林報告說：「國家社會黨確實加深了老百姓和猶太人之間的隔閡。……現在人們普遍感覺猶太人是另一個種族。」老百姓普遍認為，猶太人不屬於德國的「人民共同體」，應該離開或被趕走。有大批「人民的同志」（這是當時對一般德國人的稱呼）願意以跳樓價收購猶太人的生意，霸占猶太人的財產，或搬進猶太人空出來的公寓。

德國還大力歡迎歐洲其他地方的德意志族裔加入「人民共同體」，但那些人不想為此冒戰爭的風險。他們目前只是壓下心中的憂懼，把頭埋在沙子裡避免面對現實。但他們很快就會清楚地看到，他們已身陷危險地帶深處。

蘇、義、德之比較

史達林的蘇聯、墨索里尼的義大利和希特勒的德國雖然有一些共同的結構特徵，但統治方式有很大不同。史達林的政權顯然異於其他兩個，其他兩個的共性更多（有些是納粹德國從法西斯義大利那裡「借來」的），不過彼此間也有關鍵的分別。這些政權號稱對公民施行「完全控制」，實際上都未能做到。做得最差的是法西斯義大利，而諷刺的是，它是唯一明確宣布要建立「極權國家」的。然而，在受到

如此嚴密操縱控制的社會中,「完全控制」無疑對公民的行為產生了巨大的影響。在這三個政權之下,不存在政府准許並掌控的範圍以外的「政治空間」和有組織的社會活動。它們三個都持續不斷地努力按照自己的意識形態塑造民眾的態度與行為。它們都透過強調「內部敵人」的存在來塑造並加強民眾對政權的認同,而所謂的「內部敵人」就是「外人」,正是由於他們的存在才形成了「屬於」本國的「自己人」的社會。

政權價值觀對社會滲透程度最淺的是義大利,最深的很可能是德國。雖然我們難以確知對人民思想改造的成功程度,但顯然都是在青年人當中最為見效。政權成功動員起大批的理想主義者,爭取到廣泛的群眾支持。由於鎮壓反對派,缺乏言論自由,因此我們不可能確知民眾對政府支持的程度。根據能夠得到的不精確資料,納粹德國獲得的民眾支持最高,義大利比德國差了一截,蘇聯人民受脅迫最重,似乎說明真心支持政府的人最少。

它們都動用了高壓手段。對生活在警察國家恐怖之下的人來說,這些政權之間意識形態或結構上的分別完全沒有意義。但即使如此,這種分別仍然重要。史達林對自己公民實行的高壓統治異乎尋常,他那種隨心所欲、出其不意的震懾可稱獨一無二。納粹主要使用恐怖手段來粉碎有組織的政治反對派,然後日益轉向打擊弱小的少數人,特別是猶太人和其他種族或社會意義上的「外人」。法西斯最惡劣的恐怖手段全部用於義大利在非洲的殖民地。在國內,一旦法西斯政權初期「蓖麻油與大棒」[1]的街頭暴力平息後,所實施的高壓比起其他兩個政權就溫和多了,主要用於消滅已知的反對派。除此之外,政府基本上採取遏制的策略。

---

1 譯者注:指暴力恐怖和行凶放火。

　　法西斯義大利在意識形態宣傳和軍事化方面也是三個政權中最弱的一個，它對社會的動員基本停留在表面上。經過十幾年法西斯統治後，言論與現實之間出現了巨大的差距。實現國家和社會的完全契合仍然僅僅是幻想。政權沒有一個驅動它前進的根本性宗旨。阿比西尼亞殖民戰爭的勝利儘管深得人心，但也只是對義大利人的心態產生了表面的影響，在短時間內動員起民眾的激情。無論墨索里尼和法西斯黨的領導層多麼好戰，義大利人民都對戰爭和軍事上的榮耀沒有興趣，當然也不願意承受戰爭的艱難和痛苦。義大利軍隊頂多能和比自己弱小的敵人打一場短暫的戰爭，但它完全沒有適於打大仗的裝備。義大利的軍火工業技術落後，跟不上其他國家重整軍備的步伐。

　　蘇聯意識形態的驅動力極為強大。在人民付出了巨大代價的情況下，蘇聯在推動國營經濟、重組農業生產和飛速實現工業化方面取得了巨大的進步。蘇聯經濟的發展之所以如此迅速，是因為領導層認為不遠的將來一定會爆發戰爭。然而，蘇聯與德國和義大利有一點不同之處，它的重點是在經濟和社會上做好打仗的準備，目的是保家衛國，而不是對外侵略（儘管蘇聯認為，為了建立防禦帶，必須占領波羅的海三國，也許還有波蘭西部地區）。史達林非常清楚，蘇聯的軍事建設才起步不久，根本沒做好打大仗的準備，何況他還親手透過「大清洗」重創了紅軍領導層。

　　希特勒政權的明確重點是加緊迫害「內部敵人」，特別是猶太人，以及狂熱備戰，為可見的未來的軍事衝突做準備。它備戰顯然是為了侵略，而不是防禦。在這兩個方面，希特勒政權在意識形態上的活力非常強。德國的經濟在歐洲大陸上是最發達的，並且正愈來愈迅速地轉向為備戰服務。德國也有著最高效的軍事領導力。

　　後來的歲月中，這三個政權都在塑造歐洲的未來中起到了超比例的重大作用，但是不出意料，西方民主國家的領導人正確地把德國視

為最重要的危險。此時，他們主要把史達林看作對他自己人民的威脅。墨索里尼則主要是對義大利非洲殖民地的人民的威脅，是地中海形勢不穩的根源之一。希特勒是對德國猶太人的威脅，但從國際角度來看，更是對歐洲和平的巨大並不斷增長的威脅。

　　英國政府尤其懷疑並敵視蘇聯。它鄙視蘇聯的社會制度，對史達林的清洗百思不解。義大利被視為地中海地區一個可控制的問題，它與西方利益的敵對日益加強，但其本身並不構成很大的威脅。使英國日益警惕的主要威脅是德國。德國的人民團結一心，領導他們的是一個殘暴無情、一意孤行的獨裁者。德國正迅速重整軍備，軍力馬上就要超過一戰時的水準。一九一四年英國參戰的主要目的就是防止德國稱霸歐洲，不讓德國的世界強國野心危及大英帝國。看來這一幕很可能不久後就會重演。

　　一九三六年發生了一場衝突。衝突爆發不久，許多人就認為它預示了更大戰亂的到來。那場衝突也是上述三個政權之間的一次交鋒。一九三六年七月，佛朗哥將軍在西班牙共和國內發動叛亂。希特勒和墨索里尼立即向佛朗哥提供軍事支援，史達林則支援共和國的軍隊。在西班牙內戰中對立的國家展現了力量，西方民主國家則又一次暴露自己的軟弱。大國捲入西班牙內戰不僅是西班牙人民的悲劇，而且極為清楚地顯示歐洲的國際秩序正在坍塌。歐洲再次陷入戰火的危險與日俱增。

第七章

走向深淵

Towards the Abyss

絕不能適應形勢得過且過,逃避解決問題。必須讓形勢適應
我們的要求。如果不「闖入」其他國家或攻擊其他人民的財
產,就不可能做到這一點。

——希特勒對軍隊將領的講話,

一九三九年五月二十三日

　　一九一四至一九一八年那場造成幾百萬人血灑沙場的大戰剛剛
過了一代人的時間,大多數歐洲人對戰爭仍然談虎色變。然而,到
三〇年代末,人們都清楚地看到,向著又一場戰爭的發展勢頭正在不
可阻擋地加快。這次的情形不是政治和軍事領導人「滑過邊緣」,或
不知不覺地「夢遊進入」他們僅有些模糊預感的大災難。這次是個
明顯具有侵略性的強國採取行動,逐漸消除所有其他可能,只留下兩
個選擇:要麼打仗,要麼任由歐洲落入專橫的納粹德國統治之下。俗
話說:「通往地獄之路是由善意鋪成的。」這是西方民主國家應對希
特勒之道的美化。西方民主國家錯誤地百般遷就德國的擴張野心,使
希特勒得以決定事態的發展走向,而它們只能軟弱地被動回應。面對
西方國家的讓步,希特勒如同一個典型的勒索者,得寸進尺,步步緊

逼。歐洲其他國家則懷著日益焦慮的心情在一旁觀望。各國都在備
戰。雖然大家懼怕戰爭，但都發現戰爭不可避免。

左派的失敗

　　德國左派在大蕭條期間被擊敗，到希特勒一九三三年上台後更是
被粉碎。至此，這一事態的影響已經完全顯現出來。社會民主黨和共
產黨這兩個德國左派政黨儘管意識形態有所不同，但都堅決反對右派
的軍國主義。它們正確地預見到，軍國主義最終將導致戰爭。如果希
特勒掌權後左派沒有被摧毀，如果民主在德國得以存續（社會民主黨
是民主的主力），歐洲爆發又一場大戰的可能性就會大大降低。然而
事實是，左派的消亡為德國推行強硬的外交政策打開了大門，這樣的
政策得到民族－保守主義權力菁英的贊同，也有激進的民粹式民族主
義支持，成為希特勒進行愈來愈大冒險的賭博工具。

　　左派在德國的悲慘結局僅僅是它在歐洲大部大規模失敗的一部
分。到一九三五年，除蘇聯以外，左派幾乎在各處都屢弱無力。社會
民主黨派在斯堪的納維亞國家的政府中還占有一席之地，但那些國家
在國際力量格局中的分量微乎其微。在其他國家，右派力量都十分強
大，並無一例外地有軍隊、警察和偵查機關做後盾。三〇年代中期，
大部分歐洲國家都處於某種形式的鎮壓型民族主義政權統治下，有些
是反革命的保守政權，有些則是徹頭徹尾的法西斯政權，那些國家的
左派十分弱小，受到殘酷迫害。大蕭條期間，英法這兩個最大西方民
主國家的政府由保守派當政，因此，那裡左派的政治影響力也大大減
小了。

　　左派的失敗遍及歐洲，儘管每個國家左派的性質是由該國具體國
情決定的。造成左派失敗的部分原因是左派內部嚴重分裂，社會民主

黨與共產黨之間的分裂尤其致命（不過，奧地利的左派儘管團結，卻仍未逃脫失敗的命運）。左派中的共產黨本身也不團結，有時甚至分裂為互相競爭的派別，主要的共產黨完全受蘇聯的利益主導。左派的失敗也反映出，各國社會的上、中層階級以及農民和工人階級中的一部分人，本能地鄙夷社會主義意識形態，對共產主義懷有刻骨的恐懼。任何種類的民族主義號召的對象都是整個社會，而左派，無論是社會黨還是共產黨，卻首先要促進一個特定社會群體，即產業工人階級的利益。社會主義的階級政治，特別是共產主義建立「無產階級專政」的目標顯然得不到大多數民眾的支持，他們認為，左派若是成功，自己一定吃虧。

對左派的恐懼，尤其是對布爾什維克主義的恐懼，與左派在歐洲大多數國家中的實際力量甚至是獲得力量的潛力都遠遠不成比例。然而，考慮到左派極端分子在仍允許他們發聲的國家中喊出的煽動階級仇恨的口號、從蘇聯傳來的可怕故事，以及反社會主義的右翼報刊幾乎在所有國家輿論界占據的統治地位，如此之多的歐洲人把信任寄託在他們認為能夠維持「秩序」、捍衛整個國家而非某個具體階級利益的人的身上，也就不足為奇了。

法國的虛幻黎明

在歐洲左派處境日益艱難之際，一場選舉使他們看到了一線希望。在一九三六年的法國大選中，反法西斯主義者似乎取得了完勝，幾年來席捲歐洲的向著好戰極右方向發展的潮流，好像終於得到扭轉。一九三六年五月三日第二輪投票結果出來後（第一輪投票是在一週前的四月二十六日舉行），社會黨、共產黨和激進黨聯合組成的人民陣線贏得了驚人的勝利，獲得三百七十六個議會席次，遠超右派國民陣線的二百二十二個席次。包括工人和多數知識分子、作家和藝術

家在內的左派支持者欣喜若狂。施佩貝爾（Manes Sperber）是位猶太作家，一九〇五年生於波蘭，一九三三年遭德國人短暫監禁後流亡巴黎。他也是共產黨員，但對共產黨日益不滿（於一九三七年退了黨）。後來，他寫到自己因那場選舉的結果感到的狂喜。他回憶說，對他和許多其他人來說，那不只是選舉的勝利，它好似一陣清風，吹散了沉悶窒滯的空氣，一直以為無法達到的目標如今近在咫尺。他寫道：「全民友愛從來沒有像在一九三六年五月間那麼伸手可及，男女老少從大街小巷湧入巴士底廣場和國家廣場」，他們歡樂的歌聲和叫聲響徹周圍的街道，呼喚著所有人團結起來追求正義和自由，現在這些目標無須革命的暴力就能達到。但事實很快證明，施佩貝爾對博愛的希望不過是樂觀得離譜的夢想。

　　法國仍然陷於深度分裂之中。民族主義右派對人民陣線的仇恨遠遠超過了正常的政治反對。人民陣線領導人布盧姆（Léon Blum）是最先站出來支持德雷福斯的猶太知識分子，右派對他的攻擊尤其惡毒。一九三六年二月，布盧姆遭到一群民族主義暴徒毆打。前一年春天，極右組織「法蘭西行動」（Action Française）的領導人莫拉斯（Charles Mourras）令人驚愕地咒罵布盧姆是「該從背後射殺的人」。左派在大選中的勝利並未緩解法國在意識形態的兩極化。事實上，左派的勝利遠不如初看起來那麼大。它贏得了百分之三十七・三的選票，只比右派的三十五・九多一點兒。主要的變化發生在左派內部，但這變化加劇了右派的敵意。立場並不極端的激進黨是共和國的中堅力量，但它在選舉中受到損失，從一九三二年的一百五十七席降到了一九三六年的一百零六席。人民陣線中最大的社會黨掌握的席位從一百三十一席增加到了一百四十七席。其他較小的左翼政黨贏得了五十一個席位，比起一九三二年多了十四席。最令右派擔憂的是，共產黨是最大的贏家，從十席猛增到七十二席。

共產黨獲勝，是因為共產國際在一九三四年六月（用布盧姆的話說）「像戲台上換布景一樣」，突然放棄了把社會民主黨貶斥為「社會法西斯分子」的說法。希特勒的德國力量日增，這促成共產國際歐洲戰略的大反轉。新戰略要求與先前被譴責的「資產階級」國家攜手努力維護集體安全。在國家一級，史達林積極鼓勵共產黨與社會黨合作，甚至與「資產階級」政黨協作，共同建立左派的「人民陣線」來遏制法西斯主義日益增強的威脅。一九三五年夏召開的共產國際第七次代表大會確認了這一政策。

法國國內建立反法西斯「人民陣線」的呼聲來自基層，工會首先提出了要求，然後得到法國共產黨的採納。一九三五年期間，壓力愈來愈大。秋天，激進黨與社會黨和共產黨聯合起來，人民陣線遂告創立。

人民陣線在競選時做出的許諾包括執行公共工程計畫（它標誌著通貨緊縮政策的終結）、縮短每週工時、為退休人員提供養老金和建立失業基金。它還許諾要取締準軍事組織，這反映它強烈的反法西斯立場。但是，人民陣線並未提出可能會使中產階級害怕的激進措施。社會革命只能等到將來再說。社會黨不再號召實現經濟國有化，共產黨絕口不提建立蘇維埃或集體農場。它們主張讓更多的人參與管理法蘭西銀行，不讓銀行只掌握在由一小撮股東組成的寡頭團體手中。但是，法蘭西銀行並未被收歸國有。新政府給出的承諾是法郎不會貶值，這是為了使在前一屆左翼聯盟政府下失去了存款的中產階級安心，但這個承諾很快證明是不明智的。人民陣線還許諾要保障婦女的工作權利，卻不提婦女的投票權，因為擔心那會導致關於（極右派所要求的）修憲的辯論。

布盧姆成了法國的第一位社會黨總理，也是第一位猶太裔總理。他的政府由來自社會黨和激進黨的部長組成，包括三位女部長。共產

黨（和幾個少數政黨）支持政府，但決定不派人加入。新政府成員尚未走馬上任，法國就爆發有史以來最大的罷工潮。各地的罷工此起彼伏，經常是工人自發舉行的，罷工者興高采烈，氣氛如同嘉年華一樣喜氣洋洋。近二百萬名工人（其中許多人不是工會會員，還有大批工資微薄的女工）參加了幾千場罷工、占領工廠和靜坐活動，發生罷工的企業絕大多數是私營的。餐館和咖啡館紛紛關門，酒店沒有人打掃客房，巴黎的大百貨商場沒有店員招呼顧客，加油站關閉意味著無法給汽車加油。罷工者和他們的支持者情緒高漲是形勢的一方面，另一方面則是思想右傾的中產階級成員譴責秩序崩壞，他們擔心這將開啟通往共產主義的大門。政治兩極化進一步加深。

　　這一波巨大的罷工浪潮使雇主憂心如焚。六月七日下午，總理在他設在馬蒂尼翁府（Hôtel Matignon）的官邸召開會議，會中雇主們做出了讓步，接受工會提出的主要訴求。產業關係頃刻間徹底改變。工人有權加入工會，集體討價還價，雇主承認工人代表，不得懲罰罷工工人，增加工資約百分之十五，這些要求都得到了接受。四十小時週工時和每年兩週帶薪休假（借廉價火車票的東風，這開啟人們每年夏天湧出巴黎等城市的度假潮，成為法國社會的永久性特徵）幾天內就變成了法律。罷工潮逐漸退去，但立法活動仍在緊鑼密鼓地進行。六月十八日，議會通過禁止準軍事聯盟的立法，把政治動亂和街頭暴力壓制了下去（雖然部分極右組織轉入地下）。後來政府又通過立法改革法蘭西銀行，把學校畢業年齡提高到十四歲，國有化軍工產業，並為討好農民大幅提高糧食價格。政府成立了新的體育休閒部，為的是使民眾都能有機會進行戶外活動（以此反制法西斯組織把休閒活動軍事化的行為），給工人階級提供有趣的業餘生活，增強人民體魄。結果，騎自行車、徒步旅行、青年旅館和大眾旅遊蓬勃發展，體育設施大為改善，群眾參加體育運動的興趣高漲。人民陣線政府在如此短

暫的時間內採取了如此密集的行動，令人矚目。

　　法國左派的興奮欣喜也同樣令人矚目。後來躋身歐洲最傑出歷史學家行列的霍布斯邦作為一位十九歲的革命者，親身經歷了一九三六年七月十四日慶祝一七八九年攻陷巴士底獄紀念日時巴黎那令人難忘的氣氛。他回憶當時的景象：「紅旗和三色旗，領導人、工人的隊伍……闊步經過人行道上水泄不通的人群，人頭攢動的窗台，咖啡館裡熱情揮手的老闆、侍者和顧客，還有一群群鼓掌雀躍的妓院工作者。」

　　夏天的狂喜很快消退，嘉年華式的氣氛散去，日常生活中的煩惱再次浮現。政府不久就遇到了困難。布盧姆進行的有限社會主義實驗馬上遭遇國際市場的大逆風。事實證明，政府不讓法郎貶值是個錯誤，它限制了政府轉圜的餘地。大企業開始把投資轉向國外。四十小時週工時造成的成本增加轉嫁到價格上面，助長了通貨膨脹，然而生產率卻沒有相應的提高。法郎和黃金儲備承受的壓力日增。一九三六年九月，政府被迫承認犯下錯誤，法郎貶值了三分之一，但貨幣的壓力仍未解除。工人的收入和中產階級的儲蓄因通貨膨脹而日趨減少。民眾對政府的支持率急劇下滑。一九三七年六月，保守的參議院拒絕賦予政府處理國家金融困難的緊急權力，布盧姆憤而辭職，接替他的是激進黨的肖當（Camille Chautemps）。社會黨的部長們（包括布盧姆）留在了政府內，但社會黨不復以往的衝勁。政府現在受激進黨主導，而激進黨的政治傾向推著政府右轉，轉向更加保守的方向。

　　肖當從議會那裡得到了靠法令立法的權力（議會拒絕給布盧姆這個權力），提高了稅率，叫停了社會改革。然而，造成布盧姆政府下台的情況基本未變。物價仍在上漲，公共債務不斷增加，法郎的價值持續下滑（最終迫使它進一步貶值），生產率依然停滯，社會動盪仍在醞釀。人民陣線的力量日益減弱，它為處理棘手的經濟問題而心力

交瘁，還要應付保守主義和法西斯主義右派的頑固反對，面對國際事務中日益增多的危險。

一九三八年三月，布盧姆再任總理，但國際環境已經因奧地利被併入德國而發生巨變。此時，為外交政策焦首煎心的法國無心繼續過去的社會和經濟實驗。布盧姆很快意識到，他不可能在推動國家指導投資、控制匯率和徵收財富稅方面取得任何進展。政府投入重整軍備的資金愈來愈多，只得在民生投資方面有所撙節。同時，資金外流和黃金儲備劇減迫使政府進一步削減公共開支，最終讓法郎第三度貶值。布盧姆的第一屆政府持續了三百八十二天，第二屆政府只維持了二十六天。他第二次下台後，法國政治在新任總理、激進黨人達拉第（Édouard Daladier）的領導下轉向保守右傾。達拉第被視為「一雙安全的手」，代表著外省小城鎮的守舊勢力。他得到大小資本家的支持和右派的稱讚，因為他取消了布盧姆的大部分社會立法，終結了「一九三六年六月革命」。

社會黨、共產黨和代表政治中間派的激進黨共同組建「人民陣線」來對抗並打敗法國的法西斯主義，這是合理而明智的戰略。至少，它遏制了右派準軍事組織對法蘭西共和國的威脅。不過，雖然建立人民陣線大有必要，但我們從一開始即可清楚看到，它注定會根基不牢。共產黨喜歡的革命性社會方案完全不可能得到採納，因為只有百分之十五的民眾支持，根本無法實施。作為激進黨基礎的中產階層堅決反對任何威脅到他們財產的政策。社會黨不得不小心翼翼，左右兩邊都不能得罪。政府推行的社會改革只是零敲碎打，但即使如此，由於多數民眾的反對、大企業代表的頑強抵抗和國際市場力量的重擊，成功的可能性從來就微乎其微。

人民陣線的創立是各方妥協的結果，好比意識形態上迥然不同的夥伴被迫結婚。面對共同的敵人，這個妥協暫時遮蓋住不同夥伴之間

的深刻分歧，但它極為脆弱，政府面對的各種嚴峻問題又不斷侵蝕著它的基礎。兩個左翼政黨的關係也十分緊張。對蘇聯的負面描述傳播甚廣，媒體上又經常報導史達林式的公審大會，這些都進一步加深社會黨對共產黨的反感。另一方面共產黨則視布盧姆為「殺害工人的劊子手」，特別是一九三七年三月在巴黎的工人居住區克利希（Clichy）的一次示威中，警察向支持共產黨的示威者開槍，打死六人，打傷了二百人。

西班牙亂局

　　很快的，公眾的注意力從人民陣線政府的困境轉到邊界另一邊西班牙的事態發展。與西班牙左派更大的悲劇相比，法國左派的困境就不算什麼了。西班牙左派有廣泛的群眾支持，有國家資源可供調動，為了捍衛共和國不惜一戰。然而，由於派別間的嚴重分歧、自相殘殺的衝突和意識形態的分裂，加之比西歐任何其他地方都更強烈的地方分離情緒（尤其是在經濟上相對發達的加泰隆尼亞和巴斯克地區），西班牙左派的力量遭到了嚴重削弱。對左派來說，更具破壞性的是西班牙社會長期深刻的兩極化。西班牙左派和右派之間的意識形態鴻溝比法國的更深更寬。西班牙人民對共和國的忠誠不像法國人民那樣根深柢固，國家歷史上也沒有類似法國大革命的劃時代象徵性事件。

　　西班牙的第二共和國一九三一年四月剛剛成立。它由左派建立，從一開始，日趨極端的各右派派別就堅決拒絕。右派對社會主義的反對是深刻全面、發自內心的。在西班牙各省，純粹的天主教價值觀占據主導地位，也是右派營造的西班牙民族形象的一部分。對左派的仇視很容易被納入這套價值觀。當然，傳統的權力菁英，比如地主、大資本家、天主教神職人員，還有軍官團中相當多的成員，也敵視左派，因為在社會主義統治下，他們是最大的輸家。傳統菁英遭到了削

弱，卻沒有被打垮。對他們來說，使用武力推翻共和國是可以考慮的。畢竟，里維拉一九三〇年一月結束的獨裁不過是幾年前的事。在西班牙政治裡，軍事政變屢見不鮮。一九三六年三月，西班牙的軍隊將領開始密謀再次推翻民選政府。

我們在第五章已經提及，西班牙的社會黨和左翼共和黨在一九三一年選舉中的勝利不過是曇花一現，一九三三年十一月再次舉行選舉時，右派東山再起。西班牙自治權利同盟和激進黨組成的右翼聯盟大敗左派，聯盟領導人萊羅克斯（Alejandro Lerroux）出任總理。接下來的兩年裡，共和國創立後實現的一點點社會進步被全面叫停，大多遭到逆轉。對左派來說，那是法西斯威脅增大、鎮壓加重的「黑暗的兩年」。一九三四年十月，西班牙北部阿斯圖里亞斯地區的礦工舉行為期兩週的罷工，礦工們手持能夠找到的任何武器與警察搏鬥，但最後遭到專門從摩洛哥調來、以野蠻殘酷著稱的軍隊血腥鎮壓。帶兵的不是別人，正是未來的獨裁者——佛朗哥將軍。那次的鎮壓十分殘暴。約二千名平民被打死，四千人受傷，三萬人遭到逮捕，其中許多人在監獄中受到酷刑折磨。西班牙已處於內戰邊緣。

右翼執政聯盟財政醜聞纏身，內部又為政治問題爭執不下，終於散夥。一九三六年二月舉行了新選舉。此時，左派組成了人民陣線，它是（主要受中產階級擁護的）共和黨和社會黨這兩支主要力量為了選舉結成的同盟，並得到了共產黨人、加泰隆尼亞分離主義者和社會主義工會與無政府主義工會不同程度的支持。人民陣線的選舉對手是一個由右翼團體組成的全國性陣營。西班牙分為兩派，各自日趨極端。選舉被說成是西班牙的未來之爭。右派稱之為在善與惡、天主教與共產主義、「遵從古老傳統的西班牙」與「破壞、燒毀教堂和……革命的西班牙」之間的選擇。左派有人聲稱要「在西班牙複製蘇聯的做法」。選票計票結束後，人民陣線贏得了歷史性的勝利，它贏得的

選票絕對數字並不多（四百六十五萬四千一百一十一票對右翼的四百五十萬三千五百二十四票），但所得的議會席位卻是壓倒多數（二百七十八席對右翼的一百二十四席）。

選舉結束，人民陣線的團結也到了頭。只由共和黨人組成的政府從一開始就不夠強大。拒絕參加政府的社會黨自己內部不團結，分裂為改良派和日益趨向革命的總工會派兩派，前者由溫和的因普列托（Indalecio Prieto）領導，後者的領導人是因自己被蘇聯報刊譽為「西班牙的列寧」而揚揚得意的卡瓦列羅（Francisco Largo Caballero）。社會主義青年團和工會組織一樣，立志發動全面革命，不屑於小打小鬧的改良。共產黨的吸引力儘管尚小，但顯然在迅速增強。

政府開始恢復一九三一至一九三三年推行的社會和經濟變革措施，釋放政治犯，沒收大莊園的土地，把自治權歸還給加泰隆尼亞（也許諾要給巴斯克地區自治權）。但是，政府掌控不住局面。貧窮的農民和農業勞動者占領了西班牙南部的大莊園。大城市爆發了罷工。焚燒象徵天主教壓迫的教堂的行為比一九三一年時更為普遍，給右派的宣傳提供了口實。原來只是右派中一個小派別的長槍黨突然壯大起來，許多新加入的成員原來都是西班牙自治權利同盟青年運動的成員，比年紀較大的同盟成員更加激進地反對共和國。與此同時，在政府渾然不覺的情況下，一場陰謀正在醞釀。

包括佛朗哥在內的一些軍方領導人在選舉結束後，曾考慮馬上發動政變，但當時的時機不成熟，於是他們選擇了觀望和等待。政府解除了佛朗哥參謀總長的職務，把他派去加那利群島（Canary Islands），希望能防患未然。以極端仇視共和國聞名（也是政變首要推手）的莫拉（Emilio Mola）將軍也被降了職。然而令人吃驚的是，莫拉又被從西屬摩洛哥召回，受命掌管西班牙北部潘普洛納（Pamplona）的一所要塞──這是個理想的地點，他可以在此與祕密

支持叛亂的人建立緊密聯繫。有些長槍黨成員被捕入獄，但即使身在獄中，他們仍然能夠指揮安排外面的活動。然而，軟弱的政府並未採取任何其他行動來先發制人、預防麻煩。

一九三六年七月十七日，叛亂在西屬摩洛哥和加那利群島爆發，兩天內即蔓延到西班牙本土。叛亂策劃者本來期望政變迅速成功，實現軍事接管，但形勢很快顯示這個如意算盤打不響。在西班牙本土的一些地區，駐守要塞的官兵和許多民眾都支持叛亂。政府兩天內換了三個總理，其驚慌失措可見一斑。莫拉確信叛軍會獲勝，斷然拒絕了政府提出的妥協停戰要求。然而，在其他地區，軍隊和警察儘管經常兩邊下注，但仍然忠於共和國。馬德里、巴塞隆納、巴斯克地區的聖塞巴斯蒂安（San Sebastián）以及其他地方的工人拿起了武器。幾天內，西班牙完全陷入分裂，正如二月選舉時的情形。

東部和南部基本上站在共和派一邊。然而，叛軍在西班牙西南部、西部和中部的大部分地區勢如破竹。在軍事力量上，共和國和叛軍可說是勢均力敵；在經濟上，最重要的工業區仍掌握在政府手中。直至村子一級的各階層人民都旗幟鮮明：不是支持左派，就是支持右派；不是支持共和國，就是支持法西斯。暴力迅速升級。叛亂爆發伊始，雙方就都犯下了嚴重的暴行。叛軍在他們攻克的地區大開殺戒，死於叛軍之手的確切人數無法確定，不過肯定高達數千。在共和派這邊，對叛亂支持者或階級敵人的復仇行為也常常出現，過去的積怨拿來清算，臨時法庭實行的「革命正義」判處了許多人死刑。對教士的暴力尤其令人髮指，六千多名神職人員（神父、修士和修女）被殺害，教堂被焚毀，宗教塑像被砸爛。西班牙陷入了全面內戰，誰能勝出卻遠未分明。

七月底到八月，亟欲防止共產主義在伊比利半島立足的希特勒和墨索里尼提供了佛朗哥飛機，讓他把他精銳的非洲軍團裡共三萬多名

強悍善戰的士兵從摩洛哥運到西班牙。內戰雙方的軍力對比發生了巨大變化。德國和義大利自此開始向佛朗哥提供援助，後來一路加碼。希特勒和墨索里尼都希望最終能把民族主義的西班牙拉到自己的一方，同時也很高興有機會在遠離本國的地方試驗武器。薩拉查統治的葡萄牙也出人出力幫助叛軍，以防布爾什維克主義在鄰國獲勝。

結果，民族主義叛軍獲得了明顯的優勢。民主西班牙若能從西方民主國家那裡獲得武器援助，本來完全可以打敗叛軍。然而在一九三六年八月，英國領頭，法國緊隨其後（布盧姆因拒絕援助西班牙社會主義者而躊躇難決、良心不安），達成了一項不為西班牙共和國提供戰爭物資的國際協定。它們一心想防止西班牙的衝突擴大為整個歐洲的戰爭，結果卻大大加強民族主義者獲勝的可能性。當年秋天，史達林答應了西班牙共和國政府的軍援請求，但內戰雙方的武器供應依然相差甚多。最終，二十四個國家簽署了「不干預協定」。德國、義大利和蘇聯都簽了字，表面承諾不干預，實際卻提供大量武器。

儘管那些國家官方奉行不干預政策，但從一九三六年秋開始，至少有三萬名來自不同歐洲國家的志願者（包括相當多的猶太人）奔赴西班牙去拯救共和國，其中大部分人是社會主義者、共產主義者和工會會員，屬於共產國際組織起來的國際縱隊。這些人大多是理想主義者，認為自己參加的是一場階級之戰，是對法西斯主義的鬥爭。幾千名志願軍獻出了生命。關於他們對作戰的貢獻，當時蘇聯的宣傳多有誇大，後人的評價也常常言過其實。不過，國際縱隊在馬德里保衛戰中初試啼聲後，在一些大型戰役中的確發揮了作用。英國記者巴克利（Henry Buckley）曾親眼看到國際縱隊成員的作戰表現，他評論說：「他們在戰鬥中十分英勇。他們武器低劣，紀律不整，講著十幾種不同的語言，幾乎沒有人懂西班牙語。他們單憑著大無畏的勇氣創造了奇蹟。」對歐洲左派來說，西班牙內戰的爆發起初是一種激勵，但逐

漸變成了意氣消沉的根源。

　　佛朗哥的軍隊一路北上，直指首都馬德里。但是，經過一九三六年十一月的長期封鎖，馬德里仍是久攻不下。至此，內戰淪為曠日持久、殘酷至極的消耗戰。戰爭基本上遵循這樣的模式：民族主義叛軍緩慢而不懈地前進，共和國方面雖然時常發動短暫的反擊戰，但大多數時間只能進行頑強卻日益絕望的防守戰。一九三七年春夏兩季，民族主義軍隊在北部接連得手。秋天，他們攻下了北部沿海地帶，包括巴斯克地區（佛朗哥因而得到了獲取重要原物料的通道，也掌握具有關鍵意義的工業區），共和國政府控制的地區則縮減到從馬德里東南方到海岸邊的一大片領土，在北方只剩下加泰隆尼亞。

　　對德國來說，西班牙內戰是天賜良機，使它可以用德國轟炸機編隊「禿鷹軍團」（Cordon Legion）指揮官李希特霍芬（Wolfram Freiherr von Richthofen）的話說，「在不負責任的情況下」實驗空中轟炸。對馬德里實施了空襲後，德軍又對南部的幾個城鎮進行轟炸。李希特霍芬發現效果「非常好」。到一九三八年春，民族主義軍隊在北部發動攻勢的時候，義大利也開始轟炸西班牙的城鎮和鄉村。同時，德國為支持叛軍，加緊了空襲行動，在畢爾巴鄂（Bilbao）投下了六百噸炸彈。一九三七年四月二十六日下午，約三十架德軍轟炸機和三架義軍轟炸機對巴斯克小鎮格爾尼卡（Guernica）發動襲擊，其慘無人道使全世界為之髮指。但格爾尼卡絕非個案。就在那天早上，德軍轟炸機還襲擊了八公里以外的格爾利塞斯（Guerricaiz），「沒有留下一所完整的房屋」。對格爾尼卡的空襲持續了整整三個小時，目的是打垮巴斯克人的鬥志。德軍認為這是「完全成功的行動」。整個小鎮被夷為濃煙滾滾的廢墟，三百人死於空襲。一位神父在發生空襲時剛剛抵達格爾尼卡，目睹了空襲造成的破壞，他生動地描述在小鎮陷入一片火海時，人們如何驚恐地尖叫著逃離市場。一九三七年巴黎

世博會上，西班牙館展出了畢卡索的《格爾尼卡》，那幅著名油畫淋漓盡致地展現現代戰爭的殘暴，把格爾尼卡的毀滅永遠定格下來。儘管全世界同聲譴責，但德國我行我素，繼續在西班牙狂轟濫炸。當年秋天，阿斯圖里亞斯的戰鬥接近尾聲的時候，禿鷹軍團的指揮部決定「派遣飛行中隊無情打擊赤色分子殘餘空間的每一寸土地、每一種交通方式。」

　　一九三七年秋，內戰遠未結束，但大勢已定。民族主義者對西班牙的征服雖然緩慢，卻勢不可當。叛軍進展緩慢的一個原因是共和國軍隊的頑強抵抗，但另一個重要原因是佛朗哥打仗的方式。對他來說，內戰是一場聖戰，目的是恢復信仰天主教的西班牙的偉大，而這就要求不僅打敗他眼中西班牙內部的敵人，而且要將其消滅。所以，佛朗哥並不想速戰速決，而是要贏得徹底的勝利。

　　佛朗哥生於一八九二年，他的性格形成期是在軍中度過的。他具有一流的軍事指揮才能，野心勃勃，意志堅定，這使他在軍中青雲直上，升到了最高領導層。雖然他加入反對共和國的陰謀為時較晚，但是他麾下的非洲軍團對陰謀得逞至為關鍵。一九三六年九月底，他被民族主義者推舉為軍隊的最高指揮官和國家元首。次年四月，他把右翼各派整合為一個單一的政黨，但給這個黨起的名字實在太囉唆，叫作「西班牙傳統派長槍黨和國家工團主義進攻委員會」，結果實際上從未有人用過它的全名，而是一直用縮寫的「長槍黨」。

　　佛朗哥絲毫不具備希特勒或墨索里尼那種吸引民眾的魅力。他是地地道道的軍隊產物。他的顯赫地位不是靠煽動民心的講演和耍政治手腕得來的，而是靠著他公認的軍事才能一級級升上來。他貌不驚人，身材矮小，聲音尖細。然而，他對他的敵人冷酷無情，而他心目中的敵人比比皆是。他把共濟會、共產主義和分離主義視為萬惡之源，認為它們使西班牙在十六世紀的黃金時代之後陷入了墮落、腐敗

和衰退。他既有軍事指揮官的謹慎，也有堅定的決心，矢志徹底消滅擋路的敵人，鞏固民族主義者在西班牙的完勝。舉行過對他敵人的公審大會後，他會親自閱覽並簽署他們的死刑判決書。他的軍隊一共處決了大約二十萬人。他把一百萬名囚犯關入監獄和勞改營。這是為了對左派和其他敵人起到殺一儆百的作用。

　　共和國對佛朗哥大軍的抵抗如此頑強，堅持了如此之久，實在令人驚訝，尤其是考慮到共和國政府被分裂、內鬥、不和以及意識形態的分歧搞得焦頭爛額。自己內部分歧嚴重的社會黨人、無政府主義者、社會主義工會和無政府主義工會、奉行史達林路線的共產主義者、拒絕史達林路線的共產主義者，還有自有打算的加泰隆尼亞左派，所有這些人全靠打敗法西斯主義的決心才走到了一起。（至於民族主義者是不是真正的法西斯主義者，這種純粹定義上的區分並不重要。在共和國的支持者看來，他們就是法西斯。誰能說他們不對呢？）反法西斯主義是把各路人馬團結起來的最有效力量。除此之外就只剩下分裂和派別。

　　內戰開始的幾個月中，共和國似乎隨時會土崩瓦解。政府在一九三六年十一月撤離了被封鎖的馬德里，遷到了瓦倫西亞（Valencia，次年十月又退到加泰隆尼亞的巴塞隆納）。此時，國家當局常常是形同虛設，叛亂開始後如雨後春筍般紛紛成立的反法西斯委員會掌握了地方權力，替代國家當局行使職能。巴斯克民族主義者宣布建立自治的巴斯克共和國。加泰隆尼亞和亞拉岡（Aragon）也自立政權。無政府主義工會和社會主義工會推動了一場相當於自發的社會革命運動。莊園、工廠和店鋪變為集體經營，地方民兵組織建立起來，地方的革命委員會接管了政府。整個局勢相當混亂，不過還是維持住了，至少短期內是這樣。

　　巴塞隆納有一個不與莫斯科同路的共產主義組織，叫作馬克思主

義統一工人黨（Partido Obrero de Unificación Marxista），通常簡稱為馬統工黨。英國作家歐威爾加入了這個組織的民兵隊伍，他對巴塞隆納的情況做了這樣的描寫：「每一座建築物，無論大小，基本都被工人占領了，掛上了紅旗或無政府主義的紅黑兩色旗；每一面牆壁都畫上了鐮刀和斧頭，還有革命黨名稱的縮寫；幾乎每一所教堂內部都被搗毀，聖像和聖畫被焚……每一家商店和咖啡館都貼出告示，說已經收歸了集體……幾乎所有人都穿著工人的簡樸衣著，或藍色的連身工裝褲，或與軍服相似的服裝。」這樣的社會革命除了堅定的馬克思主義者之外，不可能受到多少人的歡迎，但人們別無選擇，只能乖乖聽命。

民兵武器不足、組織混亂，用歐威爾的話說：「按任何尋常的標準來看，都是一群烏合之眾。」這樣的隊伍要想打贏佛朗哥那武器精良、紀律嚴明的軍隊簡直是做白日夢。中央政府必須調整政策，而且要快。九月，社會黨和共產黨加入了人民陣線政府，使其名副其實，政府由卡瓦列羅擔任領導，現在他被（暫時）視為促進團結而非造成分裂的人物。政府同意，社會革命只能等以後再說。此刻的當務之急是建立組織有序的軍隊來取代民兵。中央權威逐漸得到確定。經濟被集中管理，確立了徵兵制度，規定食品配額供應，組織民防。在這一切的基礎上，一支統一的軍隊開始建立。

而在此過程中，蘇聯的影響有增無減。隨著史達林援助的武器到來，共產黨在政府中的影響力開始提高，而共產黨人內心對保衛「資產階級」共和國不感興趣，他們的目的是不讓它落入法西斯之手，留著它以便將來進行「真正的」革命，此外他們還想趕走激進左派中的其他競爭者，比如托洛斯基派和無政府主義者。一九三七年五月，卡瓦列羅被迫離職，接替他的內格林（Juan Negrín）是精明的政客，也是能幹的行政人員（曾當過財政部長）。他認為，讓共產黨掌握更多

的權力能夠增加人民陣線政府打敗佛朗哥的可能性，是可以接受的代價。加泰隆尼亞和亞拉岡的社會革命被終止，馬統工黨在一場無情的清洗中被粉碎。共和國堅持戰鬥了下去，雖然共產黨影響力的增加在共和國控制的地區引起許多人不滿，成為士氣低落的原因之一。

　　一九三八年，共和國最後的痛苦掙扎即將到來。共和國軍隊在西班牙東部埃布羅河（Ebro River）下游發動的最後一次大型攻勢以失敗告終。士氣直線下滑，厭戰情緒瀰漫。糧食供應即將告罄。一九三九年初，加泰隆尼亞失陷。大批人落入民族主義軍隊的手中，成為任其擺布的階下囚。五十萬名難民逃往法國，前途茫茫，痛苦艱難。三月，共和國最後的防線失守。三月二十六日，民族主義軍隊終於開進馬德里。月底，共和國的最後一塊領土失陷。截至四月一日佛朗哥宣布內戰結束時，二十多萬人死在了戰場上。全國二千五百萬人口中一百多萬人或是死亡，或是遭到酷刑或監禁，更多的人出國流亡。

　　佛朗哥和他手下的人獲勝後毫不手軟。被任命為「政治責任特別法庭」庭長的奧多涅斯（Enrique Suñer Ordóñez）典型地代表了認為需要進行救贖性清洗以淨化西班牙的思想。奧多涅斯原來是馬德里的一名兒科醫學教授，一九三八年曾說共和派是「魔鬼一樣的……虐待狂和瘋子……怪物」。在他看來，支持共和國的都是些共濟會員、社會主義者、無政府主義者和有蘇聯撐腰的猶太人，而猶太人正在逐步實現他們載於《錫安長老會紀要》的計畫。根據他的扭曲心態，內戰的目的是「強化種族」，「完全消滅我們的敵人」。就是在這種態度的指引下，他對被妖魔化的左派進行了激烈的報復。內戰結束後，約二萬名共和派人士被處決，數千人死在監獄、集中營和勞改隊裡。對左派的殺戮一直持續到四〇年代。

　　捍衛共和國、反對佛朗哥帶領的民族主義叛軍的那一半西班牙人陷入了沉寂。對他們來說，剩下的只有歧視與困苦，對新建立的鎮壓

性獨裁政權，他們滿懷怨憤，卻只能無奈接受。這種沉寂將持續三十五年以上，直到一九七五年佛朗哥去世使西班牙迎來新的開始。

西班牙內戰能夠避免嗎？似乎不可能。一九三六年，爆發內戰的各種因素俱備。國家陷於完全分裂。二月選舉幾個月後，政府就開始迅速失去對局勢的控制。五月，普列托受命組建新政府，卻遭到左翼競爭者卡瓦列羅從中作梗，避免內戰的最後一個機會也許就此錯過。當時若能建立一個強有力卻又溫和的社會主義政府，可能至少會防止懼怕極端左派的中產階層成員右轉，去支持民族主義者。但是，卡瓦列羅造成了政府虛弱和左派分裂的繼續。與此同時，中產階層的大部分人開始把希望寄託在叛軍而非共和國身上。普列托本來計畫要限制警察權力，解除恐嚇人民的法西斯小分隊的武裝，任命一個受人信任的國家安全負責人，但這些計畫都沒能付諸實行。不過，鑑於左派中大多數人已經對「溫和的」解決方案失去信心，右派又下定決心要推翻共和國，普列托能否透過改革來緩解局勢非常值得懷疑。同樣值得懷疑的是，他或任何其他的共和國領導人是否掌握足夠的權力，能夠逮捕右翼領導人或解除不忠於共和國的軍隊將領的職務。無論如何，政府沒有做出這方面的嘗試。與共和國不共戴天的人仍然享受著自由，可以策劃武裝叛亂，以求推翻共和國。

共和國有可能打贏內戰嗎？叛亂爆發後，莫拉拒絕了共和國提出的停戰條件，佛朗哥把非洲軍團從摩洛哥調到了西班牙，民族主義者鞏固他們奪取的大片領土，共和國取勝的希望日益渺茫，到一九三七年中期則完全破滅。左派的分裂和內訌當然對共和國也沒有好處。然而，共和國的失敗不是左派造成的。政府軍逐漸獲得了打持久防禦戰的能力，雖然效率一直不高。然而，他們的勝算從來就不大。在這場很快成為國際法西斯主義和國際共產主義兩大意識形態的代理人衝突中，如果外國干預不是那麼一邊倒，使民族主義者一方明顯占優勢，

也許共和國的軍隊還有望得勝。但實際上，蘇聯的援助僅使共和國的軍隊得以繼續支持下去，而法西斯義大利和納粹德國向叛軍輸送的武器卻對叛軍的勝利起到至關重要的作用。尤為關鍵的是，西方民主國家的不干預政策和美國嚴守中立的立場意味著，保衛西班牙共和國的力量除了蘇聯援助以外資源少得可憐，民族主義叛軍則有法西斯強國提供的源源不斷武器。如此懸殊的對比令共和國軍隊注定不可能贏得內戰，佛朗哥最終必定得勝。

內戰過後，西班牙埋葬了死者（但許多最慘痛的傷口深藏在人們心底，過了幾代人的時間仍無法癒合）；社會依然四分五裂，儘管民族團結的光鮮表面遮蓋住了深刻的裂痕；經濟一片凋零，亟待實現的現代化推遲到了多年後。對西班牙左派來說，它在內戰中慘敗造成的災難性後果持續了數十年，其影響無法估量。但是，西班牙的悲劇是否產生更廣泛、遍及全歐洲的政治影響呢？如果是的話，左派的失敗是如何影響歐洲歷史發展軌跡？如果左派在西班牙內戰中取得勝利（無論這是多麼不可能），能否幫助防止又一場歐洲大戰的爆發？

看來非常不可能。我們無法推測，如果佛朗哥的民族主義軍隊被打敗，西班牙在共和派統治下會變成什麼樣子。很可能共產黨將成為最終受益者，它會帶領西班牙走上通往蘇聯模式之路。溫和左派占上風的機率較小，但若真的發生，就會加強社會主義者在西歐的力量，西班牙可能在後來的衝突中會成為西方潛在的盟友，為威懾希特勒而建立包括蘇聯在內「大聯盟」的設想，也會更有希望實現。然而，同樣可能的是，左派在西班牙（和法國）的勝利不僅不能威懾希特勒這個對歐洲和平的首要威脅，反而會激怒他。西班牙以後甚至可能成為德國侵略的目標。這些都純屬猜測。事實是，西班牙的事態發展嚴重打擊了社會主義者的士氣。來自五十多個國家成千上萬的人滿懷理想主義熱情，加入了捍衛共和國的國際縱隊，其中大多數是共產主義

者，他們認為西方民主國家背叛了民主大業，為此義憤填膺。然而，西班牙的遭遇也使左派更加深刻地認識到，反戰與裁軍都靠不住。只有靠武力才能打敗法西斯主義。

當時很多人擔心，西班牙內戰會引發法西斯主義和布爾什維克主義的對決，造成全歐大戰，但這種擔心並未成真。德國、義大利和蘇聯雖然在西班牙打了一場代理人戰爭，但它們誰都沒有準備好打歐洲大戰（雖然德國顯然在準備早晚會引發大戰）。德國人尤其在西班牙內戰中大大受益，他們獲得了以空襲支援地面部隊的重要戰術經驗，也意識到自己的坦克需要改良。他們和義大利人看到了轟炸機能夠給城鎮平民造成多大的傷亡。蘇聯人則認識到，不能指望西方「資產階級」國家來對抗日益增長的法西斯威脅。西方民主國家則覺得，事實證明自己沒有捲入衝突是對的。雖然民族主義者掌權的西班牙可能會向法西斯獨裁國家靠攏，但西方國家認為，那也比讓布爾什維克主義在自家門口獲勝要好。

三年內戰慘烈無比，西班牙在後來的幾十年內都是一片荒蕪。然而，它與影響歐洲走向的重大事件基本沒有關係。內戰前的西班牙處於歐洲的邊緣。在一段短暫而痛苦的時期內，西班牙的災難吸引了歐洲的注意力。然而，一九三九年後，西班牙再次成為歐洲的偏遠地區，雖然在後來的大戰打響後成為戰略要地，但除此之外一直不受重視，直到冷戰期間形勢大變，佛朗哥成為西方的寶貴資產。

對歐洲其他國家來說，直接導致又一場席捲歐陸戰火的幾起事件都與西班牙無關，而是發生在中歐這個關鍵的危險地區。造成那些事件的力量並未受到西班牙慘烈內戰的多大影響，而這個力量就是德國咄咄逼人的擴張野心。

軍備競賽

　　一九三七年十一月五日柏林那個陰暗沉悶的傍晚，弗里奇（Werner von Fritsch）將軍、戈林（Hermann Göring）將軍（他也是四年計畫的領導）和海軍上將雷德爾（Erich Raeder）這三名德國陸、海、空三軍的最高指揮官趕往帝國總理府，去聽希特勒宣布關於給三軍分配鋼鐵的決定。至少，他們以為自己要聽到的是這個決定。

　　希特勒滔滔不絕地講了兩個小時，但講的不是鋼鐵的分配。講話開始時了無新意。過去他們不止一次聽希特勒說過，德國未來的經濟安全不能倚靠變化無常的國際市場，而是必須透過獲取「生存空間」來保證。這個想法本身是帝國主義思想的一個變種，由於德國在一戰中遭到封鎖而得到加強。希特勒從二〇年代中期起即對它念念不忘，這當然意味著擴張，也意味著在某個時刻可能會甚至肯定會發生武裝衝突。三軍領導人和其他在場的人，作戰部長布隆貝格（Werner von Blomberg）、外交部長諾伊拉特（Konstantin von Neurath）和希特勒的軍事副官霍斯巴赫（Friedrich Hossbach）上校，對這個思想都並未感到擔憂。「生存空間」在實踐中含義非常廣泛，涵蓋了關於未來擴張的各種主張，但並不意味著必然很快就要打仗。然而，希特勒接著說，他正在考慮短期內發動戰爭。時間不在德國這一邊，它目前的軍備優勢不會持久。他決心最遲於一九四三至一九四四年動手，但如果形勢緊迫，就大幅提前。

　　希特勒提出了一九三八年也就是次年進攻奧地利和捷克斯洛伐克的想法。在場的一小群人中，有幾個聽了既驚且憂。他們都同意要確立德國在中歐的超強地位，或掌握在多瑙河地區的經濟主導權（戈林對這點特別重視）。但使他們驚心的是，德國可能會與西方強國兵戎相見。他們心知肚明，德國完全沒有做好打大仗的準備。希特勒這番

話使布隆貝格、諾伊拉特他們感到緊張，尤其是弗里奇。三個月後，懷疑者都不見了，希特勒把他們全部撤了職。

隨著一九三七年歲末的來臨，歐洲主要強國之間的軍備競賽日益成為決定政府行為的重要因素。希特勒召開軍方領導人會議的源由是鋼鐵分配的問題。的確，鋼鐵短缺成了德國發展軍備的一大絆腳石。鋼鐵生產遠遠滿足不了軍方的要求，嚴重限制飛機的生產，也使軍艦的建造大幅落後海軍的預定目標。一九三七年下半年，日益加重的鋼鐵危機導致經濟部長沙赫特去職。沙赫特一手促成了一九三三年後德國經濟的復甦，但他對最近軍費開支如脫韁野馬般的增長提出了強烈反對。此時，戈林作為「四年計畫」這個於一九三六年秋制定的關鍵軍備方案的主管，成了國家經濟的實際負責人。他管理經濟的唯一宗旨就是不惜代價加緊軍備生產，使德國在最短時間內做好戰爭準備。魯爾的工業大亨因冶煉低品位鐵礦石成本太高而裹足不前的時候，戈林把這項任務交給了三家國有鋼鐵廠。

希特勒上台前，德國大企業的領導人對他熱情不高，但很快就改變了態度，都眼紅地盯著經濟重新振興、軍工蓬勃發展，以及預計德國對東歐和東南歐的統治將要帶來的巨大利潤。儘管魯爾的鋼鐵大亨不願意投資低品位鐵礦石，但他們仍然是國家在軍備上一擲萬金的主要受益者。實施四年計畫導致的需求已經使得化工巨頭法本公司（IG Farben）的利潤飛速飆升，德國若能對外攻城掠地，給企業帶來的利潤更是令人垂涎三尺。所以，法本公司的老闆必然贊成德國入侵奧地利和捷克斯洛伐克，因為那很快就能帶來豐厚的經濟收益，特別是使承受著經濟重擔的德國獲得軍工生產急需的原物料和工業生產能力。

供應瓶頸和嚴重的勞動力短缺已經出現了。後來的幾個月中，情況日益嚴峻。最後，甚至有人警告說這將很快導致帝國財政崩潰。任何「正常」政府的脫困辦法都會是削減開支以避免經濟災難。但是，

納粹政權絕非「正常」的政府。希特勒一貫認為，只有打仗並透過打仗獲得新的經濟資源才能解決德國的問題，軍工產業的重要部門也都同意希特勒的觀點。德國經濟困難的加劇不僅沒有遏制希特勒的戰爭企圖，反而使他更加堅信戰爭是緊迫的需要。

　　另一個為了對外侵略而發展軍備的歐洲國家是德國的軸心國夥伴義大利。然而，義大利發展軍備的步伐與德國的差距不可以道里計。和德國一樣，義大利的鋼鐵生產不足嚴重限制了軍備生產的規模。貨幣儲備日益減少是另一個限制因素。義大利的企業家很樂意透過生產武器來增加利潤，但不肯為了短期的收益而冒險進行長期投資。武器訂購方面的管理不善和嚴重失誤導致武器的技術和功能雙雙疲弱。義大利的資源已經緊缺，又因捲入西班牙內戰而浪費了一大部分。墨索里尼決定援助佛朗哥時，未曾料到西班牙內戰會如此曠日廢時。一九三七年底，義大利經濟的各種問題開始拖累軍工業的發展。國家既沒有工業能力，也沒有資金力量來迅速發展軍備。事實上，在其他國家爭相加緊發展軍備之時，義大利一九三七至一九三八年的軍費開支比起前一年反而下降了百分之二十。墨索里尼設想義大利五年後能做好戰爭的準備，即使這個估計也太樂觀了。

　　從一九三六年起，蘇聯領導人開始日益警惕德國對蘇聯的威脅。他們猜想，德國很可能與其他「法西斯主義」或「帝國主義」國家結盟。蘇聯經濟是封閉式經濟，工業生產的所有部門都掌握在國家手裡，所以，大力發展軍備沒有任何掣肘。但儘管如此，還是存在一些限制因素，包括效率低下、工業和軍方的地盤之爭，還有民用轉軍工的結構性困難。更糟糕的還有災難性的清洗運動，清洗至少部分地反映了史達林對據說威脅到蘇聯國防的「內部敵人」的偏執性恐懼。不出意料，外國的克里姆林宮觀察家因此認定，蘇聯的力量必然大為減弱，在可見的未來肯定成不了氣候。儘管蘇聯在強化軍備方面突飛猛

進，但是蘇聯領導人根據接到的情報，認為蘇聯與德國的差距，尤其是在空軍這個關鍵領域中的實力差距並未縮小，這使他們憂心忡忡。

西方民主國家把軍備視為必要之惡，是對義大利，特別是德國（以及遠東的日本）所構成日益嚴重的威脅的反應。一旦爆發戰爭和遍及全大陸以至全球的動亂，西方民主國家的國際金融、貿易和商業將會蒙受巨大的損失。維持和平符合它們的利益。對英國人來說，和平更是重中之重，因為他們控制海外殖民地的成本和難度正不斷增加。印度爭取獨立的壓力有增無減，是英國的一大心病。另外，自一九三六年起，英國人整整三年都忙於野蠻鎮壓巴勒斯坦託管地的阿拉伯人，反對殖民統治和猶太人定居的大型起義。

英國的國防資源並未大量轉用到帝國別處；法國面對萊茵河彼岸明顯增長的緊迫威脅，更是調用了殖民地的防衛資源來予以防範。但儘管如此，帝國的防衛依然需要人力和物力資源。英國的政治和軍事領導人心知肚明，國家在滿足全球各地殖民地的防務需求方面已經不堪重負。如果與義大利、德國和日本在三個戰場同時作戰，那將是英國軍方的噩夢。這個可怕的前景促成了由英國牽頭、法國支持的綏靖政策（安撫潛在的敵人）。

英國對自己是否有能力和德國一樣加速軍備進程深感焦慮。防空尤其值得憂心。在國民政府中地位顯赫的鮑德溫自一九三五年六月起第三次擔任首相。三年前的一九三二年，他曾說，如果戰火重起，敵人來空襲，「轟炸機總能飛進來」，可是他沒有採取任何行動來減輕民眾的恐懼。他的話代表當時的一種一廂情願，就是希望英國能帶頭推動把空襲定為非法，使之成為國際裁軍的一部分。隨著這種希望化為泡影，德國大規模重整軍備的嚴重威脅已成為必須直面的現實。早在一九三四年秋，就有人擔憂英國忽視了國防，認為它的軍力特別是空中力量將落在別國後面。接著，在一九三五年三月柏林的一次會

議上，希特勒（故意誇大其詞地）告訴英國外交大臣西蒙爵士（Sir John Simon）和掌璽大臣（無任所大臣）艾登說，德國在空軍力量上已經追平了英國。此言使倫敦為之震驚。自此，贊成裁軍的人，包括多數自由黨和工黨的支持者，逐漸失勢。一九三五年六月，鮑德溫撤換了無所作為的空軍大臣倫敦德里勳爵（Lord Londonderry），任用了更加銳意進取的坎利夫－利斯特爵士（Sir Philip Cunliffe-Lister）。從此，空軍的擴建和現代化作為英國（日益強化的）擴軍的一部分，有了新的緊迫性。

英國軍事計畫者根據對德國軍備優勢的評估，認為一九三九年是最危險的一年，英國到那時必須做好與德國兵戎相見的準備。有人認為那是做白日夢。軍方和外交部高層都有人提出嚴重警告，說英國屆時絕無能力遏制德國的威脅，當然，軍方人士希望推動大量增加軍費開支。他們指出，英國和德國在武器上，尤其是空軍裝備方面的差距沒有縮小，反而在擴大。如果經濟過快地轉向加強軍備，也許就需要加稅，並導致生活費用上漲。對此也有人提出了擔憂，他們怕危及社會穩定，擔心這甚至可能導向社會主義式的國營軍事化經濟。關於德國的威脅有多嚴重，最大的危險是什麼，應花多大力氣迎頭趕上等問題，政治和軍事領導人意見不一。無論如何，占主導地位的觀點是，一定要使拖字訣，避免倉促應戰，如果邀天之幸，最好能透過巧妙的外交來避戰。這種觀點無疑暗含著與德國講和的意思。經濟界和軍界絕對占上風的意見都指向同一個方向：綏靖。

布盧姆的人民陣線政府於一九三七年下台後，法國的各部長更是由於經濟的原因而贊同綏靖政策。為穩定國家財政而採取的緊縮政策與擴張軍備的計畫格格不入。財政部長博內（Georges Bonnet）明確表示，大砲與奶油不可兼得。大型擴軍的計畫只能縮減。他說，德國在軍備上花錢如流水，法國的自由經濟無法與之競爭。結果，一九

三八年法國的國防預算甚至遭到削減，三軍領導人怎麼抱怨都無濟於事。

　　法國和其他國家一樣，認為在任何未來的戰爭中，最大的危險都來自空中，所以特別警惕空中的威脅。除了資金方面的限制之外，不久前被收歸國有的航空工業的重組也影響了生產。一九三七年，法國只生產了三百七十架飛機，相比之下，德國的產量是五千六百零六架。被普遍視為激進左派、因鼓吹與蘇聯建立緊密同盟而不受歡迎的空軍部長科特（Pierre Cot）說，他需要增加的百分之六十預算來加速飛機生產。由於財政緊張，這個要求根本不可能成真。不出所料，法國空軍認為自己在未來的戰爭中幾乎沒有勝算。空軍司令在一九三八年初預言，假使當年爆發戰爭，「法國空軍幾天內就會全軍覆沒」。法國領導人深切地意識到本國在經濟和軍事上的弱點，自然贊同倫敦制定的策略，希望設法同希特勒的德國達成協議，以爭取時間。

　　到一九三七年末，德國發動的軍備競賽已經難以遏制，擠壓了大國政治折衝的空間。後來兩年中上演的那場異乎尋常的大戲正在揭開序幕。在那場大戲中，隨著各國轉圜餘地的縮小，少數關鍵人物起到了決定性作用。

鷹派與鴿派

　　一九三七年十一月的倫敦，與德國總理府的那場會議幾乎同時，很快將就任外交大臣的英國上議院領袖哈利法克斯勳爵（Lord Halifax）正在為訪問希特勒做準備，他希望和這位德國獨裁者就中歐的問題達成協議。這是向著更加積極的綏靖政策邁出的第一步，反映了五月二十八日取代鮑德溫的新任首相張伯倫的主張。

　　我們也許可以說，鮑德溫選擇了一個好時機卸任首相。前一年十

二月，愛德華八世為了迎娶離過婚的美國人辛普森夫人（Mrs Wallis Simpson），宣布將王位讓給他的弟弟喬治六世。鮑德溫靈活地處理了那場遜位危機。他辭職前兩週，新國王加冕。當時英國正在從經濟蕭條中逐漸恢復，又避免了荼毒歐洲大部的政治極端主義，全國上下一時間展示了愛國的團結。鮑德溫對爆發戰爭的前景十分憂心，他辭了職，也就擺脫了應對歐洲即將陷入的長期嚴峻國際危機的重擔。

哈利法克斯十一月十九日見到希特勒的時候，主動提出英國政府可以接受透過「和平演變」來改變奧地利、捷克斯洛伐克和但澤的目前地位，但強烈希望避免「深遠的動亂」。此話在希特勒的耳朵裡不啻天籟。他對哈利法克斯說，自己無意吞併奧地利或使之成為德國的附屬國。但其實，希特勒暗地裡正在為此目的努力。哈利法克斯在日記中寫到，希特勒「非常誠懇」，願意和英國建立友好關係。希特勒曾說，解決英國在印度難題的辦法是開槍打死甘地和幾百名國大黨成員，直到秩序恢復；與這麼一個政治領導人打交道，溫文爾雅的英國貴族哈利法克斯顯然不是對手。哈利法克斯回國後向內閣報告時，向大臣們保證希特勒沒有「馬上動手」的想法，還建議給他一些殖民地，這樣他在歐洲就不會那麼咄咄逼人。

張伯倫認為哈利法克斯的訪問是「一大成功」。他在寫給妹妹的私人信件中說，雖然德國人想統治東歐，但是他覺得，只要德國不使用武力對付奧地利和捷克斯洛伐克，英國保證不採取行動阻止用和平手段促成變化，兩國間就沒有理由不達成協議。這是新的、更積極的綏靖，想透過與德國建立雙邊關係並對中歐的領土改變做出讓步來尋求妥協。對此反對最激烈的是外交大臣艾登，但他自一九三八年一月開始生病，去了法國南部養病。他不在期間，外交事務由張伯倫親自處理。艾登心力交瘁，又與張伯倫齟齬不斷，遂於一九三八年二月二十日辭職。他的繼任者是綏靖政策最積極的鼓吹者哈利法克斯勳爵。

　　英國政府十分清楚，本國防衛力量薄弱，履行全球責任力不從心，所以積極尋求與希特勒達成妥協。這樣的英國卻成了德國在歐洲擴張的唯一主要障礙，真是令人無法樂觀。一九三七年十一月，法國總理肖當和外長德爾博斯（Yvon Delbos）去倫敦聽取哈利法克斯與希特勒會見的情況通報時，巴黎已經承認，法國的外交政策高度附屬於英國的外交政策。法方問到法國的盟國捷克斯洛伐克萬一受到侵略，除了法國的支持外，能否也從英國那裡得到支持，張伯倫不置可否，只說捷克斯洛伐克「離得很遠」，「我們和它沒有多少共同的東西」。事實上，肖當私下承認，德國犧牲奧地利和捷克斯洛伐克的利益來擴大它在中歐的影響力，已是不可避免，所以他樂得讓英國充當綏靖的主力。

　　一九三七年十一月，墨索里尼也許正在羅馬回味他幾週前去德國的國事訪問。希特勒為接待這個軸心國夥伴使出渾身解數，使墨索里尼眼花撩亂，大為折服。月初，義大利簽署了反共產國際協定，加入了德國和日本於前一年秋天達成的這項協定。表面上，這項協定針對的是蘇聯。然而，在義大利加入協定之前，希特勒的外交特使、時任德國駐倫敦大使的李賓特洛甫（Joachim von Ribbentrop）已經道出了該協定的真實意圖。他解釋說，英國人拒絕了德國提出的實現英德友好的建議（希特勒就是懷著這個希望派李賓特洛甫去倫敦當大使）。他使墨索里尼和義大利外長齊亞諾伯爵（Count Galeazzo Ciano）相信，反共產國際協定「實際上很清楚是反英的」，是在為德國、義大利和日本三國間加強軍事聯繫奠基。義大利自此被德國牢牢鎖住。一九三八年一月，義大利軍隊接到指示，裡面首次提到德義聯盟對抗英法。非常清楚自己備戰不足的義大利軍隊只能希望戰爭不要來得太快。

　　在莫斯科，史達林在一九三七年主要忙於「大清洗」紅軍領導

層。在外部觀察者看來，這是徹頭徹尾的發瘋。希特勒就是這麼看的。那年十二月，他對他的宣傳部長戈培爾（Joseph Goebbels）狠狠地說：「必須消滅掉（蘇聯）。」然而，蘇聯並非希特勒的當務之急，他一個月前對德國三軍領導人描繪的圖景也沒有包括蘇聯。蘇聯領導層認為，蘇聯和資本主義國家，包括德國和義大利（法西斯主義被視為資本主義最極端、最具侵略性的形式），早晚必有一戰。他們日益堅信，西方民主國家在鼓勵希特勒轉向東方，為它們反對共產主義的鬥爭火中取栗。史達林自己的東部邊界上也有隱患。滿洲國和蘇聯接壤的地區形勢緊張，日本軍國主義開始形成重大威脅。戰爭遲早會爆發，但拖得愈久，對蘇聯愈有利。蘇聯的軍事機器還遠遠沒有做好準備。

　　與此同時，史達林的選擇愈來愈少。鑑於西方民主國家明顯疲軟，以及它們如此急於跟希特勒妥協，蘇聯外交部長李維諾夫（Maxim Litvinov）提倡的集體安全政策日益受到冷落。逐漸得到重視的另一個選項是試圖以某種形式與德國交好。一九二二年拉帕洛條約簽訂後，蘇德在二〇年代以經濟互利為槓桿做出的安排可以算是先例。但是，希特勒在一九三七年九月的納粹黨大會上剛剛再次表現他骨子裡是如何反對布爾什維克主義，這使蘇聯就連間接向德國示好都困難重重。史達林的第三個選擇是接受蘇聯在國際上被孤立的狀態，加快擴軍步伐，同時祈禱戰爭不要過早降臨。在當時的情況下，這是唯一的辦法。

　　在中歐和東歐國家的首都，政治領導人在一九三七年晚秋深切意識到歐洲均勢的巨變，也明白自己的選擇有限。顯然，他們無力控制歐洲大國的行為，卻又受制於大國的一舉一動。阿比西尼亞的遭遇顯示了，靠國聯來實現集體安全早已此路不通。法國及其盟國關係網曾經是可靠的保護者，但現在法國的國力大為減弱，其內部分歧和經濟

困難眾人有目共睹。英國也顯然在維護中歐現狀上沒有重大的利益牽扯。德國不僅在經濟上，而且在政治上都正填補英法留下的真空。各國的自身利益和彼此間互不信任或敵對的情緒阻礙了軍事合作。與此同時，德國的力量正顯著加強，在它的任何擴張行動中，中歐各國必然首當其衝。中歐瀰漫著一片緊張焦慮的氣氛，維也納和布拉格尤其有理由擔憂。奧地利和捷克斯洛伐克都孤立無援。法國在外交政策上愈來愈緊跟英國，不再像過去那樣是捷克人的可靠盟友。奧地利失去了義大利的保護，最有可能成為希特勒首先打擊的目標。他肯定很快就會出手。

在遠離歐洲之處發生的重大事件最終也對歐洲產生了深遠的影響。日本自一九三七年七月起愈加窮兵黷武、強橫霸道，對中國開展野蠻的侵略戰爭。它犯下的暴行，包括當年十二月瘋狂的日軍對南京平民進行的慘絕人寰大屠殺，使全世界為之震驚。這些暴行造成了美國孤立主義情緒緩慢但穩步的減弱。羅斯福總統在三個月前已經表示，需要「圈禁」威脅世界和平的侵略勢力。然而，美國並未採取實際行動，這使英國倍感沮喪（它在遠東的利益將受到日本侵略的直接影響）。但儘管如此，自一九三七年起，日本和美國在太平洋的對抗開始加劇，最終把它們兩國拉進了一場全球大戰。也是在那時，羅斯福意識到需要使美國公共輿論明白，如果歐洲遭受德國侵略，美國是無法獨善其身的。

一九三八年二月四日，柏林突然宣布德國政治和軍事領導層大換血。作戰部長布隆貝格和陸軍總參謀長弗里奇被解職，希特勒親自擔任改組後德意志國防軍的最高指揮，他在德國至高無上的地位因此進一步鞏固。軍方領導的地位大為弱化。德國不惜萬金秣馬厲兵，恢復了往昔的名聲，提高了國際地位，忠於希特勒的人對此甚為認同，他們在人數上完全壓倒了害怕德國和西方民主國家開戰的人。德國的經

濟界菁英或政府高官從未完全放棄重振德國的希望，所以也一面倒地
支持希特勒政權。希特勒巧加利用西方民主國家的軟弱和分歧，推行
強硬的外交政策，成了深孚眾望的獨裁者。德國民眾的廣泛支持大大
鞏固了他在國內外的地位。龐大、多層次的納粹黨是他統治的組織基
礎，也是不斷動員民眾支持的機器。希特勒的獨裁統治強大穩固，沒
有任何像樣的反對派。有組織的抵抗早已被根除。只有軍事政變方可
有效挑戰大權在握的希特勒，但當時尚未出現這方面的跡象。

　　一九三八年二月初對政權領導層進行的重大改組中，除了軍方的
布隆貝格和弗里奇之外，還有一位重要人物離職，他就是立場保守的
外交部長諾伊拉特。在這個關頭，鷹派的李賓特洛甫取代了他。李賓
特洛甫是希特勒的應聲蟲，自擔任駐英大使未能完成使命之後，就對
英國恨之入骨。希特勒透過大規模調整軍官團和外交使團高層人員，
安插與他高風險對外政策步調一致的人到關鍵的職位上。現在他做的
任何決定都不會有人反對了。希特勒周圍的人猜測，他很快將會有大
動作。希特勒隨從中的一個高階軍官在日記中寫道，奧地利總理舒施
尼格一定在「發抖」。

　　不到一個月後，奧地利政府就在柏林的高壓下屈服了。德國軍隊
開過奧地利邊界。德國很快就起草將奧地利併入大德意志的立法。三
月十五日，希特勒在維也納的英雄廣場對狂喜的人群宣布：「我的祖
國併入了德意志帝國！」如他所料，西方民主國家除了敷衍了事地
提出抗議之外，並未採取任何行動。接下來，希特勒對奧地利猶太人
和反對納粹的人進行的殘酷迫害，也同樣沒有激起巴黎或倫敦的任何
反應，也沒有使張伯倫放棄「有朝一日和德國人重新開始和談」的希
望。

　　此時，捷克斯洛伐克的邊界暴露在希特勒的虎視眈眈之下，肯定
是他的下一個目標。早在奧地利落入德國之手以前，英國和法國實際

上就已經放棄了奧地利。捷克斯洛伐克卻完全不同，它因其地理位置而具有關鍵的重要性。它是法國的盟國，也和蘇聯結了盟。法國又是英國的盟國。對捷克斯洛伐克動手很可能導致歐洲大戰。在德國看來，捷克斯洛伐克位居中歐的咽喉，又同西方和東方都有盟友關係，有可能成為危險的戰略隱患。它的原物料和軍火對德國備戰當然也極其寶貴。但是，出兵捷克斯洛伐克是一著險棋，德國可能會因此陷入與西方民主國家的戰爭，而德國的一些軍方領導人，特別是陸軍參謀總長貝克（Ludwig Beck），則確信那樣的戰爭德國是打不贏的。

　　然而，捷克斯洛伐克的盟友不肯鼎力相助。就在德國吞併奧地利之時，法國國防部長達拉第卻對政府說，法國不能提供捷克盟友直接軍援。同時，法國軍方領導人也不認為蘇聯紅軍會向捷克斯洛伐克伸出援手。幾週後，法國領導人了解到，英國不肯保證在德國攻擊捷克斯洛伐克的情況下採取軍事行動。整個一九三八年夏季，西方強國的立場一直未變。法國儘管信誓旦旦地說支持盟友，但沒有英國，法國不會動手，而英國又不肯進行軍事干預。捷克人實際上只能自立自強。

　　捷克斯洛伐克國內也不太平，使它的處境雪上加霜，這與之前奧地利的情況非常相似。蘇台德地區（Sudetenland）的德裔少數族裔日益受到納粹的影響。他們遭到占人口多數的捷克人的不公平對待，雖然遠不像德國的宣傳描繪得那麼嚴重；他們的領導人亨萊因（Konrad Henlein）在希特勒的挑唆下故意提出布拉格方面絕不可能接受的自治要求。在西方國家看來，亨萊因的要求至少有些是合理的。希特勒宣稱，他只是想讓受迫害的德意志族人回到「帝國的家園」，這更坐實了西方國家的想法，認為他不過是個極端而又固執的民族主義者，認為他追求的是把德裔群體納入帝國這個有限目標。未能認清希特勒的動機是造成捷克斯洛伐克悲劇的一個關鍵因素。在這場把歐洲推到

又一場戰爭邊緣的戲中，德國的無情、捷克的無助和英法的無力都扮演了角色。

各國都虛張聲勢，劍拔弩張。緊張不斷升級，到了難以忍受的程度。就在那年夏天，希特勒做出了寧可冒與西方國家打仗的風險，也要武力摧毀捷克斯洛伐克的決定。備戰計畫確定，要在十月一日之前發動進攻。為了造勢，希特勒提高了激烈攻擊捷克斯洛伐克政府的檔次，並公開聲明，他除了解決蘇台德問題，在歐洲沒有進一步的領土要求。

張伯倫相信，希特勒只是想把蘇台德地區併入德國。九月中，他兩度飛往德國與希特勒會談。九月十五日，張伯倫第一次訪德歸來後，樂觀地相信很快可以與德國達成協議。所謂協議就是叫捷克斯洛伐克把蘇台德拱手送給德國，以換取希特勒宣布放棄使用武力。張伯倫私下表示，希特勒雖然冷酷無情，但「言而有信」。這位英國首相很快會發現自己關於希特勒誠信的假設錯得多麼離譜。與此同時，英國和法國強力施壓可憐無助的捷克人，明確告訴他們，如果打起仗來，就不要指望英國或法國的支持，以此迫使他們同意割讓領土。九月二十一日，捷克人終於頂不住了，他們滿懷最深切的不甘和遭到背叛的悲憤，屈從了英法的要求。然而，希特勒並不滿足。他在九月二十二日與張伯倫的第二次會談中反悔，拒絕承認英國首相以為一週前剛剛和他達成的協議。希特勒現在要求德國自十月一日起就占領蘇台德地區，否則他就要用武力奪取。英國警告說，這將導致德國與西方國家的戰爭，希特勒卻表示他不在乎。

然而，希特勒私下裡卻不再堅持使用軍事力量完全摧毀捷克斯洛伐克的初衷。畢竟，英國人和法國人正在逼著捷克人把希特勒想要的土地拱手交給他。捷克人被強壓著接受對其國家的肢解後，德國與西方國家的分歧就只剩下一些小問題了。希特勒的宣傳部長戈培爾言簡

意賅地指出：「不能因為接管的模式打世界大戰。」

但是戰爭一觸即發。希特勒咄咄逼人，引起了張伯倫內閣中包括外交大臣哈利法克斯勳爵在內一些成員的反感。九月二十五日，他們反對接受希特勒的最後通牒。法國和英國同意派遣特使去柏林警告希特勒，如果他膽敢攻擊捷克斯洛伐克，法英兩國就對德宣戰。法國開始徵兵動員，英國下令艦隊進入備戰狀態，蘇聯也在動員。戰爭似乎迫在眉睫。人們手忙腳亂地企圖召開會議來找到解決辦法。墨索里尼出面促成德、義、法、英的四國會議後，這才有所突破。（蘇聯不在受邀之列，因為各方都不信任它。）作為這齣戲的高潮，四國會議於一九三八年九月三十日簽訂了慕尼黑協定（Munich Agreement）。在沒有捷克斯洛伐克代表參加的情況下，幾個大國切割肢解了他們的國家。兩個西方民主國家強迫另一個民主國家屈服於一個獨裁者，任其欺凌。

布拉格在關於此事的官方公告稱：「捷克斯洛伐克共和國政府……向全世界抗議在慕尼黑做出的決定，該決定是在沒有捷克斯洛伐克參與的情況下單方面做出的。」德國的人道主義作家兼出版商尼爾森（Frederic W. Nielsen）唾棄德國的非人道政權，看穿了納粹政權一意孤行要發動戰爭，遂於一九三三年十月離開德國流亡到布拉格（後來被迫移居英國，然後又遷至美國）。他寫給張伯倫和達拉第的公開信無疑表達了全體捷克斯洛伐克人民的怨憤。「不要欺騙你自己！」他如此告誡英國首相，「今天對你的讚揚不久後就會變為對你的詛咒，因為人們很快會看到這個『和平之舉』的種子將結出怎樣的毒果。」他對達拉第的批評同樣辛辣：「在攻陷巴士底獄的風暴中誕生的偉大法國，會因為你的簽字成為全世界的笑柄。」

至少在表面上，希特勒得償所願。蘇台德地區馬上就可以到手，至於捷克斯洛伐克其餘的領土，他毫不懷疑以後也必定是他的囊中

物。和平是維持住了，但是付出了何等的代價啊！

張伯倫和達拉第剛回國時都受到民眾欣喜若狂的歡迎。但慢慢的人們才普遍感到，自己的國家向霸道的德國低頭、乖乖犧牲捷克斯洛伐克的利益是可恥的。有沒有別的辦法呢？當時人們意見不一，事隔幾十年後仍然眾說紛紜，莫衷一是。在這場高賭注的牌局中，希特勒拿到了好牌，張伯倫則是一手爛牌，這一點沒有爭議。但他拿著這一手爛牌又打得有多爛呢？

張伯倫最差的牌是英國重整軍備的狀況。英吉利海峽另一邊的達拉第面對的情況更加糟糕。兩國的軍方領導人都明確表示沒有能力和德國打仗。其實，法國人和英國人都誇大了德國的軍力。但是，他們關於本國軍力，尤其是空中軍力，處於嚴重劣勢的結論是根據當時的情報得出的，事後才知道實情並非如此。（其實德國當時根本無力開展讓英法畏之如虎的戰略轟炸。）也有些情報顯示，德國缺乏原物料，準備不足，無力進行大規模作戰。但那樣的情報或是被棄之一旁、或是得不到重視。軍方領導人認定，第一要務是贏得更多的時間擴軍備戰。

即使如此，在危機正烈的九月二十六日，法軍總司令甘末林（Maurice Gamelin）將軍還是向法國和英國領導人指出，兩國的軍隊若是與捷克斯洛伐克軍隊共同行動，力量會大於德國。如果需要發動攻勢牽制德國對捷克斯洛伐克的行動的話，法國在法德邊界上部署了二十三個師，而德國只有八個師。如果義大利參戰，甘末林提出可以揮師向南，越過阿爾卑斯山的法義邊界進入波河河谷，打敗義大利之後轉頭北上維也納，從那裡去援助捷克人。但甘末林說的有一點讓人不太放心，他說法軍挺進時如果遇到德軍猛烈反擊，就退回馬其諾防線（Maginot Line）之後。對德國人，法軍和英軍都抱有一種莫名其妙的自卑心理，法國人尤其如此。然而，根本的問題自始至終是政

治，而不是軍事。

　　問題在一九三八年以前很久就出現了。之前的五年間，英國和法國的弱點暴露無遺，多次表現得既看不穿希特勒的真實目的，又對希特勒的所作所為束手無策，最顯著的例子就是一九三六年萊茵蘭的再軍事化。希特勒的德國加強軍力的時候，英法兩國袖手旁觀。結果，一九三七年五月張伯倫就任首相時，德國的軍力已相當強大。另外，多年來英國一直在裁軍而不是擴軍，在經濟衰退嚴重的那幾年，還要分散兵力，在領海以及遠東和地中海執行任務。由於法國政局動盪、經濟困頓，張伯倫自然而然地成為西方民主國家中最有影響力的人物。此外，他不僅更加積極主動地退讓德國的擴張要求，而且莫名其妙地充滿信心，認為自己知道希特勒想要什麼，能對付他，可以勸說他接受和平解決歐洲問題。

　　張伯倫本人對英國外交政策的影響反映了他的信心，有時他竟然置外交部經驗豐富的外交人員的建議於不顧。他自信的一個表現是，他九月中首次訪德時，和希特勒進行了一對一的談判，外交大臣哈利法克斯勳爵甚至沒有陪同出訪。若是在後來的年代，人們一定會開展廣泛的國際外交來力圖緩解緊張，但跨大陸的穿梭外交是很久以後的事情。國聯基本上不起作用，所以沒有國際機構出手干預。各英聯邦自治領已經在上一次歐洲戰爭中血灑沙場，不想再捲入戰爭，都支持綏靖。美國仍然奉行孤立主義政策，只在遠處觀望。羅斯福雖在一九三八年呼籲和平，卻未採取任何行動。對美國從來沒有好感的張伯倫不相信能指望美國伸出援手。無論如何，美國軍力虛弱，哪怕想干預也力不從心。事實上，羅斯福聽說張伯倫要去參加慕尼黑會議時，還打電報誇他「好樣的！」可是，羅斯福後來卻將慕尼黑會議誰都能預見到的結果比作猶大背叛耶穌，與先前判若兩人。

　　因此，這場戲的焦點集中在希特勒和張伯倫兩人的對決上，歷史

性的錯配非此莫屬。張伯倫一直堅信他能夠和希特勒談判達成和平，直到再訪德國回來後，他遇到了忠誠的哈利法克斯和其他內閣成員的反對，這才開始產生動搖。到召開慕尼黑會議的時候，張伯倫的信心又回來了。他甚至認為，自己得到希特勒在一張廢紙上的簽字，就是「實現了我們時代的和平」，並在回到英國後大肆宣揚。後來，他對自己當時在倫敦歡欣鼓舞人群的感染下表現得喜氣洋洋頗有悔意。冷靜下來後，他認識到自己並未避免戰爭，只是推遲了戰爭的爆發。他直到於一九四〇年去世時都堅持認為，儘管戰爭僅僅得到推遲，沒能避免，但若是一九三八年就開戰，結果會糟糕得多。他確信英國沒有做好準備，他必須爭取時間。

如果英國和法國不顧軍方領導人的告誡，不再等一年，而是一九三八年就投入戰爭的話，情況是否會好一些呢？人們就這個問題反覆辯論，無休無止。的確，直到一九三九年，英國和法國的軍費開支才開始與德國比肩，這兩個民主國家才開始認真備戰。但是，那年德國也並未放慢擴軍的腳步，而且已經有了前四年大力發展軍備的基礎，所以它的軍備也比一九三八年加強了許多。德國摧毀了捷克斯洛伐克的軍力，攫取該國的原物料和軍火工業，等於如虎添翼。事實上，一九三九年，力量平衡的某些方面已經往德國那邊傾斜。

慕尼黑之災能否避免也是自那以來受人熱議的題目。一貫反對綏靖，但基本上孤軍奮戰的邱吉爾在一九三八年明確呼籲與蘇聯及東歐國家結成「大聯盟」來威懾希特勒。後來，他堅稱，若採取威懾而非綏靖的戰略，仗就打不起來。工黨和許多其他左翼組織都支持建立「大聯盟」的主張。然而，這個戰略永遠不可能獲得英國或法國政府的支持，因為它們對蘇聯的不信任根深柢固，關於史達林「大清洗」的可怕傳言更加劇它們對蘇聯的厭惡。

建立「大聯盟」確實是威懾希特勒的最好方法，但這個主意能否

付諸實施卻很難說。蘇聯的立場是，一旦法國履行了對捷克斯洛伐克的條約義務，它也將隨後跟進，但這是不可能發生的。即使蘇聯想出兵，羅馬尼亞和波蘭也不會允許蘇軍借道。不過，羅馬尼亞表示可以讓蘇聯飛機飛越它的領空。蘇聯空軍做好了部署，一旦法國出手保衛捷克斯洛伐克，即可向捷克斯洛伐克提供援助。部分紅軍部隊也接到了動員令。但是，史達林在危機期間始終小心謹慎，靜觀事態發展，高度警惕捲入「帝國主義國家」的衝突。無論是從東邊還是西邊，「大聯盟」對德國可能構成的威脅都從未成真。

若能透過組建「大聯盟」對德國形成威懾，也會鼓勵德國內部新生的反對派。當年夏天，一些軍方領導人和外交部高官祕密策劃，準備只要希特勒出兵捷克斯洛伐克就逮捕他。慕尼黑協定消除了他們採取行動的任何可能。他們的計畫也許反正會胎死腹中，即使能夠動手，恐怕也沒有勝算。但是，如果希特勒不顧軍方重要人士的勸說，悍然出兵捷克斯洛伐克，犯了兩線作戰的兵家大忌，那麼至少有可能會使他大受打擊，甚至被推翻。

從長遠來看，這能否預防全面戰爭殊難料定。也許在某個節點，戰爭已經形成不可避免之勢。但儘管如此，如果希特勒在一九三八年受阻甚至倒台，戰爭的性質與環境就會完全不同。事實是，慕尼黑會議之後，戰爭對歐洲而言已近在咫尺。

和平的喪鐘

希特勒的咄咄逼人使他在慕尼黑得到了好處，但他卻不喜反怒，因為他被迫放棄他想採取的行動。他本想以武力摧毀捷克斯洛伐克，卻不得不接受用談判解決蘇台德問題。據說，他從慕尼黑回來後恨恨地說：「那個傢伙（指張伯倫）毀了我進軍布拉格的機會。」德國歡

呼雀躍的民眾慶祝的不是冒著戰爭的風險擴大了領土，而是和平得到了維持（許多人將此歸功於張伯倫）。慕尼黑協定達成幾週後，希特勒於十一月十日在一場德國記者和編輯的會議上做了一次（非公開）講話，他在講話中承認，由於多年來一直宣傳德國的和平目標，因此德國人民對使用武力沒有足夠的思想準備。

希特勒做出此番坦承的前一天，德國剛剛經歷一場恐怖的暴力之夜（水晶之夜）。納粹暴徒橫行肆虐，在全國各地焚燒猶太會堂、毀壞猶太人的財產。那一夜的可怕暴動造成近一百人死亡，無數猶太人受到暴徒的搶掠騷擾。水晶之夜是駭人聽聞的反猶暴力浪潮的高峰。這一波反猶暴力更甚於一九三三和一九三五年的暴力，它自當年三月德國拿下奧地利開始，隨著夏天緊張形勢的升級而愈演愈烈。慕尼黑會議後，希特勒完全不把軟弱的外國對手放在眼裡，在宣傳部長戈培爾的推動下同意讓納粹暴徒放手施暴。

發動反猶暴動是為了迫使他們加速向外移民，這個目的確實達到了。儘管迫害日益加劇，環境十分惡劣，但德國仍有五十萬名猶太居民，其中大多數在納粹黨當權之前早已完全被德國同化了。現在，他們成千上萬地離開德國去西歐尋求庇護，很多人後來越過英吉利海峽到了英國，或者去了大西洋另一邊安全的美國。雖然那些國家的移民政策仍然有許多限制，但是大約七千名猶太人進入了荷蘭，四萬人在英國定居下來，約八‧五萬人到了美國。德國發生反猶暴動的幾天後，英國政府制定了名為「兒童轉移」（Kindertransport）的難民行動計畫，接納了一萬名左右猶太兒童。

後來的幾十年內，猶太移民對接受他們的國家的科學和文化生活，做出了重大貢獻。德國自作自受，損失慘重。然而，還是有數萬名猶太人被其他歐洲國家、美國和（仍由英國託管的）巴勒斯坦拒絕入境，他們就沒有那麼幸運了。許多猶太人仍然在納粹手中，若是發

生戰爭，還會有更多的人落入納粹的魔掌。大暴動過後不到三個月，希特勒對世界發出了凶狠的警告（他稱之為「預言」）：一場新的戰爭將毀滅歐洲的猶太人。

在捷克斯洛伐克遭到肢解這件事上，德國並非唯一的受益者。鄰國波蘭對捷克斯洛伐克沒有絲毫好感。波蘭人眼見，如果捷克斯洛伐克被肢解，他們也許也能得到它的一部分領土，於是在一九三八年夏天的危機中保持中立。慕尼黑會議一結束，波蘭即不失時機地吞併了西里西亞東南部的切申（Teschen），那是一片狹長的土地，混居著不同族裔的人口，一次大戰後，波蘭和捷克斯洛伐克都對它提出了領土要求，但它在一九二〇年被劃給了捷克斯洛伐克。然而，波蘭人很快就領教到，如果他們擋了希特勒的路，他們在一九三四年一月和德國簽訂的十年互不侵犯條約就等同一張廢紙。

麻煩開始冒頭的時間是一九三八年秋，當時德國向波蘭提議把但澤還給德國（但澤自一九二〇年起被定為由國聯託管的自由城市，但人口幾乎全部是德裔），並建立一條運輸通道穿過把東普魯士和德國其他地方分開的「走廊」。波蘭一一回絕了這些提議，進入一九三九年後仍然拒不讓步。希特勒暫時忍下了這口氣。他可以等。直到一九三九年春，他才開始把注意力轉向波蘭。

那時，德軍剛剛完成希特勒前一年夏天的心願，於三月十五日入侵了捷克斯洛伐克剩餘的領土，建立了「波希米亞和摩拉維亞保護國」。斯洛伐克人也建立了自己的自治國家。捷克斯洛伐克這個在奧匈帝國廢墟上興起的最成功新生民主國家，就這樣從地圖上消失了。隨著德軍開入布拉格，將希特勒視為民族主義者，以為他不過是想擴大帝國，將所有德裔人口都包納進去的幻覺徹底破滅了。德國對捷克斯洛伐克施行的顯然是帝國主義的征服戰。西方民主國家終於看清希特勒的真面目。綏靖再無市場。所有人，除非故意罔顧事實，都清楚

地看到希特勒會無所不用其極。同樣清楚的是，下一次，而且肯定會有下一次，必須對他進行武裝抵抗，而那就意味著戰爭。

德國占領捷克斯洛伐克的剩山殘水使張伯倫深感沮喪，認為自己被希特勒騙了。於是，一九三九年三月三十一日，他向可能成為德國下一個受害者的波蘭保證，如果波蘭遭到攻擊，英國將提供軍事支援。實際上沒有自主外交政策的法國也緊隨英國向波蘭做出了保證。英法兩國仍然不認為應該與蘇聯結盟並發動兩線作戰迎擊希特勒。英法在正式宣布對波蘭的保證前幾個小時才通知蘇聯，這讓蘇聯領導人非常憤怒，更加堅信張伯倫老謀深算，最終目的是挑起德蘇之間的戰爭。

向波蘭做出保證的關鍵用意在於威懾。張伯倫終於認識到，需要威懾希特勒，不讓其做出進一步的侵略行為。到了此刻，他仍然希望希特勒能夠明白事理，不要使用武力來實現領土要求。但是，張伯倫選擇了一個差勁的保證對象，同時又放棄了英國的主動權。他知道，英國在軍事上無法防止德國橫掃波蘭，他的顧問告訴他，德軍一旦入侵波蘭，三個月內即可占領波蘭全境。也就在一年前的夏天，張伯倫曾拒絕向一個決心為保衛國家而戰、與法蘇有盟友關係的民主國家做出類似的保證，現在他卻把英國和波蘭的命運綁在了一起。然而用邱吉爾的話，波蘭「僅僅六個月前還像鬣狗一樣貪婪地加入掠奪和破壞捷克斯洛伐克」，而且它在地理上無險可守，軍事上力量薄弱，在德軍勁旅面前不堪一擊。自此，英國是否投入新的戰爭的決定權掌握在德國和波蘭手中。

英國的保證根本威懾不了希特勒，只是挑起了他的怒火。希特勒大發雷霆，發誓要給英國人「煮上一鍋菜噎死他們」。四月初，他授權發出軍事命令，要求在一九三九年九月一日之後隨時摧毀波蘭。波蘭在但澤和波蘭走廊問題上的頑固態度恰好給了德國口實。於一九三

九年盛夏達到高潮的那場危機已經成形。

　　與此同時，墨索里尼感到被希特勒搶了鋒頭，他不甘落後攫取土地的競爭，於四月吞併了阿爾巴尼亞，展示了義大利的軍力。作為回應，英國和法國把安全保證擴展到羅馬尼亞和希臘。義大利對阿爾巴尼亞的攻勢混亂不堪，卻被吹噓為偉大的勝利。法西斯黨的一名領導人格蘭迪（Dino Grandi）說，這次作戰將「在墨索里尼的義大利之東開闢羅馬古老的征服之路」。義大利在阿爾巴尼亞這個貧窮的小國開闢的道路上的下一步就是希臘。如果戰爭爆發，義大利就希望把英國趕出地中海。南歐的緊張局面也開始醞釀。

　　歐洲強國領導人之間的博弈決定著一般人民的命運，但老百姓只能無奈焦灼地旁觀。一九三九年夏天，民眾的情緒與前一年夏天迥然不同。在蘇台德危機的高潮時刻，眾人都深感歐洲的形勢岌岌可危，已經到了懸崖邊緣，隨時會墮入戰爭的深淵。張伯倫、達拉第、墨索里尼和希特勒從慕尼黑會議歸來時受到的熱烈歡迎反映出，人們因戰爭得以避免而感到如釋重負。只是到了後來，為維持和平所付出的道德代價才逐漸為人所認識，而有此見地的人寥寥無幾。一九三九年的波蘭危機期間，普遍的情緒是無奈，奇怪的是，卻沒有多少恐懼。

　　一年前德國內部報告記錄的「戰爭恐慌」基本上沒有再現。人們普遍認為，既然西方國家不肯為捷克斯洛伐克而戰，它們就不可能因但澤（它是德國在波蘭危機中的表面目的）出兵。八月底，派駐柏林的美國廣播記者夏伊勒（William Shirer）認為：「老百姓仍然相信希特勒能夠不用打仗就達到目的。」克倫佩雷爾（Viktor Klemperer）是德勒斯登的一位猶太學者，他雖然身處險境，深居簡出，但對周圍充滿敵意的環境觀察敏銳。他認為，民眾普遍覺得，「這次還是會沒事的」。在危機迅速升溫之際，民眾仍然希望能再次避免戰爭，但也認為，如果英法迫使德國打仗（這一點政府在宣傳中反覆強調），德國

只能迎戰。民眾希望但澤和波蘭走廊的問題能夠按德國的意思得到解決，不過許多人，可能是大多數人，都覺得不值得為了這些事情大動干戈。當時的人也注意到民眾的情緒與一九一四年是多麼不同。這一次，哪裡都沒有出現對戰爭的熱情期盼。

法國民眾的情緒也發生了變化。對戰爭，尤其是對空襲的恐懼依然揮之不去。但是，希特勒出兵布拉格後，法國人產生了反抗心理，決心抵抗德國的進一步侵略，那是一種「受夠了」的心態。一九三九年七月，法國舉行了一次全國調查，四分之三的受訪者表示願意拿起武器保衛但澤。表面上似乎一切正常。電影院、咖啡館和餐館生意興隆，人們「及時行樂」，不去想以後的事情。預言大難將臨的多半是知識分子。八月，法國各大城市的居民傾巢而出，蜂擁去海邊的度假勝地或靜謐的鄉間，在這可愛的夏日盡情享受休假，很多人都帶了最新的暢銷書——瑪格麗特·米切爾（Margaret Mitchell）的《飄》（Gone withtheWind）的法文譯本。這也許是今後一段時期內最後的享受機會了，所以不容錯過。

英國的情況大致相同。德國侵占了捷克斯洛伐克剩餘的領土，此事改變了公眾的態度。歷史學者伍德拉夫（William Woodruff）後來回憶說：「英國人對和平主義和徵兵的態度發生了巨變。」來自北方一個工人家庭的他當時還是個年輕人，自己努力考了牛津大學。他說，學生們之間討論「他們是今年還是明年會上前線，擴軍不再是不好的字眼。」七月的一次民意調查中，和法國幾乎一樣比例的人（約四分之三）認為，如果關於但澤的爭端導致戰爭，英國就應當恪守諾言，和波蘭一起戰鬥。和在法國一樣，人們緊緊抓住一切正常的假象，對隆隆的戰鼓聲聽而不聞。舞廳和電影院爆滿，球迷全神貫注地追蹤英格蘭隊和巡迴比賽的西印度隊之間的板球對抗賽（第三場對抗賽在倫敦橢圓體育場舉行後一個多星期，戰爭就打響了），「年假」

期間照常有大批人從北部的工業城鎮湧向海邊。那個美妙的夏天，安寧美麗的英國鄉村似乎離戰爭的恐怖很遠很遠。許多人認為，希特勒在但澤問題上是虛張聲勢，為了避免與英國為敵，他最終不會攻擊波蘭。

在波蘭，英法給出的協防保證改變了民眾的態度。親英親法的情感驟然高漲，對德國的敵意則顯而易見。全社會都籠罩在戰爭山雨欲來的氣氛中，人們的神經日益緊繃。小說家瑪利亞・東布羅夫斯卡（Maria Dąbrowska）所著的家世小說《黑夜與白晝》（*Nights and Days*）贏得了一九三五年波蘭最具盛名的文學獎，她也因之名聲大振。一九三九年七月，她剛動完手術，正在波蘭南方的一個度假勝地休養，享受那裡的美景。關於自己是否應該回華沙去，她思來想去，不願意離開。她想：「天氣如此美好，戰爭迫在眉睫，也許這是此生最後一次享受田園生活了。」人們普遍感到時間寶貴。東布羅夫斯卡回到華沙後，八月初，一位同行建議她搬到波蘭西北部的一個休養地去。同行勸她：「別考慮太久。這是最後的可能，最後的機會。還有什麼好說的？最遲幾週後就要打仗了。」八月最後幾天，政府開始緊急動員人員、車輛和馬匹。各家各戶也趕快囤積食物和日用物品。人們到處尋找出售防毒面具的商家，因為當局供應不足。大家還試圖把房間密封以防毒氣進入，在窗玻璃上黏貼紙條。誰都知道，和平命懸一線。「波蘭面臨著一場可怕的災難。」

八月二十一日晚，傳來了令人震驚的消息。德國和蘇聯這對死敵即將達成交易。蘇聯公民多年來一直聽說法西斯主義是最邪惡的，現在愕然發現希特勒竟然是蘇聯的朋友。如同一位當時住在莫斯科的女士後來所說，「世界完全顛倒過來了」。德國公民也是多年來習慣於政府滔滔不絕地痛斥布爾什維克主義的惡魔本質，看到政府態度的急轉彎，他們同樣感到不可思議。不過，兩國人民最大的感覺是鬆了一

口氣，因為「被包圍這個最可怕的噩夢」消除了。

德國在幾個月前初次向蘇聯遞橄欖枝，試探兩國達成和解的可能性。五月三日，史達林解除了宣導集體安全的李維諾夫外交人民委員的職務，由莫洛托夫接替，這標誌著克里姆林宮思路的改變。李賓特洛甫看到，也許這是個機會，可以與蘇聯達成新的諒解，徹底排除蘇聯與西方民主國家結成反德同盟的可能（倫敦和巴黎都有人再次提出與蘇聯結盟的主張，儘管沒有得到熱心回應），並一舉完全孤立波蘭。接下來的幾週內，兩國僅為達成貿易協定採取了一些試探性的步驟。然後，李賓特洛甫從莫斯科間接傳來的訊息中看到了他所期待的善意，於是開始尋求達成使雙方都能獲得領土利益的政治諒解。

希特勒計畫趕在淫雨連綿的秋季開始之前，在八月底動手攻打波蘭，這更加大了與蘇聯媾和的緊迫性。八月十九日，史達林終於表示願意與德國簽訂協定。希特勒立即派李賓特洛甫前往莫斯科。四天後，莫洛托夫和李賓特洛甫簽署了蘇德互不侵犯條約。條約的一項祕密議定書劃定了兩國在波羅的海地區、羅馬尼亞和波蘭的勢力範圍，以圖在這些地區造成「領土和政治的改變」。這個協定是能想像得到的最沒有原則、最沒有良知的協定。然而，它正是締約雙方想要的。德國確保了東部前線的安全，蘇聯則贏得鞏固國防的寶貴時間。

達成這項協定後，德國出兵波蘭再無阻礙。希特勒仍然抱有一線希望，希望英法不會履行對波蘭的承諾。但是，他反正做好了動手的準備，哪怕和西方民主國家兵戎相見也在所不惜。他對它們的輕蔑在前一年夏天已經得到了證實。「我們的敵人是小蟲子，」他這樣告訴他的將軍們，「我在慕尼黑親眼看到了。」他最擔心的是最後一刻有人出手干預，導致第二個「慕尼黑協定」，阻止他毀滅波蘭。

一年前，希特勒的冒險政策險些引發與西方國家的戰爭的時候，德國軍方和外交部的菁英心中萌生了反對希特勒的情緒。後來，慕尼

黑會議斷送了反對派成功的任何機會。一年後，暗地裡繼續反對希特勒一意孤行挑起戰爭的人預言，戰爭最終將給德國帶來災難，但他們根本無力挑戰希特勒的權威。一九三八年對開戰意見不一的軍方領導人現在即使心存疑慮，也沒有任何言詞或行動上的表示。他們也許不是滿懷熱情，只是聽天由命，但還是支持了希特勒的決定。這一點十分關鍵。希特勒的戰爭企圖在國內沒有遇到任何阻力。

　　從八月二十二日開始，英國駐柏林大使亨德森爵士（Sir Nevile Henderson）在帝國總理府與希特勒舉行了幾次氣氛極為緊張的會見，會見中，希特勒似乎表示和平解決危機有望，但其實他已經在祕密準備入侵波蘭。另外，戈林三次派遣一位名叫達勒魯斯（Birger Dahlerus）的瑞典工業家作為他的私人特使訪問英國，表示德國的善意。但是，德國人不過是把談判當作掩人耳目的花招，其實絲毫無意中止攻打波蘭的計畫。他們原計畫在八月二十六日動手。頭一天下午，希特勒對軍隊下達了動員令，但幾小時後又被迫取消，因為他的軸心國夥伴墨索里尼告訴他，義大利尚無能力與德國一同投入戰爭。墨索里尼也許為此感到臉上無光，但這對希特勒來說不過是一個小磕絆。他很快確定了新的進攻日期。一九三九年九月一日凌晨，德軍越過了波蘭邊界。

　　直到最後一刻，英國人都未放棄和希特勒坐下來談判的希望，措手不及戰爭就此打響。接下來是兩天的猶豫不決。希特勒的大軍在鯨吞波蘭，英國和法國卻仍無法統一採取行動。墨索里尼表示願意居間調停，勸說希特勒同意九月五日召開會議。法國人比英國人更願意接受這個建議。然而不出所料，希特勒斷然拒絕了開會的建議。被邱吉爾和其他英國領導人視為「典型的失敗主義者」的法國外長博內發出混亂不明的外交訊息，想儘量拖延時間，不讓法國邁出令人心驚的最後一步。張伯倫和哈利法克斯也是一樣，直到九月二日下午，他們

還願意考慮，如果德軍撤出波蘭就和德國會談。然而，那天晚上張伯倫在議會裡清楚地看到，他若再跟希特勒談判，他的政府就一定會垮台。在群情激憤的內閣成員面前，他保證將要求德軍立即撤出波蘭，並在次日早晨九時將最後通牒發給柏林，限希特勒兩個小時內做出答覆。

　　一九三九年九月三日上午十一時十五分，英國各地的人民聚集在收音機旁，聽張伯倫語氣沉重、聲音死板地宣布他沒有接到對最後通牒的回覆，「因此，本國進入了和德國的戰爭」。他話音剛落，就響起了空襲警報，後來證明那是一場虛驚，但它預示了後來的事態發展。主要由於博內的拖延，英法兩國並未同時宣戰。法國又過了近六個小時，到下午五時才終於對德宣戰。

　　通往又一場戰爭的地獄之路蜿蜒曲折，它確實是由綏靖者的「善意鋪成的」。九月三日，張伯倫對英國下議院說：「我為之努力的一切，希望的一切，在我擔任公職期間相信的一切都毀於一旦。」也許綏靖是出於最好的動機，但如邱吉爾所說，它是「善意、能幹的人做出的一系列令人扼腕的誤判」，相當於「通往災難的一連串里程碑」。英國和法國的綏靖者無疑是出於「善意」，但是，他們的教養、經驗和政治歷練沒有教會他們在國際舞台上碰到流氓時該如何對付。他們根本不是希特勒的對手。他們以為可以和希特勒談判達成交易，哪怕這意味著把另一個國家扔進狼群，但希特勒從一開始就意在戰爭。按照希特勒二十多年來一貫的世界觀，只有征服才能滿足德國的需要。所以，路的盡頭也是最順理成章的結局：歐洲再次陷入戰爭。

　　英國外交部常務次官賈德幹爵士（Sir Alexander Cadogan）說得好：「從某種意義上說是鬆了一口氣，人們不再猶疑。」出身工人階級的牛津大學學生伍德拉夫就在那天放棄了和平主義信念：「作戰是兩害相權取其輕。我安排好牛津的事情後就會參軍。」人們爭先恐後

地踴躍報名參軍。伍德拉夫的話也許準確地概括了大多數英國人的觀點，那就是，戰爭不可避免，必須和希特勒鬥，「他們很高興騙局終於結束，生死決戰即將開始。」猶太作家施佩貝爾在巴黎加入了志願者的隊伍，既為自己今後可能的遭遇而忐忑不安，又因父母和兄弟安全住在英國而心中釋然。《巴黎晚報》的編輯拉札雷夫（Pierre Lazareff）在日記中寫道：「沒有充盈的熱情。應該這麼做，僅此而已。」法國人對一代人以前在自己國土上發生的殺戮記憶猶新，所以，根據法國各縣的報告，在法國本土以及法國殖民地召集起來的四百五十萬名法國軍人只得作戰，但絲毫沒有一九一四年的那種熱情。

德國也是一樣。美國記者夏伊勒對柏林的氣氛做了這樣的描述：「人們臉上只有震驚和沮喪……我相信，一九一四年世界大戰打響的第一天，柏林一定是一片歡騰。今天，沒有興奮，沒有歡呼，沒有喝采，沒有鮮花，沒有好戰的狂熱，也沒有懼戰的歇斯底里。」相比之下，後來成為德國著名文學批評家的賴希－拉尼茨基（Marcel Reich-Ranicki）回憶說，華沙人民聽到英國和法國對德宣戰的消息後難抑喜悅之情。狂喜的人群聚集在英國使館外高呼「不列顛萬歲！」「自由之戰萬歲！」同一天晚些時候，他們又湧向法國使館，在外面高唱《馬賽曲》。他們以為援軍即將來到，然而，隨著德軍的彈雨向波蘭的城市傾灑而下，造成大批傷亡，他們開始意識到，沒有人會幫助他們。

無論歐洲各國人民在九月三日那一天感受如何，他們都意識到，生活從此將發生巨變。誰也不知道戰爭到底會帶來什麼，但大家都焦慮萬分。許多人感到地獄之火將再次降臨。然而，沒有多少人像流亡英國的奧地利猶太裔作家褚威格（用不太熟練的英文）在日記中表現出來的那樣，對未來懷有如此深刻的不祥預感。一九三九年九月三日，褚威格寫道：

（新的戰爭將）比一九一四年嚴重千倍……誰也不知道這場戰爭的水深火熱會帶來何種恐怖，那些罪犯什麼都做得出來，文明將會崩塌。

第八章

人間地獄

Hell on Earth

我們似乎正在目睹人類進化的戛然而止，以及人作為理性生物的完全崩潰。

——摘自科瓦莉（Heda Margolius Kovály），
《寒星下的布拉格：一九四一至一九六八年》，一九六八年

對幾百萬歐洲人來說，二次大戰甚至比一次大戰更接近人間地獄。只看死亡人數就足以令人毛骨悚然——僅在歐洲就超過了四千萬，是一次大戰的四倍以上。如此巨大的死亡人數超出了人的想像。蘇聯一國就有二千五百多萬人死亡。德國有約七百萬人死亡，波蘭是六百萬人。這些乾巴巴的數字表現不了那些人遭受的極端痛苦，以及無數家庭失去親人的椎心悲傷。從這些數字中也看不出如此巨大傷亡的實際地域分布。

西歐的損失相對較輕。英國和法國的死亡人數遠低於一次大戰。二次大戰中同盟國軍隊的陣亡人數一共是一千四百多萬，其中英國（及其海外領土）占約百分之五・五，法國（及其殖民地）占百分之三左右，蘇聯占的比例卻高達百分之七十。如果不算對日作戰的話，蘇聯所占的比例還要更高。英國平民的死亡人數不到七萬，主要由空

襲造成。而在殺戮的中心地帶，即波蘭、烏克蘭、白俄羅斯、波羅的海國家和蘇聯西部，平民死亡人數達到了一千萬左右。

與一次大戰不同，二次大戰造成的平民死亡人數大大超過了作戰部隊的死亡人數，它把整個社會都拉下了水，在這一點上遠甚於一次大戰。平民死亡如此之多的一個重要原因是二次大戰的種族滅絕性質。種族滅絕是二次大戰的中心特點，也是不同於一九一四至一九一八年那場大戰的地方。二次大戰導致了歷史上空前的人性泯滅，是向著前所未有的深淵的墮落，也是對啟蒙運動所培育的一切文明理想的毀滅。它是一場浩劫，是歐洲的末日之戰。

一代人的時間內打的第二次戰爭延續了第一次戰爭的未了之事。前一次戰爭除了使得幾百萬人痛失親人，還留下一個震盪的大陸。國家、族裔和階級間的巨大仇恨相互交織，孕育出極端的政治暴力和兩極化的政治氣氛，希特勒政權就在這樣的氣氛中應運而生，成為歐洲和平的心腹大患。一次大戰對德國來說尤其是未了之事。但是，德國想透過另一場戰爭來奪取對歐洲乃至全世界的統治，這不啻一場豪賭。由於德國的資源有限，這場豪賭的勝算十分渺茫。其他國家也在迅速擴軍，它們會竭盡全力防止德國建立霸權，而且它們的資源一旦動員起來，就會比德國多得多。德國趕在敵人能夠阻止它之前取得勝利的時機轉瞬即逝。

對希特勒本人和納粹領導層的其他人來說，打仗有著強烈的深層心理動機。他們要透過戰爭來否定一戰的成果，洗刷戰敗及凡爾賽和會給德國帶來的恥辱，根除「十一月罪犯」（指希特勒認為造成了一九一八年革命的左翼領導人）的遺產。特別重要的是，如希特勒在一九三九年一月的一次講話中「預言」的那樣，要透過戰爭來消滅猶太人在全歐洲的「邪惡力量」。一言以蔽之：新的戰爭將重寫歷史。

英國和法國這兩個西方民主國家的弱點在它們和希特勒打交道的

過程中暴露無遺。為了保住和平，它們寧願接受德國在中歐擴大勢力，連德國肢解捷克斯洛伐克都忍了下來。這本身就等於承認歐洲均勢的重大改變。然而，德國無限制地攻城掠地卻要另當別論，那不僅會打破歐洲的均勢，造成英法海外領土的不穩，而且會直接危及法國乃至英國本土。我們可以想像，受希特勒及其殘酷政權統治的歐洲要比德皇統治下的歐洲糟糕百倍。因此，對英國人和法國人來說，抵制德國力量的擴張刻不容緩。英國和法國幾乎沒有人想打仗。一次大戰的創痛尚未痊癒，它們的軍隊沒有做好打大仗的準備，它們的經濟也剛開始從經濟蕭條中復甦，承擔不起又一場戰爭，倫敦金融城和英法兩國的大企業不可能願意看到一戰造成的經濟大震盪重演。對前一次戰爭中血流成河的景象記憶猶新的民眾當然不希望戰火再起。但是形勢很清楚，仗非打不可。國家利益和正義事業正好結合為一。若有正義戰爭這回事，即非這場戰爭莫屬。歐洲要想有和平，就必須打敗希特勒。

如果把一次大戰比作影響深遠的大災難，二戰就是災難的頂點。二戰造成了歐洲文明的完全崩潰，標誌著在一戰中成形，並導致後來二十年間歐洲不穩和緊張的各種意識形態、政治、經濟和軍事力量的終極衝突，成為重塑二十世紀歷史的決定性事件。二次大戰終結了一次大戰遺留下來的歐洲。歐洲在二次大戰中險些毀掉自己。它最終存活了下來，但變得迥異於前。

燃燒的歐洲

二次大戰最終把遠東和歐洲的衝突融為一體，成為全世界的戰爭。它分三個主要階段，對歐洲不同部分影響的程度與時間點大不一樣。瑞典、瑞士、西班牙、葡萄牙、土耳其和愛爾蘭的官方立場是保

持中立。它們沒有參戰，但間接捲入了敵對行動。所有其他歐洲國家都以這樣或那樣的方式參加了戰爭。

戰爭的第一階段，戰火從波蘭燒向波羅的海地區，接著蔓延至斯堪的納維亞、西歐、巴爾幹和北非。戰事擴大的軌跡一條沿著德國和義大利侵略的路線前進，另一條隨著蘇聯為延伸力量和建立並鞏固防禦地帶，而對波蘭和波羅的海地區的擴張展開。根據蘇聯與德國達成的協議，蘇聯於一九三九年九月中期占領了波蘭東部。一九四○年四月，波羅的海三國——愛沙尼亞、拉脫維亞、立陶宛成為蘇聯的加盟共和國；七月，原屬羅馬尼亞的比薩拉比亞（Bessarabia）和布科維納北部被蘇聯吞併。芬蘭在一九三九至一九四○年冬季英勇戰鬥，頑強地頂住了強大的紅軍，但最終仍不得不割地給蘇聯，成為蘇聯在波羅的海地區防禦壁壘的一部分。

一九三九年秋，波蘭一擊即潰。一九四○年春，丹麥、挪威、荷蘭、盧森堡和比利時等中立國失陷。接著，人們怎麼也沒有想到，軍隊規模居歐洲之冠的法國經過短短五個多星期的戰鬥，就向德國投降了。一百五十多萬名法軍士兵被押到德國，其中大部分人當了整整四年的戰俘。次年春天，南斯拉夫和希臘也很快敗給強大的德軍。

德軍捷報頻傳之際，它的一個重大失敗反而顯得更加突出——德國始終沒能征服有遍及全世界的帝國做後盾的英國。此中邱吉爾厥功至偉。他自一九四○年五月十日起擔任首相，當月月底，英軍受困於敦克爾克（Dunkirk）的沙灘之時，他在與外交大臣哈利法克斯勳爵針鋒相對的交談中，拒絕考慮後者關於英國應尋求達成和解的主張。（英國王室和保守黨的許多成員都覺得哈利法克斯是更合適的國家領導人。）面對決心戰鬥到底的英國，德國不得不考慮美國也許會提供英國經援，甚至軍援，這個前景令它不安。希特勒本來打算先結束西線戰事，再將鋒銳指向蘇聯，進行他準備了近二十年的戰爭。但是，

他無法迫使英國屈膝投降，進而拿下整個西歐。一九四〇年，他一度想入侵英國。然而，後勤安排難於登天，入侵完全不可行，於是他很快放棄了這個想法。德國空軍企圖用空襲迫使英國就範，終未成功，雖然在一九四〇年和一九四一年初那段時間內，德國空軍把英國的城市炸成一片瓦礫，炸死的人成千上萬。

德意志國防軍結合了空中力量與快速坦克部隊，形成新穎而致命的作戰手法，它發動了一連串驚人的閃電戰，獲得令人生畏的軍事優勢。到一九四一年春，北起挪威、南至克里特島的大片地區已經落入德國之手。義大利則比較不順，它在一九四〇年六月德國征服法國時參戰，很快就在希臘和北非的戰鬥中弱點盡現，大失臉面，結果德國不得不出兵援助這個苦苦掙扎的軸心國夥伴。

希特勒深切地意識到，德國統治歐洲進而稱霸世界的豪賭獲得成功的最佳時機轉瞬即逝，因此，他徹底改變了起初的打算。他對手下的將領說，要打敗英國，首先得打敗蘇聯。德軍將領嚴重低估了蘇聯的軍力（紅軍在一九三九至一九四〇年的冬季戰爭中連打敗弱小的芬蘭軍隊都費了九牛二虎之力，也難怪被人輕視），以為東線作戰幾週內就能成功奏凱。一九四〇年十二月，希特勒下達了次年春天入侵蘇聯的命令。對蘇戰爭如果勝利，德國將獲得希特勒所謂的「生存空間」，同時還能達到希特勒想了二十年的第二個目標，實現他和整個納粹黨領導層自始至終幾近瘋狂念念不忘的，「猶太人問題的最終解決」。

戰爭的第二階段始於一九四一年六月二十二日凌晨。德軍不宣而戰，揮師進入蘇聯。三百多萬名德軍官兵越過了蘇聯國界。部署在蘇聯西部迎擊德軍的紅軍人數與德軍相當。歷史上規模最大、死傷最多的戰爭就此爆發。

這次巨大的行動若能迅速完勝，好處不可小覷。蘇聯的豐富資源

對德國力圖完全掌控歐洲的行動至關重要。在西邊，英國正日益傾向跟美國結成全面戰爭同盟，這是對德國的莫大威脅，而消除這個威脅的前提就是把整個歐洲控制在手中。希特勒推測，美國一九四二年將參戰支持英國。他堅定地認為，德國必須在那之前統治歐洲。一九四一年三月，美國國會通過了《租借法案》，大幅增加對英援助，這顯然坐實了希特勒的擔心。但羅斯福總統仍然不敢向國會提出參戰的提議。孤立主義政策儘管有所收斂，影響力卻仍然相當大。不過《租借法案》也證實，美國現在決心利用自身龐大的經濟力量來幫助打敗軸心國。德國必須跟時間賽跑，在美國用經濟力量（很有可能在某個時候直接動用強大的軍事力量）對戰局產生決定性影響之前打敗蘇聯。

德國入侵蘇聯的代號為「巴巴羅薩行動」（Operation Barbarossa）。德軍越過蘇聯一千八百公里的漫長東部邊界，分北、中、南三路進擊，初時進展神速。史達林此前接到過關於德國很快將發動入侵的各種警示，其中很多非常準確，史達林卻一律置之不理，視之為蓄意擾亂視聽的假情報。他這種態度造成了災難性的後果。紅軍的許多部隊在前線陣地孤立無援，成為行動如風、為大規模包圍打前鋒的德軍坦克部隊的俎上之肉。幾十萬名紅軍士兵被俘。然而，不到兩個月後，形勢即清楚地顯示，巴巴羅薩行動那心比天高的目標在入冬前是不可能實現的。可是，德軍的軍需供應計畫卻沒有考慮到這點。敵人的實力被嚴重低估，征服如此廣袤的國土需求的後勤補給又過於巨大。德軍占領了烏克蘭肥沃的農地，卻無法打到高加索的油田，也無法摧毀北面的列寧格勒。向莫斯科的挺進遲至十月初才開始。史達林願意考慮以犧牲領土來換取和談，但希特勒不感興趣，他認為德國的勝利指日可待。十月中旬，隨著德軍的逼近，莫斯科居民陷入了恐慌。

史達林曾打算離開莫斯科，後來改變了主意。蘇聯人的士氣在短暫波動後重新高漲起來。與此同時，德軍開始行進艱難，先是連綿的

秋雨把大地變成一片泥淖，然後是冬天降臨帶來的冰雪，氣溫驟降到攝氏零下三十度。至此，蘇聯人口的五分之二和物質資源的近一半都已落入德國的控制，約三百萬名紅軍士兵成為戰俘。不過，德軍的損失也高得驚人。根據紀錄，自巴巴羅薩行動開始以來，將近七十五萬人（接近東征軍四分之一的兵力）或死、或傷、或失蹤，兵員儲備開始吃緊。相比之下，史達林的兵員卻源源不斷，似乎無止無盡。一九四一年十二月五日，德軍先頭部隊抵達莫斯科城門五十公里開外時，蘇聯開始了反攻，這是對蘇戰爭中德軍遭遇的首次重大挫折。德軍原本希望速戰速決，不料卻陷入了艱難的持久戰。

十二月七日，日本偷襲珍珠港。次日，美國對日宣戰，戰爭遂演變為全球衝突。希特勒從中看到了戰略良機。美國對日作戰能夠把美國牽制在太平洋戰場。美國在大西洋「不宣而戰」的幾個月間，德國的潛艦一直引而不發，現在可以放手使用潛艦打擊美國商船，好切斷英國賴以生存的臍帶，進而贏得海上戰爭。懷著這樣的希望，希特勒於一九四一年十二月十一日對美宣戰，但無論他的盤算如何，德國在歐洲戰爭中的勝算都日漸渺茫。

事實上，希特勒大大高估了日本的軍力。偷襲珍珠港使美國舉國震驚，但它並非致命的一擊。日本的擴張起初雖然一路奏凱，但到了一九四二年上半年已達到極限。一九四二年六月中途島（Midway）海戰中美國海軍獲得大勝，標誌著太平洋戰場上戰局的轉捩點。

大西洋戰局的逆轉發生在一年以後。希特勒也高估了德國潛艦的破壞力。在一九四二年，德國潛艦的戰績不俗，但沒能維持下去，主要是因為英國情報機關經過長期而艱苦的努力，終於破解了德方透過恩尼格瑪密碼機（Enigma）進行的通訊，得以確定潛艦的位置。針對德國潛艦的防禦得到加強，同盟國軍需供應的海上運輸因而更加安全。到一九四三年，希特勒在大西洋戰場的敗局已定。

　　此時，德國的擴張也達到了極限。一九四二年十月和十一月長達三個星期的阿拉曼（El Alamein）戰役擋住了德國在北非的推進，為次年同盟國在北非戰場上的徹底勝利鋪平了道路。在蘇聯，德國於一九四二年夏發動了第二次大攻勢（雖然投入的兵力少於一九四一年），力圖控制高加索地區的石油，但在史達林格勒踢到了鐵板。史達林格勒戰役是在蘇聯的嚴冬之季打的一場長達五個月的消耗戰。一九四三年二月戰役結束時，德軍第六軍團遭到全殲，死傷人數超過二十萬（外加三十萬盟友）。在一九四二年，戰場形勢發生了不可逆轉的改變。雖然前面的道路依然漫長，但是同盟國領導人現在對贏得最終勝利有了充分的信心。一九四三年一月，羅斯福和邱吉爾在卡薩布蘭卡會議（Casablanca Conference）上會談後同意，軸心國必須無條件投降，戰爭才算取得勝利。

　　一九四二年一月，盟軍在北非登陸，開啟了部署在那裡的軸心國軍隊的投降之路，後者於次年五月投降。一九四三年七月，盟軍渡海登陸西西里島。在此事件的刺激下，義大利法西斯黨領導層於當月推翻了墨索里尼。接著，義大利於九月與同盟國達成停戰協定，此舉促使德國軍隊占領了義大利的大部分領土。盟軍開始向北緩慢移動。這是第二戰線，但不是史達林一直敦促開闢的那種第二戰線。自一九四三年開始日益加緊的對德國城市和工業設施的狂轟濫炸，也不是史達林心中的第二戰線。英國的「區域轟炸」政策由皇家空軍司令哈里斯（Arthur Harris）元帥提出，旨在摧毀德國人的士氣，贏得戰爭。這一政策一年前開始實施。一九四二年五月的一次大規模空襲把科隆全城夷為瓦礫。德國北部和西部的其他城市也遭到轟炸，但是無一比得上一九四三年七月下旬對漢堡的空襲造成的破壞，那次大轟炸至少造成三・四萬平民死亡，等於英國整個二次大戰期間死於空襲的總人數的一半以上。但即使如此慘烈的空襲也算不上對德轟炸的高潮。在大戰

的最後一年，同盟國擁有完全的空中優勢後，對德國的轟炸更是變本加厲。

一九四三年七月德國在東部戰線上發動的最後一次大型進攻，只持續了一週有餘。在庫爾斯克（Kursk）打了一場大規模坦克戰之後（參戰的坦克有五千多輛），德軍的「城堡行動」（Operation Citadel）宣布取消。與德國相比，蘇聯遭受的損失巨大得多。但是，盟軍登陸西西里後，義大利南部的防衛也需要德軍去加強。「城堡行動」結束後，主動權不可逆轉地落到了蘇聯手裡。那年七月，德國連遭挫敗。異常頑強的德軍雖沒有垮掉，但德國的戰略現在只剩下咬緊牙關負隅頑抗，頂住成倍優於自己的敵人，寄望資本主義的英美與共產主義的蘇聯結成的「大聯盟」解體。德軍和盟軍在資源上的差距不停擴大，德軍敗象已明顯可見。局勢逆轉的一個跡象是當年十一月蘇聯拿下了基輔。同月，同盟國領導人在德黑蘭會議上同意次年發起進攻西歐的德國占領區。

一九四四年六月六日（D-Day），盟軍在諾曼第登陸成功。兩週後，紅軍在「巴格拉基昂行動」（Operation Bagration）中取得了巨大的決定性突破。這兩件事開啟了大戰在歐洲的第三階段，也是以德國投降告終的最後階段。這是戰爭中最血腥的階段。大戰中歐洲人四分之一的死亡發生在那幾個月間，相當於一次大戰中的陣亡總人數。大部分英國和美國軍人的死亡、很大一部分蘇聯人的死亡、整個二戰期間德國軍人陣亡的一半和多數平民的死亡，都發生在戰爭的最後十一個月。在戰爭的最後幾個月裡，盟軍對德國發起了一波又一波的密集空襲，許多城市成為廢墟，大批平民就是在那時被炸死的。一九四五年二月，德勒斯登被夷為平地，二·五萬人死亡，大部分是平民。德勒斯登的毀滅成了德國城鎮防空崩潰、彈雨從天而降的恐怖象徵。一九四五年三月僅僅一個月的時間內，英國轟炸機對德國投擲的炸彈就

超過了戰爭頭三年的總和。

巴格拉基昂行動期間及之後，德國在東線遭受了無法補償的巨大傷亡，史達林格勒戰役或任何其他戰役的傷亡數字都相形見絀。德國人一直戰鬥到最後一刻。他們害怕被蘇聯征服（因為德軍士兵在蘇聯的土地上犯下了令人髮指的暴行）。德國國內加緊鎮壓一切不同的意見。納粹黨及其機關掌握著對社會的全面控制。一九四四年七月二十日有人暗殺希特勒未遂後，組織任何反抗行動都變得全無可能。納粹高官們明白，自己的命運和希特勒綁在了一起。軍方和政府領導層對希特勒這個獨裁者仍存有一絲信任。這一切都促使德國繼續徒勞地負隅頑抗，儘管事實清楚地顯示，只有投降才是理性的做法。

然而，德國只是在拖時間而已。隨著德軍在東線的潰敗，芬蘭、羅馬尼亞和保加利亞在一九四四年九月擺脫了德國的控制。羅馬尼亞和保加利亞被蘇聯占領。一九四四年八月華沙起義失敗後，德國人摧毀了整個華沙，但是，一九四五年一月底，波蘭就被蘇聯控制。經過長時間的激戰，蘇聯又在三月拿下了匈牙利。那時，西線的盟軍已經打到萊茵河，準備挺進德國北部，拿下關鍵的魯爾工業帶，一鼓作氣向南推進。東面蘇聯的戰車同樣銳不可當，紅軍直逼波羅的海海岸和奧得河（Oder），於一九四五年四月十六日開始對柏林的最後進攻。在打進德國、征服第三帝國首都的過程中，蘇聯紅軍對德國人民犯下了慘不忍睹的暴行。德軍曾在蘇聯領土上犯下累累暴行，現在紅軍開始施行野蠻報復了。

四月二十五日，從東西方向而來的大軍會聚德國，在易北河（Elbe）邊會師，蘇軍和美軍握手言歡。德國被一分為二。同日，柏林被紅軍包圍。五月二日，柏林戰役結束。兩天之前，希特勒在他藏身的掩體中自殺。血戰繼續了一段短暫的時間後，希特勒選定的繼任者鄧尼茨（Karl Dönitz）海軍元帥終於向不可避免的命運低下了頭。

一九四五年五月八日，當著英、美、蘇三國代表的面，德國簽署了在所有戰線上投降的投降書。歐洲歷史上最慘絕人寰的戰爭終告結束。戰爭造成的破壞和傷亡尚需清點，它在政治和道德上導致的後果對後來的幾十年將產生決定性的影響。

人性泯滅的無底深淵

一切戰爭都是非人道的，現代戰爭尤其如此。現代武器在戰爭中造成的殺傷規模前所未有，拉開了人與殺戮行為之間的距離，使愈來愈多的平民被捲入屠殺。一九一四至一九一八年的大戰充分顯示了這些特點。然而，儘管那次大戰令人髮指，卻還遠比不上人類在二次大戰中墮入的人性泯滅的無底深淵。

二次大戰中人性的空前墮落早有先兆。歐洲在戰前就已經被民族和階級仇恨、極端種族主義、反猶偏執和狂熱的國家主義所撕裂。打仗的時候，人們滿懷仇恨，不僅要打敗敵人，而且一心要將其全部消滅，這必然造成人性一切底線的徹底崩塌。這種情況在東線的士兵間非常普遍，雖然在西歐輕得多。致命的敵對情緒發展為難以想像的大規模殺戮需要一個必要條件，那就是戰爭。

在所有戰爭中，戰場上的殺戮都自有其發展的勢頭。二次大戰也不例外。在西歐和北非戰場，戰鬥大多相對常規化。東歐的情況則大不相同，交戰方表現的殘酷無情和視人命為草芥的態度令人難以置信。那裡的戰鬥是種族戰爭的一部分，是直接由德國國家社會主義領導層的殖民式征服和種族清洗的雙重目標決定的。

這樣的戰爭不僅對作戰部隊，而且對平民來說都是人間地獄。它主要是意識形態的產物，也就是說，誰該活、誰該死首先是意識形態的問題。在波蘭以及在東線作戰中對平民百姓的殘忍和殺戮從一開始

就反映了這點。意識形態掛帥最清楚的表現是在極端暴力的無數受害者中專門挑出猶太人，對他們展開全面的種族滅絕。

同時，意識形態又與經濟需要密不可分。這點在德國國內從一九三九年開始的「安樂死行動」中清晰可見。這項行動的首要目標是消滅「種族退化者」，這是優生學一條至關重要的原則。希特勒過去曾說過，任何此類行動都必須等到打仗的時候進行。一九三九年十月，他把他簽署的授權開展「安樂死行動」的祕密命令的日期向前改到九月一日，這清楚顯示，他認為戰爭一旦開始，就可以從根本上違反「保障生存權」這條基本的人道主義原則。「安樂死行動」的消息傳出後，招致了明斯特（Münster）大主教加倫（Clemens August Graf von Galen）的譴責。於是，這項行動在一九四一年八月被同樣祕密地叫停。但那時，已經有總數約七萬的精神病院病人被安樂死。雖然一些醫生建議有些病人適合「安樂死行動」，但是他們從未想到被處死的人會如此之多。然而，一九四一年八月的「停止令」絕非消滅精神不健全「無用之人」的行動的結束，如今只是轉移到了集中營對外緊閉的大門後。全部算起來，死於「安樂死」的受害者估計超過二十萬人。醫生和護士都深入參與計畫性殺害病人。殺死精神病人雖然有意識形態的動機，但也是為了透過去除「無用的生命」來實現經濟上的節約。官方非常精確地計算了能夠節省下來的資金。「精神病人是國家的負擔。」奧地利林茨（Linz）附近的哈特海姆（Hartheim）精神病院院長如是說。

針對猶太人的種族滅絕也有重要的經濟因素。起初，德國人以為能夠迅速「清除」掉占領區的猶太人，但當他們意識到這個目標無法達到後，就把管理波蘭猶太人聚居區（ghetto）變成一本萬利的生意。結果，當要把猶太人運去送死的時候，猶太人聚居區的德國管理人反而不想讓聚居區關門。但那些沒有勞動能力的猶太人又怎麼樣

呢？一九四一年七月，管理波蘭西部被德國吞併的波茲南德國安全部門領導建議，既然「不能再給所有猶太人提供糧食」，就應該考慮「用快速見效的方法除掉那些不能勞動的猶太人」。五個月後，波蘭中部德占區所謂總督區（General Government）的納粹主管漢斯・弗蘭克（Hans Frank）在談到，消滅他管區內三百五十萬名猶太人的緊迫性的時候，對手下說，猶太人「浪費資源，消耗糧食，對我們極為有害」。後來，在猶太人成百萬地被殺害的時候，位於波蘭上西里西亞奧斯威辛（Auschwitz）的最大納粹集中營，把消滅猶太人變成了創造利潤的手段。巨大的奧斯威辛集中營分為二十八個分營，裡面的四萬名囚犯被強迫從事工業生產，為德國創造了約三千萬馬克的利潤。而囚犯一旦不再能勞動，就會被送進毒氣室。

　　德國領導人對征服和占領的看法也顯示了意識形態與經濟的融合。保證德國人民的糧食供應是頭等大事。一次大戰期間，一九一六至一九一七年的「蘿蔔冬天」[1]在擊垮士氣方面起了很大的作用。德國絕不能允許那種情況重演。至於歐洲其他地方的人因此要忍飢挨餓，那並不重要。德國領導人把德國占領蘇聯將導致二千萬到三千萬名斯拉夫人和猶太人餓死，視為理所當然。戈林告訴占領區的納粹領導人，唯一重要的是「德國不能因為飢餓而垮掉」。餓急了的蘇聯戰俘當中甚至發生了吃人肉的事情。他們的牢籠有時狹小到連轉身都難，就連排泄也只能就地解決。如此惡劣的環境造成蘇聯戰俘的死亡率高達每日六千人。德國人手中的五百七十萬名蘇聯戰俘中，就有三百三十萬名由於飢餓或凍餒致病而慘死。與此同時，德國消耗的百分之二十的穀物、百分之二十五的油脂和近百分之三十的肉類，都是從歐洲占領區運來的。

1　譯者注：因為缺糧，老百姓只得靠吃蘿蔔充飢，故此得名。

　　後來，納粹領導人逐漸意識到，在戰時生產任務日益緊迫急需勞動力的時候，把戰俘營裡的戰俘活活餓死實在是荒謬不合理，這才終於給蘇聯戰俘分發一點兒可憐的口糧。但即使如此，大多數蘇聯戰俘還是沒能活下來。至於猶太人，德國人在勞動力極為短缺的情況下把他們運過半個歐洲去送死，此中的矛盾顯而易見。但是，在猶太人的問題上，德國顯然保持了意識形態優先的做法。

　　德國占領波蘭後，就把它當作意識形態的實驗場。波蘭的西部，諸如西普魯士、波茲南省（德國人根據流經的一條河將其改名為瓦爾塔區）和上西里西亞被直接併入德國。此舉不僅恢復了、而且大大擴展了一戰之前曾屬於普魯士的領土。那些地方的居民雖然絕大多數是波蘭裔，但德國對他們實行了無情的「德意志化」。波蘭中部和南部人口最為稠密，被稱為「總督區」（Generalgouvernement），通常被蔑稱為「剩下的波蘭」（Restpolen）。這個地區成了德國傾倒居住在被它吞併的領土上的「劣等種族」的垃圾場。此類行動與一切其他行動一樣，由希特勒定了調。他宣稱，這將是一場「激烈的種族鬥爭」。在這場鬥爭中，法律的限制完全不適用。這給被征服的波蘭人民帶來難以置信的悲慘和痛苦，也預示了波蘭人中最「低下」的猶太人將要遭到的滅種命運。

　　德國人普遍看不起波蘭人。希特勒說波蘭人「更像動物，不像人」，持此觀點的德國人大有人在。駐波蘭的德軍將士目擊或親身參與對波蘭人的任意殺戮、殘酷迫害和大規模搶劫時，幾乎沒有人表示反對。波蘭人被視為次等人，沒有法律的保護，無權得到任何形式的教育，可以隨意監禁或處決。在德國人眼裡，波蘭人不過是奴工的來源。他們對波蘭人實行糧食配給，量少得可憐。他們要消滅波蘭文化，根除波蘭人的國家感。對於傳播文化和國家認同感的波蘭知識分子，德國人要麼予以消滅，要麼把他們送往德國的集中營。對波蘭

人來說，奧斯威辛早在成為猶太人的滅絕營之前，就已經使人畏如蛇蠍。在被併入德國的波蘭西部，天主教堂被關閉，大批神職人員被關被殺。公開處決司空見慣，被絞死的屍體常常懸掛數日，以達到殺一儆百的威儡作用。

但是，德國人卻始終未能斬草除根波蘭的地下反抗運動。事實上，波蘭的反抗者不懼殘酷的報復，日益壯大，形成有相當規模、異常勇敢的地下運動。雖然鎮壓極為殘酷，但是反抗運動愈來愈成為占領者的一塊心病。反抗行動經常招致集體報復。據不完全的紀錄，估計有七百六十九次報復行動造成近二萬名波蘭人的死亡。德國占領期間，約三百個波蘭村莊被摧毀。戰局發生逆轉後，德國對波蘭的控制開始動搖，人民的反抗更加大膽，占領方實行的恐怖鎮壓也變本加厲。一名婦女回憶說：「我們無時無刻不感到威脅。每次離開家時，都不知道能不能回來。」人人自危，都怕被抓起來送到德國當奴工。一九四三年，在德國兵工廠做工的波蘭人多達一百萬人，親人們往往不知道他們在哪裡，許多人再也沒能活著回到祖國。

德國人輕率地以為，可以一舉把猶太人強制驅逐出被吞併的地區。他們計畫最終把猶太人也趕出總督區。不過，一九三九到一九四一年之間，猶太人是被逐入而不是逐出總督區的。一九三九至一九四〇年的嚴冬季節，十萬多名波蘭基督徒和猶太人被裝進冰冷的運牲口車裡，扔到總督區，行前只給他們幾分鐘的時間收拾細軟。一九四〇年，又有幾十萬人遭到同樣的命運。到一九四一年三月，已有四十多萬人被驅逐，差不多同樣多的人被送到德國做奴工。若不是要為巴巴羅薩行動做準備，還會再驅逐八十三・一萬人。

驅逐猶太人是為了騰出地方安頓來自波羅的海和其他地區的德裔人口。最初的打算是把猶太人圈在波蘭東南部盧布林區（Lublin district）的一片巨大保留地內，但德國人嚴重低估了後勤方面的困

難。不久，總督區主管弗蘭克就不得不拒絕讓更多猶太人進入總督區的地盤。納粹領導人迫不及待地要把猶太人逐出德國，卻沒有地方安置，而自從波蘭被征服後，又有數百萬猶太人落入德國之手。一九四〇年德國戰勝法國後，曾考慮過把歐洲猶太人運到法國殖民地馬達加斯加去，這個想法很快證明不可行。最後，在計畫巴巴羅薩行動時，德國人想到可以把猶太人逐去寒冷荒荒的蘇聯這個辦法。

波蘭僅僅享受了二十年的獨立，就在一九三九年九月再遭瓜分。在德、蘇商定瓜分波蘭的界線以東，老百姓遭遇的是另一種由意識形態決定的動盪。在那裡，占領者的目的不是推行德意志化，而是推行蘇維埃化。他們在東部波蘭強行推行了一場社會革命。一九四〇年，土地實現了集體化，地主被趕出自己擁有的土地。銀行被收歸國有，民眾的儲蓄被沒收。大量工廠機器被拆解後運回蘇聯。私立學校和教會學校全部關閉，宗教和歷史課程被禁，改為關於馬克思和恩格斯的理論課。占領者的目的是根除波蘭的民族主義，消滅所有他們認為對蘇聯利益構成威脅的人。波蘭的菁英首當其衝。

史達林和政治局的其他成員都親自在一九四〇年三月五日的命令書上簽了字，下令處死波蘭東部二萬多名菁英階層成員，這裡面包括那年五月突然失蹤的一‧五萬名波蘭軍官。一九四三年四月，他們中間四千多人的屍體被德國人在斯摩棱斯克（Smolensk）附近的卡廷森林（Katyn Forest）中發現。到底是誰殺死了他們，很久都沒有定論。然而，今天已經確認無疑，他們是被蘇聯祕密警察內務人民委員部槍殺的。幾乎可以肯定，另外的一‧一萬人也同樣遭了毒手。據紀錄，按照史達林的命令，共有二萬一千八百五十七人遭到處決。

蘇聯占領波蘭東部後大肆抓捕。十萬多名波蘭公民被逮捕，其中多數人被判在勞改營服刑，八千五百多人被判處死刑。蘇聯邊境附近的波蘭人處境尤為危險。在一些地方，當局挑唆當地的烏克蘭人和白

俄羅斯人搶劫波蘭鄰居的財產，甚至殺害他們。地方民兵是暴力行為的先鋒。一些波蘭人僅僅被捕風捉影地認為是對蘇聯的威脅，就被圍捕起來流放外地，其間遭到令人髮指的虐待。近四十萬名波蘭人（據有些估計，人數還要多得多）在嚴冬季節被塞進沒有暖氣的密閉火車，送到西伯利亞或哈薩克的荒野中去，有時旅程長達六千英里。約五千人死於途中。到次年夏天，病死餓死的人數達到一‧一萬。

　　一個參與抓捕並驅逐波蘭人的蘇聯祕密警察後來解釋了他當時的心態。他回憶說：

　　　　我負責驅逐一兩個村子的居民……回想起來，把年幼的孩子抓走真的很難下手……當然，我知道他們是我們的敵人，是蘇聯的敵人，必須「改造」……今天我後悔了，但當時情況不同……史達林在大家眼裡就像上帝一樣。他的話就是決定。人們甚至想都不會想他的話也許不對。當時沒有人懷疑。做出的每一個決定都是正確的。不只是我，大家都這麼想。我們是在建設共產主義，我們是在執行命令，那是我們的信仰。

　　猶太人在德國人手中備受迫害，他們許多人自然歡迎蘇聯占領波蘭東部。二次大戰之前，猶太人在波蘭經常受到歧視，紅軍似乎帶來了解放的曙光，猶太人有時會掛出紅旗來歡迎他們心目中的救星。許多猶太人在蘇聯占領者的政府中擔任行政工作，這種積極與蘇聯合作的態度引起了波蘭天主教徒的極大憤怒和不滿。德國一九四一年六月入侵蘇聯後占領了波蘭原來的蘇占區，發現蘇聯祕密警察在波蘭東部的監獄中犯下的累累暴行和被殘害而死的數千具屍體，這使德國人輕易地煽起了波蘭人對布爾什維克黨人和被普遍視為其幫凶的猶太人的仇恨。事實上，多數猶太人很快就明白蘇聯占領給他們帶來的後果，

而那絕不是解放。許多猶太人的財產被搶走，大批知識分子和專業人士被逮捕。被驅逐的人中，三分之一是猶太人。

蘇聯於一九四〇年吞併愛沙尼亞、拉脫維亞和立陶宛後，執行了它在波蘭東部推行的蘇維埃化措施。而德國對它占領的西歐國家並沒有實施其占領波蘭時的政策。

一九四一年四月，德國入侵南斯拉夫後建立了（包括波士尼亞－赫塞哥維納在內的）克羅埃西亞這個新國家，找到了為虎作倀的幫凶。德國扶植的克羅埃西亞政權由「烏斯塔沙」（Ustaša）運動的領導人帕韋利奇（Ante Pavelić）擔任首腦，該政權實施的恐怖統治殘暴得難以言狀。烏斯塔沙是極端狂熱分子的運動，掌權前成員只有區區五千人左右，它一心要「清洗」國內所有的非克族人口，那幾乎是全國六百三十萬人口的一半。克羅埃西亞有近二百萬名塞爾維亞人，帕韋利奇解決「塞爾維亞人問題」的辦法是強迫其中的三分之一改信天主教，驅逐另三分之一，殺光最後的三分之一。這是致命的瘋狂。

帕韋利奇也許有些精神不正常，據說他的桌子上放著一籃子人的眼球作為紀念品。然而，他的追隨者無疑大多精神健全，但他的殺手小隊為了掃清一切非克羅埃西亞人的影響，有時把整個社區殺得雞犬不留，尤其對塞爾維亞人、猶太人和吉普賽人格殺勿論，其凶殘暴虐到了喪心病狂的地步。有一次，在札格雷布（Zagreb）附近的一個小鎮上約五百名塞族男女老少被全部槍殺。附近村莊的二百五十人為了保命一起改信天主教，烏斯塔沙的六名成員卻把他們鎖在一座塞族人的東正教教堂內，用狼牙棒把他們一個個打得腦漿迸裂。有的時候，屠殺還伴隨下流的侮辱和折磨。即使在這個對政治暴力司空見慣的地區，這樣的人間慘劇也是從未有過的。到一九四三年，烏斯塔沙的成員已經害死了約四十萬人。

的確，烏斯塔沙運動在克羅埃西亞掌權時，前南斯拉夫地區的

各個族裔之間已經互懷敵意，但是烏斯塔沙的凶暴造成的族裔間的深仇大恨，比戰前任何時候都更強烈。這對德國沒有好處。烏斯塔沙在克羅埃西亞的行動得到了德國明確的支持。（羅馬尼亞的情況則不同，德國為保障那裡的石油供應而盡力維穩，所以當法西斯「鐵衛團」犯下殘暴行為後，德國反而支持羅馬尼亞領導人安東內斯庫〔Antonescu〕鎮壓鐵衛團。）他們的暴行既掀起民眾反軸心國的情緒，也加強狄托（Josip Broz Tito）領導的共產主義運動的力量。

在東歐和南歐大部分地區日益墮入人性泯滅的深淵之時，一九四一年德國入侵蘇聯開啟了全新的一章。稱為「希特勒的戰爭」的東線戰爭與過往的所有戰爭都迥然不同。納粹德國在被它視為「猶太布爾什維克主義」滋生地的蘇聯滅絕人性、無所不用其極。它的殘暴在一九三九年九月之後德國人在波蘭的表現中已有預示。在推動和准許這種非人的野蠻方面，希特勒的作用不可或缺，但他並非首要的成因，只是其推手和積極的代言人。

希特勒親口對軍方領導人說，對蘇戰爭要打成「殲滅戰」。共產黨軍隊的士兵不能被視為可敬的對手。德國向部隊發布的命令規定，抓住蘇軍的政委後不經審判立即槍決，並任由士兵射殺蘇聯老百姓。在此類命令的制定中，德國軍方領導人難辭其咎。德軍領導人把對蘇戰爭稱作「種族對種族」的鬥爭，把蘇聯描繪為「卑劣的」或「罪惡的」敵人，鼓勵對蘇聯人殘酷無情。有鑑於此，對蘇戰爭從一開始就殘暴無比也就不令人驚訝了。很快的，野蠻殘暴成了德軍的典型行為，這引起蘇軍同樣殘忍的報復，雙方毫無限制的獸性行為迅速升級。西歐的作戰中從未發生過這樣的情形。德軍鐵騎在西歐一日千里，速勝意味著傷亡人數相對較少，就連敗方的損失也並不慘重。占領軍對占領區人民也遠不像在東線那麼凶狠。但對蘇作戰從一開始就死傷累累，而且與西線不同的是，大肆屠殺平民成了戰爭的一部分。

　　東線戰爭是徹頭徹尾的種族滅絕，這是早已計畫好的。發動巴巴羅薩行動數月前，在希特勒的明確首肯下，黨衛軍領導兼警察頭子希姆萊（Heinrich Himmler）和安全警察頭子海德里希（Reinhard Heydrich）就計畫把德國手中的所有猶太人（據統計有五百八十萬名），流放到將要被德國征服的蘇聯領土上，以達成「猶太人問題的最終解決」。在那裡，猶太人會因為飢餓、過勞、疾病或北極的嚴寒而紛紛死去。由於德國未能在蘇聯速戰速決，把猶太人流放到蘇聯的政策也就沒有執行。但儘管如此，殺死蘇聯猶太人仍然是德國對蘇作戰固有的一部分。即將發動入侵時，安全警察組成了四個大型「特別行動隊」（Einsatzgruppen），派他們隨軍去消滅所有的「顛覆分子」，主要是猶太人。

　　巴巴羅薩行動之初，德軍開進立陶宛、拉脫維亞和愛沙尼亞這三個波羅的海國家時，發現那裡的國民中不乏心甘情願的合作者，他們視德軍為把他們從蘇聯統治的枷鎖下解放出來的救星。這三個國家一九四〇年遭到蘇聯吞併時，數萬名公民被流放到勞改營。在蘇聯的行政當局和警察部門中，猶太人占據了突出的地位。於是，波羅的海三國的許多人都認為，猶太人和布爾什維克沒有分別，是猶太人造成他們在蘇聯統治下遭受的痛苦。

　　德國人及其合作者不費吹灰之力就煽起極端民族主義者對猶太人的仇恨。巴巴羅薩行動於一九四一年六月二十二日打響，幾天後，德軍剛剛到達立陶宛，暴徒就發動了對猶太人的大屠殺，有二千五百名猶太人死於非命。立陶宛人助紂為虐，協助德國安全警察特別行動隊執行令人毛骨悚然的恐怖任務。即使按照納粹的標準，德國占領的頭幾個月也特別殘忍。拉脫維亞的情況大同小異。到一九四一年末，德國人在拉脫維亞人的幫助下，已經殺死該國八萬名猶太人中的七萬名。愛沙尼亞的猶太人很少，當地組織奉德國人之命，把他們能抓到

的九百六十三名猶太人全部殺害，又以和蘇聯人合作的罪名殺死了五千名左右非猶太裔的愛沙尼亞人。關於殺人的情況，特別行動隊保留了詳細的紀錄，截至一九四一年底，波羅的海地區的特別行動隊以一絲不苟的精確驕傲地記錄下，他們共殺死了二十二萬九千零五十二名猶太人（外加約一・一萬名其他民族的人）。

在波羅的海三國以南很遠的烏克蘭，猶太人也在大批遭到屠殺。但不同之處在於，非猶太人的烏克蘭人被視為「劣等」的斯拉夫人，同樣受到德國征服者的無情虐待。和在波羅的海地區一樣，部分烏克蘭人開始時熱情歡迎德國人。一名婦女回憶說：「我們看到他們感到特別高興。共產黨搶走了我們的一切，讓我們忍飢挨餓，他們要把我們從共產黨手下解放出來。」一九三二年大饑荒的慘痛記憶仍深深地印在人們的腦海裡。自那以後，史達林式的嚴厲壓迫未有稍減。德國入侵時，紅軍中許多烏克蘭士兵開了小差，也有很多烏克蘭人躲起來逃避徵兵。蘇聯在德國攻勢面前節節後退時，祕密警察把監獄裡的數千名烏克蘭囚徒全部槍殺。蘇聯還採取「焦土」措施，把牲畜和工業機器盡皆毀掉，使無數烏克蘭人生計無著。德軍一九四一年九月十九日開入基輔，幾天後，蘇聯人埋下的地雷在市中心接連爆炸，引發大火，造成多人死亡，二萬多人無家可歸。所以，烏克蘭民眾有理由痛恨蘇聯人，他們把德國人視為解放者予以歡迎毫不奇怪。只有徹底的愚蠢行為才會使烏克蘭人恨德國人比恨蘇聯人更甚，可德國征服者恰恰做到了。

就連一些熱忱的納粹理論家也提出，應該把烏克蘭人變為盟友，使烏克蘭成為德國的衛星國之一，以確保德國對東歐的長久統治。然而，希特勒認為烏克蘭人和俄羅斯人一樣，是「徹頭徹尾的亞細亞人」。他支持對烏克蘭實行無情統治，由他在那裡的代表，即異常殘暴的帝國委員科赫（Erich Koch）負責執行這一政策。希姆萊認為，

需要把烏克蘭「清洗乾淨」，以便將來安置德國人。烏克蘭老百姓的命運被歸入「東部總計畫」，該計畫設想，在未來的二十五年內於被占領的東部領土上「去除」三千一百萬人，其中絕大多數是斯拉夫人。

由於後來戰局發生不利於德國的變化，因此這個巨大的種族滅絕計畫沒能實施。但即使如此，德國占領者在烏克蘭、拉脫維亞、立陶宛的警察部隊等幫凶協助下犯下的種種暴行，也在民眾當中造成普遍的恐懼。街上經常會看到被占領者任意槍殺的人的屍體。像在波蘭一樣，被當街處決者的屍體常常遭懸掛數天以儆效尤。破壞活動一旦發生，就招致幾百人被處決的報復。有的村子因未能繳納徵用的糧食或被指控支持游擊隊而被燒成焦土。一名基輔居民回憶說：「我們一看到一群德國人前來，就馬上躲起來。」

從一九四二年開始，德國軍工產業的勞工荒就到了極為嚴重的地步，被抓住送去德國做工於是成為烏克蘭老百姓心中最大的恐懼，因為那不啻被判處死刑。到一九四三年六月，被抓去做工的人數激增至一百萬，幾乎每個家庭都有人被抓。德國人把抓來的人強迫運到德國，其間對他們極盡虐待，這成了促使人們紛紛加入游擊隊的一大因素。德國占領軍的所作所為使起初熱烈歡迎他們的老百姓後來視他們如仇讎。不過，烏克蘭人也仇視蘇聯人。烏克蘭的民族主義游擊隊不僅與德國人激戰，也跟蘇聯的游擊隊發生衝突。後來，一名烏克蘭游擊隊隊員回憶當時的情形時這樣說：「德國人不過是要我們的命，但紅色游擊隊的手法特別殘酷……（據他說）他們用的是亞洲的刑罰，割掉人的耳朵和舌頭……當然了，我們也很殘忍……我們不要俘虜，他們也不要俘虜，雙方都不留活口。那很自然。」

烏克蘭的猶太人總數約一百五十萬，占全國人口的百分之五，但基輔人口的四分之一都是猶太人。他們和非猶太裔的烏克蘭人不同，

對德國人本能地感到害怕。然而，在哪怕是最壞的打算中，他們也沒有想到德國人給他們帶來的命運會如此悲慘。

　　早在德國人到來之前，烏克蘭的反猶情緒就非常普遍，還往往十分激烈。占領開始後，烏克蘭猶太人在社會中孤立無援，只能任由征服者宰割。極少數烏克蘭人會對猶太鄰居伸出援手；較多的人則毫不猶豫地向德國占領者揭發猶太人，甚至親手屠殺猶太人，不過這樣的人仍屬少數。大多數烏克蘭人僅僅袖手旁觀。烏克蘭人反猶情緒的一大原因是對猶太人的財富、家業和社會地位的嫉妒，另一個主要原因是烏克蘭人和東歐其他地方的人一樣，認為猶太人是蘇聯的代理人，是壓迫他們的人。一九四三年紅軍奪回烏克蘭時，常有人說：「這些猶太人又來了。」

　　德軍進入烏克蘭時，東歐各地已經開始了對猶太人的大屠殺，不僅是男人，就連婦孺都難逃厄運。一九四一年九月二十九日到三十日，在基輔城郊的娘子谷（Babi-Yarravine）連續進行了兩天的大屠殺，三萬三千七百七十一名猶太男女和兒童被機槍掃射而死。那年秋冬兩季，隨著德國征服區的擴大，烏克蘭、白俄羅斯和蘇聯其他領土上又有數萬名猶太人遭到殺害。至此，東部的種族滅絕已經全面鋪開，不久，它就會被整合進歐洲全部德占區的種族滅絕計畫。

　　一九四二年一月，「最終解決計畫」確定要消滅一千一百萬名猶太人（雖然歐洲各國對本國猶太人口的估計有時非常不準確）。這個數字也包括了英格蘭、芬蘭、愛爾蘭、葡萄牙、瑞典、瑞士、西班牙和土耳其的猶太人，那些地方雖然不在德國控制下，但計畫假設在未來的某個時候會將它們納入「最終解決計畫」。這個目標當然是達不到的。但即使如此，到戰局的發展終止了屠殺之時，已經有五百五十萬名猶太人遭了毒手。

　　二次大戰中，未參加戰鬥的平民遭受了慘絕人寰的屠殺。對受害

者不應分三六九等。一個人無論是因飢餓而死,還是因勞累而死,被毆打致死,或被毒氣毒死,無論是死於希特勒的人還是史達林的人之手,無論是「富農」,還是猶太人、同性戀,或是吉普賽人(德國殺害了五十萬名吉普賽人),他或她都是一個有親人的人,都不是在戰鬥中不幸陣亡,而是被蓄意殺死的人。在受害者中,誰也不比別人地位更高。然而,殺戮的動機和殺人計畫的關鍵特點是有所不同的。除了猶太人之外,沒有哪個社會或族裔群體早在戰爭開始之前,就由意識形態確定為必須根除的、具有魔鬼般邪惡力量的天敵。只有猶太人被一絲不苟的官僚機器仔細挑出來作為消滅的對象。也沒有哪個民族,包括被輕蔑地稱為「吉普賽人」的辛提人(Sinti)和羅姆人(Roma)在內,像猶太人那樣遭受如此有計畫、有系統、不鬆懈的毀滅。猶太人不僅被大量槍殺,而且愈來愈多地遭到工業化的大規模毀滅。

二次大戰的一切破壞、毀滅和苦難中,對歐洲猶太人的殺害是人類向著人性泯滅深淵墮落的谷底。滅絕營焚屍爐那升騰的火焰是人間地獄活生生的體現。

一九四一年秋,東歐各地的納粹領導人根據柏林下達的精神和授權,開始對自己屬地的猶太人展開大規模屠殺,他們從希特勒本人徹底解決「猶太人問題」的決心中得到了激勵。東歐各地的這些行動加快了種族滅絕的全面鋪開。行動在那年秋天加快,是因為原計畫中對蘇作戰速戰速決的期望落空,納粹不得不放棄把歐洲猶太人運到蘇聯的計畫。東歐各地的納粹領導人數月來一直努力爭先,把自己治下的省變成「無猶區」,因此必須另找地方來實現「猶太人問題的最終解決」。

一九四二年初,把猶太人大批運到波蘭的殺人場的計畫開始浮出水面。此時,移動和固定的毒氣室取代機槍掃射,成為最受青睞

的殺人方法。一九四一年十二月，毒氣車開始在波蘭西部的海烏姆諾（Chełmno）投入使用。這種車的外形與運傢俱的貨車無異，但可以在密封的車廂內釋放一氧化碳。約十五萬名猶太人喪生毒氣車內。一九四二年三、四月間，波蘭猶太人被運往東部的貝烏熱茨（Bełżec）和索比堡（Sobibor），成為那裡固定毒氣室中的冤魂。六月，華沙附近的特雷布林卡（Treblinka）也建起了固定毒氣室。滅絕營遂成三足鼎立之勢，共同執行旨在把波蘭猶太人全部消滅的「萊茵哈德行動」（Aktion Reinhard）。

　　這三個營沒有勞動的內容。其實，稱其為「營」並不合適。除了衛兵和少數暫時留下來組成「特遣隊」（Sonderkommandos）的囚犯之外，沒有別的人住在裡面。特遣隊負責的可怕工作是清理毒氣室中的屍體，將其送入焚屍爐。萊茵哈德行動的「營」只有一個目的，就是消滅送至那裡的猶太人。新送來的人一般幾小時後就會被解決掉。一九四三年秋，滅絕營準備關閉的時候，已經殺害了一百七十五萬名猶太人，主要是波蘭猶太人。一九四二年一年就殺死了約二百七十萬名猶太人，這幾乎是二次大戰期間被殺人數的一半，其中多數人喪命於萊茵哈德行動的滅絕營。

　　一九四三至一九四四年，主要的殺人場轉到了奧斯威辛，那裡的情況與萊茵哈德行動涉及的營不同。猶太人被送到奧斯威辛不光是去死，而且先要做奴工。另一個與萊茵哈德營的不同之處是，自一九四二年起送到奧斯威辛集中營的猶太人絕大多數來自波蘭以外的地方。奧斯威辛原來就是一個巨大的勞改集中營，最初是用來關押波蘭戰俘。從一九四二年三月開始，歐洲各地的猶太人被源源不斷地送到這裡，先是來自斯洛伐克和法國的猶太人，然後是比利時和荷蘭的猶太人，很快又加上了其他國家的猶太人。

　　運來的猶太人多數被送到離奧斯威辛主營地兩公里外，一個名叫

比克瑙（Birkenau）的附屬營，那裡的地方大得多。從一九四二年五月開始，德國人把不再能勞動的猶太人與尚能做工的猶太人分開，將前者直接送進毒氣室。一九四三年增建新焚屍爐（每天能焚燒五千具屍體）後，殺人的能力大為提高。那時，種族滅絕計畫的觸角已經伸到納粹占領區的各個角落。就連最西邊的海峽群島（Channel Islands），這個英國領土中唯一落入德國手中的地方，也有三名猶太婦女（兩個奧地利人，一個波蘭人）被驅逐，先到法國，然後去了奧斯威辛。她們後來的遭遇不明，但誰也沒有活到戰爭結束。

被運到奧斯威辛的最大的一批猶太人也是最後一批，那是德國占領匈牙利後於一九四四年春夏兩季驅逐的匈牙利猶太人。德國人需要匈牙利猶太人的勞動力和財富，但經濟動機中也摻雜了消滅猶太人的意識形態因素。一九四四年五月，希特勒對德軍將領說，整個匈牙利都被猶太人「破壞腐蝕」了，猶太人織成了一張「特務和間諜的天衣無縫大網」。德國要想取得勝利，就必須消滅他們。他宣布，他決定親自干預來「解決問題」，還強調維護德意志種族唯此為大。對此，將領們報以雷鳴般的掌聲。接下來就開始了把匈牙利猶太人大批運往奧斯威辛的行動。截至七月，已有四十三萬七千四百零二人喪生於奧斯威辛的毒氣室。

據統計約有一百一十萬人在奧斯威辛慘遭殺害，包括約一百萬名猶太人、七萬名波蘭囚徒、二萬多名辛提人和羅姆人、一萬名蘇聯戰俘，還有幾百名耶和華見證人[2]信徒和同性戀者。一九四五年一月底，蘇聯紅軍解放了奧斯威辛的囚犯。一九四四年七月，紅軍發現盧布林－馬伊達內克（Lublin-Majdanek）滅絕分營時，就連看慣慘狀、

2　譯者注：耶和華見證人（Jehovah's Witnesses），在聖經基礎上發展起來的一個宗教
　　團體。

心如鐵石的戰士們也不禁震驚於眼中所見。那個分營中據統計有二十萬人遇害，包括八萬名猶太人。他們在奧斯威辛看到的更是怵目驚心。即使到了此刻，猶太人的苦難仍未結束。戰爭的最後幾個月中，隨著盟軍步步進逼，先是波蘭，最後是德國的集中營裡的囚犯撤出營區，被驅趕著走上前往滅絕營的死路，途中約二十五萬人死亡，絕大多數是猶太人。

被送到奧斯威辛和其他滅絕營的每個人都曾有過自己的名字。大規模殺戮的官僚程序把人名變成了編號。對殺人者來說，受害者僅僅是號碼而已。這是一種非常現代的殺人方法。萊維（Primo Levi）是一位猶太裔義大利化學家，他被法西斯民兵抓住，於一九四四年二月被送往奧斯威辛的莫諾維茨分營（Monowitz）做苦工。他回憶被剝奪了身分特徵的感覺時說，那等於「把一個人完全毀掉」。他又說：「我們落到了谷底，慘得不可能再慘，不可想像人世間能有如此的苦難。我們失去了一切屬於自己的東西。他們拿走了我們的衣服、我們的鞋子，甚至我們的毛髮……就連我們的名字他們都會拿走。」的確如此。他很快就得知，自己是第一七三四一七號囚犯，這個號碼用刺青刺在他的左臂上。他說：「這是地獄。在我們這個時代，地獄一定就是這個樣子。」

但是，有些人除集中營編號以外，仍保留了自己的特徵，即使在準備踏入毒氣室的時候也維持了做人的尊嚴。赫爾曼（Chaim Hermann）給妻子和女兒寫的最後一封信令人動容，那真的是從毒氣室裡發出的聲音。這封信是一九四五年二月在奧斯威辛的焚屍場的骨灰下找到的。赫爾曼告訴妻子，集中營裡的生活是她完全無法想像的「另一個世界」，「是地獄，但丁描繪的地獄荒唐可笑，根本無法與這裡真實的地獄相比」。他向她保證，他將「平靜地，（如果環境允許）也許能英勇地」離開這座地獄。

　　但並非所有人都像他一樣忍辱負重。在奧斯威辛發現了某位死者用捷克語寫的一首詩，詩中表達了對施暴者深切的憤怒、詩人內心對侮辱和死亡的反抗，以及確信清算的日子一定會到來的情感。這肯定是許多受害者共同的情感：

> 埋葬在這裡的人愈來愈多，我們的行列日益壯大，
>
> 你們的田地滿是我們這樣的種子，總有一天你們的土地會爆裂開來。
>
> 那時我們將排著可怕的隊伍破土而出，我們是由骷髏骨架組成的隊伍，
>
> 我們將對所有人怒吼：
>
> 我們這些死去的人要控訴！

人間地獄的眾多意義

　　那位不知名的捷克詩人和無數其他人都看不出，肆意屠殺這麼多無辜受害者究竟有何意義。許多猶太人發問：在他們遭受無盡的苦難和死亡的時候，上帝在哪裡？若是有上帝，祂為什麼准許發生如此可怕的事情？歐洲許多地方的基督徒遭受了無法想像的痛苦，他們也經常提出同樣的問題。另一方面，也有人仍然堅持自己的信仰，他們剩下的似乎也只有信仰了。至於幾十萬名受害的辛提人和羅姆人是能從宗教信仰中得到安慰，還是只能因自己遭到的迫害和殺戮而感到絕望與迷惑，我們無從得知。他們中間沒有詩人，多數人是文盲，沒有為子孫後代留下記錄他們苦難的隻字片紙——無數人的生命就這樣被殘忍地消滅，除了記憶和口頭傳說以外，沒有留下任何痕跡。

　　對德國領導人和負責執行種族政策的眾多軍、警、政務部門人員

來說，大規模種族滅絕和「種族清洗」是戰爭固有的一部分。他們的幾百萬名受害者卻對自己身受苦難的成因深感茫然。有些人經受了如此巨大的苦難後，產生對人性最徹底的悲觀，這是非常自然的。然而令人驚訝的是，除了虛無主義還有別的。即使在奧斯威辛，也有人高歌貝多芬的《歡樂頌》。即使在那個人間地獄中，人性依然存在，音樂仍舊能喚起精神的昇華（如果宗教本身做不到的話）。

　　各人從自己的角度理解戰爭的意義或戰爭的無意義。對在二次大戰中生活過、戰鬥過或死去了的幾百萬人來說，有可能談論戰爭的「意義」嗎？席捲他們生活的疾風暴雨般的各種事件，永遠地改變了他們，改變的過程往往充滿了非人的痛苦。他們怎麼看待那些事件？顯然，每個人在大戰中都有自己獨特的經歷。對不同的人，戰爭有許多不同的意義，或往往毫無意義。人們不同的處境決定了他們經歷的不同，而不同的經歷有時會使他們對戰爭的意義產生不同的理解。經歷不僅限於個人經歷，很大部分是共同的經歷，有些經歷由國籍所決定，也有些超越了國籍，不過決定戰時經歷的根本性因素經常是國籍，人們對自己的經歷也是從國家或民族的視角來看的。

　　數百萬人參加了陸上、海上或空中的戰鬥，戰鬥的情況千差萬別。他們中間有些是占領軍，還有些是民族反抗運動的地下游擊隊。大批婦女參軍入伍，其中幾十萬人為軍隊提供了必不可少的後勤服務，或者在反抗運動中擔負重任，或者作為紅軍或南斯拉夫游擊隊的成員親上前線。陷在戰爭中的平民每天都為在遠方作戰親人的安危而牽腸掛肚。在歐洲的大部分地區，平民還要適應敵人占領下的生活，承受物質上的沉重損失，經常因空襲而擔驚受怕，有時還被強迫驅離自己的家園。被敵人占領在多個方面塑造了大戰期間的經歷。東歐發生的那種變態的人性淪喪在西歐並未出現。然而，儘管西歐各國的情況有所不同，但長達數年的占領仍舊在人們心裡留下難以磨滅的印

記。在所有地方，生活都比戰前更加艱難。對幾百萬人來說，戰爭意味著求生存。對各國作戰部隊的無數軍人來說，這肯定是最首要的意義。

作戰部隊

在形勢危殆之際，步兵、水兵和航空兵通常只有一個念頭，那就是活下去。激戰中沒有思考的時間。槍砲齊發的時候，士兵最主要的情感是恐懼和憂慮。對家中親人的思念、保護他們的決心和活著回到家人身旁的念頭，都是士兵重要的作戰動力。另一個常有的動力是為受到敵人傷害的親人報仇。除了為保命而戰之外，對戰友的忠誠也是一個重要的作戰動機。東部戰線上死傷慘重，整支部隊的兵員不止一次損失殆盡，又重新組建。在那樣的情況下，「群體忠誠」不可能和一戰時從英國工業城鎮開往前線的「好友營」的那種忠誠完全一樣。但儘管如此，能否保住性命仍然在很大程度上取決於身邊戰友的行動。因此，戰士們的自身利益決定，為自己的生存而戰同時也是為戰友的生存而戰。另一個因素是害怕不努力作戰可能為自己帶來的後果。蘇軍和德軍士兵尤其明白，如果拒絕作戰或開小差，就會受到長官毫不留情的懲罰。

從硝煙瀰漫的戰場上下來的官兵，即使是不善思考的人，在家書或日記中也常會流露出他們對作戰（除保命以外）的意義的看法。訓練、教養、背景和自幼培養的共同文化價值觀等因素，都為短期的個人理由加上了一層潛意識的色彩。

德意志國防軍於一九四一年六月越過邊界長驅直入蘇聯的時候，大多數士兵無疑都堅信自己是在參加一場聖戰，是在保衛德國、抵禦布爾什維克的可怕威脅。這個信念似乎為他們對紅軍和蘇聯老百姓那種令人髮指的野蠻和殘酷，以及他們對猶太人的屠殺提供了理由。一

個教養良好的德軍士兵踏上蘇聯的土地後寫信給國內的朋友說：「這是歐洲的盡頭。」他認為，德國人去蘇聯是為了保護文明的基督教西方世界，不致遭受布爾什維克主義所代表的可憎的、不信上帝的暴行。這名士兵雖然在意識形態上並不反猶，但是他接受了關於「猶太布爾什維克主義」的納粹宣傳，對行軍經過的一些村莊中的猶太人，他的厭惡溢於言表。一個原來是店主、戰時成為預備警察的德國人在一九四一年八月寫信給妻子，說到一百五十名猶太男女老少被槍殺的事。他寫道：「猶太人正在被徹底消滅。別去多想，事情只能這樣。」執行大規模處決的時候，許多士兵無動於衷地在一旁觀看，有些人還拍照留念。一名士兵告訴妻子：「我們看完了就回去接著做事，好像什麼也沒有發生過一樣。」接著他馬上為自己這種態度辯解：「游擊隊是我們的敵人，是惡棍，必須消滅。」當數百個村莊只是因為參加或被指控參加游擊隊的活動就被付之一炬，村民慘遭屠殺或被活活燒死的時候（僅在白俄羅斯一地就有六百個村莊遭此厄運），就是這種態度撫慰了施暴者的良知。他們開始時可能感到良心不安，但很快就適應了這項必須完成的任務。

當然，也有少數人並未喪失人性。一些英勇的軍官組成了德國反抗運動的中堅力量，在一九四三和一九四四年曾數次企圖暗殺希特勒。促使他們這樣做的原因是德國在東方對猶太人和其他人犯下的滔天暴行。他們沒有成功，主要是因為運氣不佳。但是，特雷斯科（Henning von Tresckow）將軍和史陶芬貝格（Claus Schenk Graf von Stauffenberg）上校代表了許多德國人，他們深惡痛絕希特勒的德國犯下的人性淪喪獸行。

一些士兵也從一開始就對眼中所見感到不安。有些人出於宗教信仰，從內心反感野蠻殘暴的行為，他們甚至偶爾會幫助猶太人。例如一位名叫霍森費爾德（Wilm Hosenfeld）的低階軍官曾經是納粹

黨員、衝鋒隊員，對希特勒崇敬愛戴，對德國的戰爭大業堅信不疑。但是，他駐紮在華沙的所見所聞使他驚駭莫名，產生了厭惡與痛恨。於是，他在堅定的天主教信仰的激勵下，主動盡力幫助猶太人。在受他幫助得救的猶太人中，有猶太裔波蘭音樂家史匹曼（Władisław Szpilman），這個故事後來因波蘭斯基（Roman Polanski）導演的電影《戰地琴人》（The Pianist）而家喻戶曉。霍森費爾德在一九四二年七月給妻子的家書中寫到幾千名猶太人被殺害，他問道：「是不是魔鬼披上了人的外衣？」接著自己回答說：「我對此堅信不疑。」他稱這種暴行在歷史上絕無僅有，說它造成了「如此可怕深入骨髓的負罪感，使你羞恥得恨不得鑽到地洞裡去。」

據統計大約有一百人做出了這種高尚的行為。可能還有別的人，只是不為後人所知，但無論如何，與德意志國防軍一千八百萬名官兵的數字相比，這樣的人可說是鳳毛麟角。

德軍官兵大多被官方的戰爭宣傳洗了腦。所有跡象都顯示，堅定的納粹分子、希特勒的愛將陸軍元帥賴歇瑙（Walter von Reichenau）毫不掩飾的觀點，至少在一定程度上滲透到了軍隊的基層。一九四一年十月十日，賴歇瑙在一份總命令中講明了德軍士兵在東線的責任：

> 對猶太－布爾什維克制度作戰的主要目的是完全消滅其力量，根除歐洲文化圈內亞細亞的影響。所以，部隊必須擔負起常規的純軍事任務以外的責任。東部戰區的士兵不單要遵循戰爭規則作戰，而且要支持無情的種族（völkisch）意識形態，為德意志民族及相關族裔遭受的一切獸行復仇。為此，士兵們必須充分理解嚴懲猶太劣等人的必要性。

德軍官兵相信自己是在為一個未來的烏托邦而戰，儘管那只是

個朦朧的理想；在未來的「新秩序」中，優越的德意志種族和統治被打垮的敵人，將保證他們的家人和後代永享和平與繁榮。到了一九四四至一九四五年，這種朦朧的希望早已煙消雲散，但戰爭仍然有其意義。德軍頑抗到最後一刻主要是出於另一個意識形態信念，那就是「保衛帝國」。這四個字不僅涉及捍衛抽象的政治或地理實體，而且涵蓋了保衛家人、家園、財產和文化之根。德軍官兵非常明白己方犯下的罪行，特別是在東線作戰時的累累惡行，所以他們繼續作戰的意義是不惜一切代價頂住紅軍的進攻，因為紅軍若是取勝，必然會進行報復，徹底摧毀他們珍視的一切。戰爭在意識形態上的意義，加之紀律、訓練以及出色的領導，共同維持了德軍堅持到最後、令人驚訝的高昂士氣。

　　但對德國的盟國來說，戰爭的意義遠沒有那麼明朗，維持士氣也遠不那麼容易。一九四一年，加入德軍對蘇侵略的有六十九萬名外國兵，主要是羅馬尼亞人。在以慘敗告終的史達林格勒攻勢中，羅馬尼亞、匈牙利、克羅埃西亞、斯洛伐克和義大利軍隊都投入了戰鬥。蘇聯在反攻中俘虜了近三十萬名非德國的軸心國部隊官兵。希特勒對那些部隊如此缺乏戰鬥精神既怒且鄙。的確，其他軸心國軍隊的鬥志與德軍相差甚遠，原因可以理解。德國的盟國儘管也都仇恨蘇聯，但那種仇恨不足以激勵它們的軍隊像德軍一樣全力投入戰鬥。德國那些盟國軍隊中的將士沒有對某個未來社會或制度的憧憬，也不認為值得為之而戰甚至獻出生命。臨陣脫逃司空見慣，士氣低落十分普遍，指揮領導軟弱無力。羅馬尼亞軍隊裝備低劣，兵員不足，軍官把士兵看得豬狗不如，難怪許多士兵要強逼著才肯上戰場。一名和他們打過仗、親眼看到他們是多麼不堪一擊的前紅軍士兵問到了關鍵點：「羅馬尼亞人沒有真正的目標，他們到底為了什麼作戰？」在頓河作戰的義大利士兵也經常納悶自己為什麼在這個地方打仗。他們遠離家鄉，條件

艱苦，陷入一場對他們毫無意義的戰爭。這樣的部隊沒有鬥志一點兒也不奇怪。一名蘇聯翻譯問一個義大利中士，他所屬的營為何一槍未發就投降，那名中士回答說：「我們沒有還擊，因為我們覺得那是錯的。」

大多數義大利士兵不想打仗。他們日益感到，墨索里尼把他們拖進了只有可憎的德國人能夠從中得益的戰爭。對他們來說，戰爭沒有清楚的、有說服力的意識形態上的意義，因此他們缺乏作戰的動力。他們不肯繼續打這場毫無勝算的戰爭，而是寧願投降保命，這是非常合理的選擇。但是，義大利一九四三年九月宣布退出大戰後，它的南北兩部分別遭到盟軍和德軍的占領。在這個時候，義大利人顯示出，他們為了直接影響到他們自己、他們的家人和家園的意識形態問題，就可以不屈不撓地頑強作戰，無論是對占領者，還是對本國的敵人。這個意識形態問題是：戰後的義大利將會變為什麼樣的國家？是回歸法西斯主義，還是建立社會主義？

蘇聯紅軍是一支龐大的多民族軍隊，對紅軍士兵來說，戰爭的意義完全不同。大多數士兵沒有受過教育，生活條件原始落後。紅軍步兵的四分之三是農民，有些來自邊遠農村的孩子參軍前連電燈都沒見過。他們大多數人不可能深入思考自己參加的這場戰爭的意義。許多人打仗肯定是因為他們不得不打仗，因為他們別無選擇，因為不打就是死路一條。但是，只靠恐懼不可能維持如此驚人的戰鬥力和士氣，使紅軍從一九四一年崩潰的邊緣扭轉乾坤，取得四年後的完勝。

事實上，一九四一年夏天，隨著德軍連戰連捷、勢如破竹，紅軍的士氣近乎瓦解。很多士兵開了小差，被抓回來的都難逃被槍斃的下場。但是，不停的宣傳加上關於德國人殘酷屠殺占領區老百姓的各種消息，以及紅軍奮勇力戰、終於拒敵於莫斯科城門之外的英雄事蹟終於使士氣不再下跌。蘇聯戰士和德軍士兵一樣，認為戰爭是有意義

的，儘管他們說不清意義到底為何。意識形態在他們作戰動機中的作用不可低估。他們的意識形態不一定與官方的一致，不過官方意識形態也開始把重點轉向了愛國主義。一九四二年十一月，紅軍發動了以史達林格勒戰役勝利告終的頓河大反攻，史達林在大反攻開始的那天清晨對紅軍將士的講話，就採用了愛國主義的基調：「親愛的將軍們、士兵們，我的兄弟們，今天你們要發動進攻，你們的行動將決定我們國家的命運，決定它是繼續巍然屹立還是灰飛煙滅。」一名目擊者回憶他那天的情緒時說：「那些話說到了我的心坎裡……我差點流出眼淚……我感到精神振奮、鬥志昂揚。」

　　但愛國主義並非全部，而是和馬克思－列寧主義的意識形態相輔相成的。紅軍部隊受的是布爾什維克主義的教育。對於在莫斯科城外、史達林格勒和庫爾斯克浴血奮戰的紅軍士兵來說，這是他們接受過的唯一教育。他們自孩提時代起就被灌輸了對未來更新、更美好、屬於全體人民的社會的嚮往。一個紅軍老兵承認自己曾夢見過「父親般的」史達林，他把史達林的聲音比作「上帝的聲音」。他說，不管史達林進行了何種鎮壓，「史達林代表了未來，我們都是這樣相信的」。現在，這個建立未來共產主義祖國的理想到了生死關頭。共產主義的理想仍然可以實現，但首先必須消滅希特勒的法西斯軍隊，他們正在像鬣狗一樣踐踏蘇聯的土地、殺害蘇聯的公民、夷平蘇聯的城鎮鄉村。這個思想極為有力。當戰局扭轉，紅軍開始向第三帝國的邊界挺進的時候，復仇之心更加大了它的力量。紅軍戰士們堅信，他們打的是防禦之戰、正義之戰，是不惜一切傷亡必須打贏的戰爭。這是強有力的作戰動機。戰爭對他們有真正的意義。

　　對西歐盟軍的作戰部隊來說，戰爭無法歸結為單一的意義。大戰打響後，英國、法國和波蘭結成的同盟很快因英聯邦自治領的加入而得到擴大。英國和法國的殖民地供應了大批部隊，僅印度一國就派了

二百五十萬人，主要部署於對日作戰。法國的北非殖民地則為一九四二年法國重建軍力提供了兵員基礎。捷克人、比利時人、荷蘭人和挪威人等許多其他歐洲人自大戰伊始就和英國人一道，與波蘭人和法國人並肩作戰。美國和許多別的國家後來也在同盟國一邊加入了大戰。一九四二年，反對軸心國的聯盟共有二十六個成員國，自稱為「聯合國」。各成員國軍隊的情況千差萬別，有在歐洲作戰的，日本參戰後也有在遠東作戰的，還有在海上和空中作戰的。境況如此不同的男女官兵對戰爭意義的理解必然有所不同。盟軍的戰士也並不比別人更能說清楚自己為何而戰。家書的內容通常只涉及軍旅生活比較日常的方面，自己經歷的那些最難忍的磨難、疼痛、恐懼和痛苦大多隱而不報，以免親人牽掛。戰友情誼至為重要，想與家人團聚的渴望極其普遍，但歸根究柢，生存是第一位的。然而，雖然在多數情況下沒有明說，但是文化價值觀和潛意識中的信念起到了維持士氣的作用，使戰士們感到這場仗值得打。

　　對流亡的波蘭人和總部設在英國的「自由法國」[3]成員，以及加入了盟軍的其他歐洲國家的公民來說，他們為之奮鬥的事業顯而易見：把祖國從德國占領下解放出來。但是，在很長的時間內，自由法國的領導人戴高樂（Charles de Gaulle）將軍並不能代表多數法國公民。戰爭對國內和國外的法國人並非只有一種意義。對流亡的波蘭人來說，戰爭也有不止一種意義。他們的事業不僅是打破德國的桎梏，而且隨著戰爭的進展，日益發展為努力確保戰後的波蘭不致才出虎口，又落入蘇聯的統治之下。

　　在法國土地上作戰的波蘭人有四分之三戰死或被俘，但在波蘭軍

3　譯者注：自由法國（Free French）是二次大戰期間戴高樂領導的法國反納粹德國抵抗組織。

隊總指揮官、波蘭流亡政府總理西科爾斯基（Władysław Sikorski）將
軍的領導下，約一‧九萬名波蘭官兵和飛行員於一九四〇年從法國撤
到了英國。後來，波蘭飛行員在「不列顛之戰」[4]中做出了超比例的貢
獻。比較鮮為人知的是，波蘭密碼員和他們的英法同行共同努力，在
破譯恩尼格瑪密碼中起了重要的作用（他們早在三〇年代就破譯過前
一版的恩尼格瑪密碼），使盟軍得以破解德軍的電報，這是盟軍最終
贏得大西洋上戰鬥的一個關鍵因素。

　　史達林從勞改營中釋放了數萬名波蘭囚犯，恢復了蘇聯和波蘭的
外交關係，自一九四二年起，四萬名波蘭軍人在安德斯（Władysław
Anders）將軍指揮下先是在北非和英軍並肩作戰，後又在義大利參加
盟軍的作戰。安德斯本人曾被蘇軍俘虜，在監獄中受盡折磨。不出意
料，他獲釋後一直激烈反蘇。一九四三年四月在卡廷發現的令人毛骨
悚然的萬人坑是最明顯的證據，使流亡在外的波蘭人牢記，蘇聯占領
和德國占領一樣暴虐恐怖。一九四四年八月，華沙起義被德軍鎮壓，
建立獨立波蘭的希望就此破滅。次年二月，英國和美國在雅爾達會議
上同意重劃波蘭邊界，將其劃歸戰後的蘇聯勢力範圍，使波蘭人感覺
受到了徹底的背叛。流亡在外的波蘭人和波蘭國內人口的大多數都不
支持共產主義，對他們來說，二次大戰以一場民族災難開始，又以另
一場民族災難結束。

　　一九四〇年以前，戴高樂還是個沒沒無聞的法軍中級軍官。德國
入侵比利時期間，他被擢升為將軍，很快又擔任負責國防的副國務祕
書。一九四〇年夏，他在英國人的支持下成為流亡在外的「自由法

4　譯者注：不列顛之戰（Battle of Britain）是二次大戰中德國對英國發起的規模最大
　　的空戰，雙方的盟友也參加了空戰，空戰從一九四〇年開始至一九四一年結束，以
　　德國失敗告終。

國」的領導人，但自由法國的力量非常弱小，僅有大約二千人，一百四十名軍官。戴高樂從倫敦向法國人民發表了一系列廣播講話，篇篇擲地有聲。他宣稱自由法國代表真正的法國。他對德國人和維琪政權（Vichy，一九四〇年法國投降後在未被德國占領的地區建立的政府）表現出了不屈的姿態，拒絕承認維琪政府的合法性。但是，在大戰的前半期，他得到的回應寥寥無幾。許多法國人受維琪政府宣傳的影響，把他視為叛徒。

　　一九四〇年七月三日，邱吉爾下令擊沉停泊在阿爾及利亞凱比爾港（Mersel-Kébir）內的法國艦隊（以免其落入德國人手中），造成一千二百九十七名法國水兵喪生，這自然無助於贏得法國及其殖民地人民對盟軍的支持。駐紮在殖民地的法軍人數遠超在本土的人數，他們和殖民地當局一樣，起初是忠於維琪政府的，甚至於一九四〇年九月擊退了自由法國部隊在達卡（Dakar）的一次登陸行動。隨著戰局向著不利於德國的方向發展，維琪政權日益失去民心，法國殖民地才逐漸轉向支持自由法國。戴高樂與邱吉爾及羅斯福關係緊張，自由法國領導層內部也出現齟齬不和，這些都妨礙著反對維琪政權的各路力量的整合，這種情況持續到一九四二年十一月盟軍登陸北非後很久。即使那時，自由法國的武裝也只有五萬人，相比之下，至少名義上忠於維琪政權的部隊有二十三萬人。一九四三年夏，戴高樂把總部遷至阿爾及爾，他對法國國內日益壯大的反抗運動的支持提高了他的威望，這才被一致承認為候任政府的首長。他現在成了維琪政權的競爭者，自身的力量加強，獲得的支持才不斷增多，而維琪政權自從一九四二年十一月德國進駐了原來法國未被占領的地區後，就愈發淪為日益招人憎恨的德國統治者的傀儡。

　　英國軍隊與歐洲盟友相比有一個獨特之處，就是他們作戰不是為了把自己的國家從外國占領之下解放出來。在這個意義上，他們為之

戰鬥的事業以及戰爭對他們的意義更加抽象、模糊。他們絕大多數都支持由邱吉爾在大戰期間領導國家，但是，除了軍官團所代表的菁英以外，沒有多少人同意邱吉爾對戰爭意義的理解，那就是，除了捍衛自由民主之外，還要維護大英帝國的偉大。事實上，許多與英國人並肩作戰的殖民地士兵所抱的希望恰好相反，他們希望自己的祖國擺脫殖民統治，實現獨立。就連英國本土的部隊在幾千公里外的遠東和野蠻無情的日軍作戰時，都不認為自己是在捍衛大英帝國。對他們大多數人來說，最重要的是在暗無天日的叢林裡以及日軍的進攻中保住性命，若不幸被俘，更要忍受無法言狀的殘酷虐待，爭取大難不死。官兵在家書中除了自己的生存外，很少提及戰爭的意義。一個例外是一位英國軍官，他在北非陣亡前寫給父母的信中表達了儘管模糊卻肯定相當普遍的理想。他表示，為了實現他所謂「所有『中層民眾』對更加美好的未來、對更適合自己的子孫後代居住的世界那發自內心的渴望」，他願意獻出生命。

　　這種認為戰爭的意義在於為更美好的未來做準備的觀點，在英軍中相當普遍，雖然很少得到明言。它在英國國內引起重視是在一九四二年的十一月。當時，自由黨人貝弗里奇的報告出爐[5]，提出了一整套社會安全制度的框架，為英國全體國民提供從出生到死亡的各種福利。在海外作戰的英軍對《貝弗里奇報告》議論紛紛，這本身就表示戰士們把戰爭視為通往新社會之路。英軍官兵普遍認為，戰爭不僅是為了打敗並消滅納粹主義的禍害，儘管這顯然是首要目的，但大局底定後還要與國內的舊世界決裂。這使英軍有了目標，幫助維持了士氣。這個理想表現在一九四五年的選舉中，當時對德戰爭已經勝利，

5　譯者注：威廉・貝弗里奇（William Beveridge），著名經濟學家，有「福利國家之父」之稱，此處的報告指貝弗里奇的名著《貝弗里奇報告》（*Beveridge Report*）。

但對日激戰仍然未休，然而，數百萬名官兵卻用選票拒絕了戰爭英雄邱吉爾。他們認為，邱吉爾代表的是重視特權、財富和地位的舊有的階級秩序，但現在是建立更公平的社會的時候了。抗拒希特勒德國的鬥爭，加上烏托邦式的憧憬，為英國的戰爭事業賦予了意義。

然而，對有些起初懷著滿腔希望參軍打仗的人，戰爭卻帶來了幻滅，無論是對政治，對更美好的未來，還是對人類本身。伍德拉夫在經濟蕭條期間從蘭開夏郡的一個工人家庭來到牛津大學念書，他原來是反戰的社會主義者，後來轉而相信，必須抗擊納粹主義，方能實現更好的社會。然而，他復員歸來時，內心卻發生了巨變，起初的樂觀主義在戰場上煙消雲散。他後來寫道：「大戰前我曾奢談建設新文明……最後我終於明白文明是多麼脆弱……別人的死在我的記憶中留下的陰影久久不能消退。」許多復員軍人無疑也有同感。

大後方

二次大戰中，前線和後方的差別比以往任何一場戰爭都小。兩者經常沒有分別，前線和後方差不多合而為一。在東歐的一些地方，希特勒和史達林的軍隊的拉鋸戰和廣泛的游擊隊活動，基本上抹去了前方和後方在含義上的任何不同。在歐洲的其他地方，這個分別較為明顯。但無論如何，所有交戰國的人民都經歷過不同形式的人間地獄，主要是德國占領者鐵蹄的踐踏。

大戰中大致能保全的只有六個中立國，即瑞士、瑞典、西班牙、葡萄牙、土耳其和愛爾蘭（一九三七年前一直稱為愛爾蘭自由邦），再加上列支敦士登、安道爾和梵諦岡這三個微型城邦。但是，即使這些國家也難免受到戰爭的影響。它們的國民因為經濟活動被打亂或直接遭到封鎖而陷入貧困中，甚至由於盟軍弄錯了空襲目標而偶爾遭到轟炸（例如說，瑞士城鎮沙夫豪森、巴塞爾和蘇黎世就遭到過空

襲），發生平民傷亡。但儘管如此，每一個中立國都避免了最壞的遭遇。它們成為中立國的途徑各不相同，意識形態的傾向僅起到了部分作用。宣布中立主要是戰略的需要，也有經濟上的好處。

　　瑞士人口有四分之三講德語，德國入侵是它的一大擔憂，瑞士四面邊界又都直接與軸心國接壤，所以它間接捲入衝突幾乎是不可避免的。德國和同盟國都多次侵犯瑞士領空，雙方也都利用瑞士的銀行系統。瑞士需要進口食物和燃料，所以必須與德國保持貿易聯繫。瑞士對德國出口精密儀器，幫助了德國的戰事。瑞士銀行為德國儲存了大量黃金，其中大部分是從被占領的國家掠奪來的，被用來向其他中立國購買重要的原物料以供軍需。雖然同盟國全力施壓，但是煤炭、鋼鐵、建材仍源源不斷地從德國透過瑞士運往義大利，大戰初期還向義大利運去了武器和軍事裝備。另一方面，瑞士鄰近德國，自然成為難民和逃脫的戰俘的投奔之地。瑞士接受了數十萬名軍人和平民身分的難民，雖然並非總是心甘情願。此外瑞士也拒絕了很多其他難民，包括三分之一以上想逃離納粹迫害的猶太難民。

　　瑞典的中立讓它跟瑞士一樣受到了嚴重損害。英國的封鎖沉重打擊了瑞典的貿易，造成大戰初期瑞典和它的主要交易夥伴德國的貿易激增。從瑞典進口的高品位鐵礦石對德國的鋼鐵生產意義重大。瑞典的滾珠軸承對德國也十分重要（對英國的戰時經濟同樣重要，所以對英出口繞過封鎖照樣進行）。瑞典缺乏煤炭，全靠從德國大量進口。後來瑞典實際上也放棄了中立，允許德國的軍隊和武器裝備過境，例如一九四一年德國發動對蘇攻勢之前，就把部隊經由瑞典運到了芬蘭。共有二百多萬名德軍士兵從德國取道瑞典去了挪威，數千輛滿載武器裝備的貨車則途經瑞典開往挪威和芬蘭。但到了大戰晚期，瑞典接受了數千名難民（包括逃離丹麥和挪威的猶太人），此外瑞典也和瑞士一樣，提供許多重要情報給同盟國。

　　伊比利半島上的西班牙和葡萄牙雖然官方上都保持中立，但對交戰國的態度各不相同。葡萄牙是英國最老牌的盟友，雖然中立，但比較偏向同盟國而不是德國，特別是在戰局不可逆轉地變得不利於德國之後。具體來說，一九四三年，葡萄牙勉強同意讓盟軍使用亞速群島（Azores）的空軍基地，使穿越大西洋的同盟國船隊得到了更強的保護。相比之下，雖然佛朗哥後來堅稱，多虧他的英明領導，西班牙才得以置身於大戰之外，但其實他非常想加入軸心國一方，只是他的要價太高。佛朗哥不僅覬覦法國在北非的土地，而且在食品和武器上獅子大開口，德國根本無法滿足他的要求。不過佛朗哥沒有改變意識形態上親近軸心國的立場，例如他向德國出口重要的原物料，允許德國潛艦在西班牙補給加油，西班牙也有近二萬名志願軍加入了德軍的東線作戰。但是，後來德國戰敗大局已定，由於同盟國的封鎖，西班牙急需的糧食和其他物品的進口被阻斷，引起民怨沸騰，佛朗哥才逐漸改變立場，使西班牙的中立為同盟國所用。

　　土耳其宣布中立，根本原因是想盡力避免捲入又一場勞民傷財的戰爭，因為地中海地區日益擴大的衝突離它太近。大戰初期，土耳其從英國那裡獲得了四千多萬英鎊的貸款用以購買武器裝備，故而偏向同盟國，儘管它頂住了要它參戰的各種壓力。土耳其的立場和西班牙的中立一樣，間接地幫助了同盟國在地中海和北非的作戰。一九四一年，德國擴張的觸角伸到土國國境時，土耳其就跟德國締結了友好條約，這是預備萬一德國戰勝的自保之舉。一九四三年，德國又對土耳其施加壓力，以確保土國增加供應德國戰時經濟所需的鉻鐵礦石，不過土耳其仍然堅持中立。戰局逆轉、德國現出頹勢後，土耳其又頂住同盟國的壓力，繼續維持中立的態勢。它堅決不肯捲入任何戰鬥，直到一九四五年二月二十三日才象徵性地對德宣戰。

　　雖然愛爾蘭民族主義者中間反英情緒高漲，但是愛爾蘭的中立實

際上傾向於支持同盟國。的確，愛爾蘭不允許英國使用它的港口（那些港口到一九三八年才最終歸屬愛爾蘭），結果大大加長了英美之間的航運距離，但是，英國船隻可以在愛爾蘭的船塢中維修。盟軍可以使用愛爾蘭的領空進行海岸巡邏。愛爾蘭救起的盟軍航空兵可以歸隊，救起的德軍人員卻要囚禁。在愛爾蘭島的防禦這個涉及雙方共同利益的問題上，愛爾蘭和英國政府多有合作。另外，無論政府的官方立場如何，許多愛爾蘭家庭都與自己在英國的親戚保持著密切的關係。雖然愛爾蘭是中立國，但是據統計有四‧二萬名愛爾蘭公民自願參戰（其中數千人作為英軍戰士犧牲了生命），還有約二十萬人渡過愛爾蘭海去英國為英國的戰時經濟效力。愛爾蘭的中立還有一個怪異的尾聲：愛爾蘭總理、爭取獨立鬥爭的元老瓦萊拉（Éamon de Valera）在對羅斯福總統的逝世表示哀悼的兩週後，又和極少數人一起，在一九四五年希特勒的死訊傳來時，向德國表示了正式哀悼。

在歐洲各交戰國中，英國老百姓是最幸運的。可是，倫敦東區的居民，還有一些英國城市（包括考文垂、南安普敦、布里斯托、卡地夫、曼徹斯特、利物浦、謝菲爾德、赫爾、格拉斯哥和北愛爾蘭的貝爾法斯特）的居民一定不這樣想，他們在一九四○和一九四一年遭受了德國軍機的狂轟濫炸，一九四四至一九四五年又受到德國 V-1 和 V-2 火箭的襲擊。英國老百姓和其他國家的人民一樣，糧食緊缺，工作超時，生活困苦，為遠在前線打仗的親人擔驚受怕，轟炸區的人甚至無家可歸。他們最怕郵差敲門送來電報，報告丈夫、兒子、父親、兄弟陣亡或失蹤的消息，那種痛失親人的感覺最難承受。婦女對戰時的物資困難感受尤深。她們得在食品嚴格配給的情況下盡量安排好家裡的膳食，丈夫出外打仗，她們要在家裡照顧孩子，往往還要兼顧家務和長時間的在外工作。過去沒有工作過或只料理過家務的婦女，組成了英國從一九三九到一九四三年之間增加的（五十萬名）勞動力的

百分之八十。

　　英國平民的生活的確相當艱難，但還是遠勝於幾乎所有其他的歐洲國家。最關鍵的是，英國沒有被占領，它的經濟沒有遭到德國占領者的無情壓榨。老百姓沒有被強迫送到德國工廠去做工，面對吉凶難卜的未來。英國大城市外的鄉村地區沒有遭到戰爭的實際破壞。即使在城市內，雖然炸彈把建築物毀為一片瓦礫，但是遭轟炸的地區仍然相對有限。數千人因房屋被毀而無家可歸，這相比歐陸各地潮水般的難民，實在是小巫見大巫。糧食配給大大降低了生活標準，但百姓的痛苦遠比不上德國占領（加之同盟國的封鎖）給希臘造成的饑饉，以及大戰尾聲時德國阻斷荷蘭的糧食供應導致的饑荒，更不用說列寧格勒的老百姓遭受的可怕的大饑荒。英國的黑市交易猖獗，但比起物資短缺更加嚴重的其他國家來說，情況還不那麼糟糕。特別關鍵的一點是，英國未被占領意味著人民無須面對屈從於征服者的壓力，沒有出現（各個層次上的）通敵者和（採用各種方式的）反抗者這兩個勢不兩立的群體。

　　大戰期間，英國社會的團結可能是空前絕後的。想與希特勒德國媾和的人愈來愈少，持此想法的大多是上層階級成員，他們很快緘口不言，或像莫斯利爵士和其他著名的法西斯分子一樣遭到監禁。與鎮壓性專制國家的情況不同，英國多數人的聲音是自主發表的真實聲音。當然，民眾的情緒有漲也有落，受戰局起伏的影響，也受食品短缺這類物質問題的左右。不同於後來流傳的神話，敵機的轟炸的確打擊了英國人的士氣，但沒有將其完全摧毀。大戰期間（主要是一九四〇至一九四一年和一九四四至一九四五年），空襲造成約三十萬人受傷，其中的五分之一，即六萬多人被炸死。這個數字當然高得嚇人，但遠低於預計，不足以從根本上動搖全體人民的士氣。日常生活中自然不乏常見的抱怨和不滿，勞資爭端和罷工甚至有所增加。一九四四

年發生了二千起停產事件，損失了三百多萬個生產日。然而，雖然政府不喜歡罷工，但總的來說罷工為時不長，基本上都是為了爭取工資和改善工作條件，而不是對戰爭的抗議。英國平民的士氣也許有漲有落，但他們和作戰的軍人一樣，內心感到戰爭是正義的，非打不可。當然，宣傳也加強了民眾的戰爭正義感。宣傳之所以能夠生效，是因為已經有了一致意見當基礎。邱吉爾作為保守的戰前政治家雖受到一些人的強烈反對，但他在戰時代表了社會的一致意見，民眾支持率達到百分之九十以上。他那些強有力的演說也許並未如一般認為的那樣，決定性地鼓舞了士氣，但是，在關鍵的時刻（比如一九四〇年五月和六月的敦克爾克大撤退），他的演說確實振奮了人心，加深人們是為了拯救自由和民主而打這場仗的認識。若要衡量邱吉爾的重要性還有一個簡單的辦法：我們只需想像一下，如果英國的戰時領導人是哈利法克斯勳爵，英國會遭遇怎樣的命運。英國與那種後果僅僅是擦身而過。

在德意志國防軍鞭長莫及的蘇聯的廣袤內地，戰爭也凝聚了人心。史達林政權改變了宣傳口徑，強調保家衛國，尤其突出俄羅斯民族主義，甚至頒布一項和俄羅斯東正教教會達成的協議。這一切有效地激勵了人民，使他們為了反抗殘酷無情的敵人而願意忍受任何艱難困苦。戰時徵調平民當兵不可避免會使用高壓強迫手段（雖然勞動營中犯人的人數減少了）。誰的忠誠若是受到懷疑，就會遭到嚴酷的懲罰。當發現伏爾加德意志人、克里米亞韃靼人、卡爾梅克人、車臣人這些少數族裔中有少數人通敵的時候，史達林會毫不猶豫地把整個族群部落驅逐到邊遠蠻荒的不毛之地去，無數人死在艱難困苦的跋涉當中。但儘管如此，蘇聯老百姓在大戰中的眾志成城是不可能光靠鎮壓達成的。

蘇聯公民經受的苦難之深、困難之大難以言表。一九四一年德國

的入侵使二千五百萬名蘇聯人失去了家園。政府施行除馬鈴薯以外的嚴格糧食配給，且配給量極小，幾乎所有公民都嚴重缺糧。列寧格勒有約一百萬人被活活餓死。在蘇聯的其他地方，城市居民的糧食配給也僅夠餬口。無論政府對黑市買賣的懲罰多麼嚴厲，民眾為了活命都只能在黑市上購買農民瞞過國家嚴格徵糧行動下私存的餘糧。可是，儘管大家幾乎總是吃不飽，但他們的鬥志沒有崩潰。工時延長了，工作中的任何疏失都會受到嚴厲懲罰。然而，仍然有包括家庭婦女、學生和退休人員在內的大批新工人自願投入勞動。婦女尤其以前所未有的規模加入了勞動大軍，到一九四三年，婦女占產業工人的百分之五十七，集體農場不少於八成的工人是婦女。

　　新出爐的生產規則有時兩三倍於過去的規則。蘇聯的工業生產用了近兩年的時間才從一九四一年的災難中恢復過來，但一旦恢復，它就成為最終取得軍事勝利的堅實平台。人民坦然接受極度的物質匱乏，因為他們看到，自己的丈夫、父親或兒子正在為國家的存亡而戰。即使在這個對大規模死傷早已習以為常的社會中，生命的損失也到達了難以接受的程度。幾乎每個家庭都在戰爭中失去過家人。一個對困苦和死亡不那麼習慣的社會若是遭受如此慘重的物質和生命損失，也許早就人心渙散、鬥志全無了。但對蘇聯人民來說，戰敗的後果不堪設想，這激勵了一種持久的團結和意志，是無論多大的強逼都產生不了的。

　　各國在德國占領下的境遇差別很大。稱為「波希米亞和摩拉維亞保護國」的捷克在一九三九年三月就落入德國統治下，直到大戰的尾聲，捷克土地上都沒有發生過戰事。捷克對德國在經濟上十分重要，德國又非常仰賴捷克的工人，因此不得不棄用黨衛軍「種族專家」喜歡採用的驅逐甚至消滅當地斯拉夫人的嚴酷手段。起初，德國並未對當地人民實施過於嚴厲的統治。不過，安全警察頭子海德里希於一九

四一年秋就任帝國保護長官，負責壓制開始冒頭的騷亂和反抗之後，形勢急轉直下。鎮壓加緊了。一些捷克愛國者在英國特別行動組織（Special Operation Executive）的幫助下乘飛機潛入捷克，於一九四二年五月二十七日在布拉格試圖暗殺海德里希，使他受了致命的重傷。在那之後，鎮壓更是變本加厲。六月四日，海德里希身死，引發了占領方猛烈的報復，暗殺的刺客為逃脫追捕只好自殺。德國為報復暗殺行動，處決了一千三百名捷克人，其中包括二百名婦女。德國人從一個捷克特工身上搜出了利迪策（Lidice）這個村子的名字後，把整個村子夷為平地。希特勒威脅說，再出亂子就把大批捷克人送到東方去。自那以後，捷克一直相對平靜，直到大戰尾聲，紅軍兵臨布拉格城下時，城中才爆發起義。

與捷克早早落入德國手中形成鮮明對比的是匈牙利，它到一九四四年三月才被德國占領。那年十月，蘇聯紅軍揮師匈牙利，擔任國家元首的霍爾蒂海軍上將（雖然他在三月後只能對德國奉命唯謹）宣布解除跟德國的盟友關係，要跟蘇聯媾和，於是希特勒立即推翻他，要以另一個傀儡──法西斯主義箭十字黨的狂熱領導人薩拉希取而代之。薩拉希的政權好景不長，匈牙利經過布達佩斯數週的激烈巷戰後宣布向紅軍投降，一九四五年二月即告下台。雖然薩拉希政權是短命政權，但它的統治對匈牙利的猶太人來說如同地獄，他們在薩拉希凶狠的箭十字黨手中遭受的苦難是德國人加諸他們的折磨的可怕尾聲。

在歐洲的一些被占領區，戰爭不僅沒有促進團結，反而造成當地人民間的嚴重分裂。歐洲南部的分裂甚至尖銳到引發內戰的地步，形成內戰與抵抗占領者的鬥爭相互交織的局面。

德國占領南斯拉夫期間的累累暴行、對當地人民的屠殺和大規模報復，加之令人不齒的烏斯塔沙成員駭人聽聞的所作所為，導致了兩個大型游擊隊運動的興起：一個是由希望恢復君主制、重建大塞爾維

亞的民族主義軍官領導的「切特尼克」（Chetniks），另一個是克羅埃西亞人狄托領導的共產黨游擊隊。然而，這兩支游擊隊不僅攻擊德國人、烏斯塔沙分子、波士尼亞的穆斯林、蒙特內哥羅和阿爾巴尼亞的分裂分子，而且還互打互鬥。戰爭進入最後階段，有英國武器彈藥相助的狄托的共產黨游擊隊才成為主要的反抗力量，並為領導戰後的新南斯拉夫奠定了基礎。南斯拉夫是歐洲唯一一個最終由游擊隊（在蘇聯紅軍的幫助下）掌控並組成了政府的國家。

德國和義大利占領者在希臘那明火執仗的劫掠，不僅毀了希臘的貨幣，掠奪了大量物資，還直接導致希臘的饑荒。那時，希臘有近三分之一的糧食產自馬其頓東部和色雷斯（Thrace），這些地區自德國入侵後就落入保加利亞的控制之下，糧食出口被禁，這對希臘的糧荒更是雪上加霜。對大多數希臘人來說，戰爭意味著每天都要為生存掙扎。物資極度匱乏，德國又對破壞行為進行無情報復，這些如同在南斯拉夫一樣，促成了游擊隊活動如火如荼的發展，但不同的游擊隊運動之間又存在著深刻的分歧。

一九四三年七月，義大利的墨索里尼政權垮台，緊接著，德國占領了義大利北部，同盟國以溫和得多的方式占領了南部，這個局面類似於大戰中的內戰。法西斯政權僅僅掩蓋了義大利社會中深刻的裂痕。民眾從一開始就不支持打仗，後來更是怨聲載道、鬥志低落。嚴重的糧食短缺（伴以價格飛漲和黑市猖獗）和盟軍的轟炸加深了人民的不滿。他們沒有因遭到空襲而團結起來支持政府，反而因法西斯當局招致了空襲而對政府滿懷怒火。

一九四三年九月，墨索里尼在德國的扶持下再次登上權位，成為傀儡政權的首長，政權設在加爾達湖畔（Lake Garda）的薩洛（Salò）。自那以後，社會分裂急劇擴大。許多墨索里尼的追隨者是死硬派，是追求法西斯革命最後勝利的意識形態狂熱分子。他們窮凶極

惡，組成了可怕的殺人小隊，抓到的游擊隊員一律絞死或槍殺。同時，各個游擊隊組織既針對德國占領者搞破壞，又經常為算舊賬而暗殺法西斯分子，見一個殺一個，每個月都能殺死幾百人。在墨索里尼所謂的薩洛共和國存在的那幾個月，對德作戰和內戰混合交織，使那段時間成為整個二戰期間義大利北部暴力動亂最嚴重的時期。據估計，有四萬名游擊隊員在戰鬥中犧牲，一萬名反法西斯主義者遭報復身亡，還有約一·二萬名法西斯分子或與他們合作的人在「清除」行動中被消滅。反法西斯反抗運動由共產黨主導，但也包括持各種不同政治主張的人，到一九四五年四月，他們的隊伍已經壯大到二十五萬人以上。

然而，義大利的情況與南斯拉夫或希臘有一點不同。他們認為自己打的是民族解放戰爭，所以能夠團結一心共同抗敵。他們發動大規模反抗攻擊撤退的德軍，在盟軍到來前就光復了北方的許多城鎮。一九四五年四月的最後幾天，他們抓住了墨索里尼，槍斃了他，把他的屍體掛在米蘭市中心示眾。義大利南部自一九四三年九月起被盟軍占領，沒有像北方那樣發生內戰。但是，一九四四年六月盟軍進入羅馬後，在重振多元政治的外衣下，義大利南部社會年深日久的侍從主義迅速死灰復燃。大戰結束時，義大利的南北分裂一如大戰開始時那樣難以彌合。

在歐洲北部和西部，德國占領並未像在南歐那樣引發內戰。若與東歐和南歐相比，德國對北歐和西歐的占領至少在大戰初期相對溫和。但儘管如此，當地人民仍然不得不面對淪為亡國奴的現實。在每一個占領國中，德國人都得到現存官僚機構的合作，還有少數人出於政治信念積極為德國人服務。也有少數人投身危險的反抗活動，且隨著形勢日益清楚地顯示德國占領來日不多，反抗的力量才逐漸壯大。但是，大部分人既不是徹底的通敵者，也不是完全的反抗者。他們希

望祖國解放，但既然不知道占領會持續多久，就只能做出某種調適以適應新政權。西北歐各國人民的調適方式不僅決定了戰爭對他們的意義，而且留下了經久的遺產。占領的特點、被占領國流行的政治文化（這在很大程度上決定了菁英和大眾的行為）、占領從初期的相對溫和轉向日益嚴厲、給人民生活帶來的嚴重困苦，這些都是導致各國對德國統治反應不同的根本性因素。

荷蘭、比利時、挪威和丹麥在大戰中的經歷各有不同，但德國占領它們的發展軌跡卻非常相似。起初，德國人不希望西歐生事。他們想要的是合作，不是反抗。德國軍事征服這些國家，不是為了像在東歐那樣，把被征服的人民變成奴隸，特別是因為德國人還有個模糊的構想，想在遙遠的將來把低地國家和斯堪的納維亞地區的日耳曼人融入帝國。每個國家都有少數熱情歡迎德國占領的法西斯分子或國家社會主義者。挪威傀儡政府首相吉斯林（Vidkun Quisling）的名字甚至被西方盟國當作通敵者的通稱。這四個國家都有一些狂熱分子組成小型隊伍加入黨衛軍中的外國軍團，約有五萬名荷蘭人、四萬名比利時人（既有法蘭德斯人，也有講法語的瓦隆人）、六千名丹麥人和四千名挪威人參加了外國軍團。由於堅守意識形態的死心塌地通敵者一般會被大多數民眾視為叛徒，遭到唾棄，所以占領者通常覺得他們成事不足、敗事有餘。至於心甘情願跟德國合作的官僚或警察機構，倒是進行有效占領的重要條件。

一九四二年後，局勢日益明白地顯示，占領不會無限期維持下去。隨著德國對糧食、物資和勞動力的要求急劇上升，民眾多種形式的反抗也大為增加。不過，即使在西歐，占領的壓迫性在各處也大不相同。

例如說在幾乎整個大戰期間，德國在丹麥的統治比在北歐和西歐的其他國家寬鬆得多，這反映在相對較低的死亡人數上──占領期間

丹麥的平民死亡總數約一千一百人。一九四〇年四月德國入侵丹麥後，丹麥幾乎立刻投降，國王克利絲蒂安十世（Christian X）繼續留在國內，政府照舊施政，不過是上面加設了德國總督。這種合作起初效果不錯，當局實行的食品配給比較寬鬆（儘管丹麥輸送了大量食品給德國），從未強迫老百姓勞動，也沒有直接掠奪丹麥，丹麥因被占領而遭受的損失只占每年國民收入的百分之二十二，相比之下，挪威是百分之六十七，比利時是百分之五十二。然而，自一九四三年八月起，德國改變了丹麥的政策。當時丹麥爆發一起反抗者與占領者合作的起義，政府因此被迫下台。在那以後，占領嚴厲起來，德國的警察也強硬許多，報復大大增加，當地人民的不合作和赤裸裸的反抗也更加明顯。敵意取代了合作，而這又壯大了反抗運動，在一九四四至一九四五年達到高峰。

雖然被德國占領的西北歐國家開始時普遍比較順從，但是德國的統治最終還是導致了深切的不滿。例如說，荷蘭實行的嚴格糧食配給早在一九四〇年就導致食物短缺，城裡尤為嚴重。這造成價格飛漲、黑市猖獗。此外，宵禁和交通管制又把公共生活限制到幾至於無。結果是，守法的老百姓為了溫飽，不得不幹違法的事情。隨著德國勞動力短缺日益嚴重，占領軍也開始到處抓人，強行送到德國的軍工廠去做工，這很快成為引起民眾騷動的另一個原因。

在荷蘭和在其他地方一樣，加入地下反抗運動的人寥寥無幾。參加反抗運動九死一生，隨時可能遭到背叛和欺騙，給家人帶來極大的危險，萬一被俘則會受盡酷刑直至慘死。一九四四年秋天之前，荷蘭直接參加反抗運動的只有大約二‧五萬人，後來可能又有一萬人加入。反抗運動的人員損耗率很高。荷蘭反抗運動的成員有三分之一被捕，近四分之一沒能活到大戰結束。

挪威投身反抗運動者在全國約三百萬人口中所占的比例稍高一點

兒。反抗的戰士通常在英國受訓，他們會破壞德國的航運、燃料供應和工業設施，後來也破壞鐵路以阻撓德國運兵。他們與英國的「特別行動組織」建立了緊密的聯繫，挪威的貝根（Bergen）和英國的設德蘭群島（ShetlandIslands）之間稱為「設德蘭巴士」的渡輪，也會部分支援他們的活動。到大戰尾聲，挪威反抗分子的人數達到了四萬。任何破壞或攻擊占領軍成員的行為都會招致德國人凶惡報復整個社區，且報復的手段殘忍可怕。例如說，挪威一處名叫特拉瓦格（Telavåg）的小漁村掩護了殺死兩名蓋世太保人員的反抗分子，結果整個村子被夷為平地，男性村民全被送往柏林附近的薩克森豪森（Sachsenhausen）集中營（有三十一人喪命）。

　　在被德國占領的各個國家中，投身反抗運動的人都有一個共同的目標，那就是結束占領，但他們在意識形態上又旗幟鮮明地分為保守的民族主義者、社會主義者和共產主義者。儘管參加反抗運動有諸多危險，但是大戰接近尾聲時，反抗運動還是得到愈來愈廣泛的支持。德國的占領只要愈嚴酷，反德情緒就愈強烈，民族團結和爭取解放的願望也愈堅定。德國施行的懲罰措施經常造成老百姓的極大困苦，例如在一九四四年九月，荷蘭的反抗分子為幫助盟軍在阿納姆（Arnhem）的登陸行動，阻斷了鐵路線，德國隨即展開報復，封鎖了糧食供應，全體荷蘭人民只得忍飢挨餓，取暖燃料的匱乏更是給一九四四至一九四五年滴水成冰的「飢餓的冬天」雪上加霜。在戰爭最後的日子裡，老百姓靠盟軍空投的物資才得以解困。荷蘭人一提到大戰，就會想到戰爭最後幾個月中的苦難給他們留下的創痛。

　　雖然德國占領促進了西北歐國家人民的團結，但是這種團結通常不包括猶太人。與東歐相比，西北歐國家的猶太人不多。雖然激烈的反猶主義不一定普遍存在，但即使如此，猶太人也通常被視為「外人」，他們被勒令佩戴「黃星」（yellow star）後，更是明顯有別於其

他人。德國統治者下定決心要抓捕並驅逐猶太人，老百姓害怕幫助猶太人可能招致嚴厲的報復，這意味著社會中身處最大險境的也是最不受保護、最孤立無援的一群人。

　　但民眾中的非猶太人也並非完全袖手旁觀或敵視猶太人。一九四一年二月，政府當局首次企圖抓捕並驅逐阿姆斯特丹的猶太人時，甚至引起一場為時不長的大罷工。但那次罷工也許起了反作用，促使荷蘭的官僚機構和警察更願意與占領者合作。他們在合作中有時甚至能夠預先揣摩上意，因此若按照比例，荷蘭驅逐的猶太人比任何其他西歐國家都來得多，被納粹定義為「完全的猶太人」的十四萬人中有十萬七千人被驅逐，大部分人都沒能活下來。

　　也有一些人出於基督教的原則和各種其他原因願意冒險幫助猶太人。有約二·五萬名的荷蘭猶太人（包括有一半猶太血統，還有與非猶太人結婚，因此不至於馬上遭驅逐的人）在個人或救援網的幫助下逃脫了抓捕，從官方視野中消失，東躲西藏，成為非法的「黑戶」，雖然後續仍有八千人被揪了出來。比利時幫助猶太人逃脫占領者魔掌的組織網規模更大，特別是猶太人自己的法外組織。在當時，有約二·四萬名的猶太人被從比利時送到奧斯威辛，但是也有另外三萬人躲了起來，熬過德國的占領，他們大多是住在布魯塞爾和安特衛普的新移民，是二〇年代為逃脫貧困和暴動從東歐逃過來，也有三〇年代逃離德國統治移民過來的猶太人。至於在挪威，猶太人的社群很小，占一半以上的數百人在他人幫助下逃到了中立的瑞典，留下來的人則大多丟了性命。在丹麥，猶太人只占人口的很小一部分，並充分融入當地社會。一九四三年，丹麥的非猶太人聽到德國占領者馬上要動手抓捕猶太人的消息後，趕快告訴猶太鄰居，並幫助他們逃跑。結果，原計畫要抓起來送去殺害的大多數猶太人都偷偷地渡過松德海峽（Sound）抵達安全的瑞典。的確我們可說，猶太人在西歐比在東歐存

活的可能性大得多，但是仍然有很多人由於納粹無情地推動「猶太人問題的最終解決」，而成為他們的手下冤魂。

被德國征服的西北歐國家中，法國的人口最多。法國人民與北歐國家人民有一些類似的經歷，但也有重大的分別。造成分別的一個原因是法國分成了兩個區，一塊是占全國面積約三分之二（包括巴黎在內的法國北部加上大西洋沿岸的狹長地區）的德國占領區，另一塊是未被占領的偽自治區，其首都設在位於法國中部的療養小鎮維琪。對不同的法國人來說，戰爭的意義各有不同，受各種因素的影響，比如戰事發展的不同階段、各人所居的地區（不僅有維琪政權地區和德占區之分，小至不同的區和地點也有分別）、意識形態的傾向，還有每人的親身經歷。

這一次，沒有一九一四年龐加萊總統在人民心中喚起的「神聖同盟」的感覺。一九四〇年夏，法國投降德國，北部城鎮四分之三的民眾驚慌地逃往南方，躲避洶洶而來的德國侵略軍。國家分裂，民族蒙羞。然而，法國右派雖然因戰敗而震驚，卻也歡迎它帶來的實現國家重生的機會。右派內部儘管也存在分歧，但至少在對第三共和的仇恨上是一致的。

有些人出於意識形態的信念成了高級法奸，例如說，前社會黨人德亞（Marcel Déat）當上了勞工部長，負責招募法國工人去德國做工，還有法西斯黨的領導人多里奧，他後來和四千名其他法國志願者一起加入了東線「對抗布爾什維克主義的聖戰」。最出名的法奸之一是維琪政權的副總理拉瓦爾。他手腕圓滑，做事務實，政治上長袖善舞，公開宣布自己希望德國取勝，「否則布爾什維克主義將遍地開花」。法國民眾一般不會這樣赤裸裸地與敵人合作，但一般也不會抵抗，至少在占領的頭幾年沒有。大部分人和西歐其他被占領國家的人民一樣，只能設法適應占領（儘管是不得已而為之）。他們在避無可

避的情況下，不得不與新的統治者合作，但通常也與之保持距離，採取「等著瞧」的態度。隨著占領日益嚴酷，解放之途愈見光明，民眾對占領當局的憎恨也愈來愈強。

和在西北歐的其他地方一樣，德國的占領起初相對溫和，但隨著德國步入困境，占領開始變得嚴酷起來。德國對法國的經濟需索可謂巨大，法國政府收入的五成五用來負擔占領的費用，工業總產出的四成用來支持德國的作戰，農產品的一成五則上了德國人的餐桌。到一九四三年，共有六十萬法國人被送去德國做工。如同在西北歐的其他國家一樣，法國城鎮的大多數家庭在大戰中的經歷是不停地想方設法（經常是透過黑市）尋找食物。

在法國的占領區和非占領區，物資都嚴重匱乏。但是，兩區之間的界線具有真正的意義。在法國南部三分之一的地區，政府掌握在法國人而不是德國人手裡。雖然那裡的人民遭受戰敗的創痛，但是無論在物質上還是在心理上，非占領區的法國人基本上是能夠控制自己命運的。對幾百萬名法國人來說，維琪政權還提供了戰爭的另一層意義：它代表著拒斥共和國。早在一九四〇年戰敗之前，共和國在許多人眼中就已經失去公信力，成為腐敗和衰落的象徵，他們認為維琪政權恢復了「工作、家庭、國家」這些「傳統的」法國價值觀。法國陷落後，貝當元帥成為維琪專制政權（「法蘭西國」）的首腦人物，起初，維琪政權的民望很高（雖然從成立的第二年開始，它的民望就開始急劇下跌），約有一百二十萬名退伍軍人蜂擁加入「法國戰士軍團」（Légion Française des Combattants），這是個法西斯式的吹噓捧場組織，組織的成員會宣誓效忠貝當元帥，構成貝當狂熱個人崇拜的基礎。貝當也得到了天主教神職人員的支持，因為他代表著家長式權威和基督教，是反對無神論、社會主義和世俗化力量的化身。

此時，貝當將軍已屆耄耋之年，怎麼也不能說他是法西斯運動

所共有的青春的象徵。但儘管如此，他的政權仍然有一些法西斯的特點，例如，歌頌被神話了的過去，謳歌鄉村和「回歸土地」，憧憬組織有序的社會，注重青年，鼓勵生育以實現人口的「更新」，還有一個重要的特點是迫害「內部的敵人」。維琪政權成立不久後，左傾的市長就都被免職，共濟會成員被全部開除出國家機關，工會也遭解散。政權建起了幾十座集中營，用來關押外國人、政治犯、社會「不良分子」、羅姆人和猶太人。維琪政權還進一步擴大占領區推行的「雅利安化」方案，沒收數千個猶太人的公司後再賤賣給法國人，還頒布反猶法規，限制猶太人的就業自由。自一九四二年起，維琪政權的官僚和警察就賣力地與德國合作，抓捕外國猶太人（約占法國三十萬名猶太居民的一半）並將野蠻地驅逐他們。法國送到波蘭滅絕營的猶太人共有七萬五千七百二十一名（只有二千五百六十七人活了下來），其中五‧六萬名是外國猶太人。

同時間，非猶太人遭受的鎮壓也日益嚴厲。一九四一年秋，幾名德國人遭到暗殺，當局隨即展開報復，有五十名人質被處決，且很快又發生別樁大規模報復性槍殺。盟軍一九四四年六月登陸後，報復行動的次數和規模都急劇增加。在武裝黨衛軍執行的最臭名昭著的一次行動中，利摩日（Limoges）西北方格拉訥河畔的奧拉杜爾村（Oradour-sur-Glane），因為被誤認為藏匿了一批軍火而被夷為平地，全村六百一十二名村民不是死於槍下，就是葬身火海。一九四三年在維琪政權統治區建立的身穿黑色襯衫的法國準軍事警察（Milice），他們對人民施行的恐怖鎮壓，和蓋世太保一樣令人畏之如虎。然而問題是，鎮壓愈厲，反抗也愈烈，尤其當人們看到德國統治行將就木之時。占領結束在望大大助長人民求解放的空前團結。

雖然反抗分子一旦被捕，就會遭到嚴刑拷打，但反抗者的數量並未減少，反而愈來愈多。反抗運動內部又可分為共產黨（德國入侵蘇

聯後重新興起）和保守派（逐漸聚攏在戴高樂領導下）。儘管大部分
法國民眾仍然不願意積極參加反抗，仍然傾向於「等著瞧」，但是他
們對反抗運動的支持度也增加了。一九四三年二月十六日，維琪政權
的總理拉瓦爾簽署法令，強行送法國人去德國做工，此舉大犯眾怒，
助長了積極的反抗活動。被徵召的勞工大批失蹤，許多人逃去山裡或
偏僻的鄉村，被當地人收留，受到保護。一九四四年六月盟軍登陸諾
曼第後，解放的曙光乍現，他們當中許多人隨即加入日益壯大的反抗
運動。

　　戰後，反抗成了法國人心中大戰最主要的象徵，這多少是為了掩
蓋法國被德國打敗後的「黑色年代」那段不太光彩的歷史，特別是法
國人在（至少開始是）自己控制的非占領區的醜惡表現。在很長的時
間裡，法國人始終對那段歷史諱莫如深，多年後才敢坦然面對所謂的
「維琪症候群」（the Vichy syndrome）。

　　大戰對德國人民有著對別國人民沒有的特殊意義。自大戰打響到
一九四一年十二月美國宣布參戰，美國記者夏伊勒一直住在柏林，親
身經歷了大戰中的德國。直到一九四一年秋德國人的焦慮情緒開始增
加之前，他筆下針對德國老百姓拿下波蘭那場短暫戰役的諷刺反應，
仍具有相當的普遍性：「只要德國打勝仗，老百姓又不必勒緊褲帶，
這場戰爭就得人心。」然而，到了一九四一至一九四二年的冬天，儘
管德國大量掠奪歐洲其他國家的糧食和資源，但國內的物資短缺仍然
迅速惡化，糧食配給量劇減，老百姓被迫節衣縮食。人民對戰爭以及
把德國帶入戰爭的政權的支持度於是一落千丈。

　　戰局急轉直下最明顯的表現莫過於一九四三年二月德軍慘敗史達
林格勒。國內的老百姓開始意識到，這場戰爭德國很可能會打敗，並
因此不得不思考戰敗代表著什麼。政府的宣傳極力煽動民眾恐懼戰敗
之心，渲染說戰敗將不僅是軍事上的失敗，且如果任由帝國的敵人

（西方同盟國和可怕的布爾什維克）組成的邪惡聯盟取得勝利，德國就會亡國，德國人也會滅種。

德國民眾的心中都有數，德軍在東方犯下了可怕的罪行，特別是對猶太人犯下的罪行，雖然大家都有意無意地心照不宣。眾多跡象都顯示，民眾雖然不了解詳情，但是普遍知道猶太人的悲慘命運。作為反猶宣傳成功的一個佐證，很多人表示害怕一旦戰敗，就會遭到「猶太人的報復」。他們也知道，如果紅軍進入德國，絕不會對他們心慈手軟。因此儘管戰局對德國來說正迅速惡化，但民眾仍決心負隅頑抗，這其中恐懼戰敗後的下場起到了很大的作用。

大戰的最後兩年，納粹曾在歐洲大部分地區施加的殘暴行為，都被以其人之道還治其人之身，加諸在德國老百姓的身上。對德國老百姓來說，大戰的最後階段是他們的人間地獄。盟軍的轟炸在數百萬人的記憶中留下了深深的痛苦烙印。戈培爾稱其為「恐怖轟炸」，而這一回政府的宣傳沒有撒謊。盟軍的轟炸就是為了給德國人民帶來恐怖。狂轟濫炸把德國的城鎮夷為一片片瓦礫，人民絕望無助，確確實實陷入了恐怖之中。盟軍對德國城鎮的空襲造成四十多萬人死亡，八十萬人受傷，且空襲其實在軍事上已經沒有了任何意義。盟軍的空襲總計摧毀了一百八十萬所房屋，近五百萬人無家可歸。

德國東部省分遭受的轟炸較少，那裡的老百姓面對的是另一種恐怖。隨著紅軍開進德國，人們拋家捨業淪為難民，在冰天雪地裡冒著攝氏零下二十度的嚴寒倉皇西行，拚死逃離落入蘇聯之手的德國東部。近五十萬名平民，包括許多婦女和兒童，死在逃亡的途中。對許多德國婦女來說，戰爭的最後階段代表著遭受強暴。據估計，她們中間有百分之二十的人曾被強姦。與此同時，大戰的最後幾個月間，平均每天有超過一萬名德軍士兵陣亡。

隨著士兵和平民的死亡達到天文數字，戰爭對於德國人產生了新

的意義。他們覺得自己是戰爭的受害者，指責希特勒和納粹領導層為國家帶來了災難，怨恨盟軍摧毀了他們的國家，少數冥頑不化的反猶主義者甚至再次把矛頭指向猶太人，說是他們導致了戰爭。「我們認為自己被騙，被引入了歧途，被誤導了。」一位曾做過將軍的人在戰後不久如是說。此話道出了民眾的共同心聲。創痛彌深的德國老百姓自視為受害者，急於找到代罪羔羊，經常有意無視這樣一個事實：即使無數歐洲人在納粹占領的枷鎖下受盡困苦奴役，性命不保，家園被毀，但數百萬德國人民還是為希特勒在大戰初期的成功歡呼雀躍，為德意志國防軍的勝利欣喜若狂。但是，如果說戰爭造成的道德災難若干年後才得到充分認識的話，與一九一八年相比，至少這一次德國的失敗是完完全全、不折不扣的。

持久的意義

對親歷二次大戰的人間地獄的人來說，切身經歷的不同讓戰爭在他們心目中有了不同意義。後人則能夠比較清楚地看到戰爭的持久意義，能夠比較明確地認識到，二次大戰標誌著歐洲二十世紀歷史中一個決定性的節點。

法西斯主義作為主要政治力量的徹底終結是二戰的明顯結果。一次大戰後，出現了三個互相競爭的意識形態和力量組合，分別是自由民主、共產主義和法西斯主義。二次大戰後，只剩了前面兩個對立的政治制度。法西斯主義在軍事上的完敗和後來被揭露出它對人類犯下的滔天罪行，使其完全喪失了意識形態的可信性。法西斯主義只剩下一小撮死心塌地的崇拜者，但他們日漸凋零，在政治上也基本沒有力量。

二次大戰最主要的成果是重塑了歐洲的地緣政治架構。一次大戰

結束時，俄國（很快將成為蘇聯）被革命攪得天翻地覆，後來又爆發了內戰。美國不肯加入國聯，轉向孤立主義，與歐洲漸行漸遠。二次大戰結束後，蘇聯的影響力卻大為擴張，覆蓋整個東歐，甚至遠及德國，這基本上是在一九四五年二月的雅爾達會議上決定的。蘇聯挾戰勝之威，朝著超級大國的地位闊步前進。美國憑藉自己（在二次大戰中發展起來的）強大的軍工產業，在大戰尚未結束時就已經成為超級大國，戰後又確立了對全西歐的統治地位。與一九一八年不同的是，這一次美國要長久地留在歐洲。一次大戰導致帝國分崩離析，代之以危機纏身的民族國家；二次大戰則產生了一個分別由蘇聯和美國主導的兩大陣營的歐洲，國家利益迅速成為新興超級大國地緣政治利益的附屬品。

東歐人民在六年的戰火中受苦最深。東歐國家本來把紅軍看作拯救它們脫離納粹恐怖的救星，戰後卻遭受了數十年的壓迫。史達林不會放棄千百萬人流血犧牲後獲得的地盤，這一點非常清楚。西方盟國同意按他的意思瓜分歐洲，因為它們別無選擇，除非對蘇聯這個前盟友再動刀兵，但它們在軍事上、經濟上或心理上都沒有那個能力。然而，東歐人民不會因此獲得任何慰藉。

戰爭給西歐帶來了新的開端，儘管我們在一九四五年的廢墟中很難看出端倪。在空襲的炸彈降下毀滅之雨的時候，各國就已經開始制訂重建歐洲、避免一九一八年後困擾歐洲的錯誤重演的計畫了。東歐在蘇聯統治下建立了封閉的國有計畫經濟，西歐的重建卻使資本主義企業重煥生機。無論是在政治還是在經濟方面，二次大戰都把歐洲分成了兩半。

在歐洲秩序重組的同時，英、法、德這三個曾經雄霸歐洲的「強國」的實力從根本上遭受了削弱。一場二戰打得英國傾家蕩產，大國地位嚴重受損。大戰中的大英帝國曾經提供它支援，但殖民地的人民

也看到了帝國的虛弱，獨立的呼聲不斷高漲。殖民統治的基礎原已岌岌可危，如今更是朝不保夕。法國在一九四〇年的戰敗是對民族自豪感的一記重擊，無論如何歌頌反抗運動的英勇都無法補償這個打擊。法國殖民地也開始尋求獨立，不再願意永遠受巴黎統治。

一九一八年，德國雖戰敗但沒有被摧毀，長期醞釀的民怨為希特勒後來上台鋪平了道路，這次德國卻被徹底擊垮。雅爾達會議商定把德國分為四個占領區：英占區、美占區、蘇占區，還有後來加上的法占區，結果，德國無論在政治上還是在經濟上都完全毀掉，國家主權蕩然無存。這標誌著自俾斯麥時代以來一直使歐洲政治家憂心不已的「德國問題」從此不復存在。德國戰敗後，第三帝國的主力普魯士邦被廢止，德國軍隊被解散（因而解除了德國軍國主義的威脅），提供德國侵略經濟基礎的工業基地被置於同盟國控制之下。東部省分的大莊園是許多身為軍隊和國家中堅力量的德國貴族的家鄉，現在德國邊界西移，那些大莊園被從德國永遠分割了出去。德國曾因其文化和學術成就而受到舉世景仰，現在卻成了道德上的世界棄兒，戰勝的同盟國不久後舉行戰爭審判，清算德國的領導階層。

我們要在多年後才能充分認識文明崩塌的巨大後果，才會理解前者在二次大戰的遺產中占據的核心地位。由於德國推行的種族滅絕政策，歐洲不同族裔人口的居住格局大大改變，尤其是在東歐。具體地說，猶太人的屠殺抹去了那裡一個有著幾百年歷史的豐富文化。德國人及其盟友施行的「種族清洗」也產生了持久的影響，留下的仇恨歷經數十年的共產黨統治依然無法磨滅，南斯拉夫就是一例。大戰結束後，雖說蘇聯的強制驅趕以及後來由波蘭人、捷克人、匈牙利人和羅馬尼亞人進行的野蠻「清洗」行動，也清除了東歐的德裔人口，但歐洲文明崩潰最重要的標誌確是德國純粹為了種族的理由，企圖在肉體上滅絕歐洲的猶太人。作為戰爭中心的種族滅絕計畫成了二戰這場巨

大浩劫的決定性特點。

　　但這場浩劫為何會發生？歐洲怎麼會墮入人性泯滅的無底深淵？這些道德上的問題使幾代人苦思不得其解。大戰比以往任何時候都更加清楚地揭示出，一旦為了非人道的目的而去除或扭曲對行為的一切法律制約，人會犯下多麼可怕的滔天罪行。集中營成了二次大戰最突出的象徵之一，在那個噩夢般的世界裡，人命一文不值，生死只在掌權者的一念之間。人們愈來愈清楚地看到，歐洲在把自己如此眾多的人民推入人間地獄的同時，也差一點兒毀了自己。既然認識到了歐洲此前走的是自殺之路，自然就明白，歐洲需要一個全新的開始。

　　雖然歐洲戰爭在一九四五年五月八日（歐洲勝利日）以德國投降告終，但是歐洲的軍隊仍繼續在遠東戰鬥了三個月，日本才無條件投降。日本完敗標誌著二次大戰的最終完結。對此起到最重要加速作用的是八月六日對日本廣島投擲原子彈，三天後，又一顆原子彈把長崎也化為廢墟。原子彈的使用是影響歐洲乃至全世界未來的最大因素。美國人為研究生產原子彈，連續四年投入巨大的資源並雇用頂尖的科學家。所幸，德國人對原子彈的研究遠遠落在了後面。原子彈的使用一下子完全改變了政治和軍事力量的基礎，也改變對戰爭的思維方式。

　　在未來的戰爭中，不可能再發生像一戰的索姆河戰役，或二戰的史達林格勒戰役那樣的消耗性大規模殺戮。但是，歐洲未來的戰爭將造成連二次大戰都望塵莫及的破壞。原子彈是一種可怕的武器，隨著核子武器的破壞力日益增大，擁有這種武器的人一個按鈕就能毀滅整個國家。二次大戰的終極遺產是把歐洲和世界其他地方永遠置於具有空前破壞力的武器的威脅之下。從那以後，歐洲不得不學會永遠生活在原子彈的陰影之下，學會面對核毀滅的威脅。原子彈的蘑菇雲是一個新時代的象徵。它是世界發展的轉捩點。

第九章

暗夜漸變

Quiet Transitions in the Dark Decades

歷史抗拒結束，正如自然不容真空；我們時代的故事是一個
長長的句子，每一個句號都是逗號的胚胎。

──摘自馬克・史洛卡（Mark Slouka），

《千鈞一髮之際：反思與辯駁》，二〇一〇年

　　有整整三十年的時間，歐洲似乎鐵了心要自我毀滅。那段時期如
此悲慘，發生了如此巨大的斷裂，簡直難以想像長期的社會經濟價值
觀系統和文化發展潮流能夠維持下來。然而，在歐洲黑暗年代的表面
下，人民的生活在靜悄悄地發生變化，過程中儘管有痛苦創傷，但一
直在持續著。

　　除了社會和經濟變化這些不帶個人色彩的長期決定因素，還有主
導生活的價值觀和信念，在這個領域中，基督教會仍然是決定性力
量。但儘管如此，許多當時最重要的政治和社會思想並未受教會的影
響，甚至與教會的理念截然相反。歐洲的知識菁英如何反應這場他們
眼中的文明危機呢？除了工作、思索和（有時的）祈禱以外，還有第
四個領域，那就是休閒和迅速變化的大眾娛樂。經濟與社會變化、基
督教會的作用、知識分子的反應和「文化產業」這四個領域中的每一

個都既表現出連續性，也出現了變化，都給戰後世界留下了深刻的印記。

經濟與社會：變化之勢

從一九一四到一九四五年，歐洲歷經了慘痛的時代，同時各國的經濟與社會發展卻使它們彼此更加相似。當然，重大的差異依然存在，特別是國家、民族、地區和（經常與其相互交織的）宗教差異。形成差異的最大因素是身分認同感，且更甚於社會階級。除了上層階級成員和在軍中服役的官兵以外，其他民眾出國旅行的機會微乎其微，這更加強了國家認同感（以及經常與之伴生的偏見）。一次大戰後，歐洲大陸的碎片化極大地加強了民族國家（經常主要由極端民族主義驅動）的主導地位，也導致經濟模式迥然不同且互不相容的政治制度，特別是在俄國、義大利和德國。這些因素加大而非縮短了各國間的距離。毋庸贅言，兩次世界大戰各自造成了扭曲和分歧。

然而，一些重要的基本發展模式超越了政治上的差異與分歧（頂多暫時被政治分歧打斷）。工業化的長期影響在歐洲各地雖然程度各異，節奏不同，但都起到了決定性的推動作用。隨之而來的變化越過國界波及整個歐洲。即使是發展程度最低的國家也受到一定的影響，都努力輸入、模仿或吸收其他地方已經推廣的變革。二十世紀上半葉，經濟較發達的西北歐與比較貧窮的東南歐之間的差距幾乎沒有縮小。但即使如此，這些地區人口、城市化、工業化、就業模式、社會安全、識字率、社會流動性等諸多方面的發展趨勢大致相同。

人口

儘管經歷了兩次世界大戰、多場內戰、政治因素造成的大饑荒、

經濟蕭條和大規模種族清洗，但歐洲人口在二十世紀上半葉仍然大量增加（雖然增速不如之前的半個世紀）。一九一三年，歐洲人口達到近五億，一九五〇年達到近六億。當然，人口增長並非平均一致。在有些地方，政治和軍事因素的影響顯而易見。一九四六年蘇聯的人口比一九四一年少了二千六百萬。德國的人口統計資料也清楚地顯示兩次世界大戰以及三〇年代大蕭條產生的破壞性後果。然而，蘇、德兩國人口的減少都是暫時性的，儘管女性人口連續多年大大多於男性人口。經濟落後也影響了人口發展的模式。例如說，隨著愛爾蘭大批年輕人離家出外謀生（主要是去英國），愛爾蘭的人口因而減少。

　　不過總的來說，人口發展的趨勢是向上的，主要原因是死亡率的直線下降。死亡率自十九世紀下半葉開始降低，在二十世紀上半葉降速加快。生育率也有所下降，卻遠沒有死亡率下降得那麼快。一九一〇年，西北歐的人均壽命約五十五歲，俄國約三十七歲，土耳其則不到三十五歲。四十年後，歐洲各地的大部分人都能活到六十五歲或更高齡。二十世紀之初，最高的生育率和死亡率都出現在東歐和南歐。到一九五〇年，這兩個數字與北歐和西歐的差距大為縮小。就連蘇聯，死亡率的下降也令人矚目，從沙皇時期的千分之二十八降到一九四八年的千分之十一。

　　死亡率的下降主要歸功於國家重視公共衛生、住房條件提高、衛生教育普及和母親健康相應改善（這大大有助於嬰兒死亡率下降）。總的來說，二十世紀上半葉，歐洲各國的國民健康都有了長足的改善，雖然不同水準的經濟發展造成不同的改善程度。在二〇年代，住房建築業（經常在政府資助下）蓬勃發展（此事在第四章有所提及），減輕了髒亂汙穢的住房擁擠狀況，改善汙水排放、飲水供應和個人衛生。實際收入的增加和膳食的改善（人民消費的肉類穀物比不斷提高）也幫助降低了死亡率。認識公共衛生重要性從相對發達的西

北歐國家，傳到了歐洲的東部和南部。但是，在阿爾巴尼亞、馬其頓、義大利南部和土耳其這些地方，人們沒有採取任何措施來改進差勁的環境衛生條件、糟糕的個人衛生和醫療設施缺乏等落後之處，死亡率仍然高得出奇。

醫療知識的增加和醫護水準的進步大大降低因罹患傳染病而早死的機率，這也是死亡率下降的原因之一。醫學進步主要不在於外科技術提高（雖然在一戰期間整復外科有了一定的進步），而是反映在療傷技術和治療肺結核和流感等致命疾病的藥品的發展上。一次大戰結束時爆發的流感疫情造成許多人死亡，死亡人數遠遠超過了戰爭中的死亡人數。嬰兒感染腸道疾病的現象非常普遍，所以新生兒的死亡率居高不下。但是，後來人們開始普遍使用磺胺類藥物來控制傳染病，預防破傷風和白喉的疫苗和防治瘧疾的藥物也開始普及。原為預防傷口感染而研製的青黴素到二戰結束時也開始普及，雖然只是在西方盟國內。大戰之後，接種疫苗的範圍進一步擴大。在南歐的某些鄉村地區，由於國家沒有採取多少措施來改善生活條件和公共衛生，因此直到二次大戰結束後很久，瘧疾仍然是肆虐的瘟神。可是，即使在那些地方，傳染病也逐漸得到控制。例如說，義大利的瘧疾病例從一九二二年的二十三‧四萬例降到了一九四五年的五萬例以下，到一九五〇年，瘧疾幾乎完全銷聲匿跡。

生育率下降成為普遍現象，但歐洲較窮、較不發達的地區並不遵循這樣的潮流。俄國、西班牙和葡萄牙的生育率到了二〇年代才開始下滑，義大利南部和土耳其則更是要等到二次大戰以後。在兩次大戰之間的土耳其，平均每個母親生育五個以上孩子，但當時歐洲大部分國家的生育率已經降到每個母親生育二‧五個孩子，一些國家甚至降到每個母親生二個孩子以下（以這樣的生育率若沒有移民，就無法維持人口水準）。這種情況引起了對生育率下降和國家衰退的極大焦

慮，尤其是在法國（那裡生育率下降開始得較早）和斯堪的納維亞國家，這種焦慮也在義大利和德國助長了法西斯主義的意識形態。生育控制和避孕知識的普及（這本身得益於識字率提高）在生育率的下降中起到了很大作用。在西歐，婚內生育約占九成（私生子在社會上仍受歧視），結婚率也相當穩定（除了三〇年代晚期短暫的結婚潮），所以，生育率決定性的因素是已婚夫婦自願少生孩子，這個趨勢由於很多年輕婦女出外工作掙錢而更加強化。歐洲的天主教地區和東南歐貧窮鄉村的生育率儘管發展方向與歐洲其他地區一致，但那些地區生育率的下降是個緩慢漸進的過程（西歐愛爾蘭的廣大農村人口是大潮流中的例外），不過，隨著經濟現代化的發展，生育率下降的速度有所加快。

戰爭直接造成或加快了歐洲重大的社會和經濟變化。變化的一個特點是人口從農村流向工業化地區，從南歐和東歐流向西歐。這本是長期的趨勢，但戰爭的壓力使之大大加快。戰爭和種族清洗造成的人口大量流離是政治動亂的短期結果，但影響深遠。

一次大戰之前，移民美國經常是歐洲最貧窮地區的人民逃離貧困的一條途徑，但美國在二〇年代初制定了嚴格的移民配額後，湧向美國的移民從洪流減為小溪。多數想尋找更好的生活或逃離迫害的人只得在歐洲內部另找去處。出於經濟原因的移民主要去欣欣向榮的工業區找工作。移民從農村流向城鎮是二〇年代經濟復甦的一個突出特點，三〇年代經濟大蕭條期間，移民減少了，但沒有停止。

歐洲各地在田裡討生活的人都開始減少。一九一〇年，歐洲的農業產值占全部產值的百分之五十五左右。到一九五〇年，農業的比例降到了百分之四十。從農業向工業轉變幅度最大的國家是蘇聯，該國農業占比的下降占了整個歐洲總數的一半。不過所有其他國家的農業人口也都在減少。工業化的波希米亞吸收了大量來自以農業為主的

斯洛伐克的工人。米蘭和杜林（Turin）成為義大利南部移民的目的
地。波蘭人從國家的南部和東部湧向工業化迅速發展的西部地區。大
批東歐和南歐的移民在德國、法國和荷蘭的工廠中找到了長期工作。
在兩次大戰之間，法國的人口增長陷於停滯（但在二戰期間，人口出
現了急劇增長），所以特別需要外國勞工。到一九三一年，法國的新
移民人數達到約三百三十萬，占全國人口的百分之八。

　　二次大戰強力推動了歐洲人口從農村到城市、從農業到工業、從
東南到西北的長期轉移。德國政府儘管奉行仇外的意識形態，但為了
保證勞動力供應，到一九三九年即已雇用了近五十萬名外國勞工，其
中近一半是農業工人（德國農業存在嚴重的用人荒），來自波蘭、義
大利、南斯拉夫、匈牙利、保加利亞和荷蘭等國，許多是農忙時的季
節工。工業也吸收了大批外國工人，特別是捷克斯洛伐克的工人。二
次大戰期間，德國對勞動力的需求日趨急迫，導致外國勞工的數量激
增（近三分之一是婦女），大部分外勞都受到殘酷異常的奴役，一九
四二年後更是如此。到一九四四年中期，德國勞動力超過四分之一都
是外國人，共有七百六十五萬一千九百七十人（其中一百九十三萬零
八十七人是戰俘）。

　　德國占領了歐洲大部，可以從占領區抓人來滿足勞動力需求（使
用的手段殘暴至極）。但是，戰爭在所有交戰國中都導致勞動力需求
的激增。由於很多男人上了前線，因此勞動力的短缺只能由婦女填
補。一次大戰時就是這種情況，但持續時間不長，戰後男人復員，婦
女隨即退出勞動力市場。二次大戰造成的變化更加持久。兩次大戰之
間，英國各地都存在著嚴重的失業潮，但二次大戰開打後，這個問題
完全消失了。在新增的勞動力中，原來的家庭主婦和沒有工作（或不
再做女傭）的婦女占了四分之三強。在戰前，蘇聯婦女參加工作就已
經相當普遍，到一九四二年，女性更是占了蘇聯勞動力的一半以上。

　　當然，二十世紀上半葉歐洲人口最突然、最暴力的轉移不是勞動力市場的長期發展趨勢造成的，儘管戰時經濟對人口轉移起到了有力的推動作用。造成人口最劇烈變動的是政治和軍事行動。這種情況在東歐最為嚴重，儘管西班牙內戰從一九三六到一九三八年也產生了二百萬名左右的難民。在歐洲大陸東半部，一次大戰期間及戰後，領土的喪失、國界的改變和新生國家的民族「調整」造成近八百萬人流離失所。一九一五年，一百萬名亞美尼亞人遭到土耳其驅逐，背井離鄉，許多人死在了殘酷的遷徙途中。一九二三年，在戰後人口交換過程中，近一百萬名希臘人和土耳其人被迫離開故土。一次大戰剛剛結束，俄國就爆發了內戰和革命，民不聊生，據估計，死亡和被迫逃離的人數高達一千萬以上。三〇年代期間，史達林的集體化運動和「大清洗」造成數百萬人死亡或流離失所。接著，一九四一年德國入侵蘇聯，大軍所向逼得幾百萬人向東逃難。大戰期間，史達林驅逐了大批被認為構成安全威脅的人，導致進一步的大規模人口遷徙，例如說，一九四一年，四十萬名伏爾加德意志人被強行驅趕到中亞和西伯利亞的荒野中（後來又大量驅逐克里米亞韃靼人，並從高加索地區驅逐總數達一百萬的卡爾梅克人、印古什人、卡拉恰伊人、巴爾卡爾人和車臣人）。

　　一九四一年底，歐洲猶太人的屠殺開始迅速升級。大戰爆發前，納粹德國已經有數十萬名難民（其中大部分是猶太人）試圖尋求其他國家的幫助（但那些國家並不願意接受他們）。那些人中有一半成功到了國外，主要去了美國和巴勒斯坦。但是，大戰爆發後，一切出路都被封死。後來德國推行的滅絕政策造成約五百五十萬名猶太人死於非命。二次大戰結束後，國界改變和人口驅逐導致了進一步的大規模遷移。例如說，新建的德意志聯邦共和國（以下簡稱西德）一九五〇年時的人口有三分之一不是出生在該國領土內。人口湧入在後來的年

月裡對西德的戰後復甦有至關重要的貢獻。

　　關於人口遷徙的乾巴巴的統計數字和一切宏觀經濟資料一樣，完全不涉及人的感覺，絲毫不能反映遷徙過程中人所經受的死亡、破壞、痛苦和悲慘。不過，統計數字依然重要，因為它們顯示了發生的變化，而那些變化在許多方面改變了二十世紀歐洲的特徵。還有一些資料反映出人們沒有感覺到的變化。根據不同的標準統計，儘管二十世紀上半葉兵荒馬亂，但歐洲各地的生活水準實際上還是有提高，至少對那些沒有被戰鬥、轟炸、劫掠或蓄意謀殺的政策害得家破人亡的人中的大多數來說是這樣。除了平均壽命延長以外，人均收入也增加了百分之二十五以上，多數人的購買力提高，人均身高增長了四公分（這體現收入增加和膳食改善），愈來愈多的人學會識字。當然，這些趨勢掩蓋了戰爭和貧困造成的不同人群之間的重大分別，但是總的來說，整個歐洲都出現這樣的趨勢。一戰之前南歐和東歐一些最不發達的地區在二戰爆發前，明顯表現出向比較先進的西歐靠攏的跡象。

戰爭與經濟：記取前鑑

　　兩次世界大戰都對經濟長期發展造成重創，儘管持續的時間不長。一九一四到一九四五年這個災難性的時期內，大多數歐洲國家的平均增長率都低於一戰之前和二戰之後。一次大戰的戰敗國用了約十年的時間才恢復元氣。不過，它們畢竟得到復甦，經濟增長儘管比戰前慢，但還是持續了下去。據估計，如果一九一四年大戰前的經濟增長得以不受妨礙地繼續發展，一九二三年就能夠達到一九二九年的糧食生產水準，一九二四年可以達到一九二九年的工業生產水準，一九二七年則會達到一九二九年的原物料生產水準。這些推斷指的不僅是歐洲，而是世界的產量，無論對它們做出何種限定，它們都表明戰爭只是暫時阻斷了增長，並未長期扭轉增長的趨勢。

　　一九一四年之前的經濟全球化先是因為戰爭而減緩、中斷，後又在三〇年代大蕭條期間受到保護主義和經濟民族主義的阻礙和攪局。二次大戰中，歐洲的經濟產出再次回落，大部分生產當然都是以供應軍需為目標的。然而這一次，經濟很快就反彈。二次大戰結束後，經濟迅速增長，比一次大戰後強勁得多，也更加持久。人們記取了過去的教訓，兩次大戰之間，國際合作幾乎不存在；二次大戰後，各國卻張開臂膀歡迎國際合作，視其為經濟復甦的關鍵助力。為了恢復穩定、管理經濟，國家干預達到了前所未有的程度。美國在經濟領域的絕對統治地位以及它的思想、技術與資本的輸出，對經濟復甦起到了決定性的作用。然而，戰後三十年經濟空前增長的基礎是在歐洲內部，在它最黑暗的年代中奠定的。僅從經濟角度來看，戰爭，即使是一九一四至一九一八年和一九三九至一九四五年的那種大規模衝突，不單會導致損失，也會產生持久的積極後果。

　　戰爭是對經濟增長和技術進步的有力刺激。不要說獨裁政權，就連民主國家也不得不強力干預經濟，推動大規模擴張軍需生產。戰爭造就了新的（且往往是持久的）需求，例如說，二次大戰期間，飛機的生產就造成了鋁材需求的激增。因此，國家必須投資工廠建築、固定設備和勞動力培訓。早在一次大戰期間，大規模生產武器就促進了工廠更高效的組織與管理，也推動更密集的機械化。

　　在農村勞動力流失的情況下，提高機械化程度幫助增加了土地的產出。例如說，二次大戰的第一年，英國生產了三千輛農用拖拉機，各種其他農業機械的生產也增加了。相比之下，德國對坦克、大砲和飛機日益急迫的需求擠壓了生產拖拉機的產能，結果農業生產只能依靠農民自己、強徵來的外勞和戰俘。德國和歐陸上其他在戰時沒能在耕作方法現代化方面取得進步的地方一樣，在戰後重建中走向了農業機械化和生產集約化，因為大戰期間出現的農村勞動力不可阻擋的長

期衰減是無法扭轉的。

　　兩次大戰期間，尤其是二次大戰期間，技術與科學創新蓬勃發展，影響深遠。戰爭不一定會導致全新的科學發現，然而即使突破是在承平時期出現的，戰時生產的緊迫性也經常起到大力推動新發現的作用。航空技術在一次大戰期間進步巨大，因為人們認為空中作戰在未來的戰爭中將是決勝因素，而這種進步又推動了二〇年代和三〇年代民用航空事業的發展。雖然德國率先於一九四四年批量生產出了Me-262噴氣式戰鬥機，但是噴氣式飛機的引擎是英國皇家空軍工程師惠特爾（Frank Whittle）和德國工程師奧哈因（Hans von Ohain）同時發明創造的，這項技術在二次大戰後造就了空中旅行的革命。後來，太空探索也是倚靠了布勞恩（Wernher von Braun）和其他德國科學家為發射V-2火箭而發明的火箭技術。

　　布勞恩是納粹黨員，還是黨衛軍榮譽軍官，但美國人愛惜他的才能。他被送到美國，在新環境中為美國太空計畫的發展立了大功。科學家在二次大戰前夕發現了核分裂，美國因此制定了生產原子彈的戰時計畫，但核分裂的發現也為戰後和平利用核能開闢了道路。戰爭期間還有許多其他發明和已有技術的迅速發展，它們都對戰後時期產生了重大影響，比如廣播電台、雷達、合成材料、電子計算機等等。這些發明和技術有許多在戰前已經初具雛形，即使沒有戰爭，無疑也會發展起來，但發展速度很可能會比較慢。

　　二次大戰與一次大戰相比，更接近於「全面戰爭」，這不僅是對獨裁統治下的社會而言的。各國領導人從前一次大戰中學到了如何管理戰時經濟的重要經驗和教訓。例如說，他們在控制通膨方面就比一戰時的領導人做的好得多，二戰期間的通膨從未像一戰期間在一些交戰國中那樣脫韁失序。英國大大提高了稅收，因而減少短期借貸的需要，使得政府能夠繼續以較低的利率獲得長期貸款。德國時時刻刻警

惕再次墮入惡性通膨，但德國的稅收比英國低得多，因為戰爭的高昂費用基本上都轉嫁到了被占領國家的頭上。

在國家對民眾口糧供應的控制方面，德國和英國也是兩個極端。一次大戰期間，生活水準劇降，糧食嚴重短缺，德國百姓的民怨不可阻擋地節節上升。針對這個政治教訓，納粹領導人銘記在心。二次大戰期間，他們無情掠奪了歐洲各國的糧食和其他資源，防止這種情況重演。一九四一至一九四二年冬天的危機後，德國第一次較大削減了糧食配給，引得老百姓怨聲載道，但真正的大量削減到了戰爭的最後階段才發生。為此，被德國占領的歐洲國家承擔了代價。烏克蘭和希臘的糧食短缺日益嚴重，達到了饑荒的程度；荷蘭在一九四四至一九四五年那個「飢餓的冬天」也差點爆發饑荒。雖然糧食價格由官方控制，糧食也定量供應，但是黑市在各地都非常普遍。英國透過國家補貼和嚴格的糧食配給來確保糧食價格上漲的速度，不致超過農民收入的增速。除馬鈴薯和麵包以外，一切主食都有定量，這不可避免引起一些人的不滿，但民眾都普遍接受糧食定量供應，並幫助維持社會和諧。事實上，它甚至改善了許多人的健康，雖然膳食十分單調乏味。

在請工商界重要人士參與制定政策方面，二次大戰期間更甚於一次大戰。企業家不僅要保證戰時生產，而且要操心戰後世界的規劃。德國的納粹政權對經濟（如同對一切其他事務一樣）實行嚴格控制，盟國的空襲又把德國炸得滿目瘡痍，但即使在德國，工業家一方面與政府密切合作，另一方面也在祕密計畫戰後重建。他們千方百計地避免在戰爭的最後幾個月中被垂死的納粹政權拉入徒勞的自我毀滅，於是和帝國的軍備與戰時生產部長施佩爾（Albert Speer）一起，設法阻擋希特勒想在一九四五年三月發布的「焦土」命令，盡量不要無意義地破壞自家的工業設施。事實上，德國工業的毀壞程度遠不如戰爭造成的一般性破壞那麼嚴重，企業家因此得以（為了他們自己的利益）

緊密參與推行刺激經濟復甦的措施。其他的主要經濟體也是一樣。戰爭動員釋放出巨大的經濟產能，雖然在戰爭中經常遭到嚴重破壞，卻沒有被摧毀。實現和平後，大量的勞動力資源不再用於生產軍備，可以投入重建。戰爭的廢墟下埋藏著重建的潛力。

經濟復甦和戰時經濟動員一樣，需要國家的干預。戰爭給歐洲帶來的物質破壞如此巨大，國家不可能不插手管理經濟。兩次大戰之間盛行的經濟民族主義使人不再相信經濟能靠市場力量自行恢復。法國和英國的決策者都認為，只有國家才能提供足夠的資金來執行大規模基礎建設，重建經濟。美國領導人雖然傾向自由市場，此時卻很難反駁上述意見。嚴格的國家控制在蘇聯更是由來已久。國家需要組織執行大規模的住房建築計畫。由於糧食短缺，國家也需要繼續掌管對糧食的控制和分配，例如英國的糧食配給一直持續到五○年代。

所以，在二次大戰剛結束的那些年裡，歐洲經濟受國家開支水準的影響和被國家控制的程度是二○年代和三○年代時無法想像的。然而，在美國的影響下，西歐最終沒有採納英國和法國那種大規模國家控制的模式（雖然東歐在蘇聯影響下走向完全不同的發展道路）。經歷了十二年納粹主義的高度國家控制之後，人們熱切希望去除加諸自由市場的各種限制，大力削減官僚冗規，廢除產業壟斷。在多數國家中，國家雖然起初大力介入和指導，但不久就逐漸退出，不過到那時，經濟復甦已經如火如荼。

全面戰爭產生的社會影響

二次大戰結束時，民眾都非常期待政府採取更多措施來改善民生，這也是促使國家干預的一個因素。當然，一次大戰期間民眾也有同樣的期待，但後來大多落空，民眾大失所望。然而，一個關鍵的領域出現了顯著的進步。早在一九一四年以前，一些歐洲國家，特別

是德國和英國，已經引進有限的社會安全措施。兩次大戰之間，在工人政黨的壓力下，歐洲大多數經濟發達的國家都進一步擴大了社會安全。各國的社會安全制度並不一致，在福利和覆蓋面上差別很大。但是，提供社會安全成了普遍的潮流。二次大戰後，建設完全的福利國家成為必行之事。人民對此寄予厚望，國家沒有選擇，只得努力滿足。從自由派到保守派，各種傾向的政治家和勞工運動領袖一道力推建立更廣泛的福利網，雖然各有不同的目的和打算。即使在法西斯政權的嚴密控制下，對大眾的動員也提高了民眾對包括國家福利在內的更加美好未來的期望。納粹主義在德國之所以從者如雲，部分是因為它信誓旦旦要改善人民生活水準，建造新住房，提供全面社會保險，加建娛樂設施，並保證每家擁有一輛小汽車，這裡指「人民的汽車」，也就是大眾汽車（Volkswagen）。墨索里尼的義大利法西斯政權也對人民做了類似的許諾。

這些許諾大多沒來得及兌現，慘烈的大戰就爆發了。但是，人民對國家促進物質繁榮和改善福利的期待並未隨著法西斯主義的滅亡而消失，而是轉到了戰後政府身上。英國人民普遍認為，自己在「全面戰爭」中的犧牲應當得到國家的回報，戰時的充分就業應該繼續，國家應該提供全民社會福利和醫療服務，三〇年代的貧窮匱乏絕不能重演。一九四四年，英國政府承諾執行充分就業計畫，因為只有實現充分就業，才有可能成功實施兩年前貝弗里奇在他的報告中建議的那些社會保險措施。戰後的英國政府顯然會高度重視社會政策。

然而，我們也不應誇大二十世紀上半葉歐洲社會的變化。婦女在社會中的地位就是很好的例子。一次大戰前，女權運動在斯堪的納維亞和英國比較強勢，尤其是在爭取婦女投票權方面（爭取婦女投票權的積極分子發動的運動成功引起廣大公眾對此問題的注意）。但是，在歐洲的天主教勢力範圍內，特別是東歐和南歐，基本沒有自由開明

的憲政政府，爭取婦女權利的運動要小得多。在講德語的中歐，女權運動的支持者主要是中產階層婦女。然而，婦女權利運動進展甚微，因為女權運動基本上被擠壓在保守主義和社會主義這兩個男性主導的領域中間（後者將婦女解放的要求視為爭取社會與經濟變革這一更廣泛鬥爭的分流）。

但至少在婦女投票權的問題上，一次大戰讓許多國家有了突破。婦女對戰爭的重要貢獻有目共睹，這導致社會對婦女投票權態度的變化。大戰結束後，許多歐洲國家的婦女都獲得了投票權。但是，法國直到一九四四年才給婦女投票權，義大利是一九四六年，同年還有羅馬尼亞和南斯拉夫，比利時婦女在一九四八年獲得了投票權。希臘更晚，要等到一九五二年內戰結束後。在中立的瑞士，婦女到一九七一年才獲得聯邦一級選舉中的投票權（各行政區給予婦女投票權的時間不等，最早是一九五八年）。袖珍國家列支敦士登更是拖到了一九八四年。

除了獲得投票權之外，婦女在家中和工作場所的地位並未改變。男性仍然在社會中占據統治地位。在英國，《貝弗里奇報告》規定，丈夫是社會保險的繳費人和受益者，妻子只是依賴丈夫的被贍養人。法國一九四六年通過的憲法仍強調婦女須履行母親的職責。在勞動力市場上，婦女也繼續受到歧視，已婚婦女尤其如此，因為社會仍然認為她們的主要任務是家務和生孩子。各個職業的高階位子基本上排除婦女在外。在大多數情況下，女性就業仍然限於傳統觀念中婦女的工作，比如護士、社福工作者、小學教師、祕書或店員。

婦女在教育領域也仍然處於嚴重劣勢。雖說從一九〇〇到一九四〇年，歐洲各地都出現了女大學生人數增加的趨勢，那段時間內，大學生人數增加了一倍以上，其中一部分是女生，但只是很小的一部分。二次大戰之前，西歐大學生中女生只占不到五分之一，女生比例

最高的是芬蘭，接近三分之一，法國、英國和愛爾蘭都是四分之一以上，但西班牙和希臘只有百分之七到八。二次大戰期間，許多男青年應徵入伍，大學女生的人數隨之增加。但這方面的重大變化和婦女總體地位的提高一樣，要到幾十年後才真正到來。

平民提高自身社會地位的機會也不如想像的多。當然，兩次世界大戰造成了巨大的破壞，完全打亂世界經濟，兩次大戰以及它們之間那段時期的政治形勢雲譎波詭，三〇年代又發生了經濟大蕭條，這一切不可避免地導致地主階級財富的重大損失。當然，沒收富人的財產是布爾什維克革命的一個特點。在波蘭、捷克斯洛伐克、羅馬尼亞和保加利亞等國，儘管地主堅決抵抗，但仍然進行了大規模的土地再分配。兩次大戰和它們之間的時期大大中斷了資本積累和財富增長的長期趨勢。但儘管如此，大戰前夕有錢有勢的人在戰後一般仍然保住了財富和社會地位，只有在蘇聯陣營的東歐國家是例外。

英國沒有遭受占領，它在制度和社會狀況上的連續性比歐洲大部分國家都更明顯。社會菁英階層要承擔高額稅賦，他們的地產常常被軍隊徵用，有時他們為了繳付遺產稅而不得不出售大量地產，這些的確造成他們財富的大幅減少。具體來說，遭受重大損失的通常是土地貴族、鄉紳和其他擁有大量私人資本的人。另外，如他們經常無奈嘆息的，僕人愈來愈難找，年輕女性不再到上層階級成員的府邸裡當僕人，長年累月地做苦工。戰前時代的貴族生活方式基本上一去不復返。但是，貴族的地位依舊很高，而且在一九四六至一九四七年，英格蘭和威爾斯成年人口的百分之一仍然擁有當地全部資本的一半。

法國的政治和經濟菁英階層也發生了一些變化。因投身於反抗運動而獲得尊敬的新人（也有個別女性），取代了威信掃地的戰前第三共和領導人和維琪政權的通敵者。然而，在地方一級，罪大惡極的通敵者被清洗後，其餘基本照舊。義大利也是一樣。大戰甫一結

束，怙惡不悛的法西斯分子立即遭到整肅，共產黨人也被排擠出新政府，但除此之外，政治階層並未發生太大改變。經濟方面，戰爭塵埃落定後，戰前控制著義大利商業的家族和南方擁有大規模莊園（latifundia）的家族基本上依然如舊。然而，在工業中，義大利與法國和其他國家一樣，由技術人員和企業家組成的新階級的地位開始上升。在輪胎生產商倍耐力（Pirelli）和汽車生產商飛雅特這樣的大公司中，強大的工會保證了工作場所的新氣象。法西斯主義倒台後，中央和省級政府的官僚及司法制度發生的變化也不容小覷，尤其是在由左派掌權的許多北方城鎮。

在一九四四年七月刺殺希特勒的密謀中，德國上層人士發揮了突出的作用。然而，上層人士也主持犯下了一些令人髮指的暴行。在軍隊和黨衛軍的高階將領中，上層人士所占比例超過他們在總人口中所占的比例。許多工商界領導人密切參與了沒收財產、無情剝削被占鄰國、雇用奴工和借種族滅絕之機大發橫財的行動。有些最喪盡天良的行為在戰後同盟國舉行的審判中受到了懲罰。但是，即使在經過了一九四五年的慘敗後，德國的菁英階層成員仍然令人驚訝地保持了他們的地位，除了那些和東部省分的莊園主一樣因戰爭和占領而失去了土地的人之外。

總的來說，在整個二十世紀上半葉，政治和經濟菁英維持住了自己的地位。更深遠的變化要等到本世紀的下半葉。社會下層的人平步青雲進入菁英階層仍然甚為罕見。在主要交戰國中，德國算是部分的例外，在那裡，加入納粹黨及其眾多的附屬組織增加了向上爬的機會。法西斯義大利也有類似的情況。不過，這種情況其實並不普遍。更大的變化到後來才發生。就連人們有時說的「炸彈不長眼睛，不分窮富照炸不誤」的話也並不準確。在工業城鎮中，窮人居住在擁擠不堪的公寓和貧民窟裡，非常容易成為狂轟濫炸的目標，而中產人士居

住在宜人市郊和大莊園的氣派豪宅，躲過空襲的可能性則大得多。

後人稱為「貧窮迴圈」的現象仍普遍存在。二次大戰結束後，復員的士兵一般都重操舊業。他們的社會階層通常沒有改變，生活環境也依然如故。人口從鄉村向城市遷徙的長期趨勢意味著產業工人階級的人數愈來愈多，他們通常住在接近市中心的劣質住房中，幾乎無望躋身中產階級或專業人員的行列。然而，隨著服務部門的擴大，從事行政人員或職員這類低階白領工作的機會增多了。這在歐洲是普遍現象，儘管各國的增加速度不同。社會下層的人受教育的機會仍然微乎其微。鄉村人口的下降、村子裡年輕人的減少和農業工人的短缺標誌著長期的轉變，轉變由於戰時經濟而進一步加快。在戰火未及的偏遠地區，機械化和現代交通不見蹤影，農莊上的日常勞作仍是五十年前的那一代人所熟悉的。工廠工人的日常生活也基本未變，雖然肯定不如一次大戰前那麼辛苦，工作時間也有所縮短，但仍然與上一代工人的生活相差不大。

受二次大戰破壞最嚴重的歐洲地區（主要是從德國向東、向南延伸到蘇聯西部的那片地方）根本沒有條件回歸戰前的正常狀態。在烏克蘭、白俄羅斯和波蘭，戰鬥最為激烈，種族滅絕的殺戮居全歐之最，德軍撤退時又實行「焦土」政策，大肆破壞，使這三個國家的大片地區被化為廢墟。德國敗局已定，卻拒不投降，招致了巨大的破壞。大戰結束時，德國人口的三分之二流離失所，幾百萬名士兵成為戰俘（向西方盟國投降的約三百萬人到一九四八年大多獲釋，但落入蘇聯手中的三百萬名戰俘中的最後一個到一九五五年才獲釋）。東部省分蜂擁而來的難民造成人口激增，老百姓的住所擁擠不堪（大城市有五成的住房被戰爭摧毀）。民眾因國家戰敗而感到惶恐不安、前途渺茫。然而，如果他們發現自己所在的地區在戰後將由西方盟國，而不是蘇聯人來占領，他們還是會額手稱慶，因為關係重大的不僅是戰

爭造成的大量死傷和經濟破壞，還有政權的特點。在戰後被一分為二
的德國，人民生活的輪廓主要是由占領者的利益所決定的：德國西部
由美國人、英國人和法國人決定，德國東部由蘇聯人決定。

　　蘇聯人民一方面因取得了勝利而倍感自豪，無疑還因自己終於活
了下來而感到慶幸，另一方面則要承受數百萬親人死去的椎心之痛，
還要努力在被敵人化為廢墟的市鎮和村莊的瓦礫上重建生活。戰爭結
束了，但史達林的統治制度並未改變，它的力量與合法性反而因戰爭
的光榮得到加強。蘇聯依然保留了過去的做法：沒收財產，嚴格規定
產量或生產率定額，施行警察國家的專斷統治，殘酷役使投入重建公
路和鐵路的勞動的幾百萬名戰俘、「不可靠」分子和士兵。現在，這
個制度又強加到東歐大部分地區的頭上。即使在一次大戰前，那裡的
國家也是歐洲最貧窮的國家，它們在二次大戰中遭受了巨大的苦難和
破壞，如今又要被封閉起來，無緣從即將給西歐帶來新生的經濟發展
勢頭中受惠。

經濟復甦的前景

　　一次大戰後，歐洲在世界生產和貿易中所占的份額已經開始明顯
下降，二次大戰進一步加劇了這一國際經濟的長期趨勢。二次大戰也
標誌著英國徹底淪為世界經濟龍頭老大美國的跟班，這點自一次大戰
後已經明顯可見，二次大戰英國大量需求美國的資金也完全證實了
這點。英國為了打仗而債台高築，在經濟上完全依賴美國，美國則在
大戰中脫穎而出，成為世界工業巨人。大戰結束時，英國的財政疲弱
凋敝，美國的經濟卻欣欣向榮，成為二次大戰的大贏家。二次大戰期
間，美國的工業生產達到了歷史最高水準，工業產出的年增長率是百
分之十五（一戰期間是百分之七），經濟產能據統計增長了百分之五
十。到一九四四年，全世界四成的軍備是美國生產的。在英國出口日

趨減少的同時，美國的出口不斷攀升，一九四四年的出口比一九三九年多了三分之二。

美國雄厚的經濟實力使它能夠通過《租借法案》在資金上大力支持同盟國的作戰。《租借法案》是羅斯福總統想出來的主意，國會在一九四一年春通過。美國據此可以向盟國「出借」裝備，而無須要求那些捉襟見肘、債台高築的國家還款。截至大戰結束，美國在《租借法案》名義下的出口總額達到三百二十億美元，其中近一百四十億是對英出口。美國還為蘇聯雪中送炭，提供了價值九十億美元的物資（包括食品、機械工具、卡車、坦克、飛機、鐵軌和機車）。美國是戰爭的軍需官。很快的，它將成為和平的司庫。大戰尚未結束，戰後規劃即已開始。

對於歐洲在一九四五年後沒有進入蘇聯陣營的那一半，美國憑藉自己超強的經濟實力，在戰後經濟的制度重建中一言九鼎，雖說這份影響在後來的幾十年間才充分顯現出來。盟軍登陸諾曼第一個月後的一九四四年七月，組成聯合國的四十四個同盟國、七百多位代表在美國布雷頓森林（Bretton Woods）的一家酒店開了近一個月的會（代表們住得不太舒服，因為酒店太小，且年久失修）。與會者要制定戰後全球經濟秩序的新原則，期冀新秩序能夠永遠克服三〇年代導致了經濟民族主義、大蕭條和法西斯主義勝利的那些災難。英美兩國的代表團是會上最重要的角色，但到底誰說了算，眾人都心中有數。會議最後一天各國達成了協議，其中一些關鍵的基本概念是英國代表團團長凱因斯提出的。他看清了大蕭條期間大行其道的正統經濟理論的危險，在大戰期間就提出了影響深遠的反週期理論，提倡透過國家干預和財政赤字來解決大規模失業問題。不過，當英國和美國的意見發生分歧的時候，美國代表團團長懷特（Harry Dexter White）代表的美方利益總是會占上風。

　　布雷頓森林會議（主要在凱因斯的宣導下）建立了貨幣自由兌換的新貨幣秩序，各國的匯率跟美元掛鉤，以此來取代已經信用破產的金本位制度。（然而，「可兌換性」在第一次大考驗中一敗塗地。那是在一九四七年夏天，英國陷入金融危機，發生英鎊換美元擠兌，使英國的美元儲備幾乎告罄。結果，英國不得不暫時取消英鎊的可兌換性。）懷特提出的兩條提議最終化身為兩個重要的戰後機構，一個是旨在糾正具體國家預算失誤、維持體系內穩定的國際穩定基金（International Stabilization Fund，後來成為國際貨幣基金組織），另一個是為戰後重建提供必要資金的國際重建與開發銀行（International Bank for Reconstructionand Development，後來成為世界銀行），儘管開始時提供的資金比起實際需求來只是杯水車薪。與會者也認識到，需要再成立一個機構來確立全球自由貿易的規則。不過，這個想法並未落實。國際貿易關係最終歸入了一九四七年達成、最初由二十三個國家簽署的關稅及貿易總協定（General Agreementon Tariffs and Trade，簡稱GATT）的管轄之內。

　　無論這世界存在著哪些難以逾越的政治障礙，使布雷頓森林會議無法馬上收效，召開這場會議都表明了各國決心不再重演兩次大戰之間的災難，也說明各國一致認為，必須改革資本主義經濟的基礎，否則不能避免引發那場災難的國際貿易與金融的崩潰。顯然，美元必須接替軟弱的英鎊，成為國際金融的軸心。美國人支持商定的貿易自由化，也樂見美元地位提高。歐洲人也接受這樣的安排，視其為戰後經濟秩序的前提。但是，雙方的重點有所不同。英國人和法國人認為，必須以戰前無法想像的規模進行國家干預，這不僅是為了重建經濟，也是為了遏制完全自由的資本主義經濟的大起大落，防止再次出現大規模失業。因此達成的妥協（當然，它不適用於蘇聯集團）是自由貿易和國家指導相結合的混合型經濟。各國都對資本主義做了一

定的改革，但變化並不劇烈，也沒人對資本主義提出根本性的質疑，除了共產黨人，但共產黨的力量正在迅速萎縮（儘管共產黨在冷戰形成時期為維持群眾基礎費盡了力氣）。雖然我們在滿目瘡痍的一九四五年難以預料未來，但是被德國人稱為「社會市場經濟」（soziale Marktwirtschaft）的經濟自由主義與社會民主的結合，將在後來的三十年間為西歐帶來空前的經濟繁榮和政治穩定。

　　這個結合在一九四五年後之所以能夠成功，有個一次大戰後不具備的重要先決條件。一九一九年，沉重的戰爭賠款使德國和其他戰敗國陷入了悲慘的境地，但時間拉到一九四五年，西方盟國沒有要求戰敗國賠款（德國東部地區另當別論）。一九四四年，美國曾一度認真考慮所謂的「摩根索計畫」（Morgenthau Plan）[1]，要把德國直接打回前工業化時代（因而提供納粹政權大好的宣傳口實）。雖然羅斯福和邱吉爾都同意大力限制德國將來的工業生產水準，但是他們很快認識到，讓七千萬德國人民永遠生活在貧困之中，讓德國經濟一蹶不振，這對歐洲復甦是沒有任何好處的。冷戰開始後，這一點變得愈發清楚。

　　後來的事實也證明，把東半部鎖住的鐵幕對歐洲西半部產生了間接的好處。對東歐人民來說，鐵幕是一場巨大的人間悲劇。但是，蘇聯控制著歐洲那些一戰後一直為族裔衝突、民族主義暴力和邊境爭端所困擾的地區，這對本來就比較富裕的西部地區是有利的。與逐漸成形的蘇聯集團的成員國不同，西歐國家在廢墟上重建經濟時能倚靠美國的支持。

　　一九一四到一九四五年，歐洲人似乎一心要毀掉自己的經濟基礎。但在那之後的三十年，西方民眾卻享受了在百廢待舉的一九四五

1　譯者注：摩根索計畫由美國財政部長小亨利・摩根索（Henry Morgenthau, Jr.）提出，他建議摧毀德國的工業能力，使之無力再次挑起戰爭。

年完全無法想像的持續空前繁榮。由於持續的繁榮，西歐人民的生活今非昔比。即使在情況完全不同的東歐，生活水準也有提高，大多數人民生活改善的速度遠遠超過了兩次大戰之間的那段困難時期。若靠歐洲國家自己是不可能有如此巨大的轉變，歐洲東西兩半的經濟重建都高度依賴新興超級大國美國或蘇聯的幫助，但它們遵循的道路卻截然不同。一九四五年後，無論是在政治上還是在經濟上，歐洲的兩半都開始分道揚鑣。

基督教會：挑戰與延續

　　除了謀生艱難之外，老百姓的生活仍然受基督教會道德和價值觀的極大影響。二十世紀上半葉，在蘇聯（宣揚無神論）的西邊、世俗國家土耳其（信奉伊斯蘭教）西北邊的歐洲，依然是基督教的大陸。尤其在農民和中產階級當中，教會仍然具有巨大的社會和思想影響力。各地的基督教會捲入一次大戰後震盪全歐洲的政治風雲後，也不吝使用這種影響力。

　　德國哲學家尼采（Friedrich Nietzsche）在一八八二年發出了「上帝已死」的名言，但這個訃告來得未免太早。二十世紀上半葉，基督教會的確受到來自現代社會，特別是無神論的布爾什維克主義的威脅。隨著人們轉而求助於國家、政治運動或其他公共機構來滿足自己的需求，愈來愈多的人開始覺得教會沒用了。約瑟夫・羅特（Joseph Roth）一九三二年出版的發人深省小說《拉德茨基進行曲》（*The Radetzky March*），就反映了作者對現代社會的不以為然。小說中的人物喬伊尼基伯爵說：「民族主義是新宗教。人們不再上教堂，而是去參加民族主義的集會。」馬克斯・韋伯所謂「世界的祛魅」指的也是關於聖禮儀式、得救、贖罪和來世的永恆幸福等神祕主義信仰開始

失去吸引力。戰爭和種族滅絕在歐洲肆虐之時，尼采對理性與真理的攻擊，以及對植根於宗教信仰的道德觀的否認，似乎看來一語中的，經歷過這個時代後，教會是不可能毫髮無傷的。然而我們也不應過分誇大，也不應提前民眾失去信仰、基督教主要教派信徒人數下降的時間。經過兩次世界大戰後，基督教的影響仍然既深且遠。基督教會儘管在二十世紀上半葉歷經坎坷，但令人驚訝地卻沒有傷到它的筋骨，教會要遇到大麻煩是後來的事。

　　一次大戰打響時，基督教曾一度形勢大好。各方都拉上帝為自己撐腰，每個交戰國的基督教會都聲稱上帝支持本國的事業。德國人宣告：「上帝與我們同在。」法國人宣布為保衛祖國成立「神聖同盟」時說：「上帝在我們一邊。」其他國家也將愛國主義融入了基督教。神職人員把戰爭視為國家的聖戰，是文明反對野蠻、善反對惡的「神聖的戰爭」。確實，有一些神職人員主張和平，但是支持本國戰爭的神職人員仍占壓倒多數。他們祝福開赴戰鬥的部隊，也為士兵的作戰武器祝福。他們為即將發起的進攻的勝利而祈禱。在歐洲各國，民族主義淹沒了基督教的基本教義，自稱愛好和平的神職人員卻咄咄逼人地鼓吹戰爭，不能不令人詫異。一九一五年，英國聖公會倫敦主教溫寧頓－英格拉姆（Arthur Winnington-Ingram）在慶祝基督降臨節的一次佈道中向英軍士兵呼籲：「好的壞的，小的老的，格殺勿論。」時任首相的阿斯奎斯（Herbert Asquith）認為此話是出自一位蠢得出奇的主教的胡言亂語。除了上述積極開戰的神職人員之外，至少有一位教會領導人一貫秉持中立，呼籲各國達成公平的和平。一九一七年，教宗本篤十五世（一九一四年九月當選）提出了一項和平計畫，號召各方訴諸國際仲裁，撤出被占領土，放棄戰爭索賠，削減軍備。可是，此舉招致了一片罵聲，說他其實心有偏向，卻不肯實說，是偽君子。法國人稱他是「德國教宗」，德國人則說他是「法國教宗」。

　　對神職人員來說，戰爭帶來了復興基督教的希望，這點也由被觀察者稱為「回歸聖壇」的現象證實了。英國上教堂的人數增加了，但那也許僅是暫時現象，因為一九一六年上教堂的人數反而低於戰前（許多男人上了前線也是一個因素）。然而，隨著愈來愈多的家庭接到前線親人的噩耗，相信據說可以使生者和死者交流的招魂術的人數激增。當人們感到嚴重焦慮不安的時候，自然會轉向祈禱。戰鬥打響前，士兵經常會向上帝禱告；戰鬥結束後，活下來的士兵也會感謝上帝使自己逃過一劫。宗教和迷信混雜在了一起。許多士兵上前線時會隨身帶著宗教的象徵物，如一個十字架、一串念珠或一本袖珍版聖經，都起到了護身符的作用。如果有士兵死亡，戰地牧師就會對陣亡戰士的戰友們說，基督教把死亡視為獻給上帝的犧牲。陣亡將士墳墓上豎立的臨時性木頭十字架就是對這點無聲的重申。

　　但一定有人會問，若經歷過凡爾登和索姆河等如此慘烈的戰役後，怎麼可能繼續保持宗教信仰呢？到底有多少士兵在殘酷的屠殺中失去了對基督教的信仰，我們不得而知。一位德國牧師在報告中寫道：「許多士兵由於看不到祈禱的作用，也由於戰爭的漫長和殘酷，而對上帝的正義與全知產生了懷疑，不再相信宗教。」然而，儘管戰後世界發生了巨變，但大多數復員返鄉的士兵和他們留在後方的家人一樣，至少在名義上保持了對某個基督教派的忠誠。有些人即使不再上教堂禮拜，但在生死婚嫁的大事上一般仍然要找教堂。人們並未表現出激進或極端的反宗教情感（雖然反教權的情緒十分強烈，特別是在南歐的一些地方）。然而，宗教的紐帶在一些地方，尤其是城市，本來就已經很疲弱，戰爭也並未使之得到持久的增強。疏離基督教信仰、不再忠於教會的長期趨勢仍在持續，且這種趨勢在男性中比在女性中更加突出。

　　新教比天主教的處境還糟。二十世紀初，瑞士、波羅的海國家、

斯堪的納維亞半島和荷蘭都出現了新教徒人數下降的**趨勢**，雖然新教教會內部仍然充滿活力。在英國國教的教會中，復活節時領受聖餐的人數自二〇年代初到五〇年代一直在穩步下降。在德國，一九三〇年領受聖餐的人數比起一九二〇年來減少了百分之十一，同期，受堅信禮2的人數下降了百分之四十五。

　　天主教會在留住教眾方面更有辦法。它從十九世紀中期就開始重新振興天主教信仰，努力也從未間斷過。天主教會成功地擴大了對民眾的吸引力，同時又以教義上堅定嚴格、組織上中央集權的面目呈現於世。教宗是這個面目的化身，是抵制現代世界的威脅，特別是自由主義和社會主義的威脅的堅強堡壘。一八五四年，教宗庇護九世宣布聖母瑪利亞「始胎無染原罪」（Immaculate Conception）後，對聖母的崇拜就重新興起，激起了民眾的虔誠。而據說聖母一八五八年在庇里牛斯山的盧德（Lourdes）顯靈（一戰前每年去該地朝拜的人數就已超過了一百萬），一八七九年和一九一七年又分別在西愛爾蘭的諾克（Knock）和葡萄牙的法蒂瑪（Fatima）顯靈，這更加強了信徒的虔敬之心。天主教會也鼓勵教眾崇拜聖人。給法國人民帶來無盡痛苦的一次大戰結束不到兩年，教廷就封了法國的民族女英雄貞德（Joan of Arc）為聖徒，儘管天主教會曾在五個世紀前開除了她的教籍，並以異端罪名判處她火刑。在一個宣導世俗價值觀、反教權主義的力量十分強大的國家，給貞德封聖是為了在法國國內加強天主教的力量。後來教廷又連續冊封了幾位聖徒。一九二五年，被稱為天主教精神生活典範的法國加爾默羅會的年輕修女，人稱「小花」的利雪的德蘭（Thérèse of Lisieux）被封為聖徒。一九三三年，在盧德親見聖母顯靈

2　譯者注：堅信禮為基督教儀式，孩子十三歲時受堅信禮，受禮後才能成為真正的教徒。

的蘇比魯（Bernadette Soubirous）也被封為聖徒。一九二五年，教宗庇護九世為了抵制民族主義和世俗主義，宣布確立聖王基督節，號召天主教徒把基督教的道德置於政治與社會生活的中心，此舉進一步推動了民眾敬神的虔誠。

一般天主教徒參加的社會與慈善組織也幫助維繫了老百姓和教會之間的紐帶。十九世紀中期建立的「天主教行動組織」努力動員不擔任教職的一般教徒參與教會生活，試圖給工人和農民運動灌輸基督教的價值觀，並取得了一定的成功。在布列塔尼（Britanny）的一些地方，神父主辦民眾喜聞樂見的地方報紙，還組織農業合作社，向農民販售肥料。在下奧地利邦和西班牙北部的鄉村地區，教會積極參與信用銀行和其他幫助農民和佃農的活動，這鞏固了民眾對教會的支持，也加強了民眾對神職人員的擁護。

天主教會如果能將教眾的忠誠融入強烈的國家認同感，或者能代表處於劣勢的少數群體的利益，就會蓬勃發展，蒸蒸日上。在波蘭和愛爾蘭自由邦這兩個一戰後誕生的新國家中，天主教實際上成了國家身分的象徵。在二十世紀的三〇年代，隨著波蘭政治和社會緊張不斷加劇，教會密切參與保守派推動的民族團結運動，堅持波蘭民族主義，強調波蘭人不同於居住在波蘭的烏克蘭、白俄羅斯、德意志等少數族裔，尤其強調波蘭人與猶太人之間的區別。在多數人信奉新教的北愛爾蘭，天主教徒在住房、就業和社會與政治生活的各個方面都備受歧視，他們因這些歧視而形成了自己的身分認同，也建立起自己專有的亞文化，這種文化反映了他們的民族主義憧憬，盼望能夠和已經獲得獨立、領土更大並同樣信奉天主教的愛爾蘭南部實現統一。

在英國，天主教徒忍受的年深日久的偏見，也促成了他們強烈的身分認同感和對天主教會的忠誠，特別是在一八四五年愛爾蘭大饑荒後大量移居英國西北部的愛爾蘭移民中。團結緊密的愛爾蘭天主教徒

面臨著占人口多數的新教徒的強烈敵意和嚴重歧視，就連在體育領域也不能倖免。像是格拉斯哥流浪者足球俱樂部（Glasgow Rangers）就不准天主教徒參加，它的宿敵凱爾特人足球俱樂部（Celtic）則不准新教徒參加。占荷蘭人口少數的天主教徒的亞文化為天主教的興旺提供了基礎，而在巴斯克地區，人們認為教會正幫助維持著一個處於劣勢的語言社群。德國的俾斯麥在十九世紀七〇年代打壓天主教會（信徒占德國人口近三分之一），結果造就了一個強有力的天主教亞文化。天主教信仰及機構在德國一直蓬勃興旺，直到希特勒掌權，才跟新教教會一同面臨全新的挑戰。

　　形式繁多的新教教會和比較統一的天主教會都認為，在現代世界中，反對政治上的左派，特別是反對布爾什維克主義的鬥爭，在捍衛基督教上至關重要的。「現代」的各種形式都是應予抵制的威脅。因此，不言自明，基督教這兩大教會在政治上都是右傾的，都支持保守的國家機構及其社會權力，視其為抗擊左派的堡壘。於是，兩大教會及其教眾也不可避免地深深捲入了發生在兩次大戰之間的激烈衝突。

　　不過，這不一定代表教會反對民主。德國的天主教中央黨是一九一九年建立威瑪共和的主要政治力量之一，二〇年代期間一直是德國新生民主的中流砥柱。一九一九年成立的義大利人民黨的支持者主要是信仰天主教的農民，在義大利多元的政治制度中代表著天主教徒的政治觀點，直到一九二六年被墨索里尼取締。英國的民主政治制度安然穩固，英國國教的教會是體制的一大支柱，常被稱為「做祈禱的保守黨」。各種不服從英國國教的基督教教派在英國也有一定的支持度，它們通常比較激烈地批評政府，但不批評民主。然而，如果左派構成了重大威脅，那麼基督教的兩大教會從來都是維護國家權威的。它們眼中左派的威脅愈大，它們就愈願意支持對這一威脅的極端反應。

　　反應最極端的莫過於德國。那裡的新教教會（它其實由於教義和地區的不同而四分五裂，但它的各種形式名義上覆蓋了德國人口的三分之二以上）自馬丁・路德的時代以來就與國家權威密切保持一致。一九一八年的革命、德皇的退位和取代了君主制的新生民主，都在教會圈子裡引起了普遍的沮喪之情。他們認為德國發生了「信仰危機」（Glaubenskrise），希望恢復君主制或建立新的國家權威，好領導德國走出政治、經濟乃至道德上的困境。許多新教教士認為，需要一位真正的領袖。用一九三二年發表的一篇新教的神學文章的話說，這樣的領袖應該是「真正的政治家」（而不是威瑪共和的區區「政客」），「手操戰與和的大權，與上帝相通」。根據這樣的思維，新教教士普遍認為，一九三三年希特勒上台標誌著國家開始覺醒，這將激發信仰的復興。新教教會甚至有一個納粹化的附屬組織。「德意志基督徒」組織拒絕接受舊約聖經，說那是猶太人的，並以做「耶穌基督的衝鋒隊員」而自豪。然而，持有這類極端思想的只是少數教士（雖然這種思想在某些地區有一定的號召力），大多數新教教徒都予以拒斥，他們關於信仰復興的思想在教義上和組織上都是保守的。

　　起初，「德意志基督徒」組織似乎有望成功，但它提出的各種要求很快引起了反彈。納粹黨開始想把二十八個自治的地區教會歸總成一個「帝國教會」，但激起了強烈的反對，最終只得放棄。一九三四年，一些堅決拒絕「德意志基督徒」的「異端」理念、反對靠政治干預強推教會集中化的神職人員在巴門（Barmen）召開會議，公開駁斥將教會附屬於國家的說法為「虛妄的教義」。然而，在瑞士神學家巴特（Karl Barth）的影響下，《巴門宣言》僅限於維護教義的純潔，並未發表政治上的反對意見。無論如何，宣信教會（the Confessing Church，這是《巴門宣言》支持者的自稱）只代表新教牧師中的少數。大部分神職人員仍舊支持希特勒政權。有些新教神學家甚至為反

猶主義、種族理想和納粹統治提出教義上的辯解。對於猶太人遭到的
虐待、一九三八年十一月的猶太人大屠殺，以及後來把猶太人趕到滅
絕營去的做法，新教教會從未公開發表過抗議。幾乎沒有新教教徒反
對德國奉行強硬的外交政策，發動征服戰爭，或企圖消滅可憎的蘇聯
布爾什維克政權。

　　至於天主教會的政治立場，基本上決定在教會對社會主義的拒
斥，以及對社會主義最極端的表現形式——共產主義的仇視。教宗庇
護十一世在一九三一年發表的通諭《四十年》（*Quadragesimo Anno*）
中，批評了資本主義和國際金融的不公，但也對共產主義發出了毫不
含糊的譴責。他下達諭令，說社會主義的唯物主義原則有悖於天主教
會的教誨。提倡建立基於團結而非衝突的社會秩序，號召營造以企
業、勞工和政府協同合作為基礎的產業關係，而這些理念正好被義大
利法西斯主義運動和奧地利、葡萄牙、西班牙的準法西斯政權利用，
成為建立「社團國家」的理由。這裡所謂的「團結」是由國家強加給
社會，為產業的利益服務，靠強制得到維持。

　　義大利的天主教會和墨索里尼勉強講和，於一九二九年達成了拉
特蘭條約。一八七〇年義大利統一時，曾取消所有教廷轄地，如今義
大利同意建立梵諦岡國，並承認天主教為義大利唯一的國教。作為回
報，教會實際上承諾在政治上不作為，至少會容忍法西斯黨在義大
利的統治。也因如此，教會對法西斯流氓的暴力行為保持緘默，後來
又對義大利成功入侵衣索比亞表示歡迎，也沒有反對義大利的種族立
法。在教會眼中，無論它與義大利法西斯主義為伍多麼令人尷尬，法
西斯都比共產主義強上百倍。然而，在涉及教會的事情上，教廷卻頑
強地自我保衛，激烈抵制國家對社會所有領域的「完全控制」。在教
會看來，這個政策是成功的，宗教活動出現一定的復興，教士的人
數、在教堂舉行的婚禮數和教會學校學生的數目都有所增加。教宗庇

護十一世特別注意保護教育和「天主教行動組織」。他不得不接受國家對該組織活動的限制，但國家也放棄了取締該組織的介圖。

法國的天主教會自始而終都敵視第三共和，因為畢竟是第三共和助長了反教權主義，推廣現代社會的世俗價值觀，特別是打破教會對教育的掌控。兩次大戰之間，教會以它巨大的規模支持反動的（有時是極端的）右派，後來又熱烈歡迎貝當的維琪政權。在西班牙，教會一貫激烈反對社會主義，這是它在內戰中熱情支持佛朗哥的原因。早在一九一六年，西班牙發行最廣的宗教刊物就發出了關於「社會主義的放肆妄為」和「現代主義蔓延」的警示。那份刊物反覆重申，西班牙是「真正的」天主教國家時曾是偉大的國家，宗教走下坡後，國家也陷入衰落。教會呼籲發動「聖戰」，再次把西班牙打造成完全的天主教國家。天主教會持這種觀點，也就不出意料地成為伊比利半島上抗擊馬克思主義「邪惡」理論的堡壘，為西班牙內戰後的佛朗哥統治和葡萄牙的薩拉查政權提供了意識形態的主軸。

一九三三年前，一些德國的天主教主教曾就納粹運動反基督教的內容提出過警告。但希特勒就任總理幾週後，就給出了維護教會權利與制度的承諾，於是主教們的態度來了個一百八十度大轉彎，開始鼓勵天主教徒支持新政府。德國與教廷達成的宗教事務協約也獲得批准（這是梵諦岡在兩次大戰之間與各國締結的四十項宗教事務協約之一），儘管從一開始就有跡象顯示，納粹政權對天主教的儀式、組織和制度都懷有敵意。宗教事務協約自締結之日起就是一紙空文。它是個一邊倒的安排，在希特勒政權立足未穩的時候幫他粉飾太平，實際上卻絲毫不能保護德國的天主教會。

在宗教事務協約尚未批准之時，德國對教會機構的攻擊就已開始。天主教中央黨被迅速解散，龐大的天主教青年運動很快被取締，教會的出版物受到限制，神父被騷擾和逮捕，國家甚至還限制教會舉

辦的列隊行進祈禱儀式。政府還為這些行為舉出各式強詞奪理的狡辯。一九三三至一九三七年間，梵諦岡因德方違反宗教事務協約而提出過七十多次抗議，都徒勞無功。教育這個關鍵領域成了教會和國家長期爭奪的中心。納粹政權不顧廣泛的不滿和公開抗議，強力施壓，逐漸在爭奪戰中占了上風。天主教的主教團對納粹主義原則上持敵對的立場，因為主教團認為，納粹政權的意識形態實質上是反基督教的，納粹還要求公民全身心服從它，這都跟天主教信仰完全不相容。然而，在實踐中，教會一方面奮力抵抗納粹的攻擊，但同時也在其他領域恪遵政府政策，以免招致更嚴重的全面攻擊。納粹政權可以確定，教會支持它反布爾什維克主義的立場，也贊成它在外交政策中顯現的強硬態度。

即使在一九三八年十一月九日晚到十日凌晨發生了「水晶之夜」，德國天主教會也沒有正式譴責納粹對猶太人愈演愈烈的迫害。早在一九三三年四月，擔任慕尼黑－弗賴辛（Munich-Freising）大主教的可敬的福爾哈貝爾（Michael Faulhaber）樞機主教，就曾向教廷國務卿、前任教廷駐德大使帕切利（Eugenio Pacelli，後來的教宗庇護十二世）樞機主教解釋，主教團為什麼「沒有站出來幫助猶太人」。福爾哈貝爾說：「這在目前是不可能的，因為對猶太人的打擊會變為對天主教徒的打擊。」此言道出了天主教會袖手旁觀的主要原因。

的確，庇護十一世在一九三七年的通諭《深表不安》（*Mitbrennender Sorge*）是明確譴責了種族主義。但是，若與梵諦岡本來已經寫好卻從未發表的一份譴責書相比，這份由福爾哈貝爾樞機主教起草、經帕切利潤色的通諭的語調顯然委婉許多。它沒有明確譴責納粹主義，也沒有直接提及迫害猶太人的問題。此外，它發表的時間太晚，雖然引起了納粹政權的怒火，也導致對天主教神職人員騷擾加劇，卻並未在德國引起多大反響。一九三七年夏秋之交，宗教法庭（Holy Office）

準備了一份新聲明，要援引「具體事實」來譴責納粹的理論，包括反猶主義理論，但福爾哈貝爾樞機主教卻建議不要發表，因為那會給德國的天主教會帶來危險。

就這樣，對教會的壓力日益加大，但德國的主教團依然無所作為。一九四一年，明斯特的加倫主教曾大無畏地反對「安樂死行動」，但德國的天主教主教們在大戰期間從未公開譴責過針對猶太人的驅逐和滅絕。與此同時，德國信仰天主教的士兵和他們的新教同胞一樣，都得到教會充分支持，並且在教士的鼓勵下堅信：他們野蠻入侵蘇聯是為了向信仰無神論的布爾什維克主義發動聖戰，是為了捍衛基督教的價值。

在幫助猶太人和其他受到種族主義政策野蠻迫害的人的方面，德國各衛星國基督教會的表現至多只能說是好壞參半。在信仰天主教的克羅埃西亞，梵諦岡從未公開譴責烏斯塔沙組織對猶太人、塞爾維亞人和羅姆人那令人髮指的凌虐行動，擔任克國元首的狠毒殘暴的帕韋利奇甚至得到教宗的接見。方濟各會的修士還參與過烏斯塔沙一些最殘酷的暴行。不過，像是克羅埃西亞的大主教斯特皮納奇（Alojzije Stepinac）雖然忠於國家，但也曾出手三十四次幫助猶太人或塞爾維亞人。他毫不含糊地譴責種族主義，呼籲不要逮捕並驅逐與猶太人結婚的非猶太人以及他們的子女。他的呼籲真的奏效了。

斯洛伐克總統季索（Jozef Tiso）本人就是現職的天主教神父，該國幾乎所有的主教都支持政府的反猶政策，雖然也有一些勇敢的人是例外。值得一提的是，梵諦岡沒有取消季索的神父身分，也許是因為他在國內聲望較高。在首都布拉提斯拉瓦政府中任職的其他十六位神父也保留了神職。就連梵諦岡的助理國務卿塔爾迪尼（Domenico Tardini）似乎都對此感到不解，他在一九四二年七月時說：「誰都知道教廷扳不倒希特勒。可是我們怎麼連一個神父都控制不了呢？」

　　匈牙利的天主教主教團強烈支持霍爾蒂海軍上將的政府，在一九
四四年前從未反對過政府的反猶政策。羅馬教廷駐匈大使和匈牙利教
會的領導人都曾試圖阻止當局驅逐受洗過的猶太人，卻徒勞無功。直
到近五十萬名猶太人在一九四四年被送往奧斯威辛集中營後，匈牙
利的主教們才發表一封不痛不癢的主教信，發出了微弱的抗議。安東
內斯庫元帥領導下的羅馬尼亞推行瘋狂的反猶主義，使數十萬名猶太
人死於非命，東正教的高級教士卻對此表現得漠不關心，甚至加以讚
許。可能是由於羅馬教廷駐布加勒斯特大使發出呼籲，政府才在一九
四二年抵制德國讓羅馬尼亞再驅逐三十萬名猶太人的要求。然而，鑑
於戰局的發展，安東內斯庫已經有幾個月的時間在驅逐猶太人的問題
上拖延敷衍。到一九四四年，隨著軸心國軍隊大勢已去，安東內斯庫
不驅逐羅馬尼亞剩下的猶太人已成為他爭取跟同盟國談判的手段。

　　在保加利亞，猶太人只占人口的一小部分，反猶情緒也相對溫
和，那裡東正教高級教士的態度與羅馬尼亞大不一樣。保加利亞的東
正教教會明確反對驅逐猶太人的計畫。不過，保加利亞停止驅逐本土
的猶太人（至於在不久前併入保國的馬其頓和色雷斯，驅逐猶太人仍
照常進行）卻跟教會的抗議沒有任何關係，而且國王還非常不以為然
教會的抗議。停止驅逐猶太人不是出於原則立場，而僅僅是政府的投
機。它只是反映出政府在眼見德國已露敗象之時，繼續驅逐猶太人乃
不智之舉。

　　在被德國占領的歐洲各國，教會的立場及其對迫害猶太人的反應
千差萬別。在波羅的海國家和烏克蘭，神職人員普遍認同民眾的極端
民族主義、反猶主義和反蘇情緒，他們雖然沒有公開支持殘酷迫害猶
太人，但也保持沉默。波蘭民眾普遍敵視猶太人，但波蘭的天主教神
父和宗教團體成員卻冒著極大的人身危險幫助數千名的猶太人，儘管
也有些神職人員公開發表反猶言論。在荷蘭，新教教會和天主教會在

一九四二年七月都發出過抗議，要求保護猶太人，反對驅逐他們。荷蘭的天主教主教團在提出抗議前曾得到教廷的許可，像是在一九四二年七月二十六日，荷蘭的所有教堂就宣讀了一封發給帝國總督賽斯－英夸特（Arthur Seyss-Inquart）的措詞強烈的電報，抗議驅逐猶太人。然而，抗議毫無效果。面對天主教會的公開抗議（新教教會領導人是在私下發出呼籲）和烏德勒支大主教德容（Joachim de Jong）毫不妥協的立場，占領方採取的報復是兩週內就把受洗歸信天主教的數百名猶太人運到奧斯威辛去送死。雖然荷蘭和鄰國比利時的神職人員在救援猶太人的網絡裡發揮了作用，但他們此後再也沒有公開譴責過驅逐猶太人的行為。

　　法國的天主教主教團熱烈歡迎貝當元帥，認為他能夠重建宗教價值，振興道德。對主教們來說，猶太人只是枝節問題，他們毫無異議地接受了一九四〇至一九四二年間通過的各項反猶法，但一九四二年夏天，隨著驅逐猶太人的行動開始，他們的立場也發生變化。有些教會人士擔心若出面公開抗議會招致報復，但還是有一些主教在公開聲明和給教徒的信中，直截了當地強烈反對驅逐猶太人的行為。這些抗議引起了維琪政權的擔憂，但它們如同當初突然爆發一樣，又在轉瞬間銷聲匿跡。政府利用了主教團對貝當的忠誠，還給了一些甜頭，例如給宗教社團減稅，還提供其他補貼。一九四三年初政府再次開始驅逐猶太人時，就沒有發生前一年那樣的抗議。法國天主教會的領導人基本採取聽天由命的態度，無奈接受他們明知自己無法改變的事態，但該國的天主教和新教的一些神職人員（以及不任神職的一般信徒）和教堂也幫助藏匿了幾百名猶太人，包括許多兒童（其中一位是後來研究納粹大屠殺的著名歷史學家紹爾・弗里德倫德爾〔Saul Friedländer〕）。

　　教宗庇護十二世也沒有發出公開聲明，來譴責導致種族滅絕的大

屠殺，儘管至遲到一九四二年，梵諦岡就算尚不了解大屠殺的全部規模或具體細節，也已經清楚地知道了大屠殺的事實。這位最神祕難測的教宗為什麼這樣做，也許我們永遠也弄不清楚，即使梵諦岡那個時期的所有祕密檔案如今均已開放外界查閱。然而，若我們因此斷言他是「希特勒的教宗」，對猶太人的悲慘命運心如鐵石，或者說他內心深處是反猶主義者，所以才無所作為，其實都不靠譜。庇護十二世在一九三九年曾祕密鼓勵德國人抵抗希特勒，第二年又向西方盟國洩露德軍西線攻勢打響的日期，還安排提供糧食給飢餓的希臘人，並成立一個救助難民的救援機構。他對於猶太人遭受的迫害絕不是漠然視之，但他最關心的還是保護天主教會。他認為自己的角色和本篤十五世在一戰中的角色一樣，是和平的締造者和天主教的保衛者，尤其要保衛天主教不受不信上帝的共產主義的荼毒。所以，他選擇了在幕後從事安靜的外交工作。

庇護十二世明智地認為，公開發聲反而會使事態更加惡化，不僅對由他直接負責的天主教會和教徒，而且對所有遭受德國暴行的受害者來說都是如此。三○年代時，德國的主教們避免公開對抗納粹政權，因為他們害怕那將加劇教會的困難處境。波蘭的主教們在一九四○年建議梵諦岡不要明確譴責德國的暴行，也擔心那會招致可怕的報復。教宗對義大利大使說：「我們沒有表態的唯一原因是，我們知道那會加重波蘭人民的苦難。」顯然，他對猶太人的命運持有同樣的觀點。

一九四二年秋，希特勒政權滅絕猶太人的意圖已經昭然若揭。猶太人的處境此時已壞到極點，公開譴責德國的政策已不會使事態更加惡化。教宗自知無力使希特勒政權打消其執意消滅歐洲猶太人的意圖，但他仍然不願意嘗試新的策略。他首要關注的仍然是保護天主教會。一九四二年九月，梵諦岡官員告訴美國駐梵諦岡的代辦說，教宗

不會公開譴責滅絕猶太人的作為，因為他不想讓德國和被占領國家天主教徒的日子更加不好過。

教宗在一九四二年十二月二十四日向世界廣播的耶誕節祝詞中提到了種族滅絕，但僅僅一語帶過，而且用詞隱晦，說「幾十萬無辜的人有時只是因為自己的國籍或種族，就被定為應該處死，或逐漸滅絕」。教宗的祝詞長達二十六頁，提到種族滅絕處卻只有二十六個字。他說，他的表達「簡短但得到了清楚的理解」。無論是否屬實，這都是教宗唯一的一次公開抗議。次年四月，庇護十二世在寫給柏林主教普賴辛（Konrad Graf von Preysing）的信中又提到了自己的緘默，說「報復和壓力的危險……促使我謹慎寡言」。他表示「對所有非雅利安人天主教徒的掛心」，卻隻字不提非天主教徒的「非雅利安人」。他接著說：「不幸的是，在目前的狀況中，我們能為他們做的只有祈禱。」

教宗親自向斯洛伐克和匈牙利兩國政府就驅逐猶太人的問題提出了抗議，但他仍然沒有公開發表譴責。一九四三年十月，在他眼皮底下發生了驅逐猶太人的事件，在羅馬的猶太人被集合起來準備驅逐出境的大約一週前，德國駐梵諦岡大使魏茨澤克（Ernst von Weizsäcker）就告知了梵諦岡，但教宗沒有把消息傳給猶太人的領導人。雖說後來當局開始抓捕猶太人時，梵諦岡也正式向德國大使提出抗議，但梵諦岡仍然沒有發表公開譴責，因為它接到警告說，那樣「只會使驅逐愈演愈烈」。據猜測，也許教宗還害怕萬一觸怒柏林，德國會發動轟炸或軍事行動毀掉梵諦岡。這個擔心並非沒有道理。教宗可能有此顧慮，但教會還是採取實際行動來幫助羅馬的猶太人，在男女修道院裡藏匿了約五千名猶太人，如果教宗沒有發出一道救命書面諭令，不同的教會場所不太可能同時自發掩護猶太人。目擊者耶穌會會士萊貝爾（Robert Leiber）後來說，庇護十二世親自下令掌管教會場所的高級教

士敞開大門接受猶太人。教宗自己的夏宮岡多菲堡（Castle Gondolfo）
也成為五百名猶太人的避難所。

　　不過，庇護十二世在公開場合的沉默以對，卻也不可彌補地破壞
了他的聲望。他在一九四二年耶誕節祝詞失去了一個大好機會，特別
是因為一星期前同盟國才剛對「冷血地消滅」猶太人的「野蠻獸性政
策」發表了公開譴責。庇護十二世既然決定在祝詞中提到種族滅絕，
就該表達出堅決、明確、毫不含糊的譴責。事實上，祝詞中含糊不清
的措詞注定了它不可能產生任何影響。不過如果到那個時候，恐怕無
論教宗發出的公開抗議或譴責多麼清楚明確，都已經無法扭轉德國執
迷不悟要完成「猶太人問題的最終解決」的決心。

　　這跟一般的教眾有多大的關係呢？我們的回答也許是：沒有多大
關係。在歐洲大部，猶太人都是人數很少的少數，而且當地人民通常
都不喜歡猶太人。大戰使數百萬人墮入事關生死存亡的掙扎，沒有多
少人還顧得上猶太人的命運。即使在對猶太人沒有敵意的地方，也存
在著對他們的普遍漠視。人們有別的事情要操心。歐洲猶太人遭滅絕
時基督教兩大教派的差勁表現對一般教徒的行為沒有影響，在大戰結
束後也沒有削弱他們對教會的忠誠。

　　事實上，在戰爭剛結束的那段時期，即使不考慮天主教會和新教
教會在猶太人遭到迫害時的表現，兩大教會在兩次大戰之間以及二次
大戰期間遇到的問題，也對它們的地位或教眾的行為沒有太多影響。
當然，這不適用於蘇聯統治下的地區。

　　天主教會甚至還出現了一定的復興。二次大戰期間，大多數國家
上教堂禮拜的人數都增加了，這種情況在戰後還持續。這也許表示，
經受了大戰暴力創傷的信徒能夠從信仰中得到一種安全感。西德、荷
蘭、比利時、義大利、法國和奧地利的政黨，包括新成立的政黨，也
宣導天主教的原則。在德國和奧地利，教會成功地把自己描繪成遭到

納粹主義打擊和迫害的受害者。教會把自己打扮成抵抗納粹的力量，掩蓋了它原來支持納粹並與其合作的行為。

戰後的義大利憲法確認了墨索里尼和教廷於一九二九年簽訂的拉特蘭條約，繼續用它來主導教育，確立公共道德。在薩拉查的葡萄牙和佛朗哥的西班牙，國家認同與教會密切相連，教會為這兩個獨裁政權對社會主義根深柢固的反對，提供了意識形態上的合法性。在西班牙，國家免除教會的稅賦，不干預教會的事務，還賦予它新聞審查權，以此換取教會無保留地支持政府，並在內戰中主持對政府有利的片面敘述。在人口大多為天主教徒的愛爾蘭，教會也空前興旺，大受歡迎（愛爾蘭是唯一一個大多數人經常上教堂的國家），掌握了巨大的政治影響力。在梵諦岡，庇護十二世繼續穩坐教宗的位子，教宗的威信甚至還提高，成為反對現代世界的各種邪惡，尤其是反對宣揚無神論的共產主義的堡壘。一九五○年，教宗利用他的「宗座權威」，「絕無錯誤」地宣布聖母瑪利亞的靈魂和肉身一同蒙召升天，教宗的權威至此達到頂峰。但是，這樣的絕對權威來日無多，當時代日益世俗化、民主化，人們對任何事情都愈來愈不肯輕信。

相較於天主教會，新教教會在教義上和組織上都缺乏一致性，各國教會各自為政，沒有國際力量和天主教的那種團結可供倚靠。在西北歐大部，新教衰退仍是長期趨勢。英國和斯堪的納維亞國家的絕大多數人口在名義上還是基督徒，但是上教堂參加宗教活動的人數一直在減少，這個趨勢只在大戰期間稍有停頓。在中立的瑞典，上教堂人數下降的趨勢從未中止過，和在其他國家一樣，這個趨勢在城鎮表現得比在鄉村更加突出。在挪威和丹麥，因為教會在大戰期間支持民族反抗運動，暫時止住了教眾人數的下降。在荷蘭，大戰剛結束時，荷蘭改革宗教會也以自己在德國占領期間對占領者的反抗為號召，來重振新教。當時最重要的神學家卡爾・巴特的家鄉瑞士是若干國際新教

組織的總部所在地，那裡的新教教會參與了救援難民的工作，並在戰後時期繼續蓬勃發展，在一段時間內成功抵擋了朝向世俗化發展的普遍潮流。英國的新教在戰後也興旺一時，教眾人數在五〇年代達到頂峰，之後才急劇下降。

　　當然，德國的新教教會無法迴避自己在第三帝國時期的表現。納粹時代的教會領導層在戰後獲得保留，因此就算經歷過整整一代人以上的時間，教會仍然不肯完全面對自己過去的作為，而是經常自我辯護，大肆強調教會如何抵抗納粹政權，卻輕描淡寫教會跟納粹的高度合作。與天主教會相比，至少新教領導人總的來說願意承認教會在納粹時代的嚴重失職。一九四五年十月，新教教會在斯圖加特發表悔過書，雖然沒有提及具體事情，但承認了教會的罪責。可是，這不僅沒有把教徒團結起來，反而造成了更大的分歧。悔過書在一定程度上安慰了一些神職人員的良心，但許多德國人認為遠遠不夠，其他德國人則拒絕接受為納粹的罪行集體擔責的觀念。

　　無論如何，大戰甫一結束，德國的教會就立即重新組織，在救濟難民的行動中發揮了重要作用。與整個西北歐的大勢相同，民眾名義上雖仍是教徒，但參加教堂禮拜的人數正不斷減少，在城鎮中尤其如此。在民眾幾乎全部是新教徒的東部蘇占區，教會及其組織受到了國家的巨大壓力。教會依然存在，但愈來愈成為一個邊緣化的機構，只有很少的人仍然上教堂，盡力在一個官方宣揚無神論的社會中保有自己的信仰。

　　歐洲的新教沒有經歷天主教那樣的小陽春。不過，這兩大教派在戰後世界中都保持了連續性。重大的變化要等到六〇年代才會到來。對信仰不那麼堅定、比較善於思考的人來說，戰爭的恐怖以及戰後揭露出來的在戰爭期間的巨大暴行，使他們對教會的行為和允許如此滔天罪惡發生的上帝都產生了懷疑。隨著二次大戰在歷史中逐漸遠去，

這樣的懷疑不僅沒有消失，反而日益加強。

知識分子與歐洲的危機

　　幾乎整個二十世紀上半葉，歐洲知識分子（指各種學科的首要思想家和作家）都密切關注著處於危機中的社會。一次大戰的災難極大加強了社會思想中自十九世紀九〇年代起即已出現，認為世界無理性的觀念。社會似乎墮入了瘋狂的深淵。許多人認為，文明不堪一擊，如履薄冰，隨時可能陷入新的災難。這種感覺甚至促成了二十世紀二〇年代的文化榮景。在那個十年中，有短短的幾年時間形勢看來似乎會化險為夷，但當大蕭條這場空前嚴峻的資本主義危機增加了法西斯主義對民眾的吸引力的時候，知識分子對文明浩劫即將到來的焦慮開始顯著升級。

　　造成了這種畸形文明的資產階級自由價值觀四面受敵。早在二十世紀二〇年代，知識分子就開始認識到他們不能再待在象牙塔裡不食人間煙火。希特勒在德國的勝利確認了這一點。一九三三年五月，德國的新主人把他們視為不可接受的作家的著作付之一炬。那次焚書事件震驚全國，迫使德國文學與藝術界許多最傑出的人移民出走，其中大部分是猶太人。

　　人們普遍認為，文明處於危機之中。知識分子當中堅定支持自由民主的人數屢創新低，大部分人都懷疑現行制度是否能夠透過根本性變革來解決危機，因為他們認為危機恰恰是現行制度的產物。知識分子對資產階級社會感到徹底幻滅，對代表著這個社會的政治制度喪失了信心。他們的反應呈兩極化。最常見的反應是向左轉，轉向馬克思主義的某種變體，然而，也有一些知識分子轉向了法西斯右派。這兩種人有一個共同之處，那就是認為必須掃除舊社會，建立新社會，

實現社會復興的烏托邦理想。但就如何達到目的，他們的意見大相徑庭。

　　知識分子很少加入左派的社會民主力量，因為他們認為後者相對溫和，對付不了與之對抗的極端力量，無法真正解決嚴重的危機。（英國基本上沒有出現在歐陸大部分地區肆虐的極端政治，斯堪的納維亞國家則就社會民主改革形成了普遍的一致。這些國家相對來說超然於總的潮流之外。）於是，許多人轉向共產主義尋求解方，把蘇聯視為黑暗中的一線光明。他們陷入對當前世界深深的悲觀之中，把對未來的希望寄託在共產主義的世界革命上。消滅階級實現人人平等、國際主義、打碎資本主義的鎖鏈——這些馬克思主義的理念對心懷理想的知識分子有著極大的吸引力。葛蘭西（他在法西斯義大利被判監禁，主要著作是在漫長的鐵窗歲月中寫成的）、德國的塔爾海默（August Thalheimer）、流亡的托洛斯基、奧地利的奧托・鮑爾和匈牙利的盧卡奇（Lukacs Georg）等馬克思主義政治理論家對資本主義危機做出了精確細緻的分析，與史達林主義正統的僵硬解釋完全不同。

　　然而，除了這些人以外，兩次大戰之間知識分子對馬克思主義充滿熱情不是因為他們認真研讀過馬克思主義的理論著作，而是因為他們在情感上支持馬克思主義（儘管並不總是支持馬克思主義在蘇聯表現的政治形式），視其為一個自由、正義、平等的社會新秩序的框架。這樣的人包括法國的巴比斯（Henri Barbusse）、羅蘭（Romain Rolland）、紀德（André Gide）和瑪爾羅（André Malraux），德國的布萊希特和安娜・西格斯（Anna Seghers），波蘭的瓦特（Aleksander Wat）和法國籍波蘭人施佩貝爾，匈牙利的庫斯勒（Koestler Arthur），還有英國的史特雷奇（John Strachey）、史彭德（Stephen Spender）、奧登（W.H. Auden）和喬治・歐威爾。

　　對他們來說，最重要的是反法西斯主義。他們認為，共產主義代

表著對種族主義、極端民族主義和軍國主義這些野蠻納粹主義信條的完全拒絕。絕大多數知識分子都深惡痛絕納粹主義瘋狂攻擊進步價值觀和文化自由，但觸及他們核心底線的是納粹主義踐踏人道主義的理念本質。納粹主義公然鼓吹暴力以對它眼中的政治與種族的敵人，最明顯的例子就是它對猶太人的殘酷行徑。許多知識分子因此感到，他們只有一個選擇，那就是支持蘇聯共產黨這支最堅定、最激烈的反法西斯力量。

二次大戰結束很久之後，世界知名的歷史學家、傑出的左翼知識分子霍布斯邦解釋說，他青少年時期在柏林目睹了威瑪共和臨死前的痛苦掙扎，因此做出的選擇構成了他畢生對共產主義、對蘇聯的堅定支持的基礎。後來，史達林的嚴重錯誤大白於世，蘇聯於一九五六年入侵了匈牙利，一九六八年又入侵了捷克斯洛伐克，許多知識分子的熱情不再，但霍布斯邦的立場仍然未變。「像我這樣的人其實只有一個選擇，」他回憶過去的時候說，「特別是對一個來到德國時情感上已經左傾的孩子來說，除了共產主義，還能選擇什麼呢？」

史達林治下的蘇聯出現的種種嚴重問題被揭露出來以後，許多知識分子仍然對蘇聯共產主義抱有幻想。有些人被蘇聯關於它正在創造一個燦爛新社會的宣傳所眩惑，不假思索地照單全收。英國工黨的兩位出色領導人西德尼和貝特麗絲・韋伯夫婦（Sidney and Beatrice Webb）在一九三五年出版了《蘇維埃共產主義：一種新文明？》（*Soviet Communism:A New civilization?*），在書中肉麻地吹捧了史達林主義。他們對自己的判斷信心十足，甚至在兩年後該書在「大清洗」高潮時期再版時拿掉了標題中的問號。包括偉大的德國戲劇家布萊希特在內的其他人則視而不見蘇聯體制中非人道的現實，只緊緊抓住對人道的共產主義烏托邦的憧憬。知識分子常常不肯面對蘇聯的現實。他們不能讓自己的夢想破滅。他們常常在心理上不願放棄共產主義的

信仰，因為他們相信那是人類創造更美好世界的唯一希望。

還有人把史達林統治造成的巨大流血算作建設烏托邦的令人遺憾的副產品。他們聲稱，也許有些無辜的人不幸成了「連帶破壞」的犧牲者，但大部分被處死的人都是真正的反革命分子，使用極端暴力不過是反映了革命陣營內部的敵人有多麼強大，是不得已而為之。

另一種經常有人提出的想法認為，史達林不是革命的繼續，而是否定革命，是完全扭曲革命理想，是背離蘇聯創始人列寧開闢的真正道路。例如說，波蘭詩人史洛尼姆斯基（Antoni Słonimski）一直拒絕因為史達林時代的壓迫而批評馬克思主義或革命。他的同胞亞歷山大·瓦特是先鋒派詩人，兼任一家馬克思主義報紙的編輯，曾在二戰期間遭受蘇聯政權的殘酷折磨。瓦特後來說，他「認為史達林是個凶狠的人，幹盡了壞事」，但他不肯批評蘇聯這個「無產階級的家園」。

英國哲學家羅素是訪問過蘇聯的少數人之一（他早在一九二〇年就訪問了蘇聯），他滿懷對革命的熱情而去，卻帶著對蘇聯當局實行高壓統治和無情消滅政治反對派的巨大反感而歸。然而，他清楚地知道，在那個時候，發表任何對布爾什維克主義的批評都會被指責為支持反動派。法國著名作家紀德原來也同情革命的目標，但他於三〇年代中期訪問蘇聯後改變了想法。他在一九三六年發表了批評蘇聯共產主義的文章後，遭到了激烈的人身攻擊，一些左翼的老朋友也跟他絕交了。希特勒掌權後，波蘭猶太裔作家施佩貝爾被迫離開德國，和眾多其他猶太僑民一樣，流亡到巴黎，在那裡找到了工作。他早在一九三一年訪問蘇聯後就對蘇聯共產主義產生了日益增長的懷疑。但是，他「面對會招致的政治和情感上的困難退縮了」，繼續保留了法共黨籍，主要是出於對反法西斯鬥爭的支持，直到他再也不能忍受史達林式公審大會的荒唐，於一九三七年退黨。

出生在布達佩斯的庫斯勒也是猶太人。這位多產的作家和記者在

一九三一年加入了德國共產黨，但當他看到烏克蘭發生的強迫集體化
和大饑荒後，開始對蘇聯感到幻滅。然而，他與共產主義分道揚鑣並
不是突然發生的。西班牙內戰起了決定性的作用。他和眾多其他左翼
知識分子一起奔赴西班牙去抗擊法西斯主義。但是，他也看到那裡共
產黨的政策完全由蘇聯的利益決定，公審大會上對忠貞的共產黨人做
出的指控明顯是無中生有，於是，他在佛朗哥的監獄中坐牢期間（他
一度被判了死刑）內心放棄了史達林主義。但即使如此，為了維護反
法西斯力量的團結，他仍然連續好幾個月保持沉默，直到一九三八年
才宣布與共產主義決裂。他一九四〇年出版的傑出小說《中午的黑
暗》（*Darkness at Noon*）呈現了一片陰鬱的圖景。小說講述原來的蘇
維埃骨幹分子被指控背離了正統，生動地描寫為使他們在史達林式公
審大會上做出荒唐的「自白」，而對他們施加的沉重心理壓力。庫斯
勒揭示了三〇年代許多左翼知識分子面臨的困境，那就是如何保持對
唯一能夠頂住並打敗凶惡的法西斯主義的力量的忠誠，同時又承認蘇
聯已經變成了一頭畸形的怪物，完全背離激勵著他們的堅定理想。

　　知識分子當中還有占相當一部分的少數人深惡痛絕左派的理想，
更遑論俄國革命、後來的俄國內戰，以及史達林時代發生的令人髮指
的暴行。這些人右轉去尋求解決歐洲危機的辦法，其中有些人甚至公
開為法西斯主義搖旗吶喊。這些人的共同之處是相信需要實現精神上
的復興，認為那才是扭轉乾坤的正道，非此不能阻止墮落的人類向野
蠻和虛無主義的深淵沉淪。二〇年代和三〇年代期間，法西斯主義尚
未充分暴露出它在二戰中推行種族滅絕的喪心病狂；它為這些知識分
子提供了另外一個烏托邦，把神話式的美化往昔的文化價值觀，跟建
立單一人種、體現那些價值觀的統一現代國家的願景融合為一。

　　因此，法西斯主義的魅力不在於它提倡回到過去。例如說，馬里
內蒂（Filippo Marinetti）和其他未來主義藝術家謳歌現代機器時代的

革命性暴力，讚頌墨索里尼，但是他們並非希望時光倒轉，而是憧憬烏托邦式的現代社會。表現主義詩人貝恩（Gottfried Benn）為納粹主義所吸引，因為他將其視為創造新的現代美學的革命力量，不過他很快就幡然醒悟。影響力巨大的現代主義詩人兼文學批評家龐德生在美國，但一次大戰前就移居英國。他痛恨被他視為引發大戰的元凶的國際資本主義，也鄙視自由民主，於是遷至巴黎，後來又搬到義大利。在那裡，他歌頌墨索里尼，把義大利法西斯主義看作一種新文明的先驅。與貝恩和其他人不同的是，龐德從未醒悟。無論如何，他從未宣布放棄對法西斯主義的信念。

對「新人」、「真正」文化的重振以及民族復興的信仰，經常會產生一些雲山霧罩的概念，無法對其做出理智上的嚴謹解說。法國政論家兼小說家羅歇爾（Pierre Drieu la Rochelle）念茲在茲民族與文化的衰落，憂心如焚。在他看來，法西斯主義（和納粹對法國的占領）等於「二十世紀的大革命」，是一場「靈魂的革命」。另一名親法西斯的法國作家布拉西拉奇（Robert Brasillach）稱法西斯主義為「二十世紀的詩篇」，是「民族親密」的精神。

透過民族復興實現精神再生，這個信念是法西斯主義吸引知識分子的一大原因。一九二五年，多達二百五十名義大利知識分子在《法西斯知識分子宣言》（*Manifesto of Fascist Intellectuals*）上簽了字，宣言讚揚法西斯主義是「所有蔑視過去、渴望復興的義大利人的信仰」。宣言的撰寫人是羅馬大學的著名哲學教授秦梯利。秦梯利寄希望於義大利法西斯主義，期盼它創造一個超越個人道德意志、克服資產階級自由主義墮落、注重道德倫理的國家。二〇年代中期，他曾說：「新義大利的靈魂將緩慢卻堅定地戰勝舊義大利。」他甚至誇耀法西斯主義的殘暴「表現了健康的能量，國家將履行它的主權和責任，打碎虛妄邪惡的偶像，恢復民族的健康」。

　　更令人意外的是德國最重要的哲學家海德格（Martin Heidegger）
對納粹運動的堅定支持。海德格的思想十分複雜精妙，他在一九二
七年發表的成名作《存在與時間》（Sein und Zeit）中說明了他為何傾
向於納粹運動所代表的理想。關鍵在於，海德格相信，他的時代在經
歷「精神的衰敗」，他所謂「本真的存在」遭到了侵蝕。他還認為，
德國人民肩負著命運賦予的實現文化復興的特殊使命。儘管他思想深
邃，頭腦傑出，但上述信念都接近浪漫神祕主義。他認為，德國正處
於「蘇聯和美國形成的鉗形態勢」中心，而且蘇、美都處於「技術的
脫韁發展和對一般人無限制的動員所造成的令人沮喪的狂熱之中」。
他在一九三五年寫到，歐洲「通往毀滅之路」只能靠「從中心釋放出
歷史上新的精神力量」來阻斷。此時，海德格已是希特勒納粹運動的
忠實成員，他在一九三三年五月一日就加入了納粹黨。入黨三週後，
他作為新任校長在弗萊堡大學（Freiburg University）致詞，對新上台
的納粹政權大唱讚歌，極力美化希特勒（稱他為「德國目前與未來的
現實和法律」）。他上任後，開除了大學裡的「非雅利安人」教員，
包括他原來的教授和導師胡塞爾（Edmund Husserl）。

　　相信需要發動文化或「精神」革命，必然會伴隨對自由民主的根
本性拒斥。這兩個趨勢在德國都特別突出，儘管絕非僅限於德國。
德國的文化歷史學家范登布魯克（Arthur Moeller van den Bruck）把
「德國所有的政治苦難」都歸咎於政黨。他一九二三年出版的《第三
帝國》（Das Dritte Reich）展現了一幅關於完美德國的千禧年主義的
圖景，將它作為明知不可能實現也必須為之奮鬥的目標。范登布魯克
在有生之年沒有看到自己提出的口號得到納粹政權的採納，但即使他
還活著，也很可能和其他號召「保守革命」的德國「新保守」激進派
一樣，對希特勒政權的實際行為大失所望。另一名新保守主義者愛德
格‧容格（Edgar Jung）認為，要透過建設有機國家來實現德國的民

族復興和精神覺醒。他也很快對納粹統治感到幻滅，這導致他在一九三四年六月臭名昭著的「長刀之夜」慘遭希特勒支持者殺害。

德國的憲法學理論家施密特（Karl Schmitt）很快跟上了德國新秩序的要求。在二〇年代就已名聲遠播的施密特否認議會制度是民主的真正表現。他宣揚建立強有力的主權國家，認為領導人應代表統治者和被統治者之間的團結一致，並掌握維護公共利益的決定性權力，必要時不受任何法律限制。在這層意義上，法律並不約束統治者和被統治者，而是源自主權權力的「決斷權威」，而主權權力的責任就是維持秩序。施密特於一九三三年五月加入納粹黨，後來又為「領袖國家」這一概念的合法性提供論據。所以，希特勒下令在長刀之夜殺害衝鋒隊的領導人之後，施密特發表了題為「元首保護法律」的文章也就不足為奇了。

兩次大戰之間歐洲知識分子複雜多樣的情況當然不能簡單地歸為左與右，或共產主義和法西斯主義兩極。事實上，有些思想潮流與政治毫無關係。邏輯實證主義就是一個例子，這個哲學流派的代表人物是維根斯坦（Ludwig Wittgenstein），他認為只有能夠透過經驗證實的命題才有意義。經濟和政治思想也並非一定會走向極端。畢竟，當時最重要的知識分子是英國的自由主義者凱因斯，他對共產主義和法西斯主義同樣反感。在歐洲愈來愈把目光轉向以馬克思主義的國家社會主義或法西斯主義的專制主義為基礎的社會模式之時，凱因斯指出了一條在民主社會中實行改良資本主義的道路，救了資本主義自由民主一命。凱因斯是他那個時代最才華橫溢的經濟學家，在二次大戰後經濟政策的制定中起到了不可或缺的作用。他一九三六年出版的《就業、利息與貨幣的一般理論》（General Theory of Employment, Interest and Money）跟追求穩健財政、平衡預算、由市場自身實現平衡的古典經濟學反其道而行之，為政府干預提供了理論基礎。他認為，政府

應增加國家開支以刺激市場，創造充分就業，以此來擴大需求，提供經濟增長的基本條件。但是，促使凱因斯提出這一理論的還有一種全面的危機感，儘管他的上層階級出身和英國政治結構的相對穩固，決定了他願意透過在自由民主的框架內施行經濟政策來尋求解決辦法。

在英國，上層階級保持了自己的社會地位，政治格局又出奇穩定。也許只有在英國，才會出現小說家伊夫林・沃（Evelyn Waugh）發表的那種奇談怪論。伊夫林・沃非常重視社會地位，政治上保守，改信羅馬天主教後成為熱忱的教徒。他迷戀英國貴族制，鄙視其他社會階層，對政治不屑一顧。他荒唐地聲稱，能否得到幸福與人所處的「政治與經濟條件沒有多少關係」，沒有哪種政府形式比別的形式更好。

這種怪異的觀點與大多數歐洲知識分子對危機的關注相去甚遠。三〇年代晚期，左翼知識分子日益陷入絕望，他們中間許多去西班牙參加反法西斯戰爭的人回來時都心灰意冷。接著，一九三八年捷克斯洛伐克遭到背叛又使他們驚懼交加。次年，佛朗哥贏得了內戰的最後勝利，希特勒和史達林簽訂條約，左翼知識分子心目中登峰造極的邪惡政權和他們心嚮往之的國家建立了友好關係。這一連串的苦果實在難以下嚥。與此同時，在德國、義大利、蘇聯以及歐洲的大部分其他地區，知識分子賴以生存的多元主義和開放被打得粉碎。不久後，歐洲「正常的」知識生活在六年漫長的戰爭中進入了休眠狀態。

反法西斯主義的最強聲音來自流亡的德國知識分子，包括（搬到紐約的）影響力很大的法蘭克福學派，他們是由霍克海默（Max Horkheimer）和阿多諾（Theodor Adorno）領導的一群著名馬克思主義（但不是列寧主義）哲學家和社會學家。流亡知識分子中也有政治傾向各不相同的作家，比如湯瑪斯・曼及其兄弟海因里希・曼（Heinrich Mann）、德布林（Alfred Döblin）、雷馬克、福伊希特萬格

（Lion Feuchtwanger）和安娜‧西格斯。隨著希特勒的帝國吞沒了幾乎整個歐洲大陸，流亡巴西的奧地利作家褚威格對歐洲、歐洲的文化和人類的未來完全絕望了。一九四二年二月，他和妻子吞下了過量的安眠藥，攜手共赴黃泉。

一九四五年後，歐洲的知識生活重獲生機，對未來的悲觀主義和樂觀主義也清楚地顯現出來。文明在大戰期間的極度沉淪使有些人感到，社會若能回歸基督教的價值觀和信仰，未來就有希望。這種想法在受卡爾‧巴特神學理論影響極大的基督教復興運動內尤其強烈。對於最終戰勝了納粹之禍的自由民主，人們也再次燃起了希望，雖然這個希望的復興到五〇年代才加快了步伐。激烈反對馬克思主義的著名法國政治哲學家雷蒙‧阿隆（Raymond Aron）認為，「大規模戰爭的時代終於結束，我們再也不會落入它的桎梏了」，兩次大戰的教訓得到了記取，「使用暴力不能解決任何問題」。他認為，西方的「自由使命」實現的勝算很大。

其他一些人的樂觀卻向著相反的方向。他們對共產主義的最終勝利燃起了新的希望。蘇聯打敗了納粹主義，共產黨人在勇敢抗擊納粹占領的反抗運動中發揮了超比例的作用。然而在西歐，對蘇聯的信任正不斷消退。隨著西方與蘇聯結成的戰時同盟在冷戰初期瓦解消失，隨著東歐落入蘇聯的控制，隨著史達林主義犯下的錯誤日益廣為人知，人們對蘇聯共產主義模式的希望變成了敵意。

在戰爭初罷、冷戰方興之時，形成西方對蘇聯立場的最重要的文學作品應該是歐威爾的兩部反烏托邦小說《動物農莊》（*Animal Farm*）和《一九八四》。歐威爾曾在西班牙內戰期間目睹史達林主義不容許任何對共產黨僵硬路線的偏離，產生了極大的反感。一九三九年希特勒和史達林簽訂條約，更堅定了他反對共產主義的信念。一九四一年，德國入侵蘇聯，史達林與英國結為盟友，歐威爾震驚地看

到：「這個可憎的殺人犯此時和我們站到了一起，於是『大清洗』等等一切罪惡突然被忘記了。」由於戰時英國和蘇聯是同盟，因此歐威爾辛辣諷刺史達林的《動物農莊》於一九四四年完稿後，遭到了出版商的拒絕。次年，歐洲戰場的戰爭結束後，該書終於得以出版，轟動一時。它對新興的冷戰影響巨大，也反映了冷戰的氛圍。歐威爾的另一本小說《一九八四》影響更大。小說的標題是把成書的年份一九四八年反轉而成，書中預言式地描述獨裁如何制壓個人自由和政治寬容。小說出版於一九四九年，正值東歐落入蘇聯統治之下。

　　戰後思想氛圍一個顯著的轉變是把針對蘇聯共產主義的批評，以一種新的方式拿來跟針對納粹主義的結構性分析連結在一起。這兩種制度被認為是本質上同個現象的不同呈現。納粹政權雖已滅亡，但蘇聯這個人們心目中的威脅被認為體現了相同的邪惡。極權主義的概念早在二〇年代即已存在，但現在被賦予了完全不同的破壞性含義，用來界定納粹等政權令人髮指的非人道行為。五〇年代中期冷戰方酣之時，美籍德裔政治學家卡爾・弗里德里希（Carl Joachim Friedrich）的著作成為促成「極權主義」一詞用法轉變的中心力量。

　　但在那之前，漢娜・鄂蘭（HannahArendt）的著作已經在這方面起到了關鍵的作用，在整個西方世界影響巨大。鄂蘭是流亡美國的德國猶太人，諷刺的是，她曾是希特勒的首席哲學家海德格的情人，但她同時也是著名的政治理論家。一九四九年，她傑出的分析性著作《極權主義的起源》（The Origins of Totalitarianism）已接近完稿，兩年後正式出版。其實，該書主要闡述的是納粹主義的興起，頭兩部分集中論述的主題是反猶主義和帝國主義，與蘇聯權力的性質風馬牛不相及。到了題為「極權主義」的第三部分，她才把蘇聯與納粹主義拿來做比較，說它們是一丘之貉，而這部分的內容大多在後來經過大改的版本中才有。這個做比較的部分描繪了一幅陰暗的圖景，說「根本

的惡」這種全新政治現象的本質是「完全的恐怖」，它摧毀法律的一切基礎，「打破我們所知的所有標準」，產生出一個建立在使「所有人變得同樣多餘」的「死亡工廠」基礎上的制度。

這是對文明崩潰的激烈評價。在許多知識分子眼中，歐洲自十八世紀啟蒙以來一直在通往建立於理性與進步之上的文明社會前行，可現在這條路已經毀掉。現代社會的根基被破壞了。霍克海默和阿多諾在一九四四年就指出，啟蒙運動時代已經逆轉為「理性的自我毀滅」。

但是，霍克海默和阿多諾的批評不僅針對納粹主義和史達林主義，還延伸至資本主義的現代大眾文化。很快的，他們所謂的「文化產業」就將席捲整個西歐。

「演出開始」：大眾娛樂產業

歐洲民眾大多受教育程度不高，對於知識分子如何嘔心瀝血理解歐洲正在經歷的危機，他們毫不關心。宗教的影響在消退，雖然速度十分緩慢，但趨勢是明確無誤的。民眾的識字率愈高，受的教育愈多，城市化水準愈高，工業經濟愈先進，天主教會和新教教會就愈難留住教徒。與它們競爭的不僅是拒絕基督教、提出替代的「世俗宗教」的哲學理論，還有現代城鎮生活中大量的日常消遣（在鄉村地區比較少）。上教堂的人愈來愈少，酒吧、足球場、舞廳和電影院卻擠得水泄不通。即使在經受兩次大戰的屠戮和經濟大蕭條的痛苦之時，人們仍在尋求讓日子值得過下去的東西，希望能快樂開心。儘管大部分人的生活十分單調乏味，但他們的生活不僅是謀生或上教堂聆聽道德訓誡，也有使他們快樂的事情，那些是一片灰暗中的幾抹色彩，使人們從枯燥沉悶、難以忍受的生活中暫時得到解脫和釋放。

絕大多數人都喜歡娛樂，而不是神父的佈道、知識分子的沉思或

關於「高級文化」的說教。大眾娛樂在二〇年代已經相當普及,但尚未發展為後來的龐大產業。接下來的十年間,大眾娛樂在經濟蕭條的重壓下仍然飛速成長,其中技術進步是主要驅動力。過去,娛樂要靠真人表演,每次演出的觀眾最多只有幾百人,但現在,價格便宜的收音機和唱機(經常是收音電唱兩用機)投入了大規模生產,意味著全國各地的幾百萬人能夠在同時間坐在自家客廳裡欣賞他們最喜愛演員的表演。

　　大眾娛樂業的驅動力和相關發明大多來自美國。對西歐的幾百萬人,特別是年輕人來說,美國代表著一切新的、生氣勃勃的和令人興奮的東西。通俗音樂和電影最為活力充沛。和美國使用同一語言、保持著強有力文化聯繫的英國比任何其他國家都更樂於接受美國的影響(雖然英國在三〇年代期間設置了壁壘,以防美國音樂家到英國來搶英國音樂家的飯碗)。年輕人對美國的文化產品趨之若鶩,權威人士卻沒有那麼熱心。英國廣播公司的創始人兼總裁、嚴厲刻板的約翰‧里斯爵士(Sir John Reith)認為,美國的影響汙染了英國的電台廣播文化,試圖力挽狂瀾。但是,他的努力正如克努特大帝(Canute)命令大海不准漲潮一樣,注定不會成功。迅猛發展的消費文化造成了對新文化媒體產品永無饜足的需求,推波助瀾這個需求的有飛速增長的娛樂產業和大批以此獲利謀生的人,包括娛樂業大亨、歌曲出版商、經紀人、唱片生產商和許多其他人。

　　通俗音樂勢不可當,收音機功不可沒,它可以使演員一夜成名。愛迪生(Thomas Edison)早在十九世紀七〇年代就發明了留聲機和麥克風,但直到二十世紀二〇年代,錄音仍處於比較原始的階段,當時以及之前幾十年中的通俗歌曲幾乎無一留存。這種情況很快就發生了改變。大約十年後,麥克風和錄音技術取得了長足的進步。擴音效果的改善意味著洪亮的聲音不再是歌手的必備素質。他們可

以「緊貼」麥克風，而不必離開一定距離將聲音注入麥克風，這樣的音響效果比起幾年前大為改善。於是，新一代「低吟歌手」應運而生，他們以輕柔的嗓音更加「親密」地唱出關於愛情或悲傷的歌曲，贏得粉絲無數。低吟歌手中首位「超級巨星」是賓・克羅斯比（Bing Crosby），三〇年代時，他的名氣很快從美國越過大西洋傳到西歐。幾年後，法蘭克・辛納屈（Frank Sinatra）也做到了這一點。他們的唱片銷量不是幾千張，而是幾百萬張。自一九四一年克羅斯比初次演唱歐文・伯林（Irving Berlin）譜曲的甜得發膩的《白色耶誕節》（*White Christmas*）以來，該曲的唱片已經賣了五千萬張以上。即使在幾十年後，每當耶誕節將臨，百貨商場和超級市場中播放的背景音樂仍然少不了這首歌。

　　歐洲的低吟歌手也大受歡迎，通常是在本國國內，但有的歌手，比如以《想到你》（*The Very Thought of You*）一曲紅極一時的（其實是在莫三比克出生的）英國歌手阿爾・鮑利（Al Bowlly）在美國也取得了一定的成功。歐洲的女歌手也在本國家喻戶曉，有時名氣還傳到了國外。綽號「小麻雀」的琵雅芙（Édith Piaf）在三〇年代中期開始走上明星之路，短短幾年內就成為法國最紅的歌手（後來又發展為國際明星）。英國蘭開夏郡的工廠女工格蕾西・菲爾茲（Gracie Fields）的歌唱和表演才能使她在二〇年代就名揚全國，大蕭條期間，她憑藉拿手的喜劇表演和感傷歌曲達到了人氣的顛峰。戰爭和為部隊提供的電台娛樂節目也產生了一批女星。薇拉・琳恩（Vera Lynn）參加過英國幾個最出名的歌舞團，三〇年代晚期，她的歌聲透過電台廣播和出售唱片而家喻戶曉。她很快就被譽為「部隊甜心」，幾乎沒有一個英軍士兵沒聽過她那首與時代吻合得天衣無縫的名曲《我們會再見》（*We'll Meet Again*）。拉萊・安德森（Lale Andersen）唱的《莉莉・馬琳》（*Lili Marleen*）雖然不為納粹官方所喜，卻成了

德軍士兵的最愛。令人驚訝的是，這首歌的魅力延伸到了戰線的另一邊，它的英文版（由好萊塢影星馬琳‧黛德麗〔Marlene Dietrich〕演唱）在同盟國部隊中也大受歡迎。

三〇年代和四〇年代主要的通俗歌手是音樂本身的轉變和商業化的產物。「熱情」爵士樂和藍調音樂源自非裔美國人的奴隸音樂和鄉村音樂，起初都由黑人組成的小型樂隊演奏。二〇年代晚期，黑人小樂隊開始被以白人為主的大樂團取代。每個樂團都以領頭人命名，力推自己的「明星」歌手。為了迎合收音機旁的廣大聽眾，歌聲更圓潤，配樂更精心，曲調更偏重柔和感傷。

大樂團的新式唱法也始於美國，標誌是二〇年代保羅‧懷特曼（Paul Whiteman）樂團的成功（克羅斯比就是在這個樂團首獲主唱機會的）。的確有些大樂團是由黑人音樂家領頭的，比如弗萊徹‧亨德森（Fletcher Hendersen）。但是，黑人樂手在商業化的音樂市場上仍然遭到歧視。有些頂尖的爵士樂手適應了不斷變化的時代潮流，成為新建的大樂團中的明星，最後又自己組建樂團。這些人中有偉大的小號演奏家、在二〇年代因組建「熱門五人」和「熱門七人」樂隊而聲名大噪的路易‧阿姆斯壯（Louis Armstrong）。三〇年代時，阿姆斯壯在自己的國家中雖然已經相當出名，但成功的範圍卻仍舊有限。受種族偏見的影響，黑人演員無緣得到條件最優厚的合約。但是，他在歐洲受到了最熱烈的歡迎。一九三二年，他的樂隊在歐洲巡迴演出時，「他受到了任何美國演員都沒經歷過的最瘋狂的歡迎」。一九三三年，早期「爵士之王」中最複雜多樣、最有創造性的艾靈頓「公爵」（Duke Ellington）帶領他的樂隊在倫敦的帕拉丁劇院首演，也得到了同樣熱烈的歡迎；據他說，「掌聲大得嚇人，簡直令人難以置信」。六年後，他在歐洲的第二次巡演於一九三九年四月在斯德哥爾摩達到了狂喜的高潮──他的瑞典歌迷為他舉行了盛大的四十歲生日

慶祝活動。

　　然而，「搖擺樂」（Swing）興起後，就連阿姆斯壯和艾靈頓也抵擋不住通俗音樂這一新潮流的衝擊。搖擺樂的主要推手（和受益者）是班尼・古德曼（Benny Goodman），他父親為逃離反猶的恐怖，從俄國移民到了美國。被稱為「搖擺樂之王」的古德曼是技藝精湛的單簧管演奏家，他的樂隊在弗萊徹・亨德森的指點下，演奏的是貨真價實的爵士樂（亨德森和好幾位原來的首席黑人音樂家一樣，在大蕭條期間陷入了困境）。但是，在群起模仿古德曼風格的人中，許多人缺乏創造性和才氣。他們主要是把搖擺樂變為通俗舞曲，以抓住三〇年代席捲歐洲的「跳舞熱」帶來的機會。

　　時間來到三〇年代，舞廳成了年輕人尋求娛樂的熱門場所，更甚於二〇年代。不過，查爾斯頓舞曲的瘋狂節奏變成了相對舒緩的狐步舞、快步舞和華爾茲舞，直到大戰期間美軍把吉魯巴舞（Jitterbug）帶到了歐洲。最受歡迎的伴舞樂隊隊長成為紅極一時的名人。英國最成功的伴舞樂隊隊長傑克・希爾頓（Jack Hylton）每週的工資高達一萬英鎊，而當時工廠工人的每週工資只有二到三英鎊。一九三八年，希爾頓帶領他的樂隊（其中有幾個成員是猶太人）去柏林演出了一個月，他們演出的舞廳裡擠滿了熱情興奮的跳舞者，還懸掛著一幅巨大的納粹旗。

　　不過，搖擺樂在納粹德國和爵士樂一道，被貶為「黑人音樂」。大戰期間，有意模仿英國人著裝風格和言談舉止的年輕人，甚至把對搖擺樂的喜愛變成一種抗議納粹政權嚴厲控制的方式，他們也因此受到迫害。但是，希特勒的德國無法完全排斥這股新潮流，它甚至成立了自己的「官方」搖擺樂隊──查理樂隊，即使在大戰期間，英國仍有人喜歡聽電台廣播的查理樂隊的表演。與此同時，年輕的黨衛軍軍官在巴黎是爵士樂俱樂部的常客，無論這種行為是多麼「政治不正

確」。連納粹主義都抵禦不住通俗音樂的魅力。

　　然而，納粹政權能夠消滅不符合它的種族純潔性標準的通俗藝術表演者。這樣的人中有表演卡巴萊歌舞（Cabaret）、人氣頗旺的猶太藝術家格林鮑姆（Fritz Grünbaum），他在一九三八年德奧合併後馬上企圖逃離奧地利，卻在捷克邊境被擋了回來。他先被送往布痕瓦爾德（Buchenwald）集中營，後轉往達豪（Dachau）集中營，一九四一年就死在達豪。同為猶太人的勒納－貝達（Fritz Löhner-Beda）原籍波希米亞，是著名的歌詞作者，曾和萊哈爾（Franz Lehár）合作創作輕音樂劇和輕歌劇。德奧合併後，他在維也納被捕，被送到達豪集中營，後又被送到布痕瓦爾德，最後於一九四二年被送到奧斯威辛集中營，在附屬的莫諾維茨勞動營被活活打死。出生於西里西亞的埃爾溫（Ralf Erwin）是猶太裔作曲家，因寫了由男高音歌唱家陶貝爾（Richard Tauber）演唱的名曲《夫人，我親吻你的手》（*Ich küsse Ihre Hand, Madame*）而名揚一時。一九三三年納粹掌權後，埃爾溫逃離德國，但在德國占領法國期間遭到逮捕，在一九四三年死於法國的一個集中營。在大眾娛樂領域，如同在文化生活的其他領域一樣，納粹邪惡而荒謬的種族政策給德國造成了巨大的損失。

　　此時，搖擺樂和大樂團演奏的舞廳音樂的顛峰時期開始過去。大批年輕人參軍上了戰場，舞廳的生意顯然因此受到影響。樂隊經常由於成員應徵入伍而被迫停止演出。有些樂隊成員還能穿著軍裝繼續演出，其他人卻做不到，有些人在戰場上陣亡。美國盟軍遠征部隊（Allied Expeditionary Force）的四十八人大樂團的著名領隊葛蘭・米勒（Glenn Miller）於一九四四年十二月前往法國慰勞美軍，乘坐的飛機在飛越英吉利海峽時失蹤。他的去世是一個象徵，標誌著大樂團式微的開始。那是一個漫長的過程，其間大樂團逐漸讓位給管理和組織費用都比較低的小型樂隊。然而，音樂的商業化頂多受到了大戰的

干擾，卻從未中斷。戰後的年代裡，它再次出現了迅猛發展。

娛樂業發達最為明顯的表現莫過於電影。沒有哪個娛樂領域像電影一樣跟技術發明有如此密切的關係。二〇年代的無聲電影已經贏得了大量觀眾，但經歷從無聲電影到有聲電影的突破後，電影才進入全盛時期。第一部有聲故事長片（其實整部影片只有大約十分鐘的聲音，其餘的仍然無聲）《爵士樂歌手》（The Jazz Singer）是一部感傷的音樂片，由化裝成黑人的阿爾‧喬爾森（Al Jolson）主演。它一九二七年在美國上映後一砲而紅。兩年後，好萊塢出產的大部分影片都配上了聲音。隨著有聲電影的迅速普及（彩色故事片也愈來愈多，雖然因成本太高只占全部產出的一小部分），電影產業飛速擴大，好萊塢掌握了巨大的文化影響力。

很快的，電影製作以及影院和市場占有基本上由米高梅（MGM）、華納兄弟（WarnerBrothers）、派拉蒙（Paramount）、雷電華（RKO Pictures）和二十世紀福斯（20th Century Fox）這幾家巨型電影公司瓜分。在四〇年代中期這些公司鼎盛之時，好萊塢的影棚每年出產約四百部電影，許多是喜劇片、音樂片、西部片和迪士尼的卡通片。電影的洪流奔向大西洋彼岸。到三〇年代中期，米老鼠和唐老鴨在歐洲已經和在美國一樣家喻戶曉。迪士尼的第一部卡通長片《白雪公主和七個小矮人》一九三七年推出後，在美國和歐洲都造成了轟動。儘管德國限制進口外國電影，官方厭惡反感它眼中由猶太人主導的美國「低劣文化」產品，但是就連希特勒也喜歡迪士尼的卡通片。一九三七年，他的宣傳部長戈培爾送給他十八部米老鼠的電影作為耶誕禮物，使他大喜。

當時，一度極富創造力的德國電影產業已經被納粹黨牢牢掌握。在希特勒上台前，民主搖搖欲墜的最後那幾年裡，製作出了第一部德語有聲電影《藍天使》（Derblaue Engel）。該片於一九三〇年首映，

使馬琳‧黛德麗一夜之間成為國際巨星。但是，電影製作人、演員和導演很快都被迫移民，大多去了美國。留在德國的幾千名「非雅利安人」全部被開除，剩下來的創作人員的才能則被用來為政權服務。年輕貌美的萊妮‧萊芬斯坦（Leni Riefenstahl）在導演為希特勒和納粹政權歌功頌德的宣傳片時展現了她的藝術天賦。她導演的影片中，最著名的有一九三五年的《意志的勝利》（*Triumphdes Willens*）和一九三八年的《奧林匹亞》（*Olympia*）。

可是，數目空前的（每年約十億人次）德國觀眾湧入電影院，不是為了看政府的宣傳，而是為了娛樂。就連納粹政權的宣傳大師戈培爾也明白這一點。納粹德國製作的大部分電影至少表面上都不是宣傳片，而是輕鬆的娛樂片。像一九四一年的《聽眾點播音樂》（*Wunschkonzert*）和一九四二年的《偉大的愛情》（*Die große Liebe*）之類的愛情片和音樂片，可以讓觀眾暫且逃離戰爭的嚴酷現實。戈培爾砸下重金製作彩色電影《閔希豪森男爵》（*Münchhausen*），說明了他對逃避現實的娛樂的重視。這部電影是幻想喜劇片，描述了閔希豪森男爵的冒險奇遇。一九四三年，德國人民因德軍在史達林格勒遭到慘敗而震驚失措之時，《閔希豪森男爵》的上映轉移了人民的注意力，給了他們快樂。

法西斯義大利的電影產業也被置於政府的嚴格控制和審查之下。與德國一樣，義大利限制外國電影進口。大部分義大利電影都包含一定的宣傳法西斯主義、美化戰爭的內容，不過許多電影是輕喜劇和愛情故事片，幾乎沒有一部成為傳世之作。然而，電影產業還是留下了兩個遺產。一九三七年，墨索里尼成立義大利第一家電影製片廠「電影城」（Cinecittà），它坐落在羅馬郊外，配備技術先進的製片設施。五年前的一九三二年，威尼斯電影節確立，每年都給最佳義大利影片和最佳外國影片（幾乎每次都是德國片）頒發「墨索里尼杯」。

在蘇聯，隨著史達林主義在三〇年代大為收緊人民生活各個領域的控制，創造力幾乎被扼殺。電影製作受到官僚機構的嚴格控制。主要由於這個原因以及吹毛求疵的內容審查，與前一個十年相比，每年的電影產出只有過去的一半，外國電影的進口基本上完全被叫停。二〇年代時在先鋒電影方面轟轟烈烈的實驗被「社會主義現實主義」的乏味沉悶和千篇一律取代。但蘇聯的電影觀眾和別國的觀眾一樣，只要有機會，還是願意看喜劇片和輕音樂片（哪怕裡面充滿了政府的宣傳）。

在其他歐洲國家，電影製作興旺發達的機會較多。然而，沒有哪個國家的電影公司可以跟好萊塢巨型公司的財力、風光和雄心抗衡。當語言成為打入英語市場的障礙時，這就成為一個具體困難。法國是電影的發祥地，二〇年代期間，電影曾是先鋒藝術的一個重要部分，有聲電影的出現把電影從一種知識藝術的形式變成了大眾娛樂的主要媒介。但是，法國電影嚴重依賴國內市場，電影製作因此遇到了融資的困難。三〇年代早期，故事片數量大增，但法國電影業缺乏整合，難以找到製片所需的資金。一九三四年，法國上映的電影中有四分之三是外國片，因此，有人抗議法國藝術製片受到了威脅，譏貶美國「入侵」法國影院，要求保護法國電影業。法國的電影製片人拚命競爭，但他們不比美國同行，無法從大型私有公司那裡得到資金，這只能由國家出手干預，國家也的確出手干預。人民陣線政府委託進行的一項研究報告建議由國家資助電影製片。該建議在第三共和倒台前不久開始實施，在維琪政權統治時期繼續得到了執行。

英國電影產業同樣面臨資金不足和美國競爭的問題。企圖增加英國電影的產量並限制外國（主要是美國）影片的進口只導致更多劣質電影產出。和其他國家一樣，英國的電影產出量十分驚人，僅一九三六年一年，就上映了近二百部影片，這是英國電影產業的大豐收。然

而與此同時，製片公司在苦苦掙扎求生存。到一九三七年，英國的製片公司只剩下二十家，而前一個十年間有六百多家。就連像匈牙利移民亞歷山大‧柯爾達（Alexander Korda）這樣資金雄厚的大製片人都遇到了困難。資本集中勢不可當。三〇年代晚期，英國的電影製作、影院所有權和影片分配落入幾個大公司之手，其中最出名的是蘭克組織有限公司（Rank Organization，一九三七年由亞瑟‧蘭克創建）。很快的，蘭克獲得了高蒙（Gaumont）和歐迪恩（Odeon）兩大電影院線的所有權，英國幾乎每個城鎮中心都有它們的電影院。

　　那些電影院被稱為「夢之宮」，往往是華麗的裝飾藝術建築，內部裝潢金碧輝煌，可容納一千多名觀眾。然而，多數電影院都算不上「宮」，其實有些根本就是破破爛爛的所謂「跳蚤坑」。它們是較小的獨立影院，上映的電影倚靠大經銷商供應，還必須等到在大影院上映過一段時間後。一九三九年，英國的電影院達到了五千家。電影日益受到大眾歡迎，大部分電影院的生意都非常火熱。看電影比去劇院看戲便宜多了。事實上，許多外地的劇院老闆看到大勢所趨，紛紛把劇院改造成更容易賺錢的電影院。即使在大蕭條期間，老百姓也能買得起電影票，能暫且躲開經濟衰退的寒風，享受兩個小時的溫暖，忘掉現實。三〇年代的特價電影票使得百分八十的失業人口能夠經常去看電影，每週的電影觀眾達到二千三百萬人，電影院每年售出的電影票接近十億張。

　　電影院成了新的禮拜堂，電影明星則成了新的神祇。歐洲國家也有本國的明星，但他們的名聲一般出不了國門。一名英國演員成了國際知名的明星，他就是風流儒雅的羅伯特‧多納特（Robert Donat），因出演了一九三五年上映的《鬼魂西行》（The Ghost Goes West）、希區考克（Alfred Hitchcolk）的《國防大機密》（The 39 Steps），以及一九三九年的《萬世師表》（Goodbye, Mr. Chips）而聲名遠揚。英語

文化圈外的電影明星要揚名國際比較困難。漢斯·阿爾貝斯（Hans Albers）雖然在德國家喻戶曉，在國外卻不為人知。要在國際上出名，就得到美國去。馬琳·黛德麗和（猶太裔奧地利人）彼得·洛爾（Peter Lorre）到美國後成了國際巨星。埃米爾·揚寧斯（Emil Jannings）和瑞典女演員札拉·萊安德（Zarah Leander）都拒絕了好萊塢，他們的名氣基本上限於德語國家。由於好萊塢近乎霸權的巨大影響力，多數國際明星必然都是美國人。戰爭降臨歐洲時，好萊塢剛好推出爆炸性轟動的大片《飄》，主角克拉克·蓋博（Clark Gable）的國際盛名一時無兩。後來的約翰·韋恩（John Wayne）、亨弗萊·鮑嘉（Humphrey Bogart）、洛琳·白考兒（Lauren Bacall）、奧森·威爾斯（Orsen Wells）等明星也成了國際巨星。美國在戰後（至少在歐洲西半部）繼續統治歐洲通俗文化的道路已經鋪就。

* * *

社會經濟架構、人民的信仰模式和基督教會的地位既有延續，也有悄然的轉變。思想智識的潮流正在發生變化。日益由美國主導的消費休閒產業不斷壯大。但除了這一切，有一個事實是無法逃避的，那就是歐洲在二十世紀上半葉災禍連綿，自尋死路，險遭滅頂。面對未來，這個飽經戰火的大陸亟須應對的問題是：它能否在戰爭的廢墟上建設一個有能力克服以往自殺性傾向的新歐洲？且又該如何建設呢？

一統歐洲的思想早已有之。在大災難的混亂痛苦之中，這樣的思想重新浮出水面，成為超越把歐洲拉至毀滅邊緣的民族主義的一個辦法。一次大戰後，奧地利貴族庫登霍韋－卡萊基（Richard von Coudenove-Kalergi，他父親是奧匈帝國的外交官，母親是日本人）就呼籲成立一個從葡萄牙到波蘭的歐洲共同關稅和貨幣區。他認為，克服法國和德國之間的宿怨是建立新歐洲的關鍵前提。幾年後，法國外

長白里安在一九二九年提出建立一個以政治和經濟合作為基礎的歐洲國家聯盟的想法。一九四三年，他的同胞莫內（Jean Monnet）在供職於設在阿爾及爾的自由法國行政機關時宣布，除非歐洲國家組成聯盟，否則歐洲不會有和平，後來他激勵了第一波推動歐洲一體化的努力。其他地方也開始出現類似的思想，包括在德國反納粹人士的圈子。

即使在戰爭最黑暗的日子裡，那些懷著巨大勇氣加入德國國內反對希特勒的行動並為此獻出了生命的人，也在設想建立一個基於國家間合作而非衝突的更美好的歐洲。一九四二年，神學家潘霍華（Dietrich Bonhoeffer）在斯德哥爾摩見到奇切斯特主教喬治·貝爾（George Bell）時說，一旦推翻了希特勒，德國政府將願意積極支持歐洲國家間建立緊密的經濟聯繫，成立一支歐洲軍隊。一九四三年，抵抗納粹的「克萊騷集團」（Kreisau Circle）的成員在闡述關於戰後新歐洲的想法時堅持指出：「民族文化自由和平的發展將與對國家絕對主權的堅持格格不入。」同年，保守主義者格德勒（Carl Goerdeler）撰寫的一份備忘錄講到，要成立「歐洲聯盟」來保證歐洲不致再次爆發戰爭，要建立常設的歐洲經濟理事會，取消關稅和邊防，建立共同的政治組織來主管經濟和外交事務，成立歐洲軍隊。

這些想法當時都不了了之。在德國提出此類想法的人很快就被消滅了。但是，歐洲著手打掃戰爭留下的斷壁殘垣時，那些有先見之明者的理想和一些具體建議開始深入人心。於是，一個遵循完全不同原則的新歐洲開始在戰火的灰燼中涅槃重生。

第十章

劫灰涅槃

Out of the Ashes

在這個地球上有瘟疫也有受害者——必須儘量拒絕與瘟疫為伍。

——卡繆（Albert Camus），《鼠疫》，一九四七年

　　一九四五年的歐洲籠罩在死亡和破壞的陰影之下。「這是墳場，這是死亡之地」，這是波蘭作家雅尼娜・布羅涅夫斯卡（Janina Broniewska）對華沙的印象。她在波蘭獲得解放後立即返回了華沙，但華沙已是面目全非，成為一片瓦礫。一九二九年出版了《柏林，亞歷山大廣場》（Berlin Alexanderplatz）的德國著名作家德布林經過十二年的流亡後回到德國時，震驚地看到有些城鎮「只剩下了名字」。

　　歐洲的鐵路網、運河、橋梁和公路要麼被炸毀，要麼毀於後撤的軍隊之手。許多地方沒有煤氣、供電或供水。糧食和藥品奇缺，隨著一九四五年冬天的逼近，取暖用的燃料也嚴重不足。農業生產只有戰前的一半。營養不良現象比比皆是，到處可見讓人心碎的飢餓以及飢餓帶來的疾病。住房普遍不足，有棲身之地的人也常常要與別人，且經常是陌生人同住。戰爭造成的巨大破壞使無家可歸成為災難性的問題。在被德國占領者蹂躪破壞的蘇聯西部，二千五百萬人上無片瓦。

德國約四成的住房毀於戰火，總數達一千萬。戰爭結束時，共有五千多萬人無家可歸，在城鎮的廢墟裡掙扎度日，急需糧食和住房。

還有好幾百萬人處於另一種形式的無家可歸的狀態，這樣的人包括「流離失所者」、戰爭期間的奴工、難民和戰俘。紅十字會孜孜不倦地組織救援工作。美國於一九四三年成立了聯合國善後救濟總署（簡稱聯總，英文縮寫UNRRA），比聯合國的創立還早兩年。它的總部設在華盛頓特區，有四十多個成員國。它派遣的人道主義工作人員竭盡全力提供六百五十萬名流離失所者巨大的幫助，並盡可能幫助他們返鄉。許多流離失所者因過去的經歷而遭受嚴重的心理創傷。他們當中的大部分人最終都回到了家人身邊，不過往往是歷經艱難，而且並不總是喜相逢的局面。有的夫婦彼此多年不見，形同陌路。不出意料，離婚率急劇升高。

許多人再也回不去了。他們在遠離家鄉的地方告別了人世，有的死在流離失所者居住的營地，有的死在關押中（蘇聯戰俘營的嚴酷條件造成一百多萬名戰俘死亡）。有的人不想回家；俄羅斯人和烏克蘭人對回國後可能的遭遇感到害怕是有道理的。根據大戰接近尾聲時西方盟國與史達林達成的協議，共有二百萬人，包括在軸心國一邊作戰的數萬哥薩克人，被「遣返」回了蘇聯。他們即使沒有立遭處決，也通常被送到勞改營或遙遠的流放地羈押多年。猶太人大多無家可歸，家鄉的親戚都已被殺光，社區也被摧毀。還有的人不得不逃去別的國家棲身，有時甚至要製造假身分。這些人當中有些是政治難民，有些是犯了戰爭罪的罪犯。

歐洲實際遭受破壞的規模遠遠超過了一九一八年。死亡人數至少比一次大戰陣亡將士的人數多四倍。然而，一次大戰留下了長期政治與經濟動亂的遺產，播下衝突重起的種子。與之相反的是，二次大戰雖然比一次大戰為害更烈，戰後卻迎來一段出人意料的穩定期，大陸

的西半部也確實出現了空前的繁榮。這是怎麼做到的呢？

　　這種情況在一九四五年的廢墟當中是絕對無法想像的。當時也無法預見歐洲在短短的時間內將要發生的巨變。事實上，戰爭剛結束的那幾年完全沒有顯現出後來變革的跡象，而是充滿了政治的動盪不定、經濟的混亂無序、社會的痛苦磨難和更多喪盡天良的暴行。直到一九四九年，新歐洲的輪廓才真正成形，不再是政治上、意識形態上和經濟上四分五裂的歐洲。

發洩與解脫

　　歐洲開始從它的自我毀滅中恢復之前，必須清算此前罪惡昭彰的惡徒。二次大戰結束時的歐洲不僅滿目瘡痍，而且無法無天，放眼俱是一片混亂無序。占領軍確立統治是緩慢漸進的過程，地方政府經常形同虛設，很多地方都接近於無政府狀態。即使公共當局依然存在，也無法阻止殘酷的復仇，有時當局甚至公然鼓勵復仇的行為。對於在戰爭期間受盡暴力的折磨、殘酷的虐待、難忍的痛苦和無盡的艱困的人們，復仇給了他們一定的發洩和解脫，儘管遠遠不夠。戰爭完結時，復仇的渴望在無數歐洲人的心中重於一切，連獲得解放的喜悅都無法與之相比。

　　起初，大戰中被征服的人民對待過去帶給他們極大痛苦的征服者，暴力以對十分普遍，且經常毫無節制。在達豪、布痕瓦爾德、納茨維勒－斯特魯托夫（Natzweiler-Struthof）和貝爾根－貝爾森（Bergen-Belsen）等地的集中營，西方盟軍的部隊在目擊那裡難以想像的恐怖景象後感到相當震驚，有時會鼓勵集中營的囚犯有仇報仇，至少盟軍不阻攔他們。有時，原來的囚犯殺紅了眼地攻擊集中營的衛兵，務必置之死地而後快。一群群流離失所者和原來的奴工搶劫商

店，狂飲濫醉，毆打或殺害德國平民。在德國國內，這種狂野的暴行
較快地被占領軍控制住，但在其他地方德裔人民的處境就危險得多。
東部歐洲的德裔社區分散在一連串的國家中，他們的德國同胞播下了
仇恨，苦果卻要由他們來承受。

　　戰爭甫一結束，南斯拉夫就爆發了暴力事件，其規模之大可能
是全歐之最，但暴力施展的對象卻不是德國人（德軍在一九四五年
四月就離開南斯拉夫向西突圍了），而是可恨的克羅埃西亞烏斯塔沙
分子，以及跟德國人勾結、助紂為虐的斯洛維尼亞人。施行暴力的不
是肆意橫行的烏合之眾，而是贏得勝利的有組織的游擊隊，成員主
要是塞爾維亞共產黨。此時發生了許多屠殺事件，很多人被槍殺，各
種野蠻行徑令人髮指。殺人大多是出於民族的理由，是對過去暴行的
復仇。據可靠的估計顯示，受害者（無論是平民還是與納粹合作的軍
人）的人數約有七萬。以所占人口比例來看，其規模比義大利的復仇
殺人大了十倍，更是法國的二十倍。

　　西歐也發生了人們因過去遭受的苦難而施行的瘋狂報復。最激烈
的復仇發生在義大利。大戰尾聲，因復仇而被殺的人多達一‧二萬，
大部分是法西斯黨人。游擊隊在北部一些城鎮連續幾週屠殺法西斯的
高官、公務員、通敵者和告密者。民眾會衝進一些城鎮的監獄，對
在押的法西斯分子動私刑。在法國，約九千名支持維琪政權的要人被
殺，這大多發生在一九四四年八月法國解放前後。但是，在荷蘭和比
利時，關於暴民將橫行肆虐的「斧頭之日」的預言均未成真，這兩個
國家加起來只有不到四百人被殺。但即使如此，荷比兩國也發生一些
野蠻的復仇行為，例如說一九四四年秋，比利時被盟軍解放後，大約
有一百名通敵者（大多是小角色）被就地處決，一九四五年五月又進
行了第二批大處決。遭到任意處決的人並不全是因為在政治上犯了
罪，也有報私仇或生意競爭的原因。

在西歐，因和敵人上床而被指控為「躺著的通敵者」的女性，經常成為整個社區的怒火所向。在法國、義大利、丹麥、荷蘭和海峽群島，這樣的女子成為千夫所指，在公共場所受到儀式性的侮辱，比如被剃掉頭髮、剝光衣服，有時身上被潑上糞便。光是法國就有約二萬名女子在各地的大批人群（其中男性占壓倒多數）面前受辱。

回顧過去，值得驚訝的不是發生了這樣的暴力，而是暴力持續的時間居然如此之短，就連曾受維琪政權統治的法國，還有匈牙利、斯洛伐克、羅馬尼亞和克羅埃西亞這些德國的原衛星國也不例外。除希臘之外（那裡的內戰在大戰期間就開始醞釀，很快爆發為曠日持久的兄弟相殘戰爭，造成極大的損失），其他國家的占領軍或新設立的文職政府都以驚人的速度基本掌控了局勢。嚴重的暴力受到遏制，只是還有些地方的公共當局繼續鼓勵報復行動，比如慫恿民眾把德裔人口趕出中歐和東歐一些原來被德國占領的地區。

波蘭和捷克流亡政府的領導人表示要在戰後驅逐所有德裔人口的時候，同盟國點頭應允。美其名曰「人口調動」的驅逐行動針對的遠不僅僅有德裔人口。在雅爾達會議和波茨坦會議上商定的邊界改動把蘇聯（含烏克蘭）的邊界向西挪動，納入了原屬波蘭的一些土地，也把波蘭的國界西推，將德國的一部分領土併入了波蘭。這些改動一經做出，大批波蘭人和烏克蘭人就與德裔一道遭到了驅逐。至少有一百二十萬波蘭人和近五十萬烏克蘭人被（往往透過野蠻的暴力手段）強行趕出家園，發往遙遠的地方。五萬多名烏克蘭人離開了捷克斯洛伐克，四萬多名捷克人和斯洛伐克人則從烏克蘭反向去了捷克斯洛伐克，這其中許多人是喀爾巴阡－魯塞尼亞（Carpathian-Ruthenia）地方的人，該地在兩次大戰之間是捷克斯洛伐克的一個省，但在一九四五年劃給了烏克蘭。約十萬名匈牙利人被逐出羅馬尼亞，相同數目的人被從斯洛伐克趕到蘇台德地區，七萬多名斯洛伐克人則從匈牙利來

到捷克斯洛伐克。

　　令人震驚的是，僥倖在納粹魔掌下存活的猶太人仍然沒有苦盡甘來，而是再次被捲入了戰後歐洲喪失人性的暴力狂潮。戰爭結束後，仍然有二十二萬猶太人住在波蘭，可能有二十五萬猶太人住在匈牙利。波蘭、匈牙利和斯洛伐克的一些城鎮爆發了反猶暴力，最嚴重的是一九四六年七月在波蘭的凱爾采（Kielce）以及幾週後在匈牙利的密什科爾茨（Miskolc）發生的反猶暴動，暴動造成幾百名猶太人喪命，迫使許多猶太人遠走他鄉。

　　凱爾采的暴動爆發於七月四日，起因是一個男孩失蹤兩天後回到了家，男孩的父親指控是猶太人綁架了他。謠言迅速傳開，說猶太人殺害了一個基督徒男孩。猶太人在祭祀儀式上殺人這個古老的誹謗再次借屍還魂，顯然聽信者眾。人們開始叫囂要血債血償，警察和軍事當局則袖手旁觀，任由人群愈聚愈多。那場暴動中有四十一名猶太人遇害。雖然凱爾采反猶暴動最為嚴重，但它只是波蘭全境更廣泛的反猶暴力的一部分。波蘭全國被殺害的猶太人達到了三百五十一名。顯然，儘管發生了二次大戰，波蘭遭受過占領，猶太人慘遭浩劫，但是致命的反猶偏見仍然陰魂不散。事實上，納粹迫害波蘭猶太人，許多波蘭人反而趁機搶奪猶太人的財產，從中獲益。戰後的反猶暴力反映出，波蘭人認為猶太人是對社會秩序的威脅，而他們的社會秩序部分地是建立在排斥猶太人、搶奪其財產的基礎上。在滅絕營中大難不死的倖存者回到故鄉時（無論是在波蘭還是在東歐的其他地方），很可能發現自己原來的朋友對自己滿懷敵意，那些人占了他們的房子和財產，當然不高興看到他們回來。凱爾采暴動發生後三個月內，約七萬名波蘭猶太人去了巴勒斯坦另創家園。後來，波蘭、匈牙利、保加利亞、羅馬尼亞和捷克斯洛伐克的大批猶太人也去了巴勒斯坦。他們終於看到，自己在歐洲沒有未來。

對東歐人民來說，只要德裔繼續生活在他們當中，他們就怨恨難消。許多城鎮和村莊的德裔社群已經在那裡居住了幾個世紀之久，現在他們成了野蠻暴力的最大受害者。同盟國規定要實現「有序和人道的」過渡，但事實遠非如此。誰也不想保護那些被認為造成了過去幾年恐怖的人。德國戰敗後，戰爭和占領期間積聚的仇恨爆發為極端的報復，而且開始時沒有人管。德裔人口遭到搶劫、強姦、毆打，得不到食物和醫療。到一九四五年七月底，五十萬到七十五萬德裔被驅逐出戰後併入波蘭的地區。暴行在各地肆虐，波蘭當局基本上對其聽之任之，我們可以說德裔被視為野獸或害蟲，可以隨意捕捉或打死。就連蘇聯人也震驚於波蘭人如此激烈地報復自己在德國人手中遭受過的痛苦。紅軍一九四五年八月三十日發給莫斯科的一份報告寫道：「對德裔居民毫無理由的謀殺、逮捕、長期監禁和故意侮辱愈來愈多了。」

在捷克斯洛伐克，蘇台德地區的德裔無論是否同情納粹，都被視為叛徒。捷克斯洛伐克總統貝奈斯（Edvard Beneš）在一九四五年五月十二日發表的電台講話中說，需要「最終解決德裔的問題」。此言一出，立即造成布爾諾（Brno）的二萬多名德裔男女婦孺被勒令馬上啟程前往奧地利邊界，其中有些人不堪跋涉困苦死在了途中。一位天主教神父甚至說：基督教「愛汝鄰人」的訓誡不適用於德裔。他們代表著邪惡，到了跟他們算帳的時候了。

如此充滿仇恨的言詞必然煽動起可怕的暴力。德裔被趕出自己的家園，財產被劫掠一空。他們在集中營裡遭到殘忍的虐待，生活條件十分嚴酷。出生在布拉格、曾是著名演員的瑪格麗特·舍爾（Margarete Schell）在日記中記下了她在集中營的經歷。她敘述在晚點名的時候男人如何受到鞭打，有些人如何被迫蹲著在廣場上跳躍前行，直到癱軟在地，而那又會招致新一輪的鞭打。她自己也遭受了虐

待和羞辱，包括因未經允許寄出一封信而被集中營管理人鞭打。

在集中營外頭，捷克民兵、共產黨的行動小組和其他武裝團體也肆意攻擊、侮辱並殺害德裔人口。一九四五年七月三十一日在拉貝河畔烏斯季（Usti nad Labem，又名奧西希）發生的事件屬於這類暴行中最嚴重的一類，那次有數百名德裔慘遭屠殺。許多德裔自己結束了生命。根據捷克的統計，一九四六年一年就有五千五百五十八人自殺。到一九四七年秋，約三百萬德裔被趕出捷克斯洛伐克。至少一‧九萬到三萬蘇台德德裔失去了生命。然而，如果算上野蠻的驅逐期間因疾病和飢寒交迫造成的死亡，總數應該多得多。經過數週的狂野暴行後，政府才加強監管針對德裔的驅逐行為，儘管說驅逐的過程還是十分野蠻。這是因為阻止無節制的暴力不僅對捷克斯洛伐克政府有利，而且也符合同盟國的利益。

至少有一千二百萬德裔人口被從中東歐驅逐到德國的被占領區，可那些地區戰後荒涼凋敝，根本沒有能力接納他們。且面對被驅逐而來的德裔同胞，德國人也根本沒有敞開歡迎的臂膀。一九四六至一九四七年間，符騰堡（Württemberg）鄉村地區的一些人在教堂祈禱時這樣說：「我們已經在挨餓受苦了。上帝啊，把那些烏合之眾趕走吧。上帝啊，把那些暴民送回捷克斯洛伐克吧，別讓他們騷擾我們。」一九四九年進行的民意調查也顯示，德國本國人口有百分之六十，被驅逐來的德裔人口有百分之九十六，都認為彼此的關係很差。本地的德國人認為新來的人傲慢、落後、狡猾，新來的人則認為當地人自私、無情、小氣。「我們知道我們在這裡不受歡迎，這裡的人不想看到我們，」一九四八年向一位市長呈交的訴狀這樣寫道，「但是請相信，我們也願意待在自己的家鄉，不做別人的負擔。我們不是難民。我們被趕出自己的房子，被驅離自己的家鄉，被搶走了一切財產，這違反了一切道德和法律。沒有人問我們是否願意，就強迫我們

來到這裡。我們不是自願來的。」

最準確的估計是，在野蠻的驅逐行動中，至少有五十萬德裔喪生，還有一百五十萬人下落不明。長期居住在羅馬尼亞、匈牙利和南斯拉夫的德裔人口則被驅趕到蘇聯的監獄去面對悲慘的命運，成為「活人贖罪」的一部分。

到了一九五〇年，東歐的少數族裔人數大為減少，但並未完全消失。波羅的海國家和烏克蘭都有人數相當多的俄羅斯少數族裔，不過他們沒有被虐待——畢竟俄羅斯人在蘇聯占主導地位。南斯拉夫也基本保留了戰前各族裔群體混居的情況。但是在族裔整體方面，東歐國家的人口比起戰前單一了許多。過去族裔林立的東歐已不復存在，這是激烈的驅逐行動和可怕的民族清洗造成的結果。

德國投降後的幾週內，民眾心底仇恨的爆發先是導致了毫無節制的極端暴力，然後，民眾開始轉向要求國家機構伸張正義。如果老百姓對新政府有一定的信任，相信政府願意進行徹底改革，把過去的通敵者清除出政府機關，將其逮捕法辦，並嚴懲有罪者，他們就更願意國家來為自己申冤雪恨。受人尊敬的原反抗運動成員在新政府中任職，這增強了民眾尋求政府幫助的意願。挪威、丹麥和法國迅速清洗了警察成員，這對恢復民眾對國家的信任也大有幫助。歐洲大部分地區的老百姓被連年戰火折騰得筋疲力盡，熱切盼望恢復「正常狀態」，不想看到暴力和衝突延長，都願意服從權威的領導。然而，在南歐和東歐等地，重建對公共當局的信任尚需時日，減輕猖獗的暴力也是個更加長期漸進的過程。許多民兵、治安維持會員和前游擊隊員保留著手中的武器，不願上交。有些人在政府宣布大赦復仇殺人行為後自願交出了武器。但人們必須能夠相信政府會嚴懲不貸戰爭罪犯和通敵者，暴力才會慢慢消退，或者被國家當局鎮壓下去。

在蘇聯控制下的國家中，對法西斯分子和偽政權支持者的「官

方」清洗激烈而又嚴厲，但很快就成了確定是否忠於新統治者的專斷手段。被視為最罪不可逭的人會遭到審判並處決，有時是公開處決。一九四六年在里加，大群的人（雖然不像官方聲稱的有十萬之眾）觀看了七名德國人執行絞刑的過程。蘇聯軍隊開到後，通常會就地槍決有明顯通敵行為的人，例如說一九四四年七月和八月在立陶宛就槍斃了一千七百人。不過最常用的懲罰方法是把人流放到蘇聯偏遠艱苦的地方，去那裡的勞改營做苦工，一般就死在那裡。據估計，自一九四四到一九四九年，愛沙尼亞、拉脫維亞和立陶宛至少有五十萬人被驅逐。匈牙利逮捕了十四萬到二十萬人，都被送往蘇聯，其中大部分人關入了勞改營。大批被懷疑同情法西斯或從事反共活動的人（兩者通常被認為是同一類）遭到關押。到一九四八年，羅馬尼亞的政治犯人數上升到二十五萬，占全國人口的百分之二。到了那個時候，實際的通敵行為與所謂「階級敵人」的「反革命」行為的界線早已模糊不清。

一九四五年秋，匈牙利一個小鎮上的方濟各會修士紹萊茲（Szaléz Kiss），和約六十名大多屬於他手下一個青年團體的年輕人被捕。他們的罪名是參與一項謀殺蘇軍戰士的「法西斯陰謀」。在經過嚴刑拷打逼出他們的供詞後，紹萊茲和三名十幾歲的青少年被處決，其他人被投入監獄或送去了蘇聯。然而，馬克思主義理論（和共產黨的實踐）將法西斯主義定為最極端的反動，這意味著東歐的司法清洗難以做到系統推進、目標明確，因為那可能牽涉到不是共產黨員的大部分老百姓。於是，如同在羅馬尼亞、保加利亞或匈牙利發生的那樣，清洗變成了確保人人在政治上俯首貼耳的專斷手段。一個完全無辜的人也許因為稍稍流露一點兒政治上的主見，就會被不喜歡他的人誣為「法西斯分子」。

西歐的「官方」清洗不如蘇聯陣營的國家嚴厲，也達不到老百姓希望的程度。最大的通敵者，比如挪威前首相吉斯林、荷蘭的安東．

米塞特（Anton Mussert）、維琪法國前總理拉瓦爾等人被處以死刑。（八十七歲高齡的貝當元帥減刑為終身監禁。）清洗當然受到高度重視，特別是在大戰剛剛結束時。西歐各地有幾十萬人被逮捕，以叛國罪、戰爭罪或通敵罪的罪名受到審判，丹麥有四萬人，挪威有九‧三萬人，荷蘭有十二萬人，比利時更是高達四十‧五萬人。但是，大部分被定罪的人犯的罪都比較小，判的刑也比較輕，其中許多人提前獲釋，有的不久就獲得赦免。

判死刑的情形較少，就連長期徒刑都不多。例如說，比利時逮捕的人中八成以上根本沒有被起訴，只有二百四十一人被處決，其他被定罪的人大多只判了短期徒刑。在荷蘭，四‧四萬名被判有罪（很多是小罪）的人中有四十人被處決，五百八十五人被判處長期徒刑。但是，深入參與抓捕勞工、驅逐猶太人和打擊反抗運動的公務員和警察卻得以輕易過關。法國的清洗相對嚴厲，當局調查了三十萬件左右的案子，起訴了十二‧五萬件，宣判近七千道死刑判決，雖然大部分是缺席審判。但即使如此，也只有一千五百人被執行死刑，三‧九萬人被判處徒刑（大多刑期較短）。一九四七年的大赦取消了大多數的刑罰。到一九五一年，只剩下大約一千五百名最臭名昭著的戰犯仍然在押。

奧地利有約五十萬納粹黨員，占該國成人人口的百分之十四，還出了一些最大的納粹戰犯。然而，這個國家卻把自己描繪為德國侵略的第一個受害者。對為虎作倀的通敵者來說，奧地利無疑是全歐洲最安全的地方，只有三十名戰時罪犯被處死。它的鄰國捷克處決了六百八十六人。奧地利的警察和法律部門中很多人被清洗出去。一九四五年在奧地利各部門就業的二十七萬名納粹黨員中，有半數在一九四六年中期被解雇，不過許多人很快得到赦免，又回到原來的工作。法院做出了一萬三千六百道徒刑判決，大部分是短期徒刑。一九四八年的

大赦也免去九成輕罪罪犯的刑罰，讓他們重新進入了社會。到了五〇年代中期，又赦免了罪行更嚴重的納粹分子。隨著戰爭日益成為過去的記憶，法院量刑也更加寬大。除了最為嚴重的案子，各地的重點均從懲罰與報復戰時的犯罪，轉向建立有效運作的政府。

　　每個被納粹占領過的歐洲國家都有人積極與占領當局合作。但是，這樣的人從來都為大多數人民所不齒，戰後更成人人喊打的過街老鼠。然而，在德國，希特勒長期以來深受擁護，德國人廣泛支持納粹政權推行的踐踏歐洲和平、強兵黷武的民族主義。有數百萬名德國人加入納粹黨及其附屬組織，許多人贊成對德國猶太人的迫害和其他滅絕人性的殘暴措施，而駐外的占領軍官兵（往往在德國人民的默許下）在被占領地區參與了殘暴且令人髮指的行為。德布林回到祖國後，最初的印象是德國人「對他們自己時代中發生的事件有一種奇異的距離感」。他們無法理解降臨在自己頭上的災難，於是除了每天的日常活動，別的一概不去想。德國是否還能在歐洲發揮積極作用？如何發揮？對這些問題，一九四五年時誰也沒有肯定的答案。要實現同盟國在一九四五年夏波茨坦會議上提出的把德國重建為民主國家的目標，掃清德國的一切納粹分子顯然是第一步，但知易行難。

　　一些主要的納粹黨人藉由自殺逃脫了戰後的命運，有的是在第三帝國土崩瓦解之際自殺的，有的是被盟軍抓住後不久自殺的。那些人中有宣傳部長戈培爾、希特勒的得力助手博爾曼（Martin Bormann，幾十年後在離希特勒的柏林掩體不遠的地方找到了他的遺骸）、德意志勞工陣線狂熱的領導人萊伊（Robert Ley），還有令人畏之如虎的黨衛軍及警察頭子希姆萊。有些人，比如奧斯威辛集中營的指揮官霍斯或鎮守波蘭西部瓦爾特高[1]的魔頭格賴澤爾（Arthur Greiser），被交給

1　譯者注：瓦爾特高（Warthegau）是納粹第一個滅絕營所在地。

了他們曾殘酷迫害過的波蘭人，遭到處決。還有一些人途經西班牙祕密逃去了南美，其中最臭名昭著的是負責執行「猶太人問題的最終解決」的艾希曼（Adolf Eichmann）。令人驚詫的是，這些人的逃亡往往得到梵諦岡內部管道的幫助。但是，同盟國還是抓住了納粹政權的二十一名首腦人物，包括曾是希特勒指定接班人的戈林、納粹的外交部長李賓特洛甫、安全警察頭子卡爾滕布倫納（Ernst Kaltenbrunner）、波蘭總督弗蘭克和曾任納粹黨副黨魁、一九四一年莫名其妙飛到蘇格蘭的赫斯（Rudolf Hess）。很快將受到審判的主要戰犯中也有軍方領導人，包括凱特爾（Wilhelm Keitel，德意志國防軍最高統帥部長）、約德爾（Alfred Jodl，陸軍參謀總長）、雷德爾（一九四三年前的海軍總司令）和鄧尼茨（他接替雷德爾擔任海軍司令，希特勒自殺後曾短暫擔任帝國總統）。

　　對納粹頭子的罪行進行審判似乎非常簡單。然而，這是個法律上的雷區，因為一九四五至一九四六年在紐倫堡開庭一年、由來自四個占領國的法官和檢察官組成的國際軍事法庭既沒有先例，也沒有確立的管轄權。邱吉爾建議抓到主要戰犯後立即槍決，史達林則希望先審判再槍決，全歐洲的公共輿論都贊成馬上裁決。但是，美國堅持認為，犯人的指控必須有堅實的法律根據，以向世人，特別是德國人民證明他們罪行確鑿，而不是想當然地假設他們有罪。最終，美國的意見被接受。受到指控的人中有十二個人，包括戈林、李賓特洛甫、弗蘭克、博爾曼（缺席審判）、凱特爾和約德爾，被判處絞刑。（戈林在行刑前自殺身亡。）其餘大部分人，包括運氣奇佳逃脫了絞索的施佩爾，被判長期徒刑。納粹黨、黨衛軍和蓋世太保被宣布為犯罪組織。紐倫堡審判後，美國又在一九四六到一九四九年間舉行了十二場審判。政府部委、軍方、工業界、醫學界、法律界和殺人如麻的安全警察特別行動隊高層有一百八十五人被指控，在戰爭期間曾是各種令

人髮指罪行的從犯。法庭判處了二十四人死刑，二十人終身監禁，九十八人有期徒刑。

在當時及以後，都有許多人批評紐倫堡審判是「成王敗寇」式的審判。他們說，那不過是一場鬧劇，因為蘇聯人也犯下滔天的戰爭罪，盟軍對德勒斯登、漢堡和其他德國城市的轟炸也是戰爭罪。當然，按照西方的司法標準，紐倫堡審判遠非完美，但如果不將納粹戰犯付諸審判，就會成為文明世界眼中不可接受的缺失。事實上，德國的民意調查顯示，民眾非常欣賞審理和判決的公平性。大多數人贊成集體指控衝鋒隊、黨衛軍和蓋世太保等組織。有七成的人認為犯了戰爭罪的遠遠不止紐倫堡被告席上的那些人。人們普遍覺得，別的納粹黨員和比較低層的領導人也該定罪。可是這裡問題就來了：那些人是誰？他們的罪有多大？根據什麼標準定罪？德國有八百多萬名納粹黨員（約占全國人口的一成），還有數千萬人加入了納粹黨的各種附屬組織，占領當局如何做到不僅區分他們眼中有罪和無罪的人，還要分辨罪行的輕重？

占領國很快認識到，德國社會的去納粹化不僅任務艱巨，而且完全不切實際。在西方國家占領的三個區中，至少在初期，美國人在去納粹化方面最為堅決。不過，西方盟國很快看到，占領當局的行政人員人少事多，又往往未經訓練，根本無力處理德國人交上來的幾百萬份關於他們在第三帝國時期與納粹組織牽連的調查表。調查表大多毫無價值，特別是因為並非每個人都如實填寫。到一九四五年底，拘留營已是人滿為患，數千名國家機關的雇員被開除。但事實證明，實現德國社會的徹底去納粹化是不可能的。美國占領區才處理了一百六十萬份調查表，還有三百五十萬名已知的納粹黨員在等待甄別分類，而美國人打算一九四七年就撤離德國。

英占區和法占區的情況也好不了多少。英國軍隊在一九四五年

春解放貝爾根－貝爾森集中營時，在那裡發現的可怕暴行令舉世震驚。英國人審判並處決了犯下了暴行的一些人，還開除約二十萬名德國人，其中許多是公務員（包括教師）、警察和工業界的領導人物，但也有務農的人以及鐵路和郵政系統的工作人員。可是，財政破產的英國負擔不起巨額的占領費用。於是，英國人對去納粹化的重視遠遠落在了重建德國的緊迫需要之後。重建德國要靠德國人。許多德國人有著極不光彩的過去，然而德國必須由德國人自己來管理。法國人和英國人一樣，很快也被迫採取務實的政策，起先的復仇性清洗不得不讓位給實際需要。法占區的德國教師有四分之三在占領的頭幾週被解雇。但是，一九四五年九月學校開學的時候，又把他們全部找了回來。法國人一共只處理了五十萬份調查表，其間表現出驚人的寬大。只有一‧八萬人遭受懲罰，法占區的「大犯要犯」只有十三名，相比之下，美占區有一千六百五十四名。

一九四六年初，西方盟國無奈認輸，把去納粹化的任務交給了德國人自己，建起數百個地區法庭，法庭的工作人員都是德國人，由盟國統管。同盟國的調查表仍在發放，但格式稍有改動。各類論罪也得到保留，從大戰犯到完全無罪。幾乎每一個被送交法庭的人似乎都能找到某個品格無懈可擊的人出庭作證，證明自己在納粹時期沒有做壞事。這類證詞被戲稱為「寶瑩證書」（Persil certificate），意指大牌洗衣劑的廣告詞──「洗白」。[2]

整個去納粹化程序逐漸淪為鬧劇。各法庭名義上處理了六百多萬件案子，其中三分之二的被告人立即獲得赦免，實際出庭的被告人至少九成僅定了小罪，大部分僅僅被定為「同路人」或乾脆宣布無罪。這些法庭被恰當地稱為「同路人工廠」，威信掃地，為老百姓所唾

---

2 編按：寶瑩（Persil）是今天還存在的洗衣精（粉）品牌，台灣也買得到。

棄。最後，西德政府於一九五一年底通過法律，大赦了數十萬人，只懲罰了罪大惡極的犯人。與此同時，大部分原來被開除的公務員官復原職。去納粹化的失敗不僅反映出這種做法日益不得人心，顯示德國人民廣泛抗拒認為他們集體犯有納粹罪的假設，也說明隨著政治形勢的迅速變化，需要做出務實調整以利行政，此外還反映德國民眾對國家社會主義的看法。多次民意調查的顯示，德國人民認為國家社會主義本意是好的，只不過是執行中出了問題。

蘇聯占領區的去納粹化比西方盟國更加嚴厲。數萬人在勞改營（包括原來的納粹集中營）和蘇聯祕密警察的監獄中失去生命。更多的人被送往蘇聯本土的勞改營。到一九四五年底，德國東部有五十多萬人被開除。蘇聯還大規模清洗法官和律師、官員以及大學和中小學教師。到一九四六年秋天，已有四萬多名新教師上任。一九四五年到一九五〇年間，三分之二的法官和四分之三的小學教師換了新人。這些新教師和新官僚受的訓練很少，其工作品質可想而知。

但是，即使在蘇占區，也不能無視實際情況。醫生們，哪怕其資格證書是納粹政府發的，一般都繼續行醫，他們不像教師和官僚人員那麼容易替換。在必要的情況下，意識形態問題也可以忽略不計。美國人偷偷把幾百名納粹科學家送到美國參加火箭開發研究。蘇聯人對德國東部的原納粹黨員也採取了同樣的做法。此外，蘇聯畢竟不能把它的占領區完全毀掉，雖說蘇聯人想透過大力摧毀德國工業來盡力達到這個目標。最終，普通納粹黨員只要證明自己認識到原先的錯誤，衷心接受馬克思列寧主義的教誨，相信一個由國家社會主義指導的全新社會是今後的努力方向，就可以過關。原來的納粹黨員轉向了共產黨。

清洗能否採用別的方法呢？無論在東歐還是西歐，都很難看到如何能夠另擇他法。在正在成形的蘇聯陣營裡，清洗無疑是毫不留

情的，是迫使人們在政治上服從的大棒。疾風驟雨式的清洗不僅是為了去除真正的戰犯和通敵者，也是為了消滅「反動派」、「顛覆分子」和「反蘇勢力」，這個訊息有效地傳遞了出去。大多數民眾不是共產黨員，更不親蘇，如果舉行自由選舉的話，他們不會投票支持共產黨。但是，清洗明確表現了新統治者的無情，在威逼恫嚇下，人們不得不從。雖然這種與過去一刀兩斷的做法野蠻殘酷，但確實有效。

在西歐，各方都對清洗不滿意。許多人認為清洗太寬大、有的人則認為太嚴厲。但是，重建以共識為基礎的社會需要團結整合，而不是無休止的指責，或因復仇造成分裂。各國可以理解民眾渴望懲罰過去壓迫者的願望，但必須努力使之平息，不能讓它毒化實現政治與社會重建的長期努力。激憤的情緒必須得到遏制，正義的追求必須服從於政治，放眼未來必須先於徹底算清舊賬。集體失憶就是唯一的辦法。

許多有著黑暗過去的人得以安享晚年，他們得到了寬大處置，儘管他們當年對他們的受害者毫不留情。西方對於法西斯同情者的相對寬容和那些人迅速重新融入社會的事實，也給了蘇聯的宣傳機器口實。但是，蘇聯紅軍中也有許多人犯下了嚴重的暴行，當然，那被說成是為了正義的事業。隨著冷戰開始，東西兩方出於政治考慮都決定不再繼續推行清洗，而是把過去的事情一筆勾銷。東方的重點轉為維護社會主義團結，西方則轉為日益激烈的反共產主義。

在經歷過非人待遇的受害者眼中，應有的懲罰遠遠沒有施行，毒液遠遠沒有清除。他們經受的痛苦是任什麼都無法補償的。他們不可能完全釋然。時隔幾十年，仍然有犯下了嚴重罪行的戰犯被搜捕、揭發、送交審判，這說明二次大戰後的清算是不完全的，儘管這種不完全的狀況在所難免。在二十世紀剩餘的時間內，歐洲從未完全擺脫戰爭年代中人性泯滅變態罪行的陰影。

政治再覺醒：分裂與不確定

新形式的多元政治在戰後以驚人的步伐迅速興起。除幾個國家外，大多數國家的政治連續性都由於德國的征服而被打斷，所以，必須重新建立政治體系。不過，政治多元化的基礎還在，這種基礎儘管受到長時期的打壓，但很快就能重新動員起來。尤其是左翼政黨，它們儘管遭到禁止和迫害，但不僅保留了大部分原有的群眾基礎，還因為它們抵抗納粹而獲得了更多的支持。過去的自由黨和保守黨在政治上的斷層更大，但它們也令人驚訝地迅速重建了原來的政治基礎，雖說政黨改了新名字。

未來政治格局的輪廓依然極不確定。歐洲人付出了巨大的代價之後，徹底粉碎了法西斯主義，因此我們可以排除法西斯專制獨裁死灰復燃的可能性（雖然人們起初並未打消納粹主義在德國東山再起的擔憂，西班牙和葡萄牙則陷在往昔的時代裡不能自拔）。相比之下，蘇聯共產主義因二次大戰勝利而威信大增，在重獲生機、一致反法西斯主義的左翼陣營中深受支持。許多人繼續或重新把莫斯科視為鼓舞與希望之源，但多數左翼人士也明確表示擁護多元的政治制度，或至少接受多元民主為當下之必要。各國社會中仍有許多人反對社會主義，堅持保守觀點，並往往深受教會影響，大城市以外的地方尤其如此。在每一個國家中，政治制度的確切性質及其群眾基礎的組成都是逐漸明朗起來的。

大蕭條期間，左派鬥志消沉、四分五裂、敗象盡顯，在法西斯主義的恐怖鎮壓下提心吊膽。戰爭結束之初，左派翻身的時候似乎終於到來了。二十世紀三〇年代期間，各國的人民陣線雖然持續時間都不長，但反法西斯主義的共同鬥爭把它們團結在了一起。一九四五年，法西斯這個死敵被徹底打垮，反法西斯主義再次成為把左派團結起來

的黏合劑。共產黨人尤其因戰時的堅決抵抗而深受讚譽。左派（共產黨人和社會黨人）期待著乘勝前進。

多元政治在西歐的重生

在大部分國家戰後舉行的第一次選舉中，共產黨得到的選票都達到了戰前的兩倍以上。一九四五到一九四六年間共產黨得票最多的國家是法國（百分之二十六以上）、芬蘭（百分之二十三‧五）、冰島（百分之十九‧五）和義大利（近百分之十九）。在比利時、丹麥、盧森堡、荷蘭、挪威和瑞典，共產黨獲得了百分之十到十三的選票，共產黨在德國一些地區選舉中獲得的選票高達百分之十四（德國西部在一九四九年前沒有舉行過全國選舉）。然而，奧地利和瑞士共產黨的支持率只有百分之五到六，英國更只有少得可憐的百分之〇‧四。總的來說，社會主義政黨獲得的支持比共產黨多，在奧地利、瑞典、挪威和德國西部的一些地區選舉中得票高達百分之四十以上，在比利時和丹麥超過了百分之三十，在荷蘭略低於百分之三十。在法國和義大利，左派獲得的選票總數非常可觀（法國是百分之四十七，義大利是百分之三十九），共產黨和社會黨基本上平分秋色。

反法西斯主義本質上堅決反對曾與極右勢力同流合汙的保守建制派，還希望實現全面的社會和經濟變革。人們普遍感覺到，只有左派才有能力做到這點。斯堪的納維亞國家受戰爭的破壞較小（雖然挪威損失了百分之二十的經濟基礎設施），所以社會民主左派得以鞏固戰前建立的權力基礎，並引進社會福利方面重大而持久的變革。丹麥的社會民主黨開始時因戰時和偽政府的瓜葛受到了影響，但很快贏回暫時被共產黨拿走的選票。挪威的社會民主黨則因為參加反抗運動而更強大，瑞典的社會民主黨則一直相當強大。小小的冰島是歐洲少數幾個在戰時仍繁榮興盛的國家，於一九四四年脫離丹麥取得獨立。社

會民主黨在冰島的支持度一直趕不上信奉共產主義的人民團結黨，但它們兩黨和保守的獨立黨共同組成了執政聯盟。值得我們注意的是，該執政聯盟內部對實現國家的現代化和透過支持捕魚船隊來提高生活水準上，其實沒有多少根本分歧。在斯堪的納維亞，戰爭是有造成干擾，卻沒有打破政治結構，也沒有中止經濟社會改革的政策。

社會民主黨在芬蘭也是一支主要力量，雖然在一九四五年時這點並不明朗，那時芬蘭看起來很有可能會成為蘇聯陣營的一部分。一九四五年，芬蘭共產黨人（他們自稱為「人民民主黨人」）自一九二九年以來首次可以參加選舉。他們贏得了百分之二十三・五的選票，只比社會民主黨的百分之二十五差一點（社會民主黨的得票遠少於戰前）。這兩個黨再加上得票百分之二十一的農民黨組成了聯合政府。芬蘭政府推行左傾綱領，包括國有化、稅務和福利改革，還有廣泛控制國家的經濟，並小心翼翼地一方面培養與鄰國蘇聯的友好關係，另一方面維護本國的獨立。共產黨掌握了芬蘭的內政部和四個其他部委。一九四六年，共產黨人佩卡拉（Mauno Pekkala）甚至當上了總理。

看起來，芬蘭會和蘇聯控制下的東歐國家一樣，權力被進一步掌握到共產黨的手裡，但是芬蘭共產黨本身不團結，又遭到社會民主黨和農民黨激烈反對，因而在一九四八年的選舉中受挫。與此同時，反共思潮不斷壯大，一九四八年二月共產黨奪取捷克斯洛伐克政府一事引起了高度關注。芬蘭的政治領導人精明圓滑，特別是僅僅一個月後就跟蘇聯有場討論建立軍事同盟的談判。雙方談判達成了一項防禦性的「友好、合作和互助」條約，比軍事同盟的約束力小。最關鍵的是，史達林出於務實的理由（也許捷克斯洛伐克政變造成的負面國際影響起了一定作用），願意讓芬蘭繼續作為獨立的鄰國存在，而不是迫使它像蘇聯勢力範圍內其他國家一樣，成為蘇聯的衛星國。事實

上，芬蘭的社會民主黨雖然受到莫斯科的猛烈攻擊，但在一九四八年後的若干年間在形成芬蘭政治與經濟格局中發揮了重大作用。

英國工黨在大戰尾聲也贏得了選戰勝利。工黨實質上代表著一種形式的社會民主，雖然它自建黨以來的發展與歐洲大陸上的社會民主黨大相徑庭。最重要的是，它從未遇過來自共產黨的重大挑戰。所以，英國的左派沒有分裂，沒有兄弟鬩牆的爭鬥。當然，它也沒有經歷過法西斯政權的統治、迫害或納粹占領。英國墨守成規的政黨政治在戰時的國民政府中暫告中止，但是政黨政治在一九四五年恢復時，它過去的政治結構依然完好。保守黨在此前三十年的時間內只有三年在野，現在因敗選再次下野，因而被迫重新思考自己的政治綱領和內部組織結構，不過保守黨依然保留了自己的特點，而且黨魁是世界聞名的邱吉爾。

在一九四五年大選中起了決定性作用的，是大蕭條在英國人民腦海中留下的深刻烙印。那段淒慘的日子絕不能重演。選民要求進行重大的社會和經濟改革，以防大蕭條的苦難再現。於是，他們在一九四五年七月的大選中拉下了邱吉爾，工黨得以挾百分之六十以上的國會席位入主政府。新首相艾德禮（Clement Attlee）是個毫無個人魅力可言的人，卻十分幹練。他領導的新政府開始著手（威廉·布萊克在十九世紀早期的一首詩中所說的），在「英格蘭那青蔥宜人的土地上」建立今世的耶路撒冷。[3]艾德禮的內閣中有一些經驗豐富、精明強幹的大臣，其中最突出的是貝文（Ernest Bevin）。貝文在兩次大戰之間是主要的工會領導人，在戰時政府中擔任勞工大臣，非常強勢。艾德禮就任首相後任命貝文為外交大臣，這是艾德禮的一記高招。另一位關鍵人物是名字和貝文很像的比萬（Aneurin Bevan）。能言善辯的比萬

---

3 譯者注：指幸福美好的聖地。

做過礦工，威爾斯礦區工人的貧窮和困苦對他產生了深刻的影響。他被艾德禮任命為衛生大臣。嚴肅持重的克里普斯爵士（Sir Stafford Cripps）原來是黨內的左翼激進分子，戰時曾任英國駐蘇大使。在莫斯科的經歷消磨了他早先對史達林的熱情，於是他轉而研究混合型經濟的管理、效率和羅斯福新政式的規劃，他對英國戰後經濟的指導影響至深。

新的工黨政府力圖透過民主手段實現社會和經濟改革。煤礦、鐵路、煤氣、電力以及英格蘭銀行都國有化。根據戰時聯合政府一九四四年頒布的《教育法案》，更多的人獲得了上中學的機會。工人權利也得到改善，政府也開始施行一項宏大的住房建築計畫。最重要的是，英國建立了「福利國家」。福利國家後來會被恰當地稱為「戰後更加美好的英國的象徵」，也是艾德禮政府的最大成就。英國所有家庭都享受津貼，直接發給母親；大量的福利立法（落實了貝弗里奇勳爵一九四二年提出的社會安全計畫的大部分內容）開始減輕戰前就存在的最嚴重的貧困現象。在當時以及後來的幾十年中，多數人眼中最偉大的成就是一九四八年創立的國民健康服務體系。這主要應歸功於善於激勵人心的比萬（但該體系受到醫學界激烈反對）。在國民健康服務體系下，病人不必直接付錢給醫生即可得到治療（當然，他們需要納稅）。因此，這大大改善社會最貧窮的群體得到的醫療服務，也降低了因罹患肺炎、白喉和肺結核而死亡的人數。這些都是重大而持久的進步。

然而，戰爭結束後的頭幾年，英國人還要面對事情的另一面：緊縮政策。英國是戰勝國，但財務上捉襟見肘。它債台高築，卻仍維持著帝國主義強國的軍費開支。大有必要、極受歡迎的社會改革意味著國家必須加大福利開支。英國要拿得出錢，只能擴大出口、緊縮進口。於是，政府只能長期維持戰時實行的限制消費者開支的政策。

　　雖說福利改革消除了最嚴重的貧困，但即便如此，廣大民眾的日常生活仍然艱苦單調，完全談不上舒適。大部分的食品依舊施行配給制，大戰期間和結束時都沒有施行的麵包配給自一九四六年起卻開始執行，且一下子就是兩年。「我有時候真搞不懂到底是誰打贏了戰爭。」英格蘭北部一名家庭主婦在一九四六年說的這句話，也許代表了老百姓普遍的心聲。許多商品都面臨斷貨，無論在什麼時候、什麼地方，只要店裡上架了貨物，馬上就排起長龍。婦女擔負了排隊買東西的主要任務，有時一排就是幾個小時，還經常空手而歸。[4]

　　食品配給直到一九五四年才結束，比西歐其他國家晚得多。從那時起，給孩子買糖果吃才不再需要票證。汽油不再實行配給後，有汽車的人才能買得到足夠的汽油開長程。老百姓起初普遍接受緊縮政策，但慢慢地耐心愈來愈少。到一九五〇年，原來投票給工黨的一些選民已經準備拋棄工黨。保守黨眼看要東山再起。

　　然而，無論政黨政治中有何種分歧，工黨引進的福利改革都得到所有政黨的廣泛支持（經濟改革、工業國有化以及其他政策的遭遇則完全不同）。保守黨認識到，三〇年代的政治已成為過去，需要改變，保守黨也很好地適應了改變。英國各政黨就社會政策的實質內容達成了驚人的意見一致，這種意見一致一直持續了二十多年。一九四八年後，工黨的改革勢頭後繼乏力，工黨執政時間一共只有五年，但它在這段時間內深深地改變了英國。在工黨的主持下，英國繼續走上一條與歐洲大陸有別的路。在一代人的時間內，英國兩次被歐洲拉入世界大戰，但它具有相較於歐洲的強烈獨立感，認為自己的利益與英

4　作者注：有一次我的姨媽格拉迪絲聽說奧爾德姆鎮有長尼龍絲襪可買，趕去到現場排隊。等她終於快排到隊伍頭的時候，才聽說她排的隊根本不是買長尼龍絲襪的，而是買牛肚的。她說：「哼，我排了這麼久不能一無所獲。我就買些牛肚吧。」

聯邦和戰時盟友美國的利益更加一致。這種態度在後來的多年間繼續深刻影響著英國的政治文化。

在西歐大部，左派的興盛僅僅是曇花一現，其中一個原因是左派內部很快又發生分裂。單靠反法西斯主義無法把左派長期團結在一起。舊有的裂痕不可避免地再次出現，一邊是致力於在多元民主框架內推動改變（並願意與改良後有所克制的資本主義共事）的社會主義政黨，另一邊是緊跟莫斯科，以徹底摧毀資本主義、獨掌國家大權為目標的共產黨。

第二個原因是基督教民主派在戰後異軍突起，成為最重要的新生政治力量。它生氣勃勃，奉行保守主義，全力支持多元民主。它不僅反對共產主義，而且支持大規模社會改革，因而擴大了過去基督教政黨的選民基礎，把原來四分五裂的社會和政治利益整合了起來。大戰之前，保守的菁英階層一般都抵制改變，經常將民主視為對自身利益的威脅而想要阻撓。二次大戰之後，與法西斯沒有瓜葛，也就沒有染上汙點的新政治菁英階層改弦更張。這群人認識到需要接受社會變革和議會民主，並努力使議會民主為己所用。每個國家都有大批民眾不為社會主義或共產主義所動，對他們有吸引力的是在基督教原則框架內支持社會變革的保守改良政治。

第三個原因最為重要，既說明了共產主義力量的減弱和左派內部的分裂，也解釋了基督教民主力量的上升，那就是東西歐之間日益加深的裂痕，這個裂痕不久後就發展為冷戰。後來的事實證明這是最重要的因素。共產黨在東歐令人反感的所作所為愈廣為人知，西歐的保守政黨就愈能利用本國人民對蘇聯長期以來的厭惡和對共產主義的恐懼大做文章。

在西歐大部，政治歸屬迅速分為三部分：社會主義、共產主義和基督教民主。隨著西方盟國與蘇聯之間敵意加深，左派的分裂也更加

固化。共產主義得到的支持減少了，基督教民主的力量增加了。左派發現，自己影響政治議程的能力愈來愈小了。比利時、盧森堡、奧地利、義大利、法國和西德都出現這個趨勢，儘管各國的具體情況稍有不同。荷蘭的天主教人民黨保住了教徒的支持，但比不上其他國家新生的基督教民主黨。戰前荷蘭社會政治和文化的幾大「支柱」是社會主義、天主教和新教（新教徒的組織比較鬆散，有自由派，也有保守派）。它們在戰後基本上恢復了戰前的地位，只是形式稍有變化。比利時的政治也基本上承襲自戰前的框架。中產階級和鄉村人口是改良資本主義經濟的最大受益者，而激進左派又失去了對產業工人階級的吸引力，於是保守派成為主導力量。奧地利被置於四個戰勝國的占領之下，但算是被解放的國家，那裡共產黨的力量從一開始就可以忽略不計，雖然後者仍獲准參加由新式基督教民主政黨「奧地利人民黨」和社會民主黨占主導地位的大聯合政府。奧地利的當務之急是建立民族團結，不是重啟戰前的分裂。

　　一九四五年時，義大利的未來看似將由革命左派決定。但是，在持續嚴重的經濟困境中，一九四五年尚未結束，原天主教人民黨領軍人物加斯貝利（Alcide de Gasperi）帶領的基督教民主黨就崛起為義大利政治中最重要的新生力量。義大利基督教民主黨結合了國內極為保守的力量與包括信仰天主教的工會成員在內的左翼力量。加斯貝利以高超的手腕控制著黨內的左右兩翼，牢牢掌握基督教民主黨的大權。開始時，他還得到在莫斯科度過戰時歲月的共產黨領袖陶里亞蒂（Palmiro Togliatti）的幫助，因為陶里亞蒂願意帶領共產黨參加政府。加斯貝利的政府是由基督教民主黨、共產黨和社會黨組成的看似不可能的聯合政府。這個政府有效地停止了清洗行動，用經驗豐富的官員取代許多剛被任命的警察局長和地區行政長官，取消了「政委」管理大公司的做法，使之重歸私有制，並開始恢復公共秩序。在一九

四六年六月二日舉行的大選中，選民用手中的選票確認了對聯合政府的支持，同時拒絕了名聲掃地的王室。義大利自此變成了共和國。

義大利政治的三分天下持續了一段時間。社會黨和共產黨加起來獲得的民眾支持最多，但它們的政策目標和群眾基礎各不相同。另外，義大利北部的工業區高度集中支持左派，鄉村人口則大多是基督教民主黨的擁護者，占了全國選票的三分之一以上，使基督教民主黨成為明顯的贏家。一九四七年五月，冷戰初起，引發政府內部無法調和的矛盾，導致共產黨被逐出政府。一九四八年四月舉行議會選舉時，「赤色威脅」論正甚囂塵上，結果共產黨和社會黨加在一起的選票，從一九四六年的百分之四十跌到三十一。教宗庇護十二世向義大利人民宣告說，支持反基督教的政黨等於叛教。美國的反共宣傳也發揮了很大的作用。基督教民主黨贏得的選票從百分之三十五增加到百分之四十八・五，一舉獲得了議會多數席位。義大利的政治原來由黨派積極分子的革命暴力所主導，如今保守的基督教民主黨卻在政府中占了多數，這個轉變不可謂不引人注目。左派的分裂使基督教民主黨得以在後來的多年內掌控義大利不穩定的政治體系，儘管基督教民主黨內部也並非鐵板一塊。

西歐國家中唯有在法國，共產黨在戰後的首次選舉中獲得的選票多於社會黨（百分之二十六對百分之二十四）。然而，人民共和黨這個基督教民主黨在法國的變種卻異軍突起，在一九四五年十月二十一日的立法選舉中獲得了百分之二十五的選票。選舉後，人民共和黨和（作為二戰中反抗運動中堅力量的）社會黨及共產黨組成了三方聯盟，成立臨時政府，受命為第四共和起草憲法。一九四四年八月二十五日法國解放時即已成立臨時政府的戴高樂繼續擔任新臨時政府的首長。人民共和黨的一些領導人，比如皮杜爾（Georges Bidault），參加了戰時的反抗運動，這幫人民共和黨加了分。人民共和黨和其他的基

督教民主黨一樣，既吸引了植根於天主教社會思想的左派，又保住了思想更傳統、更保守的選民的支持。整個第四共和期間，從一九四六到一九五八年，歷屆政府都有人民共和黨的參與。但是，與大部分其他西歐國家不同的是，幾年後，人們對人民共和黨的支持不升反降。天主教會對政治的影響力在法國比在義大利或西德這樣的國家小得多，但人民共和黨逐漸衰敗，是因為它受到保守右派的重大挑戰，這是其他基督教民主黨從未遇過的情況。挑戰人民共和黨的保守右派出現在一九四七年，其先鋒不是別人，正是受人敬仰的法國戰爭英雄戴高樂。

事實上，人民共和黨開始時願意和社會黨及共產黨一道，共同推動深遠的社會改革，也支持與蘇聯建立良好的關係。三方聯盟的每一方都贊成大幅增加福利和實行廣泛的國有化，包括把銀行、保險公司、煤礦、電力和煤氣生產行業、航空公司，以及雷諾汽車公司收歸國有。戴高樂儘管骨子裡是保守派，卻也同意實行國有制和計畫經濟（總設計師是莫內，這位經驗豐富的經濟學家負責監督執行旨在實現法國經濟現代化和恢復生產的措施）。於是，法國的「新政」挾強大的政治支持開始成形。通常由共產黨人主導的工會、共產黨本身、社會黨和人民共和黨各盡其能，確保工業生產率不斷提高，鼓勵農民大量向城鎮供應食物，引進了更好的社會安全、養老金、生育福利等改善老百姓生活的措施。但是，這些改變不可能立竿見影。法國解放後至少兩年內，由於高通膨和食品等基本商品短缺，生活未見改善。這自然加劇了政治矛盾，對政府民望的影響可想而知。

各種困難都難以克服，政治上的失望不斷加深，多元政黨政治中常見的分歧和衝突捲土重來，這一切都與戴高樂由他自己統帥一個團結一致的法國的崇高願景，格格不入。一九四六年一月，他突然辭去臨時政府首長的職務。六月，他再次出現在政治舞台上，高呼應當

選舉總統，由總統全權負責行政。不用猜就知道，戴高樂自己想當這樣的總統。但選民不同意他的觀點，而是投票成立議會權力大於行政權力的法蘭西第四共和國。不過，選民投票的熱情不高，有三分之一的選民根本沒有投票。第四共和具有戰前第三共和的許多弊端。新憲法加強了立法部門（透過比例代表制選出）的權力，使之有權解散政府，而政府從來都是政治利益互相衝突的各個集團的勉強聯合。這就注定國家的政局會持續不穩。

戴高樂對新的憲政安排不屑一顧，於一九四七年四月宣布要組織並領導一個新的政治運動，他稱其為「法蘭西人民聯盟」。法蘭西人民聯盟據稱超越了通常的政黨政治，以建立民族團結、反對共產主義和賦予總統強大的行政權力為綱領。它成立不到一年，就開始擠壓右派的地盤。法蘭西人民聯盟的成員多達五十萬人（主要來自中產階級和農民階層），在法國北部的若干市級選舉中贏得的選票最高時達百分之三十五，但儘管如此法蘭西人民聯盟仍無法在全國選舉突破重圍。

此時，三方聯合政府出現了不穩的跡象。一九四七年四月，共產黨主導的工會發起一波罷工浪潮，共產黨還反對政府使用武力維持法國在馬達加斯加和印度支那的帝國主義統治。於是，身為社會黨人的總理拉馬迪埃（Paul Ramadier）以此為理由解除了在政府中擔任部長的所有共產黨人的職務，三方政府遂告完結。共產黨再次參加政府要等到三十多年以後了。接下來，人民共和黨、社會黨、激進黨和幾個較小的政黨組成過幾屆政府，卻都動盪不穩。它們美其名曰「第三力量」，其實它們唯一的共同點是對共產黨和由戴高樂領導的反對派的敵意。到了五〇年代初，由於法國的保守右派遲遲無法克服內部分歧，對人民共和黨的支持也就土崩瓦解。第四共和剩下的時間內，弱勢政府成為常態。

　　被占領的德國西部地區是歐洲政治再覺醒的關鍵之地。德國投降後，政治格局幾乎馬上就開始重建。基督教民主聯盟（以下簡稱基民盟）於一九四五年六月在柏林成立，其建黨公報呼籲德國人民團結起來共同努力重建祖國。社會民主黨和共產黨也以不同的方式將民族團結作為動員民眾支持重建德國的中心論點。左派和右派都認識到，需要擴大自己的支持面，因為就是威瑪共和時期那嚴重的分歧，毒化了政治，為希特勒一九三三年的勝利鋪平了道路。納粹黨在獲取權力的過程中基本上摧毀了過去的「資產階級」自由黨和保守黨，只有天主教中央黨得以倖免。同時，社會黨人和共產黨人仍在持續一九一八年革命時即已開始的激烈的兄弟鬩牆，這一切曾導致漫長痛苦的十二年獨裁統治和當局對反對派的殘酷迫害。然而，戰爭剛結束的那幾年之所以令人矚目，不光是因為多元政治如此迅速地重上軌道，也因為各政黨的群眾基礎與威瑪時代並無二致，選民的政治傾向仍然在很大程度上不單受他們所屬的社會階級的影響，還受宗教信仰的決定。

　　基民盟很快爭取到保守派的支持，在很大程度上克服威瑪時代那種癱瘓性的分裂。基民盟自認超越階級和宗教，代表著基督教復興的精神，要戰勝納粹罪惡的過去，與仍然猖獗的「世界上的邪惡勢力」抗爭。它要建立一個以基督教原則為基礎、集民主與社會正義於一身、經過徹底改良的資本主義社會。早在一九四六至一九四七年，基民盟就在德國西部的地區和地方選舉中頻頻成為最大的政黨，它在南方有些地方的得票率超過百分之五十，在北方也經常高於百分之三十。

　　基民盟的首任黨魁是此後近二十年間在基民盟裡一言九鼎的阿登納（Konrad Adenauer），當時他已年近七十。希特勒掌權之前，阿登納曾任科隆市市長，第三帝國期間曾兩次被捕入獄。他深受萊茵蘭天主教的影響，是堅定的天主教徒，激烈反共，贊成與西方和解。自

一九四七年開始，隨著冷戰日益成為不可避免的現實，阿登納帶領的基民盟不再像過去那樣支持徹底改革資本主義，而是轉向自由市場經濟。雖然基民盟的綱領仍然是透過推行社會福利措施來減輕資本主義自由市場經濟造成的嚴重不平等，但它開始對大企業更加友好，這裡面重要的推手是基民盟的經濟大師艾哈德（Ludwig Erhard）。基民盟右轉後，立場與新成立的較小的自由民主黨開始接近，後者篤信經濟與個人自由的原則，強烈支持企業，反對一切國有化的主張。一九四九年第一次全國大選中，自由民主黨得到了百分之十二的選票，社會民主黨獲得百分之二十九，基民盟以百分之三十一的選票險拔頭籌。自由民主黨那百分之十二的選票發揮了關鍵的作用，使基民盟（以及它在巴伐利亞的姐妹黨、奉行天主教價值觀的保守的基督教社會聯盟）得以成為阿登納擔任聯邦總理的聯合政府中的主要力量。

保守右派形成了新的團結，左派卻回到了分裂的狀態。一九四五年，社會民主黨和共產黨聯手與垂死的納粹政權鬥爭，在德國工業城市和大工廠裡建立了眾多的聯合「反法西斯委員會」。但戰爭甫一結束，戰勝的西方盟國就解散了這些委員會，認為它們在新社會中不會起好作用，反而會威脅社會秩序，給共產主義機會。此舉說明，同盟國從一開始就決心阻擋任何比自由或保守的多元民主更激進的政治形式。其實，反法西斯委員會似乎不可能給予政治重建持久的基礎，但它們也從未得到過嘗試的機會。這符合大多數德國人民的民意：他們想要改變，但不想成為革命的實驗品。共產黨在產業工人階級這個大本營以外難有突破。即使在冷戰開啟、民眾對共產黨的支持被破壞無遺之前，德國西部投票給共產黨的選民也不到百分之十，只有社會民主黨平均支持率的三分之一。

社會民主黨也致力於激進的社會和經濟變革。黨主席舒馬赫（Kurt Schumacher）曾在納粹集中營被囚禁十年，因此備受尊敬。他

主張早日恢復德國國家統一，但統一應牢牢建立在民主原則和新經濟
秩序的基礎之上。他提倡國有化大型工業，沒收大莊園的土地後重新
分配。可是，舒馬赫也堅決反對共產主義。他認為，一九三三年納粹
上台的那場災難，共產黨人和支持納粹的中產階級一樣難辭其咎。他
還日益擔憂共產黨會為蘇聯統治德國打開大門。然而，他的階級鬥爭
言論也不出意料地不被德國的多數保守派接受。

　　參加一九四九年聯邦議會競選的政黨形形色色。政治格局尚未確
定。不過，主要輪廓已經日漸清晰——由基督教勢力、自由派勢力和
社會民主勢力三分天下。

　　在冷戰還未成為事實之前，東歐，包括德國的東部地區，已經形
成了與西方有著根本性不同的政治格局。西方盟國當然也影響了它們
占領地區的政治重建，例如說，它們經常支持保守黨，不支持社會民
主黨，但是，若跟蘇聯治下歐洲地區的嚴密控制相比，西方盟國的干
預就是小巫見大巫了。

多元政治在東歐被粉碎

　　如果說蘇聯起初對德國東部的戰略發展還有些舉棋不定的話，後
來它就愈來愈對多元民主口惠而實不至。開始時，表面上還維持了多
元民主，不僅成立了社會民主黨和共產黨，還成立了自由黨和保守
黨。但是，當局也公開持續向人民施壓，強迫他們支持共產黨。納粹
時期流亡莫斯科的烏布利希（Walter Ulbricht）和其他德共領導人迅
速占據了關鍵的行政職位，鞏固共產黨的基礎。當局對工業實行國有
化，沒收土地重新分配，清洗經濟、行政和專業菁英——這些措施不
出意料地受到窮人歡迎。但是，一九四五至一九四六年冬天舉行的地
方選舉也顯示，儘管共產黨擁有這些優勢，但得到的支持仍遠遜於社
會民主黨。共產黨光靠選票無法贏得民主選舉的多數。

　　一九四六年二月，共產黨開始推動與社會民主黨合併，舒馬赫帶領的社會民主黨表示強烈反對。當過記者的露特・安德莉亞斯－弗里德里希（Ruth Andreas-Friedrich）曾是抵抗希特勒政權的積極分子，現在是社會民主黨的熱情擁護者，她清楚地指出了與共產黨合併的危險。她在一月十四日的日記中寫道：「九個月來，德國共產黨一貫對莫斯科唯命是從……如果我們把頭伸進這個繩圈，不僅我們自己要完蛋，柏林和整個德國東部都會完蛋。那將是民主的失敗，卻是布爾什維克主義爭奪世界權力的勝利。」左派分裂了，兩派分道揚鑣。安德莉亞斯－弗里德里希觀察到，「一年前還在蓋世太保的恐怖下互相幫助，為了保護別人不惜冒生命危險的人，如今像死敵一樣彼此攻擊。」三月，柏林西區舉行了一次公投，但東區禁止舉行。投票的結果是，社會民主黨百分之八十以上的黨員拒絕跟共產黨合併。安德莉亞斯－弗里德里希寫道：「自決的意志頂住暴力、威脅和宣傳，取得勝利。」

　　然而，一九四六年四月，蘇占區的兩大左翼政黨還是被強行合併為德國統一社會黨。這個新成立的黨從一開始就由共產黨主導。可是，統一社會黨使盡渾身解數，仍未能在一九四六年十月舉行的多場地區選舉中的任何一場贏得絕對多數票。政治的動脈已經開始硬化。殘餘下來的真正的多元主義正有系統地被逐漸清除。反對實行蘇聯式政治制度的人被解除職務，其中許多人被丟進監獄。在政治上（和社會上）與西部分離的進程至此已成不可逆轉之勢。到一九四九年一月，統一社會黨被正式宣布為馬克思列寧主義政黨，成為史達林模式的德國版。

　　蘇聯戰後在東歐大部分國家建立統治地位的方式，都跟它在德國東部的所作所為如出一轍。蘇聯的力量並非決定政治格局的唯一因素，諸如戰前菁英因為跟納粹合作而名聲掃地，民眾支持當地的共產黨，期望從財富再分配中獲益，對西方盟國日益加深的不信任，這些

因素都發揮了作用。但是，蘇聯的力量是公式中的常數，是所有情況中的共同因素，也是最重要的決定性因素。和在德國東部一樣，蘇聯在其他東歐國家也是一旦看到靠多元民主無法讓民眾支持共產黨統治，便大力施壓來確保共產黨的主導地位。

匈牙利是最清楚的例證。由多個政黨組成的臨時政府把大地主的土地沒收後分配給農民，因此大得民心，這讓主要由農民組成的小農黨在一九四五年十一月的選舉中贏得了百分之五十七的選票，而共產黨只得到百分之十七的選票。然而，共產黨持續不斷地利用野蠻的恫嚇手段蠶食小農黨和其他反共政黨的基礎，直到一九四九年在莫斯科的支持下獨掌大權。

在波蘭，一九四四年底，受莫斯科支持的「盧布林委員會」被蘇聯正式承認為波蘭的臨時政府，警察和安全機關也落入共產黨的控制之下。大戰爆發後流亡倫敦的國民政府儘管仍被西方盟國承認為波蘭的合法政府，卻沒有任何權力。同盟國急切地希望解決波蘭的問題。一九四五年六月底，包括總理米科瓦伊奇克（Stanisław Mikołajczyk）在內的國民政府幾個成員聽從西方領導人的勸說，加入了有更多黨派參與的民族團結臨時政府，當時也說好以後會舉行選舉。就這樣在七月的波茨坦會議之前，西方就正式撤回了對倫敦的波蘭流亡政府的承認，低頭接受波蘭的既成事實。

一九四五年二月的雅爾達會議上，史達林保證要在波蘭舉行民主選舉。但是，他所謂的民主與西方國家的理解不同。一九四七年一月，波蘭終於舉行了選舉，但那是在蘇聯高壓恫嚇的背景下舉行的。一百多名反對共產黨的人被殺害，數萬人被關押，其他政黨的許多候選人被撤銷了參選資格。根據官方發表的結果，共產黨陣營贏得了百分之八十的選票。若是舉行真正的自由選舉，結果又將如何呢？對此我們不得而知。西方國家束手無策，對蘇聯日益加緊的控制也無

能為力。波蘭人自己提出了一個合理的疑問：二次大戰到底是為了什麼？他們原以為二次大戰是為了維護波蘭的獨立。在羅馬尼亞和保加利亞，共產黨獲取權力的模式與在波蘭大同小異，都是在蘇聯的軍事和安全部隊的支持下滲透政府機構，威脅恫嚇，逮捕並監禁政治反對派，再加上選舉舞弊。

捷克斯洛伐克卻與眾不同，那裡發生的事情使整個西方世界為之震驚（雖然華盛頓決策圈的有些人聲稱早有預感）。一九四六年五月，捷克斯洛伐克舉行了名副其實的自由選舉（美軍和蘇軍都已經撤走了），共產黨人贏得的選票最多（百分之三十六），這給了他們一定的民主合法性。共產黨在選舉中獲得成功並不出奇。當時，生活極為艱難困苦，許多人上無片瓦遮頭，下無立錐之地，經濟一片混亂。如在其他地方一樣，多年的德國占領造成當地人民彼此間的巨大怨恨和攻訐。促使人們支持共產黨的無疑有強烈的理想主義因素，尤其在受過教育的人當中，他們真誠地相信共產主義是「人類永恆的理想」，相信應該走個人利益服從「全社會利益」的「通往社會主義的道路」。無論如何，海達・馬格利烏斯・科瓦莉（Heda Margolius Kovály）後來是這樣說的。她是名猶太婦女，在德國人的集中營裡遭受過殘酷的折磨，她的丈夫是共產黨人，曾在捷克斯洛伐克政府中擔任部長（一九五二年，他被安上「陰謀反對國家」的莫須有罪名遭到處決）。

然而，共產黨雖然是最大的政黨，支持它的人卻仍然只占人口中的少數（在斯洛伐克得到的支持比在捷克更少）。篤信史達林主義、剛結束在莫斯科的戰時流亡的新總理哥特瓦爾德（Klement Gottwald）面臨著廣泛的反對，儘管反對他的各個政黨彼此之間也有分歧。一九四七年，國內仍然沒有解決是否要給予斯洛伐克人相對自治的問題。同時，捷克斯洛伐克的經濟困難有增無減，又在史達林的壓力下拒絕

了美國的經濟援助，被迫加入在東歐逐漸成形的蘇聯陣營，這使得共產黨主導的政府大失民心。共產黨不得已勉強同意於一九四八年五月重新舉行選舉。共產黨人在新的選舉中贏得更多選票的可能性非常渺茫，但當年二月，聯合政府中一些其他政黨的部長愚蠢地提出辭呈，抗議共產黨為擴大控制警察而採取的措施，這件事引發了一場大規模政治危機。共產黨人組織了聲勢浩大的群眾遊行來支持他們的要求，仍在猶豫是否應該辭職的人受到的壓力與日俱增。捷克斯洛伐克第一任總統的兒子揚・馬薩里克（Jan Masaryk）時任外交部長，他被發現死在他辦公室窗下的人行道上。官方說法是自殺，但多數人認為他是政府派人謀殺的，共產黨人等於是在發動政變。他們完全控制了五月的選舉，在新選出的議會中占據了統治地位。總統貝奈斯無奈只得任命一屆新政府，總理仍然是哥特瓦爾德，但現在政府已完全被共產黨掌握。

　　一九四八年六月，哥特瓦爾德取代疾病纏身的貝奈斯成為總統。人們原來發自內心的熱情很快煙消雲散。幾個月內，在科瓦莉看來，「蘇聯成了我們的榜樣」，法治搖搖欲墜。反對派被大規模鎮壓，數千人遭投入監獄和勞改營。捷克斯洛伐克在被西方綏靖政策害得成為希特勒的盤中飧之前，本是中歐唯一在戰前維持多元民主的國家，現在卻建立了一個蘇聯式的制度。這更確定地證明，史達林主義容不得在蘇聯勢力範圍內的任何地方建立西式民主。

　　只有在南斯拉夫，蘇聯擴大影響的企圖鎩羽而歸，但南斯拉夫的情況非常特殊。一九四四年秋蘇聯紅軍到來時，狄托的游擊隊已經控制了南斯拉夫的大部分領土。二次大戰即將結束時，蘇軍又撤走了，於是狄托得以獨享解放南斯拉夫的榮光。而且，狄托領導的南斯拉夫共產黨登上權位時並未倚靠莫斯科的幫助，是除阿爾巴尼亞共產黨以外唯一做到這點的歐洲共產黨。雖然狄托起初是蘇聯的忠實代理人，

但是他的崇高聲望使他獲得牢固的自治權力基礎，敢於在冷戰日深之際頂住史達林的壓力，拒絕跟著莫斯科亦步亦趨。狄托在巴爾幹的地位穩如泰山。在南斯拉夫人民心目中，他象徵著超越了傳統民族分裂的新團結，眾望所歸，所以，狄托不懼蘇聯的強勢和壓力。史達林無計可施，除非軍事入侵南斯拉夫，但那樣做的風險很大。一九四八年六月，莫斯科和貝爾格勒正式決裂，南斯拉夫共產黨被開除出共產國際的後繼組織「共產黨和工人黨情報局」（Cominform）。史達林不遺餘力地打擊南斯拉夫。蘇聯及其衛星國對南斯拉夫實施經濟禁運，企圖迫使南斯拉夫就範，卻未能奏效。狄托儘管不斷受到莫斯科的口誅筆伐，但仍然堅持自己的獨立。

在蘇聯本土，人民覺得自己在二次大戰的巨大犧牲一定會有回報。但是，全體蘇聯人民因一九四五年勝利感到的欣喜很快就變成了巨大的失望，人們期望「偉大的衛國戰爭」的勝利將帶來更加寬鬆政治氣氛的希望很快就破滅了。史達林政府進一步加緊控制，再次全力開動鎮壓機器。在蘇聯領導人特別是史達林的眼中，前途危險莫測，包括蘇聯有很多與納粹占領方合作的通敵者；需要教育數百萬新納入蘇聯的公民，讓他們信仰共產主義；需要接收新獲得的大片土地；資本主義、帝國主義依然虎視眈眈地盯著蘇聯。而且，重建國家是當務之急。要克服巨大的物質損失，就需要再次集中一切力量快速推動工業增長。

蘇聯的進步令人矚目。據稱，蘇聯工業到一九四七年就達到了戰前的產出水準。但蘇聯為此也付出沉重的代價，已經非常悲慘的生活水準進一步下降。一九四五年秋天，烏拉爾和西伯利亞的軍工廠爆發了大罷工和示威。根據祕密警察的記錄，民眾寫了五十多萬封抱怨生活條件的抗議信。一九四五年和一九四六年的糧食歉收加劇了農業生產的困難，在後來的數年間，蘇聯的農業產量一直遠低於戰前水準。

烏克蘭和蘇聯的其他地區再次爆發大饑荒，造成二百萬人死亡。大約有一億名蘇聯公民營養不良。對史達林和蘇聯領導層來說，國家要生存下去、經濟要復甦並重建國防，就必須忍受這些困苦。一切動亂的根源、一切能想像得到的反對跡象都必須無情鎮壓。於是，新一波的逮捕、清洗和公審席捲蘇聯及其東歐衛星國，讓人想起三〇年代。鎮壓特別針對以前的戰俘、被懷疑持不同政見的人、知識分子和少數族裔，尤其針對猶太人。很快的，蘇聯勞改營和流放地的在押犯人數就達到了五百萬。戰後的蘇聯沒有創造新社會，反而使舊制度更加根深柢固。史達林模式沒有絲毫放鬆，甚至有所加強。

一九四七年，冷戰的氣氛接近冰點。兩大陣營開始形成，一邊是基本上鐵板一塊的蘇聯陣營，另一邊是美國主導的焦灼憂慮但堅定不移的西方陣營。次年，這兩大陣營間已經是壁壘森嚴。這種情況能夠避免嗎？如果在東歐做不到，在西歐能否走另外一條路？回答似乎都是：「不大可能。」歸根究柢，雙方的互不信任根深柢固，一方害怕共產主義的侵蝕，另一方擔憂資本主義和帝國主義的侵略。歐洲注定要分裂為兩半。

史達林在東歐的政策起初並不像後來人們以為的那樣一成不變、深謀遠慮。但儘管如此，我們從一開始即可清楚地看到，除了蘇聯式的共產黨統治，蘇聯容不得任何其他政治制度。西式多元政治起伏多變，蘇聯不能冒那個險。共產黨一旦清楚看到自己在真正公開的選舉中無法取勝，就不可避免訴諸威脅、滲透和施壓的手段來確保自己的統治地位。這進一步加深了蘇聯勢力範圍內的歐洲與歐洲其他地方的隔閡。

而關鍵的一點是，蘇聯控制下的共產黨在西歐任何國家都無法在自由選舉中贏得多數選民的支持。共產黨在東歐獲取權力的方法使得西歐的大多數人感到驚恐，也自然而然成為反共政黨和西方盟國譴責

的靶標。於是，西歐大部分地區對共產主義的支持日益消退。歐洲的分裂不可避免，而且正迅速加深。早在一九四五年，蘇聯要建立共產黨統治的一系列衛星國作為保護性的緩衝區時，分裂就開始顯現，後來，分裂又隨著大國間敵意的逐漸明朗而日益擴大。一九四七年，史達林拒絕了美國幫助歐洲重建的提議，堅持東歐要（在蘇聯的統治下）自力更生。歐洲的分裂就此定型。

冷戰開始後，西歐推行激進經濟政策的空間愈加縮小。恐懼共產主義會落腳西方成為促使西方占領國，特別是美國，支持保守政治和自由化經濟的又一個重要因素，在德國這個關鍵的國家中尤其如此。因此，西歐政治走另一條路的可能性從一開始就微乎其微。鑑於當時的國際大背景，我們無法想像一九四五年後歐洲在政治上能夠另闢蹊徑。其實，糾纏是誰挑起了冷戰是沒有意義的，因為冷戰在所難免。歐洲的分裂是第二次世界大戰的必然結果，也是美蘇這兩個在意識形態和政治上勢如水火的超級大國控制歐洲的必然結果。

鐵幕降下

人們通常認為，把歐洲分成兩半的「鐵幕」這個形象生動的詞是邱吉爾發明的，是他在一九四六年三月於美國密蘇里州富爾頓的威斯敏斯特學院那次著名演講中提到的。但事實上，希特勒的宣傳部長戈培爾在一年前就於公開和私下場合，使用「鐵幕」一詞來描述蘇聯占領羅馬尼亞。希特勒和戈培爾在戰爭的最後幾個月裡曾多次預言英美軍隊和蘇聯軍隊組成的同盟，必定會分裂。但有一點他們卻不肯正視：維繫著英美蘇戰時同盟的，就是消滅納粹德國這個共同目標。一旦目標達到，這群骨子裡互相敵對的盟友自然就會拆夥。同盟的解散不是一次性的大決裂，而是長達三年多的漸進過程，可分為幾個決定

性、累進性的階段。但無論如何，從一九四五年夏開始，事態的發展就只有一個方向——歐洲的分裂。

一次大戰後，美國總統威爾遜和英法兩國的領導人共同決定了戰後秩序。俄國沒有起任何作用，因為它當時正深陷革命和內戰的漩渦，西方國家對它避之唯恐不及。很快的，美國決定不加入國聯，不再直接介入歐洲事務。一九四五年的情況卻截然相反。二次大戰後，一度強大的歐洲國家在軍事和經濟上都虛弱不堪，無力塑造新秩序。法國國內的問題糾纏不清，嚴重的通貨膨脹、資本外逃和產量低下使法國的經濟一蹶不振。英國的財政也是捉襟見肘，多虧一九四六年美國和加拿大的巨額貸款才擺脫困境。英國經濟衰弱的一個表現是它開始撤出大英帝國在世界各地的領地，例如說被盛讚為帝國「皇冠上的寶石」的印度在一九四七年獲得獨立。英國另一個舉措也造成了巨大而深遠的後果：它不再擔任巴勒斯坦的託管國這個費心費力的角色，從而促成一九四八年以色列的建國。與此同時，不願放棄海外領土的法國捲入了印度支那日益慘烈的殖民戰爭，戰爭中和法國對壘的是胡志明領導的越共軍隊，而早在一九四五年，越共就聲稱自己代表獨立的「越南民主共和國」。印度支那戰爭的後果也是影響巨大。一次大戰維護甚至擴大了歐洲列強的殖民帝國，二次大戰則為它們敲響了喪鐘。帝國征服的時代宣告完結。

在德國被摧毀、法國和英國的力量大為削弱的情況下，美國和蘇聯填補了歐洲列強衰落後留下的真空。戰爭以不同的方式大大增強了這兩個碩果僅存的世界強國的力量。美國經濟把其他國家遠遠地甩在後面，軍工產業也實力雄厚。相比之下，蘇聯在長達四年的時間中是歐洲大陸上戰爭的主要受害者，遭受了巨大的經濟損失，但它建起的強大軍事機器也因二次大戰的偉大勝利而備受欽敬，現在更是雄踞整個東歐。蘇聯的軍事力量仍遠超西方盟國，即使到一九四七年，蘇

聯的戰時軍力被大幅削減後，它仍有約二百八十萬名官兵處於戰備狀態。相較美國在歐洲的駐軍在二戰結束不到一年後就降到了三十萬人以下。

兩個新興超級大國的主導地位在戰時舉行的「三巨頭」（英國仍勉強維持這個高級「俱樂部」成員的虛名）會議上已經昭然若揭。一九四五年十月二十四日在舊金山成立的聯合國是又一個證明。人們對聯合國寄予厚望，希望它比業已消亡的國聯更加有效。聯合國最初由六月二十六日簽署了《聯合國憲章》的五十一個會員國組成（其中歐洲國家不到三分之一）。美國、蘇聯、英國、法國和中國是聯合國的關鍵機構安全理事會的常任理事國，擁有對安理會任何決定的一票否決權。但是，這五個常任理事國中，英國和法國因戰爭而國力大減（還面臨著它們各自殖民帝國中日益增多的問題），中國經過對日戰爭後已經衰弱不堪，更因國共兩黨的內戰而受到重創。顯然，占主導地位的大國只有美國跟蘇聯。

這兩個國家按照自己的形象塑造了各自在歐洲的地盤，兩國都自認在戰後時代負有更廣泛的意識形態使命。自由化和民主化是美國政治與經濟哲學的外延，與之相頡頏的是共產黨對國家權力的壟斷和對經濟發展方向的完全控制。如此對立的兩個極端必然很快會發生碰撞，那將不僅是歐洲，而且是全世界範圍內的角力。可是，這裡有一個不平衡。對美國來說，歐洲儘管非常重要，卻離得很遠。雖然美國視共產主義為日益增強的威脅，但是它在地理上比較遙遠。但對史達林來說，歐洲就在家門口，在一代人的時間內曾兩次危及他的國家的生存。況且，國際資本主義勢力並未被打敗，仍然是勁敵。史達林最大的關注不是輸出革命，而是保障蘇聯的安全。因此，歐洲不可避免地成為冷戰的主戰場。而在歐洲，由於意識形態相互敵對的勢力在德國緊密共存，因此德國同樣不可避免地成為衝突的中心。

　　二次大戰尚未結束，英國外交部就開始關注蘇聯在歐洲擴張的可能性。當時，美國人對史達林還有好感。但不久後，美國國務院也開始擔心蘇聯可能把勢力範圍擴張到歐洲及歐洲以外的地區。很快的，「圍堵」成了關鍵的理念，特別是在肯楠這位派駐莫斯科的美國外交官於一九四六年二月一份著名的「長電報」中，嚴肅警告須防止蘇聯擴張之後。肯楠設想，蘇聯的擴張將採取滲透和施加政治壓力的手段，而非直接的軍事干預。

　　無論今天我們回頭看這種焦慮是多麼誇張不實，但在一九四六年它卻是實實在在的。那年春天，蘇聯幾經拖延，終於不情願地撤出了（自一九四一年起由蘇軍和英軍聯合占領的）伊朗。同年，蘇聯向土耳其施壓，要它交出達達尼爾海峽和博斯普魯斯海峽的控制權，引起美國嚴重關切，雖然史達林在當年秋天放棄了這一要求。更令人擔憂的是希臘的局勢。史達林根據和邱吉爾達成的協議，同意將希臘劃入英國的勢力範圍，在一九四四至一九四五年期間沒有幫助希臘的共產黨。但是，一九四六年三月，希臘內戰在狄托的南斯拉夫的支持下再次爆發（雖然史達林仍然沒有出手幫忙），內戰中共產黨屢屢得勝，導致了「圍堵」政策的首次實施。

　　希臘內戰可能為蘇聯擴張創造機會，這在美國人眼中是實實在在的危險，尤其是英國外交大臣貝文在當年二月告訴美國人，英國財政吃緊，不能再提供希臘和土耳其軍援和經援之後。於是，美國從一九四七年三月開始向希臘右派提供軍事援助和訓練，這對擊敗左派起到了決定性的作用，不過戰爭造成的慘重代價（死了約四‧五萬人，還有巨大的物質損失）和後來的鎮壓使希臘久久無法實現真正的民族團結。然而，對美國來說，「圍堵」是成功的。杜魯門總統甚至把圍堵宣布為「主義」，說它代表著為遏制共產主義擴張而支持「自由的人民」反對「極權主義」的鬥爭。這成了冷戰的口號。

　　此時，德國尤其被視為決定性的角鬥場。一九四六年間，蘇聯在經濟上拒絕跟西方合作，共產黨在蘇占區開始獲得絕對的統治地位，德國東部與德國西部漸行漸遠，這些都增加了占領國之間的摩擦。起初，美國計畫在一九四七年從歐洲撤軍，但是，美國國務卿伯恩斯（James F. Byrnes）在一九四六年九月的一次重要演講中宣布，美軍將在歐洲待下去。伯恩斯承認，波茨坦會議關於透過盟國管制理事會來統一行政管理德國的設想失敗了。他表示，對整個西歐來說至關重要的德國經濟復甦只能按區進行，並提出以後美占區可以跟其他西方國家占領區組成同一個經濟單位。一九四七年一月，美占區和英占區真的組成了兩國區（Bizone）。在那之後，德國正式分裂為兩個國家只是早晚問題。

　　一九四七年六月，美國國務卿馬歇爾（George C. Marshall）宣布了一項範圍廣泛的歐洲復興計畫，這標誌著歐洲分裂的決定性關頭。這項計畫通稱為「馬歇爾計畫」，它具有重大的象徵意義，也在心理上極大地加強了西歐對未來的希望。人們常以為，是馬歇爾計畫造就了歐洲的戰後繁榮，但不管後人把馬歇爾計畫說得多麼神奇，實情都並非如此。馬歇爾計畫的規模太小，產生不了那麼大的效果。但無論如何，馬歇爾計畫是非常重要的。

　　馬歇爾計畫提出之前，歐洲的經濟增長自一九四五年就已經開始起步。馬歇爾計畫開始實施的一九四八年，除德國以外的所有西歐國家資本的水準都超過了一九三八年。只有德國和義大利的國民生產總值比不上十年前，德國遠遠落後，義大利則相差不大。但馬歇爾計畫無疑促進了歐洲的復甦。從一九四八年到一九五〇年，西歐的國民生產總值指數從八十七上升到一百零二（一九三八年的指數定為一百），自此開始了一段長時期的高速增長。出口也大量增加，倫敦金融市場的恢復促進了歐洲內部貿易以及對外貿易增長。特別重要的

是，馬歇爾計畫提供的資金使歐洲得以投資重建交通運輸網並更新基
礎設施。

在當時，大西洋兩岸馬歇爾計畫的支持者聲稱，馬歇爾計畫是為
了「拯救歐洲」，使其經濟不致崩潰。這也是誇大其詞，儘管歐洲在
一九四七年的確面臨著嚴重的經濟困難。農業產量比戰前低三分之
一，工業生產仍未恢復到戰前水準，住房和食品極為短缺，這種種都
對工業生產仍然疲軟不振的德國構成特別沉重的打擊。而且，西方盟
國日益清楚地意識到，德國的經濟若是無法復甦，歐洲的其他地方都
無法發展。貨幣供應超過了貨物供應，造成通貨膨脹，民眾積聚已久
的需求得不到滿足，這種情況也嚴重阻礙了復甦的腳步。匈牙利、羅
馬尼亞和希臘的貨幣相繼崩潰，法國的物價是戰前的四倍，德國流通
中的貨幣量比一九三八年多七倍，義大利的貨幣量更是比一九三八年
多二十倍。在貨幣幾乎相當於廢紙的情況下，香菸或其他物品經常取
代貨幣，成為以物易物中的交換手段。各國施行緊縮措施並貶值貨幣
進行貨幣改革後，才逐漸控制住通貨膨脹。

但是，一九四七年妨礙歐洲經濟復甦的最大問題是「美元缺
口」，只要美元短缺，就無法購買急需的原物料和用於投資的資本
財。這個問題完全打亂了三年前布雷頓森林會議將貨幣與美元掛鉤，
以此基礎實現貿易自由化的煞費苦心的安排。馬歇爾計畫正是為了克
服這個阻擋經濟持久復甦的障礙而制定的。馬歇爾計畫在四年內為歐
洲國家提供了一百二十億美元以上的資金，相當於美國國民生產總值
的百分之二。英國是最大的受益者，得到的援助數額比西德多一倍以
上，幾乎全部用來償還債務。不過，馬歇爾計畫影響最大的國家是西
德、義大利和奧地利這幾個原來的敵國。影響既是經濟上的，也有象
徵意義。這些國家因此感到自己不再被視為敵人，而是在美國領導下
旨在達成長期經濟復甦和政治穩定的事業的一部分。

　　馬歇爾計畫並不是美國的無私奉獻。它不僅幫助了歐洲企業，也幫助了美國企業，因為在馬歇爾計畫下採購的物資大部分來自美國。但除了經濟因素之外，馬歇爾計畫還有公開的政治意圖，它從一開始就被視為冷戰的武器。幫助加強歐洲的經濟力量，讓被打垮的經濟巨人德國重新站起身來，這將把歐洲西半部緊緊地與美國的利益綁在一起，使之成為對抗蘇聯擴張的最堅強屏障。

　　馬歇爾計畫的援助是向包括蘇聯在內的所有歐洲國家提出的。然而，如馬歇爾本人所預料（並希望）的，蘇聯拒絕了美國的援助，它勢力範圍內的國家也只得跟隨其後（包括極不情願的波蘭和捷克斯洛伐克）。芬蘭生怕惹怒蘇聯，也謝絕了美援。史達林拒絕馬歇爾援助是決定性的一步。他是否鑄成了大錯呢？他的拒絕剝奪了東歐從馬歇爾計畫提供的經濟刺激中受益的機會。在數百萬歐洲人眼中，美國因此占據了道德和政治高地。但是，史達林擔心美國強大的經濟力量會危及蘇聯及其衛星國的安全。從史達林的角度來看，拒絕馬歇爾援助可以保證西方無法干預蘇聯在東歐鞏固勢力。他擔心美國會利用經濟援助來破壞蘇聯在其衛星國的政治統治地位，這個擔心很可能是有道理的。史達林的決定意味著歐洲明確地分成了兩半。

　　一九四八年四月，蘇聯集團以外的十六個歐洲國家和來自德國西部地區的代表，組成了歐洲經濟合作組織（OEEC）來協調馬歇爾計畫的執行。可是，這也預示著歐洲不僅因鐵幕而陷入長久的分裂，而且西歐國家彼此之間也從此分歧不斷。美國人希望西歐在經濟和政治上都實現一體化。馬歇爾計畫就是以此方向為努力前提，要求先建立歐洲關稅同盟，由一個超國家的組織來執掌。美國人想按照美國的形象打造新西歐，但是，歐洲各國為自己的國家利益所驅動，很快就讓美國推行歐洲一體化的努力受挫並最終失敗。如美國外交官肯楠辛辣地指出的，歐洲人既沒有政治力量，也沒有「清楚的遠見」來為歐洲

設計新未來。斯堪的納維亞人對「蘇聯人有著病態的恐懼」，英國人「病入膏肓」，其他國家也和英國人一樣缺乏決心。

法國領導人認為，法國最重要的國家利益在於防止德國重建後，再次倚靠魯爾地區的重工業振興軍力。美國提倡的那種自由貿易和經濟一體化不利於維護法國最重要的國家利益。法國自己的戰後重建計畫是以魯爾地區的國際化為基礎，既可保證法國得到德國的煤炭和焦炭，又能永久削弱德國的國力。但是，一九四八年六月西方盟國決定在德國西部建立一個單一國家時，法國被迫改變政策，在德國的燃料資源和鋼鐵產出的分配方面採取合作態度。這就是法德諒解的源頭，後來的歐洲經濟共同體（EEC）就是在這個關鍵諒解的基礎上建立起來的。

英國的國家利益與法國迥然不同。在倫敦的決策者看來，馬歇爾計畫設想的歐洲關稅同盟這個未來歐洲一體化的開端，對英國有百害而無一利。一些高階公務員認為，「與歐洲的長期經濟合作對我們沒有吸引力」。他們擔心那最終會使英國遭受破壞性的經濟競爭，阻礙政府獨立採取措施推動國內的復甦，進一步流失美元，從而加深英國對美國的依賴。尤其重要的是，他們認為英國的國家利益在於與英聯邦各成員國保持密切聯繫和振興世界貿易。馬歇爾計畫的主要推手之一、美國外交官克萊頓（William L. Clayton）做出了相當準確的評價：「英國人的問題是，他們仍然不顧一切地抱有一線希望，希望在我們的幫助下設法維持大英帝國以及英國對帝國的領導。」馬歇爾自己也總結說，英國想「從歐洲復興計畫中充分獲益……同時維持它不完全是歐洲國家的地位。」一些歐洲小國也採取與英國相似的立場。因此，美國實現歐洲經濟一體化的目標從一開始就注定失敗。歐洲後來逐漸開始的經濟合作不是馬歇爾計畫的功勞，而要歸功於法德兩國在魯爾的煤炭和鋼鐵問題上的和解，英國也不肯參與這樣的合作。

　　到一九四八年秋，歐洲的經濟分裂也變得與政治分裂同樣深刻。十月，蘇聯成立了共產國際的後繼機構——共產黨和工人黨情報局，目標是阻擋所謂「美國奴役歐洲的計畫」。蘇聯認為，世界分為（由美國主導的）帝國主義集團和（受蘇聯影響的）民主集團。一九四九年一月，蘇聯集團創立了自己的經濟機構「經濟互助委員會」（Comecon），以抗衡由美國牽頭的馬歇爾計畫。

　　馬歇爾計畫確認了歐洲已分裂為兩個敵對集團，在德國西部建立國家更固化了這一分裂。一九四八年六月，西方盟國同意在德國西部建立國家。它們推行了貨幣改革，為德國西部的經濟復甦提供財政基礎。許多德國人後來認為，對他們的國家來說，這才標誌著二次大戰的最終結束。不久後，德國馬克開始啟用，許多商品的價格限制被取消，導致黑市迅速消失，經濟走上了正常化的道路。作為回應，蘇聯人也在德國東部啟用了新貨幣。他們還封鎖德國西部地區和首都柏林之間的陸上交通（柏林本身也處在四個戰勝國的占領下，但離蘇占區近得令人不安，只有一百五十公里），此舉具有明顯的威脅意味。

　　蘇聯企圖把西方盟國擠出柏林，美國人則把柏林視為考驗。美國人對共產黨在捷克斯洛伐克搞的政變記憶猶新，擔心如果撤出柏林，蘇聯就會進一步扼住整個西歐的咽喉。於是，西方盟國為打破封鎖立即組織了大規模空運，自六月二十六日起，連續三百二十一天以二十七・八萬架次的運輸機，運送二百三十萬噸的物資給被封鎖的西柏林人民，直到史達林最後認輸，於一九四九年五月十二日解除了封鎖。柏林空運給了西方國家大好的宣傳材料，顯示美國願意並且決心保護歐洲，抵制共產主義勢力的蔓延。

　　那年五月的晚些時候，德國西部的代表為即將成立的德意志聯邦共和國（西德），起草了一部基本法，也就是憲法。一九四九年九月二十日，德意志聯邦共和國正式成立。此時，蘇聯已決定在它控制的

地區也另建一個國家。十月七日，德意志民主共和國（東德）在德國東部成立。德國無限期（許多人認為是永久的）分裂的命運就此鑄就。

轉眼之間，德國在西方眼中從對歐洲未來安全的威脅搖身一變，成為防禦蘇聯擴張的堡壘。一九四七年三月，法國和英國在敦克爾克開會，簽署了一項防衛條約，仍然以防禦未來的德國入侵為導向。不到一年，這項條約擴大成為布魯塞爾條約（Treaty of Brussels），荷蘭、比利時和盧森堡也成為簽署國。但是，此時被視為主要威脅的不再是德國，而是蘇聯。面對蘇聯的強大力量，西歐各國的憂懼日增，美國又承諾無限期留在歐洲，這意味著必須把美國正式納入防衛西歐的安全安排。柏林危機刺激了抵禦蘇聯擴張的大西洋聯盟的成立，因為它充分顯示西歐若是沒有美國的軍事力量做後盾，是多麼的脆弱。

一九四九年四月四日，布魯塞爾條約的簽署國加上美國、加拿大、義大利、葡萄牙、丹麥、挪威和冰島，在華盛頓共同簽署了華盛頓條約（Treaty of Washington），成立北大西洋公約組織（NATO），承諾一方受襲，群起支援。北約給西歐提供了一種光靠它自己薄弱的防衛能力無法得到的安全感。在很大程度上，北約的重要性在於它的象徵意義，在於它顯示了成員國團結一致捍衛西歐的決心。事實上，北約遠遠達不到保衛西歐的要求。蘇聯的地面部隊相對於西方盟國的優勢是十二比一，西方國家駐紮在歐洲的十四個師中只有兩個師是美軍。

無論如何，人們很快就不得不重新審視歐洲安全問題。一九四九年八月二十九日，蘇聯在今天的哈薩克的一處實驗場引爆它的第一顆原子彈，震驚了整個西方世界。美國人本來以為他們在擁核方面能長期一家獨大，卻沒有如願。兩個軍事超級大國隔著把歐洲一分為二的鐵幕對峙。隨著雙方核武庫的迅速擴大，冷戰很快成為兩大集團的對

峙相鬥，一鬥就是四十年。

＊　＊　＊

　　到一九四九年，形勢更加明顯表示，東西歐（以非常不同的方式）都將實現僅僅四年前還無法想像的穩定與經濟增長。這與第一次世界大戰之後曠日持久的動盪形成了鮮明的對比。是哪些原因造成了這個局面呢？

　　有五個關鍵因素的互動交織構成了到五〇年代才充分落實的空前轉變的基礎。它們分別是：德國大國野心的終結、清洗戰犯和通敵者產生的影響、歐洲明確並持久的分裂、四〇年代末開始加速的經濟增長，以及原子（很快發展為熱核）戰爭構成的新威脅。

　　從一次大戰前到一九四五年，歐洲歷史中一直存在著一個關鍵的破壞性因素，給它留下了慘痛的印記，那就是德國覬覦世界強國甚至世界霸主地位的野心。這個野心是一九一四年戰火燃起的背景因素之一。一九一八年後，在命運多舛的民主制度下，它一度沉寂，卻陰魂不散，一九三三年後捲土重來，而且變本加厲，直接導致一九三九年的二次大戰。但是，一九四五年德國的完敗徹底粉碎了這個野心。在歐洲中心去除了這個重大的地緣政治亂源，這使歐洲即使在冷戰的分裂中也獲得了新的機遇。

　　對通敵者和犯下嚴重戰爭罪的人開展的清洗儘管不夠全面徹底，不能令人滿意，但它不僅使遭受納粹分子和通敵者殘害的人們得到一定程度的發洩，而且保證極端右派的暴力政治沒有機會像一九一八年後那樣毒化社會。如此，造成兩次大戰之間政治不穩定的一個決定性因素幾乎完全消失。東歐發生的國界改動和人口遷移雖然引發可怕的流血事件，但也造就比戰前程度高得多的民族單一化。這幫助維持了歐洲東半部的和平，即使這是在蘇聯控制之下強迫推行的。

　　儘管聽起來匪夷所思，但是事實證明，把歐洲分為兩半的鐵幕是穩定的基礎，雖然它給被迫忍受幾十年蘇聯統治的東歐人民帶來了沉重的代價。蘇聯愈堅持它對東歐大一統的控制，美國就愈決心透過向西歐施加影響來與之抗衡。一九四八年的柏林危機之後，柏林成了美國保衛西方的象徵。很快的，它又成為鐵幕的唯一出口，數百萬難民都經柏林朝著一個方向湧流。若是沒有美國的存在及其帶來的安全感，很難想像反共的意識形態能夠在西方建立如此高度的穩定。

　　蘇聯並沒有揮師西歐的計畫（雖然當時西方的人對此惴惴不安）。但是，若是美國沒有支持西歐經濟重建，保障脆弱的政治制度，提供安全保護傘，發動對抗共產主義威脅的宣傳，西歐的共產黨很有可能會獲得更多的支持，建立穩定的多元民主的機率也會隨之縮小。如果美國人按原計畫於一九四七年撤出西歐，我們很難說法國和英國這兩個疲弱的前歐洲強國是否有能力推動西歐成功重建。美國在歐洲的存在保證了資本主義在歐洲的勝利。當然，並非所有人都會因此額手稱慶，左派尤其對此深惡痛絕。在許多人眼中，歐洲正日益「美國化」，這也不是人人稱道的現象。和戰前一樣，一些圈子裡的人視其為歐洲文化衰落的表現。然而，無論美國的持久存在給歐洲造成了何種問題，它帶來的影響都遠遠利大於弊。在美國的保護下，西歐得以尋找實現團結的方式，開始擯棄不久前還造成了巨大威脅的民族主義。

　　如果沒有經濟增長造就的空前繁榮，這一切都是不可能的。儘管戰後各國普遍推行緊縮措施，但經濟繁榮很快就曙光初現。雖然馬歇爾計畫不是造成經濟增長的原因，但是它代表了對西歐未來的新希望。二次大戰後，西歐的經濟發展得到美國貸款的支持，並未要求戰敗國支付戰爭賠款，而戰爭賠款正是破壞了二〇年代經濟穩定的一個因素。馬歇爾計畫為歐洲經濟提供了重要的支撐。如一九五一年的一

份報告所說，馬歇爾計畫使歐洲經濟獲得了「自我復元的力量」。歐洲經濟迅速復甦，靠的是大量的閒置勞動力和生產力、積聚已久的需求和技術創新。此外，人們從一次大戰後只靠市場力量恢復經濟的做法中汲取教訓，應用凱因斯學派的貨幣政策來刺激增長，這些也都發揮了重要的作用。西歐的經濟也與技術先進、經濟繁榮的美國愈加密切交織，你中有我，我中有你。

　　拒絕了馬歇爾計畫的東歐很快被西歐遠遠地甩在了後頭。但是，在蘇聯毫不放鬆的控制下，戰後的東歐經濟增長也急劇加速，取得令人矚目的物質進步。兩次大戰期間被國家、族裔和階級衝突撕裂的貧窮落後的社會，現在建起了相對繁榮和穩定的基礎，無論在這一過程使用了何種強制手段。

　　最後，核武成為鐵幕兩邊的注意焦點。這種武器能夠造成巨大的毀滅，而且很快又發展出比夷平廣島和長崎的原子彈更強大的核武。使用這種武器的後果使人無比忌憚，反而減少兩個新興超級大國之間開戰的可能。隨著氫彈的發明，美蘇兩國到一九五三年都獲得了「保證互相毀滅」（mutually assured destruction，被恰當地簡稱「瘋狂」〔MAD〕）的能力。很快的，擁有核武成了在歐洲國內引起激辯的政治問題，特別是在英國和法國為確保自己的強國地位也造出了核武之後。但是，核武既然已經發明出來（美國在一九四五年還實際使用了兩次），盼是把它們盼不走的。當然，它們的存在令人恐懼，它們有朝一日投入使用的可能性更是讓人不寒而慄。但是，兩個超級大國之間的核衝突將導致第三次世界大戰浩劫的前景，很可能發揮了關鍵作用，讓一九四五年後分裂的歐洲實現自一九一八年一戰結束後不可能建立的穩定（雖然此點無法用事實來證明）。

　　從一九四五年時的情形來看，歐洲未來似乎將由獨立的民族國家組成。它分成兩半的時候仍然是民族國家的大陸。但是，情況已經開

始發生變化。在東歐，蘇聯用強大的軍力把各國的利益迅速置於蘇聯利益之下，民族國家的主權很快名存實亡。西歐國家儘管受美國的影響日深，卻在維護國家主權方面寸步不讓，英法兩國尤甚。

大戰剛結束那幾年，沒人談論要成立超國家的政治實體。一九四六年邱吉爾提出「歐洲合眾國」的想法時，既沒有把英國包入他倡議的這個新政治實體，也沒有設想世界會不再受強國統治（他一門心思要維持英國在強國行列中的一席之地）。但是，後來發生了冷戰，還需要確保經濟增長的幼苗不被國家間的競爭摧殘，兩者共同形成了推動西歐在經濟和安全領域加強協調和整合的壓力。一九四八年歐洲經濟合作組織的組成和次年北約，以及致力於法治和人權領域合作的歐洲理事會的創立，就標誌了這方面的初步努力。這些舉措體現了理想主義與務實主義的結合，是向著實現國家利益與歐洲一體化擴大相調和的目標邁出的一小步。

由於歷史上的深刻裂痕，各國不可能很快或完全放棄對國家利益的最高重視，英國尤其堅決反對任何可能削弱自己主權地位的舉措。一九五〇年，法國提出共管魯爾地區的煤炭和鋼鐵生產的「舒曼計畫」（Schuman Plan）時，主要是想在西德成立後透過控制德國重整軍備的能力，來保證法國的國家安全，而不是出於實現歐洲團結的理想。但事實證明，那是決定性的一步，開啟了通往「共同市場」和創立有著自己治理機構的歐洲經濟共同體的道路。

從戰火的餘燼之中，一個新的歐洲排除萬難，以驚人的速度重新站起。它分成了兩半，但每一半都建起大戰剛結束時無法想像的堅實基礎。未來仍難以預料。但是，在有史以來最慘烈的戰爭留下了物質和道德上難以磨滅的累累傷痕後，歐洲出現了空前的穩定與繁榮的可能性，那是歐洲在幾乎自我毀滅的那幾十年間做夢也想不到的。

謝詞

　　本書能夠寫成，全賴他人的建議和鼓勵，有時是說者無意，聽者有心。我感謝下列的人以不同方式給我的幫助：Joe Bergin, Richard Bessel, John Breuilly, Franz Brüggemeier, Chris Clark, Paul Corner, David Dilks, Christopher Duggan, Richard Evans, Detleff Felken, Jürgen Förster, Norbert Frei, Elke Fröhlich, Mary Fulbrook, Dick Geary, Robert Gerwarth, Christian Göschel, Mike Hannah, Joe Harrison, Julia Hoffmann, Dov Kulka, Eberhard Jäckel, Margit Ketterle, Peter Liddle, Klaus A. Maier, Michael Mann, Andy Marrison, members of the Cambridge Modern History Seminar, Hans Mommsen, Bob Moore, Irene Nielsen, Frank O'Gorman, Peter Pulzer, Aron Rodrigue, Mary Vincent, George Wedell, Hans-Ulrich Wehler, Frieder Weitbrecht, Charlotte Woodford, Hans Woller, Jonathan Wright and Benjamin Ziemann.

　　感謝 Gerhard Hirschfeld 饋贈權威的《一次大戰知識百科全書》，他親自參與了該書的編輯（後來又出了優質的英文版）。Bernt Hagtvet 熱心提供了兩本我未曾讀過的書，它們內容豐富，使我獲益匪淺：一本是 Dirk Berg-Schlosser 和 Jeremy Mitchell 共同編輯的關於兩次大戰之間歐洲民主危機的論文集，另一本由 Stein Ugelvik Larsen 所著，論述一九四五年後從法西斯主義向民主的過渡。我也感謝 Norman Davies 指點我查閱了若干關於在波蘭發生的事件的紀錄，都

是目擊者的敘述，包括一位村長 Jan Słoma 的令人著迷的回憶錄，還要感謝 Andreas Kossert 給我介紹了更多有關波蘭的參考資料。

我尤其感激對本書的書稿提出了批評意見的人。Beverley Eaton 糾正了許多拼寫錯誤。Traude Spat 提出了一些非常好的建議（我每次去慕尼黑，都受到她和 Ulrich 熱情慷慨的款待）。我也要衷心感謝專家們提出的寶貴的技術性批評，包括 David Cannadine（「企鵝歐洲史」系列總編）、Laurence Rees 和 Nicholas Stargardt。完稿後，Richard Mason 對文字進行了一絲不苟的編輯。

像以前一樣，與企鵝出版社的出色團隊一起工作令人非常愉快。編輯 Simon Winder 一如既往地無懈可擊，他和 Maria Bedford 在資料研究和照片甄選方面幫了大忙。Richard Duguid 以他慣常的高效主持了書的製作。還要感謝 Auriol Griffith-Jones 把索引彙編得井井有條。對 Andrew Wylie 這位無可匹敵的經紀人和倫敦懷利經紀公司的 James Pullen 與 Sarah Chalfant，我從來都抱著感激之情，感激他們始終給我的幫助和諮詢。

Betty、David 和 Stephen 一直支持我，鼓勵我。Betty 對書中的幾處細節提出了中肯的問題，而我和 David 在迪茲伯里的皇家橡樹酒吧裡關於書稿的討論對我大有幫助，也使我樂在其中。最後，我們的五個孫子孫女 Sophie、Joe、Ella、Olivia 和 Henry 總是讓我快樂開心，使我得以暫且忘記本書敘述的各種陰鬱悲慘的事情。讓我們期待，他們以及他們這一代人生活的歐洲能夠完全擺脫造成了以往黑暗歷史的分裂、敵意和仇恨。

　　　　　　　　　　——伊恩・克蕭，二〇一五年五月於曼徹斯特

參考書目

關於二十世紀歐洲的各種參考書汗牛充棟，以下所列舉的只是一小部分，僅限於對本書的寫作有啟發、有幫助的書籍。學術刊物上的專題論文和文章只列了幾篇，雖然此類論文是所有歷史學術研究不可缺少的材料。這裡沒有包括小說，儘管有些小說對了解那個時代大有幫助。我參考的主要是全面的著述，大多是英文書。許多這類書籍中都包括關於具體國家或主題的詳盡的參考書目。我從中引用過當時的人所說的話的書籍都標上了星號。

Abelshauser, Werner, Faust, Anselm and Petzina, Dietmar (eds), *Deutsche Sozialgeschichte 1914–1945*, Munich, 1985.

Adamthwaite, Anthony, *Grandeur and Misery: France's Bid for Power in Europe, 1914–1940*, London, 1995.

Addison, Paul, *The Road to 1945: British Politics and the Second World War*, London, 1975.

*Aldcroft, Derek H., *From Versailles to Wall Street 1919–1929*, Harmondsworth, 1987.

Aldcroft, Derek H., *The European Economy, 1914–1990*, London, 3rd edn, 1993.

Alexander, Martin (ed.), *French History since Napoleon*, London, 1999.

*Alexander, Martin and Graham, Helen (eds), *The French and Spanish Popular Front: Comparative Perspectives*, Cambridge, 1989.

Aly, Götz, *'Final Solution': Nazi Population Policy and the Murder of the European Jews*, London, 1999.

Aly, Götz, *Hitler's Benefi ciaries*, London and New York, 2007.

*Andreas-Friedrich, Ruth, *Schauplatz Berlin. Ein Deutsches Tagebuch*, Munich, 1962.

Angelow, Jürgen, *Der Weg in die Urkatastrophe*, Berlin, 2010.

*Annan, Noel, *Our Age: Portrait of a Generation*, London, 1990.

*Applebaum, Anne, *Iron Curtain: The Crushing of Eastern Europe 1944–1956*, London, 2012.

Arendt, Hannah, *The Origins of Totalitarianism*, Orlando, FL, 1966.

*Aron, Raymond, *The Century of Total War*, London, 1954.

Ascherson, Neal, *The Struggles for Poland*, London, 1987.

Bach, Maurizio and Breuer, Stefan, *Faschismus als Bewegung und Regime. Italien und Deutschland im Vergleich*, Wiesbaden, 2010.

Bade, Klaus J. et al. (eds), *Migration in Europa. Vom 17. Jahrhundert bis zur Gegenwart*, Paderborn, 2008.

Balderston, Theo, *The Origins and Cause of the German Economic Crisis, November 1923 to May 1932*, Berlin, 1993.

Balderston, Theo, 'War Finance and Infl ation in Britain and Germany, 1914–1918', *Economic History Review*, 42/2 (1989).

Balderston, Theo (ed.), *The World Economy and National Economies in the Interwar Slump*, Basingstoke, 2003.

Banac, Ivo, *The National Question in Yugoslavia: Origins, History, Politics*, Ithaca, NY, 1984.

Bankier, David (ed.), *Probing the Depths of German Antisemitism*, Jerusalem, 2000.

Barber, John, and Harrison, Mark, *The Soviet Home Front, 1941–1945: A Social and Economic History of the USSR in World War II*, London, 1991.

Bartov, Omer, *Hitler's Army*, New York, 1991.

Bartov, Omer, *Murder in our Midst: The Holocaust, Industrial Killing, and Representation*, New York, 1996.

Bartov, Omer, *Mirrors of Destruction: War, Genocide, and Modern History*, New York, 2000.

Barzun, Jacques, *From Dawn to Decadence, 1500 to the Present: 500 Years of Western Cultural Life*, London, 2001.

Bauer, Yehuda, *The Holocaust in Historical Perspective*, London, 1978.

Becker, Jean-Jacques, *The Great War and the French People*, Leamington Spa, 1980.

Beetham, David (ed.), *Marxists in Face of Fascism*, Manchester, 1983.

Beevor, Antony, *Stalingrad*, London, 1998.

Beevor, Antony, *Berlin: The Downfall, 1945*, London, 2003.

*Beevor, Antony, *The Battle for Spain*, London, 2006.

Beevor, Antony, *D-Day: The Battle for Normandy*, London, 2009.

Beevor, Antony, *The Second World War*, London, 2012.

Beevor, Antony and Vinogradova, Luba (eds), *A Writer at War: Vasily Grossman with the Red Army 1941–1945*, London, 2006.

Bell, P. M. H., *The Origins of the Second World War in Europe*, London, 2007.

Bell, P. M. H., *Twelve Turning Points of the Second World War*, London, 2011.

Bellamy, Chris, *Absolute War: Soviet Russia in the Second World War – A Modern History*, London, 2008.

Benson, Leslie, *Yugoslavia: A Concise History*, London, 2001.

Berger, Heinrich, Dejnega, Melanie, Fritz, Regina and Prenninger, Alexander (eds), *Politische Gewalt und Machtausübung im 20. Jahrhundert*, Vienna, 2011.

*Berghahn, Volker, *Germany and the Approach of War in 1914*, London, 1973.

Berghahn, Volker, *Modern Germany: Society, Economy and Politics in the Twentieth Century*, Cambridge, 1982.

Berghahn, Volker, *The Americanisation of West German Industry, 1845–1973*, Leamington Spa, 1986.

Berghahn, Volker, *Sarajewo, 28. Juni 1914. Der Untergang des alten Europa*, Munich, 1997.

Berg-Schlosser, Dirk and Mitchell, Jeremy (eds), *Conditions of Democracy in Europe, 1919–39*, Basingstoke, 2000.

Berg-Schlosser, Dirk and Mitchell, Jeremy (eds), *Authoritarianism and Democracy in Europe, 1919–39: Comparative Analyses*, Basingstoke, 2002.

*Berkhoff, Karel C., *Harvest of Despair: Life and Death in Ukraine under Nazi Rule*, Cambridge, M A, and London, 2004.

Bessel, Richard, *Germany after the First World War*, Oxford, 1993.

Bessel, Richard, *Germany 1945: From War to Peace*, London, 2009.

Bessel, Richard (ed,), *Fascist Italy and Nazi Germany: Comparisons and Contrasts*,

Cambridge, 1996.

Bessel, Richard and Schumann, Dirk (eds), *Life after Death: Approaches to a Cultural and Social History of Europe during the 1940s and 1950s*, Cambridge, 2003.

Blanning, T. C. W. (ed.), *The Oxford Illustrated History of Modern Europe*, Oxford, 1996.

Blatman, Daniel, *Les marches de la mort. La dernière étape du génocide nazi*, Paris, 2009.

Blinkhorn, Martin, *Carlism and Crisis in Spain, 1931–1939*, Cambridge, 1975.

Blinkhorn, Martin, *Democracy and Civil War in Spain, 1931–1939*, London, 1988.

Blinkhorn, Martin, *Fascism and the Right in Europe*, Harlow, 2000.

Blinkhorn, Martin (ed.), *Fascists and Conservatives: The Radical Right and the Establishment in Twentieth-Century Europe*, London, 1990.

Blom, Philipp, *The Vertigo Years: Change and Culture in the West, 1900–1914*, London, 2008.

Bloxham, Donald, *The Great Game of Genocide: Imperialism, Nationalism and the Destruction of the Ottoman Armenians*, Oxford, 2005.

Bloxham, Donald, 'The Armenian Genocide of 1915–1916: Cumulative Radicalization and the Development of a Destruction Policy', *Past and Present*, 181 (2003).

Bond, Brian, *War and Society in Europe, 1870–1970*, London, 1984.

Borodziej, Włodziemierz, *Geschichte Polens im 20. Jahrhundert*, Munich, 2010.

Bosworth, R. J. B., *The Italian Dictatorship*, London, 1998.

Bosworth, R. J. B., *Mussolini*, London, 2002.

Bosworth, R. J. B., *Mussolini's Italy: Life under the Dictatorship*, London, 2005.

Bosworth, R. J. B. (ed.), *The Oxford Handbook of Fascism*, Oxford, 2009.

Botz, Gerhard, *Krisenzonen einer Demokratie. Gewalt, Streik und Konfl iktunterdrückung in Österreich seit 1918*, Frankfurt am Main, 1987.

*Bourke, Joanna, *An Intimate History of Killing: F ace-t o-F ace Killing in Twentieth-Century Warfare*, London, 1999.

Bracher, Karl Dietrich, *The Age of Ideologies: A History of Political Thought in the Twentieth Century*, London, 1985.

Brechenmacher, Thomas, 'Pope Pius XI, Eugenio Pacelli, and the Persecution of the Jews in Nazi Germany, 1933–1939: New Sources from the Vatican Archives',

Bulletin of the German Historical Institute London, 27/2 (2005).

Brendon, Piers, *The Dark Valley: A Panorama of the 1930s*, London, 2001.

Breuilly, John, *Nationalism and the State*, Manchester, 1993.

*Brittain, Vera, *Testament of Youth* (1933), London, 1978.

Broadberry, Stephen and Harrison, Mark, (eds), *The Economics of World War I*, Cambridge, 2005.

Broadberry, Stephen and O'Rourke, Kevin H. (eds), *The Cambridge Economic History of Modern Europe. Vol. 2: 1870 to the Present*, Cambridge, 2010.

Broszat, Martin, *The Hitler State*, London, 1981.

Browning, Christopher, *Fateful Months: Essays on the Emergence of the Final Solution*, New York, 1985.

Browning, Christopher, *The Path to Genocide*, Cambridge, 1992.

Browning, Christopher, *The Origins of the Final Solution*, Lincoln, NB, and Jerusalem, 2004.

Brüggemeier, Franz-Josef, *Geschichte Grossbritanniens im 20. Jahrhundert*, Munich, 2010.

*Brusilov, A. A., *A Soldier's Notebook* (1930), Westport, C T, 1971.

Buber-Neumann, Margarete, *Under Two Dictators: Prisoner of Stalin and Hitler* (1949), London, 2008.

Buchanan, Tom, *Europe's Troubled Peace 1945–2000*, Oxford, 2006.

*Buckley, Henry, *The Life and Death of the Spanish Republic: A Witness to the Spanish Civil War* (1940), London, 2014.

Bulliet, Richard W. (ed.), *The Columbia History of the 20th Century*, New York, 1998.

Burgdorff, Stephan and Wiegrefe, Klaus (eds), *Der 2. Weltkrieg. Wendepunkt der deutschen Geschichte*, Munich, 2005.

Burleigh, Michael, *The Third Reich: A New History*, London, 2000.

*Burleigh, Michael, *Sacred Causes: Religion and Politics from the European Dictators to Al Qaeda*, London, 2006.

Burleigh, Michael and Wippermann, Wolfgang, *The Racial State: Germany 1933–1945*, London, 1991.

Burrin, Philippe, *La dérive fasciste*, Paris, 1986.

Burrin, Philippe, *Living with Defeat: France under the German Occupation,*

1940–1944, London, 1996.

Burrin, Philippe, *Fascisme, nazisme, autoritarisme*, Paris, 2000.

Buruma, Ian, *Year Zero: A History of 1945*, New York, 2013.

Calder, Angus, *The People's War: Britain 1939–1945*, London, 1971.

Calic, Marie-Janine, *Geschichte Jugoslawiens im 20. Jahrhundert*, Munich, 2010.

Cannadine, David, *The Decline and Fall of the British Aristocracy*, New Haven, CT, and London, 1990.

Cannadine, David, *Class in Britain*, London, 2000.

Caplan, Jane (ed.), *Nazi Germany*, Oxford, 2008.

Caplan, Jane and Wachsmann, Nikolaus (eds), *Concentration Camps in Nazi Germany: The New Histories*, London, 2010.

*Carey, John, *The Intellectuals and the Masses*, London, 1992.

Carley, Michael Jahara, *1939. The Alliance that Never Was and the Coming of World War II*, Chicago, I L, 1999.

Carr, Raymond, *Spain, 1808–1975*, Oxford, 1982.

Carsten, F. L., *The Rise of Fascism*, London, 1967.

Carsten, F. L., *Revolution in Central Europe 1918–19*, London, 1972.

Cecil, Hugh and Liddle, Peter (eds), *Facing Armageddon: The First World War Experienced*, London, 1996.

Cesarani, David, *Eichmann: His Life and Crimes*, London, 2004.

Cesarani, David (ed.), *The Final Solution: Origins and Implementation*, London, 1996.

*Charman, Terry (ed.), *Outbreak 1939: The World Goes to War*, London, 2009.

*Chickering, Roger and Förster, Stig (eds), *Great War, Total War: Combat and Mobilisation on the Western Front 1914–1918*, Cambridge, 2000.

Ciano's Diary, 1937–1943, ed. Malcolm Muggeridge, London (1947), 2002.

*Churchill, Winston S., *The Second World War*, vol.1, London, 1948.

Clark, Christopher, *Kaiser Wilhelm II*, Harlow, 2000.

*Clark, Christopher, *The Sleepwalkers: How Europe Went to War in 1914*, London, 2012.

Clark, Martin, *Modern Italy 1871–1982*, London, 1984.

Clarke, Peter, *The Keynesian Revolution in the Making 1924–1936*, Oxford, 1988.

Clarke, Peter, *Hope and Glory: Britain 1900–1990*, London, 1996.

Clavin, Patricia, *The Great Depression in Europe, 1929–1939*, Basingstoke, 2000.

Clavin, Patricia, *Securing the World Economy: The Reinvention of the League of Nations, 1919–1946*, Oxford, 2013.

Clogg, Richard, *A Concise History of Greece*, 2nd edn, Cambridge, 2002.

*Clough, Shepard B., Moodie, Thomas and Moodie, Carol (eds), *Economic History of Europe: Twentieth Century*, London, 1965.

Conquest, Robert, *The Harvest of Sorrow: Soviet Collectivization and the Terror-Famine*, London, 1988.

Constantine, Stephen, *Unemployment in Britain between the Wars*, London, 1980.

Conway, Martin, *Catholic Politics in Europe 1918–1945*, London, 1997.

Conway, Martin, *The Sorrows of Belgium: Liberation and Political Reconstruction, 1944–1947*, Oxford, 2012.

Conway, Martin, 'Democracy in Postwar Europe: The Triumph of a Political Model', *European History Quarterly*, 32/1 (2002).

Corner, Paul, *The Fascist Party and Popular Opinion in Mussolini's Italy*, Oxford, 2012.

Corner, Paul (ed.), *Popular Opinion in Totalitarian Regimes*, Oxford, 2009.

Cornwall, M. (ed.), *The Last Years of Austria-Hungary*, Exeter, 1990.

*Cornwell, John, *Hitler's Pope: The Secret History of Pius XII*, London, 1999.

Cornwell, John, *Hitler's Scientists: Science, War and the Devil's Pact*, London, 2003.

Costa-Pinto, António, *Salazar's Dictatorship and European Fascism – Problems of Interpretation*, New York, 1995.

Costa-Pinto, António, *The Blue Shirts: Portuguese Fascists and the New State*, New York, 2000.

Crampton, R. J., *Eastern Europe in the Twentieth Century*, 2nd edn, London, 1997.

*Cross, Tim (ed.), *The Lost Voices of World War I*, London, 1988.

Cull, Nicholas, Culbert, David and Welch, David (eds), *Propaganda and Mass Persuasion: A Historical Encyclopedia, 1500 to the Present*, Santa Barbara, CA, 2003.

*Dąbrowka, Maria, *Tagebücher 1914–1965*, Frankfurt am Main, 1989.

Dahrendorf, Ralf, *Society and Democracy in Germany*, London, 1968.

Davies, Norman, *God's Playground. Vol. 2: A History of Poland*, Oxford, 1981.

*Davies, Norman, *Europe: A History*, Oxford, 1996.

Davies, Norman, *Europe at War, 1939–1945: No Simple Victory*, London, 2006.

Davies, R. W. and Wheatcroft, S. G., *The Years of Hunger: Soviet Agriculture 1931–1933*, London, 2009.

Davies, Sarah, *Popular Opinion in Stalin's Russia: Terror, Propaganda and Dissent, 1934–1941*, Cambridge, 1997.

Dear, I. C. B. and Foot, M. R. D. (eds), *The Oxford Companion to the Second World War*, Oxford, 1995.

De Grazia, Victoria, *How Fascism Ruled Women: Italy, 1922–1945*, Berkeley, C A, 1992.

Diehl, James M., *Paramilitary Politics in Weimar Germany*, Bloomington, I N, 1977.

Dilks, David, *Churchill and Company: Allies and Rivals in War and Peace*, London, 2012.

*Dilks, David (ed.), *The Diaries of Sir Alexander Cadogan 1938–1945*, London, 1971.

*Döblin, Alfred, *Schicksalsreise. Bericht und Bekenntnis. Flucht und Exil 1940–1948*, Munich and Zurich, 1986.

*Duggan, Christopher, *The Force of Destiny: A History of Italy since 1796*, London, 2008.

*Duggan, Christopher, *Fascist Voices: An Intimate History of Mussolini's Italy*, London, 2012.

Eatwell, Roger, *Fascism: A History*, London, 1996.

Edgerton, David, *The Shock of the Old: Technology and Global History since 1900*, London, 2008.

E ichengreen, Barry, *Golden Fetters: The Gold Standard and the Great Depression, 1919–1939*, New York, 1995.

Ekman, Stig and Åmark, Klas (eds), *Sweden's Relations with Nazism, Nazi Germany and the Holocaust*, Stockholm, 2003.

Eksteins, Modris, *Rites of Spring: The Great War and the Birth of the Modern Age*, Boston, MA, 1989.

Eley, Geoff, *Forging Democracy: The History of the Left in Europe 1850– 2000*, New York, 2002.

*Elger, Dietmar, *Expressionism: A Revolution in German Art*, Cologne, 1994.

*Englund, Peter, *The Beauty and the Sorrow: An Intimate History of the First World War*, London, 2011.

Erdmann, Karl Dietrich, *Das Ende des Reiches und die Neubildung deutscher Staaten*, Munich, 1980.

Evans, Richard J., *The Coming of the Third Reich*, London, 2003.

Evans, Richard J., *The Third Reich in Power*, London, 2005.

Evans, Richard J., *The Third Reich at War*, London, 2008.

*Evans, Richard J. and Geary, Dick (eds), *The German Unemployed*, London, 1987.

Faber, David, *Munich: The 1938 Appeasement Crisis*, London, 2008.

*Fainsod, Merle, *Smolensk under Soviet Rule*, (1958), Boston, MA, 1989.

Falter, *Jürgen, Hitlers Wähler*, Munich, 1991.

Feldmann, Gerald D., *Army, Industry and Labor in Germany 1914–18*, Princeton, NJ, 1966.

Feldmann, Gerald D., *The Great Disorder: Politics, Economics and Society in the German Inflation, 1914–1924,* New York, 1993.

Feldmann, Gerald D. (ed.), *Die Nachwirkungen der Inflation auf die deutsche Geschichte 1924–1933*, Munich, 1985.

*Ferguson, Niall, *The Pity of War*, London, 1998.

Ferguson, Niall, *The Cash Nexus: Money and Power in the Modern World 1700–2000*, London, 2002.

*Ferguson, Niall, *The War of the World: Twentieth-Century Conflict and the Descent of the West*, New York, 2006.

Ferro, Marc, *The Great War 1914–1918*, London, 1973.

Ferro, Marc (ed.), *Nazisme et Communisme. Deux régimes dans le siècle*, Paris, 1999.

*Figes, Orlando, *A People's Tragedy: The Russian Revolution 1891–1924*, London, 1996.

*Figes, Orlando, *The Whisperers: Private Life in Stalin's Russia*, London, 2008.

Figes, Orlando, *Revolutionary Russia 1891–1991*, London, 2014.

Finer, S. E., *Comparative Government*, Harmondsworth, 1970.

Fischer, Conan, *The Rise of the Nazis*, Manchester, 1995.

Fischer, Conan, *The Ruhr Crisis 1923–1924*, Oxford, 2003.

Fischer, Conan (ed.), *The Rise of National Socialism and the Working Classes in*

Weimar Germany, Providence, RI, and Oxford, 1996.

Fischer, Fritz, *Germany's Aims in the First World War*, New York, 1967.

*Fischer, Fritz, *Krieg der Illusionen*, Düsseldorf, 1969.

Fischer, Fritz, *Juli 1914. Wir sind nicht hineingeschlittert*, Hamburg, 1983.

Fisk, Robert, *In Time of War: Ireland, Ulster, and the Price of Neutrality, 1939–45*, Philadelphia, P A, 1983.

Fitzpatrick, Sheila, *Everyday Stalinism: Ordinary Life in Extraordinary Times – Soviet Russia in the 1930s*, New York, 1999.

Flood, P. J., *France 1914–18: Public Opinion and the War Effort*, Basingstoke, 1990.

Flora, Peter et al. (eds), *Western Europe: A Data Handbook*, 2 vols, Frankfurt am Main, 1983.

Foot, M. R. D., *Resistance: European Resistance to Nazism 1940–45*, London, 1976.

Förster, Jürgen (ed.), *Stalingrad. Ereignis, Wirkung, Symbol*, Munich, 1992.

Foster, R. F., *Modern Ireland 1600–1972*, London, 1989.

*Fox, Robert (ed.), *We Were There: An Eyewitness History of the Twentieth Century*, London, 2010.

Frei, Norbert, *National Socialist Rule in Germany: The Führer State*, Oxford, 1993.

Frei, Norbert, *Adenauer's Germany and the Nazi Past: The Politics of Amnesty and Integration*, New York, 2002.

Frei, Norbert, *1945 und wir. Das Dritte Reich im Bewusstsein der Deutschen*, Munich, 2005.

Frei, Norbert (ed.), *Was heißt und zu welchem Ende studiert man Geschichte des 20. Jahrhunderts?*, Göttingen, 2006.

Frevert, Ute, *Eurovisionen. Ansichten guter Europäer im 19. und 20. Jahrhundert*, Frankfurt am Main, 2003.

Friedländer, Saul, *Nazi Germany and the Jews: The Years of Persecution 1933–39*, London, 1997.

Friedländer, Saul, *The Years of Extermination: Nazi Germany and the Jews 1939–1945*, London, 2007.

Friedrich, Jörg, *Der Brand. Deutschland im Bombenkrieg 1940–1945*, Berlin, 2004.

Fröhlich, Elke, *Der Zweite Weltkrieg. Eine kurze Geschichte*, Stuttgart, 2013.

Fulbrook, Mary, *History of Germany: 1918–2000. The Divided Nation*, Oxford, 2002.

Fulbrook, Mary, *Dissonant Lives: Generations and Violence through the German Dictatorships*, Oxford, 2011.

Fulbrook, Mary (ed.), *20th Century Germany: Politics, Culture and Society 1918–1990*, London, 2001.

Fulbrook, Mary (ed.), *Europe since 1945*, Oxford, 2001.

Furet, François, *Le passé d'une illusion. Essai sur l'idée communiste au XXe siècle*, Paris, 1995.

Gaddis, John Lewis, *The Cold War*, London, 2005.

Garfi eld, Simon, *Our Hidden Lives: The Everyday Diaries of a Forgotten Britain 1945–1948*, London, 2004.

Gatrell, Peter, *A Whole Empire Walking: Refugees in Russia during World War I*, Bloomington, I N, 1999.

Gatrell, Peter, *Russia's First World War: A Social and Economic History*, Harlow, 2005.

Gay, Peter, *Weimar Culture*, London, 1974.

Geary, Dick, *European Labour Protest 1848–1939*, London, 1981.

Geary, Dick, *European Labour Politics from 1900 to the Depression*, Basingstoke, 1991.

Geary, Dick (ed.), *Labour and Socialist Movements in Europe before 1914*, Oxford, New York and Munich, 1989.

*Gedye, G.E.R., *Fallen Bastions. The Central European Tragedy*, London, 1939.

Gehler, Michael, *Europa. Ideen, Institutionen, Vereinigung*, Munich, 2005.

*Geiss, Imanuel (ed.), *July 1914: The Outbreak of the First World War – Selected Documents*, London, 1967.

Gellately, Robert, *Lenin, Stalin and Hitler: The Age of Social Catastrophe*, London, 2007.

Gentile, Emilio, *The Sacralization of Politics in Fascist Italy*, Cambridge, MA, and London, 1996.

Gerlach, Christian, *Extrem gewalttätige Gesellschaften. Massengewalt im 20. Jahrhundert*, Munich, 2010.

Gerlach, Christian and Aly, Götz, *Das letzte Kapitel. Der Mord an den ungarischen Juden 1944–1945*, Frankfurt am Main, 2004.

*Gerwarth, Robert, 'The Central European Counter-Revolution: Paramilitary Violence in Germany, Austria and Hungary after the Great War', *Past and Present*, 200 (2008).

Gerwarth, Robert, *Hitler's Hangman: The Life of Heydrich*, New Haven, C T, and London, 2011.

Gerwarth, Robert (ed.), *Twisted Paths: Europe 1914–1945*, Oxford, 2008.

*Gerwarth, Robert and Horne, John, 'Vectors of Violence: Paramilitarism in Europe after the Great War, 1917–1923', *The Journal of Modern History*, 83/3 (2011).

*Gerwarth, Robert and Horne, John (eds), *War in Peace: Paramilitary Violence in Europe after the Great War*, Oxford, 2012.

Gilbert, Felix, *The End of the European Era, 1890 to the Present*, 3rd edn, New York, 1984.

Gilbert, Martin, *Recent History Atlas 1860 to 1960*, London, 1966.

Gilbert, Martin, *First World War Atlas*, London, 1970.

Gilbert, Martin, *Atlas of the Holocaust*, London, 1982.

Gildea, Robert, *Marianne in Chains: Daily Life in the Heart of France during the German Occupation*, New York, 2002.

Gildea, Robert, Wieviorka, Olivier and Warring, Anette (eds), *Surviving Hitler and Mussolini: Daily Life in Occupied Europe*, Oxford and New York, 2006.
*Gisevius, Hans Bernd, *To the Bitter End*, Boston, 1947.

Glenny, Misha, *The Balkans 1 804–1999: Nationalism, War and the Great Powers*, London, 1999.

Goltz, Anna von der and Gildea, Robert, 'Flawed Saviours: The Myths of Hindenburg and Pétain', *European History Quarterly*, 39 (2009).

Graham, Helen, *The Spanish Republic at War 1936–1939*, Cambridge, 2002.

Graml, Hermann, *Hitler und England. Ein Essay zur nationalsozialistischen Außenpolitik 1920 bis 1940*, Munich, 2010.

*Graml, Hermann, *Bernhard von Bülow und die deutsche Aussenpolitik*, Munich, 2012.

*Graves, Robert, *Goodbye to All That* (1929), London, 2000.

Gregory, Adrian, *The Last Great War: British Society and the First World War*, Cambridge, 2008.

Gregory, Adrian, 'British "War Enthusiasm" in 1914 – A Reassessment', in Gail

Brayborn (ed.), *Evidence, History and the Great War: Historians and the Impact of 1914–18*, New York and Oxford, 2003.

Griffin, Roger, *The Nature of Fascism*, London, 1991.

Griffin, Roger, *Modernism and Fascism: The Sense of a Beginning under Mussolini and Hitler*, London, 2007.

*Griffin, Roger (ed.), *Fascism*, Oxford, 1995.

Griffin, Roger (ed.), *International Fascism: Theories, Causes and the New Consensus*, London, 1998.

Gross, Jan, *Fear: Anti-Semitism in Poland after Auschwitz*, Princeton, NJ, 2006.

Gruchmann, Lothar, *Der Zweite Weltkrieg*, Munich, 1975.

Gundle, Stephen, Duggan, Christopher and Pieri, Giuliana (eds), *The Cult of the Duce: Mussolini and the Italians*, Manchester, 2013.

*Hamann, Brigitte, *Hitlers Wien. Lehrjahre eines Diktators*, Munich, 1996.

*Hamann, Brigitte, *Der Erste Weltkrieg. Wahrheit und Lüge in Bildern und Texten*, Munich, 2004.

Hardach, Gerd, *The First World War 1914–1918*, Harmondsworth, 1987.

Harrison, Joseph, *An Economic History of Modern Spain*, Manchester, 1978.

H arrison, Joseph, *The Spanish Economy in the Twentieth Century*, London, 1985.

Hartwig, Wolfgang, *Utopie und politische Herrschaft im Europa der Zwischenkriegszeit*, Munich, 2003.

Hastings, Max, *Armageddon: The Battle for Germany 1944–45*, London, 2004.

Hastings, Max, *Finest Years: Churchill as Warlord 1940–45*, London, 2009.

*Hastings, Max, *All Hell Let Loose: The World at War 1939–1945*, London, 2011.

Hastings, Max, *Catastrophe: Europe goes to War 1914*, London, 2013.

Hayes, Paul (ed.), *Themes in Modern European History 1 890–1945*, London, 1992.

Henke, Klaus-Dietmar and Woller, Hans (eds), *Politische Säuberung in Europa. Die Abrechnung mit Faschismus und Kollaboration nach dem Zweiten Weltkrieg*, Munich, 1991.

*Hennessy, Peter, *Never Again: Britain 1945–1951*, London, 1993.

Herbert, Ulrich, *Hitler's Foreign Workers*, Cambridge, 1997.

Herbert, Ulrich, *Geschichte Deutschlands im 20. Jahrhundert*, Munich, 2014.

Herbert, Ulrich, 'Europe in High Modernity: Refl ections on a Theory of the 20th

Century', *Journal of Modern European History*, 5/1 (2007).

Herf, Jeffrey, *The Jewish Enemy: Nazi Propaganda during World War II and the Holocaust*, Cambridge, MA and London, 2006.

Herwig, Holger H., *The Outbreak of World War I: Causes and Responsibilities*, Boston, M A, 1997.

Hewitson, Mark, *Germany and the Causes of the First World War*, London, 1983.

Hilberg, Raul, *The Destruction of the European Jews*, New York, 1973.

Hirschfeld, Gerhard, *Nazi Rule and Dutch Collaboration: The Netherlands under German Occupation, 1940–1945*, Oxford, 1988.

Hirschfeld, Gerhardt, Krumeich, Gerd and Renz, Irena (eds), *'Keiner fühlt sich hier mehr als Mensch . . .'. Erlebnis und Wirkung des Ersten Weltkriegs*, Frankfurt am Main, 1996.

Hirschfeld, Gerhardt, Krumeich, Gerd and Renz, Irena (eds), *Brill's Encyclopedia of the First World War*, 2 vols, Leiden, 2012.

Hobsbawm, Eric, *Age of Extremes. The Short Twentieth Century, 1914–1991*, London, 1994.

*Hobsbawm, Eric, *Interesting Times: A Twentieth-Century Life*, London, 2002.

Hobsbawm, Eric, *Fractured Times: Culture and Society in the Twentieth Century*, London, 2013.

Hoensch, Jörg K., *A History of Modern Hungary, 1 867–1986*, Harlow, 1988.

Hoeres, Peter, *Die Kultur von Weimar. Durchbruch der Moderne*, Berlin, 2008.

Hoffmann, Peter, *The History of the German Resistance 1933–1945*, Cambridge, M A, and London, 1977.

Hogan, Michael, J., *The Marshall Plan: America, Britain, and the Reconstruction of Western Europe, 1947–1952*, Cambridge, 1987.

Horne, John and Kramer, Alan, *German Atrocities 1914: A History of Denial*, New Haven, C T, and London, 2001.

Horne, John (ed.), *State, Society and Mobilization in Europe during the First World War*, Cambridge, 1997.

Horne, John (ed.), *A Companion to World War I*, Oxford, 2012.

*Hosenfeld, Wilm, *'Ich versuche, jeden zu retten'. Das Leben eines deutschen Offiziers in Briefen und Tagebüchern*, Munich, 2004.

Hosking, Geoffrey, *A History of the Soviet Union*, London, 1985.

Hosking, Geoffrey, *Russia and the Russians*, London, 2001.

*Höss, Rudolf, *Kommandant in Auschwitz*, Munich, 1963.

Howard, Michael, *War in European History*, Oxford, 1976.

Howard, Michael and Louis, Wm. Roger (eds), *The Oxford History of the Twentieth Century*, Oxford, 1998.

*Hughes, S. Philip, *Consciousness and Society: The Reorientation of European Social Thought, 1890–1930*, New York, 1958.

Illies, Florian, *1913. Der Sommer des Jahrhunderts*, Frankfurt am Main, 2012.

Isaacs, Jeremy and Downing, Taylor, *Cold War*, London, 1998.

*Jäckel, Eberhard, and Kuhn, Axel (eds.), *Hitler. Sämtliche Aufzeichnungen 1905–1924*, Stuttgart, 1980.

Jäckel, Eberhard, *Hitler in History*, Hanover and London, 1984.

Jäckel, Eberhard, Hitlers Weltanschauung. Entwurf einer Herrschaft, Stuttgart, 1991.

*Jäckel, Eberhard, *Das deutsche Jahrhundert. Eine historische Bilanz*, Stuttgart, 1996.

Jackson, Julian, *The Politics of Depression in France*, Cambridge, 1985.

Jackson, Julian, *The Popular Front in France: Defending Democracy, 1934–1938*, Cambridge, 1988.

Jackson, Julian, *France: The Dark Years*, Oxford, 2001.

Jackson, Julian, *The Fall of France: The Nazi Invasion of 1940*, Oxford, 2003.

*Jackson, Julian (ed.), *Europe 1900–1945*, Oxford, 2002.

*Jahoda, Marie, Lazarsfeld, Paul F. and Zeisel, Hans, *Marienthal: The S ociography of an Unemployed Community*, London, 1972.

James, Harold, *The German Slump: Politics and Economics 1924–1936*, Oxford, 1986.

James, Harold, *Europe Reborn: A History, 1914–2000*, London, 2003.

Jarausch, Konrad, *The Enigmatic Chancellor: Bethmann-Hollweg and the Hubris of Imperial Germany*, New Haven, C T, and London, 1973.

Jelavich, Barbara, *History of the Balkans. Vol. 2: Twentieth Century*, Cambridge, 1983.

Jenkins, Roy, *Churchill*, London, 2001.

Jesse, Eckhard (ed.), *Totalitarismus im 20. Jahrhundert. Eine Bilanz der internationalen Forschung*, Bonn, 1999.

Joll, James, *Europe since 1870: An International History*, London, 1973.

*Joll, James, *The Origins of the First World War*, London, 1984.

*Judt, Tony, *Postwar: A History of Europe since 1945*, London, 2005.

Judt, Tony, *Reappraisals: Refl ections on the Forgotten Twentieth Century*, London, 2009.

Judt, Tony with Snyder, Timothy, *Thinking the Twentieth Century: Intellectuals and Politics in the Twentieth Century*, London, 2012.

*Jünger, Ernst, *Storm of Steel* (1920), London, 2003.

*Jünger, Ernst, *Kriegstagebuch 1914–1918*, ed. Helmuth Kiesel, Stuttgart, 2010.

Kaelble, Hartmut, *Historical Research on Social Mobility*, London, 1981.

Kaelble, Hartmut, *A Social History of Western Europe 1880–1980*, Dublin, 1989.

Kaelble, Hartmut, *Kalter Krieg und Wohlfahrtsstaat. Europa 1945–1989*, Munich, 2011.

Kann, R. A., Kraly, B. K. and Fichtner, P. S. (eds), *The Habsburg Empire in World War I*, New York, 1977.

Kater, Michael H., *The Nazi Party: A Social Profi le of Members and Leaders, 1919–1945*, Oxford, 1983.

Kater, Michael H., *Different Drummers: Jazz in the Culture of Nazi Germany*, Oxford, 1992.

Kater, Michael H., *The Twisted Muse: Musicians and their Music in the Third Reich*, Oxford, 1997.

Kater, Michael H., *Weimar: From Enlightenment to the Present*, New Haven, CT, and London, 2014.

*Kedward, Rod, *La vie en bleu: France and the French since 1900*, London, 2006.

Keegan, John, *The First World War*, London, 1999.

*Kershaw, Ian, *The 'Hitler Myth': Image and Reality in the Third Reich*, Oxford, 1987.

*Kershaw, Ian, *Hitler*, 2 vols, London, 1998, 2000.

Kershaw, Ian, *Fateful Choices: Ten Decisions that Changed the World 1940–1941*, London, 2008.

Kershaw, Ian, *The End: Germany 1944–45*, London, 2012.

Kershaw, Ian and Lewin, Moshe (eds), *Stalinism and Nazism: Dictatorships in Comparison*, Cambridge, 1997.

Kertzer, David I., *The Pope and Mussolini: The Secret History of Pius XI and the Rise of Fascism in Europe*, Oxford, 2014.

*Keynes, John Maynard, *The Economic Consequences of the Peace*, London, 1919.

Kielinger, Thomas, *Winston Churchill. Der späte Held. Eine Biographie*, Munich, 2014.

Kiesel, Helmuth, *Geschichte der literarischen Moderne*, Munich, 2004.

Kindlberger, Charles P., *The World in Depression 1929–1939*, Harmondsworth, 1987.

Kirk, Tim and McElligott, Anthony (eds), *Opposing Fascism: Community, Authority and Resistance in Europe*, Cambridge, 1999.

Kitchen, Martin, *The Coming of Austrian Fascism*, London, 1980.

Kleine-Ahlbrandt, William Laird, *Twentieth-Century European History*, St. Paul, MN, 1993.

*Klemperer, Victor, *Ich will Zeugnis ablegen bis zum letzten. Tagebücher 1933–1941*, vol.1, Darmstadt, 1998.

Knox, MacGregor, *Mussolini Unleashed 1939–1941*, Cambridge, 1986.

Knox, MacGregor, *Common Destiny: Dictatorship, Foreign Policy, and War in Fascist Italy and Nazi Germany*, Cambridge, 2000.

Knox, MacGregor, *To the Threshold of Power, 1922/33: Origins and Dynamics of the Fascist and National Socialist Dictatorships*, Vol. 1, Cambridge, 2007.

Koch, Stephen, *Double Lives: Stalin, Willi Münzenberg and the Seduction of the Intellectuals*, London, 1995.

Kochanski, Halik, *The Eagle Unbowed: Poland and the Poles in the Second World War*, London, 2012.

Kocka, Jürgen, *Facing Total War: German Society, 1914–1918*, Leamington Spa, 1984.

Kolb, Eberhard, *The Weimar Republic*, London, 1988

Kolko, Gabriel, *Century of War: Politics, Confl icts, and Society since 1914*, New York, 1994.

*Kovály, Heda Margolius, *Under a Cruel Star: A Life in Prague 1941–1968* (1986), London, 2012.

*Kossert, Andreas, *Kalte Heimat. Die Geschichte der deutschen Vertriebenen nach 1945*, Berlin, 2008.

Kramer, Alan, *Dynamic of Destruction: Culture and Mass Killing in the First World*

War, Oxford, 2007.

Krumeich, Gerd (ed.), *Nationalsozialismus und Erster Weltkrieg*, Essen, 2010.

Kühlwein, Klaus, Pius XII. und die Judenrazzia in Rom, Berlin, 2013.

*Kulka, Otto Dov, *Landscapes of the Metropolis of Death*, London, 2013.

Kulka, Otto Dov, 'History and Historical Consciousness: Similarities and Dissimilarities in the History of the Jews in Germany and the Czech Lands 1918–1945', *Bohemia*, 46/1 (2005).

Kulka, Otto Dov and Jäckel, Eberhard (eds), *The Jews in the Secret Nazi Reports on Popular Opinion in Germany, 1933–1945*, New Haven, CT, and London, 2010.

Kulka, Otto Dov and M endes-Flohr, Paul R. (eds), *Judaism and Christianity under the Impact of National Socialism*, Jerusalem, 1987.

Lamb, Richard, *The Ghosts of Peace 1935–1945*, Salisbury, 1987.

*Laqueur, Walter, *Europe since Hitler*, London, 1972.

Laqueur, Walter (ed.), *Fascism: A Reader's Guide*, Harmondsworth, 1972.

Larkin, Maurice, *France since the Popular Front*, Oxford, 1988.

Larsen, Stein Ugelvik, Hagvet, Bernt and Myklebust, Jan Peter (eds), *Who Were the Fascists?*, Bergen, 1980.

Larsen, Stein Ugelvik, with the assistance of Hagtvet, Bernt (ed.), *Modern Europe after Fascism 1943–1980s*, 2 vols, New York, 1998.

Latourette, Kenneth Scott, *Christianity in a Revolutionary Age. Vol. 4: The Twentieth Century in Europe*, Grand Rapids, MI, 1969.

Leitz, Christian, *Nazi Germany and Neutral Europe during the Second World War*, Manchester, 2000.

*Leonhardt, Jörn, *Die Buchse der Pandora. Geschichte des Ersten Weltkriegs*, Munich, 2014.

*Levine, Joshua (ed.), *Forgotten Voices of the Somme*, London, 2008.

*Levy, Primo, *If this is a Man*, London, 1960.

Lewin, Moshe, *The Making of the Soviet System*, London, 1985.

Lewin, Moshe, *The Soviet Century*, London, 2005.

Liddle, Peter (ed.), *Captured Memories 1900–1918: Across the Threshold of War*, Barnsley, 2010.

Liddle, Peter (ed.), *Captured Memories 1930–1945: Across the Threshold of War –*

The Thirties and the War, Barnsley, 2011.

Lidegaard, B., *Countrymen: The Untold Story of How Denmark's Jews Escaped the Nazis*, London, 2014.

Lieven, D. C. B., *Russia and the Origins of the First World War*, London, 1983.

Linz, Juan J., *The Breakdown of Democratic Regimes: Crisis, Breakdown and Reequilibration*, Baltimore, M D, and London, 1978.

Linz, Juan J. and Stepan, Alfred, *The Breakdown of Democratic Regimes: Europe*, Baltimore. M D, and London, 1978.

Lipset, Seymour Martin, *Political Man*, London, 1960.

*Liulevicius, Vejas Gabriel, *War Land on the Eastern Front: Culture, National Identity and German Occupation in World War I*, Cambridge, 2000.

*Lloyd George, David, *War Memoirs*, vol.1, London, 1933.

Longerich, Peter, *Holocaust: The Nazi Persecution and Murder of the Jews*, Oxford, 2010.

Longerich, Peter, *Himmler*, Oxford, 2012.

*Lounguina, Lila, *Les saisons de Moscou 1933–1990*, Paris, 1990.

Lowe, Keith, *Inferno: The Devastation of Hamburg, 1943*, London, 2007.

Lowe, Keith, *Savage Continent: Europe in the Aftermath of World War II*, London, 2012.

Lukacs, John, *At the End of an Age*, New Haven, C T, and London, 2002.

Lyttelton, Adrian, *The Seizure of Power: Fascism in Italy 1919–1929*, London, 1973.

Lyttelton, Adrian (ed.), *Liberal and Fascist Italy*, Oxford, 2002.

Macartney, C. A., *The Habsburg Empire, 1790–1918*, London, 1968.

*MacCulloch, Diarmaid, *A History of Christianity*, London, 2009.

Machtan, Lothar, *Die Abdankung. Wie Deutschlands gekrönte Häupter aus der Geschichte fi elen*, Berlin, 2008.

Machtan, Lothar, *Prinz Max von Baden. Der letzte Kanzler des Kaisers*, Berlin, 2013.

Mack Smith, Denis, *Mussolini*, London, 1983.

MacMillan, Margaret, *Peacemakers: Six Months that Changed the World*, London, 2002.

MacMillan, Margaret, *The War that Ended Peace: How Europe Abandoned Peace for the First World War*, London, 2013.

Maier, Charles S., *Recasting Bourgeois Europe*, Princeton, NJ, 1975.

*Maier, Charles S. (ed.), *The Cold War in Europe: Era of a Divided Continent*, New York, 1991.

*Maier, Klaus A., 'Die Zerstörung Gernikas am 26. April 1937', *Militärgeschichte*, 1 (2007).

Maiolo, Joe, *Cry Havoc: The Arms Race and the Second World War 1931–1941*, London, 2010.

Mak, Geert, *In Europe: Travels through the Twentieth Century*, London, 2008.

Mamatey, Victor and Luža, Radomir, *A History of the Czechoslovak Republic, 1918–1948*, Princeton, N J, 1973.

Mann, Michael, *Fascists*, Cambridge, 2004.

Mann, Michael, *The Dark Side of Democracy: Explaining Ethnic Cleansing*, Cambridge, 2005.

Mann, Michael, *The Sources of Social Power. Vol. 3: Global Empires and Revolution, 1890–1945*, Cambridge, 2012.

Marrus, Michael, R., *The Nuremberg War Crimes Trial 1945–46: A Documentary History*, Boston, M A, and New York, 1997.

Marwick, Arthur, *The Deluge: British Society and the First World War*, London, 1965.

Marwick, Arthur, *War and Social Change in the Twentieth Century: A Comparative Study of Britain, France, Germany, Russia, and the United States*, New York, 1975.

Marwick, Arthur (ed.), *Total War and Social Change*, London, 1988.

Mason, Timothy W., *Sozialpolitik im Dritten Reich. Arbeiterklasse und Volksgemeinschaft*, Opladen, 1977.

Mason, Timothy, W., *Nazism, Fascism and the Working Class: Essays by Tim Mason*, ed. Jane Caplan, Cambridge, 1995.

Mawdsley, Evan, *The Stalin Years: The Soviet Union, 1929–1953*, Manchester, 1998.

Mawdsley, Evan, *The Russian Civil War*, Edinburgh, 2000.

Mayer, Arno J., *The Persistence of the Old Regime: Europe to the Great War*, London, 1981.

Mayer, Arno J., *Why Did the Heavens not Darken? The 'Final Solution' in History*, New York, 1988.

Mazower, Mark, *Inside Hitler's Greece: The Experience of Occupation, 1941–44*, New Haven, CT, and London, 1993.

Mazower, Mark, *Dark Continent: Europe's Twentieth Century*, London, 1998.

Mazower, Mark, *The Balkans: From the End of Byzantium to the Present Day*, London, 2001.

Mazower, Mark, *Hitler's Empire: Nazi Rule in Occupied Europe*, London, 2008.

McCauley, Martin, *The Origins of the Cold War*, London, 1983.

McCauley, Martin, *The Soviet Union, 1917–1991*, 2nd edn, London, 1993.

McElligott, Anthony, *Rethinking the Weimar Republic*, London, 2014.

McElligott, Anthony (ed.), *Weimar Germany*, Oxford, 2009.

*McLeod, Hugh, *Religion and the People of Western Europe 1789–1970*, Oxford, 1981.

*McMeekin, Sean, *The Russian Origins of the First World War*, Cambridge, MA, and London, 2011.

McMillan, Dan, *How Could This Happen? Explaining the Holocaust*, New York, 2014.

McMillan, James F., *Twentieth-Century France: Politics and Society 1898–1991*, London, 1992.

Meehan, Patricia, *The Unnecessary War: Whitehall and the German Resistance to Hitler*, London, 1992.

*Merkl, Peter, *Political Violence under the Swastika*, Princeton, 1975.

*Merridale, Catherine, *Night of Stone: Death and Memory in Russia*, London, 2000.

*Merridale, Catherine, *Ivan's War: The Red Army 1939–1945*, London, 2005.

Merriman, John, *A History of Modern Europe. Vol. 2: From the French Revolution to the Present*, 2nd edn, New York, 2004.

Michaelis, Meir, *Mussolini and the Jews*, Oxford, 1978.

Michalka, Wolfgang (ed.), *Die nationalsozialistische Machtergreifung*, Paderborn, 1984.

Michmann, Dan, *Angst vor den 'Ostjuden'. Die Entstehung der Ghettos während des Holocaust*, Frankfurt am Main, 2011.

Michmann, Dan (ed.), *Belgium and the Holocaust*, Jerusalem, 1998.

*Middlemas, Keith, and Barnes, John, *Baldwin: a Biography*, London, 1969.

Milward, Alan S., *The Economic Effects of the World Wars on Britain*, London, 1970.

Milward, Alan S., *The Reconstruction of Western Europe 1945–51*, London, 1984.

Milward, Alan S., *War, Economy and Society 1939–1945*, Harmondsworth, 1987.

Mitchell, B. R. (ed.), *International Historical Statistics: Europe, 1 750–2000*, Basingstoke, 2003.

*Möll, Marc-Pierre, *Gesellschaft und totalitäre Ordnung*, Baden-Baden, 1998.

Möller, Horst, Europa zwischen den Weltkriegen, Munich, 1998.

*Mombauer, Annika, *The Origins of the First World War: Diplomatic and Military Documents*, Manchester, 2013.

Mommsen, Hans, *From Weimar to Auschwitz: Essays in German History*, London, 1991.

Mommsen, Hans, *The Rise and Fall of Weimar Democracy*, Chapel Hill, NC, and London, 1996.

Mommsen, Hans, *Zur Geschichte Deutschlands im 20. Jahrhundert. Demokratie, Diktatur, Widerstand*, Munich, 2010.

Mommsen, Hans, *Das N S-Regime und die Auslöschung des Judentums in Europa*, Göttingen, 2014.

Mommsen, Wolfgang J., *Imperial Germany 1 867–1918: Politics, Culture and Society in an Authoritarian State*, London, 1995.

Mommsen, Wolfgang and Kettenacker, Lothar (eds), *The Fascist Challenge and the Policy of Appeasement*, London, 1983.

Montefi ore, Simon Sebag, *Stalin: The Court of the Red Tsar*, London, 2003.

Moore, Bob, *Refugees from Nazi Germany in the Netherlands 1933–1940*, Dordrecht, 1986.

Moore, Bob, *Victims and Survivors: The Nazi Persecution of the Jews in the Netherlands 1940–1945*, London, 1997.

Moore, Bob, *Survivors: Jewish Self-Help and Rescue in Nazi Occupied Western Europe*, Oxford, 2010.

Moore, Bob (ed.), *Resistance in Western Europe*, Oxford and New York, 2000.

Moorhouse, Roger, *Killing Hitler*, London, 2007.

Moorhouse, Roger, *The Devil's Alliance: Hitler's Pact with Stalin 1939–1941*, New York, 2014.

Morgan, Kenneth O., *Labour in Power 1945–1951*, Oxford, 1985.

Morgan, Philip, *Italian Fascism*, London, 2004.

Morris, Jeremy, *The Church in the Modern Age*, London, 2007.

Mosse, George L., *The Culture of Western Europe: The Nineteenth and Twentieth Centuries*, London, 1963.

Mosse, George L., *The Crisis of German Ideology*, London, 1966.

Mosse, George L., *The Nationalization of the Masses*, New York, 1975.

Mosse, George L., *Fallen Soldiers: Reshaping the Memory of the World Wars*, New York, 1990.

Mosse, George L. (ed.), *International Fascism*, London, 1979.

Mowatt, Charles Loch, *Britain between the Wars 1918–1940*, London, 1955.

Mowatt, C. L. (ed.), *The New Cambridge Modern History. Vol. XII : The Era of Violence 1898–1945*, Cambridge, 1968.

Mühlberger, Detlef, The Social Bases of Nazism 1919–1933, Cambridge, 2003.

*Münkler, *Der Grosse Krieg. Die Welt 1914–1918*, Berlin, 2013.

Naimark, Norman M., *The Russians in Germany: a History of the Soviet Zone of Occupation, 1945–1949*, Cambridge Mass., 1995.

*Naimark, Norman M., *Fires of Hatred: Ethnic Cleansing in Twentieth-Century Europe*, Cambridge, M A, and London, 2001.

Naimark, Norman M., *Stalin's Genocides*, Princeton, NJ, 2010.

Naimark, Norman M., 'Stalin and Europe in the Postwar Period, 1945–53: Issues and Problems', *Journal of Modern European History*, 2/1 (2004). Neitzel, Sönke, *Weltkrieg und Revolution 1914–1918/19*, Berlin, 2008.

Newman, Karl J., *European Democracy between the Wars*, London, 1970.

*Nielsen, Frederick, *Ein Emigrant für Deutschland. Tagebuchaufzeichnungen, Aufrufe und Berichte aus den Jahren 1933–1943*, Darmstadt, 1977.

*Niethammer, Lutz, *Die Mitläuferfabrik. Die Entnazifi zierung am Beispiel Bayerns*, Berlin, 1982.

*Noakes, Jeremy, 'Nazism and Eugenics', in Bullen, R. J., Strandmann, H. Pogge von and Polonsky, A. B. (eds), *Ideas into Politics: Aspects of European History 1880–1950*, London, 1984.

Noakes, Jeremy (ed.), *The Civilian in War*, Exeter, 1992.

*Noakes, Jeremy and Pridham, Geoffrey (eds), *Nazism 1919–1945: A Documentary*

  Reader, 4 vols, Exeter, 1983, 1984, 1988, 1998.

Nolte, Ernst, *Three Faces of Fascism*, London, 1965.

Nove, Alec, *Stalinism and After*, London, 1975.

Orth, Karin, *Das System der nationalsozialistischen Konzentrationslager. Eine politische Organisationsgeschichte*, Hamburg, 1999.

*Orwell, George, *Down and Out in Paris and London*, London, 1933.

*Orwell, George, *The Road to Wigan Pier*, London, 1937.

*Orwell, George, *Homage to Catalonia*, London, 1938.

*Orwell, George, *Collected Essays*, vol.2, Harmondsworth, 1970.

Overy, Richard, *War and the Economy in the Third Reich*, Oxford, 1994.

Overy, Richard, *Why the Allies Won*, London, 1995.

Overy, Richard, *The Nazi Economic Recovery 1932–1938*, Cambridge, 1996.

Overy, Richard, *Russia's War 1941–1945*, London, 1999.

Overy, Richard, *The Dictators: Hitler's Germany and Stalin's Russia*, London, 2004.

*Overy, Richard, *The Morbid Age: Britain and the Crisis of Civilization, 1919–1939*, London, 2010.

Overy, Richard, *The Bombing War: Europe 1939–1945*, London, 2013.

Parker, R. A. C., *Struggle for Survival: The History of the Second World War*, Oxford, 1990.

Parker, R. A. C., *Chamberlain and Appeasement: British Policy and the Coming of the Second World War*, London, 1993.

Parker, R. A. C., *Churchill and Appeasement: Could Churchill have Prevented the Second World War?*, London, 2000.

Passmore, Kevin, *Fascism: A Very Short Introduction*, Oxford, 2002.

Paxton, Robert O., *Vichy France: Old Guard and New Order 1940–1944*, London, 1972.

Paxton, Robert O., *The Anatomy of Fascism*, London, 2004.

Payne, Stanley G., *Falange: A History of Spanish Fascism*, Stanford, CA, 1961.

Payne, Stanley G., *A History of Fascism 1914–1945*, London, 1995.

Petzina, Dietmar, Abelshauser, Werner and Faust, Anselm (eds), *Sozialgeschichtliches Arbeitsbuch III. Materialien zur Statistik des Deutschen Reiches 1914–1945*, Munich, 1978.

*Peukert, Detlev J. K., *The Weimar Republic: The Crisis of Classical Modernity*,

London, 1991.

Phayer, Michael, *The Catholic Church and the Holocaust*, Bloomington, IN, 2000.

Piketty, Thomas, *Capital in the Twenty-First Century*, Cambridge, MA, and London, 2014.

*Pollard, Sidney and Holmes, Colin (eds), *Documents in European Economic History. Vol. 3: The End of the Old Europe 1914–1939*, London, 1973.

Polonsky, Antony, *The Little Dictators: The History of Eastern Europe since 1918*, London, 1975.

Pope, Stephen and Wheal, E lizabeth-A nne, *Macmillan Dictionary of the First World War*, London, 1995.

Pope, Stephen and Wheal, E lizabeth-A nne, *Macmillan Dictionary of the Second World War*, 2nd edn, London, 1995.

Preston, Paul, *Franco*, London, 1993.

*Preston, Paul, *The Coming of the Spanish Civil War*, 2nd edn, London, 1994.

Preston, Paul, *The Politics of Revenge: Fascism and the Military in 20th Century Spain*, London, 1995.

Preston, Paul, *Comrades: Portraits from the Spanish Civil War*, London, 1999.

Preston, Paul, *The Spanish Civil War: Reaction, Revolution and Revenge*, London, 2006.

*Preston, Paul, *The Spanish Holocaust: Inquisition and Extermination in Twentieth-Century Spain*, London, 2012.

Preston, Paul and Mackenzie, Ann L. (eds), *The Republic Besieged: Civil War in Spain 1936–1939*, Edinburgh, 1996.

Priestland, David, *Merchant, Soldier, Sage: A New History of Power*, London, 2012.

Pritchard, Gareth, *The Making of the GDR, 1945–1953*, Manchester, 2000.

Pugh, Martin, *We Danced All Night: A Social History of Britain between the Wars*, Londn, 2009.

Raphael, Lutz, *Imperiale Gewalt und mobilisierte Nation. Europa 1914–1945*, Munich, 2011.

*Rees, Laurence, *The Nazis: A Warning from History*, London, 1997.

*Rees, Laurence, *War of the Century: When Hitler Fought Stalin*, London, 1999.

*Rees, Laurence, *Auschwitz: The Nazis and the 'Final Solution'*, London, 2005.

*Rees, Laurence, *Behind Closed Doors: Stalin, the Nazis and the West*, London, 2008.

Reich-Ranicki, Marcel, *Mein Leben*, Stuttgart, 1999.

Reynolds, David, *The Long Shadow: The Great War and the Twentieth Century*, London, 2013.

Reynolds, David, 'The Origins of the Two "World Wars": Historical Discourse and International Politics', *Journal of Contemporary History*, 38/1 (2003).

Reynolds, Michael A., *Shattering Empires: The Clash and Collapse of the Ottoman and Russian Empires, 1908–1918*, Cambridge, 2011.

Rhodes, Anthony, *The Vatican in the Age of the Dictators 1922–45*, London, 1973.

Richards, Michael, *A Time of Silence: Civil War and the Culture of Repression in Franco's Spain, 1936–1945*, Cambridge, 1998.

Roberts, Andrew, *Masters and Commanders: How Roosevelt, Churchill, Marshall and Alanbrooke won the War in the West*, London, 2008.

Roberts, Andrew, *The Storm of War: A New History of the Second World War*, London, 2009.

Roberts, J. M., *A History of Europe*, Oxford, 1996.

Roberts, J. M., *Twentieth Century: A History of the World, 1901 to the Present*, London, 1999.

Robertson, Ritchie, *Kafka: A Very Short Introduction*, Oxford, 2004.

Rodrigue, Aron, 'The Mass Destruction of Armenians and Jews in the 20th Century in Historical Perspective', in Kieser, Hans-Lukas and Schaller, Dominik J. (eds), *Der Völkermord an den Armeniern und die Shoah*, Zurich, 2002.

Rogger, Hans and Weber, Eugen (eds), *The European Right*, London, 1965.

Röhl, John C. G, *Wilhelm II. Der Weg in den Abgrund 1900–1941*, Munich, 2008.

Rose, Richard, *What is Europe?*, New York, 1996.

Roseman, Mark, 'National Socialism and the End of Modernity', *American Historical Review*, 116/3 (2011).

Rosenberg, Emily S. (ed.), *Geschichte der Welt 1870–1945. Weltmärkte und Weltkriege*, Munich, 2012.

Rothschild, Joseph, *East Central Europe between the Two World Wars*, Seattle, 1977.

Rousso, Henry, *Le syndrome de Vichy de 1944 à nos jours*, Paris, 1990.

Rousso, Henry, *Les années noires: vivre sous l'occupation*, Paris, 1992.

Rousso, Henry, *Vichy, L'événement, la mémoire, l'histoire*, Paris, 2001.

Rousso, Henry (ed.), *Stalinisme et nazisme. Histoire et mémoire comparées*, Paris, 1999.

Sartori, Roland (ed.), *The Ax Within: Italian Fascism in Action*, New York, 1974.

Sassoon, Donald, *The Culture of the Europeans: From 1800 to the Present*, London, 2006.

*Schell, Margarete, *Ein Tagebuch aus Prag 1945–46*, Kassel, 1957.

Schoenbaum, David, *Hitler's Social Revolution: Class and Status in Nazi Germany 1933–1939*, New York, 1967.

Schweitzer, Arthur, *The Age of Charisma*, Chicago, IL, 1984.

Sebestyen, Victor, *1946: The Making of the Modern World*, London, 2014.

Service, Robert, *The Bolshevik Party in Revolution: A Study in Organisational Change 1917–1923*, London, 1979.

Service, Robert, *The Russian Revolution 1900–1927*, London, 1986.

Service, Robert, *A History of Twentieth-Century Russia*, London, 1998.

Service, Robert, *Lenin: A Biography*, London, 2000.

Service, Robert, *Stalin: A Biography*, London, 2004.

*Shapiro, Nat, and Hentoff, Nat (eds.), *The Jazz Makers*, London, 1956.

Sharp, Alan, *The Versailles Settlement: Peacemaking in Paris, 1919*, Basingstoke, 1991.

Sheehan, James, *The Monopoly of Violence: Why Europeans Hate Going to War*, London, 2010.

Sheffield, Gary, *Forgotten Victory: The First World War – Myths and Realities*, London, 2002.

Shephard, Ben, *The Long Road Home: The Aftermath of the Second World War*, London, 2010.

Sherratt, Yvonne, *Hitler's Philosophers*, New Haven, C T, and London, 2013. *Shirer, William L., *Berlin Diary 1934–1941*, London, 1941.

*Shirer, William, *This is Berlin. Reporting from Nazi Germany 1938–40*, London, 1999.

*Shore, Marci, *Caviar and Ashes: A Warsaw Generation's Life and Death in Marxism, 1918–1968*, New Haven, C T, and London, 2006.

Simms, Brendan, *Europe: The Struggle for Supremacy, 1453 to the Present*, London, 2013.

Sirinelli, Jean-François (ed.), *Histoire des droites en France. Vol. 1: Politique*, Paris, 1992.

Skidelsky, Robert, *J. M. Keynes: Economist, Philosopher, Statesman*, London, 2003.

*Słomka, Jan, *From Serfdom to Self-Government: Memoirs of a Polish Village Mayor*, 1842–1927, London, 1941.

Smith, L. V., Audoin-Rouzeau, Stephane and Becker, Annette, *France and the Great War, 1914–18*, Cambridge, 2003.

Smith, S. A., *Red Petrograd: Revolution in the Factories 1917–1918*, Cambridge, 1983.

*Snowden, Ethel ['Mrs. Philip'], *A Political Pilgrim in Europe*, London, 1921.

*Snyder, Timothy, *Bloodlands: Europe between Hitler and Stalin*, New York, 2010.

Soucy, Robert, *French Fascism: The First Wave, 1924–1933*, New Haven, CT, and London, 1986.

Soucy, Robert, *French Fascism: The Second Wave, 1933–1939*, New Haven, CT, and London, 1995.

*Sperber, Manès, *Bis man mir Scherben auf die Augen legt. All' das Vergangene . . .*, Vienna, 1977.

Stachura, Peter D., *Poland in the Twentieth Century*, London, 1999.

Stachura, Peter D., *Poland, 1918–1945*, London, 2004.

Stachura, Peter (ed.), *Unemployment and the Great Depression in Weimar Germany*, Basingstoke, 1986.

*Stachura, Peter D. (ed.), *Poland between the Wars, 1918–1939*, London, 1998.

Stargardt, Nicholas, *The German Idea of Militarism: Radical and Socialist Critics 1866–1914*, Cambridge, 1994.

Stargardt, Nicholas, *Witnesses of War: Children's Lives under the Nazis*, London, 2005.

*Stargardt, Nicholas, *The German War: A Nation under Arms, 1939–45*, London, 2015.

Stargardt, Nicholas, 'Wartime Occupation by Germany: Food and Sex', in Richard Bosworth and Joseph Maiolo (eds), *Cambridge History of the Second World War. Vol. 2: Politics and Ideology*, Cambridge, 2015.

Staritz, Dietrich, *Die Gründung der DDR*, Munich, 1984.

Steinberg, Jonathan, *All or Nothing: The Axis and the Holocaust 1941–43*, London, 1991.

*Steiner, Zara, *The Lights that Failed: European International History 1919–1933*, Oxford, 2005.

*Steiner, Zara, *The Triumph of the Dark: European International History 1933–1939*, Oxford, 2011.

Steinert, Marlis, *Hitlers Krieg und die Deutschen*, Düsseldorf and Vienna, 1970.

Stern, Fritz, *Einstein's German World*, London, 2000.

Stern, Fritz, *Five Germanys I Have Known*, New York, 2006.

Stern, Fritz, *Der Westen im 20. Jahrhundert. Selbstzerstörung, Wiederaufbau, Gefährdungen der Gegenwart*, Göttingen, 2008.

Sternhell, Zeev, *Ni Droite, ni Gauche. L'idéologie fasciste en France*, Paris, 1987.

Stevenson, David, *Armaments and the Coming of War: Europe 1904–14*, Oxford, 1996.

Stevenson, David, *Cataclysm: The First World War as Political Tragedy*, New York, 2004.

Stevenson, John and Cook, Chris, *The Slump: Society and Politics during the Depression*, London, 1977.

Stone, Dan, *Histories of the Holocaust*, Oxford, 2010.

Stone, Norman, *The Eastern Front 1914–1917*, London, 1975.

Stone, Norman, *World War One: A Short History*, London, 2007.

Strachan, Hew, *The First World War. Vol. 1: To Arms*, Oxford, 2001.

Strachan, Hew, *The First World War*, London, 2006.

Sugar, Peter F. (ed.), *Fascism in the Successor States 1918–1945*, Santa Barbara, CA, 1971.

Suny, Ronald Grigor, *The Soviet Experiment: Russia, the USSR, and the Successor States*, New York, 1998.

**Die Tagebücher von Joseph Goebbels*, ed. Elke Fröhlich, I/5, Munich, 2000.

*Taylor, A. J. P., *English History 1914–1945*, London, 1970.

Taylor, A. J. P., *From Sarajevo to Potsdam: The Years 1914–1945*, London, 1974.

Taylor, Frederick, *Exorcising Hitler: The Occupation and Denazifi cation of Germany*, London, 2011.

Taylor, Frederick, *The Downfall of Money: Germany's Hyperinfl ation and the Destruction of the Middle Class*, London, 2013.

Thamer, Hans-Ulrich, *Verführung und Gewalt. Deutschland 1933–1945*, Berlin, 1986.

Thomas, Hugh, *The Spanish Civil War*, London, 1961.

Thränhardt, Dietrich, *Geschichte der Bundesrepublik Deutschland*, Frankfurt am Main, 1986.

Thurlow, Richard, *Fascism in Britain: A History, 1918–1985*, London, 1987.

Todorov, Tzvetan, *The Fragility of Goodness: Why Bulgaria's Jews Survived the Holocaust*, London, 2001.

Todorov, Tzvetan, *Hope and Memory: Refl ections on the Twentieth Century*, Princeton, NJ, 2003.

*Toller, Ernst, *I Was a German*, London, 1934.

Tomka, Béla, *A Social History of Twentieth-Century Europe*, London, 2013.

Tooze, Adam, *The Wages of Destruction: The Making and Breaking of the Nazi Economy*, London, 2006.

*Tooze, Adam, *The Deluge: The Great War and the Remaking of Global Order 1916–1931*, London, 2014.

Traverso, Enzo, *The Origins of Nazi Violence*, New York, 2003.

Traverso, Enzo, 'Intellectuals and A nti-F ascism: For a Critical Historization', *New Politics*, 9/4 (2004).

Traverso, Enzo (ed.), *Le Totalitarisme. Le XXe siècle en débat*, Paris, 2001.

Trentmann, Frank and Flemming, Just (eds), *Food and Confl ict in Europe in the Age of the Two World Wars*, Basingstoke, 2006.

*Tucker, Robert C., *Stalin in Power: The Revolution from Above, 1928–1941*, New York, 1990.

*Tyrell, Albrecht, *Vom 'Trommler' zum 'Führer'*, Munich, 1975.

*Ulrich, Bernd and Ziemann, Benjamin (eds), *German Soldiers in the Great War: Letters and Eyewitness Accounts*, Barnsley, 2010.

Unger, Aryeh L., *The Totalitarian Party: Party and People in Nazi Germany and Soviet Russia*, Cambridge, 1974.

Verhey, Jeffrey, *The Spirit of 1914: Militarism, Myth and Mobilisation in Germany*, Cambridge, 2000.

Vickers, Miranda, *The Albanians: A Modern History*, London, 1995.

Vincent, Mary, *Spain 1833–2002: People and State*, Oxford, 2007.

Vinen, Richard, *A History in Fragments: Europe in the Twentieth Century*, London, 2000.

Volkogonov, Dmitri, *Stalin: Triumph and Tragedy*, London, 1991.

Wachsmann, Nikolaus, *KL : A History of the Nazi Concentration Camps*, New York, 2015.

Waddington, Lorna, *Hitler's Crusade: Bolshevism and the Myth of the International Jewish Conspiracy*, London, 2007.

Walker, Mark, *Nazi Science: Myth, Truth, and the German Atomic Bomb*, New York, 1995.

Waller, Philip and Rowell, John (eds), *Chronology of the 20th Century*, Oxford, 1995.

Wasserstein, Bernard, *Barbarism and Civilisation: A History of Europe in Our Time*, Oxford, 2007.

Wasserstein, Bernard, *On the Eve: The Jews of Europe before the Second World War*, London, 2012 .

Watson, Alexander, *Ring of Steel: Germany and Austria-Hungary at War, 1914–1918*, London, 2014.

Watt, Donald Cameron, *How War Came: The Immediate Origins of the Second World War, 1938–1939*, London, 1990.

*Weber, Eugen, *Varieties of Fascism*, New York, 1964.

*Weber, Eugen, *The Hollow Years: France in the 1930s*, New York, 1996.

Wee, Herman van der, *Prosperity and Upheaval: The World Economy 1945–1980*, Harmondsworth, 1987.

Wehler, Hans-Ulrich, *Deutsche Gesellschaftsgeschichte. Vol. 4: 1914–1949*, Munich, 2003.

The Weimar Republic Source Boo k, ed. Anton Kaes, Martin Jay and Edward Dimendberg, Berkeley, 1994.

Weinberg, Gerhard, *The Foreign Policy of Hitler's Germany*, 2 vols, Chicago, IL, and London, 1970, 1980.

Weinberg, Gerhard, *A World at Arms*, Cambridge, 1994.

Weindling, Paul, *Health, Race and German Politics between National Unifi cation and Nazism*, Cambridge, 1989.

Weiss-Wendt, Anton, *Murder without Hatred: Estonians and the Holocaust*, Syracuse, NY, 2009.

Welch, David, *Germany, Propaganda and Total War 1914–18*, London, 2000. Werth, Alexander, *Russia at War 1941–1945*, New York, 1984.

Winkler, Heinrich August, *Geschichte des Westens. Die Zeit der Weltkriege 1914–1945*, Munich, 2011.

Winkler, Heinrich August, *Geschichte des Westens. Vom Kalten Krieg zum Mauerfall*, Munich, 2014.

Winstone, Martin, *The Dark Heart of Hitler's Europe: Nazi Rule in Poland under the General Government*, London, 2015.

Winter, Jay, *Sites of Memory, Sites of Mourning: The Great War in European Cultural History*, Cambridge, 1995.

Winter, Jay, *Dreams of Peace and Freedom: Utopian Moments in the 20th Century*, New Haven, C T, and London, 2006.

Winter, Jay and Prost, Antoine, *The Great War in History: Debates and Controversies 1914 to the Present*, Cambridge, 2005.

Winter, Jay, Parker, Geoffrey and Habeck, Mary R. (eds), *The Great War and the Twentieth Century*, New Haven, CT, and London, 2000.

Wirsching, Andreas, 'Political Violence in France and Italy after 1918', *Journal of Modern European History*, 1/1 (2003).

Woller, Hans, *Die Abrechnung mit dem Faschismus in Italien 1943 bis 1948*, Munich, 1996.

Woller, Hans, *Geschichte Italiens im 20. Jahrhundert*, Munich, 2010.

Woolf, S. J. (ed.), *The Nature of Fascism*, London, 1968.

Woolf, S. J. (ed.), *Fascism in Europe*, London, 1981.

*Woodruff, William, *The Road to Nab End: A Lancashire Childhood*, London, 2000.

*Woodruff, William, *Beyond Nab End*, London, 2003.

*Wright, Jonathan, *Gustav Stresemann: Weimar's Greatest Statesman*, Oxford, 2002.

Wrigley, Chris (ed.), *Challenges of Labour: Central and Western Europe 1917–1920*, London, 1993.

Wróbel, Piotr, 'The Seeds of Violence: The Brutalization of an East European Region, 1917–1921', *Journal of Modern European History*, 1/1 (2003).

Ziemann, Benjamin, *Contested Commemorations: Republican War Veterans and Weimar Political Culture*, Cambridge, 2013.

Ziemann, Benjamin, *Gewalt im Ersten Weltkrieg*, Essen, 2013.

Ziemann, Benjamin, 'Germany after the First World War – A Violent Society?', *Journal of Modern European History*, 1/1 (2003).

Zimmermann, Moshe (ed.), *On Germans and Jews under the Nazi Regime*, Jerusalem, 2006.

Zürcher, Erik J., Turkey: A Modern History, London, 2004.

Zuckmayer, Carl, *Geheimbericht*, ed. Gunther Nickel and Johanna Schrön, Göttingen, 2002.

Zuckmayer, Carl, *Deutschlandbericht für das Kriegsministeriuim der Vereinigten Staaten von Amerika*, ed. Gunther Nickel, Johanna Schrön and Hans Wagener, Göttingen, 2004.

*Zweig, Stefan, *The World of Yesterday*, 3rd edn, London, 1944.

*Zweig, Stefan, *Tagebücher*, Frankfurt, 1984.

Master's 19

地獄之行
二十世紀歐洲百年史（卷一）

To Hell and Back: Europe, 1914-1949

作　　　者	伊恩・克蕭（Ian Kershaw）
翻　　　譯	林　華
編　　　輯	邱建智
校　　　對	魏秋綱
排　　　版	張彩梅

行銷總監	蔡慧華
出　　　版	八旗文化／遠足文化事業股份有限公司
發　　　行	遠足文化事業股份有限公司（讀書共和國出版集團）
地　　　址	新北市新店區民權路108-2號9樓
電　　　話	02-22181417
傳　　　真	02-22188057
客服專線	0800-221029
信　　　箱	gusa0601@gmail.com
Facebook	facebook.com/gusapublishing
Blog	gusapublishing.blogspot.com
法律顧問	華洋法律事務所／蘇文生律師

封面設計	許晉維
印　　　刷	前進彩藝有限公司
定　　　價	880元
初版一刷	2023年3月
初版三刷	2024年3月
ISBN	978-626-7234-13-6（紙本）、978-626-7234-14-3（PDF）、978-626-7234-15-0（EPUB）

To Hell and Back: Europe, 1914-1949
Copyright © Ian Kershaw 2015
First published as TO HELL AND BACK in 2015 by Allen Lane, an imprint of Penguin Press.
Penguin Press is part of the Penguin Random House group of companies.
This edition arranged with Penguin Random House through Andrew Nurnberg Associates International Ltd.
ALL RIGHTS RESERVED
本書繁體中文譯稿由中信出版集團股份有限公司授權使用

國家圖書館出版品預行編目（CIP）資料

地獄之行：二十世紀歐洲百年史（卷一）／伊恩・克蕭
（Ian Kershaw）著；林華譯. -- 初版. -- 新北市：八旗文
化出版：遠足文化事業股份有限公司發行, 2023.03
　冊；　公分 . -- (Master's；19)
譯自：To hell and bake：Europe, 1914-1949.
ISBN 978-626-7234-13-6（卷1：平裝）

1. CST：二十世紀　2. CST：歐洲史

740.27　　　　　　　　　　　　　111020237